城市与区域空间研究前沿丛书
"十四五"国家重点研发计划项目(2022YFC3800201)
国家自然科学基金项目(52478043)

国际移民聚居空间的融合、响应与治理

以南京为例

王凌瑾　吴　晓　著

东南大学出版社
·南京·

内 容 提 要

国际移民聚居空间作为特殊群体在中国城市生存的一类典型社会结构,其生存与演化表现出很多独特却又不尽为人知的规律和模式。聚焦于"社区"尺度下的"国际移民聚居空间",既是解决"以人为本"城镇化过程中出现的各类社会空间问题的前提和基础,也是解析当前我国城市社会空间的关键样本和路径之一。本书借鉴并整合相关理论工具,建立包括空间、经济、社会、制度、心理五个维度在内的"融合—响应"理论诠释框架,并分别以南京的外籍员工聚居区与国际留学生聚居区为实证样本展开分析,最终建立中国语境下国际移民聚居区"融合—响应"的多情境解释模型,管窥国际移民群体在中国城市的生存与演进困境,进而从城市规划角度提出切实可行的"包容性治理"策略,以期从城市规划与社区治理角度推动移民社区治理现代化进程。本书建立了"理论构架+实证分析+情境解释"的总体研究思路,对国际移民聚居空间融合、响应和治理进行了理论和实证相结合的研究,可以为我国国际移民政策的制定与移民群体的本土化管理提供有力参考,从而促进全球化浪潮下中国与世界的可持续性互动,这对于提升人民生活品质、推动社会正义的城乡规划工作而言,更是有着显见的样本价值和现实意义。

图书在版编目(CIP)数据

国际移民聚居空间的融合、响应与治理:以南京为例 / 王凌瑾,吴晓著. --南京:东南大学出版社,2025.7 --(城市与区域空间研究前沿丛书). -- ISBN 978-7-5766-1312-4

Ⅰ.D669.3

中国国家版本馆 CIP 数据核字第 2025U289X5 号

责任编辑:宋华莉　责任校对:张万莹　封面设计:余武莉　责任印制:周荣虎

国际移民聚居空间的融合、响应与治理:以南京为例
Guoji Yimin Juju Kongjian De Ronghe、Xiangying Yu Zhili: Yi Nanjing Wei Li

著　　者	王凌瑾　吴　晓
责任编辑	宋华莉
编辑邮箱	52145104@qq.com
出版发行	东南大学出版社
出 版 人	白云飞
社　　址	南京市四牌楼2号(邮编:210096)
网　　址	http://www.seupress.com
电子邮箱	press@seupress.com
印　　刷	广东虎彩云印刷有限公司
开　　本	787 mm×1 092 mm　1/16
印　　张	21.5
字　　数	516 千字
版 印 次	2025 年 7 月第 1 版第 1 次印刷
书　　号	ISBN 978-7-5766-1312-4
定　　价	78.00 元
经　　销	全国各地新华书店
发行热线	025-83790519　83791830

(本社图书若有印装质量问题,请直接与营销部联系。电话:025-83791830)

前　言

在华夏泱泱五千年的历史长河中，自秦汉建立统一的多民族封建国家起，日渐强盛的国力便吸引了不少外国人的目光和脚步；唐宋元时期，中华璀璨文明与引领世界的科技经济水平，更是吸引了大批外国人慕名而来，从隋朝的日本政治家小野妹子，到以阿倍仲麻吕、吉备真备为代表的遣唐使，再到宋代的高僧圆尔辨圆，从元代的意大利旅行家马可·波罗到明代的传教士、学者利玛窦……正是这一批批早期的"在华国际移民"，在国际科技文化的交流与传播、学习与互鉴等方面做出了不可忽视的历史贡献。

改革开放以来，随着综合国力的增强、国际地位的提升、信息技术和现代交通系统的高度发展以及企业与国际资本以及市场的联系日益紧密，在全球化浪潮下，中国作为新兴的移民输入国，又开始吸引和接纳越来越多的国际移民。如果说历史上的"在华国际移民"以知识扩散背景下科技文化领域的社会型流迁为主，那么如今的"在华国际移民"规模更大、势头更猛，流迁的目的和类型也更为丰富多样。我国"第七次全国人口普查"数据统计，目前在华国际移民的规模已达到84万，且以经济型流迁和社会型流迁为主。其中，前者以33万外籍员工为代表（占39%），后者则以11万国际留学生为代表（占13%），二者累计占比超过50%。

而本书所探讨的"在华国际移民聚居空间"就是上述特殊群体嵌入中国城市的一类典型社会结构，其生存和演化实质上就是在华国际移民同流入地之间不断发生"融合—响应"的过程，并在这一过程中逐渐形成了许多独特而又不尽为人知的规律和模式。可以说，这类特殊社区在给城市带来多重变化、响应社会剧烈变迁的同时，也因自身边缘化属性和普遍性存在而成为解析和影响中国城市社会空间的又一典型样本（之前本课题组也曾以进城务工人员、保障房居民、新就业人员、失地农民、少数民族等群体为样本做过一系列专项研讨）。

鉴于此，本研究立足于"社区"尺度，从"城市规划＆社会学"的跨学科角度出发，围绕"融合—响应—治理"议题和框架，尝试透过"在华国际移民聚居空间"这一窗口继续管窥和探究中国城市特殊群落及其聚居空间的生存与演化之道：首先，借鉴并整合相关理论工具，创建了涵盖空间、经济、社会、制度、心理五个维度，兼顾"融合"和"响应"两个双向互动端口的理论诠释框架；其次，分别以南京的国际留学生聚居区与外籍员工聚居区为实证样本展开解析、验证和修正；最后，不仅建立了中国语境下国际移民聚居区"融合—响应"的多情境解释模型，还针对国际移民群体在中国城市的生存与演进困境，提出了一系列切实可行的"包容性治理"路径与策略。

全书共设八章，不仅延续了课题组长期以来对于"弱势/边缘群体空间"这一方向的学术关注和持续跟踪，还希望通过"融合—响应—治理"的一体化整合以及理论与实证、定量与定性的结合来展开系统性的跨学科探析，这样在聚焦国际移民群体利益诉求、提升国际移民群体管理水平和助推基层社区治理现代化的同时，也有望弥补以往类似研究在类型样本上的缺位、改变理论诠释上的局限，对于推动社会正义、促进高质量发展的城乡规划工作而言，也有着显见的样本价值和现实意义。

此外值得一提的是，书稿的最终成型是以课题组多年来累积的数据成果和阶段进展为依托，是以本人指导博士生王凌瑾完成的学位论文为基础，经结构整合和优化充实而成的。这一工作也得到了"十四五"国家重点研发计划项目（2022YFC3800201）、国家自然科学基金项目（52478043）等的大力支持与资助。

撰于东南大学建筑学院

2024 年 8 月

目 录

1 绪论 ……………………………………………………………………………… 1
  1.1 研究背景 …………………………………………………………………… 1
  1.2 研究目的和意义 …………………………………………………………… 6
    1.2.1 研究目的 …………………………………………………………… 6
    1.2.2 研究意义 …………………………………………………………… 7
  1.3 研究综述 …………………………………………………………………… 8
    1.3.1 文献研究方法与工具 ……………………………………………… 8
    1.3.2 国外相关研究进展 ………………………………………………… 8
    1.3.3 国内相关研究进展 ………………………………………………… 20
    1.3.4 总体评述 …………………………………………………………… 26
  1.4 研究内容和方法 …………………………………………………………… 27
    1.4.1 研究内容 …………………………………………………………… 27
    1.4.2 研究方法 …………………………………………………………… 28
    1.4.3 技术路线 …………………………………………………………… 29

2 国际移民聚居空间融合与响应的理论诠释框架 ………………………………… 31
  2.1 相关概念 …………………………………………………………………… 31
    2.1.1 国际移民聚居空间 ………………………………………………… 31
    2.1.2 融合 ………………………………………………………………… 34
    2.1.3 响应 ………………………………………………………………… 37
    2.1.4 治理 ………………………………………………………………… 38
  2.2 融合、响应与治理:国际移民聚居空间的相关理论引介 ………………… 39
    2.2.1 国际移民相关理论 ………………………………………………… 40
    2.2.2 社会空间相关理论 ………………………………………………… 46
  2.3 融合与响应:国际移民聚居空间理论诠释框架的构建 …………………… 53
    2.3.1 核心观点的提取和整合 …………………………………………… 53
    2.3.2 理论诠释框架的构建 ……………………………………………… 54
    2.3.3 理论诠释框架的分类推导 ………………………………………… 58
  2.4 治理:基于"融合—响应"理论框架的国际移民聚居空间优化框架提出 …… 63
  2.5 本章小结 …………………………………………………………………… 64

3 国际移民聚居空间概况及其研究思路 ·················· 66
3.1 在华国际移民概述 ························· 66
3.1.1 在华国际移民政策变迁 ···················· 66
3.1.2 在华国际移民的演化历程 ···················· 72
3.1.3 南京市国际移民的演化历程 ···················· 77
3.2 在华国际移民聚居区概述 ······················ 79
3.2.1 在华国际移民聚居区的基本概况 ··············· 79
3.2.2 在华国际移民聚居区的典型案例 ··············· 81
3.2.3 南京市国际移民聚居区的基本概况 ············· 87
3.3 总体研究思路 ··························· 91
3.3.1 样本遴选 ························· 91
3.3.2 研究范围 ························· 93
3.3.3 调研内容 ························· 93
3.3.4 数据采集 ························· 96
3.4 本章小结 ···························· 97

4 特征:南京市国际移民聚居空间的现状属性 ·············· 99
4.1 社会属性解析 ··························· 99
4.1.1 国籍与宗教构成解析 ···················· 99
4.1.2 社区联结解析 ······················· 103
4.1.3 受教育程度解析 ····················· 106
4.1.4 在宁身份解析 ······················· 108
4.2 经济属性解析 ·························· 111
4.2.1 收入水平解析 ······················· 111
4.2.2 居住成本解析 ······················· 114
4.2.3 消费水平解析 ······················· 117
4.3 空间属性解析 ·························· 119
4.3.1 择居动机解析 ······················· 119
4.3.2 空间布局解析 ······················· 122
4.3.3 设施配套解析 ······················· 125
4.3.4 职(学)住关系解析 ···················· 129
4.4 日常生活时空轨迹解析 ······················ 133
4.4.1 日常生活的总体时空特征 ·················· 134
4.4.2 典型样本的时空模式 ···················· 137
4.5 本章小结 ··························· 139

5 融合与响应:南京市经济型国际移民聚居空间的实证分析 ········ 141
5.1 研究设计 ··························· 141
5.1.1 "融合"研究方法 ····················· 141

5.1.2 "响应"研究方法 ·· 148
5.2 经济型国际移民聚居空间的融合——以外籍员工聚居区为例 ················ 151
　　5.2.1 融合特征解析 ·· 151
　　5.2.2 融合机制解析 ·· 157
5.3 经济型国际移民聚居空间的响应——以外籍员工聚居区为例 ················ 166
　　5.3.1 演化阶段的划分 ··· 166
　　5.3.2 空间响应解析 ·· 169
　　5.3.3 经济响应解析 ·· 174
　　5.3.4 社会响应解析 ·· 178
　　5.3.5 制度响应解析 ·· 183
　　5.3.6 心理响应解析 ·· 186
　　5.3.7 响应程度评估 ·· 190
5.4 经济型国际移民聚居空间"融合—响应"的多情境诠释——以外籍员工聚居区为例 ·· 193
　　5.4.1 基于样本实证的理论诠释框架修正方向 ··· 193
　　5.4.2 理论诠释框架的二次修正 ·· 194
　　5.4.3 "经济型＋被动择居"国际移民聚居空间的"融合—响应"机理诠释 ······ 196
　　5.4.4 "经济型＋主动择居"国际移民聚居空间的"融合—响应"机理诠释 ······ 200
5.5 本章小结 ·· 204

6 融合与响应：南京市社会型国际移民聚居空间的实证分析 ················ 206
6.1 社会型国际移民聚居空间的融合——以国际留学生聚居区为例 ············ 206
　　6.1.1 融合特征解析 ·· 206
　　6.1.2 融合机制解析 ·· 211
6.2 社会型国际移民聚居空间的响应——以国际留学生聚居区为例 ············ 217
　　6.2.1 演化阶段的划分 ··· 217
　　6.2.2 空间响应解析 ·· 220
　　6.2.3 经济响应解析 ·· 224
　　6.2.4 社会响应解析 ·· 229
　　6.3.5 制度响应解析 ·· 233
　　6.3.6 心理响应解析 ·· 236
　　6.3.7 响应程度评估 ·· 240
6.3 社会型国际移民聚居空间"融合—响应"的多情境诠释——以国际留学生聚居区为例 ·· 242
　　6.3.1 基于样本实证的理论诠释框架修正方向（融合端） ······················· 242
　　6.3.2 理论诠释框架的二次修正 ·· 243
　　6.3.3 "社会型＋被动择居"国际移民聚居空间的"融合—响应"机理诠释 ······ 244
　　6.3.4 "社会型＋主动择居"国际移民聚居空间的"融合—响应"机理诠释 ······ 248

| | 6.4 本章小结 | 251 |

7 包容性治理:基于南京市国际移民聚居空间"融合—响应"的优化策略 … 254
7.1 基于"融合—响应"修正模型的"包容性治理"路径建构 … 254
7.1.1 从"融合—响应"评估到"包容性"判定 … 254
7.1.2 基于"融合—响应"关联的"包容性治理"路径 … 257
7.1.3 步骤一:"包容性"现状的判断 … 259
7.1.4 步骤二:"包容性"问题的整合 … 260
7.1.5 步骤三:"包容性治理"策略的提出 … 260
7.2 国际移民聚居空间"包容性"的现状判断 … 261
7.3 国际移民聚居空间"包容性"的现实问题 … 263
7.3.1 空间维度:现状国际化设施及空间与国际移民差异化的需求不相匹配 … 263
7.3.2 经济维度:国际化业态未能集聚形成异国特色的"符号经济" … 265
7.3.3 社会维度:国际移民在迁入地难以形成稳固的社会资本 … 265
7.3.4 制度维度:现行国际移民政策体系和管理模式较为粗放和繁冗 … 266
7.3.5 心理维度:国际移民与本地居民之间无法实现文化接纳和身份认同 … 267
7.4 国际移民聚居空间的"包容性治理"策略 … 268
7.4.1 空间层面:探索未来国际社区的建设路径,提升现有空间的"国际化"品质 … 269
7.4.2 经济层面:激活城市异国特色的"符号经济",创新社区商业运营的操作方法 … 276
7.4.3 社会层面:增进国际移民的社区参与,培育中外联系的社会资本 … 282
7.4.4 制度层面:完善国际移民政策体系,创新移民管理与服务模式 … 288
7.4.5 心理层面:拓宽中外文化展示和传播路径,增进与国际移民的情感互动 … 294
7.4.6 "包容性治理"策略的行动路径 … 300
7.5 本章小结 … 304

8 结论与展望 … 308
8.1 主要结论 … 308
8.1.1 理论研究结论 … 308
8.1.2 实证研究结论 … 310
8.1.3 治理策略结论 … 311
8.2 研究创新 … 313
8.3 未来展望 … 314

参考文献 … 315

附录 … 329
附录1 南京市国际移民调查问卷 … 329
附录2 本地居民对国际移民态度的调查问卷 … 333
附录3 社区国际移民情况调查表 … 335

1 绪 论

1.1 研究背景

(1) 全球化浪潮带来大规模的跨国人口流动,"来华逐梦"的国际移民数量呈现逐年上升之势

在全球化、信息化和新自由主义浪潮的交互作用下,现代科技与通信技术空前发达,贸易新型结构与创业机遇不断涌现,跨国人口流动已然成为当前人类社会活动的又一显著趋势。相较而言,20世纪以来的中国作为移民来源国已经经历了三次"移民潮",但是作为移民目的国,其国际移民接纳量占全球移民总量的比例却长期走低。直至近年来,随着综合国力的增强、国际地位的提升、信息技术和现代交通系统的高度发展,以及"一带一路"倡议的提出,中国作为新兴的移民目的国才开始接纳越来越多的国际移民。第六次全国人口普查数据显示,截至2010年底在华国际移民(以下均不包括港澳台地区)[①]的总数为59万人,而联合国数据显示,2017年这一数据已增长到将近100万。即使在新冠病毒感染影响下的第七次全国人口普查(2020)中,仍有84万余名来华国际移民,平均年增长率达到4.2%,大大超过了全球国际移民平均水平(1.9%)[②],这也反映出来华国际移民虽总体规模有限,但呈快速增长之势的现实特点。

具体从来源国家来看,联合国经济和社会事务部(UNDESA)公布的《2019年国际移民报告》(见图1-1)统计显示[③],韩国(19.69万人)是在华国际移民的最大来源国,排名第二到六位的依次为巴西(7.83万人)、菲律宾(7.7万人)、印度尼西亚(4.19万人)、越南(2.96万人)和美国(2.82万人);从地理分布来看,根据第七次全国人口普查数据统计,80%以上的在华国际移民集中于上海、广东、北京、福建、浙江、江苏等东部沿海发达城市(省份)和云南、广西等与邻国接壤的边境省份;从来华目的来看,第七次全国人口普查数据(见图1-2)

---

① 《2010年第六次人口普查统计数据》和《2020年第七次人口普查统计数据》统计口径中的在华国际移民,指的是在我国境内居住三个月以上,或者能够确定将居住3个月以上的外籍人员;后文中联合国经济和社会事务部(United Nations Department of Economic and Social Affairs, UNDESA)公布的数据中,"移民"的界定则是指除各国正式派驻他国的外交人员、联合国维和部队跨国驻扎的军事人员之外,所有在非本人出生国以外的国家定居1年以上的人;而教育部公布来华留学人员数据则是以6个月为区分长期留学生和短期留学生的界限。由于统计口径有所差异,相应数据不可避免地存在不完全对应的情况。

② UNDESA, International Migrant Stock 2019[EB/OL]. (2019-09-17)[2020-04-15]. https://www.un.org/development/desa/pd/content/international-migrant-stock.

③ 2020年以来受新冠疫情影响,来华国际移民在总量、来源国家、来华目的等方面出现短期波动,故此处引用2019年联合国经济和社会事务部的统计数据。另外,有统计表明,由于有17.32万迁入移民的来源国信息不详,该数据是根据有明确信息的54.72万人统计得出的。

则显示,国际移民来华主要出于就业、学习、定居等目的和诉求。通过相关政府网站和诸多新闻报道,也可验证和窥见来华工作、留学的国际移民增长情况——2018年,中国累计发放外国人才工作许可证达33.6万份①;2019年中国高等教育留学生招生人数17.26万人,比上年增加了0.88万人②。总体而言,在华国际移民大多集中分布在东部沿海发达地区,且以就业(经济型流动)和求学(社会型流动)为主要来华目的。

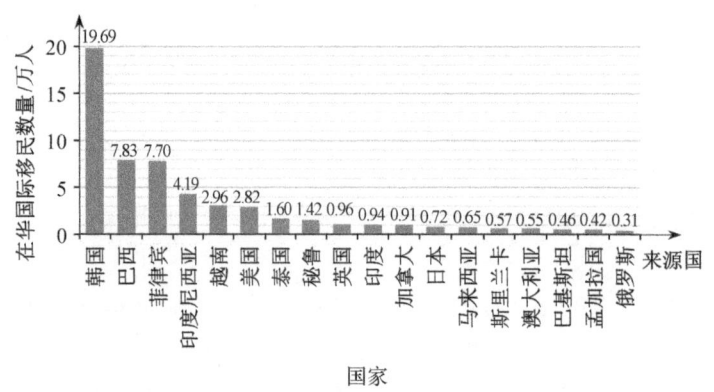

图1-1 2019年在华国际移民的来源国家人数排名

*资料来源:笔者根据UNDESA,International Migrant Stock 2019数据整理并绘制。

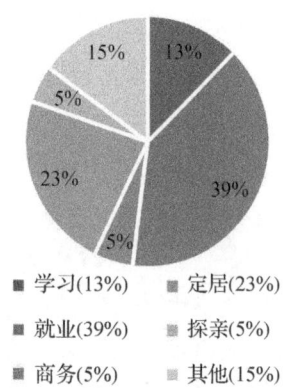

图1-2 国际移民来华目的统计

*资料来源:笔者根据2020年第七次全国人口普查数据整理并绘制。

(2) 国际移民通过主动或被动择居而形成不同类型的聚居空间,并在中国城市中呈现出独特的生存和演进之道

正如上文所述,自跨世纪以来,与来华国际移民规模持续增长相伴随的,还有移民目的和类型的多元化。其中,有四成的来华移民是以就业为目的的经济型国际移民,既包括跨国公司外派至中国的企业高管、产品研发人员和技术工人,也包括中国企业及科研院所引进的国际人才,当然还有大量来华经商和自主择业的外籍人士;与此同时,还有近四成来华国际移民属于社会型国际移民,主要包括近年来日益增多的来华留学人员(来自世界各国,特别是"一带一路"共建国家的学历学生和短期交流学生),以及因仰慕中国文化、向往中国生活,或家属随迁等原因而来华定居的外国友人。如此差异巨大的来华移民,自然在城市中形成了一批既有别于迁入地、又互存差异的异质性聚居空间,并呈现出独特的生存和演进面貌。

其中,就我国数量最多、分布最广的经济型国际移民而言,其所形成的聚居空间类型也最为丰富多元:其一,绝大部分跨国企业会为派驻来华的外籍员工及其家属在公司周边的高档酒店公寓或是商品房小区统一租赁住房,像北京、上海、广州等大都市均形成了一批由外企派驻员工构成的、具有一定族裔特征的国际移民聚集区,且主要分布在国际化商务区、高新技术园区等外企聚集地的周边,依托高档住宅和酒店式公寓聚居,其典型代表有北京望京新城的韩国人聚居区③(见图1-3)、广州远景路韩国人聚居区、上海古北日本人聚居区

---

① 中华人民共和国中央人民政府统计数据:http://www.gov.cn/guowuyuan/2019-04/14/content_5382827.htm.
② 智研咨询. 2021—2027年中国留学服务行业发展现状分析及市场前景预测报告[R]. 北京:智研钧略信息咨询有限公司,2021.
③ Wu F L, Webber K. The rise of "foreign gated communities" in Beijing: Between economic globalization and local institutions [J]. Cities, 2004, 21 (3):203-213.

和浦东欧美高级白领聚居区等;其二,近年来,我国各大城市为了鼓励和吸引国际人才来华就业,建立了一批高端涉外国际社区,其优质的服务水平和良好的社区环境也确实吸引了不少跨国企业高管、高端国际人才自发择居于此,如广州的广粤和汇景国际社区①、深圳招商蛇口片区的国际化社区②等;其三,也有部分企业为跨国技术工人统一提供员工宿舍,主要采取国内外员工混住、统一管理的被动择居形式,如富士康、飞利浦等中外合资工厂的员工公寓;其四,在"跨国商贸主义"和"底层全球化"背景下,还有不少低端国际移民来华经商、择业,并自发聚集而成的聚居空间,其一般分布在租金低廉的城中村等城市边缘地区,或跨国商贸发达片区周边的老旧小区内,如广州小北路的非洲人"巧克力城"③、浙江义乌的"中东人一条街"④、青岛城阳区的"韩国城"⑤等。

而就社会型国际移民而言,其聚居空间的类型则主要包括:其一,中国高校都会为来华留学生统一提供独立的校内公寓住宿,大部分留学生(尤其是低年级学生或短期交流学生)会选择接受这一安排而被动择居于校内,由此形成了"有限隔离"的校内留学生聚居空间,如各大高校统一管理的国际留学生公寓、留学生楼等(见图1-4);其二,也有部分留学生为了更好的居住环境而自主租居在校外,因而在高校周边形成了一批主动择居的留学生聚居空间,这一现象在高校聚集片区或是大学城附近表现得尤为明显,典型者如北京五道口的国际移民聚居区等;除此之外,还有部分出于个人或家庭原因来华定居的外籍人士,因数量较少、动机复杂等原因,目前尚未在华形成规模性的聚居空间,因此不在本书的考量范围之内。

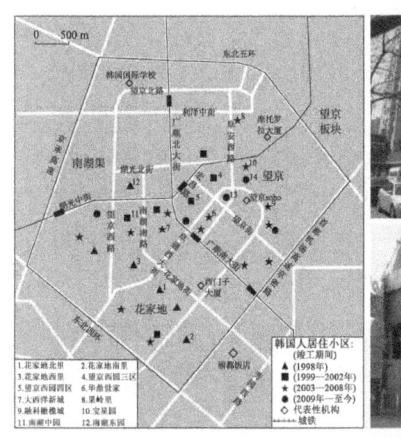

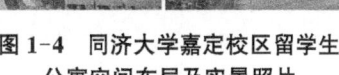

图1-3 北京望京韩国人聚居区空间分布及西园四区韩国城实景照片

* 资料来源:周雯婷,刘云刚,全志英.全球化背景下在华韩国人族裔聚居区的形成与发展演变:以北京望京为例[J].地理学报,2016,71(4):649-665.

图1-4 同济大学嘉定校区留学生公寓空间布局及实景照片

* 资料来源:李振宇,卢斌,刘红.正中求变,融合多元:同济大学嘉定校区留学生宿舍及专家公寓设计[J].世界建筑,2015(2):110-115,130.

---

① 林丹.国际社区建设与移民治理研究[J].社会建设,2021,8(6):85-95.
② 范文越.深圳市外籍人口空间分布及集聚片区的环境特征研究[D].哈尔滨:哈尔滨工业大学,2020.
③ 李志刚,薛德升,Lyons M,等.广州小北路黑人聚居区社会空间分析[J].地理学报,2008,63(2):207-218.
④ 吴瑞君,吴潇,薛琪薪.跨国移民的社会空间机制及移民治理启示:以浙江义乌的外国移民为考察对象[J].华东师范大学学报(哲学社会科学版),2022,54(3):132-139,187.
⑤ Kim H. Ethnic enclave economy in Urban China: the Korean immigrants in Yanbian [J]. Ethnic and racial studies,2003,26(5):802-828.

鉴于此,本书将从经济型国际移民空间中选择外籍员工聚居区(包括被动择居的外企派驻员工聚居区和主动择居的引进国际人才聚居区两类),从社会型国际移民聚居空间中选取留学生聚居区(包括被动择居的校内留学生公寓/宿舍和主动择居的校外留学生聚居区两类),作为本研究的重点。

(3) 透过国际移民聚居空间与迁入地之间的融合与响应,可揭示当代中国城市社会空间的某些普遍性规律

在中国社会经济发展与制度完善的进程中,虽产生和演化出类型多元、各具特色的国际移民聚居区形态,但它们又无一例外地承载和展示着国际移民群体在迁入地所经历的容忍与抵抗、接纳与阻隔等一系列复杂处境,同时也能从侧面记录和反映出城市社会空间因此而悄然产生的剧烈变迁。可见,国际移民聚居空间的生存和演化,在本质上就是因空间、经济、社会、心理等因素的影响,而同迁入地之间不断发生"融合—响应"的过程,且不同类型的聚居区会因影响因素作用机理的不同而表现出不同的演化特征。因此,若从国际移民群体迁入城市空间后的融合情况以及迁入地由此而出现的变化与响应两方面入手,或许能揭示当代中国城市社会空间某些深层的普遍性规律。

从国际移民聚居区的融合角度来看,在空间方面,目前国际移民在城市内择居多呈现出"大杂居、小聚居"的空间格局[①],虽共处于一座城市中甚至同一社区内,但更倾向于与具有相似文化背景的人群聚居在一起,从而与迁入地社会形成明显的空间隔离;同时,我国城市对国际移民开放的各类设施也不够完备,各地虽为国际移民配备了具有涉外资质的医院和学校以供其就医和子女就学,但在休闲活动、宗教文化活动的场所配备上仍无法满足其切实需求[②]。在经济方面,其融合程度主要由国际移民的就业类型和收入水平所决定[③],其中来自发达国家的企业高管和高层次技术人才因享有较高的薪资待遇和生活质量,往往具有较高的经济融合水平;而从欠发达国家迁入我国从事制造业、手工业与小商品贸易等中低收入工作的国际移民,经济融合水平则较低[④]。在社会方面,国际移民主动融入中国社会的意愿和程度普遍不高[⑤],一方面由于语言障碍,他们难以融入本地人的社交圈;另一方面则因文化背景和宗教信仰差异,在生活习俗、交往习惯等方面难以适应[⑥]。在心理方面,无论是在华贸易、经商类移民还是来华留学生,普遍存在着"过客"心理,长期留居并主动融入中国社会的意愿并不强[⑦];而在心理认同方面,多数国际移民对于中国人的人情关系和处世之道也难以理解,因而通常采取回避的方式,并保留对原有文化的认同感……综上所述,国际移民聚居区在各个方面的融合状态虽不尽相同,但总体上融合程度偏低,且长期留居意

---

① 刘云刚,谭宇文,周雯婷. 广州日本移民的生活活动与生活空间[J]. 地理学报,2010,65(10):1173-1186.
② 黄倩. 上海外籍人士休闲活动场所空间分布特征研究[D]. 上海:上海师范大学,2021.
③ 晏晓娟. 我国城市发展进程中的国际移民治理:基于社会融合的视角[J]. 上海对外经贸大学学报,2019,26(4):100-108.
④ 李树苗,薛琳,宋雨笑. 新时代在华国际移民的融合、发展与治理[J]. 北京工业大学学报(社会科学版),2022,22(4):16-28.
⑤ 姚烨琳,张海东. 国际移民的社会融入研究:以上海为例[J]. 学习与探索,2018(6):33-41.
⑥ 朱蓓倩. 上海外籍人口城市融入研究[D]. 上海:华东师范大学,2016.
⑦ 吴晓曼,薛琳,方伟晶,等. 中国国际移民的社会融合与发展:分析框架的构建与应用[J]. 西安交通大学学报(社会科学版),2022,42(5):115-122.

愿不算强烈。

而从迁入地社会的响应角度来看,在空间方面,许多国际移民聚居区周边均形成了独具特色的国际化商业空间,包括异国餐饮、商品、服饰等,展现了日益开放和国际化的城市面貌[1];但也有学者认为,新兴"跨国空间"的植入和渗透,会对迁入地"在地空间"造成挤压,使其丧失原本的"地方性"特色[2]。在经济方面,国际移民确实为迁入地带来了日益多元的产业形态和具有异国特色的文化商业氛围,但也在一定程度上挤压了原属于本地居民的职业选择机会,不利于迁入地劳动力就业市场的稳定[3]。在社会方面,除了部分国际化程度较高的社区会组织丰富的国际社团活动外,本地居民与国际移民之间往往缺少社会交往关系与生活交集;而且有研究表明,底层族裔型国际移民聚居区所在区域的犯罪率高于均值,且存在社区和街道卫生状况变差的情况[4]。在心理方面,我国公众对于国际移民聚居区(特别是底层移民聚居区)存有一定的排斥情绪,一方面源于对他国种族、语言、文化及生活方式的陌生感,另一方面则源于自身的领域意识,认为其侵占了所处的社区空间和公共资源[5]。

总体而言,国际移民聚居空间的衍生及其周边社区所发生的各类或正面或负面的响应,预示着当今地方和社区将直面全球化的植入与渗透,进而继续呈现更加国际化、多元化的城市面貌。

(4) 国际移民聚居区给中国城市管理与社区发展带来了新的问题和挑战,亟需提出基于"融合—响应"机制的差异化治理策略

国际移民聚居区与迁入地之间"融合—响应"的互动过程,在给我国城市带来国际化的城市面貌、异国特色的商业氛围和多元化的文化交流的同时,也给迁入地管理和社区发展带来了新的问题与多方面挑战。比如说在经济方面,在华国际移民聚居区周边的商业业态普遍存在着"短期经营、更换频繁"的问题,还有相关报道中的数据表明[6],来华国际移民的数量虽然一直在增长,但瞬息万变的全球化形势却加剧了跨国企业及其派驻员工的流动性,加之国际移民对高品质生活的追求,国际移民聚居空间的不稳定性逐渐显露出来,这也导致城市内刚刚形成的"跨国商业空间"难以长久维系。再比如说在管理方面,社区服务供给与国际移民的真实需求之间也明显存在部分错位,相关研究对广州广粤社区和汇景社区两个国际社区的调研就发现,"区别化治理"更容易让社区的中国居民产生"优待外国人"的误解,反而不利于建立多元共治的和谐社区[7]。除此之外,国际移民聚居区在社会交往方面还同时存在客观环境和主观态度上的障碍。比如说高校大多设有单独管理的留学生公寓楼,兼具居住、生活和部分休闲设施,这样的安排从客观上就阻碍了中外学生之间的互动与交流,而自愿租住于校外社区的留学生群体在主观上也更倾向于保持原先的生活习惯与社

---

[1] 李志刚,薛德升,杜枫,等.全球化下"跨国移民社会空间"的地方响应:以广州小北黑人区为例[J].地理研究,2009,28(4):920-932.
[2] 钱俊希,钱丽芸,朱竑."全球的地方感"理论述评与广州案例解读[J].人文地理,2011,26(6):40-44.
[3] 晏晓娟.我国城市发展进程中的国际移民治理:基于社会融合的视角[J].上海对外经贸大学学报,2019,26(4):100-108.
[4] 李志刚,等.广州国际移民区的社会空间景观[M].南京:东南大学出版社,2016.
[5] 马晨.城市国际化视域下西安国际社区治理研究[D].西安:陕西师范大学,2019.
[6] 新闻报道:房价上涨、生意困难,在望京的韩国人逐渐离开 https://new.qq.com/rain/a/20220926A010PK00.
[7] 林丹.国际社区建设与移民治理研究[J].社会建设,2021,8(6):85-95.

交联系(而非中外交流),对于语言障碍较弱、相对年轻化的留学生群体尚且如此,可见国际移民在社会交往上的融合难度非常之大。

很显然,国际移民聚居区在中国城市中的生存和演进已面临多方面的障碍和制约,探讨综合有效的移民治理策略迫在眉睫,其核心议题就是审视和思考"全球化背景下国际移民与迁入地的多重关联"。若将该议题转译到在华国际移民聚居空间上,则可以基于"融合—响应"的新视角来探寻不同聚居区的差异化治理策略。本研究在这一过程中,尝试将上述议题拆分为一系列的问题进行回答:其一,对经典移民相关理论的认知能够全面解释全球化背景下的移民聚居空间"融合—响应"的演化历程吗?是否需要在既有理论的基础上建立新的理论诠释框架?其二,从"融合"视角来看,国际移民聚居空间表现为怎样的现状特征和内在机制?其三,从与之对应的"响应"视角来看,迁入地对国际移民聚居空间的产生和演化又是如何做出反应的?其四,面对"融合—响应"互动过程中的矛盾和冲突,应如何平衡国际移民与迁入地各自的利益与诉求,从而提出具有包容度的治理路径和治理策略?

综上所述,国际移民聚居区作为特殊群体在中国城市生存的一类典型社会结构,其生存与演化表现出很多独特却又不尽为人知的规律和模式。聚焦于"社区"尺度下的"国际移民聚居空间",既是解决"以人为本"城镇化过程中出现的各类社会空间问题的前提和基础,也是解析当前我国城市社会空间的关键样本和路径之一。因此,本研究将借鉴并整合相关理论工具,遴选包括空间、经济、社会、制度、心理等方面在内的"融合—响应"解析维度,对国际移民聚居空间的演化机理进行理论诠释,并以南京的国际留学生聚居区与外籍员工聚居区为实证样本展开对比分析,最终建立中国语境下国际移民聚居区"融合—响应"的多情境解释模型,管窥国际移民群体在中国城市的生存与演进规律,进而着重从城市规划和社区治理角度提出兼顾国际移民诉求与迁入地利益的包容性治理策略。

1.2 研究目的和意义

1.2.1 研究目的

其一,挖掘在华国际移民聚居空间的"融合"与"响应"规律。国际移民聚居空间的融合与响应隶属于"特殊群体聚居空间+社会融合"的交叉研究范畴,然而长期以来相关成果多从迁入地影响下的"特殊群体融合"这一单向视角展开,而对迁入地的反向响应关注较少。本研究以南京市多类国际移民聚居区为典型样本,将通过一手数据的采集和"融合—响应"双向指标体系的构建,来定量测度和实证剖析国际移民聚居空间在融合端和响应端的各自特征和变化规律。

其二,建构在华国际移民聚居空间的多情境解释模型,并提出针对性的规划治理策略。在当今全球化的国际背景和我国社会经济迅速发展的国内语境下,国际移民聚居空间已逐步显现出类型化、情境化的动态规律和差异特征,这也对社区管理与城市治理提出了新的国际化要求。本研究将通过引介和借鉴西方经典移民理论,基于国际移民与迁入地之间

"融合—响应"的互动视角,结合中国现实语境(实证案例),来整合和建立空间、经济、社会、制度及心理五位一体的理论诠释框架,以多情境地阐释不同国际移民群体在中国城市的生存与演进之道,并从城市规划角度提出具有针对性的治理策略。

1.2.2 研究意义

(1) 关注国际移民群体的特殊需求方面

改革开放以来,中国作为国际移民目的国的地位日渐凸显,但同时国际移民的人口占比却在低位上提升不明显,人们对于这一特殊群体的生活实态和演化规律也认知有限且发掘不足。鉴于此,本研究将以两类规模最大的在华国际移民群体——国际留学生和外籍员工作为典型代表,从不同角度解析其聚居空间千差万别的静态特征和动态规律,发掘其独特而分异的社会、经济、空间等需求。这不但有助于揭示该类新兴特殊群体的现状特征和现存问题,还能从城市规划与社区治理角度为我国国际移民政策的制定与移民群体的本土化管理提供有力参考,从而促进全球化浪潮下中国自身与世界的可持续性发展。

(2) 充实"城市规划视野下的特殊群体空间"研究体系方面

自党的十八大以来,中央政府强力彰显"人本"主线,对创新社会治理、调谐社会关系、改善民生状况等社会性议题给予了前所未有的广泛重视。在此背景下,本研究以"社区"视野来对比和剖析两类典型的在华国际移民聚居空间,其初衷正是以"社区"透视"社会"、以"微观尺度"勾勒"宏观结构",可为我国城市错综复杂的社会变迁提供又一关键解析窗口和独特路径。与此同时,本研究所聚焦的国际移民聚居空间作为既有社区研究体系的一大特色构成,也可在一定程度上弥补"边缘化群体"在聚居空间研究上的类型缺位,这对于提升人民生活品质、推动社会正义的城乡规划工作而言,有着显见的样本价值和现实意义。

(3) 强调理论与实证相结合的综合性研究方面

目前,国内关于在华国际移民聚居区的研究仍停留在基于典型案例调研的实证阶段,即使是西方社会学广为接受的移民理论模型也未在中国实践中得到充分检验与修正。因此,本研究围绕着"全球化背景下国际移民与迁入地的多重关联"这一核心议题,一方面以国际留学生聚居区、外籍员工聚居区为样本,以时间地理学、层次分析法、SEM(Structural Equation Modeling,结构方程模型)等技术手段为依托,对其演化过程中"融合"与"响应"的特征规律、现存问题和治理策略展开考察比较和实证分析;另一方面在优化经典理论中单向融合逻辑视角的基础上,尝试构建"国际移民聚居空间-迁入地"之间的"融合—响应"双向联动逻辑框架,并结合实证研究结果加以修正和提炼后,多情境地探究其在中国城市的生存与演化机制,针对不同情境提出差异化的治理策略。这在揭示国际移民聚居空间机理、助推移民社区治理现代化的同时,还可有效弥补以往同类研究在实证样本类型和理论诠释体系上的不足和局限。

1.3 研究综述

1.3.1 文献研究方法与工具

信息技术的发展和计算机处理能力的增强,为浩如烟海的文献数据信息的提炼和可视化分析处理提供了可能和机遇。其中,CiteSpace 是一个可有效应用于科学文献发展趋势和研究动态可视化分析的工具,其以强大的文献共被引分析而知名,目前已广泛应用于管理学、计算机科学以及医学等 60 多个领域[1]。因此,本研究将借助于 CiteSpace 软件,对"国际移民聚居空间"的相关文献进行可视化分析。

本研究所关注的"国际移民聚居空间的融合、响应与治理"实质上属于"特殊群体聚居空间"(社区视野下的特殊群体空间)的研究范畴。下文将围绕"国际移民聚居空间"这一概念,同时结合"国际移民(跨国移民)社区""国际移民(跨国移民)聚居区""跨国社区""族裔社区"等主要细分关键词,以"融合""融入""响应""影响""治理"等为关键词进行交叉检索,最终借助于 CiteSpace 工具将"国内外国际移民聚居空间的融合、响应与治理"研究领域的热点、关联、研究内容等一一挖掘出来。但需要一提的是,该软件作为一种技术工具,只能机械地计算和呈现文献之间的关系、综合评述、热点词汇和研究主题;具体的文献细节和优劣评判,还需要人工结合文献内容进行深入解读才能实现。

1.3.2 国外相关研究进展

国外关于"国际移民聚居空间"的研究,从内容到方法均已趋于成熟,且成果积累颇为丰厚。需要进一步将"国际移民聚居空间"与"融合、响应、治理"三大关键词进行交叉检索,以便筛选和聚焦于与本研究更具关联性的核心参考文献。

因此,以 Web of Science(WOS)数据库中的核心数据合集(包括 SCI、SSCI、A&HCI)为数据来源,以"international migration settlement(community)"等与国际移民聚居区相关的词和"integration""response""governance"等与融合、响应、治理相关的词作为检索词,检索项选择为"topic",专业限定为城市研究、地理学、社会学、人类学等领域,文献类型选择为期刊论文集,时间跨度为 1925—2022 年,按上述条件共检索到 3 721 篇文章。同理,对 ProQuest 学位论文检索平台也同步进行了检索,又分别检索到硕士论文 41 篇和博士论文 15 篇。

---

[1] 何尹杰,吴大放,刘艳艳. 城市轨道交通对土地利用的影响研究综述:基于 CiteSpace 的计量分析[J]. 地球科学进展,2018,33(12):1259-1271.

(1) 分析结果

根据上述确定的数据样本,绘制文献共引网络聚类图,探析国外"国际移民聚居空间"的研究现状、研究趋势、研究热点等(见图 1-5、图 1-6)。具体设置为:1970—2022 年,由于时间跨度长,切割设置为 5 年;值得注意的是,由于中英文参考文献的引用格式存在差异,以 WOS 为数据源时和以 CNKI(中国期刊网全文数据库)为数据源时存在固有差异,因此在 CiteSpace 中节点类型选择的是 Cite Reference,而不是 Term 和 Key-word;其余则与中文文献的检索设置一样。下文将根据可视化结果以及对国际移民聚居空间相关文献的梳理,进一步解析其相关研究进展和趋势。

根据上述 CiteSpace 软件的运行结果(见图 1-5、图 1-6)可知,国外学者关于国际移民聚居空间的研究主题大体涉及九个方面。由于同"国际移民聚居空间""社会融合""治理"三个主题词关联的词汇较多,这不但会导致多个主题之间多有重复,还会衍生出不少同本研究主题关联性并不强的外延内容,因此有必要先对其进行归并梳理、筛除枝节、主题聚焦,即:可将与国外强相关的研究成果划分为国际移民聚居空间研究、国际移民融合研究和国际移民治理研究三大类共七个主题。

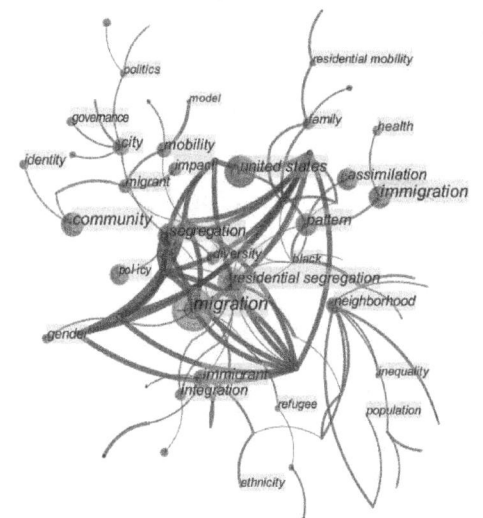 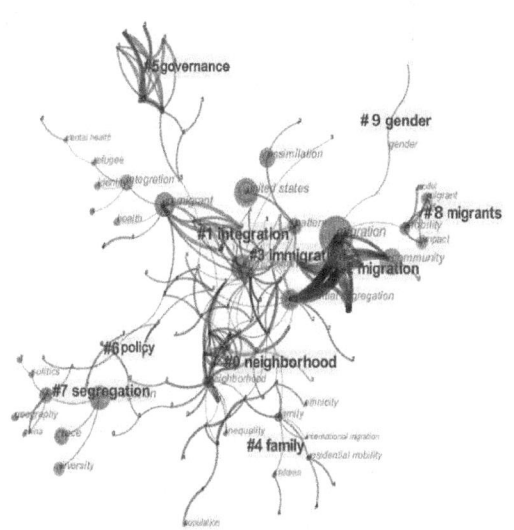

图 1-5 国外国际移民聚居空间相关研究的主题图 　　图 1-6 国外国际移民聚居空间相关研究的主题聚类图
　　＊资料来源:笔者自绘。　　　　　　　　　　　　　　＊资料来源:笔者自绘。

(2) 各研究方向分析

① 国际移民聚居空间的相关研究

主题 1 国际移民聚居区的地理空间研究

在空间区位方面,有部分美国学者从区域层面入手,研究发现拉美裔移民聚居区新的分布区域主要在美国东南部,且多集中在大都会城市、郊区和快速成长的农村社区(Lichter 等[①];Flippen 等[②]);还有部分学者从城市层面入手,研究了国际移民聚居区的区位迁移规

---

① Lichter D T, Parisi D, Taquino M C, et al. Residential segregation in new Hispanic destinations: cities, suburbs, and rural communities compared[J]. Social science research, 2010, 39(2): 215-230.
② Flippen C A, Parrado E A. Forging Hispanic communities in new destinations: a case study of Durham, North Carolina[J]. City & community, 2012, 11(1): 1-30.

律,沃德(Ward)就将这一过程划分为三个阶段,即移民聚居区作为贫困区经历了一个"分布于内城和中央商务区边缘—分散外迁和异质性加强—外迁至郊区"的过程[1],莱伊(Ley)则将这类聚居区的区位迁移划分为更多的阶段,并从理论上建构和诠释了其整个演化过程[2]。

在空间特征方面,哈慕克(Pamuk)通过对旧金山移民聚居区的研究,曾将其空间类型划分为传统的低收入族裔飞地、无序状的中等收入族裔社区和富裕的族裔社区三类[3]。并且,有不少学者对"族裔飞地"这一主要类型展开了研究,大多认为这类聚落形态往往被主流社会所孤立,但是聚居区内的移民企业(移民劳动力比重高)为缺乏人力资本和社会资本的移民提供了社会流动的机会(Sanders 等[4];Portes[5];Massey[6])。不过近年来族裔飞地的规模在缩小、功能在弱化,一方面是因为老一辈移民离开族裔飞地而迁往富裕社区,另一方面则是因为拥有较高人力资本的新移民倾向于选择更为理想的地方定居(Logan 等[7])。而约(Yeoh)等则将注意力转移到亚洲的移民城市上,她以新加坡为例,探索了移民工人聚居的"移民飞地"的形成、空间隔离与管理难题[8]。还有部分学者对"族裔郊区"这一特殊形态展开了研究,发现新移民中的中产阶级和上层阶级选择郊区作为居住地,从而带来了族裔商业的聚集,由此而衍生的对于族裔服务业和工人的巨大需求则吸引了更多族裔群体的到来(Price[9])。于是,族裔学校、教堂、社会俱乐部得以在郊区盛行,并产生和维系了独特的社区意识、族裔特征和文化符号(Li[10])。总体而言,移民聚集区从"飞地"到"郊区"的转变也在一定程度上反映出移民政策、全球经济、国际地缘政治、跨国关系、种族关系的改变(Li[11])。

"国际移民聚居区的地理空间研究"主要从聚居区的空间区位、空间特征等方面入手,重点探讨了聚居区区位选择的偏好和三类移民聚居空间的特征,并从物质空间、阶层划分、社会网络、族裔经济等方面展开了独具特色的深度分析。只是目前积累颇丰的成果主要是

---

[1] Ward D. The emergence of central immigrant ghettoes in American cities:1840—1920[J]. Annals of the association of American geographers,1968,58(2):343-359.

[2] Ley D. Seeking homo economicus: the Canadian state and the strange story of the business immigration program[J]. Annals of the association of American geographers, 2003,93(2):426-441.

[3] Pamuk A. Geography of immigrant clusters in global cities: a case study of San Francisco, 2000 [J]. International journal of urban and regional research, 2004,28(2):287-307.

[4] Sanders J M, Nee V. Limits of ethnic solidarity in the enclave economy[J]. American sociological review, 1987,52(6):745-773.

[5] Portes A. The social origins of the Cuban enclave economy of Miami[J]. Sociological perspectives, 1987,30(4):340-372.

[6] Massey D S. American apartheid: segregation and the making of the underclass[J]. American journal of sociology, 1990,96(2):329-357.

[7] Logan J R, Zhang W Q, Alba R D. Immigrant enclaves and ethnic communities in New York and Los Angeles[J]. American sociological review, 2002,67(2):299-322.

[8] Yeoh B S, Lam T. Managing the non-integration of transient migrant workers: urban strategies of enclavisation and enclosure in Singapore[J]. Urban studies, 2022, 59(16): 3292-3311.

[9] Price M. A review of "Ethnoburb: the new ethnic community in urban America"[J]. Annals of American geographers,2012,102 (1):254-256.

[10] Li W. Anatomy of a new ethnic settlement: the Chinese ethnoburb in Los Angeles[J]. Urban studies, 1998,35(3):479-501.

[11] Li W. Los Angeles' Chinese ethnoburb: From ethnic service center to global economy outpost[J]. Urban geography, 1998,19(6):502-517.

以美国、加拿大、新加坡等国的典型案例作为实证分析和理论提炼的基础与依据,在地域广度上稍显局限。此外,从研究对象上看,目前聚焦于国际留学生等亚类群体的专项式探讨则显得积累不足。

主题2 聚居区经济与社会研究

在聚居区族裔经济方面,社会学家博纳西克(Bonacich)最早提出的"族裔经济"概念,主要包括"所有权"(指少数族裔所拥有和经营的企业)和"控制权"(指少数族裔所控制的招聘渠道)两方面,并拥有所有制和就业网双重属性[1];王(Wang)认为族裔经济的布局会受到族裔社区发展和族裔人口密度的影响[2];莱特(Light)等认为当族裔经济活动在一定空间范围内的聚集达到相当规模时,就有可能形成聚居区族裔经济,其根植于"二元劳动力市场理论"和经典"同化理论"所带来的排斥,具有"结构性"和"文化性"两大特征[3];瓦尔丁格(Waldinger)也认为聚居区为"族裔经济"发展提供了廉价劳动力、族裔网络和市场[4];陈(Chan)则认为族裔群体与主流群体的民族相似性,能使族裔商业更早地吸引来自主流群体的客户,但族裔聚居区内部的同质化却会制约族裔商业的多元化发展[5]。

在聚居区社会特征方面,艾伦(Allen)等人认为移民聚居区的居住集中度是存在差异的,可在一定程度上反映其不同的社会特征[6];而梅西(Massey)通过调查发现,黑人聚居区的居住集中度相对较高,且更依赖社会福利,也更强调以女性为主的家庭规范[7];李(Li)的研究却显示,族裔郊区的居住集中度相对较低,且移民拥有更高的社会地位[8];卢克(Luk)等人则发现在多伦多的"唐人街",出现了大量的越南人定居和更为异质化、多元化的空间[9];此外,还有研究表明移民的社会网络内部存在代际差异、性别差异和地位差异(Avenarius[10])等。

"聚居区经济与社会研究"类文献的成果颇为丰富,主要从聚居区族裔经济和聚居区社会特征两方面来展开。从中可以看出聚居区经济作为西方学界较为关注的热点问题,其成果不仅注重本身的形成机制和特征,还会通过不同案例的对比研究来分析聚居区经济与聚

---

[1] Bonacich E. A theory of middleman minorities[J]. American sociological review, 1973,38(5):583-594.

[2] Wang Q F. Beyond ethnic enclaves? exploring the spatial distribution of Latino-owned employer firms in two U.S. immigration gateways[J]. Journal of urban affairs, 2013,35(5):569-589.

[3] Light I, Sabagh G, Bozorgmehr M, et al. Beyond the ethnic enclave economy[J]. Social problems, 1994,41(1):65-80.

[4] Waldinger R. The two sides of ethnic entrepreneurship[J]. International migration review, 1993,27(3):692-701.

[5] Chan S K. Segregation dimensions and development differentials of ethnic enclave[J]. International journal of social economics, 2015,42(1):82-96.

[6] Allen J P, Turner E. Ethnic residential concentrations in United States Metropolitan areas[J]. Geographical review, 2005,95(2):267-285.

[7] Massey D S. American apartheid: segregation and the making of the underclass[J]. American journal of sociology, 1990,96(2):329-357.

[8] Li W. Los Angeles' Chinese ethnoburb: from ethnic service center to global economy outpost[J]. Urban geography, 1998,19(6):502-517.

[9] Luk C M, Phan M B. Ethnic enclave reconfiguration: a new chinatown in the making[J]. GeoJournal, 2005,64(1):17-30.

[10] Avenarius C B. Immigrant networks in new urban spaces: gender and social integration[J]. International migration, 2012,50(5):25-55.

居区的相互作用。但相较而言,关于聚居区社会特征的研究目前仍以典型案例的调查分析与特征描绘为主,在理论提炼和思辨深度上稍显不足。

主题 3 聚居区形成机制研究

从不同作用者视角出发,部分学者认为移民聚居区的发展主要源于政府不断提升对其的社会认可度(包括族裔意识和文化认同)、支持移民聚居区的经济发展,以及充分利用移民投资(Peng[1];Theodore[2];McDaniel 等[3]);部分学者也肯定了社区组织在聚居区中的积极作用,认为其有利于维系移民之间的情感交流、促进社区族裔文化的发展和推进聚居区物质空间的改善,并且能提供有价值的业务技能、网络和社会资本,从而在建构移民身份上发挥非常重要的作用(Tseng[4];Lee[5];Vallejo[6];De Filippis 等[7]);此外,也有研究表明移民聚居区的形成和发展与移民自身的住房选择密切相关,比如说洛杉矶和纽约族裔社区的形成主要取决于移民群体的择居偏好和族群特征,而华裔群体较强的民族认同感和文化特征则可以很好地解释华裔社区为何拥有更高的创业比重,也正是在移民族群特点与当地特征的相互影响和作用下,差异化的聚居区族裔经济由此而衍生(Yuengert[8];Logan 等[9];Alberts[10])。

从空间生产视角出发,国际移民聚居区的形成主要包括物质性实践、符号的生产和意义的赋予三个环节。物质性实践主要表现为物质空间的构建,例如居住环境、商业区、教育和医疗设施等;符号的生产和意义的赋予则是区别于其他社区的重要建构过程,体现在语言、宗教、风俗习惯等方面。相关研究认为,这三个环节缺一不可,相互作用并共同构建起聚居区的文化氛围和社会认同感[11]。比如亚利桑那州凤凰城的拉美裔移民就在社区内创建

---

[1] Peng J M. A community in motion: The development of Toronto's Chinatown and Chinese Community, 1947—1981[D]. Guelph: University of Guelph, 1994:7-8.

[2] Theodore K. Government influence in an enclave economy: an exercise in modelling[J]. Social and economic studies, 1989,38(1):37-59.

[3] McDaniel P N, Drever A I. Ethnic enclave or international corridor? Immigrant businesses in a new south city [J]. Southeastern Geographer,2009,49(1):3-23.

[4] Tseng W. The structure and role of Ethnic Community Organizations in social adjustment and the development of social capital in chinese and vietnamese immigrant communities[D]. San Francisco: University of California, 2003: 7-8.

[5] Lee K S. The meaning and practice of civic participation among four immigrant communities[D]. Cincinnati: Union Institute and University, 2004:3-4.

[6] Vallejo J A. Latina spaces: middle-class ethnic capital and professional associations in the Latino community[J]. City & community,2009,8(2):129-154.

[7] De Filippis J, Faust B. Immigration and community development in New York city[J]. Urban geography, 2014,35(8):1196-1214.

[8] Yuengert A M. Testing hypotheses of immigrant self-employment[J]. Journal of human resources, 1995,30 (1):194-204.

[9] Logan J R, Zhang W Q, Alba R D. Immigrant enclaves and ethnic communities in New York and Los Angeles [J]. American sociological review, 2002,67(2):299-322.

[10] Alberts H C. Rethinking the Ethnic Enclave Economy: Cubans in Miami[D]. Minneapolis: University of Minnesota, 2003:189-193.

[11] Kang H. Cultural citizenship and immigrant community identity: constructing a multi-ethnic Asian American community[M]. New York: LFB Scholarly Publishing, 2010:1-202.

了拉丁裔文化设施,其目的就是通过独特的文化符号空间构建来赋予聚居区民族意义(Arreola[①])。再比如澳大利亚布里斯班的 Sunnybank 社区,就因香港和台湾富人移民的大规模定居而注入了大量的消费主义空间(Ip 等[②])。

从民族团结视角出发,可以为移民聚居区(尤其是族裔郊区)的形成提供新的解释。现有的关联理论主要建立了反应性族群模式和"扩散—竞争"模式两种解释框架:前者认为移民是基于经济和种族原因而被迫聚集的,种族主义阻碍了移民在主流经济中寻找就业机会,因此他们被迫在移民聚居区从事小族裔商业和贸易;后者则认为族裔的集中主要是通过和其他群体的不断竞争而实现(Sanders 等[③];Nielsen[④])。但现有的实证研究结果大多支持"扩散—竞争"模式的解释,因为在空间流动的客观障碍减少后,依然有很多移民主动聚集在聚居区,比如超过 40%的古巴移民就是通过自我雇佣而集聚的,而并非出于对移民政策或者主流社会的被动反应(Waldinger[⑤])。

国际移民聚居区的形成是主流社会和移民共同构建、交换和相互作用的结果,因此"聚居区形成机制研究"类文献主要是从不同作用者视角、空间生产视角以及民族团结视角展开,不但成果积累较多,研究内容也相对丰富。尽管在各派成果之间仍存在立场与观点上的分歧,尚未形成统一且高认可度的研究结论,但其多元的研究视角仍可为我国的移民聚居区研究提供思路上的参考。

②国际移民融合的相关研究

主题1 国际移民的融合与响应研究

从"融合"角度出发的研究,主要包括案例调查分析、跨文化适应、空间整合政策等内容。在案例调查分析方面,莱曼斯基(Lemanski)以开普敦郊区的"白人聚居区"为例,通过定量与质性相结合的时空行为分析法,讨论了其日常活动(通勤、日常消费、休闲、健身等)的时空路径及其范围对于国际移民融合的重要影响[⑥];杨(Yang)以新加坡中小学内的移民教师为例,研究了中等国际移民在新加坡工作与生活中的"融合"与"适应"障碍,这有助于突出当地制度和社会文化条件对中等移民在定居和工作方面产生的特殊影响[⑦];此外,还有学者通过案例分析,深入探讨了个人经历、社会交往、文化氛围、地方认同等因

---

① Arreola D D. Placemaking and Latino Urbanism in a Phoenix Mexican immigrant community[J]. Journal of Urbanism, 2012,5(2/3):157-170.

② Ip D, Anstee M, Wu C T. Cosmopolitanizing Australian suburbia: Asian immigration in Sunnybank[J]. Journal of population studies, 1998(18):53-79.

③ Sanders J M, Nee V. Limits of ethnic solidarity in the enclave economy[J]. American sociological review, 1987,52(6):745-773.

④ Nielsen F. Toward a theory of ethnic solidarity in modern societies[J]. American sociological review, 1985,50(2):133-149.

⑤ Waldinger R. The "other side" of embeddedness: a case-study of the interplay of economy and ethnicity[J]. Ethnic and racial studies,1995,18(3):555-580.

⑥ Lemanski L C. Desegregation and integration as linked or distinct? Evidence from a previously "white" suburb in post-apartheid Cape Town[J]. International journal of urban and regional research,2006,30(3):564-586.

⑦ Yang P. Differentiated inclusion, muted diversification: immigrant teachers' settlement and professional experiences in Singapore as a case of "middling" migrants' integration[J]. Journal of ethnic and migration studies, 2022, 48(7):1711-1728.

素对于移民社会融合的影响（Wejnert①；Lennox②；Spierings③）。在跨文化适应方面，西方学者以社会融合理论为依托，聚焦于文化融合维度而展开了一系列的延伸探讨：贝瑞（Berry）提出了适用于多元文化社会的文化适应模型，并按照适应者的态度将其划分为融合、分离、同化和边缘化四种类型，在此基础上分析了文化适应对文化适应者的影响，提出了分析文化适应压力的理论框架④；沃德（Ward）等人也从心理学角度提出了"文化适应过程模型"，集中概括了情绪、行为和认知三方面对文化适应过程的影响⑤；丹克沃德（Danckwort）则聚焦于留学生在异文化环境下的适应问题，对其文化适应的领域、过程、阶段以及文化适应的影响因素进行了深入细致的探讨⑥。

从"响应"角度出发的研究，主要包括人口迁移对迁入地（迁入国）的宏观影响、移民聚居区对迁入地城市及其自身的微观作用。在宏观影响方面，贝瑞（Berry）认为国际移民迁移的周期性会对美国城市产生巨大影响，并在一定程度上促进迁入城市的发展⑦；费瑞（Frey）的研究也表明国际移民会对迁入国的内部人口迁移产生较大影响，由于低端岗位多被国际移民所占据，本地的工人阶层被迫外迁⑧；迈尔斯（Myers）等人还关注了国际移民对美国住房的影响，发现大批国际移民（尤其是西班牙拉丁裔移民）的到来会大幅提升住房的拥挤程度⑨；克拉克（Clark）等人则研究了移民与城市教育资源分布的关系，认为国际移民人口构成的变化不但会导致学区边界的变动，而且国际移民居住空间的集中与分散状况也会影响选举结果⑩。在微观作用方面，洛杉矶韩国城⑪、古巴移民社区⑫等案例均表明，国际移民社区的存在有利于族裔经济的发展，且与跨国网络保持着不同程度的联系，从而构建出独特的地方景观；还有学者认为国际移民聚居区在降低失业率，增强文化、习

---

① Wejnert C. Social network analysis with respondent-driven sampling data: a study of racial integration on campus[J]. Social networks, 2010, 32(2): 112-124.

② Lennox C. Racial integration, ethnic diversity, and prejudice: empirical evidence from a study of the British National Party[J]. Oxford economic papers, 2012, 64(3): 395-416.

③ Spierings B, Van Der Velde M. Cross-border differences and unfamiliarity: shopping mobility in the Dutch-German Rhine-Waal Euroregion[J]. European Planning Studies, 2013, 21(1): 5-23.

④ Berry J W. Psychology of acculturation: understanding individuals moving between cultures[C]//Brislin R. Applied cross-cultural psychology. Thousand Oaks, California: Sage Publications, 1990: 232-253.

⑤ Ward C, Bochner S, Furnham A. The psychology of culture shock[M]. London: Routledge, 2001.

⑥ Danckwortt, D. Probleme der anpassung an eine fremde kultur: eine sozialpsychologische analyse der auslandsbildung[M]. Köln: Car/Duisberg-Gesellschaft für Nachwuchsförderung, 1959.

⑦ Berry B J L. Transnational urbanward migration, 1830—1980 [J]. Annals of the association of american geographers, 1993, 83(3): 389-405.

⑧ Frey W. Immigrant and native migrant magnets[J]. American demographics, 1996(6): 1-5.

⑨ Myers D, Lee S W. Immigration cohorts and residential overcrowding in Southern California [J]. Demography, 1996, 33(1): 51-65.

⑩ Clark W A V, Morrison P A. Demographic foundations of political empowerment in multiminority cities [J]. Demography, 1995, 32(2): 183-201.

⑪ Lee D O. Koreatown and Korean small firms in Los Angeles: locating in the ethnic neighborhoods[J]. The professional geographer, 1995, 47(2): 184-195.

⑫ Galbraith C S, Stiles C H, Rodriguez C L. Patterns of trade in ethnic enclaves: a study of Arab and Hispanic small businesses[J]. Journal of small business & entrepreneurship, 2003, 16(3/4): 1-12.

俗、语言的传承与交流①,增强移民的身份认同和归属感②等方面具有积极作用,而且聚居区内的社区组织也有利于移民的市民化③;但同样也有研究表明,族裔性不但会阻碍移民进入一般的劳动力市场④,其聚居环境也容易促发高风险行为⑤。

"国际移民的融合与响应研究"类文献主要围绕跨国移民与主流社会关系的"融合"与"响应"而做出探讨和拓展,重点依托社会学、地理学、人类学等专业领域,从国际移民融合的角度出发建立了清晰完善的理论模型,并形成了定性与定量相结合的研究体系;相较而言,从迁入地响应角度出发的成果积累相对薄弱,能兼顾"融合—响应"双重视角的综合性研究更是缺乏,且成果基本上以结合现实案例调研的定性分析为主,尚未为此建构起普适性的理论诠释模型。

主题2 移民的融合测度与影响因素研究

在测量维度方面,考虑到移民类型的差异性与融合的动态性,有不少学者提出了不尽相同的测量维度。戈登(Gordon)率先提出了针对族群关系融合测量的七个维度:文化融合、结构融合、婚姻融合、认同性融合、态度接受、行为接受及公共事务融合⑥;Alba等人则对此框架进行了优化,增加了社会经济融合、空间(或居住)融合等重要维度;在此基础上,还有部分学者因研究对象不同、研究重点迥异而相继构建出了大同小异的社会融合测量框架,并细化了各维度下的测量指标(Neidert等⑦;Hirschman⑧;Myers等⑨)。

在融合方向方面,戈登(Gordon)认为文化融合是一个移民逐渐抛弃原有家乡文化、尝试融入主流文化的单向过程;而贝瑞(Berry)则认为移民的文化融合具有双向性⑩,并指出移民迁入新社会后都面临着是否继续保持自己原有文化以及是否愿意融入迁入地文化两方面的问题,因此可根据其对原有文化和迁入地文化的不同态度及其组合,生成融合、同化、分离及边缘化四种文化融合策略⑪;菲尼(Phinney)甚至在此基础上提出了身份认同的

---

① Luk C M, Phan M B. Ethnic enclave reconfiguration: a new Chinatown in the making[J]. GeoJournal, 2005, 64(1): 17-30.

② Jenks H. Urban space, ethnic community, and national belonging: the political landscape of memory in Little Tokyo[J]. GeoJournal, 2008, 73(3): 231-244.

③ De Filippis J, Faust B. Immigration and community development in New York city[J]. Urban geography, 2014, 35(8): 1196-1214.

④ Yoon I J. The changing significance of ethnic and class resources in immigrant businesses: the case of Korean immigrant businesses in Chicago[J]. International migration review, 1991, 25(2): 303-332.

⑤ Banati P. Risk amplification: HIV in migrant communities[J]. Development Southern Africa, 2007, 24(1): 205-223.

⑥ Gordon M. Assimilation in American life: the role of race, religion, and national origins[M]. New York: University of Chicago Press, 1964.

⑦ Neidert L, Farley R. Assimilation in the United States: an analysis of ethnic and generation differences in status and achievement[J]. American sociological review, 1985, 50(6): 840-850.

⑧ Hirschman C. The educational enrollment of immigrant youth: a test of the segmented-assimilation hypothesis[J]. Demography, 2001, 38(3): 317-336.

⑨ Myers D, Gao X, Emeka A. The gradient of immigrant age-at-arrival effects on socioeconomic outcomes in the U.S.[J]. International migration review, 2009, 43(1): 205-229.

⑩ Berry J W. Immigration, acculturation, and adaptation[J]. Applied psychology, 1997, 46(1): 5-34.

⑪ Berry J W. Psychological aspects of cultural pluralism[J]. Culture learning, 1974, 30(2): 17-22.

双向模型[1]。可见,学界对于社会经济融合的单一方向性已基本达成共识,认为移民都想实现社会经济地位的向上流动,但对于文化融合和身份认同的方向性却一直存有争议。

在影响因素方面,大致可划分为个体层次因素和结构层次因素(或称群体层次因素)两大类[2]。就个体层次因素而言,针对美国的欧洲移民研究表明,教育水平、工作技能、迁移时间、迁入地语言掌握程度和出生地等都是影响移民社会融合的重要因素(Sandberg[3];Chiswick[4]),此外,代际差异、到达迁入国的年龄等也会影响移民的社会融合效果(Gans[5];Park[6];Perlmann 等[7]);就结构层次因素而言,则可分为迁出地与迁入地两类,Warner 等认为移民因天生的某些特征(如肤色、母语、宗教信仰等)往往在迁入之前就决定了其在融合过程中的弱势地位[8],而移民所处的社会阶级、种族地位、经济背景、定居地点等均是影响其融合的结构性因素。

"移民的融合测度与影响因素研究"类文献主要从融合的测量维度、方向、影响因素三方面入手,采用定性与定量相结合的方法取得了较为完备的成果、形成了较为完备的体系;尤其是在实证研究中,普遍而成熟地应用了大量方程模型和计量统计技术,可为本书融合与响应研究模型的构建提供技术借鉴与支撑。

③国际移民治理的相关研究

主题1 全球移民治理研究

在全球移民治理理念和机制方面,有的学者梳理并总结了全球化背景下国际移民治理的理念和机制演进历程,并探讨了全球移民治理的必要性和发展趋势(Newland[9];Broborić[10]);不少西方学者还基于人口流动的内在逻辑,从全球视野出发,提出了适用于不同移民的治理模式,诸如以国家主权为根本的移民治理模式、以合作共赢为前提的反移民治理模式、基于人权和国际规范的移民治理模式、以发展全球化为目标的跨

---

[1] Phinney J S. Ethnic identity in adolescents and adults: review of research [J]. Psychological bulletin, 1990, 108 (3): 499-514.

[2] Berry J W. Immigration, acculturation, and adaptation [J]. Applied psychology, 1997, 46(1): 5-34.

[3] Sandberg N C. Ethnic identity and assimilation: the polish-American community, case study of metropolitan Los Angeles[M]. New York: Praeger Publishers, 1974.

[4] Chiswick B. Sons of immigrants: are they at an earnings disadvantage? [J]. The American economic review, 1977, 67(1): 376-380.

[5] Gans H J. Second-generation decline: scenarios for the economic and ethnic futures of the post-1965 American immigrants [J]. Ethnic and racial studies, 1992, 15(2): 173-192.

[6] Park R E. Human migration and the marginal man [J]. American journal of sociology, 1928, 33(6): 881-893.

[7] Perlmann J, Waldinger R. Second generation decline? children of immigrants, past and present—a reconsideration [J]. International migration review, 1997, 31(4): 893-922.

[8] Warner W L, Srole L. The social systems of American ethnic groups [M]. New Haven: Yale University Press, 1945.

[9] Newland K. The governance of international migration: mechanisms, processes, and institutions[J]. Global governance: a review of multilateralism and international organizations, 2010, 16(3): 331-343.

[10] Likić-Broborić B. Global migration governance, civil society and the paradoxes of sustainability [J]. Globalizations, 2018, 15(6): 762-778.

国网络治理模式、支持一切跨国流动的自由治理模式等等(Pécoud[①];Riemsdijk 等[②];Triandafyllidou[③]);也有学者主张将先进的国家政治理论推广应用到全球移民治理的体制构建之中(Robinson[④])。在移民治理的案例研究方面,一部分学者从国家和区域层面分析了特定政治、经济和社会环境下移民治理的现实状况和未来趋势,如分析世界银行作为全球移民理事在中亚移民事务上发挥的作用,评估欧盟法律中移民管理部分的合理性和弊端,探讨越南、菲律宾、印度尼西亚等发展中国家在移民治理上的潜在风险与应对策略,等等(Korneev[⑤];Arcarazo 等[⑥];Nguyen[⑦]);另一部分学者则聚焦特定移民群体,诸如跨国精英、技术劳工、青少年、留学生、难民以及各种非正规移民,探讨了国家与地方政府对于不同移民的管理模式差异及其缺陷,以及移民群体在适应迁入地治理环境的过程中发生的事件和遇到的困难(Goh 等[⑧];Bhabha[⑨];Papada 等[⑩];Aras 等[⑪])。

"全球移民治理研究"类文献主要从全球移民治理理念和机制、移民治理的案例研究两方面展开。近十几年来虽然形成了丰富多元的成果,并从全球、区域和国家等尺度出发,触及了国际移民治理的方方面面,但既有成果多为散点式的论点输出和经验总结,且其中不乏争议性的观点,目前可以说尚未形成共识性的理论认知体系。

主题 2 移民治理政策研究

在经济类治理政策方面,部分研究将跨国企业视为全球经济体系的重要一环(Bisong[⑫]),从区域、国家等宏观层面探讨了制定合作与激励政策的难点、方略与底线

---

① Pécoud A. Philosophies of migration governance in a globalizing world[J]. Globalizations,2021,18(1):103-119.
② Van Riemsdijk M, Marchand M H, Heins V M. New actors and contested architectures in global migration governance: continuity and change[J]. Third world quarterly,2021,42(1):1-15.
③ Triandafyllidou, A. The global governance of migration: towards a "messy" approach [J]. International Migration,2022, 60(4):19-27.
④ Robinson C. Making migration knowable and governable: benchmarking practices as technologies of global migration governance[J]. International political sociology,2018,12(4):418-437.
⑤ Korneev O. International organizations as global migration governors: the World Bank in central Asia[J]. Global governance: a review of multilateralism and international organizations, 2017,23(3):403-421.
⑥ Arcarazo D A, Geddes A. Transnational diffusion or different models? regional approaches to migration governance in the European Union and Mercosur[J]. European journal of migration and law,2014,16(1):19-44.
⑦ Nguyen B. Regional informal institutions, local governance and internal migration in Vietnam[J]. Regional Studies, 2023,57:1189-1206.
⑧ Goh C, Wee K, Yeoh B S A. Migration governance and the migration industry in Asia: moving domestic workers from indonesia to Singapore[J]. International relations of the Asia-Pacific,2017,17(3):401-433.
⑨ Bhabha J. Governing adolescent mobility: the elusive role of children's rights principles in contemporary migration practice[J]. Childhood,2019, 26(3): 369-385.
⑩ Papada E, Papoutsi A, Painter J, et al. Pop-up governance: transforming the management of migrant populations through humanitarian and security practices in Lesbos, Greece, 2015—2017[J]. Environment and planning D: society and space,2020,38(6):1028-1045.
⑪ Gökalp Aras N E, Mencütek Z Ş. Evaluation of irregular migration governance in Turkey from a foreign policy perspective[J]. New perspectives on Turkey, 2018,59:63-88.
⑫ Bisong A,Trans-regional institutional cooperation as multilevel governance: ECOWAS migration policy and the EU[J]. Journal of ethnic and migration studies,2019,45(8):1294-1309.

(Ghosh[①]),在鼓励跨国贸易合作的同时也维护了本土经济主体的利益(Korneev 等[②]);同时,也有学者通过对新加坡、韩国、马来西亚等国家现有的移民劳工政策进行分析发现:其政策激励虽然促进了低技能移民的跨国循环流动,但严苛的边境管制也导致移民的处境日渐边缘化(Kaur[③];Battistella[④])。在社会政策方面,不少研究探讨了国际移民(特别是非正规移民)在迁入地社会福利政策方面与公民之间存在的差距,甚至部分国家还将限制性政策作为控制非正规移民、难民迁徙的手段(Lipsky[⑤]);为了维护移民的合法权益,部分学者开始呼吁国际组织、地方社会组织等中立机构参与到公共政策的制订和决策中来(Grugel 等[⑥];Wise[⑦]),还有部分学者开始分析留学生群体、青少年移民群体现有的准入制度和教育政策,并为之提出优化建议和创新策略(McLendon 等[⑧];McIntyre 等[⑨]);此外,也有部分学者从跨文化适应的角度出发,提出了文化融合的相关策略与政策建议(Canefe[⑩];Elias 等[⑪]),以及如何通过治理来处理好"全球化"与"在地性"的关系(Moore[⑫];Balbo 等[⑬])。在空间政策方面,西方国家则希望通过促进城市族际居住空间的整合来实现社会融合,其中具有代表性的成果包括美国的公平住房政策、荷兰的城市更新计划和芬兰的住房配额制度,但最终效果都不理想,显然,在政策目标与族群居住隔离现实之间依然存在着难以逾越的鸿沟[⑭]。

---

① Ghosh B. The global financial and economic crisis and migration governance[J]. Global governance:a review of multilateralism and international organizations,2010,16(3):317-321.

② Korneev O,Leonov A. "Home-grown" vs. "imported" regionalism? overlapping dynamics of regional migration governance in post-soviet Eurasia[J]. Journal of ethnic and migration studies,2022,48(12):2873-2891.

③ Kaur A. Labour migration in Southeast Asia:migration policies, labour exploitation and regulation[J]. Journal of the Asia Pacific economy,2010,15(1)6-19.

④ Battistella G. Multi-level policy approach in the governance of labour migration:considerations from the philippine experience[J]. Asian journal of social science,2012,40(4):419-446.

⑤ Lipsky M. Street-level bureaucracy:dilemmas of the individual in public services[M]. New York:Russell Sage Foundation,1980.

⑥ Grugel J, Piper N. Global governance, economic migration and the difficulties of social activism[J]. International sociology,2011,26(4):435-454.

⑦ Wise R D. Is there a space for counterhegemonic participation? civil society in the global governance of migration[J]. Globalizations,2018,15(6):746-761.

⑧ McLendon M K, Heller D E, Young S P. State postsecondary policy innovation:politics, competition, and the interstate migration of policy ideas[J]. The journal of higher education,2005,76(4):363-400.

⑨ McIntyre J, Hall C. Barriers to the inclusion of refugee and asylum-seeking children in schools in England[J]. Educational review,2020,72(5):583-600.

⑩ Canefe N. Beyond multiculturalism:interculturalism, diversity and urban governance[J]. Ethnic and racial studies,2018,41(8):1468-1475.

⑪ Elias A, Mansouri F, Sweid R. Public attitudes towards multiculturalism and interculturalism in Australia[J]. Journal of international migration and integration,2021,22(3):1063-1084.

⑫ Moore T. Governing superdiversity:learning from the aboriginal Australian case[J]. Social identities,2020,26(2):233-249.

⑬ Balbo M, Marconi G. International migration, diversity and urban governance in cities of the South[J]. Habitat international,2006,30(3):706-715.

⑭ Andersen H S, Andersson R, Wessel T, et al. The impact of housing policies and housing markets on ethnic spatial segregation:comparing the capital cities of four Nordic Welfare States[J]. International journal of housing Policy,2015,16(1):1-30.

"移民治理政策研究"类文献主要从经济、社会、空间政策等方面展开,国外学者不但从区域、国家等宏观层面提出了各自的治理政策,还针对不同类型的移民提出了差异化的治理政策,具有鲜明的政体立场和时代特征。其研究视角和治理内容对于我国移民治理的体系框架构建而言有所启示,但仍需结合我国的实际国情加以甄别和借鉴,仍需立足于城市规划领域展开更为充分的治理研讨。

（3）研究进展评述

基于各热点词汇的统计,可以梳理出国际移民聚居空间研究的前20位热点词汇(见图1-7),并制作研究主题的时间轴图谱(见图1-8)。

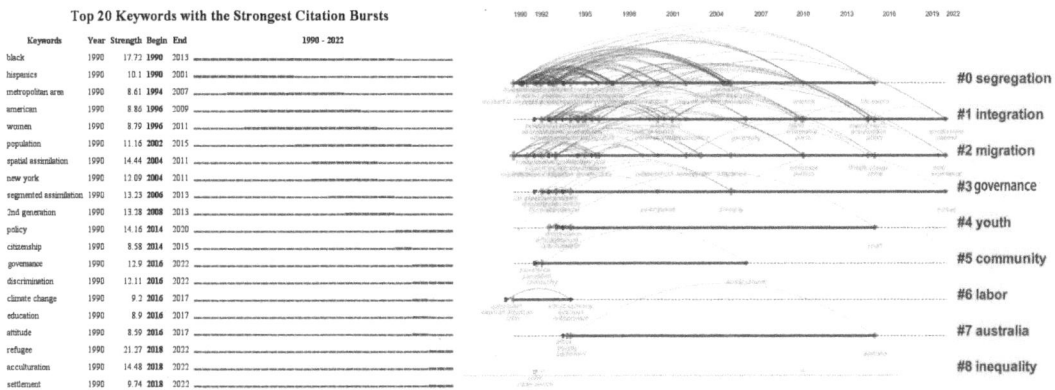

图1-7 国外国际移民聚居空间相关研究前20位热点词汇
*资料来源:笔者自绘。

图1-8 国外国际移民聚居空间相关研究主题的时区
*资料来源:笔者自绘。

结合图1-7国外热点词汇、图1-8研究主题时间轴图谱和相关文献的梳理,国外学者对于"国际移民聚居空间融合与响应"的研究一般具有以下特征:①研究内容上,国外学者的理论研究与实践探索均较为丰富,不但覆盖了诸多学科领域,还重点聚焦于理论框架的构建、测量维度的确立及其影响因素的发掘等,并取得了相对完备的成果体系；②研究方法上,多采用定性与定量相结合的方法,定量模型(结构方程模型)和计量统计技术的应用成熟而普遍,可为本研究提供一定的技术性参考。

总体来看,国外关于"国际移民聚居空间融合、响应与治理"的研究已经形成了较为丰富、完善的成果体系,但仍有不少可以拓展和补强的空间:①研究对象不仅多集中于美国、加拿大等少数发达国家的移民聚居区,且大多以族裔特征区分聚居区类型,聚焦于国际留学生、外籍员工等亚类群体的专项式研究相对不足；②从国际移民"融合"视角出发的成果积累明显多于"响应"视角,能兼顾双重视角的综合性研究更是缺乏；③研究成果多为基于典型案例调研的实证研究,而理论思辨稍显不足；④研究内容上多为聚居区演化规律与形成机制的阐释,而鲜有立足于城市规划角度的治理策略探讨；⑤国内外的国际移民聚居空间在形成背景、类型特征、演化机理及其治理策略等方面往往存在着先天性差异,这也需要结合我国的具体实情有甄别地加以借鉴。

1.3.3 国内相关研究进展

以中国期刊网全文数据库(CNKI)和万方数据收录的论文为文献来源,依据以下检索条件来选择分析文献:(1)检索跨度为1995—2022年。(2)检索主题为"国际移民聚居空间"并含"融合、响应与治理",且包括与上述主题相关的分类词汇,如移民聚居区、移民社区、国际社区、融入、影响等。因此而检索和搜集到的论文共计173篇,其中期刊论文59篇,硕博士论文98篇,会议与报道11篇。考虑到研究的权威性、创新性和深度,经二次检索而筛选出154篇期刊论文和硕士、博士论文纳入本研究。最终,把检索数据导入CiteSpace软件,对上述154篇文献的标题、摘要及关键词进行重点分析。

(1)分析结果

根据上述确定的文献数据样本,绘制文献共引网络聚类图,探析国内"国际移民聚居空间融合、响应与治理"的相关研究动态。具体设置为:1995—2022年,时间跨度不长且切割设置为1年;主题词来源为共同选择标题、摘要、检索词和标识符;节点类型选择的是Term和Key-word,使用的是修剪切片网络方法。在此基础上,运行CiteSpace软件,可获得国际移民聚居空间相关研究的热点主题(见图1-9),继而通过网络聚类调整,可得到相关研究的主题聚类图谱(见图1-10)。下文将据此结合研究热点主题,进一步解析国际移民聚居空间的相关研究进展和趋势。

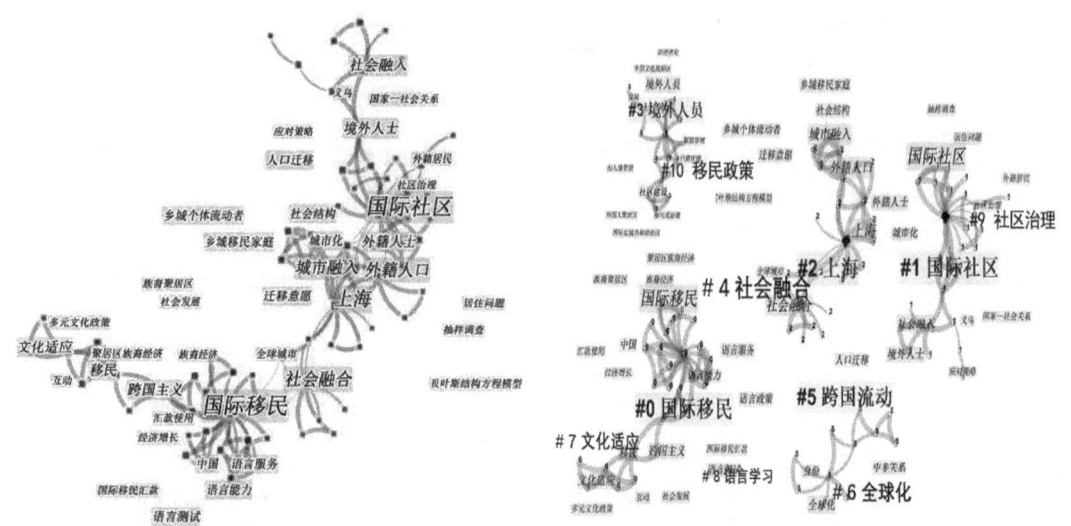

图1-9 国内国际移民聚居空间研究的热点主题
*资料来源:笔者自绘。

图1-10 国内国际移民聚居空间研究的主题聚类
*资料来源:笔者自绘。

根据上述CiteSpace软件的运行结果(见图1-9、图1-10)可知,国内学者关于国际移民聚居空间的研究主题大体涉及十个方面,同样对其进行归并梳理、筛除枝节和主题聚焦,发现其研究对象多聚焦于在华国际移民和海外华侨两类。因此,根据本研究主题进一步筛选,可将国内强相关的研究成果划分为在华国际移民聚居空间研究、在华国际移民融合研究、在华国际移民治理研究三大类共六个主题。

（2）各研究方向分析

①在华国际移民聚居空间的相关研究

主题1 在华国际移民社会空间研究

在地理空间分布方面，黄祖宏等人运用探索性空间数据分析（Exploratory Spatial Date Analysis，ESDA）方法对上海境外人口分布进行了探讨[①]；沈洁等人基于上海全市的实有人口数据，对近二十年在沪境外人口的空间集聚演化特征展开研究，并进一步分析了其影响机制[②]；吴潇则选取义乌作为调查点，运用质性研究方法考察了该地国际移民的空间生产过程，以揭示其背后的深层逻辑[③]；此外，还有学者对上海、义乌和广州国际移民聚居区的社会空间形态规律进行了对比分析，并为移民治理提供了可行性路径（吕红艳等[④]）。在社会空间特征机制方面，何波对北京望京的韩国人聚居区进行了实地调研，剖析了其现状特征、社会空间结构及其存在的问题和影响[⑤]；李志刚等人通过对广州黑人聚居区的长期跟踪调查，系统呈现了当代广州国际移民区的社会空间景观[⑥]，并在针对广州小北路非洲人聚居区的研究中，探讨了其社会空间特征和形成机制[⑦]；刘云刚、陈跃则关注了广州日本移民的族裔经济和社会空间特征，结果发现族裔经济的发展在空间上促生了独特的族裔景观[⑧]。

"在华国际移民社会空间研究"类文献主要从地理空间分布和社会空间特征机制两方面入手，积累了较为丰富的成果。其中，前者从聚居空间的静态特征、动态演化和空间生产等角度入手，偏重于从宏观层面探讨国际移民聚居区在城市内部的空间分布规律；后者则是通过实地踏勘等调查手段，对具有代表性的在华国际移民聚居区案例展开微观层面为主的深入分析，并从族裔经济等角度探究其形成的动因机制。但是在研究对象上，目前聚焦于国际留学生、外籍员工等亚类的研究成果仍显不足。

主题2 在华国际移民日常生活研究

在居住空间模式方面，辛潇通过问卷调查、个例访谈、实地踏勘等方式对上海外籍人士的居住现状进行了调查，并从打破居住隔离状态、营造社区优质环境、提高社区服务管理等方面提出了可行性建议[⑨]；袁兴钱通过对宋元以来广州国际移民聚居区的考察，分析了其形成原因、管理制度和空间特点，并探讨了居住模式的转变[⑩]；施雅则以义乌市外籍商人群体为研究对象，发现其多采取聚居在商品市场周边和散居在城市内部两种居住方式，并认为这是经济与城市化发展、文化适应和社会管理三种力量共同作用的产物[⑪]。在日常生活空

[①] 黄祖宏,高向东.基于ESDA的上海市常住境外人口空间分析[J].人口与发展,2012,18(2):48-53.
[②] 沈洁,罗翔,李志刚.在沪境外人口的空间集聚与影响机制[J].城市发展研究,2019,26(12):102-108,116.
[③] 吴潇.区隔还是融合：全球化背景下跨国移民的空间生产——基于浙江省义乌市的实证研究[D].上海:华东师范大学,2019.
[④] 吕红艳,郭定平.中国外来移民小社会治理研究：基于上海、义乌和广州的实证分析[J].湖北社会科学,2019(9):38-50,95.
[⑤] 何波.北京市韩国人聚居区的特征及整合：以望京"韩国村"为例[J].城市问题,2008(10):59-64.
[⑥] 李志刚,等.广州国际移民区的社会空间景观[M].南京:东南大学出版社,2016.
[⑦] 李志刚,薛德升,Lyons M,等.广州小北路黑人聚居区社会空间分析[J].地理学报,2008,63(2):207-218.
[⑧] 刘云刚,陈跃.广州日本移民族裔经济的形成及其社会空间特征[J].地理学报,2014,69(10):1533-1546.
[⑨] 辛潇.上海外籍人士居住问题调查研究[D].上海:同济大学,2007.
[⑩] 袁兴钱.广州外籍人聚居区及社会功能研究[D].广州:广州大学,2009.
[⑪] 施雅.义乌市外籍商人的居住模式及其变迁研究[D].金华:浙江师范大学,2020.

间的使用与满意度方面,王凌瑾以南京市南秀村国际留学生聚居区为实证样本,对其日常活动的规律和日常生活空间的特点(以居住、学习、休闲和购物为主)展开了分类探讨和动因剖析,进而迭合生成留学生群体典型的日常生活时空轨迹[①];侯平路从感知质量的角度建立了评价留学生人居环境满意度的指标体系,构建了来华留学生的整体感知模型,并以大连市留学生为对象进行了实证研究和验证,以探索影响其人居环境满意度的构成因素[②];何骏则运用GIS空间分析方法对上海市外籍人口的公园空间可达性进行了分析,并探讨其与常住人口的特征差异[③];此外,还有学者对边境文化饮食空间、城市宗教空间等与国际移民群体息息相关的特色空间展开了特征研究(王蕊[④];李辉[⑤])。

"在华国际移民日常生活研究"类文献从研究内容来看,主要集中在居住空间模式、日常生活空间的使用与满意度两方面。其中,前者聚焦国际移民的居住形式、空间形态及其演化,而后者更侧重于各类日常生活空间的特征分析及满意度调查。但相较而言,目前相关的研究成果积累尚为有限,且多偏重于微观层面的探究,缺乏宏观层面的分析与把握。

②在华国际移民融合的相关研究

主题1 在华国际移民的融合与响应研究

从"融合"角度出发的研究,主要分为综述研究和实证研究两大类:在综述研究方面,学者们对西方经典的人口迁移与社会融合理论进展进行了较为深入的归纳与总结,并结合西方移民聚居区案例对理论进行了应用和验证(杨洋等[⑥];周春山等[⑦];黄旭等[⑧])。在实证研究方面,有不少学者通过经济适应、社会适应、文化适应、社会交往适应等维度,来研究和表征在华国际移民群体的适应和融合情况(徐苗[⑨];朱秉渊[⑩];谢欣[⑪]);周大鸣等认为"浅层适应,深度区隔"是在华国际移民融合的基本状态[⑫];朱蓓倩则将第六次全国人口普查数据、《国际统计年鉴》等宏观数据,与问卷调查等微观数据相结合,利用结构方程模型来建构上海外籍人口城市融入的评价指标体系,并运用贝叶斯结构模型对观测变量和外生变量进行路径分析,探析其影响因素及内在机理[⑬]。

而从"响应"角度出发的研究成果则非常之少,典型者如李志刚等通过问卷和访谈的方式,对广州小北黑人聚居区的本地居民、商户、当地媒体及网络舆论等进行调查,探讨的是

---

① 王凌瑾.南京市国际留学生聚居区的日常生活空间及其社区响应探察:以南秀村国际留学生聚居区为例[D].南京:东南大学,2018.
② 侯平路.大连市来华留学生人居环境满意度评价研究[D].大连:辽宁师范大学,2010.
③ 何骏.上海市外籍人口公园空间可达性研究[D].上海:华东师范大学,2019.
④ 王蕊.全球化背景下边境城市饮食文化空间研究:以延吉市为例[D].延吉:延边大学,2020.
⑤ 李辉.神圣空间的建构与竞争:以上海市浦东新区城市堂为例[J].宗教社会学,2020,6(1):252-267.
⑥ 杨洋,马骁.移民的地理聚集、隔离与社会融合研究述评[J].人口与发展,2012,18(6):104-109.
⑦ 周春山,杨高.西方国家移民聚居区研究进展及启示[J].人文地理,2017,32(1):1-8,36.
⑧ 黄旭,刘怀宽,薛德升.全球化背景下国际移民社会融合研究综述与展望[J].世界地理研究,2020,29(2):397-405.
⑨ 徐苗.跨国流动群体的整体性适应:望京韩国流动群体的特征及类型化研究[D].北京:中央民族大学,2011.
⑩ 朱秉渊.在京韩国人及其社会融合状况:望京"韩国城"为例[D].济南:山东大学,2013.
⑪ 谢欣.文化适应视角下在穗非洲人社会融入问题与社会工作介入研究[D].广州:广州大学,2018.
⑫ 周大鸣,杨小柳.浅层融入与深度区隔:广州韩国人的文化适应[J].民族研究,2014(2):51-60,124.
⑬ 朱蓓倩.上海外籍人口城市融入研究[D].上海:华东师范大学,2016.

一类相互建构的、负面的"非国家空间"响应,以揭示国际移民给当地所带来的复杂影响[①];还有王凌瑾等聚焦于国际留学生这一移民类型,透过周边社区居民、经营者以及公共服务人员的视角,对南京南秀村国际留学生聚居区的周边社区响应进行了动态剖析,这一系列的变化也预示着地方和社区将直面全球化的植入与渗透[②]。相较于其他特殊群体,在华国际移民同迁入地之间均表现出了更为强烈的异质性和差异性,虽未对我国的社会结构造成巨大冲击,但该类群体因聚居而给迁入地带来的日益显现的影响却不容忽视。

"在华国际移民的融合与响应研究"类文献主要从"融合"和"响应"双向视角入手,对西方相关的理论体系、技术方法和研究框架进行了总结和评述,是在西方地理学、社会学领域"人口迁移"与"社会融合"理论的支撑下逐步发展起来的。其中,关于在华国际移民的"融合"研究仍集中于跨文化适应、身份认同、区隔与融入等方面的实证分析,虽积累了一定的特色成果,但相较而言仍缺乏对迁入地"响应"视角的全方位关注,更未建立针对在华国际移民的理论诠释框架。

主题2 融合测度与影响因素研究

国内学者虽然对融合的测量维度多有探索,但并未针对在华国际移民构建专门的测度体系,而多是在借鉴欧美社会融合理论和实证测量指标的基础上,结合国情提出了适用于国内流动人口的测度框架。田凯指出,流动人口适应城市生活的过程实际上是一个再社会化的过程,其融合包括了三个层面:经济层面、社会层面、心理或文化层面[③];在此基础上,又有不少学者应用不同的理论框架对融合状态进行了测度,梳理其研究的测量维度(见表1-1)可知:融合的测度应是多维和复杂的,且主要涉及文化融合、社会经济融合和心理融合三个维度,并可结合实际情况在研究中加以适度拓展和补充。

表1-1 国内研究中社会融合测度一览表

作者	测量维度
田凯,朱力	经济、社会和心理(或文化)层面
张继焦	对城市生活的感受、经济生活、生活方式、社会交往、恋爱婚姻
郭良春等	价值观适应、社会生活适应、学习适应
王桂新、罗恩立	经济、政治、公共权益、社会关系融合
杨黎源	风俗习惯、婚姻关系、工友和邻里关系、困难互助、社区管理、定居选择及安全感
张文宏,雷开春	文化、心理、身份(或制度)、经济
杨菊华	经济、文化、行为、身份(具体测量指标)
黄匡时	经济、制度、社区、社会关系融合、社会保护、心理和文化融合
余运江等	经济适应、社会接纳、文化与心理融合

*资料来源:笔者根据相关文献资料整理。

国内对于融合影响因素的探索也主要围绕流动人口展开,涉及个人层次因素和结构层

---

① 李志刚,薛德升,杜枫,等. 全球化下"跨国移民社会空间"的地方响应:以广州小北黑人区为例[J]. 地理研究,2009,28(4):920-932.
② 王凌瑾,吴晓. 全球化背景下国际留学生聚居区的社区响应探讨:以南京南秀村为例[J]. 规划师,2020,36(10):32-41.
③ 田凯. 关于农民工的城市适应性的调查分析与思考[J]. 社会科学研究,1995,19(5):90-95.

次因素两大类。就个体层次因素而言,除了年龄、婚姻状况、流动目的等因素外,李树茁等认为,农民工个体的流动特征(如来源地、迁入流入地的时间、在流入地居住的时间等)同样也是不可或缺的一类影响因素[1];此外,还有部分学者认为人力资本(教育水平等)和社会资本(关系资源、社会网络等)也是影响农民工社会经济融合的重要预测变量(王春光[2];王䀸等[3];张文宏[4])。就结构层次因素而言,针对国内失地农民的研究普遍认为,户籍制度及其附属的相关制度是影响失地农民社会融合的最大障碍(王春光[5];丁宪浩[6];张国胜[7]);此外,主流社会城市居民在文化上的排斥也是促使失地农民远离主流社会的重要因素(李强[8])。

"融合测度与影响因素研究"类文献多是在借鉴西方经典理论与逻辑框架的基础上,针对国内流动人口的融合测度和影响因素做出了自己的探索,并形成了不少可供借鉴的评估体系,但仍缺少针对"在华国际移民"融合测度与影响因素的专项式研究。

③国际移民治理的相关研究

主题1 国家移民治理研究

在全球移民治理和国际案例研究方面,左晓斯分析了全球移民的治理现状和趋势,并在此基础上从认知与观念、战略与规划、体制与制度、资源与能力、协调与合作、数据与研究等六个方面阐明了中国正面临的移民治理困局[9];孙志伟等人则从国际移民治理的概念演进入手,探寻当前国际移民治理的困境与表现形式,进而分析国际社会尝试突破国际移民治理困境的实践转向及其启示[10];此外,还有不少学者剖析了欧亚、美国、俄罗斯等地区与国家的移民治理案例,从国家安全、政策管理等方面总结其经验,并阐明了建立移民治理共同体的必要性(强晓云[11];章雅荻[12];张倩等[13])。在国家治理体系现代化方面,不少学者梳理和总结了中国参与全球移民治理和多边治理的历程,并提出了"人类命运共同体"视角下中国国际移民的治理路径(陈斌等[14];路阳[15]);还有学者从治理理念、治理模式、治理主体等方面构建了在华国际移民的治理框架,并提出释放社会活力、加强政府管理、培育移民文化、发

---

[1] 李树茁,任义科,靳小怡,等.中国农民工的社会融合及其影响因素研究:基于社会支持网络的分析[J].人口与经济,2008,29(2):1-8,70.
[2] 王春光,Beja J P.温州人在巴黎:一种独特的社会融入模式[J].中国社会科学,1999,20(6):106-119.
[3] 王䀸,梁晓.温哥华华人新移民的社会融合[J].世界民族,2003,10(4):29-37.
[4] 张文宏,雷开春.城市新移民社会融合的结构、现状与影响因素分析[J].社会学研究,2008,23(5):117-141.
[5] 王春光.农村流动人口的"半城市化"问题研究[J].社会学研究,2006,21(5):107-122.
[6] 丁宪浩.农民工社会融入问题分析[J].财经科学,2006,50(10):99-104.
[7] 张国胜.农民工市民化的城市融入机制研究[J].江西财经大学学报,2007,8(2):42-46.
[8] 李强.关于城市农民工的情绪倾向及社会冲突问题[J].社会学研究,1995,10(4):63-67.
[9] 左晓斯.全球移民治理与中国困局[J].广东社会科学,2014(5):184-198.
[10] 孙志伟,郭树勇.论国际移民治理的现实困境与实践转向[J].教学与研究,2021(2):46-55.
[11] 强晓云.当前欧亚国际移民治理:俄罗斯的经验蓝本[J].国际关系研究,2016(6):91-105,153.
[12] 章雅荻.国际移民问题全球治理的现状、困境与展望:以欧洲移民危机为例[J].国际关系研究,2017(1):82-100,156.
[13] 张倩,阳建强.多层次治理视角下荷兰中东欧流动人口的住房对策与经验借鉴[J].国际城市规划,2024,39(4):1-16.
[14] 陈斌,周龙."人类命运共同体"视角下全球移民治理与中国角色[J].中国人民大学学报,2019,33(1):83-93.
[15] 路阳.国际移民新趋向与中国国际移民治理浅论[J].世界民族,2019(4):58-72.

挥信息优势等移民治理的实践路径(李树苗等[①];晏晓娟[②])。在来华国际移民政策研究方面,刘云刚等人则分阶段梳理了新中国成立以来中国的外国人管理政策,发现其逐渐从碎片化走向系统化、规范化,从严密控制走向管理与服务并重发展,在此基础上主张尽快完善和革新以吸引高端移民为主的移民政策体系,以增强吸引全球人才的竞争力;此外,亦有学者挖掘了中国国际移民制度和政策变迁的内在逻辑,并对其未来走向提供了预测与建议(汪建昌[③];柴敏[④])。

"国家移民治理研究"类文献主要从全球移民治理和国际案例、国家治理体系现代化以及来华国际移民政策等方面展开研究,以现有全球、区域和国家的宏观治理制度和政策梳理为主,在吸纳全球治理先进理论和借鉴别国优秀经验的同时,认识和挖掘我国在移民治理上的不足与挑战。但相关研究在提出适用于我国的移民治理实践方面相对宽泛和薄弱,并未系统地提出移民治理作为我国"治理体系现代化"重要一环的具体实施路径。

主题2 在华国际移民社区治理研究

在移民治理的普适性模式方面,吕红艳等人针对目前国际社区所面临的困境,不但提出要控制在华国际移民的国家作用边界,建立新型的社区管理模式,还挖掘出上海日韩人、义乌中东人、广州非洲人等小社会建构和地方政府治理之间的多重社会政治张力,进而探索出外来移民小社会的发展形态和有效治理路径[⑤]。在社区层面的管理方式方面,赵聚军等人通过对京津地区三个国际社区的研究发现,外籍居民在我国国际社区治理中的参与状况整体有限且固化,应着力从制度和机制等方面入手提升外籍居民社区参与的意愿和效能,完善国际社区治理[⑥];刘家蓉通过分析南京市银城东苑国际社区在建设过程中的治理困境,也认为有必要建立外籍居民参与的治理方式[⑦];朱雪娜则从国际移民社区意识培育的角度出发,为国际社区治理提出了相应的治理模式[⑧]。在国际社区建设与优化策略方面,学者们通过分析国际化产业新区配套的外籍人士住区、校地共建的国际社区、高端涉外住区等案例差异化的建设与运作机制,提出了相应的治理与优化策略(林移刚等[⑨];常放[⑩])。

"在华国际移民社区治理研究"类文献主要从移民治理的普适性模式、社区层面的管理

---

① 李树苗,薛琳,宋雨笑.新时代在华国际移民的融合、发展与治理[J].北京工业大学学报(社会科学版),2022,22(4):16-28.
② 晏晓娟.我国城市发展进程中的国际移民治理:基于社会融合的视角[J].上海对外经贸大学学报,2019,26(4):100-108.
③ 汪建昌.中国国际移民政策变迁研究:内在逻辑与未来走向[J].江海学刊,2021(3):131-137,255.
④ 柴敏.中国国际移民管理的制度变迁与改革走向:基于历史制度主义的研究[D].上海:中共上海市委党校,2020.
⑤ 吕红艳,郭定平.中国外来移民小社会治理研究:基于上海、义乌和广州的实证分析[J].湖北社会科学,2019(9):38-50,95.
⑥ 赵聚军,齐媛.我国国际社区治理中的外籍居民参与:基于京津三个国际社区的观察[J].南开学报(哲学社会科学版),2020(3):27-36.
⑦ 刘家蓉."三社联动"视域下国际社区建设的观察与反思:以南京市银城东苑国际社区为例[J].黑龙江科学,2020,11(11):160-161.
⑧ 朱雪娜.来华外国移民的社区意识培育:以G社区境外人士服务OW项目为例[D].厦门:厦门大学,2018.
⑨ 林移刚,邓晓梅.校地共建国际社区模式研究:基于重庆某高校的实践[J].社会工作与管理,2017,17(6):53-58.
⑩ 常放.融入式国际化社区建设模式思考:以朝阳区麦子店街道为例[J].前线,2015(9):107-108.

方式、国际社区建设与优化策略等方面展开研究,且以微观层面的实证研究为主,关注的是某一个或某一类社区的治理模式或是路径,但对于宏观层面的政策性探讨相对较少,也缺乏立足城市规划领域的治理探讨。

(3) 研究进展评述

基于各热点词汇频次的统计,可以梳理出相关研究的前20位热点词汇(见图1-11),并制作研究主题的时间轴图谱(见图1-12)。

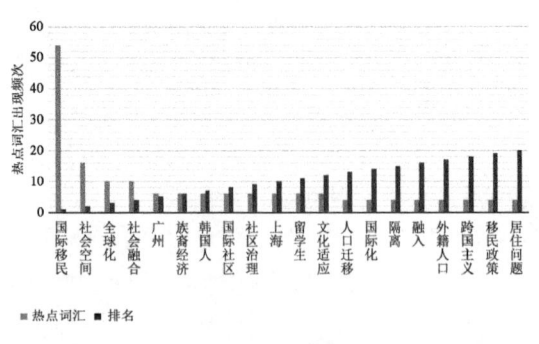

图1-11 国内在华国际移民聚居空间相关研究前20位热点词汇
* 资料来源:笔者自绘。

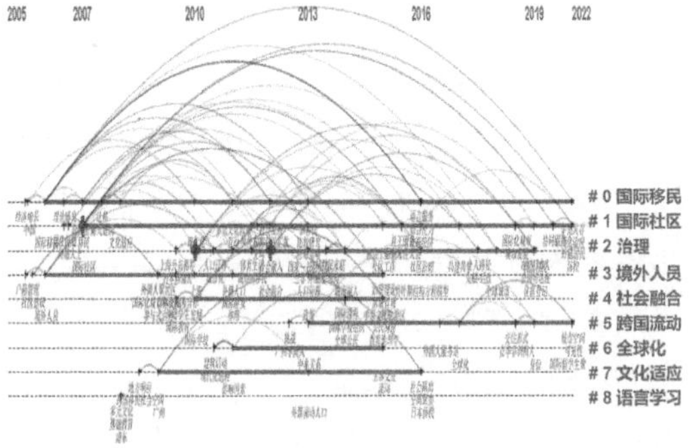

图1-12 国内在华国际移民聚居空间相关研究的时间区图
* 资料来源:笔者自绘。

结合图1-11热点词汇统计、图1-12研究主题时区图和相关文献的梳理,目前国内学者对于"在华国际移民聚居区"的研究主要呈现出以下特征:①研究视角上,目前成果多集中于城市和社区尺度,以中、微观层面的社区解析为主;②研究方法上,既有成果从最初的定性分析为主到后期定量手段的引入,总体上技术手段日趋多元化;(3)研究路径上,基于典型案例的实证分析明显多于深度的理论诠释和提炼。

总体来看,国内关于"在华国际移民聚居空间融合、响应与治理"的研究虽已形成一定的成果体系,但仍有以下不足亟待解决:①研究视角的综合性有待提高,现有成果大多关注在华国际移民的融合状态,而极少关注迁入地针对移民社区的响应状态,能同时兼顾双向视角的研究更是匮乏;②研究路径的理论性有待强化,目前成果多为针对具体案例而展开的实证研究,相对缺乏对移民聚居空间"融合—响应"的理论诠释与机理剖析,亟待建立符合中国国情的理论诠释框架;③研究对象的针对性有待凸显,在既有成果所探讨的各类国际移民群体中,真正聚焦于"国际留学生""外籍员工"等亚类群体的成果其实并不多,更缺乏针对这些群体"融合—响应"的测度比较与理论探究;④研究内容上多为演化规律与现状描摹,尚未构建框架清晰、内容全面的治理体系,仅有少数学者从人口学、社会学、管理学角度提出了相应治理策略,但聚焦于城市规划领域的移民聚居区治理探索仍处于起步阶段。

1.3.4 总体评述

国际移民聚居空间在西方国家存续已久,并在全球化浪潮的助推下于改革开放后的中国不断萌生并逐渐壮大;而探索在华国际移民聚居空间的生存与演化规律,对于特殊群体需求的探索、"以人为本"观念的彰显以及社区现代化治理的推行来说无疑至关重要。总体来看,国内外学者的相关研究已经相对充实和成熟,涵盖了社会学、经济学、地理学、政治学、人类学等学科领域,从理论思辨到技术应用都不无启示,但是就"在华国际移民聚居空间"的融合、响应与治理而言,仍可在以下方面做出一定的拓展和提升:

就"国际移民聚居空间"的研究成果而言,其一,研究路径上以典型案例的实证研究(国外学者主要关注的是美国、加拿大等发达国家的族裔社区,国内学者则主要关注在华国际移民和海外华侨聚居区)为主,尚未形成类型化、情境化的理论诠释框架;其二,研究对象的覆盖面不足,多为针对某一类国际移民展开专门化研究(比如商贸型移民或精英型移民),缺乏同时兼顾多类移民聚居空间并进行比较分析的综合性成果;其三,研究内容多为聚居区演化规律与形成机制的阐释,而鲜有从城市规划角度提出相关的治理策略。

就"国际移民融合与响应"的研究成果而言,一方面是研究视角有所缺位,从国际移民"融合"视角出发的成果积累明显多于"响应"视角,能同时兼顾双向视角的研究成果更是少之又少近乎空白;而另一方面,研究内容上针对在华国际移民聚居区"融合—响应"的测度体系还鲜有涉及,亟须建立符合本土国情的理论诠释框架及实证指标体系。

就"国际移民治理"的研究成果而言,国外案例与相关政策研讨在移民治理的经济、社会、空间等方面均有涉及,并已形成较为完善的体系;反观国内的治理研究则刚刚起步,且政策制定多是从国家安全和人员管理方面加以考量。由此看来,借鉴和整合国外相关研究成果,正好可以填补我国移民治理策略的内容缺位(尤其是城市规划领域),实为构建完备的移民治理体系的迫切之需。

在此背景下,本研究聚焦于"国际留学生"与"外籍员工"这两类规模最大的国际移民群体,以南京市典型的国际移民聚居区作为比较研究的重点样本,在"社区"尺度上构建国际移民聚居区与迁入地之间"融合—响应"的理论诠释框架。同时,结合人口统计数据、实地调查数据,从空间、经济、社会、制度、心理等维度出发,针对国际移民聚居区与迁入地之间的"融合—响应"过程,展开实证与理论相结合的综合性研究,进而建立中国语境下国际移民聚居区的多情境解释模型,并从城市规划角度提出具有针对性的治理策略,以期在揭示国际移民群体在华生存状况与演进规律的同时,为社区及城市未来的国际化发展道路提供参考建议。

1.4 研究内容和方法

1.4.1 研究内容

本研究以南京市的国际留学生聚居区和外籍员工聚居区为研究对象,建立包括空间、经济、社会、制度及心理维度在内的"融合—响应"理论框架,并根据实证结果对理论框架进行二次修正,从而为中国语境下国际移民聚居区的生存与演进之道提供多情境解释,进而提出"包容性治理"的优化策略。其主要内容如下:

1 绪论。主要对本研究的背景、国内外相关研究进展进行综述,同时明确研究对象、研究目的和意义,梳理研究思路、内容及方法等。

2 国际移民聚居空间融合与响应的理论诠释框架。在对国际移民、国际移民聚居空间、融合、响应与治理等概念进行界定的基础上,梳理和借鉴紧密相关的理论学说,据此整合并构建针对国际移民聚居空间的"融合—响应"理论诠释框架,针对经济型和社会型两大类聚居空间展开分类推导,进而构建国际移民聚居区治理的初步框架,这也是本研究的创新与难点之一。

3 国际移民聚居空间概况及其研究思路。从国家和南京市两个层面对在华国际移民政策的变迁历程进行梳理,概述国际移民的演化历程,并对国际移民聚居区的多元类型及其典型案例作简要分析。在此基础上,进一步确立本研究的基本思路,包括样本遴选、研究范围、调研内容、数据采集等环节。

4 特征:南京国际移民聚居空间的现状属性。以南京国际留学生聚居区与外籍员工聚居区为例,对聚居区居民的社会经济属性(包括国籍与宗教、社区联结、受教育程度和在宁身份等)、经济属性(包括收入水平、居住成本和消费水平等)和空间属性(包括择居动机、住房条件、设施配套和职/学住关系等)分别展开实证分析,并在此基础上按照不同人群解析其日常生活的时空轨迹。

5 融合与响应:南京市经济型国际移民聚居空间的实证分析。以南京市外籍员工聚居区(经济型国际移民聚居空间)为实证样本,一方面构建聚居区融合的评价指标体系,利用层次分析法,从"分维度"和"分样本"两方面来探讨经济型国际移民聚居空间的融合特征,并通过构建结构方程模型,解析影响聚居区融合的内在机制;另一方面,根据聚居区的形成和演化脉络,分阶段对周边社区的空间、经济、社会、制度和心理五个维度的响应规律进行剖析,并从"分维度"和"分样本"两方面探讨经济型国际移民聚居空间给周边社区带来的综合反馈。在此基础上,对第2章的理论框架进行二次修正,并进一步对经济型国际移民聚居空间进行多情境诠释。

6 融合与响应:南京市社会型国际移民聚居空间的实证分析。以南京市国际留学生聚居区(社会型国际移民聚居空间)为实证样本,采取与第五章同样的分析方法。一方面从"分维度"和"分样本"两方面探讨社会型国际移民聚居空间的融合特征,并解析影响聚居区融合的内在机制;另一方面,分阶段对周边社区的空间、经济、社会、制度和心理五个维度的响应规律进行剖析,并从"分维度"和"分样本"两方面探讨社会型国际移民聚居空间给周边社区带来的综合反馈。在此基础上,同样对第2章的理论框架进行二次修正,并进一步对社会型国际移民聚居空间进行多情境诠释。

7 包容性治理:基于国际移民聚居空间"融合—响应"的优化策略。阐释从"融合—响应"评估到"包容性"判断的逻辑承接关系,构建国际移民聚居空间"包容性治理"的普适性路径。在判断南京国际移民聚居空间样本"包容性"现状的基础上,归纳与梳理聚居空间所面临的问题和困境,根据"包容性治理"策略工具箱的预设策略,因地制宜地提出空间、经济、社会、制度和心理层面具体的"包容性治理"策略,据此制定差异化的行动路径。

8 结论与展望。总结全文结论和创新点,反思并展望未来拓展方向。

1.4.2 研究方法

本研究拟采用的研究方法如表 1-2 所示:

表 1-2 本研究采用的主要方法

	方法	实施对象	应用目的
资料收集阶段	专题访谈法	各级职能主管部门（出入境管理部门、高校留学生管理部门、统计局、外事办、街道办、社区居委会等）	获取南京市国际移民的相关总体资料（含总体人口构成、居住情况、就业情况、服务设施等）
		国际移民聚居区及周边的本地居民、商户等	通过对周边本地居民及商户等进行质性访谈，了解其个体属性，回溯片区历年的用地功能、设施配给等情况，并询问其对于国际移民及其聚居空间的态度和交往情况
	问卷统计法	国际移民	筛选和确定研究社区后，按照社区规模对社区内的国际移民进行抽样，问卷调查内容包括：社会属性、经济属性、空间属性以及在空间、经济、社会、制度和心理维度的融合情况，问卷发放以随机形式展开
		本地居民	对本地居民（包括本地居民、商业经营者、社区工作人员）进行抽样，问卷调查内容包括：社区及个人在空间、经济、社会和心理维度的动态演化情况，问卷发放以随机形式展开
	实地踏勘法	国际移民聚居区及其周边社区	除了采集聚居区内国际移民的个体信息外，同时采集与其居住空间环境相关的具体信息（居住区及其周边的整体环境、用地功能、空间布局、国际化设施配建等）
研究分析阶段	文献分析法	国际移民聚居区及其融合、响应与治理的相关研究成果，前沿理论及研究方法	检索和整理国内外的相关文献资料，梳理现阶段国际移民聚居空间及其融合、响应与治理的相关成果和前沿进展；引介经典理论，并评估其本土适用性，以此作为本书理论诠释框架构建之基础；借鉴国内外先进的研究方法，为本书融合、响应的实证研究提供技术参考
	统计分析法	国际移民聚居区的现状特征	对国际移民聚居区的社会属性、经济属性和空间属性展开分析，在此基础上分样本解析其日常生活的时空轨迹
		国际移民聚居区的融合特征	构建国际移民聚居区的社会融合评价体系，采用层次分析法进行"分维度"和"分样本"的融合程度解析
		国际移民聚居区的社区响应特征	建立社区响应程度的指标体系，进一步从"分维度"和"分样本"两方面对其进行响应程度评估
	模型分析法	国际移民聚居区的融合机制	在统计分析的基础上，构建结构方程模型（SEM模型），深度挖掘影响国际移民融合的动因机制
		国际移民聚居区的多情境诠释	以"融合""响应"实证结果为基础，建立"融合—响应"互动研究的波士顿矩阵，以此对四类聚居区样本进行分情境的机理诠释
	比较分析法	国际移民聚居区社区响应的演化分析	按时间维度分阶段阐释国际移民聚居区的社区响应特征，并探讨其动态演化
		国际移民聚居区理论框架的二次修正	通过国际留学生与外籍员工两类移民的分类比较，以及四个聚居区样本融合规律与社区响应特征的横向比较，二次修正理论框架并得到多情境诠释模型

* 资料来源：笔者自绘。

1.4.3 技术路线

本研究以南京市国际移民聚居区作为研究案例，聚焦移民的融合规律与迁入地的社区响应，总体技术路线如图 1-13 所示：

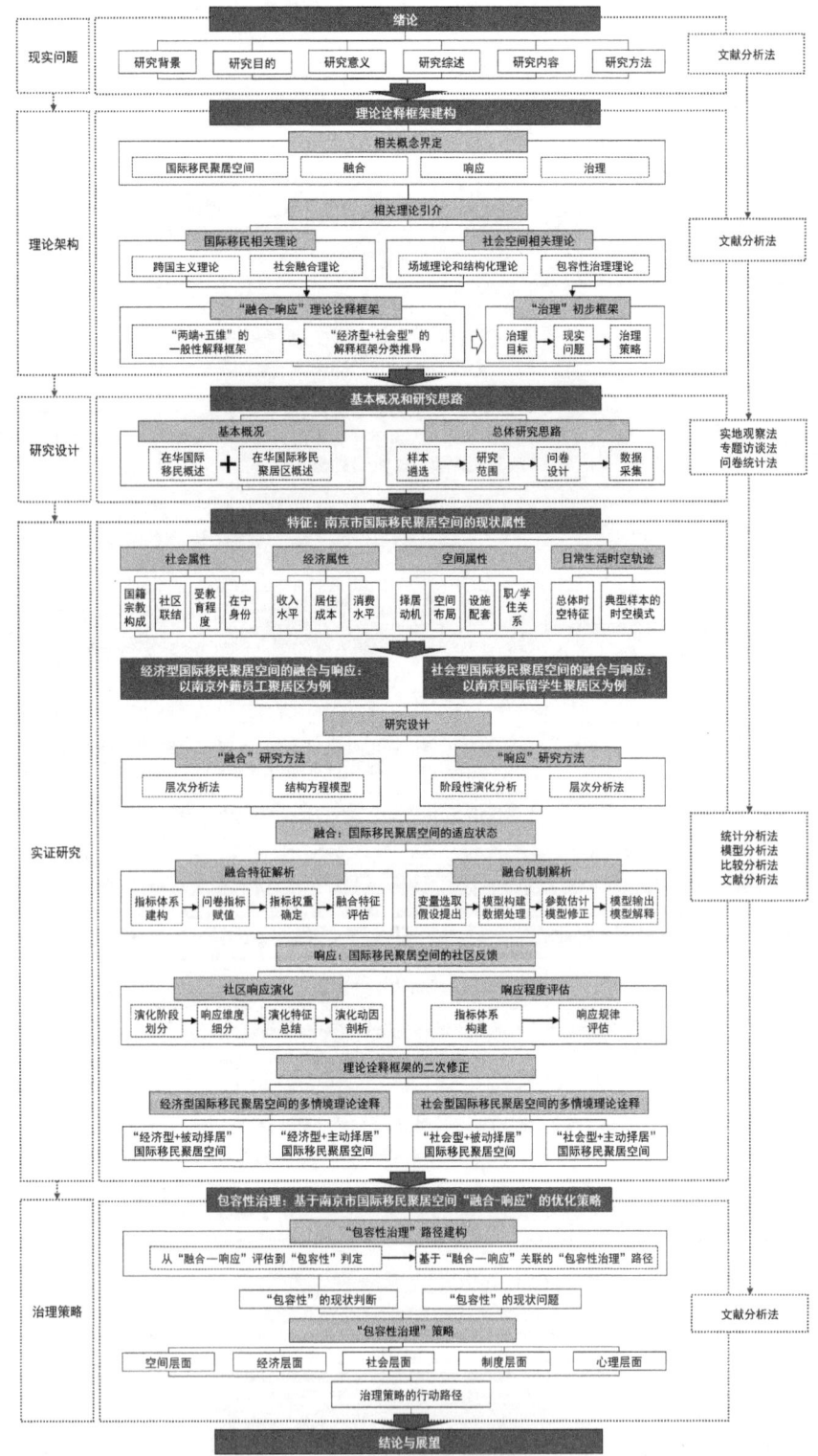

图1-13 论文技术路线

*资料来源:笔者自绘。

2 国际移民聚居空间融合与响应的理论诠释框架

目前,国际上与"国际移民聚居空间"相关的理论性研讨多集中于人口学、社会学领域的"移民"议题,以及地理学、城市研究领域就"社会空间"展开的探索,且已积累了一大批丰富而具特色的研究成果,但其理论体系通常建立在以西方发达国家为中心的价值取向之上,难以兼论发展不同步、文化不同源、制度差异化的中国实践。因此,本章首先结合研究需要,对国际移民聚居空间、融合、响应和治理的概念进行界定;然后,有针对性地引介、迁移和转译与本研究紧密相关的经典理论;接着,从国际移民聚居区"融合端"和迁入地"响应端"两个方向的交互视角出发,构建包含空间、经济、社会、制度和心理五个维度的国际移民聚居空间"融合—响应"的理论诠释框架,并针对经济型和社会型两大类聚居空间展开分类推导,这也为后文的实证分析和理论框架的二次修正奠定了基础;最后,基于"融合—响应"的理论诠释框架,进一步构建国际移民聚居区治理的系统性框架,作为后文聚居空间治理路径和优化策略探索的理论铺垫。

2.1 相关概念

2.1.1 国际移民聚居空间

(1)"国际移民"的基本概念

1953年,联合国经济和社会事务统计局首次提出了"国际移民"的概念界定,此后经过多轮修订,目前国际上普遍采用的是1998年联合国《关于国际移民统计的建议》中提出的概念,即:任何一位改变了常住国的人,但因为娱乐、度假、商务、医疗或宗教等原因短期出国而未改变常住国的人不包括在内,并将国际移民分为短期移民(3个月以上,12个月以下)和长期移民(12个月以上)(见表2-1)。从中可以看出,"国际移民"的定义通常有三个基本要点:一是跨越主权国家边界;二是在异国居住的连续性时间跨度;三是迁移的目的性。

表2-1 国际移民概念界定

年份	概念来源	概念界定
1953年	联合国经济和社会事务统计局	就如何进行"国际移民数据统计"提出了标准化建议,认定"国际移民"包括两类人,一是以长期留居为目的,且在国外居住一年以上者;二是原居住者中的长期移居者(包括已入籍、未入籍者)[1]

---

[1] 李明欢. 国际移民的定义与类别:兼论中国移民问题[J]. 华侨华人历史研究,2009(2):1-10.

(续表)

年份	概念来源	概念界定
1976年	联合国经济和社会事务统计局	将"国际移民"的概念修订为"以长期居留为目的,并且已经在移入国住满一年以上,仍然居住在该国的人口,也包括有意在移入国长期居留但并未连续居住满一年者或曾经居住过一年以上但目前并不住在该国的人口"
1998年	联合国经济和社会事务统计局	在《关于国际移民统计的建议》中提出,为便于数据统计,应将"国际移民"概念修订为"任何改变了常住国的人口",而因娱乐、度假、商务、医疗或宗教等原因而短期出国者并未改变常住地,故不包括在内,并将国际移民分为短期移民(3个月以上,12个月以下)和长期移民(12个月以上)①。目前,国际普遍采用这一概念进行移民界定和数据统计
1998年	国际移民组织	肯定并采用了1998年联合国修正的"国际移民"概念,即因各种原因暂时或永久离开其常住国的人,该定义既包括合法迁移的人(如外籍员工),也包括非法迁移的人(如偷运移民);与此同时,将国际法没有明确规定其身份或行动方式的人(如国际留学生)也纳入其中②

* 资料来源:笔者根据相关资料自制。

当今世界的国际人口迁移,较之历史上任何时期都呈现出更加多样化的状态。由于跨国迁移的目的、原因等在新形势下发生了诸多新的变化,当今国际移民根据不同的标准也会有丰富多变的类型划分,比如说根据规模、距离、时长、迁移动机、合法性、迁移者身份和迁移目的等依据进行划分(见表2-2):

表2-2 国际移民类型划分

划分依据	类别
迁移规模	个别迁移、小群体迁移、大规模迁移
迁移距离	短程迁移、长途迁移;或跨洋迁移、洲际迁移
迁移时长	短期迁移、长期迁移;或临时迁移、永久迁移
迁移动机	生存性迁移、发展性迁移;或自愿迁移、被动迁移
合法性	合法迁移、非法迁移;或正规迁移、非正规迁移
迁移者身份	工作迁移、家庭团聚迁移、战争(避难)迁移、学习迁移
迁移目的	工作性、团聚性、学习性、投资性、休闲性、托庇性

* 资料来源:李明欢.国际移民的定义与类别:兼论中国移民问题[J].华人华侨历史研究,2009(2):1-10;姚华松,许学强.西方人口迁移研究进展[J].世界地理研究,2008(1):154-166;钟实.中国移民管理语境下"国际移民"的明晰与解读[J].北京警察学院学报,2019(4):26-32.

就我国而言,目前还没有关于国际移民的官方界定,且对与之相似的"外国人""外籍人员"等概念存在混用现象。本书最终选用"国际移民"一词来界定研究对象的原因主要有以下三点。其一,国际语境的互通性。国际普遍采用"国际移民"来定义跨国迁移人口,我国目前采用的"外国人""外籍人员"等概念不利于移民治理与国际接轨,可对话性不高,这给

---

① United Nations Statistic Division. Recommendations on statistics of international migration[M]. New York: United Nations,1998.
② 详见"国际移民组织"网页"国际移民与发展"专题:https://www.iom.int/about-migration.

深度参与全球移民治理造成了诸多不便。其二,我国移民管理的规范化。2018年我国成立国家移民管理局,归口管理移民相关事务,"国际移民"概念的使用已是大势所趋。其三,统计口径的可转化性,目前我国人口普查仍采用"外籍人员"作为数据调查的统计口径[①],而该口径与联合国、国际移民组织等国际权威移民统计数据的调查口径基本一致,因此采用"国际移民"概念开展本书研究在现有统计数据的转换上具有可行性。

因此,根据上述国际通用概念界定、相关概念厘清,同时结合我国人口普查数据的调查口径,将本研究的国际移民界定为:离开本人出生地,自愿进入中国境内,且在我国居住三个月以上或能够确定将居住三个月以上的外籍人员(以出差、旅游等为入境目的的除外)。

(2)"国际移民聚居空间"的基本概念

国际移民聚居空间,也被称为国际移民聚居区、国际社区,指的是在一定空间范围内,移民群体聚集、有固定住处且在人口规模上占据相当比重的相对稳定的居住区,是移民社会的物质空间载体。这类聚居空间由大量具有不同国籍、语言、经济实力、社会地位、文化背景和风俗习惯的国际移民因工作、学习、家庭团聚、战争(避难)、宗教等原因在异国他乡聚居而成,国际移民通过时空压缩、社区联结、地方认同构建着独异化的跨国社会空间,同时也在重塑着迁入地的社会空间(Ma等[②];Zhou等[③];Smith[④];Portes[⑤])。

随着全球化进程的推进,中国城市迎来新的转型机遇,城市建设与发展日益呈现出多元化与国际化的新格局。在此背景下,各类国际移民聚居区在国内各大城市的生成和发展便具有了一种内在的必然性、合理性和普遍性。例如,北京望京地区就形成了中国最大的韩国人聚居区,上海浦东和古北虹桥出现了以欧美高级白领为主的聚居区,广州越秀区小北路一带聚居了一定规模的黑人移民,沈阳西塔街、青岛城阳区和南京银城东苑也形成了一批韩国人聚居区(Wu等[⑥];李志刚等[⑦];Kim[⑧])。本书所研究的经济型国际移民聚居空间(以外籍员工聚居区为代表)和社会型国际移民聚居空间(以国际留学生聚居区为代表),均属于上述国际移民聚居区的两大典型亚类。

(3)本书所研究的"国际移民聚居空间"

国际移民聚居空间是指国际移民(不含"三非"人员)因工作、学习、家庭团聚等目的,在中国城市中主动或被动择居而聚集形成的生存和发展空间,既包括移民聚居的社区这一物

---

① 在我国境内居住三个月以上或能够确定将居住三个月以上的外籍人员,但不包括出差、旅游等在境内短期停留的外籍人员。"境内"指的是我国海关关境以内,不包含港澳台地区。

② Ma L J C, Xiang B. Native place, migration and the emergence of peasant enclaves in Beijing [J]. The China quarterly, 1989, 54(5): 809-820.

③ Zhou M, Logan J R. Returns on human capital in ethnic enclaves: New York's Chinatown [J]. American sociological review, 1989, 54: 809-820.

④ Smith M P. Transnational urbanism: locating globalization [M]. Malden: Blackwell, 2000: 221.

⑤ Portes A. The social origins of the Cuban enclave economy of Miami [J]. Sociological perspectives, 1987, 30(4): 340-372.

⑥ Wu F L, Webber K. The rise of foreign gated communities in Beijing: between economic globalization and local institutions [J]. Cities, 2004, 21(3): 203-213.

⑦ 李志刚,薛德升,Lyons M,等. 广州小北路黑人聚居区社会空间分析[J]. 地理学报,2008,62(2):207-218.

⑧ Kim H. Ethnic enclave economy in urban China: the Korean immigrants in Yanbian [J]. Ethnic and racial studies, 2003, 26(5): 802-828.

质空间载体,也包括物质空间所承载的社会联结。在此基础上,本书从移民身份角度出发,结合七普移民来华目的统计(以经济型流动和社会型流动为主),将在华国际移民聚居形式进一步划分为"经济型国际移民聚居空间"和"社会型国际移民聚居空间"两类。

经济型国际移民聚居空间是指以经济因素为驱动力进入我国谋生营利的国际移民,他们出于房源、租金、通勤等经济考量嵌入城市社区之中,并与迁入城市的经济体系发生密切关联的聚居形式。

社会型国际移民聚居空间则是指因社会文化事务(如求学深造)流入我国的国际移民,以亲缘、地缘、业缘等为基本纽带而形成的一类聚居空间,在聚居形式上多为嵌入城市已有社区的一类典型生活结构,并在小群体内部表现出较为同质化的特征,其中当属国际留学生的聚居区最具规模。

在此基础上,选取外籍员工聚居区和国际留学生聚居区分别作为经济型和社会型国际移民聚居空间的典型样本。其中,外籍员工聚居区是指通过跨国企业外派、国际人才引进等渠道来华就业的国际移民,以被动(统一安排等)或主动择居的方式,衍生于城市普通社区,或相对独立地居住于大城市的国际社区、公寓的聚居形式,其会与迁入城市的产业经济、就业市场、业态构成产生密切的相互作用;国际留学生聚居区是指来华国际留学生群体以被动(以学生公寓为主)或主动择居方式(以校外租房为主),居住于学校统一安排和提供管理的学生公寓、宿舍,或依托于高校周边社区而自发聚居形成的国际移民聚居区。总而言之,经济型和社会型国际移民聚居空间作为贯穿全文的参照和分类口径,既为理论框架诠释提供了差异化的推导场景,也为实证研究中分类特征解析和程度评估比较奠定了基础。

2.1.2 融合

(1)"融合"的基本概念

时至今日,因研究视角、研究内容、研究重点等方面的不同,国内外学者对于融合的具体定义并未达成共识。在英文文献中,与此相关的概念包括 assimilation, adaptation, acculturation, inclusion, incorporation, integration;中文文献中常出现的概念则包括同化、适应、吸纳、接纳、并入、融入等。这些概念的内涵其实存在一定程度的差异,但更多的时候却是互替混用的。

本书涉及的"融合"等同于社会学相关研究中的社会融合(social inclusion)概念。起初,"社会排斥"被欧洲学者勒内·勒努瓦提出,并逐渐得到欧洲社会学界的关注[1],其概念经不断完善后用于描述社会成员从社会整合的系统中被排斥出来的现象[2],主要应用于经济排斥、社会排斥、政治排斥、邻居排斥、个人排斥(身心不健康、受教育机会少)、空间排斥(弱势

---

[1] Berghman J. Social exclusion in Europe: Policy context and analytical framework[C]//Beyond the threshold: the measurement and analysis of social exclusion. Bristol: Policy Press, 1995: 10-28.

[2] Walker A. Britain divided: the growth of social exclusion in 1980s and 1990s[M]. London: Child Poverty Action Group, 1997: 315.

群体的边缘化和集中化)和群体排斥(特殊群体如残疾人、老人和少数民族)等领域[①]。随着社会排斥研究的深入以及反社会排斥计划和行动的实践,"社会融合"作为一项应对社会排斥问题的社会政策应运而生[②]。联合国相关职能部门、亚太经社会、加拿大和欧洲等国际组织、国家或地区的政策研究均从社会公平角度出发,普遍认为社会融合是一个致力于全社会享有平等机会、权利及共同价值的渐进过程[③],以确保面临风险和遭到社会排斥的群体能够获得必要的机会和资源,从而全面参与经济、社会和文化生活并享受主流社会认同的权利和福利[④]。

与此同时,社会学、人口学等领域也陆续对"融合"的内涵进行了解析和研判:一方面,欧美"同化论""多元论""区隔融合论"等理论思潮表达了对融合方向、维度和过程的多元化思考;另一方面,针对特定群体或地区的实证研究则在融合的方向上有所侧重,同时彰显了融合在不同层次的差异化内涵。因此,表2-3从社会融合的方向、层次、维度和过程四个方面,对相关文献进行梳理,并从中提取和总结共识性结论,为本书"融合"概念的界定提供参考依据。

表2-3 社会融合概念与维度界定

相关主题		界定	来源
融合方向	单向	在同化论的指导下,强调"零和关系"的移民单向融入过程	Park[⑤]; Gordon[⑥]
		实证研究侧重于移民主动适应迁入地社会的过程	马西恒等[⑦]
	双向	立足于多元论和区隔融合论,认为社会融合是移民和当地居民之间相互渗透、交往,相互分享各自的文化记忆,并和所在的城市相互适应,汇入一种共同的文化生活的过程	Berry[⑧]
		社会融合是"差异消减"的移民与迁入地互动过程	Alba等[⑨]

---

① Percy-Smith J. Policy responses to social exclusion: towards inclusion? [M]. Buckingham: Open University Press, 2000: 21-24.

② United Nations Research Institute for Social Development. Social integration: approaches and issues[R]. UNRISD Briefing Paper No. 1, World Summit for Social Development, 1994: 183-192.

③ United Nations. Social cohesion: inclusion and a sense of belonging in Latin America and the Caribbean[M]. Chile: Santiago, 2007: 17-19.

④ European Commission. Joint Report on Social Inclusion[R]. Directorate-General for Employment and Social Affairs, European Commission Brussels, 2004: 54-60.

⑤ Park R E. Human migration and the marginal man[J]. American journal of sociology, 1928, 33(6): 881-893.

⑥ Gordon M M. Assimilation in American life: the role of race, religion, and national origins[M]. New York: Oxford University Press, 1964: 68-71.

⑦ 马西恒,童星. 敦睦他者:城市新移民的社会融合之路:对上海市Y社区的个案考察[J]. 学海, 2008, 19(2): 15-22.

⑧ Berry J W. Immigration, acculturation, and adaptation [J]. Applied psychology, 1997, 46(1): 5-34.

⑨ Alba R, Nee V. Remaking the American mainstream: assimilation and contemporary immigration [M]. Boston: Harvard University Press, 2003: 28-63.

（续表）

相关主题		界定	来源
融合层次	个体	关注个体的心理变化，以及与其他个体、群体或组织的社会联结	吴晓曼等[1]；悦中山等[2]
	社群	关注社会空间(社区)层面移民和迁入地社会的互动	
	环境	以整个国家(城市)系统的融合为手段和目标进行制度(政策)优化	
融合维度		文化、社会结构、婚姻、身份认同、族群偏见、歧视和公共事务七个维度	Gordon
		在Gordon基础上增加了社会经济融合、空间(或者居住)融合两个维度	Alba等
		社会经济融入、政治融入、文化融入、主体社会对移民的接纳或者拒斥	Entzinger等[3]
		定居/经济融合、文化适应、社会适应、结构融合，以及同化/身份认同	周皓[4]
		经济、社会、心理、制度、空间融入	田明等[5]
融合过程	同化	基于同化论观点，认为移民会经历一个逐渐放弃自己的文化和身份而整合到主流社会并实现经济向上流动的过程	Park
	共存	基于多元论观点，认为移民在经济上整合的同时，仍保有自身原有的文化和价值观，并与迁入地各种文化的互动，以此重新塑造其身份认同，从而形成全新的、多元化的空间、社会和经济秩序	Portes等[6]
	隔离	基于区隔融合论观点，认为除了上述两种融合过程，还有的移民因自身条件和社会资源的限制而进入社会底层，致使其后代失去了向上流动的机会和动力，因此隔离于主流社会之外并逐渐边缘化的过程	Portes等

* 资料来源：笔者根据参考文献自绘。

总体而言，既有研究对"融合"的内涵基本达成了以下几点共识：其一，融合既是目的，也是手段；其二，融合的方向有单向和双向之分，分别侧重于移民的融入过程、移民与迁入地的互动过程；其三，融合包括三个层次，即移民个体、移民社群（社区）和国家（城市）大环境；其四，融合涉及多重维度（客观、主观），包括空间、经济、制度等客观方面的融合，以及社会、文化心理、身份等主观方面的融合；其五，融合是一个经历同化、共存、隔离的渐进式动态过程。基于此，本书主要从融合的方向、层次、维度、过程对其概念进行界定，并以此展开研究。

(2) 本书所研究的"融合"

本研究立足于上文提到的融合双向视角，用"融合"和"响应"分别描摹移民融入迁入地的适应过程以及迁入地因此产生变化和反馈的过程，以保证在描述和分析这一互动过程时

---

[1] 吴晓曼,薛琳,方伟晶,等.中国国际移民的社会融合与发展:分析框架的构建与应用[J].西安交通大学学报(社会科学版),2022,42(5):115-122.

[2] 悦中山,杜海峰,李树茁,等.当代西方社会融合研究的概念、理论及应用[J].公共管理学报,2009,6(2):114-121,128.

[3] Entzinger H, Biezeveld R. Benchmarking in immigrant integration [M]. Rotterdam: Erasmus University Eotterdam,2003:19.

[4] 周皓.流动人口社会融合的测量及理论思考[J].人口研究,2012,36(3):27-37.

[5] 田明,彭宇.流动人口城市融入的空间差异:以东部沿海6个城市为例[J].城市规划,2014,38(6):9-16,31.

[6] Portes A, Parker R N, Cobas J A. Assimilation or consciousness: perceptions of U. S. society among recent Latin American immigrant to the United States[J]. Social forces, 1980, 59(1):200-224.

能够清晰地区分移民(聚居区)和迁入地双方的作用。

因此,本书以国际移民聚居区这一社群(社区)层次作为研究对象,将"融合"界定为国际移民及其聚居区通过与迁入地的接触、互动、沟通,在空间、经济、社会、制度、心理等维度逐渐适应主流社会规则,进而逐渐与迁入地同化、并存(选择性融合)或隔离的过程(具体表现为以上各个维度融合水平的高低)。

2.1.3 响应

(1) "响应"的基本概念

在国际移民相关领域内,并未对"响应"的概念形成统一、明晰的认识与界定。通过对现有研究的理解,地方响应通常与社会融入形成某种对应关系,共同描述移民与迁入地社会之间的互动状态。

通过梳理与"响应"相关的研究成果发现,此概念广泛应用于市场需求响应模型、社会响应、突发事件或现象的响应等研究中。在国际移民研究领域,并未对"响应"的概念形成明确的共识与界定,但学界均认同其在"双向融合"视角下,代表移民对迁入地社会所产生的影响;而在"单向融合"视角下,则代表与融合(即国际移民融入迁入地的过程)相对应的一个概念。总体而言,国际移民的地方响应主要表现为周遭人群对移民群体的反应或认知,以及周边地区因该群体而带来的多重影响、变化和回应。

在"融合"的解析维度中,包含或涉及"响应"内容的研究比较有限。其中最具代表性的是李志刚对广州小北黑人聚居区的本地居民、商户、当地媒体及网络舆论等进行调查,勾勒出一个相互建构的、负面响应下的黑人区面貌,从而揭示国际移民给当地所带来的复杂影响[①];此外,还有部分学者从经济维度出发,解析了移民群体聚居对迁入地产生的影响。总体而言,新的"非国家空间"的增生无疑意味着城市将更加难以管控,但也凸显出管理地方化与社区建设的时代重任。在此背景下,探究迁入城市的"响应"特征显得尤为重要。

(2) 本书所研究的"响应"

本书所研究的"响应"是一个与上述"融合"相对的过程,即在国际移民聚居区的形成和演化过程中,对周边社区以及迁入地城市的空间、经济、社会、制度、心理等方面所带来的综合影响,包括迁入地因此产生的客观变化和主动回应。

鉴于国际移民聚居空间的生存与演化过程本身就是一个动态的、渐进式的双向互动过程,本研究希望能统筹兼顾"融合端"(即迁入地影响下的国际移民聚居区融合特征)与"响应端"(即国际移民聚居区的出现对迁入地产生的影响)两个端口,以此来搭建国际移民聚居空间与迁入地之间发生互动演化的理论诠释框架。

---

① 李志刚,薛德升,杜枫,等.全球化下"跨国移民社会空间"的地方响应:以广州小北黑人区为例[J].地理研究,2009,28(4):920-932.

2.1.4 治理

(1)"治理"的基本概念

"治理"(governance)最初起源于"掌舵"(steering),意在表达一种控制、引导或操纵的涵义[1],用以表达通过政府向社会授权放权来实现二者多元共治的管理与统治机制[2]。随着社会关系和结构的变迁,治理更加强调在处理社会事务过程中的相互协调与协商,是一个上下双向互动、彼此交流、沟通与理解的过程,治理的层次也从国家内部拓展到区域乃至全球。治理理论的出现,为处理日益密切的国际关系、区域事务和国家建构探索出了一条能够重获凝聚力的崭新的理论路径[3]。

治理概念在不同的时代、不同的国家、不同的情境、不同层次的实践中具有不同的解释。不少学者对中西方的"治理"概念进行了解读与辨析:西方的"治理"概念注重社会力量的作用,将"社会"置于中心或优先地位,存在明显的去权威化、去国家化倾向,这意味着对治理主体的重构和再造,以探寻管制社会的一种新方法[4];而中国的"治理"概念则是指以国家为核心的治理体系,围绕政府、市场、社会的关系问题展开,强调国家(政府)发挥主导性力量的同时,调动和引导社会力量积极参与治理,并促进市场对资源配置发挥决定性作用,逐渐由管理性治理模式转向服务性治理模式,以适应社会政治经济发展对治理模式更新换代的要求[5]。

尽管中西方赋予治理概念不同的内涵,但也存在一定的共性,即均涉及国家与社会、政府与市场关系的重构及其职能的有效发挥[6]。因此,"治理"的内涵可概括为以下三个方面:其一,确保国家(政府)权责主体地位的同时,重新界定并调适其功能、角色和职责边界;其二,建立多元治理主体的合作、协调与良性互动体系,充分发挥政府、非政府组织和企业等利益主体或责任主体各自的优势;其三,采取多样化、多层次的治理手段和方法,注重多方参与和互动反馈。

(2)"国际移民治理"的具体内涵

聚焦国际移民治理的概念,主要在全球移民治理和国家(地方)移民治理实践两类研究中有所涉及。在全球移民治理方面,以保障人的安全,维护人类社会共同利益为基本理念,涉及全球、区域和国家等层次,治理的对象包括正规移民、非法移民、难民等,治理的主体涉及国家、国际组织等多种行为体,以移民权益保护的国际法和规范性文件为依据,构建具有全球通识性的治理决策和实施框架[7]。而在我国的移民治理实践方面,2018 年成立的国家

---

[1] 俞可平.治理与善治[M].北京:社会科学文献出版社,2000:1.
[2] 王浦劬.国家治理、政府治理和社会治理的基本含义及其相互关系辨析[J].社会学评论,2014,2(3):12-20.
[3] Frederickson H G, Smith K B. The public administration theory primer[M]. Cambridge: Westview Press, 2003: 225-226.
[4] 斯托克,华夏风.作为理论的治理:五个论点[J].国际社会科学杂志(中文版),1999,16(1):20-21.
[5] 薛澜,张帆,武沐瑶.国家治理体系与治理能力研究:回顾与前瞻[J].公共管理学报,2015,12(3):1.
[6] 张凤玲,辛刚国.治理概念解析[J].广东省社会主义学院学报,2017(4):94-99.
[7] 章雅荻.国际移民问题全球治理的现状、困境与展望:以欧洲移民危机为例[J].国际关系研究,2017(1):82-100,156.

移民管理局集中管理移民相关事务,其管理政策主要涉及出入境管理、就业、居留、社会保障和特殊政策五个方面,但这些政策目前仍分散在国家治理体系之中。此外,移民社区治理作为我国国际移民治理的路径之一,由于上层设计的服务与下层的在地使用需求不一致,再加上文化观念的差别、管理理念的不同以及施行主体的复杂性等原因,社区治理在实施中往往面临着重重障碍(见表2-4)。

表2-4 "国际移民治理"的内涵

视角	涉及内容	具体内涵
全球移民治理	治理理念	(1) 保障人的安全;(2) 维护人类社会共同利益
	涉及层次	(1) 全球;(2) 区域;(3) 国家
	治理对象	(1) 正规移民;(2) 非正规/非法移民;(3) 难民
	治理主体	(1) 国家;(2) 全球与区域性国际组织
	通识框架	(1) 规则与规范:有约束性的法律和规范、非约束性规范性框架以及国家间有关移民问题上的合作协议;(2) 决策与执行程序:机构行为体、组织架构和机制;(3) 监督机制:在全球层面与全球治理有关的对话和倡议进程[①]
中国移民治理实践	移民制度与政策	(1) 出入境管理;(2) 就业;(3) 居留;(4) 社会保障;(5) 特殊政策
	移民管理部门及其职责	国家移民管理局,负责出入境管理、口岸证件查验和边民往来管理,负责外国人停留居留和永久居留管理、难民管理、国籍管理,牵头协调"三非"外国人治理和非法移民遣返,负责中国公民因私出入国(境)服务管理,承担移民领域国际合作等工作[②]
	移民社区治理	在多元参与的治理机制下,移民融入当地社会首先需要面对的是城市的基层社区组织,应合理发挥社区的服务和引导功能,同时赋予基层社区适当的行政职能,与公安部门、外交部门、文化部门以及教育部门等形成管理合力[③]

* 资料来源:笔者根据相关资料自制。

(2) 本书所研究的"国际移民治理"

本书所研究的"治理",是指针对在华国际移民聚居空间,结合迁入地与国际移民之间的"融合"与"响应"规律,分别从迁入地国家、城市和社区层级出发,构建涵盖空间、经济、社会、制度、心理等方面内容的治理体系与实施路径,并根据不同聚居空间类型的现实问题有所侧重地提出差异化的运作机制和治理策略。

2.2 融合、响应与治理:国际移民聚居空间的相关理论引介

国际移民聚居空间的融合与响应实际上是移民群体和本地人、聚居空间和迁入地城市这两组相对变量之间交互作用的过程。"融合"过程表现为国际移民在嵌入城市过程中所

---

① International Organization for Migration (IOM). World migration report 2018[M]. Geneva: International Organization for Migration,2017:125.
② 王勇.关于国务院机构改革方案的说明:2018年3月13日在第十三届全国人民代表大会第一次会议上[R/OL].(2018-03-14)[2021-10-20].中国人大网,https://www.gov.cn/guowuyuan/2018-03/14/content_5273856.htm.
③ 晏晓娟.我国城市发展进程中的国际移民治理:基于社会融合的视角[J].上海对外经贸大学学报,2019,26(4):100-108.

经历的空间、经济、社会、制度、心理等方面的吸引、容忍、适应等一系列的复杂处境,以及因地缘、业缘或亲缘等纽带联结,或者因服从和适应迁入地规则而主动或被动择居,进而形成的特殊社会空间;"响应"过程则反映出本地人对移民迁入产生的从排斥、适应到逐渐认同的社会和心理感知变迁,迁入地政府、市场做出的制度和经济反馈,以及城市社会空间因异质化空间出现而悄然产生的剧烈变迁。这一双向过程也引发了对特殊社会空间治理目标、路径和内容的思考。因此,本节将从"国际移民"和"社会空间"两方面的经典理论中借鉴有效的理论分析工具,为国际移民聚居空间"融合—响应"理论框架的构建打下基础;在此基础上,通过关注空间治理的相关研究成果,进一步为国际移民聚居空间的治理路径提供理论依据。

2.2.1 国际移民相关理论

国际移民群体的产生和发展壮大,通常由人口跨国迁移的外部动力和社会融合的内生机制所共同决定:一方面在外部动力上,来源国和迁入国(地)在经济、制度、生活质量等方面的差距往往会引发人口跨国迁移现象,国际移民群体也由此出现;另一方面在内生机制上,国际移民与迁入地之间相互作用的社会融合进程则会促进或抑制移民群体的发展壮大。因此,本节将从国际移民相关理论中遴选和引介"跨国主义理论"和"社会融合论"的研究成果,并结合研究内容对其进行理论迁移和转译。

(1) 跨国主义理论

①理论引介

跨国主义理论是在推拉理论、新古典经济均衡理论、新经济移民理论、双重劳动市场理论、世界体系理论等古典国际移民理论的基础上,发展出的一种解释信息化和全球化双重浪潮下人口跨国双向反复流动的研究范式,已成为当前国际移民研究的重要视角。跨国主义理论的建构得益于人类学、社会学、人口学以及地理学等跨学科综合发展,逐步从概念内涵延伸出跨国实践、跨国空间和跨国认同等多个主题的研究旨趣。

"跨国主义"概念最早由人类学家席勒(Schiller)等人提出,其在研究中发现,现代国际移民行为并非像以前那样"连根拔起"或"一去不返",而是依然和来源国维持着密切联系,由此引入"跨国主义"概念,用以描述移民同来源国和迁入国(地)同时保持社会联系,从而建立跨越地理、文化和政治的社会场域的过程[1]。在此基础上,跨国主义理论研究逐步按照跨国实践、跨国空间和跨国认同三个主题展开。在跨国实践方面,沃特维克(Vertovec)等社会和地理学者指出,移民通过跨越国界建立和维系来源国与一个或多个迁入国(地)之间多重的、有规律的、持续性的社会联系[2],这一跨国实践的表现形式可归纳为经济跨国主义、政治跨国主义和社会文化跨国主义,不过这一分类并非泾渭分明,而是往往互融互通的[3]。在

---

[1] Schiller N G, Basch L, Blanc C S. Nations unbound: transnational projects, postcolonial predicaments, and deterritorialized nation states[M]. London: Routledge, 1994: 8.

[2] Vertovec S. Migration and other modes of transnationalism: towards conceptual cross-fertilization [J]. International migration review, 2003, 37(3): 641-665.

[3] Portes A, Guarnizo L E, Landolt P. The study of transnationalism: pitfalls and promise of an emergent research field [J]. Ethnic and racial studies, 1999, 22(2): 217-237.

跨国空间方面,社会学者费斯特(Faist)则认为,随着跨国行为的出现和跨国联系的日益密切,移民和母国的空间距离逐渐被流动的网络距离所取代,超越了地理和领土意义上的限定一个,由跨国行为、社会网络和资本交换构建出的具有象征意味的"共融"跨国社会空间就此形成。他还根据空间的跨国延伸程度和稳定性,将跨国空间划分为分散和同化、交换和互惠、跨国网络和跨国共同体四种类型,跨国空间认知的出现无疑大大削弱了传统移民理论对当前跨国移民行为的解释力①。在跨国认同方面,学者们纷纷关注跨国主义对移民文化适应、身份认同等心理层面的影响②。这种跨国视野下的移民心理认同既不再与特定的文化、族群或乡土保持一对一的刻板关系,也不是对原文化的彻底剥离,而是在保有自身文化的同时跨文化适应和融入迁入地社会的动态的、不断自我改变的过程③。

总体而言,从跨国实践、跨国空间再到跨国认同,跨国主义理论由外而内地解释了全球化时代选择跨国生活方式的移民从行为到心理认知方面出现的一系列新特征(见图2-1)。这一新兴移民理论突破了民族－国家主义的束缚,解构了传统社会学理论的视角并创新了移民研究的逻辑框架,从移民群体的视角,为本书理论诠释框架中国际移民及其聚居空间的成因,以及在经济、心理等维度的融合提供理论参考。

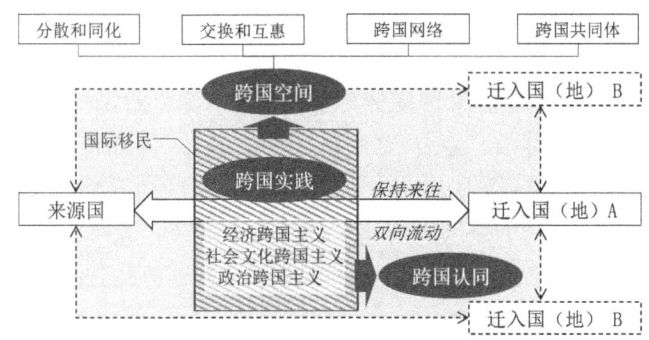

图 2-1　跨国主义理论的逻辑框架

* 资料来源:笔者根据以下文献改绘——丁月牙.论跨国主义及其理论贡献[J].民族研究,2012(3):1-12,107.

②迁移与转译

根据上述对跨国主义理论的归纳,本书从中迁移与转译出以下四个方面(见图2-2),将其作为理论诠释框架构建的参考依据。

转译1:人口迁移的动力机制(源于跨国实践的启示)。跨国主义理论中的跨国实践主题动摇了传统的西方中心主义移民理论根基,解构了发达国家与发展中国家之间的二元对立。发展中国家(尤其是中国)通过招商引资、人才引进和教育优待等方式,促进了人力和金融资本的全球化流动,摆脱了人口单向流失的困境,这也解释了国际移民来华发展的动机(以就业和就学为主),可以说国际移民的经历就是跨国主义实践具有代表性的一类表现形式。

---

① Faist T. The volume and dynamics of international migration and transnational social spaces[M]. Oxford: Clarendon University Press, 2000: 195-241.
② Tsai J L, Ying Y W, Lee P A. The meaning of "being Chinese" and "being American": variation among Chinese American young adults[J]. Journal of cross-cultural psychology, 2000, 31(3): 302-332.
③ Al-Ali N, Black R, Koser K. The limits to 'transnationalism': Bosnian and Eritrean refugees in Europe as emerging transnational communities[J]. Ethnic and racial studies, 2001, 24(4): 578-600.

转译2：经济维度的双向互动性（源于跨国实践的启示）。跨国实践解释了国际移民与迁入地在经济维度上的互动过程。一方面，从"融合"角度来看，跨国主义视阈下的资本全球化催生了大批跨国企业，而中国超大规模的市场"磁力"、稳定的高回报率、逐步完善的产业供应链体系和持续优化的营商环境，不断吸引着跨国企业来华贸易，从而带来了大量的外籍员工。在此背景下，中国对外商投资环境国际化基础设施的全面整合和培育，进一步为国际留学生留华择业、国际人才来华就业提供了经济保障。另一方面，从"响应"角度来看，跨国主义实践也为作为迁入地的中国注入了源源不断的跨国金融、就业岗位和社会资本，同时也催生了一大批"符号化"的异国商业形态和高端国际消费群体。

转译3：心理维度融合的相对独立性（源于跨国认同的启示）。传统移民理论认为，国际移民心理上的融入一般依附并伴生于经济、制度、社会等维度的融入情况，是客观条件在内心的被动投射。但跨国主义理论反驳了这一观点，认为保持原本文化、获得来源国情感支持反而是国际移民更加自信地参与到迁入国（地）的生活中去的动力，国际移民心理上的融合也源于对包括来源国关系纽带在内的跨国网络的适应程度，而并非完全依存于移民与迁入地之间的互动关系。因此，跨国主义理论佐证了心理维度的融合程度在一定程度上不受其他维度融合水平的影响而独立发生。

转译4：空间维度响应和聚居空间成因的全球视阈（源于跨国空间的启示）。跨国空间理论否定了传统理论中"全球"和"地方"之间的割裂关系，认为二者可以通过跨国网络重塑城市空间①。一方面，从空间维度的响应来看，"全球"要素在迁入地城市内的介入和集聚分布形成了跨国空间，这一新兴的空间类型成为连接"地方"与"全球"的枢纽，汇聚了大量的跨国经济联系、社会流动和文化交流，在一定程度上引发了包括迁入地功能混合与空间重构、国际化符号衍生等一系列空间维度上的响应。另一方面，从聚居空间成因来看，跨国空间从全球视阈解释了国际移民聚居空间形成的外部环境，即随着全球化的推进，国际移民所建构的跨国空间便会逐渐摆脱地理的物质束缚和国家的领土制约，成为由"不在场"的全球化要素和"在场"的地方性要素共时构筑的社会空间②。这一论点也呼应了后文社会空间理论的观点，二者共同用于支撑从"空间视角"开展国际移民研究的合理性和必要性。

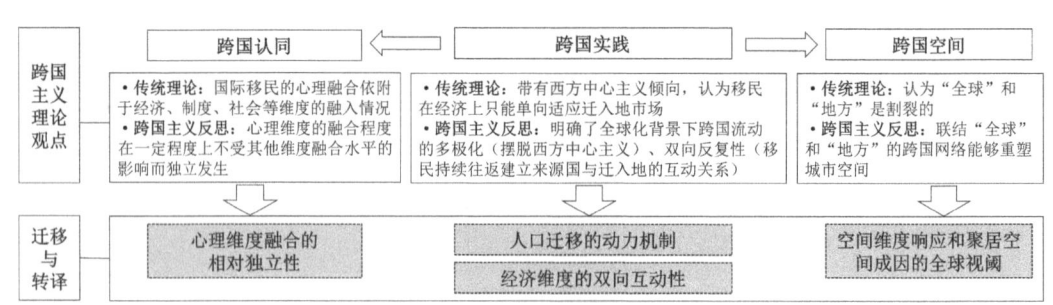

图2-2 跨国主义理论的观点与转译

*资料来源：笔者自绘。

---

① 王立,薛德升.世界城市跨国空间研究的分野与合流[J].人文地理,2017,32(5):69-75.
② 吉登斯.现代性的后果[M].田禾,译.南京:译林出版社,2011:23-33.

(2) 社会融合理论

①理论引介

社会融合理论源自西方国家,主要围绕着移民与主流社会的关系问题展开,用以解释移民在迁入地社会中发生的经济成就、行为适应、文化融合、身份认同等过程和结果(见图2-3)。在众多流派中,又以"同化论"(assimilation)、"多元论"(pluralism or multiculturalism)和"区隔融合论"(segmented assimilation)最具影响力①。其中"同化论"作为传统社会融合理论的代表,最早由帕克(Park)提出,其观点是移民在迁入地将以"主流社会"为目标融入到迁入地社会中,而后补充和发展出的"多元论"和"区隔融合论"则更强调移民群体与迁入地社会之间的双向互动关系和多元融合过程。下文将以这三个主流理论为渊源,从"融合"与"响应"的方向和维度对既有研究展开分析,兼论中国学者对在华国际移民的特殊性思考。

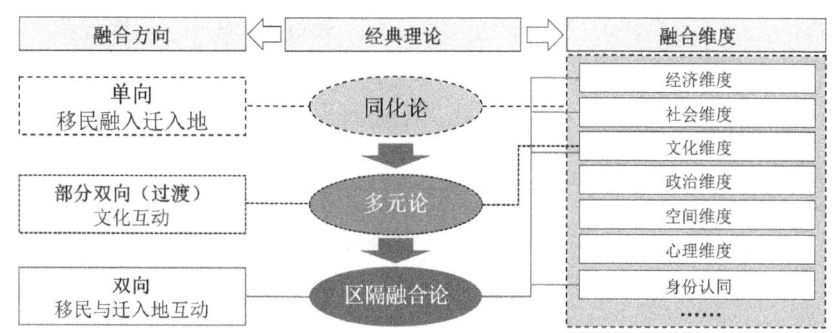

图 2-3 社会融合理论的逻辑框架

* 资料来源:笔者根据以下文献自绘——吴晓曼,薛琳,方伟晶,等.中国国际移民的社会融合与发展:分析框架的构建与应用[J].西安交通大学学报(社会科学版),2022,42(5):115-122.

"融合"与"响应"的方向主要分为单向和双向两种视角。其中单向视角以"同化论"为基础,认为融合就是弱势群体不断抛弃自己原有文化和行为模式,去逐渐适应主流社会的文化和行为,最终获取与主流人群一样的机会和权利的自然的、不可逆的过程②。该视角起初主要用于研究发达国家的族裔聚居区,带有明显的西方中心论色彩,适用于具有向上流动的主观愿望和客观差距的移民群体③,后来国内学者也以此视角来研究农民工的融入情况。在全球化进程中,不同国家、不同行业的国际移民数量迅速增加④,"同化论"开始遭到社会学、政治学界的质疑和挑战,以双向融合为研究视角的"多元论"和"区隔同化论"相继出现。其中,"多元论"首先提出了文化层面的双向融合视角,即移民与迁入地的各种文化和价值观会相互适应,强调文化的多样性和社会的包容度。随后,"区隔融合论"完善并深化了这一双向融合视角(即对应本书中的"融合"与"响应"过程)。该视

---

① 张文宏,雷开春. 城市新移民社会融合的结构、现状与影响因素分析[J]. 社会学研究,2008(5):117-141,244-245.
② Park R E. Human migration and the marginal man[J]. American journal of sociology, 1928, 33(6): 881-893.
③ 杨菊华. 从隔离、选择融入到融合:流动人口社会融入问题的理论思考[J]. 人口研究,2009,33(1):17-29.
④ Hurh W M, Kim K C. Adhesive sociocultural adaptation of Korean immigrants in the U. S.: an alternative strategy of minority adaptation[J]. The international migration review, 1984, 18(2): 188-216.

角认为,移民的人文资本(如教育、技能、文化)与他们在迁入地最早遭遇的对待和融合模式之间存在互动,迁入地公共政策和社会成员表现出来的敌意、漠不关心或诚心接纳也会对融合的过程及结果产生至关重要的作用,因而更适用于现代移民的迁移和聚居特征[1]。

"融合"与"响应"在维度设定上则存在多维体系和单一维度的差异。其中"同化论"基于单向融入的理论认知构建了完整的多维解析体系。例如,戈登(Gordon)就率先提出了包括文化、社会结构、婚姻、身份认同、族群偏见、歧视和公共事务在内的七个融合解析维度;其后,杨格·塔斯(Junger-Tas)、恩泽格尔(Entzinger)等人将其总结为社会经济融入、政治融入、文化融入、主流社会的接纳或拒斥四个方面;基于此,中国学者也相继提出了移民融入的多维模型。既有成果虽在具体测度因子上略有差别,但在经济、社会、制度和心理等四个维度上基本达成了一致,且共识性地认为这四个维度在融合程度上具有依次递减(难度递增)的关系:经济维度是其他维度融合的基础和保障,即在同一时间截面上经济维度的融合程度最高;社会维度是移民与迁入地之间建立的人文联结,其融合程度仅次于经济维度;而制度维度是较难适应和改变的结构性要素;心理维度则表征着最难实现的精神层面的深度接纳。故最终形成的是"经济—社会—制度—心理"四个维度融合程度由高到低的排列顺序[2]。而马西(Massey)提出的"空间同化论"首次从空间维度对移民的融合程度进行评判。她以芝加哥学派的人类生态学理论为基础,提出"空间维度的融合程度同移民自身的社会地位、迁移动因以及迁入地客观条件等诸多因素密切相关"的观点,并通过实证分析证实,社会地位高(中产阶层、社会精英、高知群体等)、迁入地为发达城市的移民聚居区在空间上的融入程度更高,相反则更易产生空间隔离。也就是说,相较于其他维度在融合程度上的递进性的共识,空间融合情况存在着明显的群体分异[3]。相较"同化论"成熟的多维体系,"多元论"和"区隔融合论"虽扩展了双向互动的理论视角,但仅就单一维度展开解析,未形成完整的维度体系。例如贝瑞(Berry)最先提出移民文化维度的双向融合[4],他认为移民在适应迁入地文化的同时,其自身携带的文化也会对迁入地社会产生影响;芬尼(Phinney)则进一步提出了身份认同的双向互动性[5],强调移民和迁入地社会之间同时对自己和对方的身份建立认同关系,是双向融合的内化表现;在此基础上,国内学者也开始探索移民对迁入地的反作用(即"响应"过程),但目前为止相关研究仅涉及经济、社会、文化、身份认同等

---

[1] 吴晓曼,薛琳,方伟晶,等.中国国际移民的社会融合与发展:分析框架的构建与应用[J].西安交通大学学报(社会科学版),2022,42(5):115-122.
[2] 田明,彭宇.流动人口城市融入的空间差异:以东部沿海6个城市为例[J].城市规划,2014,38(6):9-16,31.
[3] Massey D S, Denton N A. Spatial assimilation as a socioeconomic outcome[J]. American sociological review, 1985, 50(1): 94-106.
[4] Berry J W. Immigration, acculturation, and adaptation [J]. Applied psychology, 1997, 46(1): 5-34.
[5] Phinney J S. Ethnic identity in adolescents and adults: review of research [J]. Psychological bulletin, 1990, 108(3): 499-514.

单一维度①②③④,并未形成完整的多维度框架来同时诠释和测度"融合"与"响应"这两个双向互动的过程。

总而言之,不断发展的社会融合理论从方向和维度两方面,差异化地诠释了国际移民与迁入地的互动关系,对解析当代移民问题具有重要意义。现有研究要么以"同化论"为基础,偏重单向多维度的"融合"测度分析,要么以"多元论"和"区隔融合论"为基础,强调双向单维度的"融合—响应"互动关系阐释,但唯独欠缺兼顾"双向视角+多维测度"的理论思考。因此,本书借鉴社会融合理论,通过优化既有研究框架中的方向和维度来搭建本书的理论诠释框架。

②迁移与转译

根据上述对社会融合理论的归纳,本书从中迁移与转译以下两个方面(见图2-4),作为理论诠释框架构建的参考依据。

转译1:融合与响应的双向互动(源于多元论/区隔融合论的启示)。随着社会融合理论的不断发展,学者们对移民与迁入地社会关系的认知从"零和关系"的单向融入过程逐渐进化到了"差异共存"的双向互动过程,这对于解析在华国际移民的"融合"与"响应"过程具有重要理论意义。与欧美国家的西方中心主义思想不同,中国以开放和包容的态度来吸引和对待国际移民,主张兼收并蓄、共同发展。由此看来,关注移民对迁入地社会的作用和影响同样重要。因此,本研究将同时兼顾国际移民"融合"和迁入地"响应"视角,在同一个体系内建立双向互动的理论诠释框架。

转译2:维度设定的种类(源于同化论的启示)。相较同化论,"多元论/区隔融合论"虽扩展了双向视角,但并未建立完善的多维解析体系(即:"双向单维度"的解析框架);而以"同化论"为基础的传统融合理论,则已经形成了较为成熟和完善的"单向多维度"解析框架,即构建覆盖空间、经济、社会、制度、心理等方面的多维研究体系来分析移民融入迁入地的单向过程。因此,本书在迁移多元论/区隔融合论的"双向"互动视角的同时,借鉴和补充同化论"单向多维度"的多维体系(多关注空间、经济、社会、制度、心理五个维度),并打通"融合"和"响应"双向过程的解析维度,在同一坐标系内并置构建两个端口、五个解析维度的"双向+五维"理论诠释框架。

转译3:各维度融合程度的排序(源于同化论的启示)。移民聚居区融合程度的高低能够从侧面反映出其融入难度的大小。上述转译2明确了"融合—响应"过程涉及的五个维度,那么各个维度间是否存在融合程度上的差异?相关理论的结论表明,经济、社会、制度和心理维度的融合程度具有递进关系;同时基于空间同化论中"移民聚居区的空间融入程度与社会地位、迁入地发达程度等因素呈现正向相关"的理论观点,综合考量本书所研究的在华国际移民(外籍员工与留学生)"高技、高薪、高知"的具体特点,暂且推断其在空间维度的融入难度低于其他维度(即融合程度较高),但这一点仍需在后续实证章节进行验证和修

---

① 李志刚,薛德升,杜枫,等. 全球化下"跨国移民社会空间"的地方响应:以广州小北黑人区为例[J]. 地理研究,2009,28(4):920-932.
② 许清清,范甜甜,袁祺. 我国人口迁移政策对产业结构升级的影响研究:基于2000—2016年我国31个省的面板数据的实证检验[J]. 宏观质量研究,2019,7(4):48-63.
③ 曾东林,吴晓刚,陈伟. 移民的空间聚集与群体社会距离:来自上海的证据[J]. 社会,2021,41(5):56-79.
④ 马萧,何雪松. 来华韩国人的族裔经济形态探析[J]. 世界民族,2022,(4):38-49.

正)。因此,本书结合经典理论与实践经验,进一步以"空间—经济—社会—制度—心理"由高到低的顺序来设定融合与响应各维度的融合程度。

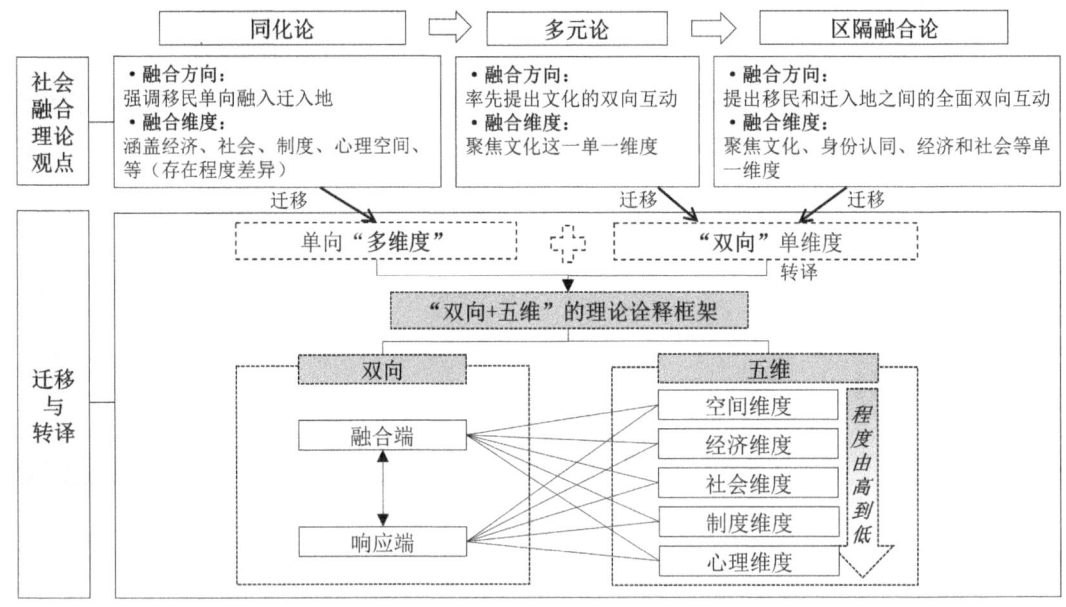

图2-4　社会融合理论的观点与转译
＊资料来源:笔者自绘。

2.2.2　社会空间相关理论

国际移民聚居空间本质上是一类承载特殊社群结构的社会空间,其与迁入地之间融合与响应的互动过程也必然会表现出社会空间的历史生成与演进规律。国际移民聚居空间作为全球化背景下新兴的社会空间,在中国各大城市呈现出各不相同的面貌,是跨国经济资本和社会网络的在地化投影。与此同时,创新国际移民聚居区的治理路径,对于推动国际移民入中国城市、进一步提升中国全球化和城镇化的质量与效能而言具有现实意义。因此,本书将进一步从社会空间相关理论中遴选、引介"场域理论和结构化理论""包容性治理理论"的研究成果,并结合研究内容对其进行理论迁移和转译。

(1)"社会性的空间"和"空间的社会性":场域理论和结构化理论

①理论引介

地理学家约翰斯顿(Johnston)将社会空间定义为"社会群体感知和利用的空间"。换言之,社会空间是社会活动和社会组织所占据的空间,这一概念统合了关系网络和实体空间的关系,引发了地理学和社会学界关于"社会性的空间"和"空间的社会性"思考。在社会空间的理论探索中,"结构主义"和"行动主义"一直处于对立的局面,在此背景下,社会学家布迪厄和吉登斯为打破并重构"结构—行动"关系做出了各自的尝试,分别提出了体现其空间思想的"场域理论"和"结构化理论"。

从理论中对"结构—行动"关系的解读来看,布迪厄和吉登斯为超越传统"结构—行动"二元对立观点而构建了各自的理论范式,二人虽在"结构主义"和"行动主义"之间有各自的倾向,但都主张结构(社会系统)可以通过行动者能动的实践被创造或重构。其中,布迪厄笔下的"场域"是独立于单体行动者的关系系统,这一观点并未完全摆脱结构主义的逻辑框架。但"场域理论"在批判性借鉴马克思主义和韦伯主义的基础上,弥补了其过分强调宏观社会结构而忽略行动者个体能动性的缺陷,引入了"场域""资本""惯习"概念来描述行动者的实践[①]。他虽然用场域和行动者之间的互构过程来描述结构和行动的关系,但只有符合场域入场规则的行动者才有资格运用资本和惯习在该场域内进行有规律的实践活动[②](见图2-5)。相较而言,吉登斯的"结构化理论"则更强调行动者的能动作用,他将行动和结构的关系总结为"具有能知和能动的行动者在一定时空之中利用规则和资源不断地改造外部世界的行动过程"[③],同时借用"时空""在场""脱域"等一系列词汇来描绘跨越时空所重构的现代性社会关系。吉登斯笔下的"结构"以互动过程中具有认知能力的行动者作为基础,并由这些行动者不断地再生产出来[④](见图2-6),这一观点摆脱了结构主义的桎梏,但过于夸大行动者的作用而存在陷入行动主义的风险。

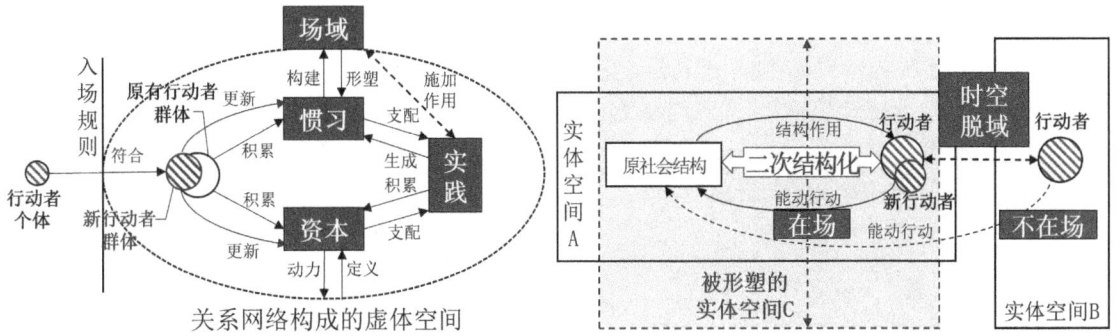

图2-5 场域理论的逻辑框架

＊资料来源:笔者根据以下文献自绘——布迪厄.实践感[M].蒋梓骅,译.南京:译林出版社,2009:20-29.

图2-6 结构化理论的逻辑框架

＊资料来源:笔者根据以下文献自绘——吉登斯.现代性的后果[M].田禾,译.南京:译林出版社,2011:23-33.

从理论所体现的空间观来看,布迪厄和吉登斯都肯定了空间在社会研究中的意义,但二人对空间载体"实与虚"的阐释存在互补性,将二者加以整合恰可形成更为完整的社会空间内涵。其中,布迪厄的"场域理论"描述的是一种社会性的虚体空间,或者说是带有空间隐喻的关系网络。他强调场域的塑造是行动者的一种无意识行为,但完整场域一经形成,便具备了其客观独立的特性并作用于行动者的行动[⑤]。可见,场域是由各种实体的社会位置所组成的,虽没有固定的、可看得见的范围,但它确确实实存在于人们的周边,并用场内法则约束着场内成员的行为活动。布迪厄笔下的场域有很多,诸如文学场、音乐场、法律场

[①] "场域"是指先于单体行动者而存在的特定的社会结构,行动离开了场域便失去了社会意义;"惯习"是行动者凭借日常生活中积累的对客观世界的认知和经验而发起的主观能动性策略;"资本"则是在场域产生之时便附带的资源,其反映了各种客体位置之间的关系网络或构型。
[②] 布迪厄.区分:判断力的社会批判[M].刘晖,译.北京:商务印书馆,2015:169
[③] 吉登斯.社会的构成[M].李康,李猛,等,译.北京:生活·读书·新知三联书店,1998:17-25.
[④] 安东尼·吉登斯.社会理论的核心问题:社会分析中的行动、结构与矛盾[M].郭忠华,徐法寅,译.上海:上海译文出版社,2015:71.
[⑤] 郭一帆.布迪厄的"社会空间"理论[J].人文新视野,2021(1):21-34.

和权力场等等,处于同一场域的人具有大致相同的趣味和阶级属性,这更彰显了场域的社会性特征。相较而言,吉登斯的"结构化理论"阐释的是实体空间的社会性,即充斥着时空作用的实体空间中结构与行动者的相互作用。他虽然没有像布迪厄那样对空间进行详细的定义,但却用"在场""区域化""场所""情境"等词汇去解读空间的含义,并将空间归为两种形态:一种是能面对面的"在场"区域,另一种则是时空脱域①的"不在场"空间。吉登斯笔下的空间是一个有范围的区域、场所或位置,是客观存在的空间实体,更多地表现为聚集着不同人群的特定情境。

总体而言,布迪厄和吉登斯对"结构-行动"的关系持有相似的观点,同时也引出了他们对空间的差异化诠释。两位学者所提出的"结构-行动"互构框架,探索出了一条摆脱结构主义和行动主义二分倾向的理论路径;而他们互补的空间观,则共同揭露出社会空间"虚实结合"的兼容性特征。与此同时,二人的社会空间主张,为本书从"融合-响应"双向视角展开,并以聚居空间作为研究对象,提供了有力的理论支撑。

②迁移与转译

根据上述对场域理论和结构化理论的归纳,本书从中迁移与转译以下两个方面(见图2-7),作为理论诠释框架构建的参考依据。

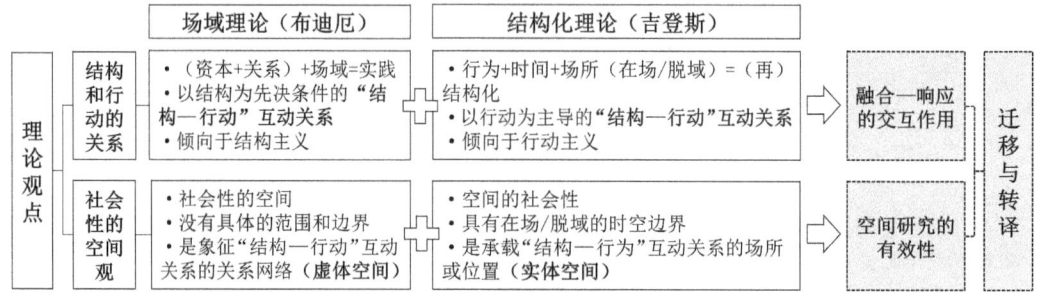

图 2-7 场域理论和结构化理论的观点与转译

* 资料来源:笔者自绘。

转译1:融合与响应的交互作用(源于"结构—行动"互构关系的启示)。布迪厄和吉登斯摆脱了传统社会学理论中"结构-行动"的二元对立关系,在质疑结构对社会关系绝对控制的同时,肯定了行动者的主观能动作用。此二人的理论虽然在结构主义和行动主义之间各有侧重和倾向,但其"结构和行动互构"的观点恰好能够从社会关系的角度解释和佐证国际移民与迁入地社会之间的互动关系。其中,迁入地社会即代表社会结构,国际移民即代表行动者。行动者嵌入社会结构的过程中,他们在受到既有社会在经济、政治、社会、文化等方面的结构性作用(激励或制约)的同时(即为融合过程),也会通过自身携带的禀赋来能动地影响所处的社会结构(即为响应过程)。

转译2:空间研究的有效性(源于社会性空间观的启示)。考虑到布迪厄和吉登斯空间

---

① "时空脱域"指把社会关系从彼此面对面互动的地域性关联中抽离出来的制度,即社会关系日益脱离共同在场的情境,并通过象征标志和专家系统进行跨越时空重构,这种脱域机制从本质上带动了现代社会的发展,比传统制度给日常生活提供更大范围保障。

观的互补性，通过整合和延伸二人理论中关于社会空间的"实体性—虚体性"论点不难发现，可以将国际移民聚居空间看作兼具社会性和物质性特质的社会空间。与此同时，布迪厄和吉登斯在其理论中均强调了社会学研究的空间转向，肯定了以"社会空间"为对象进行社会结构和社会关系研究的必要性，这也为本书立足城市规划学科，以"国际移民聚居空间"这一社会空间为对象展开研究提供了理论依据，更表明移民研究视角从社会群体到聚居空间的转场具有其现实意义。由此推定，本书"以移民聚居的地理空间范围为起点，探究其与迁入地之间产生的经济、社会、制度关联与互动"的研究路径是有效和可行的。

（2）社会空间治理路径：中国特色的包容性治理理论

①理论引介

20世纪中期以来，西方政治学、公共管理学等领域对治理理论的探索产生了极大的兴趣，最具代表性的包括杰索普(Jessop)提出的元治理理论[①]、希克思(Six)提出的整体性治理理论[②]、斯托克(Stoker)为代表的地方治理理论[③]以及戈德史密斯(Goldsmith)和埃格斯(Eggers)共同提出的网络治理理论[④]等；而后，中国学者陆续借鉴和整合善治理论[⑤]、国家—社会理论[⑥]、新公共管理理论[⑦]的观点，不断创新和探索适合中国发展道路的治理理论。基于构建"人类命运共同体"的全球化外部环境，同时结合我国"创新社会治理体系、提高国家治理能力"的国家治理基本方针，我国学者在引入并优化西方治理理论的基础上，提出了具有中国特色的"包容性治理"理论，即一种能让各种利益相关者参与、影响治理主体结构和决策过程，公平分享政策结果、治理收益和社会资源，使各种利益相关者的权益能得到尊重和保障的公共治理[⑧]。现有研究进而从理论内涵、创新性实践和逻辑框架等方面对其做出了阐释。

从理论内涵上来看，"包容性治理"理论顺应了建立"社会治理共同体"的社会治理目标。习近平总书记在党的二十大报告中强调，完善社会治理体系，健全共建共治共享的社会治理制度，提升社会治理效能，畅通和规范群众诉求表达、利益协调、权益保障通道，建设人人有责、人人尽责、人人享有的社会治理共同体[⑨]。其中"共建共治共享"正是对"包容性治理"核心意涵的全面阐释与精准凝练[⑩]。"包容性治理"是近年来我国在推行善治理念、提升国家治理体系和治理能力现代化水平、增进民生福祉等进程中出现的理论模式[⑪]，是结合

---

① Jessop B. The rise of governance and risks of failure: the case of economic development[J]. International social science journal, 1998, 50(155): 29-46.
② 黄滔. 整体性治理理论与相关理论的比较研究[J]. 福建论坛(人文社会科学版), 2014(1): 176-179.
③ 徐越倩, 马斌. 地方治理的理论体系及中国的分析路径[J]. 中共浙江省委党校学报, 2008, 24(5): 47-53.
④ 戈德史密斯, 埃格斯. 网络化治理: 公共部门的新形态[M]. 孙迎春, 译. 北京: 北京大学出版社, 2008: 19.
⑤ 俞可平. 治理与善治[M]. 北京: 社会科学文献出版社, 2000: 9-14.
⑥ 程同顺, 高千. 国家与社会关系的另类阐释:《社会中的国家》评述[J]. 国外社会科学, 2016(1): 138-142.
⑦ Denhardt R B, Denhardt J V. The new public service: an approach to reform[J]. International review of public administration, 2003, 8(1): 3-10.
⑧ 李春成. 包容性治理: 善治的一个重要向度[J]. 领导科学, 2011, (19): 4-5.
⑨ 姜晓萍, 谭振宇. 习近平关于基层治理重要论述的深刻内涵与理论贡献[J]. 国家现代化建设研究, 2022, 1(4): 16-28.
⑩ 徐倩. 苏州:探索包容性治理模式[J]. 群众, 2023(12): 53-55.
⑪ 刘培功. 新型城镇化视角下边缘社区包容性治理研究[D]. 苏州: 苏州大学, 2018: 22-24.

社会治理和包容性发展双重逻辑而形成的治理理论(见图2-8)。其中,包容性的社会治理是突破传统国家治理"统治模式"与"管理模式"后所形成的"服务—合作模式"的治理新思路,而包容性发展则是经历了"极化涓滴发展""基础广泛的发展""益贫式发展"演进阶段后形成的国家与市场、公平与效率之间相互依存和良性互动的内在包容性关系[①]。因此,包容性治理将包容性发展与社会治理的价值理性、技术理性完美融合,形成了以"平等""参与""共享"为基本理念的新型治理理论。

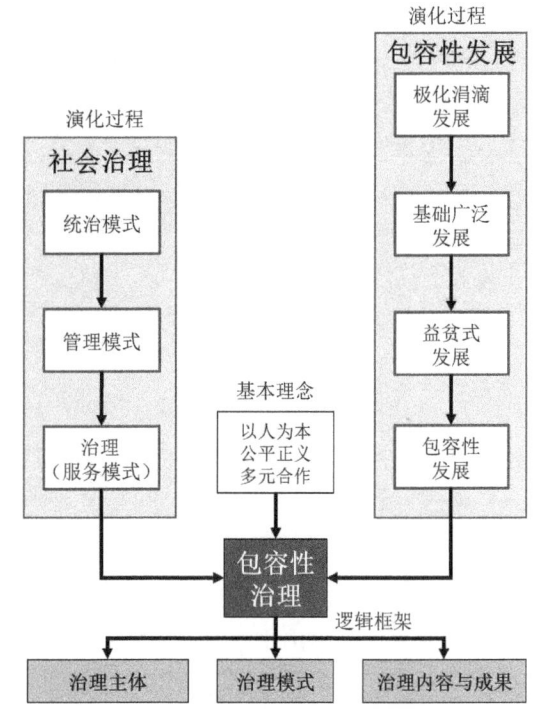

图2-8 包容性治理的逻辑框架

*资料来源:笔者根据以下文献自绘——徐倩.包容性治理:社会治理的新思路[J].江苏社会科学,2015(4):17-25.

从创新性实践上来看,包容性治理已在城市治理模式、社区治理路径和特殊群体治理方法等方面展开了诸多理论和实践探索。其中,城市治理研究主要针对社会群体间权益不平等、社会资源分配不均、新旧城区空间隔离等问题[②],提出了一系列治理路径和实施策略[③],包括农业转移人口市民化、差异化的户籍制度改革、跨国流动人口"放管服"、社会保障和住房保障体系同步优化、包容性公共空间营造等;而社区治理实践主要集中在对城中村[④]、棚户区[⑤]、城市边缘地区[⑥]、流动商贩[⑦]等城市非正规空间包容性治理路径的讨论上,兼顾门禁社区[⑧]、易地搬迁安置社区[⑨]、民族互嵌式社区[⑩]等特殊社区的包容性管理模式的探索,旨在通过创新基层社区的治理路径,解决群体异质化社区内部因社会责任与公共权利深度重构所引发的矛盾和冲突;在特殊群

---

① 徐倩.包容性治理:社会治理的新思路[J].江苏社会科学,2015(4):17-25.
② 陈佩娇.空间正义导向的城市治理研究:兼论包容性城市治理模式的构建[D].成都:四川大学,2023:23-24.
③ 刘贵文,黄媛媛.包容性发展理念对我国城市治理的启示[J].开发研究,2019(4):37-45.
④ 孙小峰.包容性发展视角下城中村治理机制与模式研究[D].杭州:浙江大学,2021.
⑤ 庞娟.融合视角下城市非正规空间的包容性治理研究[J].探索,2017(6):146-152.
⑥ 金太军,刘培功.包容性治理:边缘社区的治理创新[J].理论探讨,2017(2):29-33.
⑦ 曾凡军,王鹏飞.包容性视角下流动商贩治理的路径探析:以N市A区为例[J].成都行政学院学报,2022(6):45-55,117-118.
⑧ 肖涵.社会结构演变中门禁社区的包容性治理[J].公共管理与政策评论,2023,12(2):144-156.
⑨ 吴禹蓉,黄六招.试析"双向增能"对易地搬迁安置社区实现包容性治理的形塑机理[J].领导科学论坛,2022,12(2):24-33
⑩ 姚文东.包容性治理:城市民族互嵌式社区治理的有效选择[J].领导科学论坛,2021(11):22-28.

体的治理方法上,则聚焦于流动人口[①]、少数民族[②]、残疾人[③]以及老年人[④]等弱势群体的现实情况与特殊需求,尝试通过深化制度改革、构建多元协同治理体系,扭转其在空间(居住条件、公共服务设施使用、生活便利度等)、制度(社会保障、市民权益等)、经济(就业机会、收入水平等)、社会(公众参与、邻里交往等)、心理(文化适应、身份认同等)诸多方面所处的系统性弱势地位[⑤]。

从逻辑框架上来看,包容性治理理论主要从治理主体、治理过程和治理成果三个方面进行架构。其一,治理主体的多元性是包容性治理的逻辑起点。包容性治理重视扩大治理主体范围,尤为强调特殊群体、弱势群体的异质化需求特征,采取积极有效的措施来平衡社会治理中强势既得利益集团与弱势利益相关者的关系,建立政府、社会、公民等多方参与的良性互动机制[⑥]。其二,治理过程的协同性是包容性治理的必然要求。在多元治理主体构成的社会治理体系中,各主体间的协同合作是建立平等互动关系的有效路径,这也意味着以政府为主导、以市场为基础、以社会组织为桥梁、以社区自治为保障、以激发民众能动性和认知水平为根本的治理共同体的生成[⑦]。其三,治理成果的共享性是包容性治理的主要目标。包容性治理利益共享的落实,需要通过成果知晓的公平性与成果分配的共享性体现出来,其具体操作是一个多维的推进过程,包括经济维度的相对合理性、制度与管理维度的公平公正性、公共服务资源维度的普惠性、社会保障维度的可得性等多个向度的内容[⑧]。

总体而言,既有研究主要从理论内涵、创新性实践、逻辑框架三个方面对中国特色的"包容性治理"进行了阐释,为在"以人为本"倡导下建立符合科学发展观的治理体系提供了重要参考。与此同时,针对国际移民及其聚居空间如何提出治理框架、路径和策略,上述理论也为之提供了有力支撑。

②迁移与转译

根据上述对包容性治理理论的归纳,本书从中迁移与转译以下三个方面(见图2—9),作为理论诠释框架构建的参考依据。

转译1:理论内涵的主体适用性(源于包容性治理理论内涵的启示)。包容性治理的理论内涵符合我国移民治理的外部环境和内生要求。在全球互联互通的外部环境下,包容性的治理理念顺应了习近平总书记提出的"人类命运共同体"理政方针。特别是自"一带一路"合作倡议提出和践行以来,我国若要推动全球合作网络的构建,也需要平等、开放、协同

---

① 刘程.新发展阶段我国流动人口的包容性治理研究[J].上海城市管理,2023,32(4):62-68.
② 周松强.包容性城市建设与少数民族流动人口社会融入:基于浙江义乌的个案考察[J].四川省社会主义学院学报,2018(1):31-34.
③ 吴燕丹,郑程浩,张盼,等.包容性发展视角下中国残疾人群众体育治理阻滞与纾解路径[J].体育科学,2022,42(9):9-16,81.
④ 沈费伟,杜芳.数字乡村建设中老年人参与的包容性治理:现实困境与实现路径[J].杭州师范大学学报(社会科学版),2022,44(1):103-111.
⑤ 任远.包容性治理城市流动人口[N].中国社会科学报,2016-09-07(6).
⑥ 李春成.包容性治理:善治的一个重要向度[J].领导科学,2011(19):4-5.
⑦ 张康之.论主体多元化条件下的社会治理[J].中国人民大学学报,2014,28(2):2-13.
⑧ 高传胜.论包容性发展的理论内核[J].南京大学学报(哲学·人文科学·社会科学版),2012,49(1):32-39,158-159.

的治理理论来应对国际移民的差异化需求,而包容性治理的理论内涵恰好切合国家移民治理的这一价值和目标导向。与此同时,在国内以人为核心的新型城镇化背景下,在国家治理能力与治理体系现代化的要求下,同样需要深耕"国际移民"这一城市新兴群体共同福祉的治理方略,而包容性治理"共建共治共享"的理论内涵恰好也能突出国际移民作为治理主体的全面参与性和作为治理对象的权益保障性。

转译2:治理策略的全面性(源于包容性治理实践的启示)。通过迁移和扩展包容性治理实践来应对国际移民聚居空间"融合—响应"互动过程中的现实困境,是本书移民治理策略制定的基本思路。由于笔者是从空间、经济、社会、制度和心理五个维度来解析国际移民聚居空间与迁入地之间融合与响应的互动特征,故而同样从这五个维度挖掘现实问题并提出治理策略也殊为合理,即:借鉴和整合包容性治理在空间、经济、社会、制度和心理等多个维度的创新性实践内容,延伸性地探究五维覆盖的移民治理策略。

转译3:操作过程的系统性(源于包容性治理逻辑框架的启示)。包容性治理的系统化逻辑框架是当前移民治理切实所需的理论基础。因为移民治理是一个涉及移民迁入、融合、响应全过程的复杂系统工程,加之国际移民来源和身份的日趋多元,这就亟需建构规范而明晰的治理路径来整合方方面面的移民事务。考虑到包容性治理理论已经形成了包括治理主体、治理过程和治理结果在内的较为完善的逻辑框架,其完全可以作为移民治理的操作指南,为移民治理策略提供"治理主体—运作模式—实施效果"的操作步骤,以确保每项策略都能在既定的框架中得到落实,做到目标明确、权责清晰、实施有效、反馈及时。

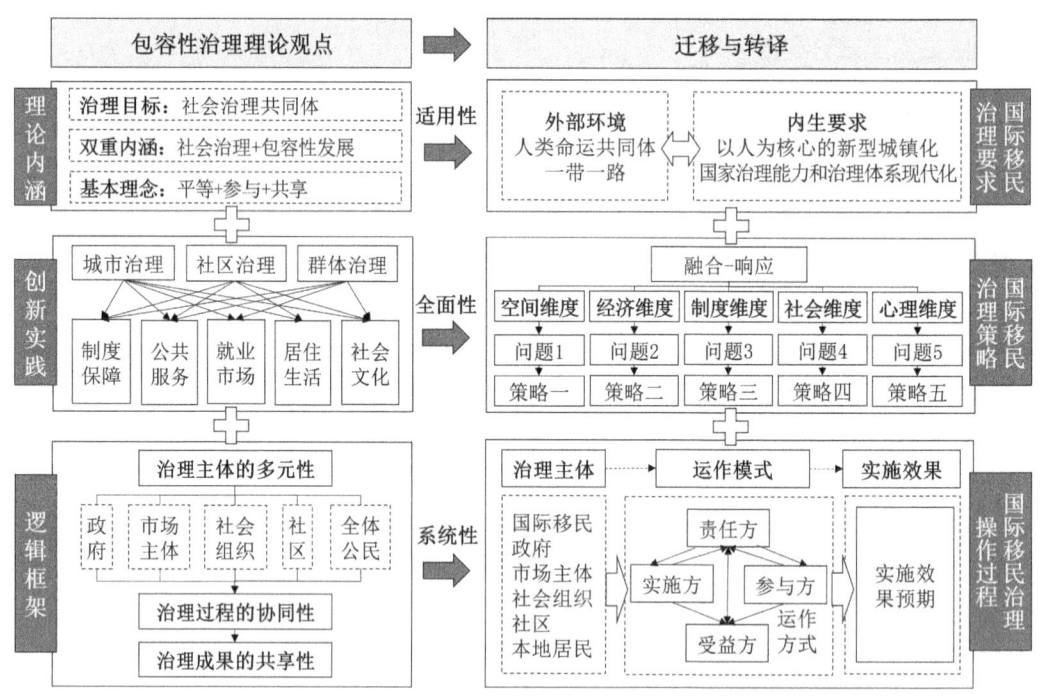

图2-9 包容性治理理论的观点与转译

* 资料来源:笔者自绘。

2.3 融合与响应:国际移民聚居空间理论诠释框架的构建

2.3.1 核心观点的提取和整合

综上理论简述,以"跨国主义理论""社会融合理论""场域理论/结构化理论"为源泉和基础,从中提取核心观点并进行适度拆解和整合,借此提出构建国际移民聚居空间理论诠释框架的基本思路和原则(见图 2-10):

观点 1:凸显跨国人口迁移的全球化背景

在全球化时代,人口的跨国跨境流动日益频繁,迁移形态不再局限于以西方国家为目的地的永久性迁移,在移民类型、迁移动机和目的等方面都呈现出丰富多元的面貌。因此,本书在构建理论解释框架时,应将国际移民置于跨国主义视阈下,充分考虑国际移民与迁入地之间在发生经济维度的双向互动、心理维度的融合、空间维度的响应时所呈现的新特征,并重点关注中国作为迁入地,在国际移民及其聚居空间产生和演化动因机制、表现形式上的多元化和特殊性。

观点 2:聚焦国际移民研究的空间转向

国际移民聚居空间是国际移民嵌入迁入地社会之后群体性集聚而形成的社会空间形态,能够系统性地展现跨国网络中国际移民与迁入地之间不断互动,进而引发城市社会空间重构的过程,是研究国际移民与迁入地之间"融合—响应"双向演化特征的有效场域。因此,本书拟以国际移民的"聚居空间"为基础界定研究范围,以社区尺度为主观察国际移民群体(以空间来定人)与迁入地之间产生的多维互动,而非追踪频繁流迁和更替的"个体",以免导致研究范围肆意扩大(以人来定空间)。

观点 3:兼顾融合与响应的双向互动

国际移民聚居空间与迁入地社会之间并非"零和关系"下的单向融入过程,而是"差异共存"的双向互动过程。因此,本书需打破既有研究重"融合"(即迁入地社会对移民的影响)而轻"响应"(即移民对迁入地社会的作用)的局限,同步引入"融合"与"响应"的双向视角而并置于同一个解析体系中,重点阐释聚居空间和迁入地在演化过程中的交互关联,弱化二者各自内部因素的分立式干扰和影响。

观点 4:打通融合与响应的五维设定

既然要将"融合"与"响应"置于同一坐标系下进行解析,就需要打通二者的解析维度,以便为"融合—响应"状态的关联性比照和评估提供统一的标尺。考虑到现有的"融合"和"响应"研究在解析维度上存在错位(单向多维度、双向单维度),这既不利于统一解释双向互动的演化过程,解析维度的确立也缺乏对中国特殊环境的匹配性和适用性考量。因此,本书需打通、整合"融合"与"响应"双向互动下的维度分异,通过扩展构建空间、经济、社会、制度、心理五维的双向联动测度体系。

观点5：确立五个维度的程度序列

除了要构建五个维度的"融合—响应"体系，还需进一步确定各维度之间"融合—响应"程度的高低序列，这样才能更加清晰地展现各维度间的衔接关系，以此提升理论框架的内在逻辑和关联性。因此，本书借鉴前述经典理论中各维度之间"融合—响应"程度的排序，同时结合国际移民的实践经验，将五个维度的"融合"或是响应程度由高到低依次排列为：空间维度、经济维度、社会维度、制度维度、心理维度。

基于以上原则，大体确立国际移民聚居空间演化的"两端—五维"理论诠释框架，即国际移民聚居空间（融合端）与迁入地（响应端）之间可通过"空间—经济—社会—制度—心理"五个维度、程度由高到低的双向互动，来描述国际移民在迁入地的生存和演化过程。

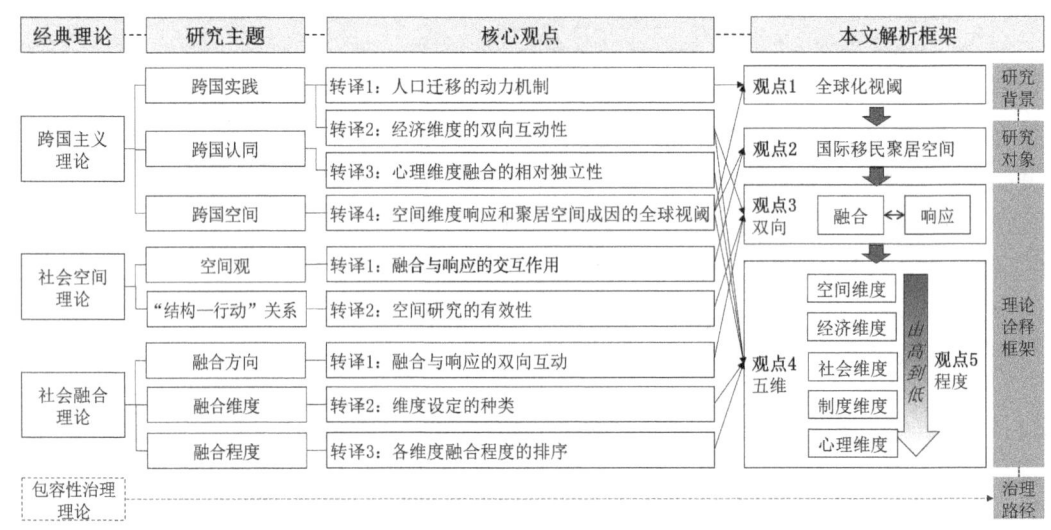

图 2-10　国际移民聚居空间"融合—响应"解析框架的构建过程
* 资料来源：笔者自绘。

2.3.2　理论诠释框架的构建

（1）两端："融合端"和"响应端"的双向互动

国际移民聚居空间的生存与演化过程本身就是一个动态的、渐进式的互动过程。根据上节观点1、2、3可知：在全球化视域下，立足国际移民研究的空间转向，需要同时考虑移民聚居空间与迁入地之间"融合"与"响应"的双向互动过程，但目前尚无将二者打通并置于同一理论框架之中，做出双向联动统一阐释的先例。因此，本书希望能够统筹兼顾"融合端"（即迁入地影响下的国际移民聚居空间融入特征）与"响应端"（即国际移民聚居空间的出现对迁入地产生的影响）两个端口，以此搭建诠释国际移民聚居空间与迁入地之间互动演化的基本框架。演化过程的动力（触发点）是由迁入地给予国际移民聚居空间的拉力（经济、政策、社会等方面的正向效益）所驱动的，所以演化过程往往以"融合端"为起点，表现为"融合端—响应端"之间多维度的持续双向作用过程，而且两端在各维度的进展程度上也呈现出某种一致性，即"融合"过程越容易的维度，"响应"也越容易（见图 2-11）。

比如，跨国企业驻华带来的派驻员工群体，在地方政府的政策支持和所属企业的统一安排、包办下，大多会被集体安置在统一租赁的社区内，可以相对迅速地完成城市空间维度上的"被动融合"过程；由于短期内大批国际移民入住又会带来异国化的新需求和新市场，这又会反向催生社区及周边的异国特色商业设施和"符号化"的公共空间，从而诱发迁入地在空间维度上的"响应"。可以说，"融合端"与"响应端"往往最先在同一维度上实现联动，并且同一维度下"两个端口"的双向互动最为密切。

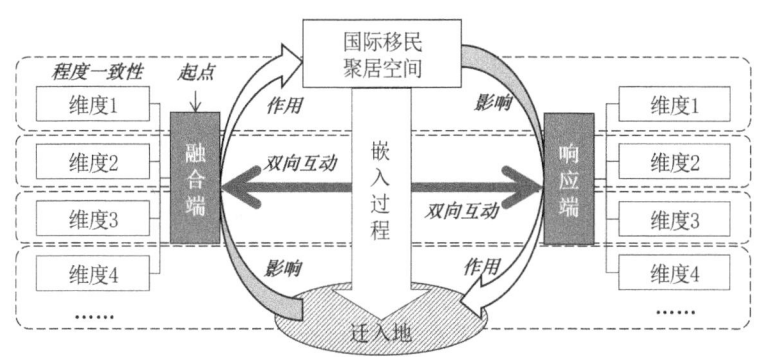

图 2-11 国际移民聚居空间"融合端"和"响应端"的互动过程
*资料来源：笔者自绘。

（2）五维：经济、空间、社会、制度和心理五个维度的程度递减性排列

根据上节观点 4 对"融合端"与"响应端"解析维度的互通性、一致性和匹配度的要求，本书拟构建一个包含"空间—经济—社会—制度—心理"五个基本维度在内的"融合—响应"解释框架，并且强调即使"两个端口"处在一致的维度下，它们也拥有不同的具体内涵和构成要素，以此保障研究体系的总体系统性和内在差异性；与此同时，不同类型的移民聚居空间在解析维度上也或有微差、缺省甚至跨越（比如，相较经济型移民聚居区在五个维度上的全面融合与响应，社会型移民聚居区则因自身不具有经济属性而在经济维度的"融合端"有所缺省）。在此基础上，根据观点 5 对各个解析维度"融合—响应"程度排序的探讨，本书将不同维度"融合—响应"程度由高到低排列为空间维度、经济维度、社会维度、制度维度、心理维度。空间维度是国际移民聚居区的物质载体，经济维度是基础与动力，社会维度是移民与迁入地之间的人文联结，制度维度是结构性要素，心理维度则表征着最难达成的精神层面的深度接纳（见图 2-12）。

比如，外籍引进人才这类以就业、创业为目的的国际移民所形成的聚居区与迁入地之间，在空间、经济、社会、制度和心理五个维度上存在难度递增（程度由高到低）的双向互动过程。首先，外籍人才因对生活质量的高要求，往往主动择居于高档酒店公寓或国际社区，这通常意味着以空间维度为起点的"融合—响应"较易达成；其次，迁入地就业市场对高端人才的渴求使其经济维度的融合难度降低，同时外籍人才的消费偏好也会改变当地的商业业态构成；再次，该类移民与迁入地之间在社会维度的互动更倾向于彼此被动接纳的过程，先天的文化差异和语言障碍，大大降低了移民和本地居民主动交往的积极性，双方都倾向于在保有原来社交纽带的基础上，被动迎合因工作、生活而带来的刚需性的社会联结，这也就造成了社会维度"融合—响应"程度偏低的局面；而后，制度维度上更是移民单向被动适应的过程，该类群体一般参与社会事务的积极性并不高，因而迁入地也难以对移民需求产生及时的政策性反馈;最后,来华外籍人才大多带有"过客"心理,永久留居意愿不强,往往会表现出较低程度的心理融合,相应地,本地居民也需要更为漫长的过程来建立对移民的心理接纳。

国际留学生与外籍引进人才相比,先天性地缺少经济维度的融合端影响(谋生营利、在经济上有所求并非该群体的跨国主因),但留学生作为消费者却会影响当地的消费市场(存在"响应端"的作用)。但无论是哪一类聚居空间,可以肯定的是,空间、社会、制度和心理四个维度都会产生难度递增(程度由高到低)的双向影响。

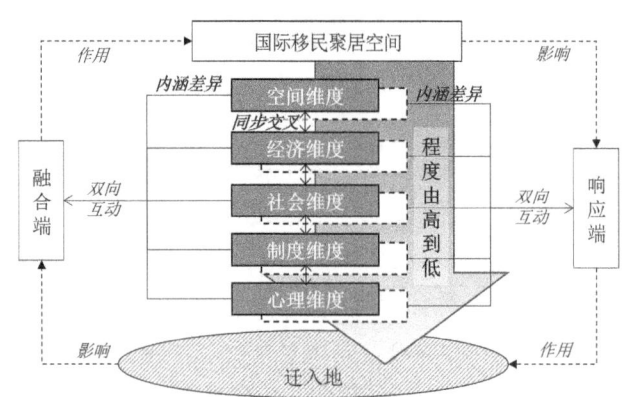

图 2-12　国际移民聚居空间两端互通的五维解析框架
*资料来源:笔者自绘。

(3)"两端+五维"的一般性理论诠释框架

从演化的一般性逻辑来讲,国际移民聚居空间与迁入地之间在"空间—经济—社会—制度—心理"五个维度程度递减的互动过程中,展现着"融合端"与"响应端"双向特征与规律(见图 2-13),具体维度的互动过程如下:

空间维度体现的是国际移民聚居空间与迁入地在物质空间上的嵌入关系,表现为空间品质的提升或是衰退过程,在这个维度中可能涉及的关键词包括居住条件、出行方式、公共服务、物质空间等。其"融合端"演化特征主要体现为:在资本市场、社群纽带、引进政策等条件制约下,国际移民主动或是被动嵌入城市社区后,在居住条件、出行方式上表现出的现实状态,以及对迁入地公共服务(空间和设施)的使用和适应情况;而"响应端"则表现为:新用户、新需求和新市场嵌入给聚居区及周边的空间和设施带来的新变化和新影响,除了一时难以改变的居住和交通条件外,往往会在物质空间、公共服务等方面展现出带有国际化符号的风貌与特色。

经济维度是国际移民聚居空间在迁入地中生存与演化的根本动力和制约条件,表现为经济环境的优化或是恶化过程,在这个维度中可能涉及的关键词包括就业情况、收入和消费水平、业态构成、外部经济效益等。其"融合端"主要体现为:在迁入地产业结构和劳动力市场的综合作用下,国际移民能否通过市场化就业顺利融入城市经济大体系,使自身的就业情况、收入和消费水平等得到保障和改善;而"响应端"则表现为:除移民群体作为劳动力供给方给城市产业结构、就业市场带来的宏观经济影响外,主要是因规模性聚集而带来的业态构成变化和异国特色商业催生的外部经济效益。

2 国际移民聚居空间融合与响应的理论诠释框架

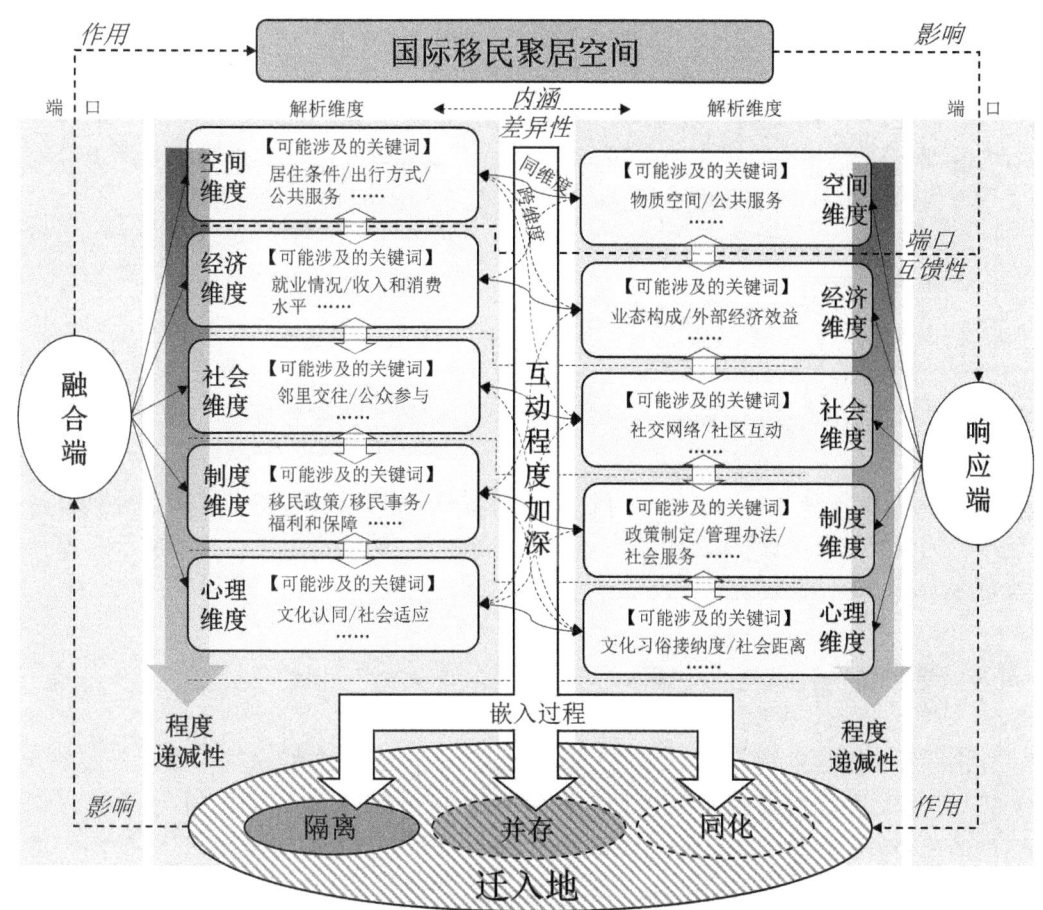

图 2-13 国际移民聚居空间"两端+五维"的一般性理论诠释框架
*资料来源:笔者自绘。

社会维度反映的是国际移民与迁入地主流社会在社会关系上逐渐相互认同的过程,表现为社会关系包容化或是抗拒外力变化的惯性过程,在这个维度中可能涉及的关键词包括邻里交往、公众参与、社交网络、社区互动等。其"融合端"主要表现为:面对迁入地陌生的社会环境(文化差异、政策忽视、社交网络隔离等),国际移民群体尝试融入当地社会关系时,在邻里交往、公众参与上需克服的社会障碍及其表现出的各类特征;而"响应端"则表现为:主流社会在面对移民群体时,在社交网络、社区互动等方面所呈现出的反馈和调整。

制度维度代表的是国际移民被纳入迁入地城市管理体系并在政策实施与反馈中逐渐"正规化"的过程,表现为逐步打破制度门槛或是维系原状的过程,在这个维度中可能涉及的关键词包括移民政策、移民事务、福利和保障、政策制定、管理办法、社会服务等。其"融合端"主要表现为:国际移民来华门槛性、优待性政策的包容度和吸引力,办理各项移民事务的顺畅度和便利度,以及能否被纳入既有体制的社会福利和保障体系(教育、养老、医疗等市民化服务);而"响应端"则表现为:在面对国际移民群体的规模化迁入和聚居时,迁入地管理部门在政策制定、管理办法和社会服务方面所做的应对和调整。

心理维度则是指国际移民与迁入地主流群体在内心对彼此的接受程度,而上述四个维度均会对心理维度的融合产生影响。与此同时,文化和习俗的差异度也在很大程度上独立决定着双方在心理上相互接受的限度,在这个维度中可能涉及的关键词包括文化认同、社会适应、文化习俗接纳度、社会距离等。其中,"融合端"一方面体现在国际移民对主流文化的认同、接纳与习得程度,另一方面则表现为移民能否接受主流社会的生活方式、道德规范和行为准则,进而达成社会适应的过程;而"响应端"则体现在主流群体对移民所携带的外来文化习俗的包容程度,以及内心所能接受的与移民群体之间的社会距离等方面。

国际移民聚居空间的生存和演化是一个与迁入地之间不断发生"融合—响应"的过程,"融合—响应"的速度和程度实质上取决于主流社会的排斥、组织等外部影响和国际移民内部凝聚力的相互作用。一般来说,国际移民群体由于在文化背景、思想观念、生活习俗等方面与主流社会相差较大("排斥"力较强),本身就不易被主流社会纳入组织体系,再加上移民对外主动融入的积极性不强、对内却拥有强大的凝聚力,往往会长期以国际移民聚居区的空间形态和生活结构"并存"于主流社会,还有少数非正规性移民("三非"人员)因被中国制度所排斥,只能被动地"隔离"于城市社会空间体系之外。当然,如果移民自身具有融入主流社会的强烈意愿,积极主动地与外部社会建立联结,同时逐步吸收并养成迁入地社会的文化习俗,长远来看(放眼至二代、三代移民)仍然存在着被主流社会同化的可能。

2.3.3 理论诠释框架的分类推导

在国际移民聚居空间"两端+五维"的一般性理论诠释框架的基础上,根据2.1.1节概念界定中对国际移民聚居空间的类型划分,针对经济型国际移民聚居空间(主要指以就业为目的的外籍员工聚居区)和社会型国际移民聚居空间(主要指以学习为目的的国际留学生聚居区)两类具有代表性和差异性的聚居区形式,分别展开推导和解析。

(1) 经济型国际移民聚居空间

正如2.1.1节概念界定,经济型国际移民(不含"三非"人员)是为了在经济层面有所成就而进入迁入地的,而迁入地大力吸引外资企业(伴随派驻员工的迁入)、引进国际人才的举措也从侧面印证了国际移民重要的经济贡献,因此经济维度的互动是决定其"融合—响应"进程的根本驱动力。本书根据2.3.2节理论诠释框架的结论,按照空间、经济、社会、制度和心理维度程度递减的顺序,对经济型国际移民聚居空间的"融合—响应"过程进行推演,具体分析见图2-14。

从空间维度上看,伴随着经济型国际移民以租赁为主(也存在少数购置房产的情况)的空间消费和交易行为的发生,相应的聚居空间也由此产生。在"融合端"上,受迁入地居留政策或雇佣方统一安排等因素的影响,经济型国际移民在主动或被动嵌入当地社区乃至城市的空间系统时通常带有居住区位上的局限性,这也在一定程度上制约了其居住、出行和公共服务的选择,但他们在有限的选择中仍倾向于寻求高质量的住房条件、社区环境和服务设施,以及便利的交通出行,进而表现出"区位制约下高质量融入"的特征。与之对应的"响应端"则因该类群体聚居所带来的新需求和新市场,而在社区及其周边出现了"公共服务设施应需有增调,公共空间和商业空间异国特色化,国际化景观符号凸显"的现象,这对城市管理与治安水平也提出了更高的要求(涉及制度维度的响应)。总体而言,经济型国际移民聚居区在空间维度的"融合—响应"上呈现出一个"渐进式互构"的嵌入过程。

2 国际移民聚居空间融合与响应的理论诠释框架

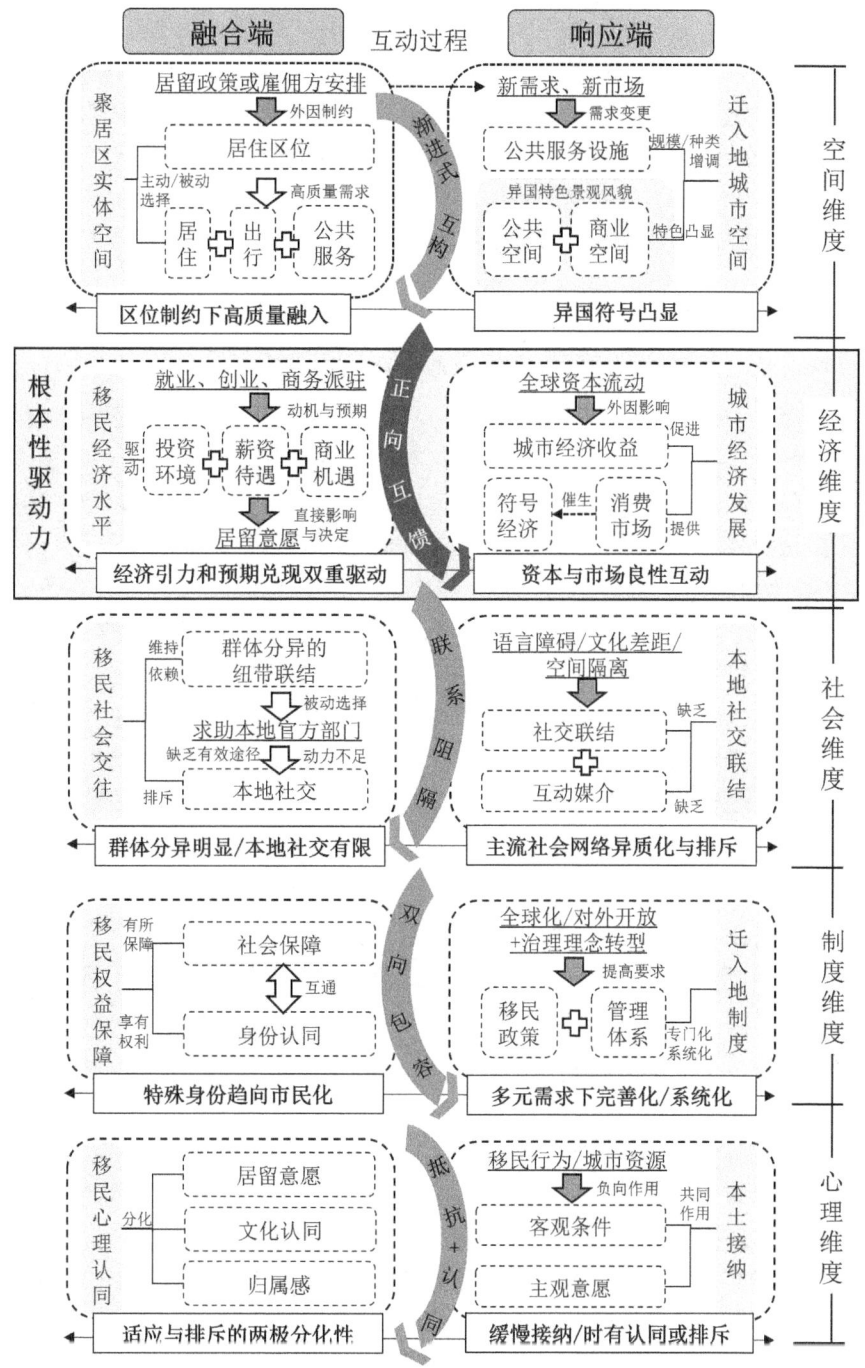

图 2-14 经济型国际移民聚居空间"融合—响应"过程的推导

* 资料来源：笔者自绘。

从经济维度上看，该类群体多是以就业、创业、商务派驻为出发点而迁入我国各大城市的，因此经济维度的融合是其生存与演化的根本动力，直接决定了其在迁入地是否能够快速立足。在"融合端"上，经济型国际移民个体或所在外企受迁入地投资环境、薪资待遇或商业机遇等吸引，本身在进入迁入地时就带有经济上的预期，呈现出"经济引力和预期兑现双重驱动"的特征,这一融入过程是否顺利将直接影响其未来的居留意愿。在"响应端"上,经济型移民作为全球化资本流动的一部分,在为中国城市带来正向经济利益的同时,其聚居空间及周边也因此衍生并积累出具有异国特色的"符号经济"形式,同时中国城市也为其提供了低廉的租金与广阔的消费市场,由此表现出"资本与市场良性互动"的特征。总体而言,经济型国际移民聚居区在经济维度的"融合—响应"上呈现出"正向互馈"的循环过程。

从社会维度上看,经济型移民的纽带联结存在着分异。其中,被动择居的移民群体一般都具有业缘纽带联结(如由产业园区、企业、科研院所等所属单位统一安排或提供住所的外企派驻员工、引进国际人才等);而主动择居的移民有的维持着固有的地缘纽带联结(如来华经商的族裔个体商户),有的则不具有纽带联结(如自发择居于城市国际社区的国际人才)。在"融合端"上,经济型移民面对陌生社会环境时,自然而然地想要依靠自身纽带联系谋求社会层面的适应与融入。只有当他们不具有纽带联结或自身纽带无法发挥作用时,才会通过地方移民管理部门及社区服务机构等官方途径寻求支持和帮助,而与本地居民打交道的机会则更是少之又少,表现为"纽带联结的群体分异明显,本地社交有限"的特征。在"响应端"上,群体间的语言障碍、文化距离,以及聚居区的空间隔离等主客观条件的限制,加之缺乏交流互动的渠道或媒介,导致本地居民难以介入国际移民的社交联系网络,而表现出"主流社会网络异质化、市民存在一定排斥倾向"的特征。总体而言,经济型国际移民聚居区在社会维度的"融合—响应"上呈现出"社交联系阻隔"的半封闭融合过程。

从制度维度上看,我国正在逐步建立针对派驻员工、国际人才、跨国劳工等正规经济型移民出入境、居留、就业、社会保障的专门化政策和管理体系。在"融合端"上,随着制度体系日趋完善和健全,还有移民群体对主流社会规则的主动熟习,移民群体的社会保障和身份认同水平会有明显提升,表现出"特殊身份趋向市民化"的特征。在"响应端"上,身处全球化和对外开放的大环境,国际移民在我国大城市的规模性集聚也会反过来对国际移民政策和管理体系的多元化、人性化提出更高的要求,加之我国国际移民治理理念从"管控型"向"服务型"的逐渐转型,其响应在制度维度上表现出"群体多元需求下政策和管理体系的自我完善化、系统化"特征。总体而言,经济型国际移民聚居区在制度维度的"融合—响应"上呈现出"双向包容、共同向好"的结构性互纳过程。

从心理维度上看,经济型流动本身就是一类竞争追求市场化就业的典型表现,但此类移民在被城市经济系统吸纳的同时,往往也会在主观的迁入意愿上产生分歧。在"融合端"上,社会经济地位越高的国际移民,越容易因内生的"强势"文化资本而具有较低的主观融入意愿,存在较强的"过客心理",反之则会因向上流动的内在愿望而对中国社会产生较强的黏着性,总体表现出"主观居留意愿、对迁入地文化的认同度与行为准则的接受度(归属感)具有适应与排斥的两极分化性"特征。在"响应端"上,本地居民对外来群体及其异质性文化从排斥、容忍、接纳到认同本就需要经历较为漫长的过程,而移民迁入城市带来的资源积累或掠夺,以及其自身友善或越轨的行为也会对这一进程产生正向或负向影响,由此表现出"缓慢接纳、时有认同或排斥"的特征。总体而言,经济型国际移民聚居区在心理维度的"融合—响应"上呈现出"兼具多元文化抵抗与认同"的认知性杂糅过程。

(2)社会型国际移民聚居空间

与经济型国际移民有所不同,社会型国际移民主要以社会文化事务(以求学深造为主)

等非经济目的而迁入城市,反映的是传统性纽带在现代城市条件下的一种延伸,因此不涉及经济维度的融入。本书同样根据 2.3.2 节理论诠释框架的结论,按照空间、经济(不涉及"融合端")、社会、制度和心理维度程度递减的顺序对社会型国际移民聚居空间的"融合—响应"过程进行推演,具体分析见图 2-15。

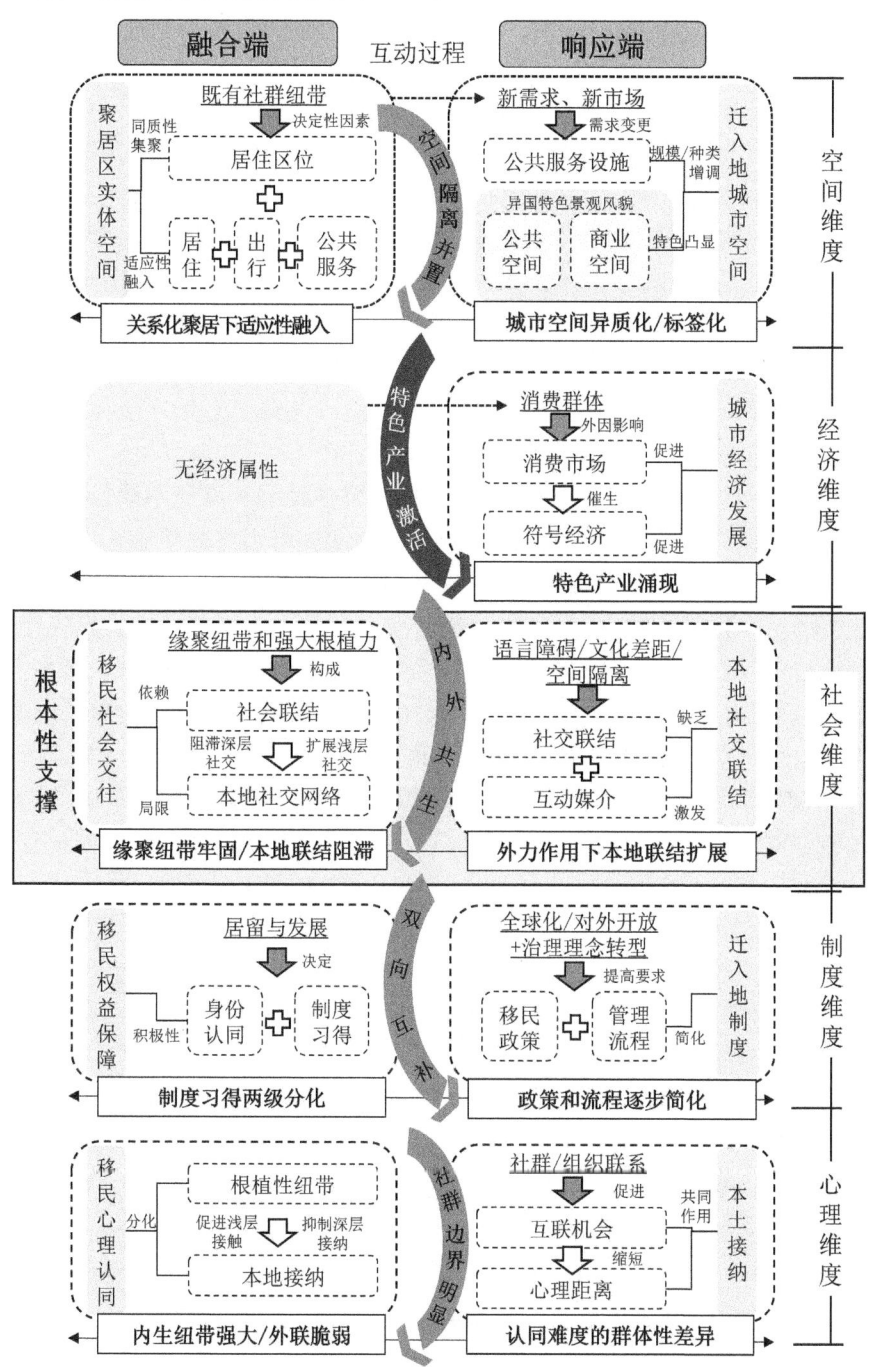

图 2-15　社会型国际移民聚居空间"融合—响应"过程的推导

＊资料来源:笔者自绘。

从空间维度上看,社会型国际移民大多在迁入地存在既有社会联系,或能够迅速找到带有相同纽带的群体或组织,而在空间上呈现相对同质的聚集状态。在"融合端"上,该类群体在主动或被动择居时多与社会纽带相结合,所以其大多嵌入现有社区而呈现出"大混居+小隔离"的状态,而相较经济性移民的高质量需求,他们则更愿意接受和适应纽带联结所建构的聚居区在住房条件、交通出行、服务设施等方面的现实状况,表现出"关系化聚居下适应性融入"的特征。在"响应端"上,该类聚居空间则与经济型移民聚居区类似,迁入地因新居民和新需求的嵌入而呈现出"城市社会空间异质化,商业空间和公共空间标签化"的特征。总体而言,社会型国际移民聚居区在空间维度的"融合—响应"上呈现出"空间隔离并置"的同质集聚过程。

从经济维度上看,该类移民不以参与经营业务活动,也不以创收为目标,故而不具备显著的经济属性,也不存在"融合端"的演化过程。虽然社会型移民无法直接为国内城市积累资本,但他们和经济型移民一样拥有作为消费群体的巨大潜力,因而催生出餐饮、娱乐、购物等一系列具有异国风情的特色商业形式,于是便在"响应端"形成了"特色产业涌现"的特征。总体而言,社会型国际移民聚居区在经济维度的"融合—响应"上呈现出"特色产业激活"的正向反馈过程。

从社会维度上看,与经济型移民在纽带联结方面的群体性差异有所不同,社会型移民在聚居空间上均存在着有效纽带和强大根植力,只不过被动择居的移民聚居区主要依赖业缘纽带联结(如校内留学生公寓),而主动择居的移民则在业缘联结上还叠合了地缘纽带(如校外留学生聚居区),与此同时,这些联结纽带也在一定程度上为其提供了本地社交机会和媒介。在"融合端"上,该类群体具备的纽带联络为其在迁入地立足提供了根本支撑,因此容易形成缘聚型的内生网络,但异质性的本地网络则需要漫长的过程才得以形成,从而表现出"缘聚型内生纽带牢固,本地社群联结阻滞"的特征。在"响应端"上,本地居民囿于语言障碍、文化差异等因素一般不会主动寻求与移民的交往,但为了提升我国的国际影响力、营造开放包容的城市氛围和促进多元群体的互联互融,迁入地的责任机构和有关组织多会积极主动地建立国际移民与本地居民的联系渠道(如文化类讲座、中外交流活动等),在扩展国际移民社交联系的同时,也在逐步提升本地居民的接纳程度,由此表现出"外力作用下社交联结扩展"的特征。总体而言,社会型国际移民聚居区在社会维度的"融合—响应"上呈现出"同源纽带与本地联结共生"的联系网络扩张过程,该过程同时也为心理维度上的双向接纳提供了有效路径和认知基础。

从制度维度上看,我国对社会型移民逐步建立起专门化政策吸引和一体化责任部门对接相结合的服务型管理体系。在"融合端"上,与经济型移民不同的是,以求学深造、访问交流为主要目的(不包括少量探亲移民)的社会型移民,其居留与发展意愿有较强的波动性和不确定性,在不确定自己是否会在中国长期发展时,往往不愿主动习得主流社会规则,而是在责任部门的秩序限制下按照自己的认知行事,但部分具有明确留华发展意愿的移民则会对主流社会规则的接纳和习得产生更大的积极性,因此表现出"制度习得两极分化"的特征。在"响应端"上,我国基于开放与包容理念,在采取与经济型移民类似的制度优化路径的基础上,针对移民群体制度习得的惰性和困难,逐步归并和简化移民政策条目和业务流程,从而表现出"政策和流程逐步简化"的特征。总体而言,社会型国际移民聚居区在制度维度的"融合—响应"上呈现出"分化性习得与多元需求应对"的结构性互补过程。

从心理维度上看，该类移民虽能与迁入地建立一定的社交联系，进而实现社交网络的扩展，但仍难以产生共鸣、依赖等深层次的情感，其更习惯依托于先天强大的文化根植性和社群纽带，而在心理上保持一定的独立性和疏离感。在"融合端"上，由于本身在文化背景、思想观念等方面就与主流社会相隔甚远，该类移民在潜意识中具有较强的封闭性、隔离感和"过客"心理，这在前述的空间、社会和制度维度方面均有迹可循，从而表现出"聚居区内部归属感强烈，外联纽带脆弱"的特征。在"响应端"上，社会型移民所在的本地"圈子"（比如高校、社团）内部群体因了解和熟知而更容易接纳和认同移民，但对于聚居区周边及城市其他本地居民而言，同样需要经历一个缓慢的文化习俗认同和心理距离消除过程，故总体表现出"认同难度具有群体性差异"的特征。总体而言，社会型国际移民聚居区在心理维度的"融合—响应"上呈现出"社群边界明显"的有限互纳过程。

综上，本章在引介经典理论并提取其核心观点的基础上，构建了国际移民聚居空间"两端＋五维"的理论诠释框架，即从"融合端"和"响应端"来解析国际移民聚居空间在空间、经济、社会、制度和心理五个递进性维度的互动演化过程，并在此基础上分别对经济型和社会型两类主流的国际移民聚居空间进行了分类推导与解析。但是该预设框架是否符合在华国际移民聚居区的现实图景呢？理论与实证之间若出现分歧又该如何应对？针对以上疑问，本书将于第5、第6章依循前述理论诠释的大框架，并结合南京典型的国际移民聚居区样本，对国际移民聚居空间的"融合—响应"规律进行实地踏勘、数据评估和实证分析；然后，通过现实分析结果与预设理论诠释框架的系统比对，进一步对理论诠释框架做出包括调度和细化在内的二次修正，从而形成更加准确和全面的理论认知和诠释模型，揭示全球化背景下多元国际移民聚居空间的生存和演进之道，为国际移民治理路径的提出和治理策略的制定提供依据。

2.4 治理：基于"融合—响应"理论框架的国际移民聚居空间优化框架提出

基于前文所构建的国际移民聚居空间"融合—响应"理论诠释框架，结合包容性治理理论的引介、迁移与转译，本节初步构建"确立治理目标—剖析现实问题—提出治理策略"的分步骤治理框架（见图2-16），为第7章治理策略的提出奠定基础。

第一，基于理论渊源的治理目标确立。基于2.2.2节包容性治理的理论渊源，对包容性治理理论内涵及其主体适用性的转译，"融合—响应"互动视角下的国际移民聚居空间治理问题，恰好切合了包容性治理理念的治理目标和理论内涵。"国际移民"作为中国城市新兴的特殊群体，其聚居空间与迁入地之间"融合—响应"的互动过程反映的是迁入地社会的"包容性"，因此，要基于"融合—响应"理论框架来建立针对性的治理优化框架，首先应设立明确的治理目标，即以提升城市"包容性"、构建"人类命运共同体"为基本目标，让"以人为本"的理念落实到移民的社会融入、发展与福祉中去。

第二，基于现状研判的现实问题剖析。本书对国际移民聚居空间实证样本在空间、经济、社会、制度和心理五个维度的"融合—响应"过程进行规律挖掘和现状研判,反映了国际移民聚居空间与迁入地之间在空间及设施利用、劳动力与消费市场供需关系、社会网络联结、社会保障制度体系以及心理认同与接纳等方面的双向互动演化规律,其中也不乏彼此冲突的互动结果和负面效应。本书的"治理"正是针对"融合—响应"互动过程中产生的这些矛盾、排斥、阻抗等负面效应提出的。因此,为保证优化策略的全面性和治理路径的对位性,本书同样要从理论/实证分析涉及的"五个维度"入手,发掘这一特殊空间有待治理的各类问题。

第三,基于现实问题的治理策略提出。要想从"融合—响应"互动的五个维度所产生的矛盾中,寻求国际移民聚居空间与迁入地之间稳定共存的路径,就要从国际移民的实际需求出发,同时兼顾迁入地社会的各方利益,制定具备可行性的优化方案。因此,本书遵循"以人为本"、多方共赢、可操作性等基本原则,从"融合—响应"的双向互动视角出发,基于空间、经济、社会、制度和心理五个维度的矛盾与问题,进一步借鉴前述包容性治理理论中"治理主体—治理过程—治理结果"的系统化逻辑框架,进而提出"治理主体—运作模式—实施效果"的三步走操作方案,确保规范、高效、全面地落实移民治理策略。

总体而言,本书拟建立"确立治理目标—剖析现实问题—提出治理策略"的治理框架,通过兼顾权益主体的公平性、治理内容的全面性和治理过程的系统性,实现在华国际移民聚居空间与迁入地在空间、经济、社会、制度和心理五个维度上的良性互动,以期为优化国际移民治理路径、促进国家治理体系和治理能力现代化、推动"包容性治理"实践提供参考。

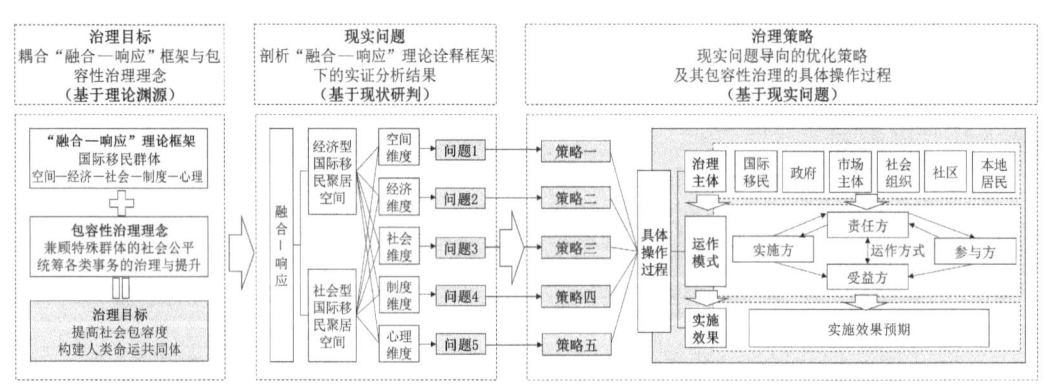

图 2-16 国际移民聚居空间治理框架
* 资料来源:笔者自绘。

2.5 本章小结

本章首先对研究涉及的国际移民聚居空间、融合、响应和治理等重要概念进行了界定;在此基础上,对跨国主义、社会融合、社会空间以及包容性治理等有关理论进行引介、迁移和转译;然后通过对经典理论核心观点的提取和整合,构建起国际移民聚居空间"两端+五维"的理论诠释框架,并分别对经济型和社会型两类主流的国际移民聚居空间的"融合—响应"过程进行了推导;最后,基于包容性治理理论和"融合—响应"理论框架,初步提出了国

际移民治理的基础框架。研究结论如下:

(1) 理论诠释框架之"融合端"与"响应端"的双向互动

基于经典理论的迁移和转译,同时结合全球化视域下国际移民与迁入地之间不同以往的双向互动关系,本章统筹兼顾"融合端"与"响应端"两个端口,搭建起诠释国际移民聚居空间与迁入地之间发生互动演化的基本框架。演化过程的动力(触发点)是由迁入地给予国际移民聚居空间的拉力(经济、政策和社会等方面的正向效益)所驱动的,所以演化过程往往以"融合端"为起点,表现为"融合端—响应端"之间多维度的持续双向作用过程。

(2) 理论诠释框架之"空间—经济—社会—制度—心理"五个维度的程度递减性演化

同样基于经典理论的迁移和转译,本章在确定"融合端"和"响应端"两个互动端口的基础上,构建了一个包括"空间—经济—社会—制度—心理"五个维度的解释框架,同时强调了"两个端口"即使在一致的维度下,也拥有不同的具体内涵和构成要素,而不同类型的移民聚居空间在解析维度上也或有微差、缺省甚至跨越。在此基础上,进一步设定空间、经济、社会、制度、心理为不同维度"融合—响应"程度依次递减的序列,即空间维度是载体,经济维度是基础与动力,社会维度是人文联结,制度维度是结构性要素,心理维度则表征着精神上的深度接纳。

(3) 经济型和社会型国际移民聚居空间的差异化推导过程

在国际移民聚居空间"两端+五维"的一般性理论诠释框架的基础上,本章对经济型和社会型两个国际移民聚居空间的主要类型进行分类推导,发现二者因移民个体属性和迁入动因,在"融合—响应"维度上偶有缺省(社会型移民不涉及经济维度的"融合端"),并且与迁入地在各维度上的互动过程也存在一定的差别,比如在社会维度上,经济型移民很少因为迁居新地和聚居空间转变而在社交面上寻求大突破,而社会型移民则在迁入地存在有效纽带和强大的根植力,并容易以此为媒介接触到本地社会的联结网络。

(4) 基于"融合—响应"的国际移民治理框架初步构建

基于国际移民聚居空间"融合—响应"的理论诠释框架,结合包容性治理理论的引介、迁移与转译,本章初步建立了"确立治理目标—剖析现实问题—提出治理策略"的治理框架,通过兼顾权益主体的公平性、治理内容的全面性和治理过程的系统性,实现国际移民聚居空间与迁入地在空间、经济、社会、制度和心理五个维度上的良性互动,为第7章治理策略的提出打下基础。

3 国际移民聚居空间概况及其研究思路

本章主要分为三个部分:首先,概括在华国际移民相关政策的变迁历程,概述在华国际移民的动态演化特征;其次,结合前文所确定的经济型国际移民聚居空间和社会型国际移民聚居空间两个大类,进一步划分在华国际移民聚居区的细分亚类,并结合典型案例作一简析;最后,阐述了选择南京市国际移民聚居区作为样本的理由,并大体确立本研究的基本思路,包括样本遴选、研究范围、调研内容、数据采集等环节,也为后续的实证分析提供了基本前提和认知背景。

3.1 在华国际移民概述

3.1.1 在华国际移民政策变迁

移民政策是以本国利益为主导,对人口跨境迁移进行全面选择、有效管理的制度性建构[①],梳理其变迁过程有助于从国家治理层面把握移民动态。我国当前正处于由移民输出大国向新型移民目的国的转型过程之中,而2018年国家移民管理局的正式挂牌成立则标志着中国治理体系在逐步向系统化、专门化迈进。鉴于此,本节将对我国的国际移民政策[②]进行体系化和时态化梳理(见图3-1),涉及出入境管理、就业、就学、居留、社会保障和特殊政策等六个方面[③],在此基础上划分和剖析新中国成立以来移民政策变迁的四个阶段,为后文研究对象的选取和移民聚居空间"融合—响应"的互动演化诠释提供政策性依据。

新中国成立以来的很长一段时间内,没有建立专门的移民管理部门和对口的移民政策体系,针对在华居住、生活的外国人的相关规定主要见诸各种零散的政策或是法律文件。直到2018年国家移民管理局的成立,我国的移民管理才开始走向系统化、专门化。笔者通过查阅相关法律法规文件、检索公安部、人社部等政府网站发现,迄今为止,中央和地方政府颁布的相关法规政策累计有12 000件之多,涉及中央政府和地方政府层级的多达25个部门。自移民管理局成立以来,虽然大部分的移民事务和管理职责转归于此,但国家层面的相关法规和政策更新相对滞后,目前推行更多的还是地方政策。根据上述检索结果,结合部门相关权限和外国人管理职能的划分,同时参考相关研究结论,可将中

---

① 李明欢. 国际移民政策研究[M]. 厦门:厦门大学出版社,2011:1-273.
② 中国对国际移民并没有做出官方定义,故本文研究的在华国际移民政策,实际上是指针对在华"外国人"所制定的政策,即跨越国界进入中国大陆(不包括港澳台地区)的外籍人士。
③ 俞苗晗. 当代中国国际移民管理政策变迁研究[D]. 南京:南京大学,2018:13-17.

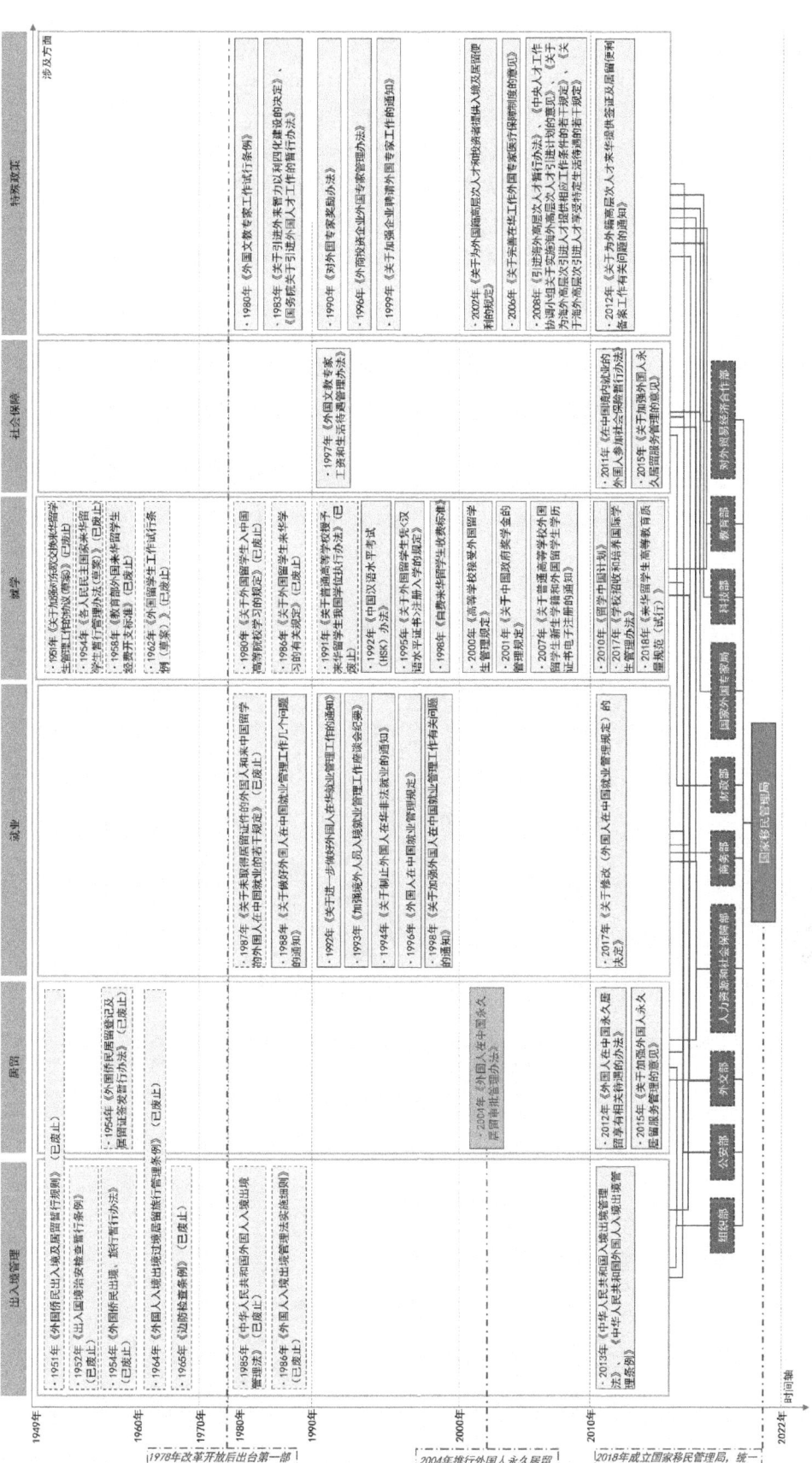

图 3-1　中国现行的国际移民政策体系与相关管理部门的权责划分

* 注：图中红框文字代表对国际移民具有重大意义的事件，如移民政策出台、管理部门变更等。

资料来源：笔者根据刘云刚、揭成、全球化背景下中国移民政策，评述与展望[J]. 世界地理研究，2015,24(1):1-10,37;赵楠. 新中国成立 70 年来华留学生管理政策的演变研究：基于历史制度主义的分析[C]//中国高等教育学会. 郑州大学. 加快推进大学治理体系和治理能力现代化："2020 高等教育国际论坛年会"论文集. 杭州：浙江大学教育学院，2020:11;王辉耀，苗绿. 国际人才蓝皮书：中国国际移民报告(2020)[M]. 北京：社会科学文献出版社，2021;国家移民管理局官方网站：https://www.nia.gov.cn/n741440/n741547/index.html 等相关资料整理制作。

国国际移民政策体系的内容划归为六个方面:其一,出入境管理政策是各项移民政策的基础,其"限制"与"开放"弹性直接决定了国际移民的准入门槛,也是保障国家权益和领土安全的底线;其二,居留政策是国际移民政策体系的核心,为国际移民提供在华的合法"身份",现行的中国"绿卡"制度也是引进国外优秀人才的重要手段;其三,就业政策是国际移民在华居留的主要途径,既是外国人来华就业的制度化保障,也是国家打击"三非"人员的制度依据;其四,就学政策是吸引留学生来华逐梦的战略选择,是我国高等教育国际化的重要组成部分,对国家政治影响力、经济竞争力、文化软实力均有重要意义;其五,社会保障制度是保护国际移民在华合法权益的必要支撑,完善社保制度体系更是我国引才纳贤的迫切需求;其六,特殊政策则是我国吸引外籍人才的重要政策补充,除了国家层出台的聘请外国专家、"千人计划"等优惠政策外,北京、上海、广州等发达城市也纷纷制定了吸引海外人才的地方政策。

从上述移民政策所涉及的六个方面来看,新中国成立以来,中国的国际移民政策其实经历了一个从"管紧管严"到逐步开放、再到与国际社会接轨的变迁过程。于是,笔者又对相关文献进行了梳理,发现:政治学领域的研究主要是通过对国家制度变迁的动力机制和内在逻辑分析,来划分移民政策的演化阶段[①];社会学和人口学学者是从在华外国人的规模、结构变迁出发,来探讨移民管理机制的演变[②][③];公共管理领域则是通过把握国家移民管理部门权责的变更、移民政策的重大变革等关键节点来划分阶段。总体而言,上述成果对移民政策变迁的阶段划分基本一致,因此经整合可以将我国移民政策的变迁历程划分为四个阶段(见图3-2)。

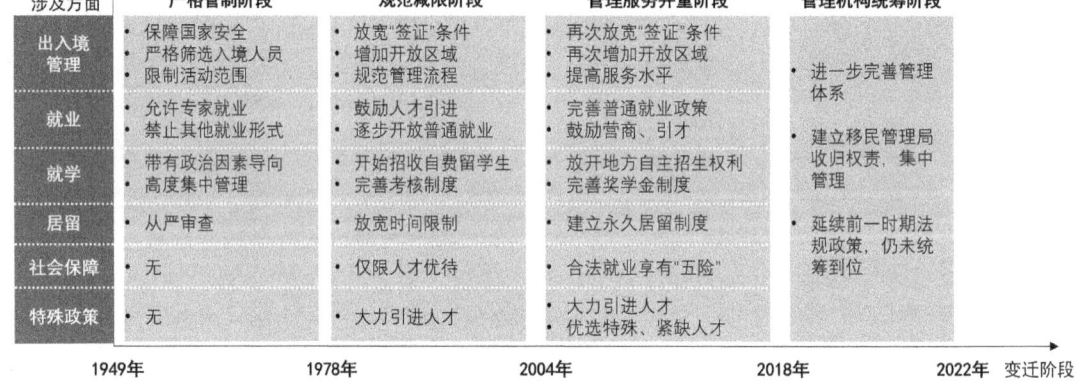

图 3-2 中国国际移民政策体系的阶段划分(1949至今)

* 资料来源:笔者根据柴敏.中国国际移民管理的制度变迁与改革走向:基于历史制度主义的研究[D].上海:中共上海市委党校,2020;吕红艳,郭定平.全面构建外来移民治理体系:新时代中国国家治理的新课题[J].国家治理,2018(29):27-38.等相关资料整理制作。

---

① 柴敏.中国国际移民管理的制度变迁与改革走向:基于历史制度主义的研究[D].上海:中共上海市委党校,2020:31-34.
② 吕红艳,郭定平.全面构建外来移民治理体系:新时代中国国家治理的新课题[J].国家治理,2018(29):27-38.
③ 李怡然.全球化时代的中国国际移民问题[J].社会科学论坛,2018(4):229-234.

(1) 1949—1977年:严格管制阶段

新中国成立之初面临的国际国内形势错综复杂:国际上,新生政权要面临敌对封锁;经历多年战争的国家机器也需全面重启。于是,维护政权稳定、保护国家安全成为当时新政权的核心关切。为维护核心利益,国家提出"打扫干净屋子再请客"的外交方针,即实行严格管控的移民管理制度。

在移民政策方面,1952—1964年间我国相继颁布了《出入国境治安检查暂行条例》《外国侨民出境、旅行暂行办法》等有关外国人出入境管理的政策,表现出"驱挤""限制""管控"等时代特征;而1954年颁布的《外国侨民居留登记及居留证签发暂行办法》和1964年颁布的《外国人入境出境过境居留旅行管理条例》则围绕着出入境、居留、旅行等核心事项建立了初步框架,这也成为我国发展外国人长期居留制度的雏形;此外,该阶段还出台了《各人民民主国家来华留学生暂行管理办法(草案)》《外国留学生工作试行条例(草案)》等一系列指导留学生招收和管理的政策。在管理部门方面,相关事项主要由外交部和公安部共同承担,外交部负责临时来华外国人的签证工作,而公安部主要承担对常驻侨民的登记和居留、旅行以及遣返工作等,地方上承接这一工作的机构则称为"外侨管理科"(1959年6月改称"外国人事务管理科",简称"外事科")。该时期由于出入境的外国人数量较少,出台的制度性规定并不多,仅限于初步的出入境管理、居留、留学生就学方面,尚未形成系统、完善的移民管理制度,具体的政策取向主要取决于国际政治环境,政策目标主要基于维护国家安全的诉求,由此出现了极具时代特色的政策特征(比如定点住宿、集中管理等行为限制);在对境内侨民采取全面、严格管控(尤其是对西方资本主义国家侨民采取"驱、挤"政策)的同时,对社会主义兄弟国家的侨民、留学生采取了友好、相对宽松的态度。

综上所述,该阶段的移民政策以严格管控为基本原则:出入境管理在保障国家安全的基础上,严格筛选入境人员、限制其活动范围并实行集中定点居住模式;就业方面禁止除专家交流外的所有就业形式;居留方面更是从严审查;就学方面则带有政治因素导向,且采取高度集中的管理办法。总体而言,该阶段的政策内容严格,管理部门分散,且对不同类型的外国人采取了差异化的管理政策,表现出"严控政策、集中权责、政治立场鲜明"的基本特征。

(2) 1978—2003年:规范减限阶段

1978年的改革开放为中国社会带来了政治、经济、思想等方面的巨大变革。国家不但全面推进了法制化建设,还为引进技术、吸引外资放宽了准入限制,管理理念逐步开放,管理程序逐步简化,管理方法也逐步多样,逐渐建立起以出入境管理为中心的外国人管理制度。

在出入境管理方面,1985年的《中华人民共和国外国人入境出境管理法》和次年颁布的《中华人民共和国外国人入境出境管理法实施细则》作为这一时期外国人管理的基本法律依据,简化了外国人来华程序,也减少了外国人在华限制——如《中华人民共和国外国人入境出境管理法》放宽了外国人在华旅行、居住地的限制,规定持有效证件或居留证件的外国人可前往政府规定的对外国人开放的244个县市旅行;《中华人民共和国外国人入境出境管理法实施细则》则引入和完善了签证制度体系,不但为入境外国人提供定居、工作、学习、访问、旅游、过境、乘务共七种普通签证,还增加了口岸签证,出入境也不再严格限制口岸、交通工具、路线通行等，并规定为居留一年以下的外国人发放临时居留证，为居留一至五年的外国人发放居留证，还取消了定点住宿等限制。该时期的另一重要突破则是允许外国人在华工作，尤其是大力引进外国专家：自1980年《外国文教专家工作实行条例》发布起，"引智"作为一项重要的人才战略开始得到逐步落实；而1983—1996年间相继出台的《关于引进外来智力以利四化建设的决定》《关于引进外国人才工作的暂行办法》《对外国专家奖励办法》《外商投资企业外国专家管理办法》等文件，则详细全面地规定了外国专家的遴选程序、经费使用、生活待遇等问题。此外，针对日益严重的外国人非法就业问题，我国于1987—1996年出台了一系列关于外国人在华就业管理的法规与政策，如《关于未取得居留证件的外国人和来中国留学的外国人在中国就业的若干规定》《关于制止外国人在华非法就业的通知》《外国人在中国就业管理规定》等，要求相关部门加强外国人在华就业的管理工作，并且普通外国工作者与享有超国民待遇的外国专家不同，他们不享有任何福利待遇。

综上所述，该阶段在出入境管理上放宽了"签证"条件，不但增加了开放区域、规范了管理流程、取消了居住地点限制，还在就业政策上鼓励了人才引进、开放了普通就业，并出台了一系列人才引进政策。总体而言，该阶段出台的大量政策开始有限度地放开移民准入政策，在大力引进专家人才来华就业的同时，重视简化程序、规范管理的移民制度化建设，表现出"放宽准入、大力引才、合法就业、规范管理"的基本特征。

(3) 2004—2017年：管理服务并重阶段

2001年中国正式加入世界贸易组织，这也标志着中国对外开放进入了全新阶段；以经济全球化为背景，迅猛发展的中国经济吸引了越来越多的外国人来华投资和就业，北京、上海、广州等国际化程度较高城市的移民也开始受到越来越多的关注。2004年中国正式推出的绿卡制度，更意味着国家对移民管理服务的重视和移民管理制度的日趋完善。

在居留政策方面，2004年正式发布的《外国人在中国永久居留审批管理办法》，标志着绿卡制度在中国的正式确立；在就业政策方面，2011年颁布的《在中国境内就业的外国人参加社会保险暂行办法》规定，在华合法就业的外国人应依法纳入"五险"（职工基本养老保险、医疗保险、工伤保险、失业保险和生育保险）覆盖范围，由用人单位和个人按照规定缴纳社会保险费，该文件也首次涉及在华就业普通外国人的相关社会福利和权益；在出入境管理政策方面，2012年通过的《中华人民共和国出境入境管理法》进一步整合了外国人出入境管理与中国公民出入境管理的内容，从理念到制度设计均对外国人出入境、居住、旅行、社会保障等方面作出了更为开放的规定；在人才引进的特殊政策方面，自2008年起出台了一系列规定，大力推行"千人计划"，如《中央人才工作协调小组关于实施海外高层次人才引进计划的意见》《引进海外高层次人才暂行办法》《关于为海外高层次人才提供相应工作条件的若干规定》《关于海外高层次引进人才享受特定生活待遇的若干问题规定》等，以此优选国际人才、挖掘人才红利。此外，在管理部门方面，外国人管理涉及出入境、边防检查、在华就业、居留和永久居留以及入籍等诸多事项，但这些职能多分散在外交部、国务院、公安部、国侨办、人社部、教育部等部门，导致管理机构众多、部门较为分散。

综上所述，在出入境管理方面，该阶段进一步放宽了签证条件、增加了开放区域，并提高了综合服务水平；不但完善了普通就业政策，鼓励营商、引才，还为之建立了永久居留的"绿卡"制度，并在社会保障方面实现了合法就业的"五险"全覆盖。总体而言，该阶段的移民政策出台了更细化、更完善的移民法律法规,在规范出入境管理和居留制度的同时,优化了引才和就业制度,移民管理导向也逐渐从制度型向服务型转变,只不过涉及的职能部门较为分散,表现出"完善制度、规范管理、未集中职能"的基本特征。

(4) 2018年至今:管理机构统筹阶段

随着改革开放的逐步深入,我国来华外国人的数量也在不断增长。调查数据显示,1996年外国人的入境人数仅有674.43万人,2018年外国人的入境规模首次超过9 000万人次,2019年外国人的入出境规模更是达到9767.5万人次[①]。2018年国家移民管理局的正式挂牌成立,标志着我国治理体系正在向系统化、专门化迈进。

在管理部门,2018年3月,《国务院机构改革方案》正式提出组建国家移民管理局,同年4月国家移民管理局正式挂牌成立。至此,中国从法律到制度层面初步建立了覆盖较为全面的国际移民管理体系,整合了公安部的出入境管理和边防检查职责,建立健全了签证管理的协调机制。其主要职责包括移民政策的制定实施、出入境管理、居留和永久居留、入籍等递进式管理事项,这也打破了以往机构分散、多头管理的局面,有利于优化整合现有资源,更好地服务国家需要和国际移民。在政策体系方面,我国的移民法律体系主要由宪法、法律、法规和条例等组成,具体包括《中华人民共和国国籍法》、《中华人民共和国外国人入境出境管理法》及其管理条例和实施细则、《外国人在中国就业管理规定》以及《中华人民共和国外国人永久居留管理条例》等,涉及出入境、国籍、就业、在华停居留等具体事务,但目前仍缺少单独针对国际移民管理而专门制定的法律法规,这导致相关规定散落于各法律、法规、政策文件之中。

综上所述,该阶段进一步完善了外国人的管理体系,成立了移民管理局收归权责,集中了移民管理的相关事务,但具体的法规政策仍延续了上一时期的做法,针对移民事务的规范仍呈现出碎片化、离散化状态,表现出"集中管理、体系完善、缺乏专门化政策"的基本特征。

(5) 总结

综上,我国的国际移民政策体系正在从碎片化、离散化走向系统化、规范化,从严密控制走向管理与服务并重。具体表现为:其一,在相关政策方面,逐渐从单一的外国人准入和居留政策发展为包括出入境管理、居留、就业、社会保障和特殊政策在内的一整套政策体系,以此保障在华外国人的各项合法权益;其二,在管理部门方面,逐渐从涉及公安部、人社部、商务部、外交部、外专局等部门的分散多头式管理优化为国家移民管理局的统一集中式管理,大大简化了管理程序,提高了管理与服务效率;其三,在服务对象方面,逐渐从仅允许国外专家来华就业交流转变为专家人才引进和普通外国人就业并行的双轨模式,在大力吸引高端人才的同时,也鼓励多种形式的合法就业。

由此可见,我国相关的移民政策已经表现出"紧中有松、人才导向"的演化趋势。虽然该类政策适用于所有合法来华的外国人,但我国尚未针对在华国际移民制定专门的法规,这既不利于中国国际移民治理与国际的接轨,也会限制优秀的国际人才引进,进而对当前的国家治理和社会治理水平构成挑战。总体而言,我国的移民政策表现出"注重人才导向、

---

① 数据来源:国家移民管理局官方网站 https://www.nia.gov.cn/.

政策逐渐体系化"的基本特征,这也为本书研究对象的选取和移民聚居空间融合与响应的阶段性演化提供了政策性依据和基础。

3.1.2 在华国际移民的演化历程

(1) 在华国际移民的总体规模变迁

根据前文不同政策影响下的在华移民演化阶段划分,本节将进一步从人口规模的变迁角度,对入境外国人口的规模变迁(见图3-3)和在华常住外国人口[①]的规模变迁(见图3-4)进行分阶段概述,以展现在华国际移民规模变迁的总体样貌。

在1949—1977年间(严格管制阶段),从入境外国人口来看,新中国初期由于严格控制外国人入境,来华外国人的数量一直徘徊在20万人次左右,仅在1955—1963年间,由于相关政策有所放宽,来华外国人才在短期内出现小规模增长,于1960年达到25万人,但1964年后相关政策进一步紧缩,再加上"文革"时期长期的停滞状态,来华外国人的规模又逐步回落至20万人以下。从在华常住外国人口来看,1950年,包括前使馆人员、宗教势力代表、各种经济、文化机构人员等在内的常住外国人口共计27万余人,随后,由于我国出台了一系列"赶、挤"资本主义国家侨民的政策,至1977年改革开放前,在华常住的外国人口仅剩下1.5万人。可见,该阶段由于出入境和居留政策的严格管控,入境外国人和在华常住外国人口的数量均十分有限,总体上呈无增长甚至负增长趋势。

在1978—2003年间(规范减限阶段),从入境外国人口来看,由于改革开放以来相关政策的放宽,来华的外国人口数量一直呈快速增长之势(除2003年非典暴发造成的短期数量下降),并于2000年突破千万人次。从在华常住外国人口来看,其数量迅速由1980年前后的2万人增长到2000年的15万余人,平均增长率达到11.6%,但相较入境外国人口而言,常住外国人口的规模占比不足2%。可见,该阶段由于外国人的出入境和居留限制减少,入境外国人和在华常住外国人口的规模均迎来迅速增长,但通过二者对比发现,入境外国人仍以短期来华为主,而且以就业、学习等为目的国际迁移比例仍然非常之低。

在2004—2017年间(管理服务并重阶段),从入境外国人口来看,由于外国人来华政策的进一步放开,来华的外国人口数量仍然保持稳步增长,并在十余年间翻了近一番。从在华常住外国人口来看,在华长期留居的外国人口数量同样迅速增长,并于2017年突破了100万人次,在入境外国人口中的占比也升至3.6%,这也从侧面说明2004年起我国逐步实施的外国人长久居留制度(中国"绿卡")发挥了重要作用。可见,该阶段以"绿卡"制度为代表的居留和引才政策的确立,以及更加灵活和人性化的管理与服务,均推动了来华外国人口规模的进一步增长,其中常住外国人口的占比也有所上升。

从2018年至今(管理机构统筹阶段),从入境外国人口来看,我国成立了国家移民管理局来统筹管理外国人相关事务,来华外国人口的数量进一步增长并突破了3000万人次,年增长率逐渐稳定在5%左右。从在华常住外国人口来看,在新冠疫情的严重影响下,2020年

---

① 本书所提到的"入境外国人口"是指公安部(局)出入境管理部门统计的进入我国境内的外籍人口,另外文中的"外国人"均指的是所有入境(来华)外国人;而"常住外国人口"是指在中国连续居住3个月及以上的外籍人口,可大致反映在华国际移民的规模变迁。

仍有 80 余万外国人在华常住,说明其规模总体上呈增长趋势,有越来越多的外国人表现出来华就业、求学和定居的意愿。可见,该阶段随着管理机构的统一和相关政策体系的完善,来华外国人口逐渐进入成熟发展期,在总体规模稳步扩大的同时,长期居留人数也在缓慢增加。

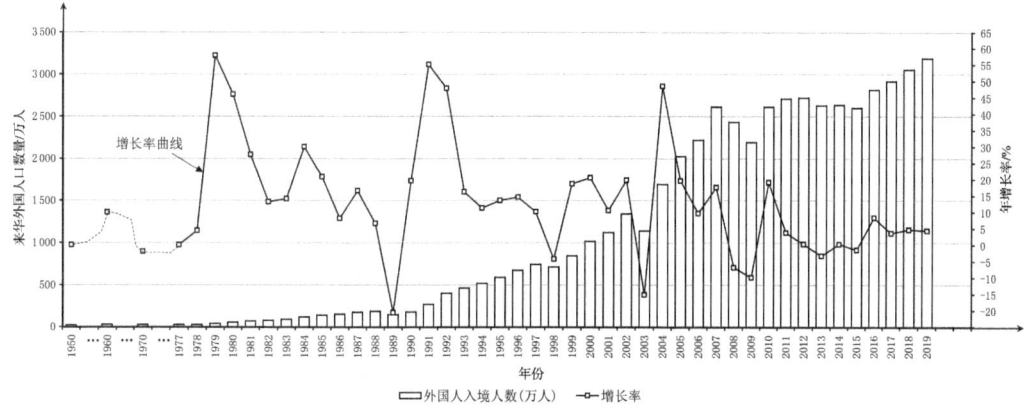

图 3-3　1950—2019 年来华外国人口的入境人次及增长率

＊数据来源:中国外国人出入境统计(1950—2019 年),国家统计局网站:https://data.stats.gov.cn/;王辉耀,苗绿.中国国际移民报告(2020)[M].北京:社会科学文献出版社,2021.

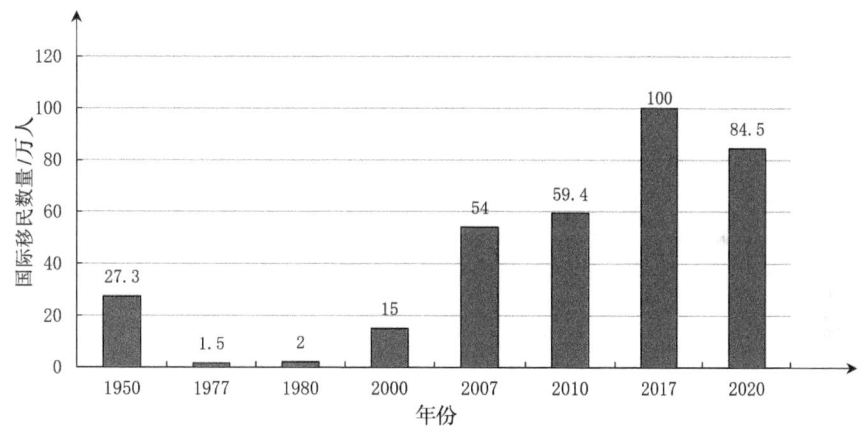

图 3-4　1950—2020 年在华常住外国人口规模变迁

＊注:常住外国人口指在中国连续居住 3 个月及以上的外籍人口。
＊资料来源:王辉耀,苗绿.中国国际移民报告(2020)[M].北京:社会科学文献出版社,2021;第六次、第七次全国人口普查数据。

总体而言,自新中国成立以来,来华外国人口规模依次经历了"严格控制下的负增长"阶段、"政策放宽后的迅速增长"阶段、"引贤纳才的高质量增长"阶段和"体系完善后的稳定增长"阶段,这些阶段都与移民政策紧密相关,总体呈现出"来华外国人数逐步增多、常住外国人口比例缓慢增长、增长率受政策弹性约束"等特征。在此基础上,下文将结合政策演进的后三个阶段——规范减限阶段、管理服务并重阶段和管理机构统筹阶段,对在华国际移民的具体特征展开更为详细的动态分析。

(2) 在华国际移民基本特征的演化趋势

改革开放以来,随着我国综合国力的日益增强和外来移民政策的逐渐放宽,来华国际移民的规模明显扩大。因此,本节将结合更具时段代表性和数据充分性的规范减限阶段(1978—2003年)、管理服务并重阶段(2004—2017年)和管理机构统筹阶段(2018年至今),分别选取2001年、2010年和2020年作为三个阶段中的标志性节点,对比分析在华国际移民在来源国分布、性别与年龄结构、来华目的、地理空间分布等方面的演化动态。

①在华国际移民的来源国分布情况

2001年,日本、韩国和俄罗斯分列来华移民来源国前三位,美国、马来西亚、新加坡、菲律宾和蒙古国则分列四到八位,可以说该时期90%以上的国际移民都来自周边国家和经济发达国家;2010年,移民来源国排名前三位的是韩国、美国和日本,第四到八位分别为缅甸、越南、加拿大、法国和印度,其来源国家分布同上一时期基本相同;2020年,则以缅甸、越南和韩国的来华移民数量为最多,紧随其后的是美国、日本、加拿大、澳大利亚和英国,而且由于"一带一路"合作倡议的提出,其沿线国家的来华移民数量相较以往有了明显增加,除此之外,其他来源国家与上两个阶段基本保持了一致(见图3-5)。

总体而言,国际移民主要来源于日韩、东南亚等周边地区,以及欧美发达国家。尤其是近十年来,"一带一路"沿线国家的来华移民数量有了显著增长,这些国家逐渐攀升为中国境内国际移民的重要来源国。

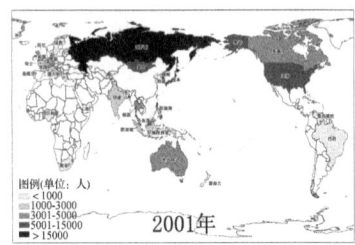 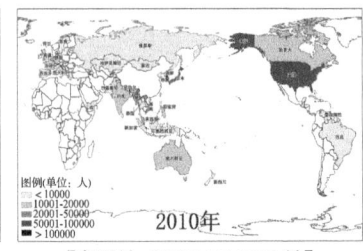 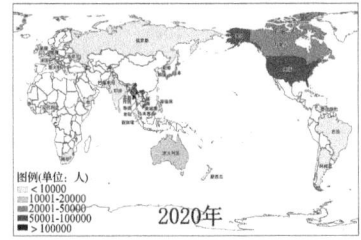

[审图号:GS(2016)1666号]

图3-5 2001年、2010年、2020年在华国际移民来源国前30位分布情况

* 资料来源:外国人出入境统计(2001年),中国第六次、第七次全国人口普查数据,国家统计局网站:https://data.stats.gov.cn/.

②在华国际移民的性别与年龄结构

2001年,男性在华国际移民数量明显多于女性,在年龄结构上,以25—55岁的青壮年为主,其中25—35岁、45—55岁年龄段的占比最高,而70岁以上和14岁以下的人口数量极少;2010年,男性在华国际移民的数量仍多于女性,但二者差距在明显缩小,在年龄结构上,25—55岁的青壮年仍是来华移民最主要的组成部分,其中20—24岁年龄段的占比最高,14岁以下人口的占比显著上升,而70岁以上老年人口的数量则进一步下降;2020年,女性在华移民数量开始超过男性,在年龄结构上,20—35岁的青年占比最高,可见在华国际移民有逐渐年轻化的趋势,14岁以下的人口数量较前一时期则有所下降,而70岁以上老年人口数量仍处于低位(见图3-6)。

总体而言,在华国际移民的性别结构由明显的男多女少逐渐转变为男女比例相对均衡的状态。在年龄结构上,移民群体一直以青壮年为主,且呈逐渐年轻化的趋势,这也在一定程度上说明我国吸引海外人才和留学生的相关政策正在发挥重要作用。

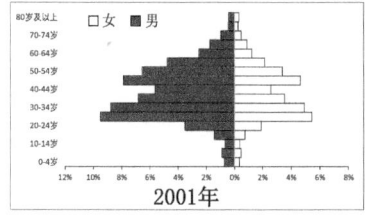 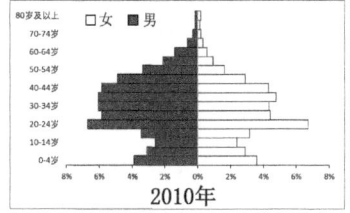 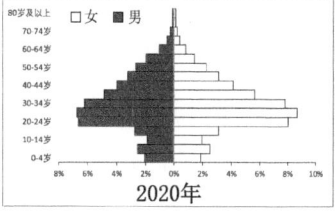

图 3-6　2001 年、2010 年、2020 年在华国际移民人口金字塔

* 资料来源：外国人出入境统计（2001 年），中国第六次、第七次全国人口普查数据，国家统计局网站：https://data.stats.gov.cn/.

③在华国际移民的来华目的

2001 年，来华从事商务活动的国际移民占比最高，就业和求学人口次之，来华定居的人口比例最低，说明该时期国际移民以短期在华居留为主，存在明显的"过客"特征；2010 年，来华求学的国际移民占比最高，就业次之，来华定居的国际移民占比有明显上升，但从事短期商务活动的移民占比有所下降，说明该时期国际移民在华长期居留的意愿较以往有所增加；2020 年，来华就业的国际移民占比几乎翻了一番，这又与我国逐渐完善的国际移民就业管理政策和人才引进优待密切相关，来华定居的人口规模有明显扩大（只是受新冠疫情影响，来华留学人员和从事商业活动人员比例有所下降）（见图 3-7）。

总体而言，在华国际移民的来华目的已逐渐由商务、学习等短期活动，向就业、定居等长期活动转变，有越来越多的来华国际移民表现出了长期居留意愿，这其实也是我国综合国力和国际吸引力不断增强的具体表现。

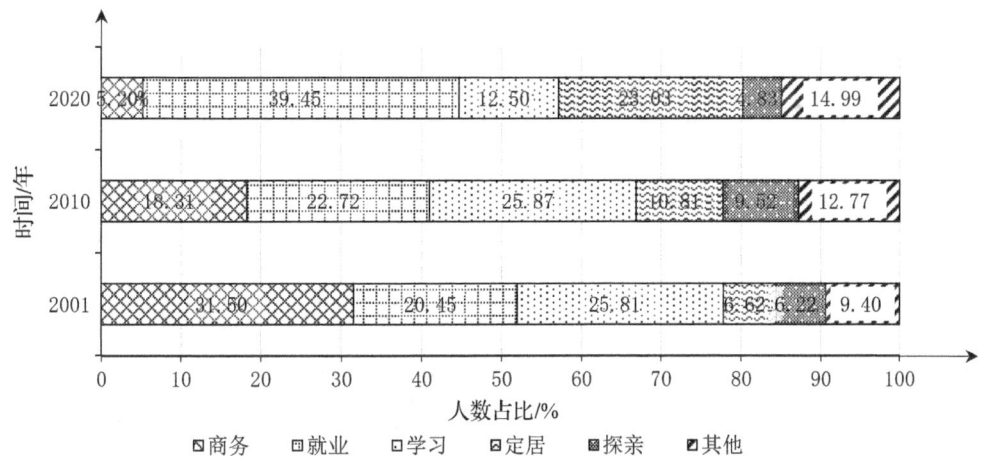

图 3-7　2001 年、2010 年、2020 年在华国际移民居留目的统计

* 资料来源：外国人出入境统计（2001 年）、中国第六次、第七次全国人口普查数据，国家统计局网站：https://data.stats.gov.cn/.

④在华国际移民的地理空间分布

2001 年，虽缺少相关的人口统计数据，但是从外商投资企业的分布数据①中可以看出，

---

① 1998—2004 年外企登记数：东部地区占比 86.6%（其中闽粤浙占比 36.8%），中西部地区占比 13.4%。此数据来源于中国经济信息网，中经网统计数据库：https://db.cei.cn/jsps/Home.

绝大部分来华经商、就业的国际移民都分布在东部地区,且以广东、福建和浙江三个东南沿海省份最为集中,这与当地开放的营商环境、宽松的移民政策以及相对较高的生活质量息息相关;2010年时,在华国际移民数量最多的是北京和上海两个国际化都市,广东省的移民数量紧随其后,其余移民则多集中在其他东部沿海省份,此外,云南省也接纳了大量周边国家的非正规就业移民;2020年时,在华国际移民的地理分布与上一时期相比,除了增加广西和辽宁两个省份外,其余部分大体趋同,同时,2020年"魅力中国——外籍人才眼中最具吸引力的中国城市"主题活动①显示,在排名前十的城市中东部城市占据了8席,这同样表明在华国际移民多集中于东部经济发展水平较高的城市(见图3-8)。

总体而言,近二十年来,在华国际移民在我国东部地区的发达城市不断集聚,说明东部沿海地区开放的市场环境和社会氛围对外国人才产生了日趋显著的虹吸效应,此外云南、广西因其边境区位也接纳了不少周边国家的非正规就业移民。

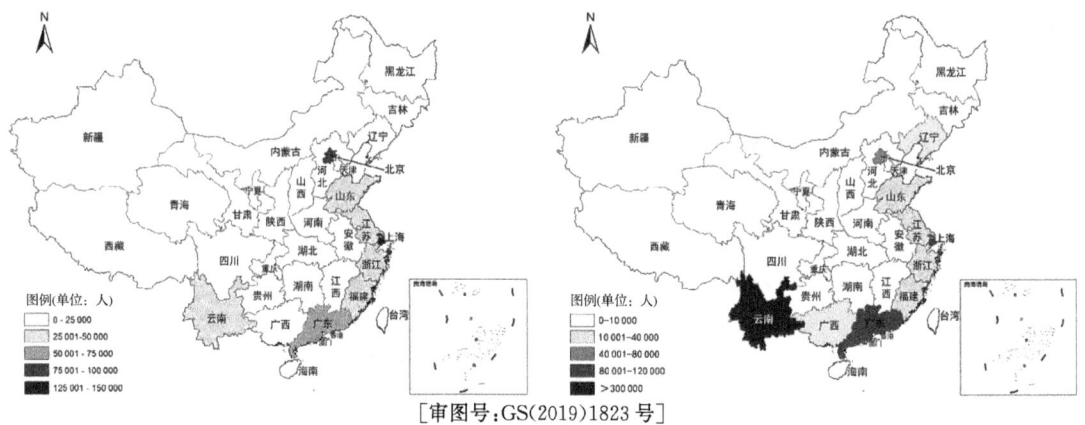

[审图号:GS(2019)1823号]

图3-8　2010年、2020年在华国际移民地理空间分布情况

*资料来源:中国第六次、第七次全国人口普查数据。

(3) 总结

新中国成立至今,在华国际移民规模在总体上呈现出"来华外国人数逐步增多、常住外国人口比例缓慢增长、增长率受政策弹性约束"等特征。尤其是改革开放以来,随着中国人才战略的不断升级,以及来华签证、居住程序的简化,来华国际移民在来源国分布、性别与年龄结构、来华目的以及地理空间分布等方面已表现出日益多元化的特征。在此基础上,通过对2001年、2010年和2020年三个节点数据的进一步分析可以发现:

在华国际移民主要来源于日韩、东南亚等周边地区以及欧美发达国家,还有"一带一路"沿线国家;性别结构由明显的男多女少逐渐转变为男女比例相对均衡的状态,在年龄结构上则以青壮年为主,且呈逐渐年轻化的趋势;在来华目的上,逐渐由商务、学习等短期活动向就业、定居等长期活动转变,有越来越多的来华国际移民表现出了长期居留意愿;而在地理空间分布上,东部地区的经济发达城市虹吸效应明显,同时西南边境省份(如云、桂)也聚集了较大规模的非正规就业国际移民。

---

① 2020年"魅力中国——外籍人才眼中最具吸引力的中国城市"评选结果揭晓。榜单显示,前十强城市分别为北京、上海、杭州、广州、西安、成都、宁波、苏州、深圳、青岛。此数据来源于 https://baijiahao.baidu.com/s?id=1714094918398931219&wfr=spider&for=pc。

3.1.3 南京市国际移民的演化历程

南京市是长三角特大城市和"一带一路"交汇点的重要枢纽城市,其开放的投资环境和优厚的引才政策吸引了许多国际人才来此工作和居住;与此同时,南京作为全国重要的科研教育基地,众多优秀的高等学府还吸引了大批国际留学生来此就学;除此之外,南京在2020《世界城市名册》中排名全球第87名,在2020《全球城市综合排名》(GCI)和《全球城市潜力排名》(GCO)中位居全国第6,并获评2020 QS全球最佳留学城市全国第3名[①],在2019年"魅力中国——外籍人才眼中最具吸引力的中国城市"主题活动评选中,南京也位列第七[②]……凡此种种,均展现出了南京较高的国际化程度和较强的国际影响力。通过对南京市公安局出入境管理处提供的资料以及网络媒体中相关新闻报道的梳理和分析,本研究可大致勾画出南京市国际移民的演化历程。

首先,从人口规模上来看,新中国成立以来,南京市国际移民的数量总体呈现逐步增长的趋势,而根据增长速度的不同可大致分为三个阶段(见图3-9)。缓慢增长阶段(1949—2005年):该阶段国际移民的数量一直处于1万人以下,且年均增速仅为1.4%;快速增长阶段(2006—2015年):该阶段移民数量于2006年和2013年分别突破了1万人和2万人,年增长率达到14.4%,远高于全国4.2%的平均水平,进入快速增长阶段;稳定发展阶段(2016年至今):该阶段国际移民数量基本稳定在了2万人次左右(2020年受新冠病毒感染影响而略有下降),增长速度放缓,进入优化移民质量的稳定发展阶段。从2018年南京各区有关国际移民的报道中也可看出,国际移民最为集中的是栖霞区(0.45万人),其次分别是玄武区(约0.30万人)、鼓楼区(约0.2万人)和建邺区(约0.2万人),可见,南京国际移民主要分布在主城区内部及其边缘地带。人口规模的变迁不仅反映了南京国际移民的演化历程,而且为第5章国际移民聚居空间社区响应的阶段划分提供了现实依据和基础。

其次,从来源国情况来看,韩国人一直是南京市数量最多的国际移民,其人数从2005年的2 000余人逐步增长到2013年的3 600余人,而位列其后的美国、日本、加拿大人也纷纷在2013年超过千人次。除此之外,澳大利亚、印度、德国、英国人在南京居留的数量也相对较多[③]。但在国际移民的来源国分布上各区又有所不同,栖霞区和玄武区目前是在宁韩国人最为集中的地区,其次是美国人和印度人较为集中[④],而鼓楼区和建邺区的国际移民多来自美国、英国、德国、加拿大等发达国家,以及巴基斯坦、越南、老挝等"一带一路"沿线国家[⑤]。

再次,从来宁目的上来看,2019年南京国际移民(见图3-10)以两类群体为主,其一,留学生群体(48.78%)[⑥]占据了半壁江山,这与在宁高校积极开展国际交流与合作密不可分,

---

① 南京市城市国际化推进办公室.在南京:外籍人士服务指南[M].南京:江苏凤凰文艺出版社,2021:8.
② 此数据来源于 http://stcsm.sh.gov.cn/xwzx/mtjj/20201109/8fb70b301fcd43bc98c2c60339225df2.html.
③ 出自南京市公安局出入境管理处提供的数据资料.
④ 此数据来源于 https://www.ourjiangsu.com/a/20200229/1582969583587.shtml.
⑤ 此数据来源于 https://baijiahao.baidu.com/s?id=1605017699759355470&wfr=spider&for=pc.
⑥ 此数据来源于 http://news.jstv.com/a/20190314/1552630594220.shtml.

且留学生多来自发展中国家和地区(尤其是"一带一路"沿线国家),印度、巴基斯坦、印度尼西亚等国成为南京高校的主要"生源国";其二,来宁就业及其随迁家属的占比也接近30%,由于南京鼓励外资企业在宁设立分部,吸引了大批外企派驻员工[①],同时,南京作为中国科技强市和软件名城也吸引了许多国际人才。2017年以来,南京共有6 000余名外籍员工获批工作许可,其中高端国际人才900余人,并有100余人获永久居留中国的"绿卡"。这些外籍员工多来自韩国、日本等周边国家以及美国、加拿大、德国等发达国家。除上述两类群体外,也有少数来宁进行访问、商务活动及定居的国际移民。

综上所述,南京市的国际移民规模呈现由逐年上升到趋于稳定的态势,其空间分布以主城区内部及其边缘地带为主,其来源国以韩日等周边国家、欧美等发达国家以及印度、巴基斯坦等"一带一路"沿线国家为主,其来宁目的则以留学(48.8%)和就业(含随迁家属,占29.3%)为主。基于此笔者锁定了"留学生"和"外籍员工"两类国际移民,作为本书的重点研究群体。

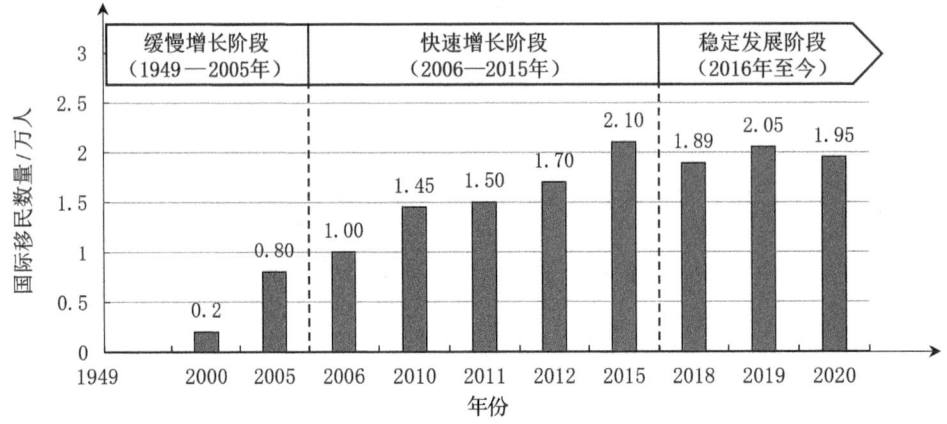

图3-9 2000年以来南京市国际移民规模的阶段性变迁

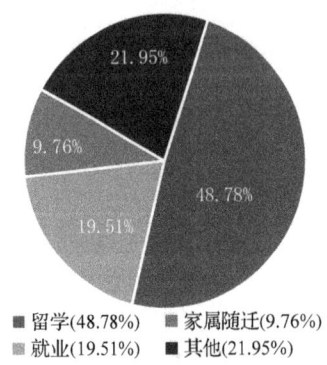

图3-10 2019年南京市国际移民的来华目的统计

* 资料来源:笔者根据南京市公安局出入境管理处提供的资料,以及相关新闻报道(https://www.thenanjinger.com/news/foreigners-in-the-news/and-the-number-of-foreigners-now-in-nanjing-is/;https://news.sina.com.cn/c/2010 - 06 - 08/025417623644s.shtml等)绘制。

---

① 钱前,甄峰,王波.南京国际社区社会空间特征及其形成机制:基于对苜蓿园大街周边国际社区的调查[J].国际城市规划,2013,28(3):98-105.

3.2 在华国际移民聚居区概述

3.2.1 在华国际移民聚居区的基本概况

国际移民聚居区的形成离不开外国人在城市的聚集。改革开放以来,来华的国际移民规模不断扩大,主要分布在北京、上海、广州、西安、杭州等东部一、二线城市和省会城市,并逐渐形成了丰富多元的在华国际移民聚居区类型。前文已从国际移民的来华动机(身份)角度出发,将聚居区类型初步划分为经济型国际移民聚居空间和社会型国际移民聚居空间两大类。本节将进一步结合其择居形式进行交叉分析,从而将在华国际移民聚居区细分为若干亚类(见表 3-1)。

表 3-1 在华国际移民聚居区的类型划分

	经济型国际移民聚居空间						社会型国际移民聚居空间			
	派驻员工(含高管)		国际人才(劳工)		个体商户		留学生		定居外籍人士	
	类型界定	典例社区	类型界定	典例社区	类型界定	典例社区	类型界定	典例社区	类型界定	典例社区
主动择居	—	—	国际人才—主动聚居区:高薪高技、行业多元的精英人才聚居区	政府规划(引进)、商业化运营的国际社区、酒店服务式国际公寓	个体商户—主动聚居区:族裔联系、非正规就业的商贸型聚居区	跨国企业周边、国际移民聚居区周边租金低廉的小区;商贸市场周边小区	留学生—主动聚居区:同国聚居、毗邻高校的留学生聚居区	高校、大学城附近小区	—	—
被动择居	派驻员工—被动聚居区:企业租赁、同工同源的外企员工聚居区	跨国企业、产业园区周边的高档商品房小区、别墅区	国际人才—被动聚居区:中外混住、统一管理的员工住房	产业园区配套的人才公寓、科研院所的专家楼、企业内部的员工宿舍	—	—	留学生—被动聚居区:中外分隔、统一管理的留学生公寓	高校内部学生宿舍	—	—

*注:表中灰底所覆盖的在华国际移民聚居区类型,将是本研究结合南京样本展开实证研究的 4 类重点。
*资料来源:笔者根据相关资料自制。

经济型国际移民聚居空间主要包括以下几种亚类。其一,派驻员工—被动聚居区。跨国企业外派至中国分公司、办事机构及工厂的外籍企业高管、产品研发人员和技术工人,在商务区、高新技术产业园等外企聚集地周边,由公司统一安排或代为租赁住所而形成的外企派驻人员聚居区。该聚居区内的国际移民大多具有相同的国籍和文化背景、相似的职业经历和收入水平,倾向于建立和维系内部社交网络,与社区内的本地居民处于社交隔离状态,且会因职位调动等原因批次性地迁入和迁出,表现出"被动择居、族裔性内生联系、流动性较强"等特点。目前规模较大的有广州远景路韩国人聚居区(见图 3-11)、北京望京韩国人聚居区、上海古北日本人聚居区等。其二,国际人才—主动聚居区。中国通过优厚待遇引进到高科技企业和高校科研机构发展的外国高端技术人才,自发择居于政府统一规划(引进)的国际社区、涉外酒店式公寓等场所而形成的外国精英聚居区。该聚居区内地国际移民多为来自不同国家、职业各异的高端人才,他们文化背景和生活习惯等差异较大,并无内生性联系,但倾向于积极参与社区活动,呈现出开放的社交状态,且会因个人选择而主动地迁入和迁出,具有"主动择居、分散参与、无内生关系网络"的特点,典型代表有广州汇景国际社区、深圳蛇口招商片区等。其三,国际人才—被动聚居区。部分产业园区、企业和科研院所会为员工或专家配套建设专门的公寓,居住于此的国际移民多为新进的外籍员工、短访和聘请的外国专家或签署短期劳务合同的外国劳工。此类聚居区通常会表现出"人员异质性强、流动性极大、存在一定的业缘联结"等特征,其主要形式包括产业园区配套的人才公寓、企业内部的员工宿舍、科研院所的专家楼等。其四,个体商户—主动聚居区。中国日益友好的营商环境也吸引了许多外国人以个体经营户的身份来华自主创业,族裔经济也由此衍生和发展而来,该群体往往通过贩卖来源国的商品、经营异国餐饮等方式来谋生,并在跨国企业或业缘集聚型国际移民聚居区周边租金低廉的小区、商贸市场周边小区等地自发择居,进而形成聚居空间。此类聚居区通常表现出"人员族裔特征明显、拥有深层内生式社交网络、迁徙家庭化"等特点,典型代表有广州小北路黑人聚居区、义乌鸡鸣山社区等。此外,还需要补充的情境是,外企派驻员工来华就业往往具有被动性和暂时性的特点,因此多会服从企业的统一安排,难以形成主动择居式的聚居空间;相反,个体经商的外国人来华务工则具有自主性、分散性和独立性的特点,因此也很难有机会形成被动择居式的聚居空间。

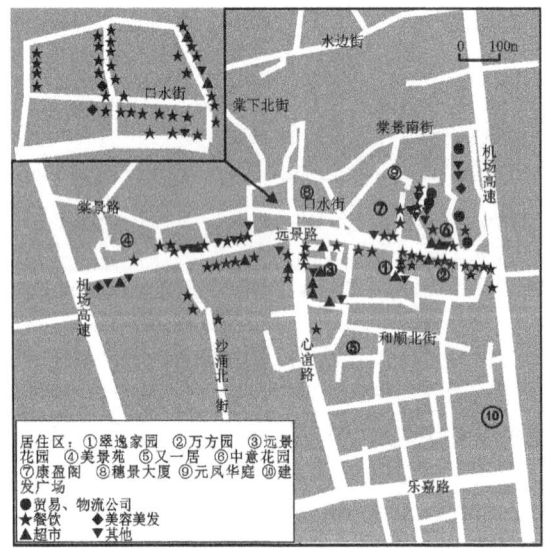

图 3-11 广州远景路韩国人聚居区空间布局

* 资料来源:刘云刚,周雯婷,黄徐璐,等. 全球化背景下在华跨国移民社区的空间生产:广州远景路韩国人聚居区的案例研究[J]. 地理科学,2017,37(7):976-986.

社会型国际移民聚居空间则主要包括两类。其一,留学生—主动聚居区。出于对更好的居住环境、更自由的作息时间以及自主选择同住人员等的追求,部分国际留学生通过租赁住房的方式自发聚居在学校周边的社区之中。该类留学生的社交网络多来自同一来源国家或是同一高校,总体上表现出"社区内杂居、小群体聚居"的特点,最具代表性的是北京五道口留学生聚居区。其二,留学生—被动聚居区。大部分留学生还是居住在由学校统一安排和管理的公寓(或宿舍),高校出于中外文化、生活作息差异以及管理要求等的考虑,会设立单独的留学生公寓楼,并配备一定的学习空间和休闲空间。该类聚居空间主要表现出"人员固定、统一管理"的被动择居特征,代表性的案例有首都师范大学留学生公寓(见图3-12)、北京大学留学生公寓等。值得补充的是,随着中国国际地位和影响力的提升,中国传统文化在世界舞台备受瞩目,有许多外籍人士因对中国生活环境、传统文化的浓厚兴趣而旅居或定居中国。除此之外,还有少数国际移民作为随迁家属来华定居,但由于这两类移民的个体择居情况千差万别且难以形成聚居空间,故暂不纳入本研究的考虑范围之内。

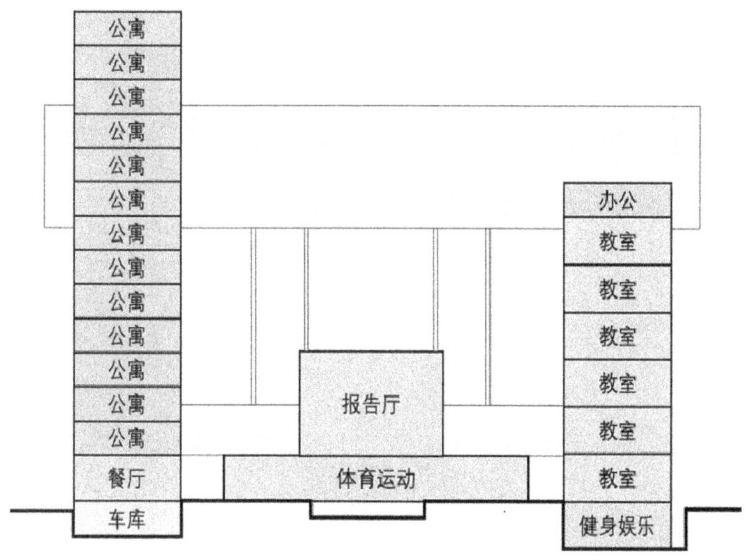

图 3-12　首都师范大学留学生公寓功能布局

* 资料来源:齐秦玉.文化交融背景下的留学生公寓"在地性"设计研究[D].重庆:重庆大学,2021:42.

因此,考虑到国际移民的聚居程度以及聚居空间的典型性,下文将针对经济型国际移民聚居区中的派驻员工—被动聚居区、国际人才—主动聚居区、国际人才—被动聚居区和个体经商—主动聚居区四类,以及社会型国际移民聚居区中的留学生—主动聚居区和留学生—被动聚居区两类,分别选取典型案例作一简析。

3.2.2　在华国际移民聚居区的典型案例

(1) 经济型之派驻员工—被动聚居区:上海古北日本人聚居区

上海古北日本人聚居区是目前我国最大的业缘集聚型国际移民聚居区之一。20世纪90年代,上海第一个涉外商务区(虹桥经济技术开发区)在古北片区建立,这一带也因此而催生了当时规模最大的日企聚集地——"古北新区"。古北新区的高档小区作为商务区配套设施于1986年开始兴建,1993年完成第一批建设,总规划用地面积为136.6 hm²,总建筑面积为300万 m²,并配置了相应的办公、商业、文化娱乐、教育等设施,是兼具商业和外贸功能的涉外居住区。也正由于其优越的地理区位(靠近虹桥经济技术开发区)、方便的交通条件(临近虹桥机场),以及良好的居住环境和完善的配套设施,有大批日企选择就近将员工安置于此,于是古北日本人聚居区应运而生①(见图3-13)。

从演化过程来看,该聚居区可分为三个阶段。其一,初步形成阶段(1993—2002年):该时期产业园区的兴建吸引了大批外企员工迁入此地,初步形成了国际移民聚居区,但由于对口的国际化配套设施(日式餐厅、日本商品商店等)尚不齐全,导致大多日本人只能是携带本土商品到上海就业和生活,而对聚居区的依赖程度较低;其二,快速发展阶段(2003—2012年):该时期由于中国放宽了外商投资商业企业的限制,有大批日本人认准商机而来此地开店经营,于是日本族裔商业设施的数量快速增长至300家以上,极大地满足了日本人的本土化需求;其三,成熟完善阶段(2013年至今):该时期聚居区从居住、生活到贸易等方面均已发展得相对成熟,并因其浓郁的日本特色面貌而吸引了大批中国人来此消费,在为本地居民提供异国特色服务体验的同时,也丰富了上海作为国际化都市的社会空间结构和城市文化内涵。

可见,该聚居区的国际移民主要由周边国际产业园区的外企统一安排到此居住,属于典型的"经济型之派驻员工—被动聚居区",并表现出"企业统一租赁和管理、外籍居民具有一定的同质性(来自同一国家并彼此熟识)"等特征。

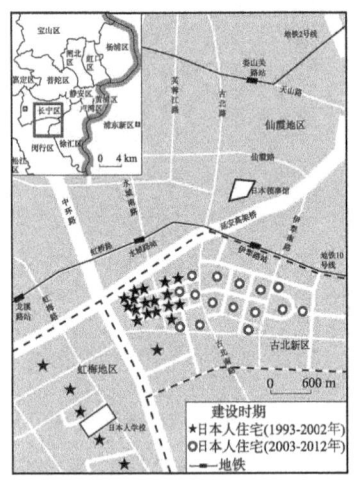

图3-13 古北地区日本人住宅及族裔经济设施分布变化

* 资料来源:笔者根据以下文献改绘——周雯婷,刘云刚.上海古北地区日本人聚居区族裔经济的形成特征[J].地理研究,2015,34(11):2179-2194.

(2) 经济型之国际人才—主动聚居区:广州祈福新邨国际社区

广州祈福新邨国际社区作为广州最大的国际化门禁社区,兴建于1991年,其占地约6 000亩(40公顷),包括别墅区、高层住宅和多层住宅区,并在建设伊始便有意突出国际文化型的社区特色。目前,社区居民约有10万人,其中国际移民约占10%,来自40多个国家与地区,且移民身份较为复杂,既包括跨国企业的派驻员工、本土企业引进的国际人才,以及从事语言教育的外籍教师等,也不乏在此购置房产的国际移民,他们主要看重的是这里优美的社区环境和高质量的社区管理水平(见图3-14)。

从演化过程来看,该聚居区可分为三个阶段。其一,快速集聚阶段(1995—2005年):由于该时期当地政府的国际性战略部署,以及开发商的建设和大力宣传,吸引了大批国际移

---

① 郑希平.跨世纪建筑的航母:古北新区[J].国际市场,1997(4):22-23.

民择居于此,初步形成了移民多元化聚居的特色面貌;其二,稳定聚居阶段(2005—2020年):该时期部分国际移民开始购买房产,长期居留的意愿也越发强烈,逐渐形成了稳定聚居的局面;其三,国际化社区试点阶段(2020年至今):该社区入选广州市国际化社区试点单位,并在国际化、多元化、人性化的社区管理路径上持续创新。

可见,该聚居区是以政府和开发商联合打造的国际化社区为基础,吸引国际移民主动来此居住而自发形成的特色社区,属于典型的"经济型之国际人才—主动聚居区",并表现出"人口构成复杂、多元混居、长期居留意愿强烈"等特征。

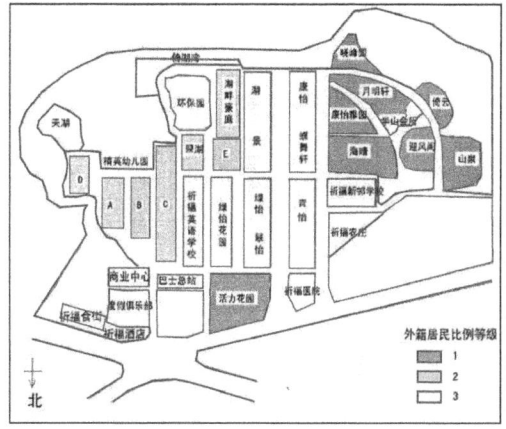

图 3-14 祈福新邨国际社区区位及国际移民居住分布

* 资料来源:彭敏.广州市国际移民居住空间模式及其影响因素研究[D].广州:中山大学,2009:46-49.

(3) 经济型之国际人才—被动聚居区:苏州工业园中新合作区

苏州工业园位于苏州市城东,1994年经国务院批准设立并实施启动,行政区划面积278平方千米(其中,中新合作区80平方千米),是中国和新加坡政府间的重要合作项目,被誉为"中国改革开放的重要窗口"和"国际合作的成功范例"[①]。针对国外高端人才、专业人才和来华(留华)就业创业人员,苏州工业园区逐步形成了人才优购和人才优租并举的安居服务体系[②]。目前,该园区已集聚了1.2万人次的国际移民,其人数占苏州外籍常住人口的一半,且绝大多数都集中在中新合作区内,这里已成为苏州规模最大的国际人才聚居区[③]。

从演化过程来看,该聚居区可分为三个阶段(见图3-15)。其一,集中安置阶段(2005年以前):该时期处于苏州工业园大规模建设阶段,国际移民主要包括园区引进的外籍专家和新加坡合作方的管理人员,为了保障其生活质量和便于管理,园区将其统一安置于已建成的高端酒店公寓(白领公寓)[④];其二,规模性引进阶段(2005—2010年):该时期园区内的配套设施已日趋完善,以生物医药、纳米技术应用、人工智能为主导的企业及科研院所开始引

---

① 园区简介,苏州工业园区管理委员会网站:https://www.sipac.gov.cn/szgyyq/yqjj/common_tt.shtml.
② 苏州工业园区人才开发领导小组办公室.关于苏州自贸片区更加便利更加开放地引进外国人才的若干举措[EB/OL].(2019-11-22)[2021-12-10]. https://www.sipac.gov.cn/szgyyqtzyq/rczc/202006/4805997fdfa84836b5bc9/aae618/e06.shtml.
③ 政府新闻:"苏式服务"营造外国人才聚集高地,苏州工业园区管理委员会网站(https://www.sipac.gov.cn/szgyyq/yshjmtjj/202008/163ba5ca890e43728532b0326c6fb00f.shtml).
④ 王乙喆.低碳导向的苏州工业园区再开发模式研究[D].南京:东南大学,2018:17-31.

进国际人才(包括行业领军人才、研发与技术人员、应届毕业的国际学生等),并通过"企业统一安排+园区统筹协调"的被动择居方式落实住房,进一步在园区高档社区(如新加花园、湖左岸、天域花园等)中形成了多个国际人才聚居区[①];其三,多元化适配阶段(2010年以来):该时期园区在原有引才策略的基础上加大力度,为国际青年人才、毕业留华发展的留学生等新就业人群提供优租人才公寓(如文华人才公寓、菁英公寓等)[②],逐步建设满足多元化移民群体需求的"高档社区+人才公寓"的聚居区形式。

可见,该聚居区是工业园区吸引国际人才来此就业/创业并在园区内部提供住所而被动形成的聚居区形式,属于典型的"经济型之国际人才—被动聚居区",并表现出"人员异质性强、流动性极大、存在一定的业缘联结"等特征。

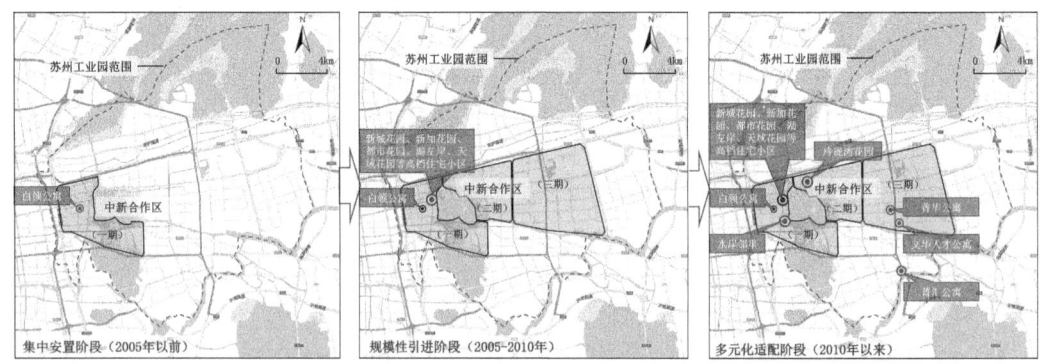

图 3-15　苏州工业园中新合作区国际人才居住分布的阶段性演化图

*资料来源:笔者自绘。

(4)经济型之个体商户—主动聚居区:广州小北路非洲人聚居区

作为改革开放的先行地区,珠三角已成为名副其实的"世界工厂",在吸纳国际资本的同时也接纳了大批全球生产、消费、贸易链以及跨国人群,尤以广州小北路的非洲人聚居空间最为突出。小北路地区因其优越的交通条件(毗邻火车站、长途客运站等交通枢纽)、管理松散的地理位置(行政区划的交界地带)以及高度聚集的商贸环境(批发市场聚集),而成为非洲人来华"淘金"的首选之地。目前这一带聚集了1000余名非裔个体经营户,主要居住在秀山楼、天秀大厦和国龙大厦,并多在此地的批发市场经营服装、皮革、鞋类生意[③](见图 3-16)。

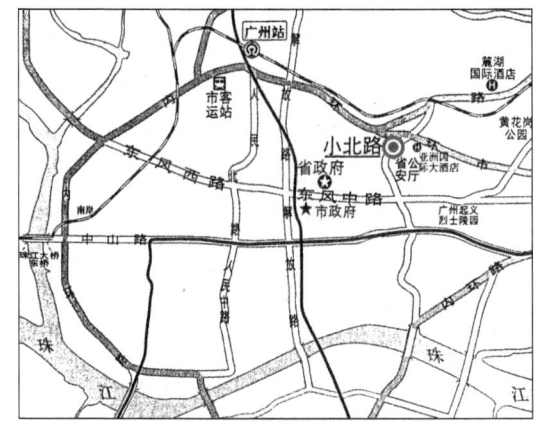

图 3-16　广州小北路非洲人聚居区区位

*资料来源:李志刚,何深静,刘玉亭,等.中国城市社会空间[M].北京:科学出版社,2021:173.

---

① 舒晓虎.空间想象力与共同体建构:开发区社区建设研究:基于苏州工业园区的经验分析[D].武汉:华中师范大学,2014:65-74.

② 秦天祎,王洁,蔡苏洪,等.苏州市人才公寓建设的现状及吸引人才方案研究:以苏州工业园区为例[J].江苏科技信息,2020,37(2):65-68,77.

③ 李志刚,何深静,刘玉亭,等.中国城市社会空间[M].北京:科学出版社,2021:170-177.

从演化过程来看,该聚居区可分为三个阶段。其一,短期流动阶段(2005年以前):该时期非洲人主要在此行商,以个人或受公司委托的形式做广非贸易的中间人,往返于广州和来源国之间赚取中间利润,因此对聚居区的经济依赖程度并不高;其二,链式流动阶段(2005—2008年):该时期由于广州宽松的营商环境和广非贸易利润的进一步提高,大批基于族裔网络关系的非洲人涌入该地,并迅速抢占了小北路和广园西路片区批发市场的大量经济份额,形成了规模化的非裔经济区;其三,被动迁出阶段(2008年以来):该时期我国开始加大力度打击"三非"人员,加之不少关于非洲人的负面媒体报道,非裔聚居区逐渐成为"人员混杂、犯罪率高"的代名词,这也迫使许多非洲人离开中国,导致非洲人聚居区的日趋衰落[①]。

可见,该聚居区主要源于非裔国际移民在此从事商贸活动的自发聚居,属于典型的"经济型之个体经商—主动聚居区",并表现出"族裔网络联系、多从事商贸型非正规就业、选择租金低廉小区居住"等特征。

(5) 社会型之留学生—主动聚居区:北京五道口留学生聚居区

由于校内留学生公寓的各种限制,有越来越多的来华留学生选择租居校外。北京五道口片区集中了清华大学、北京大学、北京语言大学等10余所高校,各高校招收的外国留学生除了择居于留学生公寓外,还有一部分选择在学校周边的社区租房居住,从而逐渐形成了北京市规模最大的五道口留学生聚居区。其中华清园社区(包括东升园小区和华清嘉园小区)的留学生租居数量最多(2 000余人),占社区人口的30%,且涉及40多个国家[②](见图3-17)。

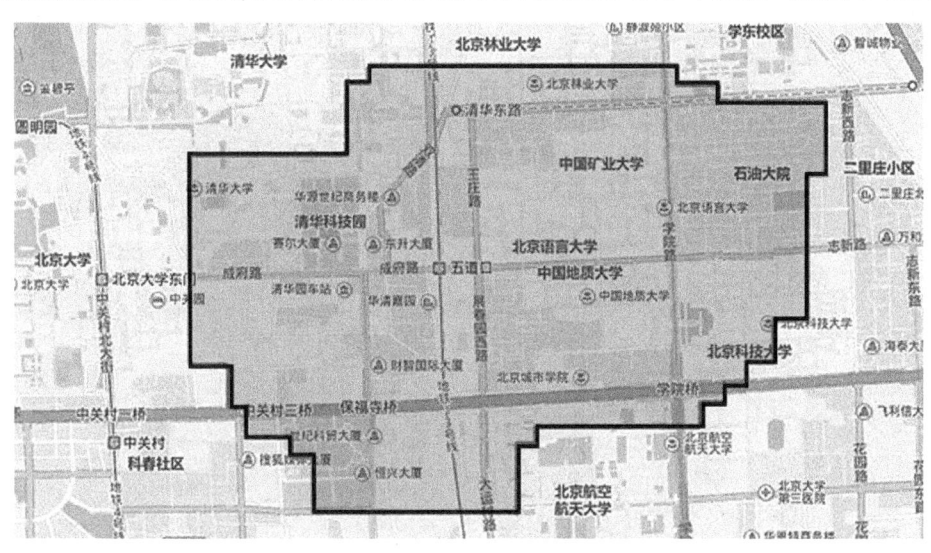

图3-17　北京五道口国际移民聚居区区位
* 资料来源:笔者自绘。

从演化过程来看,该聚居区可分为三个阶段。其一,少数散居阶段(2000年以前):五道口地区的北语、清华、北大等高校很早便开始招收留学生,但来华留学生的规模总体较小,

---

① 李志刚,等.广州国际移民区的社会空间景观[M].南京:东南大学出版社,2016:155-160.
② 赵芸.外国留学生社区管理模式探析:以北京市海淀区五道口留学生聚居区为例[J].辽宁警专学报,2013,15(6):54-57.

且因管理要求大多安置在校内宿舍,所以该时期仅有少数留学生散居在周边社区;其二,规模性聚集阶段(2001—2015年):随着来华留学生规模的逐步扩大,以及高校管理模式的放宽,自发租居于校外社区的留学生越来越多,逐渐形成了以华清园社区为主的五道口留学生聚居区,这一方面因留学生的聚集而催生了一批异国特色的商业设施(如韩餐馆、日料店等),另一方面却给管理带来了一些负面影响,如由于中外文化背景和生活习惯差异而频繁引发的矛盾、留学生因不熟悉我国法律法规而造成的违法案件高发生率、社区对留学生居留信息的统计盲区等;其三,规范化聚居阶段(2016年至今):该时期针对聚居区出现的种种问题,高校和社区共同建立起针对校外租居留学生的合作统筹管理模式,这也让聚居区逐渐走向了安全、和谐和有序。

可见,该聚居区主要源起于高校国际留学生在校外的成规模租居,属于典型的"社会型之留学生—主动聚居区",表现出"人员国籍多元且年轻化、异国特色商业聚集、社区管理难度大"等特征。

(6) 社会型之留学生—被动聚居区:北京大学留学生公寓

改革开放以来,我国对外交流的步伐进一步加快,到中国进修的学子、访问交流的学者也在迅速增多,于是北京大学成为接收留学生最重要的阵地之一。目前北京大学在校内择居的留学生主要聚居于两个片区:一是始建于1980年的勺园国际会议中心和公寓片区,二是2010年建成的中关新园留学生专家公寓园区。两个片区均采取分散围合式布局,集住宿、餐饮、会议、文化交流、办公和健身娱乐功能为一体,共可容纳2 000余名留学生及外籍专家住宿(见图3-18)。

图 3-18　北京大学勺园和中关新园留学生公寓区位
* 资料来源:齐秦玉. 文化交融背景下的留学生公寓"在地性"设计研究[D]. 重庆:重庆大学,2021;班润. 高校居住建筑大型综合体:解读北京大学留学生公寓[J]. 中国住宅设施,2014(5):88-95.

从演化过程来看,该聚居区可分为三个阶段。其一,小规模独立安排阶段(1980年以前):该时期留学生由于规模相对较小(百人左右),北大一般将其安排在校内招待所内;其二,规模化聚居阶段(1981—2009):该时期北大规划建设了专门用以接待留学生和外国专家的勺园公寓片区,并逐步配备了西餐厅、日韩餐厅等国际化服务设施,这样留学生及外国专家在空间上进一步聚居的同时,也与校内其他人群相对分隔开来;其三,空间扩张阶段(2010年至今):由于留学生规模的进一步扩大,该时期北大又在学校东南角新建了中关新园留学生专家公寓园区,目前北大校内的留学生群体主要分布在这两个片区内,只是在空间上与校园整体仍处于一种割裂的状态。

可见,该聚居区是留学生服从高校统一安排而被动择居于校内宿舍的"社会型之留学生—被动聚居区",并表现出"多国籍留学生混居、高校统一管理、同其他校内人员区隔明显"等特征。

综上所述,不同类型的在华国际移民聚居区之间,往往在形成动因、演化过程和响应规律等方面存在诸多差异,并在我国各大城市展现出丰富而多元的特殊面貌。鉴于此,下文将聚焦本研究的案例城市——南京市,进一步挖掘南京市的在华国际移民聚居区的现实图景和演化规律。

3.2.3 南京市国际移民聚居区的基本概况

笔者以《南京市国际社区建设规划(2018—2025)》为依据,结合已公布的30个国际社区试点情况,发现南京市国际移民聚居区大致集中分布在9个片区(见图3-19)。经实地走访和踏勘,对比3.2.1节"在华国际移民聚居区的基本概况"中的类型划分,发现南京市的经济型国际移民聚居空间包括派驻员工—被动聚居区、国际人才—主动聚居区两类,而社会型国际移民聚居空间则包括留学生—主动聚居区和留学生—被动聚居区两类。因此,本研究将聚焦于南京的下述4类社区,并从中遴选典型样本展开"融合—响应"的实证分析。

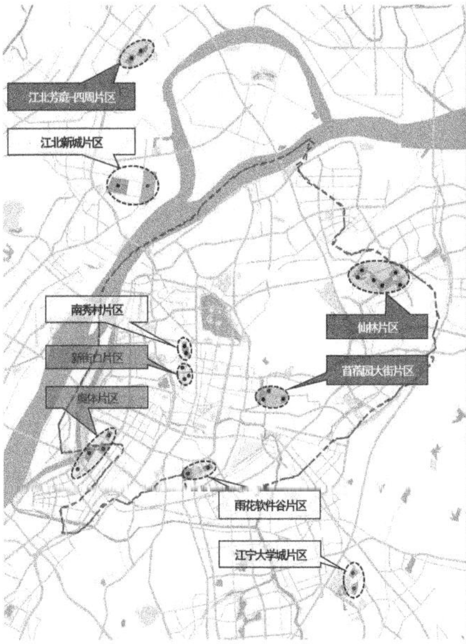

类型	片区名称	形成动因	所含聚居区	小区类型	国际移民基本属性		
					人口规模/人	人口构成	人口国籍
类型一、经济型之派驻员工—被动聚居区	首殖园大街片区	经济开发区韩国企业入驻,为派驻员工安排住房	银城东苑	多层+高层住宅	200	外企派驻员工、外籍专家、高校教师、留学生等	韩国为主
			梅花山庄		100		
			月牙湖花园		60		
	仙林片区	经济开发区派驻员工集体性迁入,仙林大学城高校留学生校外租居	亚东城	高层住宅	1200	外企派驻员工、留学生、外籍教师等	韩国为主
			东方天郡		800		
			依云溪谷	别墅	100	外企高管	
			仙鹤山庄	别墅+多层住宅	100	外企高管、高校外籍专家	日韩、欧美
			听泉山庄		50		
			金陵家天下	别墅	50		
	江北芳庭—四周片区	南京化工园区外企聚集	芳庭社区	高层住宅	20	外企派驻员工、外籍工人	非洲、欧美
			四周社区		30		
类型二、经济型之国际人才—主动聚居区	新街口片区	新街口地区外企办事处聚集	金鹰国际花园	酒店式公寓	200	企业高管及员工、外籍专家、教师	欧美、日韩、东南亚等
			王府花园		200		
			五台山花园		100		
	雨花软件谷片区	雨花软件谷吸引国际人才	花神庙社区	多层+高层住宅	100	企业高管、外籍专家等	欧美、日韩、东南亚等
			翠竹园社区		100		
	奥体片区	建邺区大力吸引外企入驻,引进国际人才就业和居住	盛捷青奥城社区	酒店式公寓	160	企业高管、外籍教师等	欧美、日韩、东南亚等
			江湾城	高层住宅	20		
			融侨社区		100		
			奥体社区		100		
类型三、社会型之留学生—主动聚居区	南秀村片区	南大、师大、河海大学等高校留学生校外租居	南秀村社区	老旧小区	200	留学生、高校外籍教师、企业员工等	东南亚、日韩、欧美、非洲等
			青岛路社区		100		
	江宁大学城片区	大学城高校留学生校外租居	景枫加州城、东方龙湖湾等	别墅+高层	300	留学生、高校外籍教师	欧美、东南亚等
	江北新城片区	江北大学区留学生校外租居	威尼斯水城、天润城等	高层住宅	100	留学生、高校外籍教师、企业员工等	东南亚、非洲等

图 3-19 南京市主要国际移民聚居区的分布及其概况(类型一、类型二和类型三)

* 资料来源:笔者根据南京市民政局. 南京市国际社区建设规划(2018—2025)[Z]. 南京:南京市人民政府,2018;课题组关于南京市在华国际移民聚居区的抽样调研数据(2022)改绘.
* 底图来源:百度地图 https://map.baidu.com.

(1) 类型一:经济型之派驻员工—被动聚居区

改革开放以来,由于南京经济开发区、江北新区等国家级产业园区的陆续建设,吸引了大批以韩国企业为主的外企入驻,其派驻员工也由此迁入南京,并相继衍生出首蓿园大街片区、仙林片区、江北新城片区等多地的派驻员工—被动聚居区。

1992—2015年南京经济开发区规划并建成,LG、夏普、西门子等跨国企业相继入区,南京迎来了第一批企业派驻员工的规模性迁入。由于银城东苑、梅花山庄等社区环境较好、配套齐全,且通勤便利,大部分派驻员工便由企业统一安排居住在此,于是催生了首蓿园大街片区的国际移民聚居区,且规模日益壮大,到2015年时已有2 000余名外国人在此居住。2015年以来,随着仙林地区大批高档社区和商业设施的逐步成熟,部分外企考虑到仙林一带的通勤更为便利,便由首蓿园大街片区统一搬迁至此,新派驻的员工和高管大多也直接安排在此居住,于是仙林国际移民聚居区开始萌生并逐渐壮大,与此同时首蓿园大街的国际移民聚居区却呈此消彼长之势;其后随着江北新区的设立与发展,相继成立的化工产业园区、半导体产业基地也吸引了大批外企,于是周边的芳庭社区、四方社区由于有外企派驻员工的入住而逐渐形成了小规模的江北新区国际移民聚居区。

总体而言,南京的经济型派驻员工—被动聚居区主要分布在首蓿园大街片区(见图3-20)、仙林片区和江北新城片区。目前属仙林片区的规模最大,且呈上升之势;而首蓿园大街片区由于移民的逐步外迁,聚居区逐渐走向衰落;江北新区则起步较晚,目前规模尚小。

银城东苑小区正门　　小区内韩国超市　　小区内中、英、韩三国语言标识

图3-20　首蓿园大街片区银城东苑小区实景照片

* 资料来源:笔者自摄。

(2) 类型二:经济型之国际人才—主动聚居区

2000年以来,为了加快国际化都市的建设进程,南京市政府相继出台了许多国际人才的引进政策,各大企业也为国际人才的安家落户提供了保障。由此吸引而来的国际人才大多自发聚居于新街口片区、雨花软件谷片区和奥体片区,并形成了多个国际人才—主动聚居区。

改革开放以来,新街口地区一直是南京商务活动最为聚集的区域,跨国企业的南京办事处、外国商人的公司等也大多开设于此。因此,南京最早的一批国际移民往往会租居于新街口地区的金鹰国际花园、王府国际花园等高档酒店式公寓。2010年以来，雨花软件谷的成立同样吸引了华为、中兴等大批高科技企业，企业引进的高端国际人才也开始在周边的翠竹园等小区聚居。无独有偶，建邺区作为国际社区建设的先行区，也陆续建立了青奥社区等国际化设施齐备的新社区，不仅配备了全省首家进入社区、具有签证权的一站式服务中心，还设立了社区国际文化交流中心并提供"双语"服务。再加上政府、开发商的大力宣传，目前已有大批引进国际人才自发择居于此，从而使奥体片区的国际移民聚居区得以形成和发展。

总体而言，南京的经济型之国际人才—主动聚居区主要分布在新街口片区（见图3-21）、雨花软件谷片区和奥体片区。目前，奥体片区的规模最大，且人员构成也最为多元；雨花软件谷因周边企业引进的国际人才聚集而形成了相对稳定的聚居区；新街口片区则凭借无可替代的地理区位，近年来一直保持着稳定的国际移民聚居形态。

金鹰国际花园大门

小区户外景观

图3-21　新街口片区金鹰国际花园实景照片
* 资料来源：笔者自摄。

（3）类型三：社会型之留学生—主动聚居区

改革开放以来，南京各大高校开始面向海外招收国际留学生，且近十年在规模上有持续而显著的增长。但由于校内留学生公寓的各种限制，后来有越来越多的来华留学生选择租居校外，加之留学生群体对于高校的强依附性，使得这类社区更易于在高校集中的地区聚居，进而在南秀村片区、江宁大学城片区和江北新城片区均自然形成了多片社会型之留学生—主动聚居区[①]。

2000年以前，南京的高校主要集中在主城区内，其中南京大学、东南大学和南京师范大学三所高校所招收的国际留学生规模最大，因此在其周边的南秀村片区也形成了南京最早的留学生校外聚居区；2000年以来，随着大学城的建立以及主城区内高校的逐步外迁，留学生开始在大学城内部和周边的社区中聚集，不仅在江宁大学城周边的加州城、东方龙湖湾等社区出现了一定规模的留学生聚居区，而且在浦口大学城周边的江北新城片区也形成了小规模的留学生聚居区，与此同时，主城区内南秀村片区的留学生聚居现象仍在持续。

总体而言，南京的社会型之留学生—主动聚居区主要分布在南秀村片区、江宁大学城

---

① 在仙林大学城附近虽也产生了留学生聚居现象，但由于该片区外企派驻人员的规模更大，故本书已将仙林片区作为经济型之派驻员工被动聚居区的代表性样本展开分析。

片区(见图 3-22)和江北新城片区,聚居区的规模与周边高校的留学生招收规模、管理模式等密切相关。目前属南秀村片区的规模最大,江宁大学城片区次之,江北新城片区的规模最小。

小区独栋别墅　　　　　　　　　　　小区中心景观

图 3-22　江宁大学城片区加州城小区实景照片

* 资料来源:笔者自摄。

（4）类型四:社会型之留学生—被动聚居区

目前,南京招收国际留学生的全日制本科院校共有 17 所,其规模在 2017 年时已达到 15 000 余人。在日渐扩张的留学生群体中,确实有不少留学生接受了学校统一安排,居住在校内的留学生公寓(宿舍),加之高校对留学生群体的统一管理,从而促生了这类相对独立的留学生—被动聚居区(见图 3-23)。

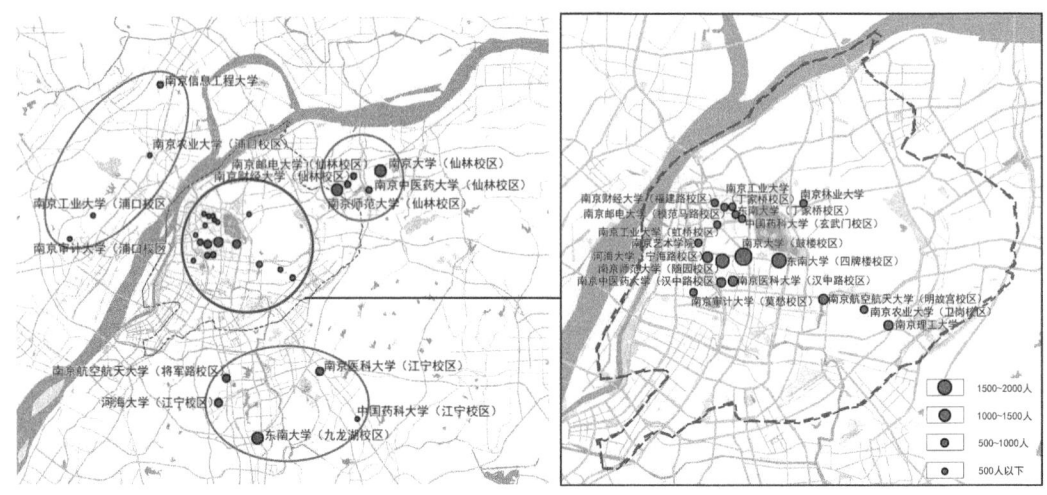

图 3-23　南京市高校的空间分布及其留学生规模(类型四)

* 资料来源:南京市各大高校官网的留学生数据;课题组关于南京市在华国际移民聚居区的抽样调研数据(2022)。
* 底图来源:百度地图 https://map.baidu.com。

2000 年以前,南京市各高校招收的留学生数量还相对有限,一般会将他们同外国专家一起安排在校内宾馆或是专家楼,这便在居住空间上把留学生群体与中国学生分隔了开来,同时高校还会为留学生制定单独的管理办法;2000 年以来,随着留学生规模的不断扩大,高校开始为之兴建单独的留学生公寓,同时为留学生配备独立的学习、休闲设施及空间,而留学生也需遵守和其他学生基本相同的高校住宿管理办法。

总体而言,南京市的留学生—被动聚居区主要分布在各大高校内部,在城市内的分布与高校布点基本保持一致,且由高校各自统一进行管理。因此,其居住空间与校外社区基本处于隔离状态,但购物、休闲等活动空间会在一定程度上外溢至周边社区乃至城市空间内。

综上所述,南京市的经济型国际移民聚居空间主要衍生出派驻员工—被动聚居区和国际人才—主动聚居区两种形式,而社会型国际移民聚居空间则衍生出留学生—主动聚居区和留学生—被动聚居区两种形式。因此,下文将在样本遴选上全面覆盖上述两类国际移民聚居空间(经济型国际移民聚居空间和社会型国际移民聚居空间)的四个细分类型,并从中选择规模较大、数据便于采集的聚居区作为研究对象,以此制定本书实证部分的总体研究思路。

3.3 总体研究思路

3.3.1 样本遴选

(1) 遴选原则

其一,社区类型多元:覆盖四类典型的国际移民聚居区。前文将在华国际移民聚居区归纳为六种类型,而南京的国际移民聚居区主要包括:派驻员工—被动聚居区、国际人才—主动聚居区、留学生—主动聚居区、留学生—被动聚居区四类,且各自在形成动因、人员构成、演化过程等方面千差万别。因此,本研究将针对每一类社区各选1个典型样本展开进一步的实证分析,以此来比较分析不同类型国际移民聚居区的"融合"特征与"响应"规律。

其二,聚居规模限定:选择国际移民聚居规模较大的样本。对于外籍员工来讲,往往倾向于追求高品质的生活质量和便利高效的交通条件,因此南京的外籍员工多在外企聚集的产业园区周边高档小区或是服务水平较高的国际化社区(酒店公寓)聚居;而对于留学生来讲,高校统一提供的留学生公寓内聚居规模最大,其次是大学集中分布地区的周边社区。因此,本研究将从产业园区周边社区、国际化社区、高校周边社区以及高校留学生公寓中,进一步限定和遴选研究样本。

其三,数据采集可行:优选数据获取渠道更为畅通的样本。在上述备选的国际移民聚居区中,部分社区(高校)由于门禁管制严格,一手资料的获取相对困难;还有一些高档别墅区和酒店公寓的管理者,会拒绝透露与社区发展状况相关的各类信息;同时由于新冠疫情的影响,郊区大学城内的高校大多实行封闭式管理,而主城区内的高校因分区式布局而管理相对灵活……因此基于前述原则,本次研究优先选择便于调查研究工作顺利展开的社区,以更全面、完整地了解社区的"融合"与"响应"规律。

(2) 遴选结果

综合以上遴选原则,笔者在对仙林片区、青奥片区、南秀村片区、江宁大学城片区等近十个片区、20余处社区进行初步访查的基础上,最终遴选出4例国际移民聚居区的典型样本,分别是亚东城社区、盛捷青奥国际社区、南秀村社区和东南大学成园研究生公寓。据此,对其整体概况初步梳理如下(见表3-2)。

表3-2 国际移民聚居区样本概况①

社区名称	亚东城	盛捷青奥国际社区	南秀村社区	东南大学成园研究生公寓
类型	派驻员工—被动聚居区	国际人才—主动聚居区	留学生—主动聚居区	留学生—被动聚居区
性质	商品房住宅小区	高档酒店式公寓	老旧小区	高校内部留学生公寓
行政区划	栖霞区—仙林街道	建邺区—双闸街道—青奥社区	鼓楼区—湖南路街道	玄武区—新街口街道—成贤街社区
区位及范围				
建成年代	2007年	2016年	1980年	2000年
社区规模	面积:29 hm²;户数:3708户;常住人口:11 000人	面积:公寓套间平均156 m²;公寓套数:204套;可容纳:1 428人	面积:15 hm²;户数:2 415户;常住人口:7 250人	面积:公寓套间平均16 m²;公寓套数:120套;可容纳:240人
外籍人口情况 数量	1 200人	160人	200人	150人
外籍人口情况 职业	外企派驻员工及家属、外籍教师、留学生等	企业高管、外籍专家、高校外籍教师等	学历学生(本科生、研究生)、短期交流学生、高校外籍教师、企业员工等	学历学生(本科生、研究生)、短期交流学生
外籍人口情况 国籍	以韩国为主,兼有欧洲、美国等	欧美、日韩、东南亚等	东南亚、日韩、欧美、非洲等	东南亚、南亚、非洲等
房源价格	售均价40 000元/m²;租金3 000~8 000元/月	租金25 000元/月	租金3 000~6 000元/月	住宿费11 000~15 000元/年
实景照片				

*资料来源:表中租金水平来源:安居客 https://nanjing.anjuke.com/.
*图片来源:笔者自摄、自绘。

另需要说明的是,以社区为聚居单元的样本(亚东城和南秀村社区)和以公寓为聚居单

---

① 为避免短期突发事件对研究的干扰,本研究统计数据皆为2019年底新冠疫情暴发之前的回溯数据。

元的样本(盛捷青奥国际社区和东南大学成园留学生公寓)在先天条件上存在着较大的规模差异。因此,在确定研究范围的拓展空间时,通过对国际移民实际活动空间的实地观察和访谈,确定亚东城和南秀村社区可拓展到所在街道或片区范围,而盛捷青奥国际社区和东南大学成园留学生公寓则拓展到所在社区范围为宜。

3.3.2 研究范围

本研究的空间范围主要包括两个层次。

第一层次:核心空间。选取四个具有代表性的国际移民聚居区作为实证样本,分别为亚东城、盛捷青奥国际社区、南秀村社区和东南大学成园研究生公寓。本次实证研究将以移民聚居空间所在社区的管辖边界(公寓则为建筑楼栋与围合区域)作为核心空间,以此探究国际移民聚居区嵌入当地社区的"融合"规律。

第二层次:拓展空间。国际移民聚居区及其周边社区,以亚东城、盛捷青奥国际社区、南秀村社区和东南大学成园研究生公寓的管辖边界为基础(即核心空间范围),向外延伸至社区周边 500 m[①] 的范围,作为研究的拓展空间范围,便于更全面地把握周边社区因移民聚居空间嵌入而产生的多重"响应"(其中成园研究生公寓、青奥国际社区因本身为单栋建筑,实际规模有限,在空间图解方面采用不同于其他社区的方式,以建筑楼栋为圆心重点放大 500 m 半径范围内的区域)。

3.3.3 调研内容

本次研究就南京市国际移民的现状特征、聚居区五个维度(包括空间、经济、社会、制度和心理)的"融合"与"响应"内容进行问卷调查;通过实地观察,对上述现状特征、"融合"和"响应"角度下空间维度的客观信息进行补充调查;同时通过专题访谈,对上述"响应"角度需要回溯的社区动态演化情况进行补充调研,并了解国际移民的日常生活时空轨迹。以此作为国际移民聚居区分析的一手数据支撑,相关内容设计如下(见表 3-3):

(1)问卷内容设计

问卷统计的对象包括社区内的国际移民群体和社区及周边的中国居民两类,问卷结果分别为本书的实证章节,即第 4 章(特征:南京市国际移民聚居空间的现状属性)、第 5 章(经济型国际移民聚居空间的融合与响应:以南京外籍员工聚居区为例)和第 6 章(社会型国际移民聚居空间的融合与响应:以南京国际留学生聚居区为例)提供有效的数据支撑。

面向国际移民群体的调查问卷,主要用于南京市国际移民聚居空间的现状属性特征和融合规律的实证分析。

其中,针对第 4 章的问卷内容具体包括:其一,社会属性,包括国际移民的国籍、宗教、交

---

① 参考《城市居住区规划设计标准(GB 50180—2018)》中"十分钟生活圈居住区"的步行距离(500 m),作为本研究的拓展空间范围。

往对象、受教育程度和在宁身份；其二，经济属性，包括其收入水平、居住成本和消费水平；其三，空间属性，包括其择居动机、配套设施满意度、职（学）住关系（如就业/学地点、职/学住距离、出行方式等）。

而针对第5、第6章的问卷内容具体包括：其一，空间维度的融合情况，包括国际移民的居住面积和通勤距离；其二，经济维度的融合情况，包括其月收入、月花销、是否签订劳动合同（正规就业）、换工作频率和工作时长；其三，社会维度的融合情况，包括语言障碍、交往对象、是否向本地居民求助（信任度）、参与社区活动的意愿等；其四，制度维度的融合情况，包括移民办理业务的便利程度、五险等社保的缴纳情况；其五，心理维度的融合情况，包括移民对中国文化的认可度、对本地生活习惯的接纳度和感知的社会态度；其六，移民的融合程度，包括移民的个体留居意愿、家庭留居/迁入意愿，以及自我感觉市民化程度。

面向本地居民（包括社区居民、商业经营者、社区工作人员）的调查问卷，主要用于国际移民聚居空间社区响应的实证分析，所收集的是各个阶段的动态演化数据。具体内容包括：其一，空间维度的响应情况，指本地居民是否认为移民的迁入对物质空间（包括噪声、社区治安、卫生、公共空间等方面）产生负面影响；其二，经济维度的响应情况，包括国际移民消费比例变化、本地居民前往外国商铺消费比例变化等消费市场变动情况；其三，社会维度的响应情况，包括语言障碍、主动交往国际移民的意愿、交往强度变化、本地居民为国际移民提供帮助的意愿、中外交流活动组织频率及本地居民参与意愿的变迁等内容；其四，心理响应情况，包括生活习俗（外国饮食）接受度、文化（外国节日）接受度和能接受的社交亲密度等内容。

（2）观察内容设计

实地观察的内容设计主要是针对当前时间截面下四例样本的客观状态，做出专业观察和真实记录，并对问卷调查的一手数据进行补充。主要包括：其一，针对第4章南京市国际移民聚居空间的现状属性特征，补充调研国际移民聚居区的社区空间布局、配套设施布点及公共交通站点分布情况；其二，针对第5、第6章中南京市国际移民聚居空间的融合规律，补充调研聚居区及其周边社区的配套设施的类别和数量，以及其中异国特色设施的比例；其三，针对第5、第6章中南京市国际移民聚居空间的社区响应，进一步补充调研聚居区公共空间、景观风貌、国际化景观和公共服务设施布局（包括国际移民相关设施）情况。

（3）访谈内容设计

对国际移民管理部门工作人员、社区管理人员、本地商户和社区居民的访谈内容设计主要是针对第5、第6章中南京市国际移民聚居空间社区响应中的空间响应、经济响应和制度响应的变迁而展开，通过访谈重点了解以下几方面内容：其一，空间维度的响应情况，包括社区及周边物质空间的变化过程，主要指公共空间、景观风貌、国际化景观和公共服务设施的变迁情况；其二，经济维度的响应情况，社区及其周边经营活动的变化过程，主要包括业态构成变化、国际移民相关业态变化等；其三，制度维度的响应情况，主要包括移民政策、移民管理与服务的变迁等。

对国际移民的访谈内容设计则是要针对第4章（南京市国际移民聚居空间的现状属性特征），了解其一日内（24 h）从事居住、工作（学习）、购物、休闲等日常活动的行为轨迹（时间＋空间），描摹国际移民群体日常生活的时空特征，并归纳其日常生活时空模型。

表 3-3 调研方法及其调研内容设计

对应章节			调研内容	现状调研方法	回溯调研方法
第 4 章 南京市国际移民聚居空间的现状属性特征		社会属性	·国籍、宗教、社区联结（交往对象和内容等）、受教育程度和在宁身份	问卷统计Ⅰ	——
		经济属性	·收入水平、居住成本和消费水平	问卷统计Ⅰ	——
		空间属性	·择居动机、空间布局、设施配套、职(学)住关系，如就业(学)地点、职(学)住距离、出行方式	问卷统计Ⅰ、实地踏勘	——
		日常生活	·一日内(24 h)居住、工作(学习)、购物和休闲活动的行为轨迹	访谈(国际移民)	——
第 5、第 6 章中南京市国际移民聚居空间的"融合"部分	空间融合	居住	·居住面积	问卷统计Ⅰ、实地踏勘	——
		出行	·通勤距离 ·站点距离	问卷统计Ⅰ、实地踏勘	——
		配套设施	·配套设施类别和数量 ·异国设施比例	实地踏勘	——
	经济融合	收入消费水平	·月收入 ·月花销	问卷统计Ⅰ	——
		就业稳定性	·是否签订劳动合同(正规就业) ·换工作频率	问卷统计Ⅰ	——
		工作强度	·周平均工作时长	问卷统计Ⅰ	——
	社会融合	邻里交往	·语言障碍 ·与市民交往排序 ·对市民的信任度	问卷统计Ⅰ	——
		社区互动	·是否向本地居民求助(信任度) ·参与社区活动的意愿	问卷统计Ⅰ	——
	制度融合	移民管理	·移民办理业务的便利程度	问卷统计Ⅰ	——
		社保情况	·养老保险、医疗保险、工伤保险、失业保险、生育保险等五险的办理情况	问卷统计Ⅰ	——
	心理融合	文化认同	·对中国文化的认可度	问卷统计Ⅰ	——
		社会适应	·对本地生活习惯的接纳度 ·感知的社会态度	问卷统计Ⅰ	——
	融合程度		·个体留居意愿	问卷统计Ⅰ	——
			·家庭留居/迁入意愿	问卷统计Ⅰ	——
			·自我感觉市民化程度	问卷统计Ⅰ	——
第 5、6 章中南京市国际移民聚居空间的"响应"部分	空间响应	物质空间	·公共空间、景观风貌变迁 ·国际化景观变迁 ·噪声、治安、卫生(垃圾)、公共空间占用变化	实地踏勘	问卷统计Ⅱ、访谈(社区管理人员、社区居民)
		公共服务	·公共服务配套(包括国际移民相关设施配套)变迁	实地踏勘	访谈(社区管理人员、社区居民)、文献(百度地图 POI 数据)

(续表)

对应章节		调研内容	现状调研方法	回溯调研方法
第5、6章中南京市国际移民聚居空间的"响应"部分	经济响应 消费市场	·周边店铺中国际移民消费比例变化 ·本地居民前往外国商铺消费比例变化	问卷统计Ⅱ、实地踏勘	问卷统计Ⅱ、访谈(社区管理人员、本地商户)
	经济响应 业态	·业态构成变迁	实地踏勘	访谈(社区管理人员、本地商户)、文献(百度地图POI数据)
	社会响应 邻里交往	·语言障碍 ·主动交往意愿 ·交往强度变迁	问卷统计Ⅱ	问卷统计Ⅱ、访谈(社区居民)
	社会响应 社区互动	·本地居民为国际移民提供帮助的意愿 ·中外交流活动组织频率、本地居民参与意愿变迁	问卷统计Ⅱ、访谈(社区管理人员)	问卷统计Ⅱ、访谈(社区管理人员)
	制度响应 移民政策	·移民政策数量变迁	访谈(国际移民管理部门工作人员、社区管理人员);文献(移民管理部门官网)	
	制度响应 移民管理与服务	·移民管理部门、业务办理流程变迁	访谈(国际移民管理部门工作人员)、文献(移民管理部门官网)	
	心理响应 文化习俗接纳	·生活习俗(外国饮食)接受度 ·文化(外国节日)接受度	问卷统计Ⅱ	访谈(社区居民)
	心理响应 社会距离	·能接受的社交亲密度	问卷统计Ⅱ	访谈(社区居民)

* 注:问卷统计Ⅰ指针对国际移民群体的问卷,问卷统计Ⅱ指针对本地居民(包括社区居民、商业经营者、社区工作人员)的问卷。
* 资料来源:笔者自绘。

3.3.4 数据采集

(1)问卷数据收集

以南京市亚东城、盛捷青奥国际社区、南秀村社区和东南大学成园研究生公寓四个实证样本的国际移民、本地居民作为调研对象,问卷抽样遵循随机性原则,采用不等比例的分层抽样模式,并控制国际移民与本地居民的问卷量配比(5∶1左右);问卷发放则采取线下发放为主、线上发放为辅的方式,同时通过线上发放问卷来应对和弥补部分留学生因疫情原因未能返校的情况。

本次研究在2022年5～10月间共计发放问卷320份,有效回收问卷294份,其中包括亚东城131份(国际移民107份,本地居民24份)、盛捷青奥国际社区51份(国际移民42份,本地居民9份)、南秀村社区77份(国际移民59份,本地居民18份)、东南大学成园留学生公寓35份(国际移民30份,本地居民5份),问卷有效率约为91.88%,且国际移民的抽样率均超过5%,符合一般问卷调查的抽样要求。

(2)观察数据收集

以南京市亚东城、盛捷青奥国际社区、南秀村社区和东南大学成园研究生公寓四地作为实地调研对象,重点对当前时间截面下社区的物质空间状况进行观察和记录,现场拍摄照片63张,主要用以记录第4章中的国际移民聚居区社区空间布局、配套设施布点和公共交通站点分布情况,以及第5、第6章中的聚居区及其周边社区(包括异国特色设施)的配套设施的业态构成和空间布局情况。

(3) 访谈内容收集

以南京市亚东城、盛捷青奥国际社区、南秀村社区和东南大学成园研究生公寓四地的社区管理人员、本地商户、社区居民和国际移民作为质性访谈对象,共访谈36人,其中社区管理人员4人,本地商户8人,社区居民10人、国际移民14人;以南京市出入境管理部门、外事办、涉外服务协会、韩商会等国际移民相关管理服务部门的工作人员为访谈对象,共访谈5人(见表3-4)。

表3-4 各社区调研数据采集情况

样本名称	总人口/人	国际移民人数/人	问卷/份			访谈/人				移民管理部门工作人员
			总数	国际移民	本地居民	社区管理人员	本地商户	社区居民	国际移民	
亚东城	11 000	1 200	131	107	24	1	3	3	6	5
盛捷青奥国际社区	305	160	51	42	9	1	1	2	2	
南秀村社区	7 250	200	77	59	18	1	3	3	4	
东南大学成园研究生公寓	150	150	35	30	5	1	1	2	2	
合计	18 705	1 710	294	238	56	4	8	10	14	5

*资料来源:笔者自绘。

3.4 本章小结

本章首先概括了在华国际移民相关政策的变迁历程,并对在华国际移民的动态演化特征进行了大致分析;其次,在划分国际移民聚居区多元类型的基础上,结合典型案例进行了分析;最后,归纳和总结了南京市国际移民及其聚居区的演化历程和基本概况,阐述了选择其作为样本的理由,大体确立本研究的基本思路,为后续的实证分析提供了基本前提和认知背景。研究结论如下:

(1) 我国的国际移民政策体系逐步从"碎片、离散和严控"向"系统、规范和管服并重"迈进

我国相关政策表现为"紧中有松、人才导向"的发展特征,但该类政策适用于所有合法来华的外籍人士,我国目前并未提出针对在华国际移民的相关规定,这不利于中国国际移民治理与国际接轨,同时会限制优秀的国际人才的引进,此外,来源复杂的大量移民对当前的国家治理和社会治理水平也提出了挑战。因此,我国亟待建立和完善更现代化、系统化、规范化的国际移民管理制度。移民政策"人才导向"的趋势、政策阶段化、体系化特征,同时也为本书研究对象的选取和移民聚居空间融合与响应的阶段性演化提供了政策性依据和基础。

（2）在华移民规模呈现不断扩张的趋势，在我国各大城市形成了六类风貌多元的国际移民聚居区

改革开放以来，随着中国人才战略的不断升级，以及来华签证、居住程序的简化，来华国际移民在数量上增长较为迅速，并在来源国分布、性别与年龄结构、来华目的以及地理空间分布等方面表现出日益多元化的特征。在此基础上，我国各大城市形成了多样的国际移民聚居区风貌，这些聚居区可大致划分为六类：经济型国际移民聚居区中的派驻员工—被动聚居区、国际人才—主动聚居区、国际人才—被动聚居区和个体经商—主动聚居区四类，以及社会型国际移民聚居区中的留学生—主动聚居区和留学生—被动聚居区两类。

（3）南京市国际移民规模增长较为稳定，主要包括四类典型的国际移民聚居区

南京市国际移民的人口规模呈现由逐年上升到趋于稳定的态势，主要包括以外籍员工为主的经济型移民和以留学生为主的社会型移民两大群体，其中经济型移民主要形成了派驻员工—被动聚居区和国际人才—主动聚居区两种聚居形式，而社会型移民则主要是留学生群体主动和被动择居而形成的聚居区。

（4）通过多源方法获取南京市国际移民聚居区"融合—响应"的面板数据和纵贯数据

本次研究就国际移民聚居区的经济、空间、制度、社会、心理等方面的"融合"与"响应"内容进行问卷调查；通过实地观察，对上述"融合"角度的物质空间等客观信息进行补充调查；同时通过实地观察和专题访谈，对上述"响应"角度的商业经营情况、设施配套等客观信息，以及需要回溯的社区动态演化情况（人口构成、社区经济、物质空间、管理制度等）进行补充调研，并了解国际移民的日常生活时空轨迹。以此作为国际移民聚居区融合社区响应分析的一手数据支撑。

4 特征:南京市国际移民聚居空间的现状属性

本章以南京国际留学生聚居区(社会型国际移民聚居空间)与外籍员工聚居区(经济型国际移民聚居空间)为例,对国际移民聚居区的社会属性(包括国籍与宗教、社区联结、受教育程度、在宁身份等)、经济属性(包括收入水平、居住成本和消费水平等)和空间属性(包括择居动机、住房条件、设施配套和职/学住关系等)分别展开调研和实证分析,并在此基础上按照不同人群解析其日常生活的时空轨迹。

4.1 社会属性解析

本节聚焦社会型国际移民聚居空间(以国际留学生聚居区为代表)与经济型国际移民聚居空间(以外籍员工聚居区为代表),对南京市四类国际移民聚居区样本进行实证研究,对其国籍与宗教、社区联结、受教育程度、在宁身份等社会属性展开分析,归纳国际移民聚居区社会属性的总体特征,并对比分析四类国际移民聚居区样本之间的差异性特征,在此基础上进一步展开动因剖析。

4.1.1 国籍与宗教构成解析

(1) 国籍与宗教构成的总体特征

从总体上看,南京市四类国际移民聚居区样本在国籍与宗教构成上呈现出"国籍构成多元化,主要来源于韩国、欧美、'一带一路'沿线国家,超过半数移民具有差异化的宗教信仰,且与其国家背景关联密切"的特征,具体表现为:在宗教构成上,55.67%的国际移民具有宗教信仰,其中信仰伊斯兰教(24.53%)和基督教(18.87%)的占比最高,也有少数移民信仰佛教、天主教及其他宗教(如美国黑人教会、泛神教等)(见图4-1);在国籍和宗教的关联上,不同洲际移民的宗教信仰差异较大,以日韩为主的东亚地区宗教信徒比较少(25.00%),以巴基斯坦为主的南亚地区多信仰伊斯兰教,东南亚地区则以佛教和基督教为主,中亚和西亚、非洲等移民多信仰伊斯兰教和基督教,而欧洲、北美洲和大洋洲的大部分移民没有宗教信

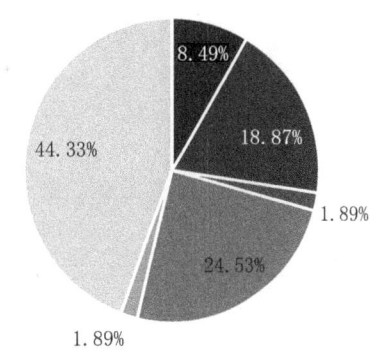

图4-1 国际移民聚居区人口的宗教构成
＊资料来源:笔者自绘。

仰,其他移民的宗教信仰则呈现出多元化和差异化特征(见图4-2);在国籍构成上,南京市国际移民聚居区样本的居民主要来自30多个国家,其中韩国人规模最大(16.04%),其后依次是巴基斯坦(13.21%)、美国(9.43%)、德国(6.60%)和英国(4.72%),总体上多来源于韩国、欧美以及"一带一路"沿线国家,也有部分移民来自非洲国家(见图4-3)。

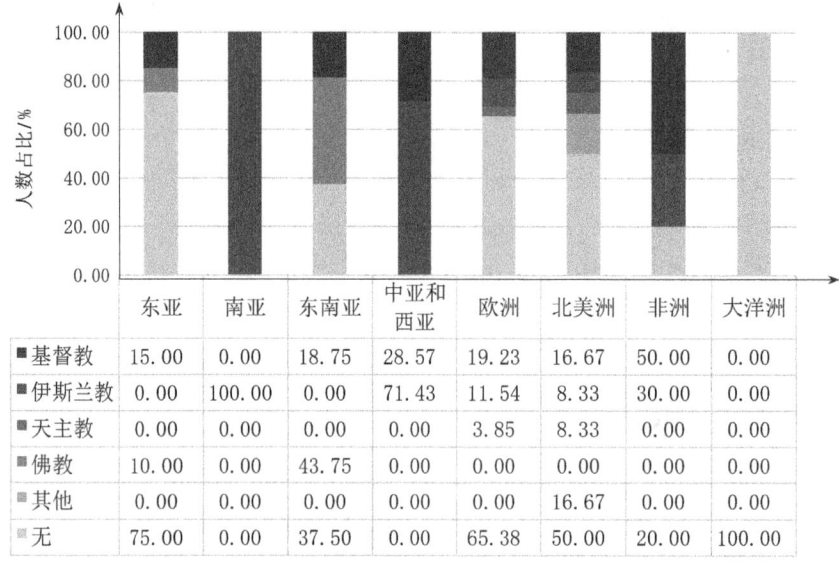

图4-2 国际移民聚居区人口的国籍和宗教关联

* 资料来源:课题组关于南京市在华国际移民聚居区的抽样调研数据(2022)。

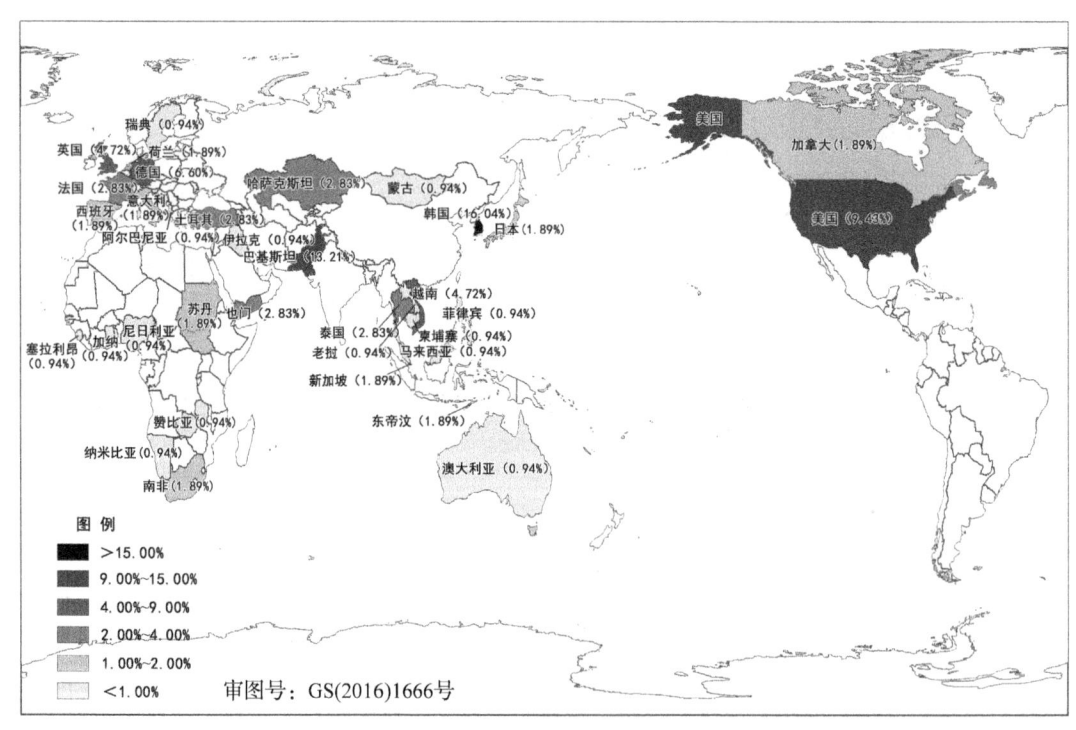

图4-3 国际移民聚居区人口的国籍构成

* 资料来源:课题组关于南京市在华国际移民聚居区的抽样调研数据(2022)。

（2）国籍与宗教构成的样本差异

从样本差异上看,四类国际移民聚居区样本在国籍与宗教构成上呈现出以下特征:社会型之留学生—被动聚居区的移民多源于"一带一路"沿线和发展中国家,以信奉伊斯兰教为主;社会型之留学生—主动聚居区的移民则多来自亚洲和欧美发达国家,宗教构成较为多元;经济型之派驻员工—被动聚居区的移民多来自发达国家,宗教构成同样较为多元,且超过半数无宗教信仰;经济型之国际人才—主动聚居区也多来自发达国家,但绝大部分无宗教信仰(见表4-1)。

表4-1　各类国际移民聚居区人口的国籍与宗教构成

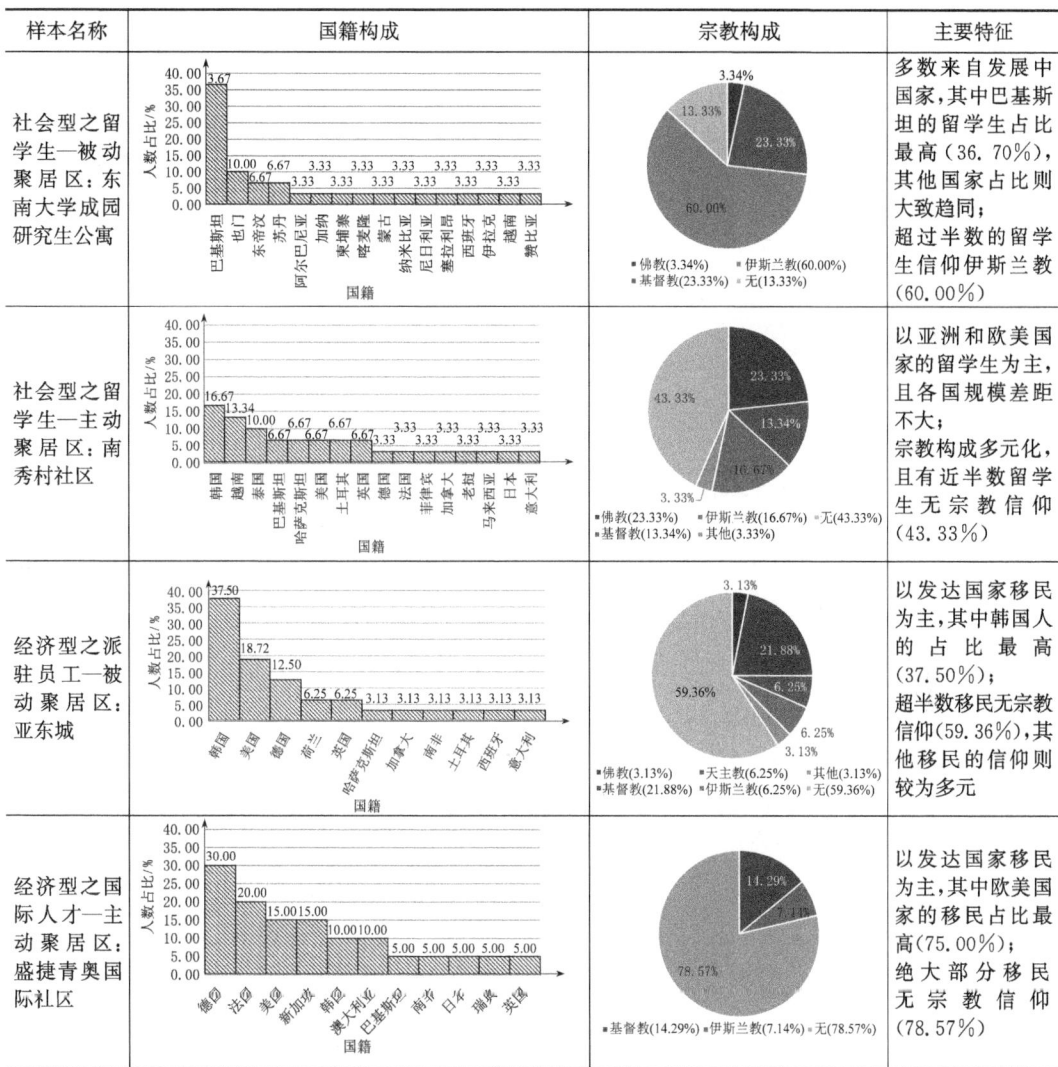

* 资料来源:课题组关于南京市在华国际移民聚居区的抽样调研数据(2022)。

（3）动因剖析

从四类国际移民聚居区国籍与宗教构成的总体特征来看,其国籍构成的多元化与宗教信仰的差异化,主要源于国家和地方相关引才政策的提出、国际化产业园区及其配套设施的建设和移民自身文化背景的反映。

其一,国家和地方相关引才政策的提出。近年来,国家和地方政府相继出台了一系列吸引留学生、外国人才来华就学、就业的政策(见表4-2),并重点推动海外高层次人才引进计划。其中,"一带一路"沿线国家来华留学的教育战略就招收了大量该地区的留学生,而"海外高端人才引进计划"更是吸引了不少欧美发达国家的人才来华就业。

其二,国际化产业园区及其配套设施的建设。南京市为了建设具有全球影响力的创新名城、"一带一路"交汇点的重要枢纽城市,自1990年代末起便开始陆续建设国际化的产业园区,并着力引进外资企业入驻,目前已汇聚了来自韩国、欧美等十几个国家的数百家外企(见表4-2),其结果就是:大量企业的外籍员工由此被派驻至南京,从而形成了多元国籍的移民聚居局面。

其三,移民自身文化背景的反映。移民的宗教信仰同来源国家和地区的文化背景密切相关,像西亚、中亚和南亚地区的人就因临近伊斯兰教圣地而多为穆斯林,而佛教盛行的东南亚移民以佛教信徒为多,当然也有一些来自发达国家的移民由于接受了先进的科学教育和多元思潮观念而不信奉宗教。

表4-2　与国际移民相关的引才政策及国际产业园区概况

动因		具体内容
相关引才政策	国家政策	•国际留学生政策:《留学中国计划》(2010)、《推进共建"一带一路"教育行动》(2016)、《学校招收和培养国际学生管理办法》(2017)、《来华留学生高等教育质量规范(试行)》(2018)、《教育部关于规范我高等学校接受国际学生有关工作的通知》(2020)等 •外籍员工政策:《中华人民共和国外国人永久居留管理条例》(2004)、《中央人才工作协调小组关于实施海外高层次人才引进计划的意见》(2008)、《引进海外高层次人才暂行办法》(2008)、《关于为海外高层次人才提供相应工作条件的若干规定》(2008)、《外国人在中国就业管理规定》(2017)等
	地方政策	•国际留学生政策:各大高校出台的《来华留学研究生学籍管理的有关规定》、《留学生奖学金申请和评定管理办法》等 •外籍员工政策:《关于建设具有全球影响力创新名城的若干政策措施》(2018)、《关于优秀外籍高校毕业生来宁就业创业办理工作许可的通知》(2018)、《南京市345海外高层次人才引进计划》(2018)等
南京市国际产业园	产业园区	•国家级:江宁经济技术开发区(1992)、南京经济技术开发区(1992)、南京高新技术产业开发区(1988)、南京化学工业园区(2001)、南京栖霞经济开发区(2002) •省级:江苏南京生态科技岛经济开发区(2012)、南京浦口经济开发区(2010)、南京雨花经济开发区(2006)、南京江宁滨江经济开发区(2003)、南京六合经济开发区(1993)、江苏溧水经济开发区(1993)、江苏高淳经济开发区(2001)、南京徐庄高新技术产业开发区(2017)、南京白下高新技术产业园区(2001)、南京国家农业高新技术产业示范区(2009)、江苏省高淳高新技术产业开发区(2016)、江苏省麒麟高新技术产业开发区(2017)
	引进外企	•福特汽车工程研究(南京)有限公司、南京菲亚特汽车有限公司、博世汽车部件(南京)有限公司、舍弗勒(南京)有限公司等 •南京LG新港显示有限公司、南京夏普电子有限公司、乐金显示(南京)有限公司、东洋电子(南京)有限公司、幸星(南京)数码有限公司、仕达利恩(南京)光电有限公司等 •可隆特种纺织品(南京)有限公司、南京宝日钢丝制品有限公司、扬子石化巴斯夫有限责任公司、蓝星安迪苏南京有限公司等

＊资料来源:笔者根据相关资料自绘。

4.1.2 社区联结解析

(1) 社区联结的总体特征

从总体上看,南京市四类国际移民聚居区样本在社区联结①方面分别呈现出人员构成同质性由强到弱、联结内容和对象由多元交互到单一表层、社会资本从强到弱的三种梯度化特征,形成了复合纽带联结型、单一纽带联结型和无纽带联结型三种原型。从主导纽带关系的强弱和差异来看,南京市的国际移民聚居区可以分为以下三类原型:

其一,复合纽带联结型聚居区。移民之间原本就具有相似的就业(学)经历,因雇佣方的统一安排或是自主选择而聚居到一起,彼此之间具有天然的业缘②式纽带联系;同时又因为外企(高校)中有不少来自同一国家的员工(学生)而在原有的业缘上叠合了一层地缘纽带,从而在小范围的居住单元产生了更为紧密的复合式联结。该类聚居区的人员构成从社区整体到小范围的居住单元呈现出同质性逐渐增强的趋势,居民之间除了工作(学业)往来之外,还借助地缘纽带产生了较为密切的日常交往,逐渐促成了社会资本积累的良性循环,社区凝聚力也由此得以增强。

其二,单一纽带联结型聚居区。移民虽同样因就业(学)关联而聚居于此,但鲜有来自同一国家移民的地缘式联结和加持,因此相较复合纽带联结型社区而言,其源于单一纽带(以业缘为主)联结而积累的社会资本相对有限。该类聚居区的人员构成表现为有限的同质性,居民之间以工作(学业)往来为主,只衍生出了较为浅层的日常交往,仍然具有一定的社区凝聚力,但是社会资本沉淀的过程比较缓慢。

其三,无纽带联结型聚居区。移民通常被居住区位、社区品质等外部有利因素吸引而主动择居于此,在国籍、身份等社会属性上存在较大分异,相较前两类聚居区而言,其并没有直接而广泛的内在纽带联系,社会资本较为薄弱了。该类聚居区的人员构成表现出明显的异质性,居民之间几乎是各自为政的"陌生人",缺乏必要的社会资本和凝聚力(见表4-3)。

表 4-3 国际移民聚居区的社区联结特征分异原型

联结特征	复合纽带联结型	单一纽带联结型	无纽带联结型
主导纽带关系	整体以业缘为主,居住单元内往往还叠加了地缘纽带	整体和居住单元内均以业缘纽带为主	无
人员构成	从整体到单元内人员同质性逐渐增强	整体和单元内均为有限同质性	整体和单元内均为异质性
联结内容	整体包括工作(学业)往来、日常交往;单元内以工作(学业)往来和日常交往为主	整体包括工作(学业)往来、日常交往;单元内以工作(学业)往来和日常交往为主	整体和单元内均缺乏基本的联结内容
社会资本	强	中	弱
适用范围	主动择居聚居区;被动择居聚居区	被动择居聚居区	主动择居聚居区

* 资料来源:课题组关于南京市在华国际移民聚居区的抽样调研数据(2022)。

---

① 社会联结是社区内部成员间通过调整人际关系与社会活动来达成的一种互动状态。
② 业缘是人们由职业或行业的活动需要而结成的人际关系,如师生关系、同窗关系、同事关系、战友关系、买卖关系、消费关系、阶级关系和事业关系等。

(2) 社区联结的样本差异

从样本差异上看,四类国际移民聚居区样本在社区联结上呈现出以下特征:社会型之留学生—被动聚居区以单一纽带联结型为主,而社会型之留学生—主动聚居区和经济型之派驻员工—被动聚居区以复合纽带联结型为主,经济型之国际人才—主动聚居区则以无纽带联结型为主(见表4-4)。

表4-4 各类国际移民聚居区的社区联结

样本名称	联结机制	主要特征
社会型之留学生—被动聚居区:东南大学成园研究生公寓	单一纽带联结型	该聚居区的居民均为同一高校的留学生,彼此间建立了明确的业缘式纽带联系,在更小范围的居住单元内并未叠合地缘等其他纽带联系(仅7.25%的留学生有机会与同一国家留学生同住,因此社区仅由单一的纽带联结)。 在业缘纽带的先天性影响下,留学生在身份上确有一定的同质性;但由于来源国及其文化背景的不同,彼此之间的同质性又十分有限,留学生之间的学业往来较为密切,同时兼有一定的日常交往。 总体而言,该聚居区由于单一业缘纽带的联结,在社会资本的积累上比较缓慢,社区的整体凝聚力一般。
社会型之留学生—主动聚居区:南秀村社区	复合纽带联结型Ⅰ	该聚居区由高校留学生构成(南京大学72.24%,南京师范大学20.31%,河海大学7.45%),具有天然的业缘纽带;与此同时,在更小范围的居住单元内往往还叠合了不同的地缘纽带(73.80%的留学生主动选择与同一国家留学生聚居,从而表现为复合的纽带联结方式)。 在业缘+地缘纽带的复合影响下,居住单元内人员构成的同质性要强于社区整体;留学生整体上以学业往来为主,在居住单元内的日常交往则更为密切。 总体而言,由于该聚居区在业缘纽带之上又叠加了地缘式联结,这种复合联结方式不但促进了社会资本的不断积累,还形成了较强的社区凝聚力
经济型之派驻员工—被动聚居区:亚东城	复合纽带联结型Ⅱ	该聚居区主要由外企派驻员工构成(67.33%移民来自南京经济开发区内的LG、夏普等外企),具有较为广泛的业缘式联结;在此基础上,还有不少来自同一国家的移民实现了地缘与业缘的社区叠合(比如有37.50%的员工均来自韩国,从而使社区拥有复合的纽带联结方式)。 在业缘+地缘纽带的复合影响下,居住单元内人员构成的同质性要强于社区整体;外籍员工整体上以工作往来为主,在居住单元内的日常交往则更为密切。 总体而言,该聚居区同上述样本社区类似,业缘和地缘纽带的叠合催生了强有力的社会资本与社区凝聚力
经济型之国际人才—主动聚居区:盛捷青奥国际社区	无纽带联结型	该聚居区的移民通常是被居住区位、社区品质等外部利因素吸引而主动择居于此,但他们的就业类型、来源国均不同,属于无纽带联结的"陌生人"社区。 社区在人员构成上表现出较强的异质性,居民间也缺乏基本的工作往来和日常交往。 总体而言,该聚居区由于缺乏明显的纽带联结,不仅社会资本难以沉淀,社区的整体凝聚力也很薄弱

* 资料来源:课题组关于南京市在华国际移民聚居区的抽样调研数据(2022)。

(3) 动因剖析

从四类国际移民聚居区社区联结的总体特征来看,其之所以会建立起人员构成同质性由强到弱、联结内容和对象由多元交互到单一表层、社会资本从强到弱的三种梯度化原型,主要源于传统纽带的建立与延续与否、人口流动的加剧与否。

其一,传统纽带的建立与延续与否。传统纽带联结通常代表的是关系网络下人与人之间稳固的共同体意识,既包括相同文化背景和自然社会环境下所产生的地域性认同(地缘纽带),也包括相同职业、专业互动所产生的身份认同(业缘纽带)。牢固的传统纽带一般是社区形成"命运共同体"和保持团结有序的必要前提和有力支撑,并会通过国际移民之间不同联结方式的建立和交织而分化和生成三类原型:其中复合纽带联结型聚居区拥有多种传统纽带,不管是本身职业身份相似、存在工作联系的派驻员工聚居区,还是因相同就学经历而主动聚居的留学生聚居区,其本质上都是传统纽带在异国他乡的一种顽强延伸,等于是为移民提供了一个在"类乡土关系"保护下生产协助和生活互动的熟人社会,因而具有很强的内在联结性和外在适应性;而无纽带联结型聚居区是移民受社区区位、服务质量、环境品质等外部因素吸引而做出个体化偶然选择的集合式呈现,缺少传统纽带和熟人社会的作用,导致社区联结性与内聚性的薄弱;与此同时,还有不少聚居区属于单一纽带联结型,其社区联结介于前二者之间。可见,正是传统纽带在异地的差异化延伸造成了社区联结上的现实分异。

其二,人口流动的加剧与否。从理论上来说,人口流动性强的社区难以稳定地积累起强有力的社会资本,从而导致社区联结和凝聚力上的相对薄弱。尤其是全球化背景下,跨国人口的频繁流动更是加剧了社会分化。其中无纽带联结型聚居区正是由于人口的流动性更强,且移民之间在思想观念、文化背景、经济收入、社会地位、生活方式等方面的千差万别,而在严重的社区分化下表现出弱联结的社区状态;复合纽带联结型聚居区反而因为移民之间较为牢固的社会纽带发挥了整合和聚合的积极作用,才使得社区人口趋于稳定和常住,并催生出强关联的社区状态;而单一纽带联结型聚居区则介于前两者之间。可见,人口流动的复杂性衍生出了社区差异化的联结状态。

【访谈记录】

居住于成园研究生公寓的A同学:"我来自纳米比亚,平时与同公寓的其他留学生来往还是比较多的,同学院的同学交流会更多,主要是交流学习内容、打听学校事务和日常交往,我的朋友有来自巴基斯坦、也门、越南等国家的同学。"

居住于南秀村的B同学:"我是南京大学的一名韩国留学生,目前和同国同学一起租住在南秀村,我认识的不少同学都住在南秀村,但我平时主要是和韩国朋友来往(有的是一起过来留学的朋友,有的是来中国后认识的同学),因为我们的兴趣爱好、饮食习惯一致,语言交流也没有障碍(我的英语不是很好)。"

居住于亚东城的C先生:"我来自韩国,目前就职于新港开发区的一家韩企,在社区内只认识同一个企业的同事,我们每天会一起坐班车上下班。其实这个小区有不少韩国人居住,我的太太就在平时健身、接送孩子时结交了不少韩国朋友。"

> 居住于盛捷青奥国际社区的 D 女士：我来自德国，目前在国际学校从事管理工作。由于工作比较忙，下班后只想安静地享受家庭生活，平时跟社区内的居民几乎没有来往，甚至都不认识。社区有时会组织一些联谊活动，但我基本不参加，只是偶尔会因为家电维修等与公寓管理人员产生交集。

4.1.3 受教育程度解析

（1）受教育程度的总体特征

从总体上看，南京市四类国际移民聚居区样本在受教育程度上呈现出"学历普遍较高，超过九成移民拥有本科及以上学历"的特征。在接受调查的国际移民中，拥有本科及以上学历的占比达 97.17%，远超我国的平均受高等教育水平（15.43%）[①]，其中拥有硕士学历的移民占比最高（48.11%），其次是本科学历（31.13%），而拥有博士学历的移民占比为 17.93%；除此之外，个别

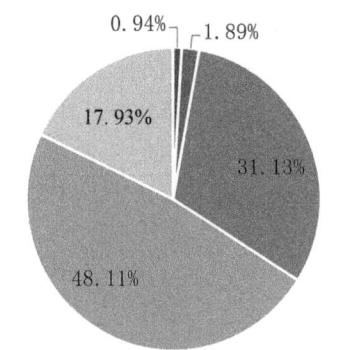

图 4-4 国际移民聚居区人口的受教育程度

*资料来源：课题组关于南京市在华国际移民聚居区的抽样调研数据（2022）。

专科和高中及以下学历的移民则多属于外籍员工的随迁家属（见图 4-4）。

（2）受教育程度的样本差异

从样本差异上看，四类国际移民聚居区样本在受教育程度上呈现出"社会型之留学生—被动聚居区的移民多为在读硕士和博士研究生；社会型之留学生—主动聚居区的移民则多为在读本科和硕士研究生；经济型之派驻员工—被动聚居区的移民大多具有本科及以上学历，而部分随迁家属学历偏低；经济型之国际人才—主动聚居区则全部具有本科及以上学历"的特征（见表 4-5）。

表 4-5 各类国际移民聚居区人口的受教育程度

样本名称	受教育程度	主要特征
社会型之留学生—被动聚居区：东南大学成园研究生公寓	本科(10.00%) 硕士(50.00%) 博士(40.00%)	绝大部分留学生正在接受研究生阶段的教育，其中一半攻读硕士研究生，40.00%攻读博士研究生，仅有 10.00% 的留学生在此接受本科阶段教育
社会型之留学生—主动聚居区：南秀村社区	本科(26.67%) 硕士(60.00%) 博士(13.33%)	攻读硕士研究生的留学生占比最高（60.00%），其次是攻读本科的留学生（26.67%），而攻读博士研究生的占比相对较低（13.33%）

---

① 国家统计局国务院第七次全国人口普查领导小组办公室.第七次全国人口普查公报（第六号）.2021 年 5 月 11 日。

(续表)

样本名称	受教育程度	主要特征
经济型之派驻员工—被动聚居区:亚东城	高中及以下(3.12%) 专科(6.25%) 本科(50.00%) 硕士(34.38%) 博士(6.25%)	拥有本科学历的移民占比最高(50.00%),其次是硕士学历(34.38%),而博士学历的占比相对较低(6.25%);但同时也有个别移民的随迁家属仅为专科(6.25%)和高中及以下学历(3.12%)
经济型之国际人才—主动聚居区:盛捷青奥国际社区	本科(42.86%) 硕士(50.00%) 博士(7.14%)	全部拥有本科及以上学历,其中硕士学历的移民最多(50.00%),本科学历的移民也高达42.86%,还有7.14%的移民拥有博士学历

* 资料来源:课题组关于南京市在华国际移民聚居区的抽样调研数据(2022)。

(3) 动因剖析

从四类国际移民聚居区受教育程度的总体特征来看,其呈现出高学历占比高、远超我国平均水平的特征,这主要源于国际留学生来华提升学历的诉求和大型企业用人门槛的要求。

其一,国际留学生来华提升学历的诉求。从2018年教育部公布的来华留学生类别(见图4-5)可以看出,一半以上的留学生来华是为了接受学历教育和提升自身学历,而其中三成以上是硕博研究生,这也在客观上提升了国际留学生聚居区的整体受教育程度和文化素质。

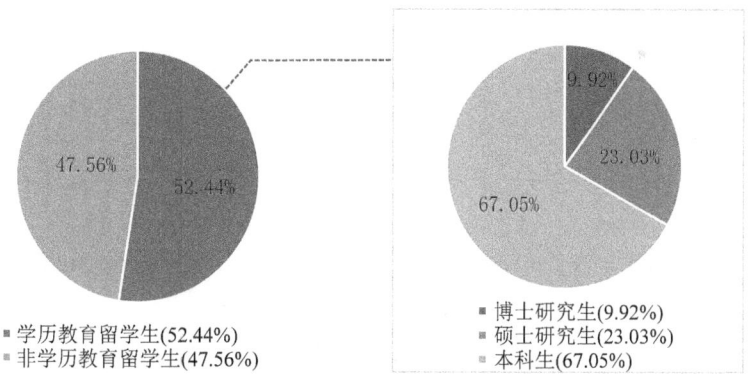

图4-5 来华国际留学生的类别统计

* 资料来源:2018年来华留学统计. 教育部官方网站 http://www.moe.gov.cn/jyb_xwfb/gzdt_gzdt/s5987/201904/t20190412_377692.html.

其二,大型企业用人门槛的要求。一方面,南京市知名外企(如LG、夏普、福特等)的派驻员工大多为管理人员和专业技术人员,而企业当初在招聘员工时对该类岗位往往设置了较高的学历要求和教育门槛;另一方面,高新技术企业和科研院所重点青睐和引进的更是高学历甚至顶尖级的国际人才,因此外籍员工总体上也呈现出了高学历扎堆、聚居区整体受教育程度居高不下的特点(除了少数无业的随迁家属)。

4.1.4 在宁身份解析

(1) 在宁身份的总体特征

从总体上看,南京市四类国际移民聚居区样本的在宁身份呈现出"以求学和就业为目的获得在宁身份,其中来华求学的留学生以攻读学位学生为主,来华就业的外籍员工则身份相对多元和高端,且主要以来源国公司派遣、本地单位合同聘任、自主创业和人才引进为主"的特征。从在宁身份上看,主要包括来华求学的国际留学生和来华就业的外籍员工两个大类。来华求学的国际留学生以攻读学位的学生为主(42.45%),也有极少数来华是为了短期交流或进修(0.94%);而来华就业的外籍员工绝大多数为专业技术人员(18.87%)、教育与科研从业者(14.15%)和企业管理人员(11.32%),也有少数商业经营者(3.77%)和自由职业者(2.84%),除此之外还有一些无业的随迁家属(5.66%)。其中,仅仅就外籍员工的就业渠道而言,由来源国公司派遣而来的派驻员工占比最高(43.18%),其次是本地单位的合同聘任(25.00%)、人才引进(13.64%)和自主创业人员(13.64%),临时就业人员则非常之少(4.54%)(见图4-6),而且主要流向外商投资单位、股份有限公司和国有单位。

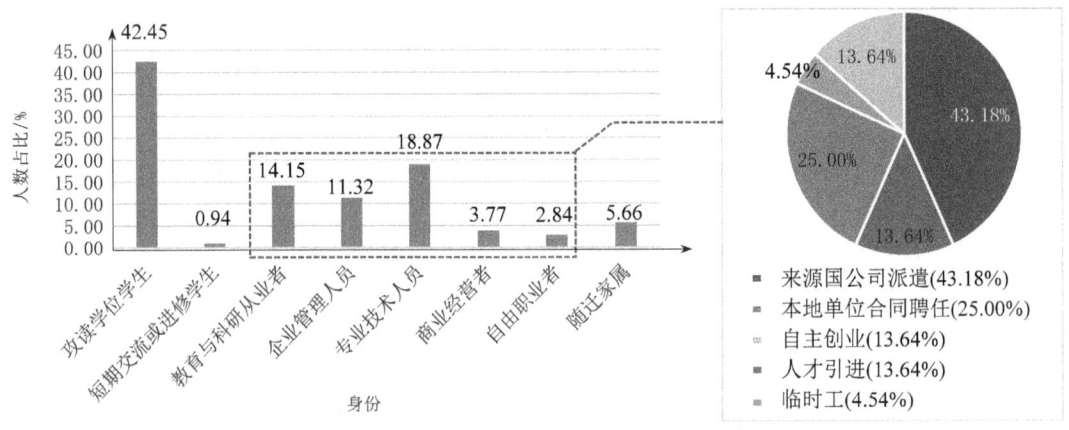

图4-6 国际移民聚居区人口的在宁身份及就业渠道

*资料来源:课题组关于南京市在华国际移民聚居区的抽样调研数据(2022)。

(2) 在宁身份的样本差异

从样本差异上看,四类国际移民聚居区样本的在宁身份呈现出以下特征:社会型之留学生—被动聚居区的移民大部分为攻读学位学生,其中少数兼职做临时工和自主创业;社会型之留学生—主动聚居区的移民则以攻读学位学生为主,少数兼顾自主创业;经济型之派驻员工—被动聚居区的移民的在宁身份相对多元化,且以来源国公司派遣的外籍员工为主;经济型之国际人才—主动聚居区的移民则包括专业技术人员、企业管理人员和教育与科研从业者,且来源国公司派遣和本地聘任(包括人才引进和本地单位合同聘任)的占比相当(见表4-6)。

表 4-6 各类国际移民聚居区人口的在宁身份及就业渠道

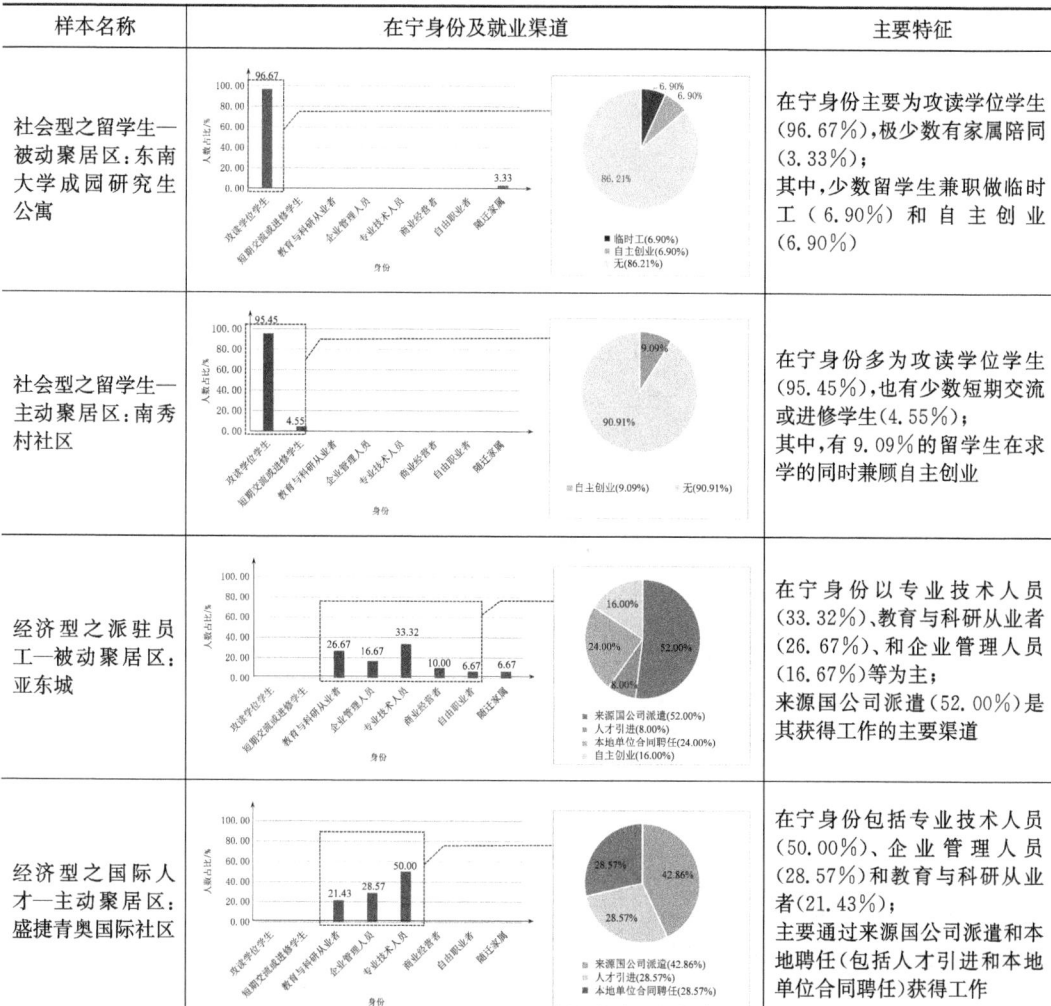

* 资料来源：课题组关于南京市在华国际移民聚居区的抽样调研数据(2022)。

(3) 动因剖析

从四类国际移民聚居区在宁身份的总体特征来看，其呈现出国际留学生以攻读学位为主和外籍员工以多元化、高端化就业为主的特征，这主要源于社区定位的选择、居住地与就学/就业地地理关联的影响以及我国外国人就业制度的限定。

其一，社区定位的选择。聚居区的社区载体不仅对国际移民的身份有所限定（像高校留学生公寓就只为本校留学生提供居所），还会因国际化和高端化的定位而吸引特定身份的移民入住，比如盛捷青奥国际社区的定位就是专门为高层次国际移民提供居住的国际服务公寓，以其专业化和国际化的服务水平吸引了众多高端国际人才。

其二，居住地与就学/就业地地理关联的影响。校外择居的国际留学生群体更偏向租居于所在高校的周边，因而高校周边更容易形成以国际留学生为主的国际移民聚居区；同样，在国际产业园区和高端商务区周边也更容易形成以专业技术人员、企业管理人员为主的国际移民聚居区（见图 4-7）。

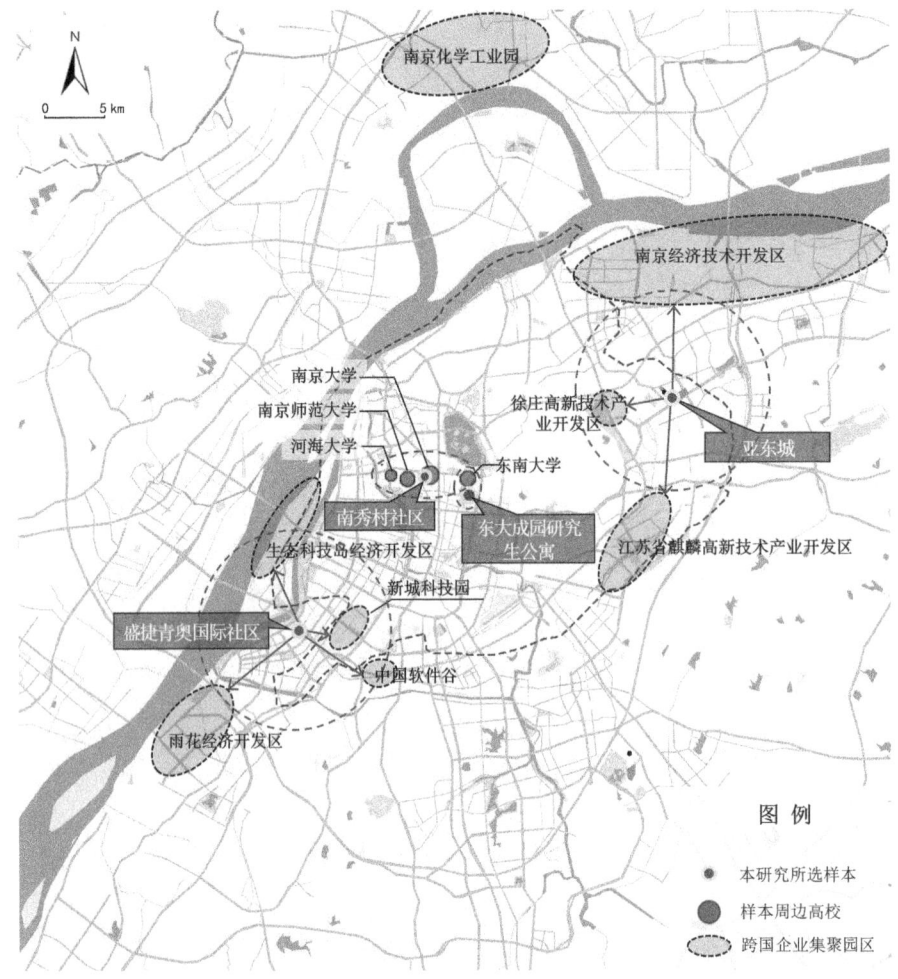

图 4-7 南京国际移民聚居区样本及其就学/就业地的空间布局

* 资料来源：课题组关于南京市在华国际移民聚居区的抽样调研数据(2022)。

其三，我国外国人就业制度的限定。一方面，我国针对外国专家、国际人才等高端群体制定和出台了一系列的优惠优待政策，也确实吸引了大批外国精英人士来华就业；但另一方面，我国也规定外国人工作许可签证的申请需要以正规企事业单位签订的就业合同为前提，这也在一定程度上限制了商业经营者、自由职业者及其他非正规就业的国际移民规模。

【访谈记录】

居住于盛捷青奥国际社区的 E 先生："我目前在南京伊顿国际学校从事管理工作，盛捷青奥国际社区临近我的工作地点，而且我以前在北京工作时就住在该品牌旗下的公寓，来南京后我依然选择了该社区，因为它是专门接待我们外国人的，在居住条件、设施配套和服务水平等方面都令我满意。"

居住于南秀村的 F 同学："我目前在南京大学攻读硕士研究生，为了方便去学校上课和科研，所以租了南秀村的房子，在此居住的外国人大部分是周边南京大学、南京师范大学和河海大学的留学生，当然也有一些外籍教师和在新街口工作的外国人。"

4.2 经济属性解析

本节聚焦社会型国际移民聚居空间(以国际留学生聚居区为代表)与经济型国际移民聚居空间(以外籍员工聚居区为代表),对南京市四类国际移民聚居区样本进行实证研究,对其收入水平、居住成本、消费水平等经济属性展开分析,归纳国际移民聚居区经济属性的总体特征,并对比分析四类国际移民聚居区样本之间的差异性特征,在此基础上进一步展开动因剖析。

4.2.1 收入水平解析

(1) 收入水平的总体特征

从总体上看,南京市四类国际移民聚居区样本在收入水平上呈现出"高收入和低收入因群体差异而呈现两极分化状态[外籍员工月收入以 30 000 元以上为主,国际留学生的各类收入则介于 2 000(不含)~10 000(含)元之间],但二者均远高于国内对应人群收入水平"的特征。在接受调查的国际移民中,外籍员工和国际留学生两类群体差距较大,外籍员工的月收入以 50 000 元以上的占比为最高(22.68%),其次是 30 000(不含)~50 000(含)元(18.96%),远远超过了江苏省城镇非私营单位就业人员的平均工资水平(约 9 594 元)[①];而国际留学生月收入统计的是其父母支付的生活费、奖学金资助、自主创业和打工所得等,以 2 000(不含)~5 000(含)元的占比为最高(26.20%),其次是 5 000(不含)~10 000(含)元(14.63%)和低于等于 2 000 元(6.19%),也有少数国际的留学生的月均收入在 10 000(不含)~30 000(含)元(2.06%),总体上同样远高于南京市大学生的月均可支配生活费(1 954 元)(见图 4-8)。

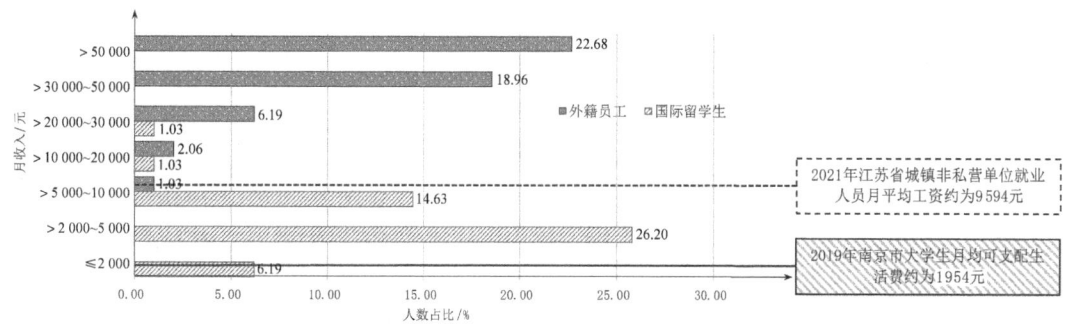

图 4-8 国际移民聚居区人口的月平均收入及江苏省平均收入水平

* 资料来源:课题组关于南京市在华国际移民聚居区的抽样调研数据(2022);国家统计局.中国统计年鉴 2022[M].北京:中国统计出版社,2022;2019 大学生消费报告 https://www.yangtse.com/content/722862.html.

---

① 数据来源:国家统计局.中国统计年鉴 2022[M].北京:中国统计出版社,2022.其中城镇非私营单位包括国有单位、城镇集体单位、股份合作单位、联营单位、有限责任公司、股份有限公司、港澳台商投资单位、外商投资单位等。根据本研究的研究对象国际移民(尤其是外籍员工)主要是来自外商投资单位、股份有限公司和国有单位,基本上都属于上述"城镇非私营单位"的范畴,采信此收入数据具有可参照性。

(2) 收入水平的样本差异

从样本差异上看,四类国际移民聚居区样本在收入水平上呈现出"社会型之留学生—被动聚居区的收入水平总体不高,主要集中于 2 000(不含)~5 000(含)元;社会型之留学生—主动聚居区的月收入则主要集中于 2 000(不含)~10 000(含)元;经济型之派驻员工—被动聚居区的月收入以 30 000(不含)~50 000(含)元及 50 000 元以上的占比为最高;经济型国际人才—主动聚居区则以 50 000 元以上的高收入群体的占比为最高"的特征(见表 4-7)。

表 4-7 各类国际移民聚居区人口的收入水平

样本名称	收入水平	主要特征
社会型之留学生—被动聚居区:东南大学成园研究生公寓	>50 000: ; >30 000~50 000: ; >20 000~30 000: ; >10 000~20 000: ; >5 000~10 000: 10.00; >2 000~5 000: 66.67; ≤2 000: 23.33	月平均收入在 2 000(不含)~5 000(含)元的留学生占比最高(66.67%),低于等于 2 000 元和 5 000(不含)~10 000(含)元的留学生各占 23.33%和 10.00%
社会型之留学生—主动聚居区:南秀村社区	>50 000: ; >30 000~50 000: ; >20 000~30 000: 3.23; >10 000~20 000: 3.23; >5 000~10 000: 48.37; >2 000~5 000: 41.94; ≤2 000: 3.23	月平均收入在 5 000(不含)~10 000(含)元的留学生占比最高(48.37%),其次是 2 000(不含)~5 000(含)元(41.94%),而月收入在 2 000 元及以下、10 000(不含)~20 000(含)元和 20 000(不含)~30 000(含)元的留学生各占 3.23%
经济型之派驻员工—被动聚居区:亚东城	>50 000: 42.43; >30 000~50 000: 36.36; >20 000~30 000: 12.12; >10 000~20 000: 6.06; >5 000~10 000: 3.03; >2 000~5 000: ; ≤2 000:	月平均收入在 50 000 元以上的移民占比最高(42.43%),其次是 30 000(不含)~50 000(含)元(36.36%),还有少数移民的月收入介于 20 000(不含)~30 000(含)元(12.12%)、10 000(不含)~20 000(含)元(6.06%)和 5 000(不含)~10 000(含)元(3.03%)之间
经济型之国际人才—主动聚居区:盛捷青奥国际社区	>50 000: 57.14; >30 000~50 000: 28.57; >20 000~30 000: 14.29; >10 000~20 000: ; >5 000~10 000: ; >2 000~5 000: ; ≤2 000:	月平均收入在 50 000 元以上的移民占比最高(57.14%),其次是 30 000(不含)~50 000(含)元(28.57%)和 20 000~30 000(含)元(14.29%)的移民占比

* 资料来源:课题组关于南京市在华国际移民聚居区的抽样调研数据(2022)。

(3) 动因剖析

从四类国际移民聚居区收入水平的总体特征来看,其平均月收入高于国内同类水平,且呈现出高收入和低收入移民两极分化的特征,这主要源于来华国际留学生奖助体系的支撑和外企薪资待遇的优势。

其一,来华国际留学生奖助体系的支撑。从教育部颁布的来华留学生政府奖学金资助标准中可以看出(见图4-9),国际留学生的奖学金月均可达5 000~8 000元,由高校按月发放并用于资助其学费、住宿费、生活费、综合医疗保险费和国际旅费,这样的资助标准明显高于国内学生的平均水平,但依然远低于在宁就业的外籍员工。

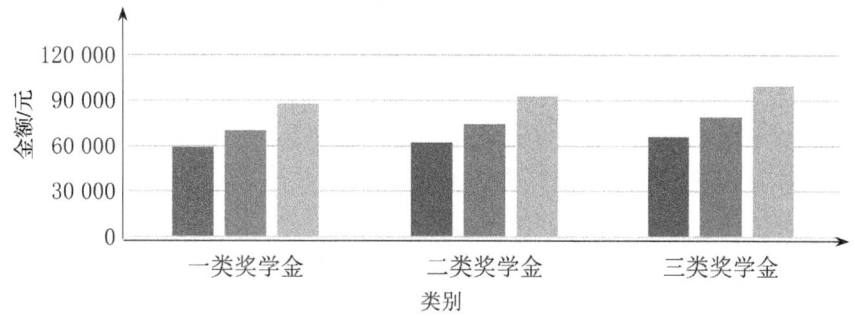

注:一类奖学金包括哲学、经济学、法学、教育学、文学(除文艺类外)、历史学、管理学;二类奖学金包括理学、工学、农学;三类奖学金包括:文学(文艺类)、医学。

图4-9 来华留学生政府奖学金的资助标准

* 资料来源:教育部关于"我国提高来华留学生政府奖学金资助标准"的通知 http://www.moe.gov.cn/jyb_xwfb/s5147/201501/t20150122_183255.html。

其二,外企薪资待遇的优势。2020年《财富》世界500强企业高管的最新薪酬数据显示,在信息技术、电子器件、生物医药、汽车制造等薪资标准较高的产业中,外企高管年薪可达中企高管的十倍以上[①],而在宁外企也涵盖了上述高薪行业(见图4-10);与此同时,相关研究也表明在华外企中的外籍员工的平均年薪(56 305美元)也远高于中国员工(29 580美元)[②]。由此可见,南京市外籍员工的高收入主要还是得益于外企本身较为优厚的薪资体系。

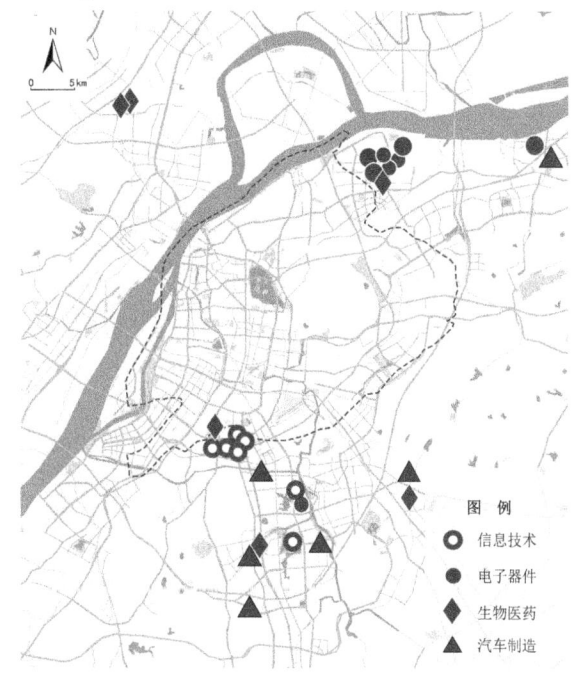

图4-10 南京高薪外企的空间分布

* 资料来源:笔者根据江苏省商务厅的全省外资企业数据信息自绘。

---

① 新闻报道:中外世界500强高管收入比拼,中企高管年薪普遍低于外企 http://www.cneo.com.cn/article-384-1.html。

② 周二华,李晓艳. 在华跨国企业中外员工薪酬差异的实证研究:基于相对剥夺理论[J]. 管理评论,2011,23(10):91-101.

4.2.2 居住成本解析

(1) 居住成本的总体特征

从总体上看,南京市四类国际移民聚居区样本在居住成本上呈现出"以自付房租和雇佣方支付房租为主的多种支付方式并存、高租金区段比例高于南京市平均水平、租金水平的群体差异较大(外籍员工房租远高于区平均水平,而国际留学生房租则低于区平均水平)[①]"的特征。在支付方式上,自付房租的移民占比最高(51.71%),其次是雇佣方支付房租(31.97%)的形式,还有12.56%是留学生自付学生公寓的住宿费,购房的移民则占比较少(3.76%)(见图4-11)。在月租金水平分布区间上,2 000元及以下主要为学生公寓的住宿费,月租金在2 000(不含)~5 000(含)元区段的移民占比远低于南京市平均水平,而5 000元租金以上的各区段移民占比均高于南京市平均水平,这也说明国际移民的总体居住成本要高于迁入地的平均水平(见图4-12)。在月租金水平群体分异上,外籍员工样本的月租金是所在区平均租金水平的2倍多(亚东城外籍员工平均月租金为6 922元,是栖霞区平均月租金的2.53倍;盛捷青奥国际社区外籍员工平均月租金为11 500元,是鼓楼区平均月租金的3.51倍),而留学生样本的月租金则低于所在区平均租金水平(东大成园研究生公寓平均月租金为1 000元,是玄武区平均月租金的0.30倍;南秀村社区留学生平均月租金为3 166元,是鼓楼区平均月租金的0.97倍)(见图4-13)。

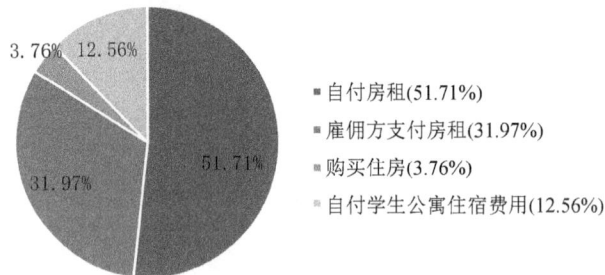

图4-11 国际移民聚居区人口居住成本的支付方式

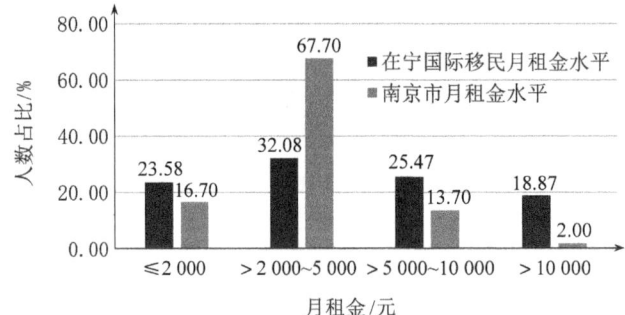

图4-12 国际移民聚居区月租金和南京市的月租金水平的分布区间

* 资料来源:课题组关于南京市在华国际移民聚居区的抽样调研数据(2022)。

---

① 南京市平均月租金水平是指南京市住房租赁市场中房源成交月租金在各租金段的分布情况。将国际移民住房的月租金情况与之对比,分析说明国际移民这一特殊群体愿意为住房付出更高的成本。相关资料来源:我爱我家南京研究院关于"南京住房租赁市场租金水平(2022)"的调查 https://www.sohu.com/a/602174964_121345025。

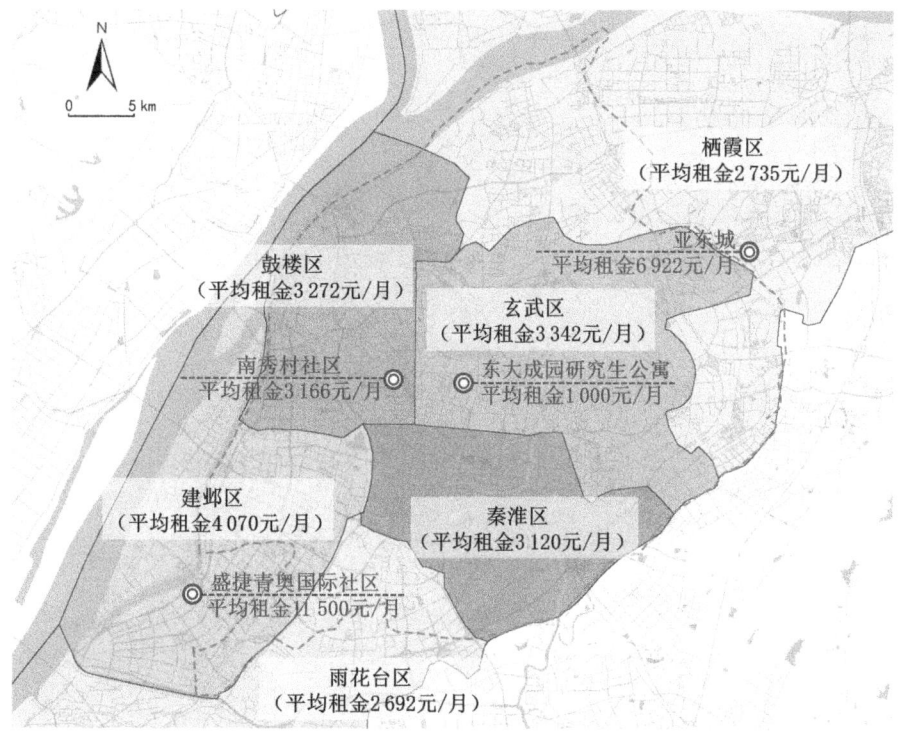

图 4-13　国际移民聚居区和南京各区的月租金水平

*资料来源：课题组关于南京市在华国际移民聚居区的抽样调研数据(2022)；我爱我家南京研究院关于"南京住房租赁市场租金水平(2022)"的调查。

(2) 居住成本的样本差异

从样本差异上看，四类国际移民聚居区样本在居住成本上呈现出以下特征：社会型之留学生—被动聚居区移民的月租金均低于等于 2 000 元，符合留学生公寓的租金水平；社会型之留学生—主动聚居区移民的月租金多集中在 5 000 元以下，各区间占比也与社区月租金分布基本相符，且合租现象较多；经济型之派驻员工—被动聚居区移民在高租金区间的占比明显高于社区月租金；经济型之国际人才—主动聚居区移民的月租金则大多在 10 000 元以上，且符合社区的平均月租金水平(见表 4-8)。

表 4-8　各类国际移民聚居区人口的居住成本

样本名称	居住成本	主要特征
社会型之留学生—被动聚居区：东南大学成园研究生公寓		月租金均在 2 000 元以下，符合成园留学生公寓的月租金标准

(续表)

样本名称	居住成本	主要特征
社会型之留学生—主动聚居区：南秀村社区	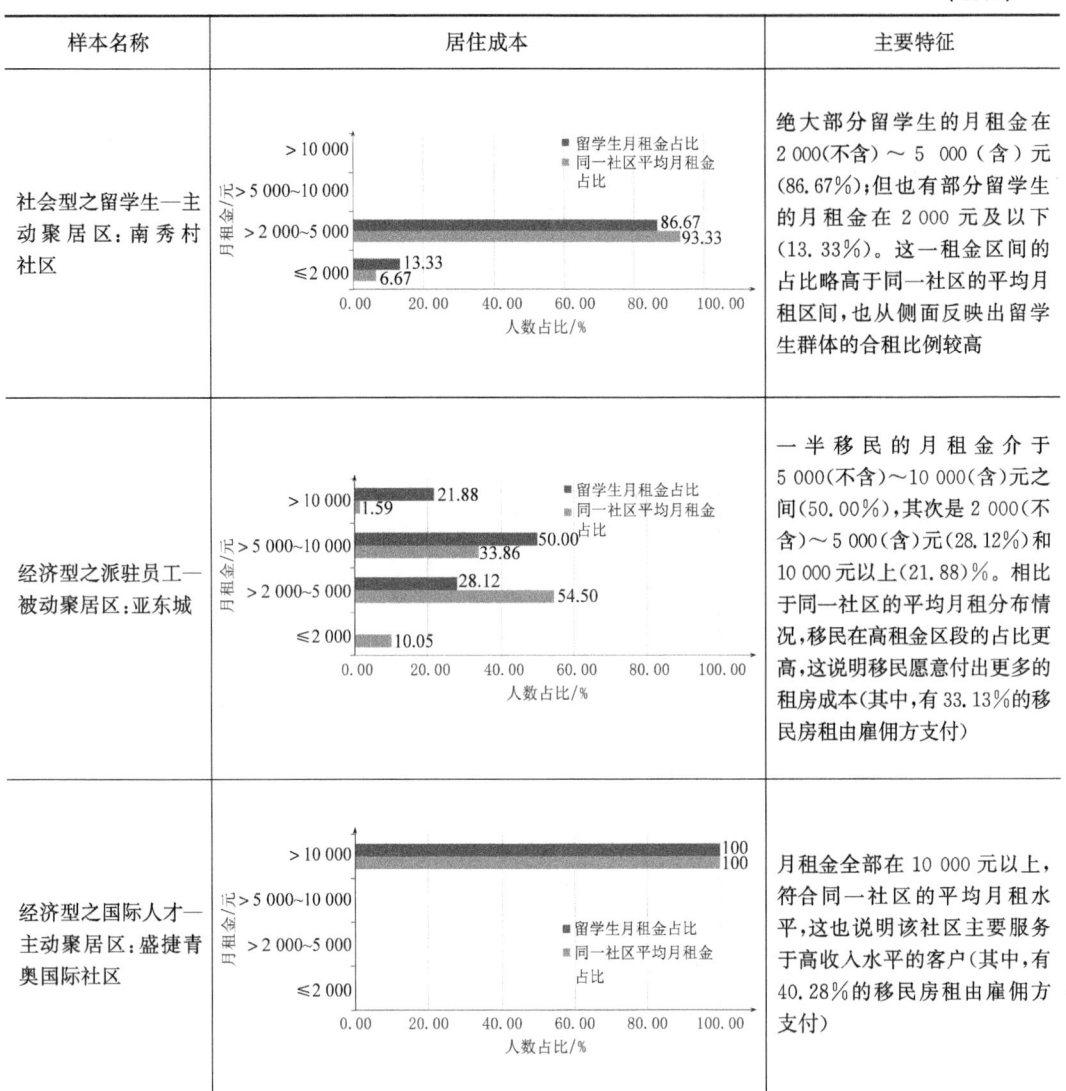	绝大部分留学生的月租金在2 000(不含)～5 000(含)元(86.67%)；但也有部分留学生的月租金在2 000元及以下(13.33%)。这一租金区间的占比略高于同一社区的平均月租区间，也从侧面反映出留学生群体的合租比例较高
经济型之派驻员工—被动聚居区：亚东城		一半移民的月租金介于5 000(不含)～10 000(含)元之间(50.00%)，其次是2 000(不含)～5 000(含)元(28.12%)和10 000元以上(21.88)%。相比于同一社区的平均月租分布情况，移民在高租金区段的占比更高，这说明移民愿意付出更多的租房成本(其中，有33.13%的移民房租由雇佣方支付)
经济型之国际人才—主动聚居区：盛捷青奥国际社区		月租金全部在10 000元以上，符合同一社区的平均月租水平，这也说明该社区主要服务于高收入水平的客户(其中，有40.28%的移民房租由雇佣方支付)

* 资料来源：课题组关于南京市在华国际移民聚居区的抽样调研数据(2022)；贝壳网相关社区房源的月租金情况 https://nj.zu.ke.com/zufang/；南京盛捷青奥国际社区官网的租金情况 https://www.ascottchina.com/serviceDetail.aspx? id=145。

（3）动因剖析

从四类国际移民聚居区居住成本的总体特征来看，呈现出以自付房租和雇佣方支付房租为主的多种支付方式并存、高租金比例高于南京市平均水平的特征，这主要源于外企派驻制度（留学生管理）的规定以及国际移民对住房条件的高要求。

其一，外企派驻制度（留学生管理）的规定。外企通常会同派驻员工签订一定期限的劳务合同并统一安排其在华住房，因此该类移民多抱有较强的"过客心理"，而选择租房作为临时居所；同样道理，来华留学生攻读学位也具有一定的时限性，因此临时择居校内和租房的比例也较高。

其二，国际移民对住房条件的高要求。不同于国内大城市"漂一族"选择更小的居住空间来减少生活成本的做法，来自发达国家的外籍员工大都倾向于选择居住环境良好、设施配套齐全、住房面积大且品质高的小区；不仅如此，许多国际留学生也因对学校统一安排的住宿条件和居住环境不尽满意而选择租居校外，这均体现了国际移民群体对于居住条件的高要求。

4.2.3 消费水平解析

（1）消费水平的总体特征

从总体上看，南京市四类国际移民聚居区样本在消费水平上呈现出"外籍员工和国际留学生两类群体消费水平差距较大[外籍员工月均消费10 000（不含）～20 000（含）元居多，而国际留学生月花销大多低于5 000元]，但二者均高于国内对应人群消费水平"的特征。在接受调查的国际移民中，外籍员工和国际留学生两类群体的消费水平差距较大，外籍员工月花销以10 000（不含）～20 000（含）元居多（20.19%），且消费金额在此区间内呈双侧递减之势，其平均月花销高于南京市的人均消费水平；而国际留学生的月花销以2 000元及以下的占比为最高（26.92%），且人数随着消费金额的增加而递减，但总体上仍高于我国大学生的月均消费水平（见图4-14）。

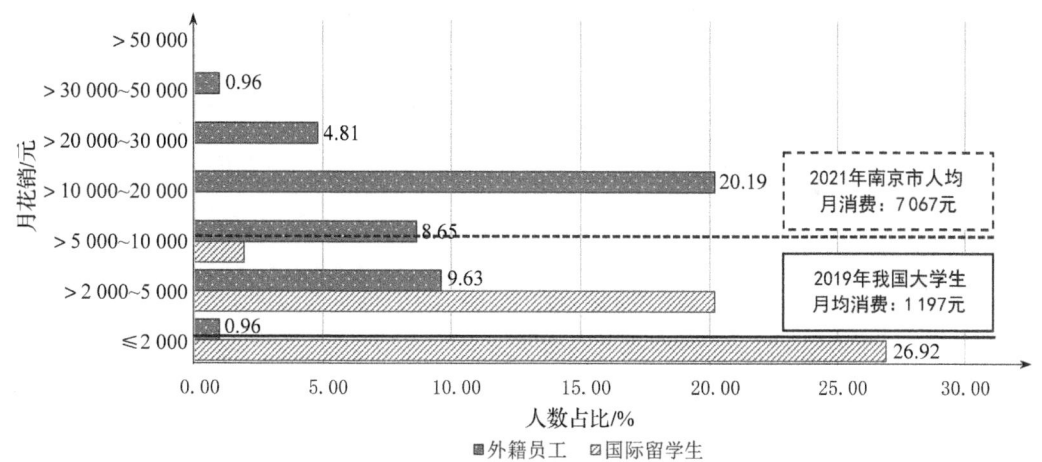

图4-14 国际移民聚居区人口的月消费水平

*资料来源：课题组关于南京市在华国际移民聚居区的抽样调研数据（2022）；南京人民政府官网数据 https://www.nanjing.gov.cn/njxx/202202/t20220209_3285585.html.

（2）消费水平的样本差异

从样本差异上看，四类国际移民聚居区样本在消费水平上呈现出"社会型之留学生—被动聚居区移民的月花销大多低于2 000元；社会型之留学生—主动聚居区移民的月花销则集中于2 000（不含）～5 000（含）元；经济型之派驻员工—被动聚居区移民的月花销在各个区间均有分布，且以10 000（不含）～20 000（含）元最多；经济型国际人才—主动聚居区移民的月花销则主要集中于10 000（不含）～20 000（含）元"的特征（见表4-9）。

表 4-9 各类国际移民聚居区人口的月消费水平

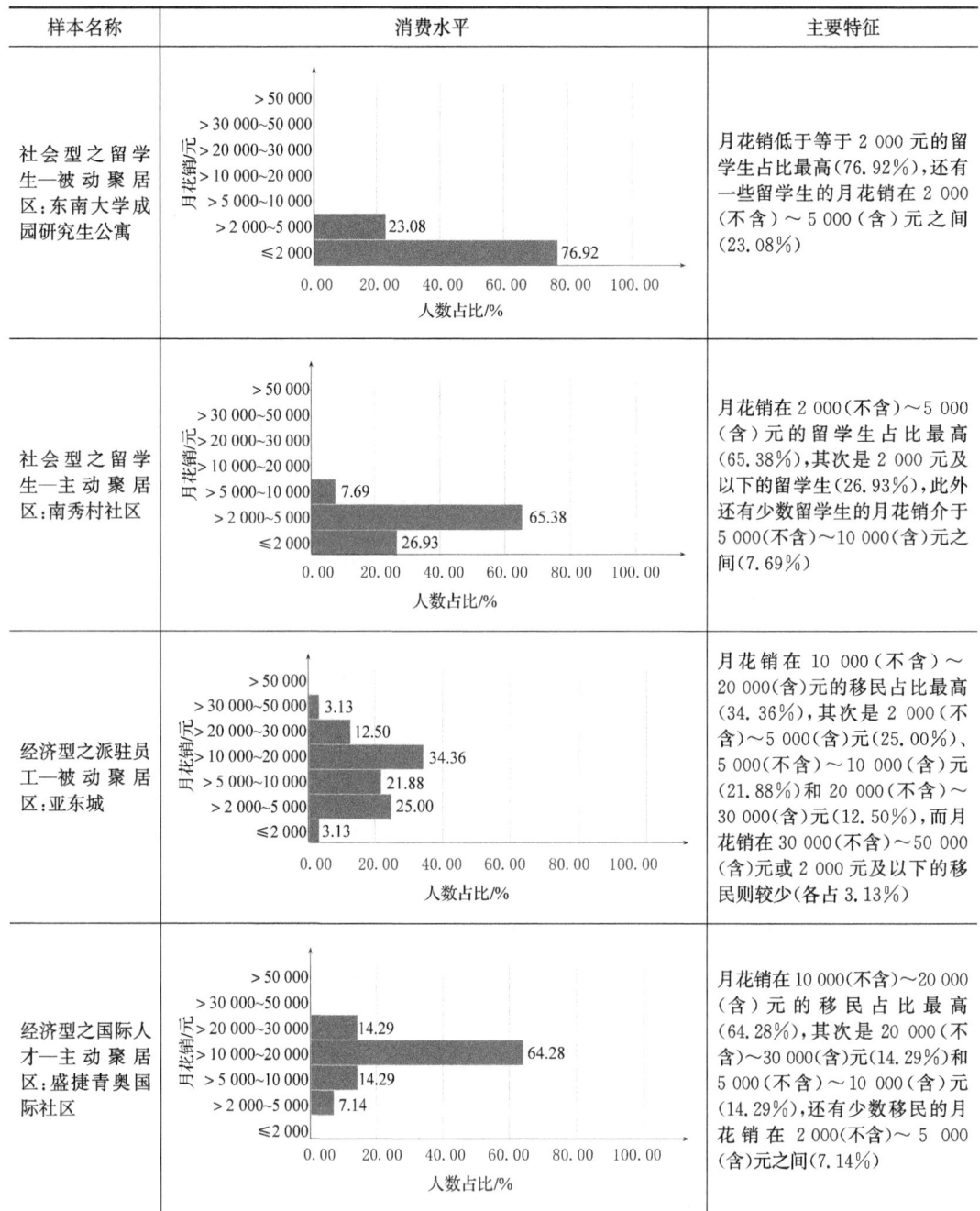

样本名称	消费水平	主要特征
社会型之留学生—被动聚居区:东南大学成园研究生公寓		月花销低于等于 2 000 元的留学生占比最高(76.92%),还有一些留学生的月花销在 2 000(不含)~5 000(含)元之间(23.08%)
社会型之留学生—主动聚居区:南秀村社区		月花销在 2 000(不含)~5 000(含)元的留学生占比最高(65.38%),其次是 2 000 元及以下的留学生(26.93%),此外还有少数留学生的月花销介于 5 000(不含)~10 000(含)元之间(7.69%)
经济型之派驻员工—被动聚居区:亚东城		月花销在 10 000(不含)~20 000(含)元的移民占比最高(34.36%),其次是 2 000(不含)~5 000(含)元(25.00%)、5 000(不含)~10 000(含)元(21.88%)和 20 000(不含)~30 000(含)元(12.50%),而月花销在 30 000(不含)~50 000(含)元或 2 000 元及以下的移民则较少(各占 3.13%)
经济型之国际人才—主动聚居区:盛捷青奥国际社区		月花销在 10 000(不含)~20 000(含)元的移民占比最高(64.28%),其次是 20 000(不含)~30 000(含)元(14.29%)和 5 000(不含)~10 000(含)元(14.29%),还有少数移民的月花销在 2 000(不含)~5 000(含)元之间(7.14%)

* 资料来源:课题组关于南京市在华国际移民聚居区的抽样调研数据(2022)。

(3) 动因剖析

从四类国际移民聚居区消费水平的总体特征来看,外籍员工和国际留学生两类群体呈现出差距较大且均高于国内同类消费水平的特征,这主要源于移民对高品质生活的追求及其高收入水平的支撑。

其一,移民对高品质生活的追求。从访谈中得知,部分来自发达国家的移民对生活品质有着较高的要求。以体育健身为例,相关文献表明国际移民平均每周进行5~6次的休闲体育运动,高于我国大众健身群体3~4次/周的锻炼频率,相对应地,移民在健身方面的消费水平也更高[1]。除此之外,周雯婷等通过对在沪日本人的调查发现,移民群体在购物、餐饮等方面也体现出高于本地消费水平的特征,日本人更青睐价格偏高的日系超市(42%)和欧美港式超市(23%),他们外出就餐则多会选择高档的日料餐厅(82%)[2]。由此可以看出,其总体月花销要高于本地平均水平。

其二,高收入水平的支撑。一方面,外籍员工大多为专业技术人员、教育与科研从业者和企业管理人员,收入水平普遍较高(见图4-9),完全能够满足其高消费的各类需求;另一方面,能够支持子女来华就学的家庭背景也相对较好,加之中国给予的奖学金资助和留学补贴,同样能够支撑留学生日常更高的消费水平。

【访谈记录】

居住于亚东城的G女士:"我每月的日常开支大约10 000元,因为必须保障食物和日用品的质量,所以一般会去进口超市购买熟悉的品牌,此外我还会定期去附近的健身会所锻炼,雇佣健身教练的费用偏高,但服务水平无法令我满意。"

居住于南秀村的H同学:"我每个月有10 000元的生活费,这主要包括父母提供的生活费和学校补贴,除去3 000元的房租,我每月消费4 000元左右。"

4.3 空间属性解析

本节聚焦社会型国际移民聚居空间(以国际留学生聚居区为代表)与经济型国际移民聚居空间(以外籍员工聚居区为代表),对南京市四类国际移民聚居区样本进行实证研究,对择居动机、空间布局、设施配套、职(学)住关系等空间属性展开分析,归纳国际移民聚居区空间属性的总体特征,并对比分析四类国际移民聚居区样本之间的差异性特征,在此基础上进一步展开动因剖析。

4.3.1 择居动机解析

(1) 择居动机的总体特征

从总体上看,南京市四类国际移民聚居区样本在择居动机上呈现出"大多数移民采取主动择居方式,并将临近就业/就学地点或交通便利作为主动择居最重要的考量因素,少部分移民则因雇佣方统一安排住房而被动择居"的特征。在接受调查的国际移民中,有近半数主动择居的移民(46.21%)将临近就业/就学地点或交通便利作为最主要的择居动因,其次,周边生活设施齐备(13.79%)、周围外国人较多(13.29%)、居住环境优质(10.34%)也是移民主动择居时所考虑的因素,相比之下,其较少考虑的是价格因素

---

[1] 陈金鳌,张霈,徐勤儿.外籍人士休闲体育消费研究:以苏州工业园区为例[J].体育科技,2012,33(3):13-16.
[2] 周雯婷,刘云刚.在华外国人社会融合的现状与问题:以在沪日本人为例[J].世界地理研究,2019,28(1):1-12.

(4.15%);此外,也有一些移民采取的是接受雇佣方统一安排的被动择居形式(11.72%)(见图4-15)。

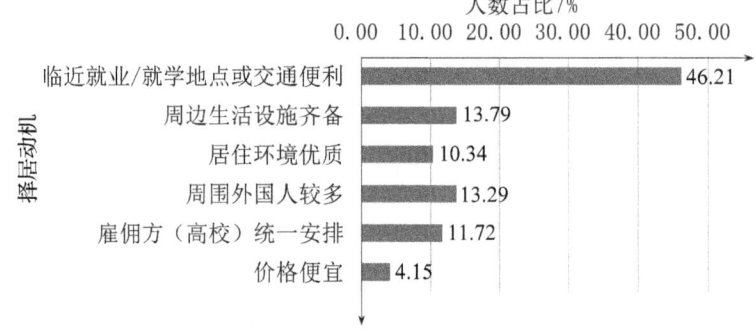

图 4-15 国际移民聚居区人口的择居动机

* 资料来源:课题组关于南京市在华国际移民聚居区的抽样调研数据(2022)。

(2) 择居动机的样本差异

从样本差异上看,四类国际移民聚居区样本在择居动机上呈现出以下特征:社会型之留学生—被动聚居区和社会型之留学生—主动聚居区移民均倾向于临近就学地点或交通便利的社区作为居住地点,只是后者往往还会兼顾周围外国人较多的因素;经济型之派驻员工—被动聚居区和经济型国际人才—主动聚居区的移民则会同时考量临近就业地点或交通便利、周边生活设施齐备、居住环境优质、周围外籍人士较多等多重因素(见表4-10)。

表 4-10 各类国际移民聚居区人口的择居动机

样本名称	择居动机	主要特征
社会型之留学生—被动聚居区:东南大学成园研究生公寓	临近就学地点或交通便利 55.55 周边生活设施齐备 11.11 居住环境优质 5.56 周围外国人较多 5.56 雇佣方(高校)统一安排 11.11 价格便宜 11.11	以临近就学地点或交通便利作为择居动机的留学生占比最高(55.55%),其次是周边生活设施齐备(11.11%)、价格便宜(11.11%)和高校统一安排(11.11%),少数留学生还会考虑居住环境优质(5.56%)、周围外国人较多(5.56%)等因素
社会型之留学生—主动聚居区:南秀村社区	临近就学地点或交通便利 65.91 周边生活设施齐备 6.82 居住环境优质 周围外国人较多 22.73 雇佣方(高校)统一安排 价格便宜 4.54	以临近就学地点或交通便利作为择居动机的留学生占比最高(65.91%),其次是周围外国人较多(22.73%),还有一些留学生会考虑周边生活设施齐备(6.82%)、价格便宜(4.54%)等因素

(续表)

样本名称	择居动机	主要特征
经济型之派驻员工—被动聚居区：亚东城	择居动机：临近就业地点或交通便利 26.83；周边生活设施齐备 24.39；居住环境优质 19.51；周围外国人较多 9.76；雇佣方（高校）统一安排价格便宜 19.51（人数占比/%）	移民的择居动机相对复杂，考虑临近就业地点或交通便利（26.83%）、周边生活设施齐备（24.39%）和居住环境优质（19.51%）的比例相当，一些移民也会考虑周围外国人较多（9.76%）的因素；此外，也有一定比例的移民被动接受雇佣方统一的住宿安排（19.51%）
经济型之国际人才—主动聚居区：盛捷青奥国际社区	择居动机：临近就业地点或交通便利 33.33；周边生活设施齐备 14.29；居住环境优质 28.57；周围外国人较多 19.05；雇佣方（高校）统一安排价格便宜 4.76（人数占比/%）	移民的择居动机相对复杂，考虑临近就业地点或交通便利（33.33%）、居住环境优质（28.57%）和周围外国人较多（19.05%）的占比相对较高，一些移民也会考虑周边生活设施齐备（14.29%）的因素；此外，也有极少数移民被动接受雇佣方统一的住宿安排（4.76%）

* 资料来源：课题组关于南京市在华国际移民聚居区的抽样调研数据（2022）。

（3）动因剖析

从四类国际移民聚居区择居动机的总体特征来看，择居动机呈现出大部分主动择居移民以临近就业/就学地点或交通便利作为择居最重要因素，而少部分移民被动接受雇佣方（高校）统一住宿安排的特征，这主要源于就业/就学通勤的需要和日常生活品质的考量。

其一，就业/就学通勤的需要。外籍员工作为来华就业人员，在选择住房时通常会优先考虑临近工作地的小区，即使是较为偏远的就业地点，他们通常也会选择公共交通便利或开车可达性更强的小区作为弥补；而相较于外籍员工，留学生能负担的通勤成本更低，因此主动或被动择居于就学点周围的需求更为迫切。

其二，日常生活品质的考量。在选择住房时，大多数人都会从住房条件、居住环境、周边设施等方面进行综合考虑，以满足自身日常生活的多重需求；同样地，国际移民群体不但重视这几方面，而且还有着更高的要求。除此之外，其作为少数移民群体还把"周围外国人较多"的因素也纳入考虑，可见社区联结和社群交往也是其考量日常生活品质的重要方面。

【访谈记录】

居住于盛捷青奥国际社区的I先生："我的公司在建邺新城科技园，选择住在盛捷也主要是考虑离公司较近，我一般骑自行车上班，偶尔也会开车。除此之外，盛捷是国际品牌，设施和服务水平都令我满意，周围的外国人也比较多，因此也结识了不少朋友。"

居住于南秀村的J同学："我住在南秀村是因为离南大近，可以节约金钱和时间，而且附近有很多西餐厅和酒吧，外国人比较聚集。只是南秀村的住房比较老旧，小区和住房内的空间都很局促，这一点不太令人满意。"

4.3.2 空间布局解析

(1) 空间布局的总体特征

从总体上看,南京市四类国际移民聚居区样本在空间布局上呈现出"以独立式公寓和混合式住宅小区为主,只是外籍员工聚居区与国际留学生聚居区在社区环境、住房面积和户型等方面存在较大分异"的特征。从社区的平面布局上来看,移民聚居区主要包括独立式公寓和混合式住宅小区两种原型(见图 4-16),一方面,这两种原型在住宅形式、人口规模、管理模式等方面差异明显,比如独立式公寓一般是单体式住宅,人口规模较小,采取酒店集中负责的酒店式管理模式,而混合式住宅小区则以集合式住宅为主,人口规模较大,采取一般社区的管理模式;另一方面,两种原型在住宅面积、户型等方面也有不少共性,二者均兼顾了 30~200 m² 的多种住房面积,同时从一居室到四居室以上的户型也都相对齐备。不过即使是同一原型的空间布局,外籍员工聚居区与国际留学生聚居区之间还是存在较大分异的,由于社区环境、住房面积和户型等标准的嵌套,后文又从有限的原型中分化出不同的空间布局类型(见图 4-17)。

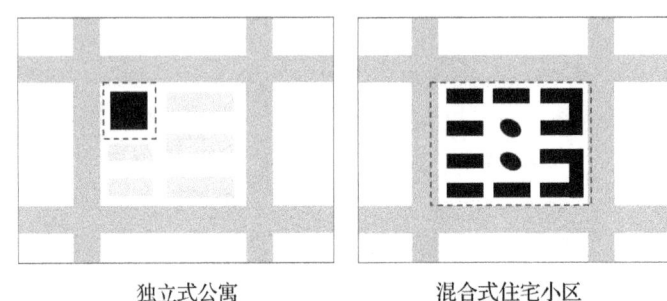

图 4-16 国际移民聚居区空间布局的两类原型
*资料来源:课题组关于南京市在华国际移民聚居区的抽样调研数据(2022)。

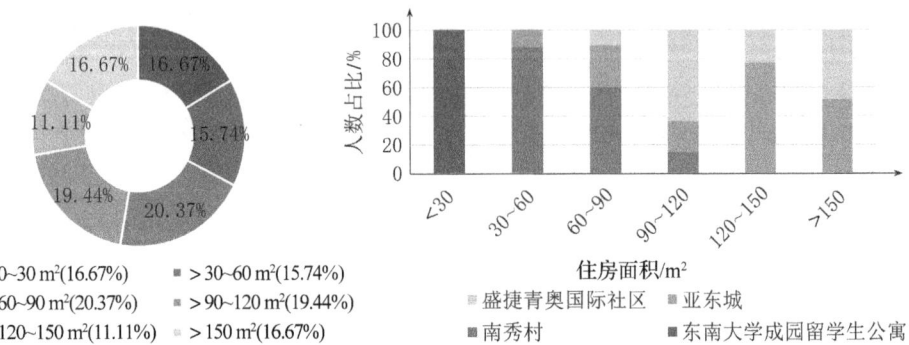

图 4-17 国际移民聚居区人口的套均住房面积(左:总体情况;右:各类型占比)
*资料来源:课题组关于南京市在华国际移民聚居区的抽样调研数据(2022)。

(2) 空间布局的样本差异

从样本差异上看,四类国际移民聚居区样本在空间布局上呈现出"社会型之留学生—被动聚居区为独立式的多层学生公寓,外部环境一般、住房面积小、户型固定;社会型之留学生—主动聚居区为混合式的多层老旧住宅小区,外部环境较破败、以小面积小户型为主;经济型之派驻员工—被动聚居区和经济型国际人才—主动聚居区则为混合式的现代高层住宅小区,外部环境优质、住房面积较大、户型多样化"的特征(见表4-11)。

表4-11 各类国际移民聚居区人口的空间布局

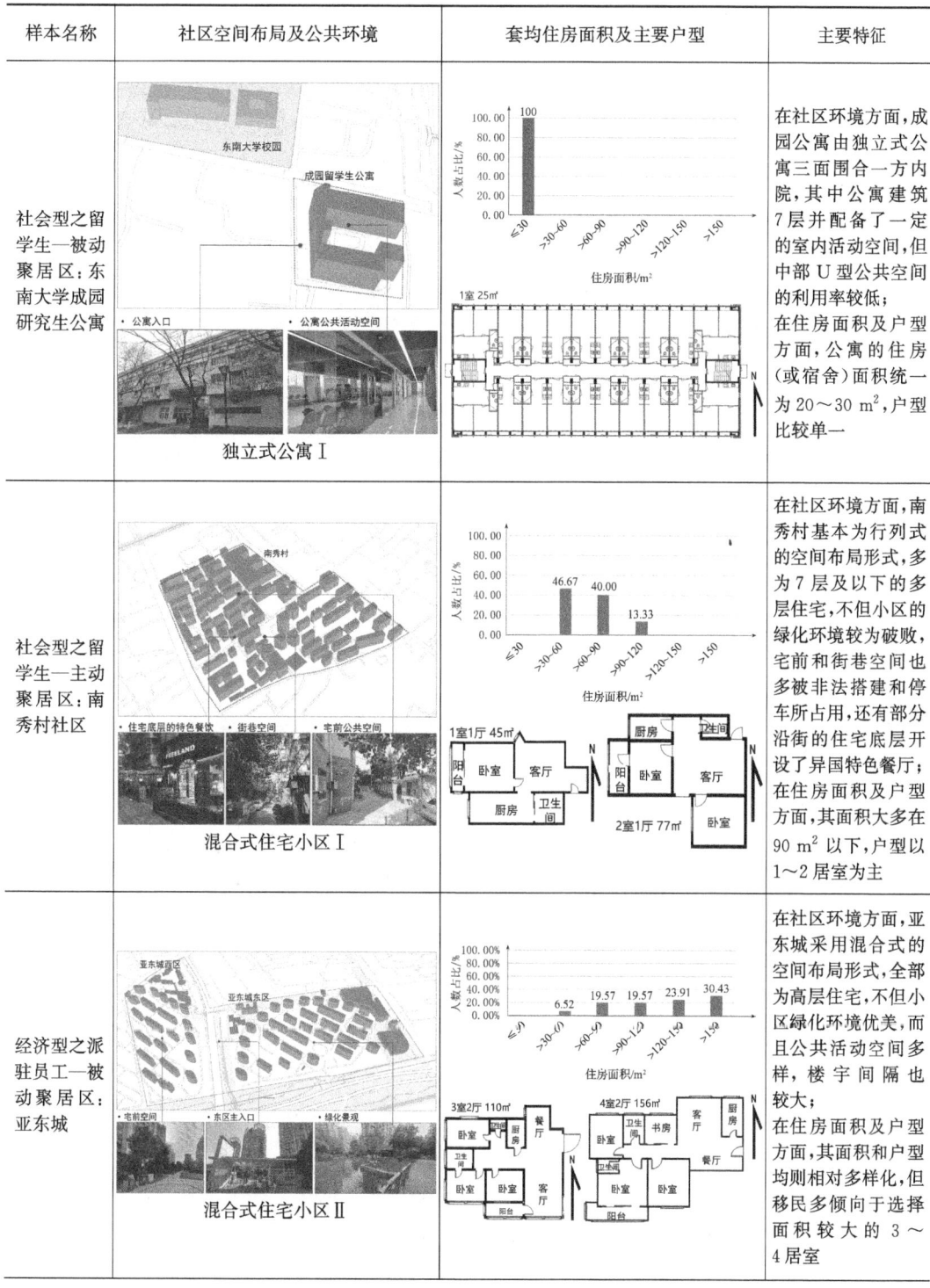

(续表)

样本名称	社区空间布局及公共环境	套均住房面积及主要户型	主要特征
经济型之国际人才—主动聚居区：盛捷青奥国际社区	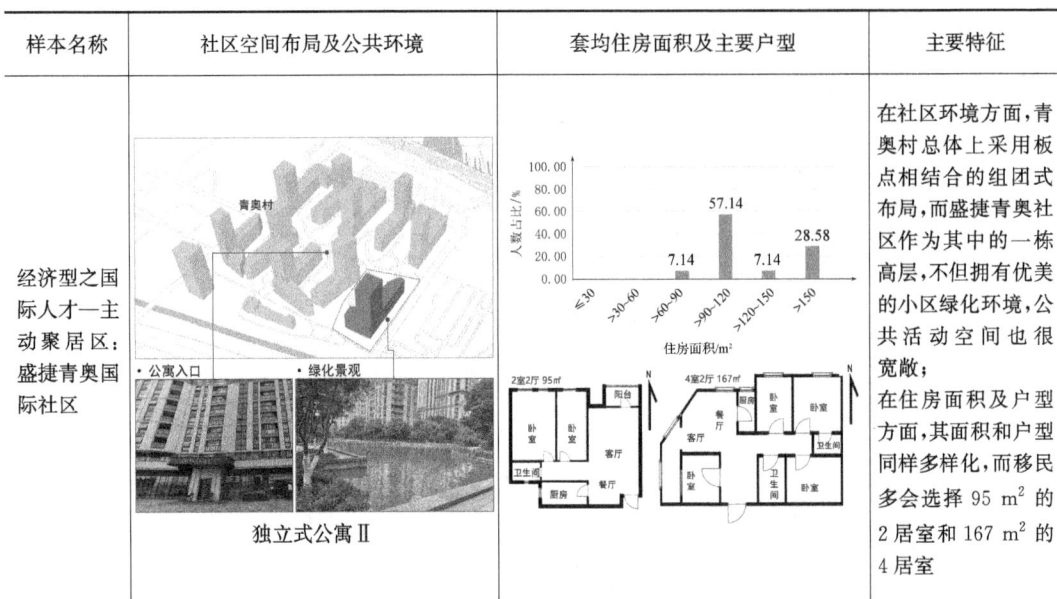		在社区环境方面，青奥村总体上采用板点相结合的组团式布局，而盛捷青奥社区作为其中的一栋高层，不但拥有优美的小区绿化环境，公共活动空间也很宽敞；在住房面积及户型方面，其面积和户型同样多样化，而移民多会选择 95 m² 的 2 居室和 167 m² 的 4 居室

* 资料来源：课题组关于南京市在华国际移民聚居区的抽样调研数据（2022）；贝壳网 https://nj.ke.com/?utm_source=baidu&utm_medium=pinzhuan&utm_term=biaoti&utm_content=biaotimiaoshu&utm_campaign=wynanjing。

（3）动因剖析

从四类国际移民聚居区空间布局的总体特征来看，这些聚居区以独立式公寓和混合式住宅小区为主，只是外籍员工聚居区与国际留学生聚居区在社区环境、住房面积和户型等方面存在较大分异，这一特征主要源于原生住房观念的影响和不同家庭结构的差异化需求。

其一，原生住房观念的影响。随着人们生活质量的日益提高，住房观念逐渐成为影响住房需求偏好的重要因素之一。一方面，移民聚居区不同的空间布局其实受到了移民对理想社区差异化要求的影响，有的移民偏好室外活动，就会对社区的外部环境有更高的要求，更倾向于选择规模较大的混合式住宅小区；而有的移民对社区的服务和内部配套设施要求更高，就会选择独立式的酒店公寓居住。同时另一方面，大部分国际移民（尤其是外籍员工）也非常注重居住体验，认为大房子是标配，所以有不少移民即使是单独或者夫妻二人居住，也会选择 3～4 居室的大户型居住，以兼顾其对居家工作、健身和娱乐空间的差异化需求。

其二，不同家庭结构的差异化需求。一般而言，家庭结构的不同意味着家庭人口数量、人员社会属性、代际关系等方面的差异，这些往往会对社区和住房产生差异化的规模和功能需求。目前在华的国际移民中，既有举家迁徙的（比如许多韩企派驻员工两代甚至三代家庭成员一起迁入），也有个体迁徙的（比如绝大部分的国际留学生），正是这种不同的家庭结构催生了移民对于社区布局和住房条件（尤其是面积和户型）的不同需求（见图 4-18）。

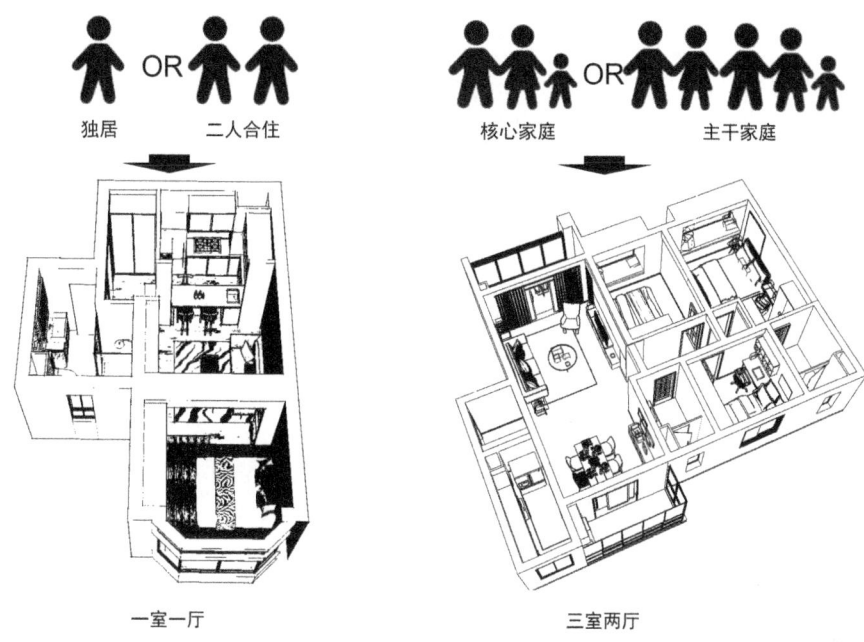

图 4-18 不同移民家庭的住房选择
＊资料来源：笔者自绘

【访谈记录】

居住于亚东城的 K 女士："我现在的住房有 4 间卧室，大概 160 m²，我先生是 LG 公司的员工，他来南京工作后不久，我带着婆婆和两个孩子也搬了过来。一开始我先生是跟同事一起居住在 2 居室的房子里，我们来后就租了更大的房子。"

居住于盛捷青奥国际社区的 L 先生："我现在自己住在一套 3 居室 100 m² 的公寓里，一间是卧室，一间是我居家办公的空间，还有一间被我改造成了健身房，里面布置了各种健身器材。"

4.3.3 设施配套解析

（1）设施配套的总体特征

从总体上看，南京市四类国际移民聚居区样本在设施配套上呈现出"以团块状、轴带状和散点状三类布局为主，门类和数量相对齐全，但异国特色设施不足，满意度一般"的特征。在现状设施门类上，聚居区的配套总体上较为齐全，但异国特色设施仅涵盖了商业、教育和文化设施三类；在现状设施规模上，以商业设施的密度为最高，而文化和医疗设施最低，但均符合设施配套标准，只是异国特色设施相对不足；在移民的设施满意度上，种类、规模和可达性满意度均高于六成的只有商业设施，且仅有半数左右的移民对医疗、教育和体育设施的种类、规模和可达性表示满意，而文化设施的满意度更是不足四成（见图 4-19、图 4-20）。在现状设施布局上，聚居区主要形成了团块状布局、轴带状布局和散点状布局三类原型,异国特色设施以点状布局嵌入其中,也有的会在局部延展为带状布局(见图4-21)。

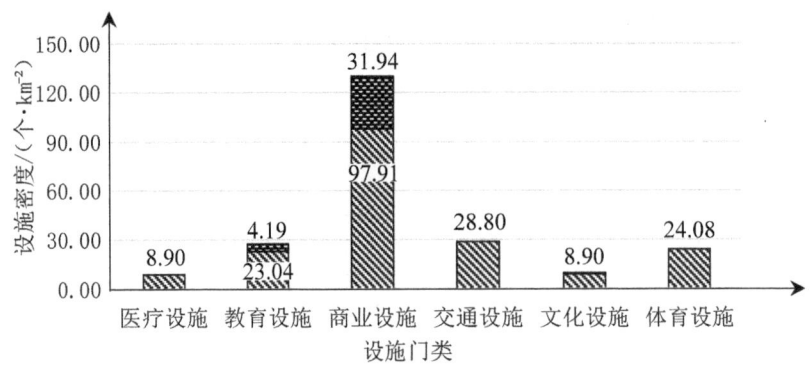

图 4-19　国际移民聚居区的现状配套设施密度

＊资料来源:百度地图南京公共服务设施POI数据。

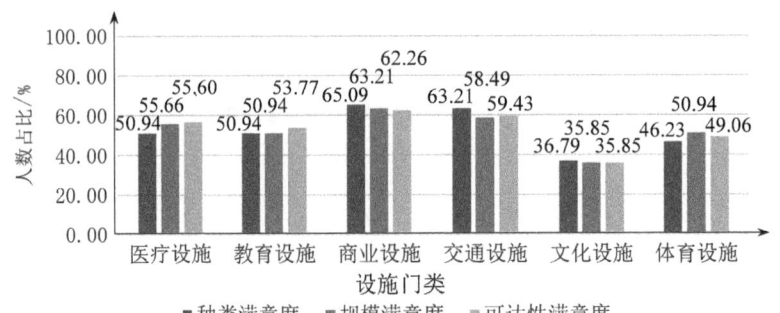

图 4-20　国际移民聚居区的配套设施满意度

＊资料来源:课题组关于南京市在华国际移民聚居区的抽样调研数据(2022)。

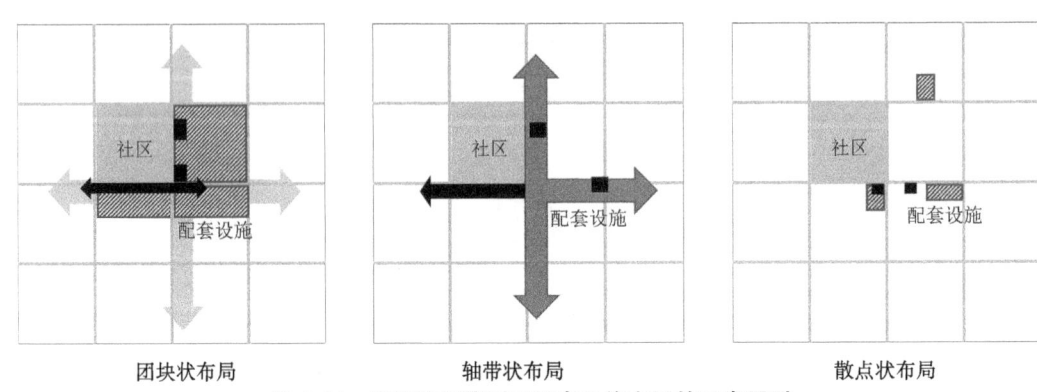

图 4-21　国际移民聚居区配套设施布局的三类原型

＊注:黑色代表异国特色设施,分别呈现点状布局和带状布局。
＊资料来源:课题组关于南京市在华国际移民聚居区的抽样调研数据(2022)。

(2)设施配套的样本差异

从样本差异上看,四类国际移民聚居区样本在设施配套上呈现出以下特征:社会型之留学生—被动聚居区现状配套设施呈轴带状布局、门类齐全、数量充足;社会型之留学生—

主动聚居区现状配套设施呈轴带状布局、门类齐全、数量充足;经济型之派驻员工—被动聚居区现状配套设施呈团块状布局、现状医疗和文化设施较为短缺、而其他设施齐全;经济型国际人才—主动聚居区现状配套设施则呈散点状布局、种类齐全、数量一般(但单体规模较大)(见表4-12)。

表4-12 各类国际移民聚居区人口的设施配套

样本名称	门类和规模	现状布局
社会型之留学生—被动聚居区：东南大学成园研究生公寓	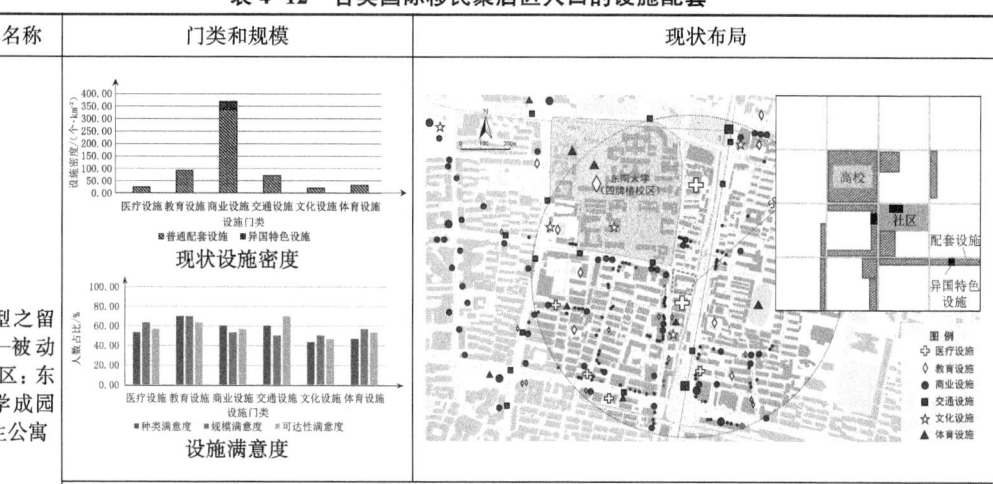	

【设施布局】总体呈轴带状布局，而异国特色设施在其中呈点状分布；
【设施门类和规模】各类设施较为齐全，其中商业设施的密度最高（391个/km²），而其他设施密度均在100个/km²以下，异国特色设施也都为商业设施，且数量不足；
【设施满意度】各类设施的满意度差距并不大（60%左右），其中以教育设施的满意度为最高，以文化设施的满意度为最低，且同类设施种类、规模和可达性的满意度差距并不大

| 社会型之留学生—主动聚居区：南秀村社区 | 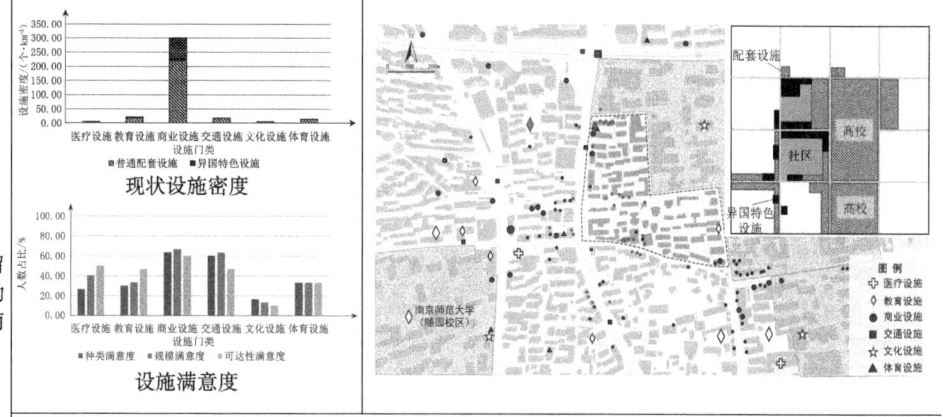 | |

【设施布局】总体呈轴带状布局，并且其中形成一定规模的异国特色设施也呈带状分布；
【设施门类和规模】各类设施较为齐全，其中商业设施的密度最高（298个/km²），而其他设施密度均在20个/km²以下，并形成了一定规模的异国特色商业设施（80个/km²）；
【设施满意度】以商业和交通设施的满意度为最高（60%左右），其次是医疗、教育和体育设施（20%～40%），以文化设施的满意度为最低（不足20%），且同类设施种类、规模和可达性的满意度差距并不大

(续表)

样本名称	门类和规模	现状布局
经济型之派驻员工—被动聚居区：亚东城	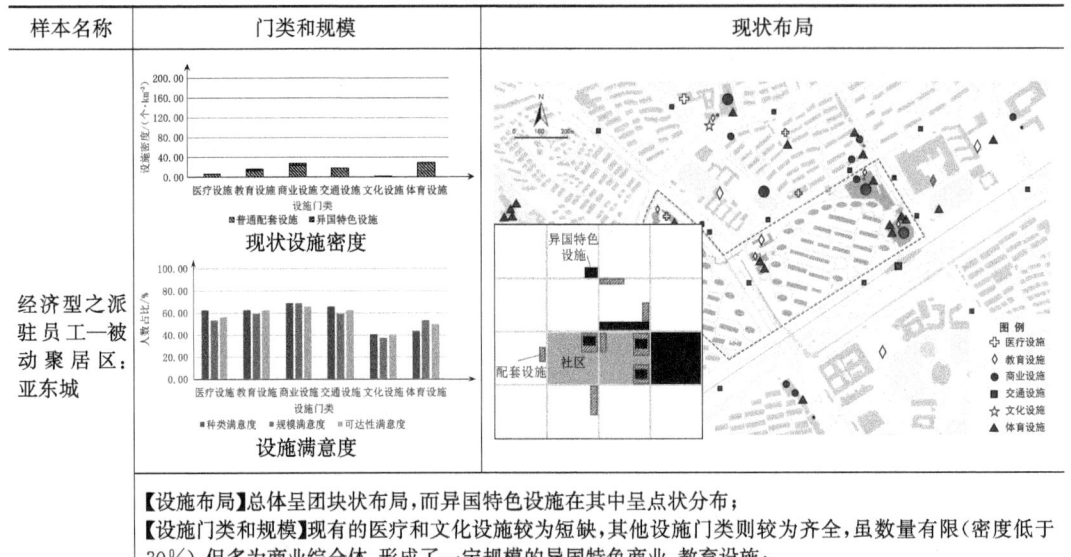	
	【设施布局】总体呈团块状布局，而异国特色设施在其中呈点状分布； 【设施门类和规模】现有的医疗和文化设施较为短缺，其他设施门类则较为齐全，虽数量有限（密度低于30%），但多为商业综合体，形成了一定规模的异国特色商业、教育设施； 【设施满意度】医疗、教育、商业和交通设施的满意度差距不大（60%左右），但体育设施（45%左右）和文化设施的满意度较低（不足40%），且同类设施种类、规模和可达性的满意度差距并不大	
经济型之国际人才-主动聚居区：盛捷青奥国际社区	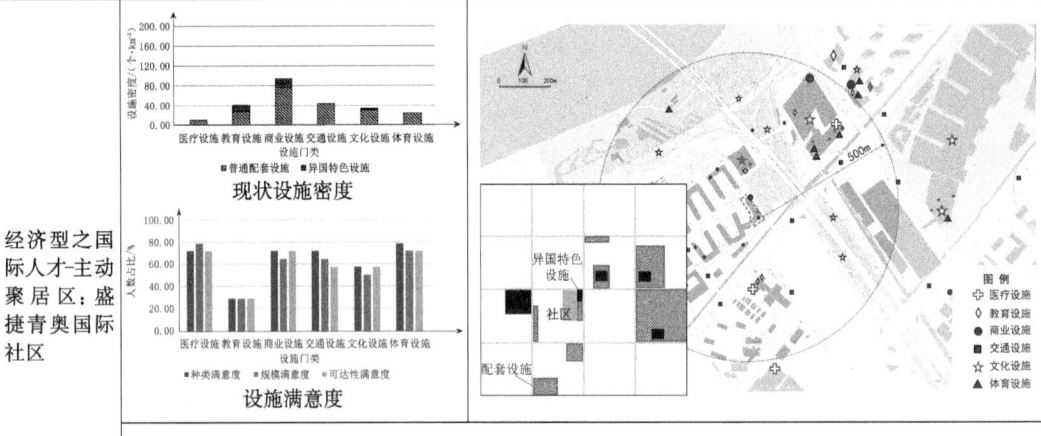	
	【设施布局】总体呈散点状布局，而异国特色设施在其中呈点状分布； 【设施门类和规模】设施门类较为齐全，虽数量有限（密度低于30%），但多为大规模的综合体，也形成了一定规模的异国特色商业、教育、文化设施； 【设施满意度】医疗、商业、交通和体育设施的满意度差距不大（60%～80%之间），但教育设施的满意度较低（25%左右），且同类设施种类、规模和可达性的满意度差距并不大	

* 资料来源：课题组关于南京市在华国际移民聚居区的抽样调研数据（2022）。

（3）动因剖析

从四类国际移民聚居区设施配套的总体特征来看，团块状、轴带状和散点状三类布局原型，具有相对齐全的门类和数量以及相对不足的异国特色设施和满意度，主要源于城市土地利用的差异性和国际移民需求的特殊化。

其一，城市土地利用的差异性。受城市开发时序的影响，城市中心地带往往发展较早，并拥有较为成熟的建设基础和公共服务设施配套，而城市边缘地区则相对滞后、参差不齐。在此背景下，主城区内的移民聚居区囿于紧张的用地条件，往往沿用现有条带状布局的各类设施；而主城区外的移民聚居区则存在着两极分化现象，要么是集中配建了大型超市、购物商城等团块状、规模化设施的成熟社区，要么就是配套设施零星散布，在门类、规模和可达性上均存在不足的新建社区（见图4-22）。总之，南京市主城区内部的公共服务设施配套在齐备程度上要普遍高于周边地区，由此而产生了移民聚居区设施布局的差异化原型。

其二，国际移民需求的特殊化。国际移民群体因文化背景和生活习惯的差异，通常也会在饮食、购物、休闲活动等方面表现出与本国人有异的特殊需求。现有设施虽然在规模、可达性上能满足要求，但可能并不符合移民原本的习惯和偏好，其中最为明显的便是餐饮类和购物类商业设施。关于在华韩国人的研究也表明，有超过六成的韩国移民来华后仍坚持原有的饮食习惯，而近一半的移民表示因缺少韩国超市而选择网购本国商品[①]。这或许也是现状设施配套和移民满意度情况之间出现错位的一大原因。

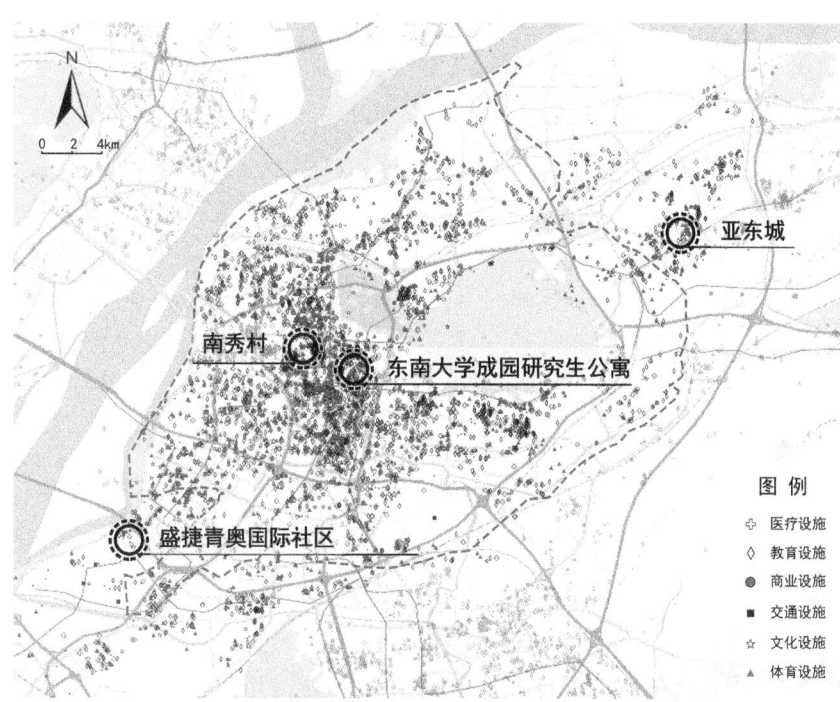

图4-22　南京市主城区及周边地区的现状公共服务设施配套情况
＊资料来源：百度地图南京公共服务设施POI数据。
＊底图来源：百度地图 https://map.baidu.com.

4.3.4　职（学）住关系解析

（1）职（学）住关系的总体特征

从总体上看，南京市四类国际移民聚居区样本在职（学）住关系上呈现出"邻近型、混合

---

① 周雯婷,刘云刚,全志英. 全球化背景下在华韩国人族裔聚居区的形成与发展演变：以北京望京为例[J]. 地理学报,2016,71(4):649-665.

型和分离型三类职(学)住关系,职住距离的分布较为多样,步行和(电动)自行车出行超过半数,且外籍员工与留学生差异明显"的特征。在职(学)住关系上,移民聚居区可归纳为邻近型、混合型和分离型三类原型,其中外籍员工和留学生之间又存在进一步的分异。在职(学)住距离上,总体出行距离在各个区段均有分布,其中外籍员工的职住距离更为多样,且远距离(≥5 km)就业的比例较高;留学生则更倾向于近距离就学。在出行方式上,聚居区移民的选择总体上较为多元,其中外籍员工选择私家车、出租车和(电动)自行车出行的比例较高;而留学生则以步行和(电动)自行车出行为主(见图4-23、图4-24和图4-25)。

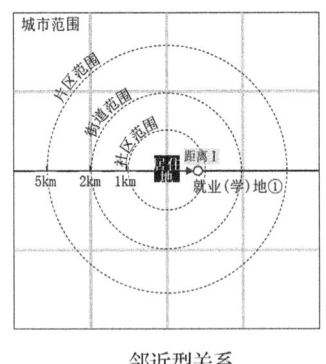
邻近型关系

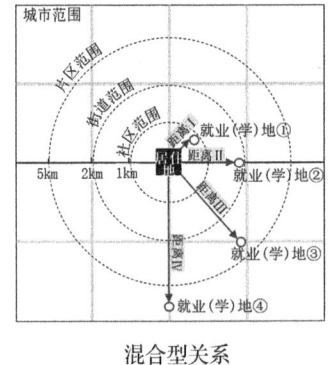
混合型关系

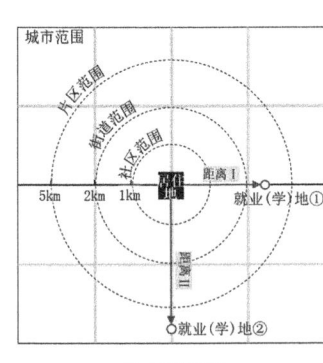
分离型关系

图 4-23　国际移民聚居区职(学)住关系的三类原型

* 资料来源:课题组关于南京市在华国际移民聚居区的抽样调研数据(2022)。

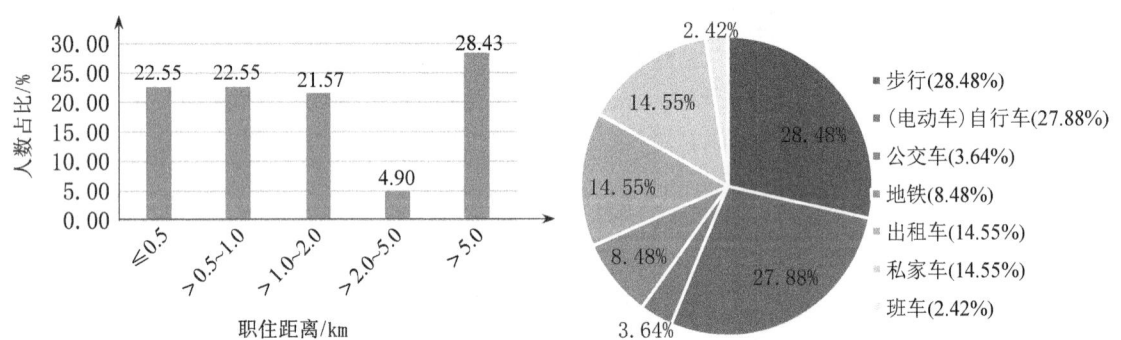

图 4-24　国际移民聚居区人口的职(学)住距离　　**图 4-25　国际移民聚居区人口的出行方式**

* 资料来源:课题组关于南京市在华国际移民聚居区的抽样调研数据(2022)。

(2)职住关系的样本差异

从样本差异上看,四类国际移民聚居区样本在职(学)住关系上呈现出以下特征:社会型之留学生—被动聚居区和社会型之留学生—主动聚居区属于学住邻近型关系,学住距离较小、以步行和(电动)自行车出行为主;经济型之派驻员工—被动聚居区属于职住邻近和职住分离兼备的混合型关系,相对集中的远距离就业和相对分散的近距离就业相结合,出行方式也较为多元;经济型国际人才—主动聚居区则属于中远距离的职住分离型关系,多采用(电动)自行车、私家车和出租车出行"的特征(见表4-13)。

表 4-13 各类国际移民聚居区人口的职(学)住关系

样本名称	就业地分布	职(学)住距离与出行方式	主要特征
社会型之留学生—被动聚居区:东南大学成园研究生公寓	邻近型关系Ⅰ（居住地位于高校1km范围内；注：标志面积的大小表征在该社区在此地就业(学)移民人口的多少，下同。）	≤0.5 约75%，>0.5–1.0 约22%，>1.0–2.0 约3%；出行方式：步行、(电动)自行车	作为校内的留学生公寓，居住于此的留学生均就学于东南大学，属于学住邻近型关系；学住距离在2 km以内，为短距离通勤，出行方式通常以步行和(电动)自行车为主
社会型之留学生—主动聚居区:南秀村社区	邻近型关系Ⅱ（居住地位于社区范围内，就业(学)地分布于1–2 km街道范围内）	>0.5–1.0 约33%，>1.0–2.0 约60%，其他较少；出行方式：步行、(电动)自行车、地铁、出租车、私家车	居住于南秀村的留学生就读于周边的南京大学、南京师范大学和河海大学(同一街道范围内)，属于学住邻近型关系；学住距离均在5 km以内，其中1~2 km出行的留学生占比最高(60.42%)，出行方式以步行和(电动)自行车为主
经济型之派驻员工—被动聚居区:亚东城	混合型关系（居住地位于社区范围，就业地部分位于街道范围内，部分位于片区范围外、城市范围内）	>1.0–2.0 约24%，>2.0–5.0 约15%，>5.0 约56%；出行方式：步行、(电动)自行车、公交、地铁、出租车、私家车、班车	居住于亚东城的外籍员工就业地呈两极分化：一部分在街道内就业，就业地较为分散；另一部分则在片区范围外就业，就业地较为集中，属于兼具职住邻近和职住分离的混合型关系；职住距离>5 km的占比超过半数(55.96%)，远距离通勤以私家车、班车和地铁为主，近距则以步行和(电动)自行车出行为主

(续表)

样本名称	就业地分布	职(学)住距离与出行方式	主要特征
经济型之国际人才—主动聚居区:盛捷青奥国际社区	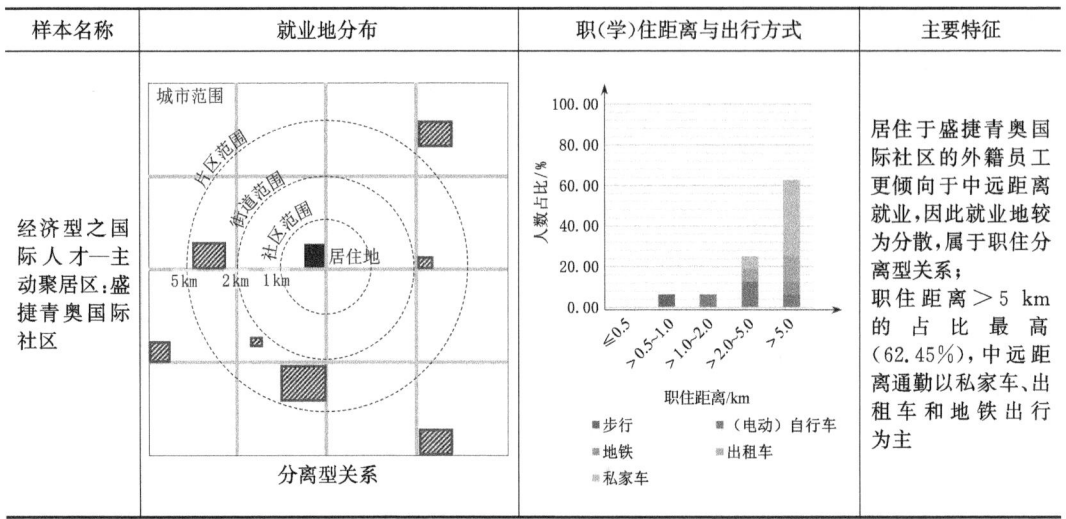 分离型关系		居住于盛捷青奥国际社区的外籍员工更倾向于中远距离就业,因此就业地较为分散,属于职住分离型关系;职住距离>5 km的占比最高(62.45%),中远距离通勤以私家车、出租车和地铁出行为主

* 资料来源:课题组关于南京市在华国际移民聚居区的抽样调研数据(2022)。

(3) 动因剖析

从四类国际移民聚居区职(学)住关系的总体特征来看,邻近型、混合型和分离型三类职(学)住关系、分布多样化的职住距离以及超半数的步行和(电动)自行车出行等情况,主要源于对通勤成本的考虑以及就业单位的包办。

其一,对通勤成本的考虑。选择邻近型职(学)住关系的群体往往是出于通勤时间和金钱成本的考量,尤以留学生群体最为明显,他们不愿意将时间和金钱花费在通勤上,所以通常会选择最为经济的出行方式。相较而言,选择混合型和分离型职(学)住关系的聚居区移民群体则很少在意通勤成本。

其二,就业单位的包办。大部分外籍员工会在就业单位的帮助下确定居住地点,而单位也会尽量将自己的外籍员工统筹安排在同一小区或外国人相对聚集的片区,这就有可能受限于客观条件而不得不择居在距离就业地较远的地方,从而造成了外籍员工聚居区职住邻近和职住分离的混合型关系(见图 4-26)。像深圳的招商蛇口片区、华侨城片区就聚居了 5 900 多名外籍员工,占深圳国际移民总数的 68%,属于一个具有良好居住环境、高端服务品质和齐备配套设施的国际化社区,因此深圳众多外企均统一将外籍员工安排在此居住,同时组织班车接送员工通勤,由此摆脱了职住距离的现实限制[①]。

【访谈记录】

居住于南秀村的 M 同学:"我是南京师范大学的研究生,目前和同学一起租住在南秀村,主要是看重这里离学校近,骑电动车六七分钟就能到,方便随时到校上课和科研。"

居住于亚东城的 N 先生:"我在南京经济技术开发区的韩企工作,2010 年公司统一安排我们员工和家属居住在亚东城(当时亚东城是离经开区最近且居住环境较好的小区),平时上班有时乘坐公司班车通勤,有时也会自己开车。"

---

① 范文越. 深圳市外籍人口空间分布及集聚片区的环境特征研究[D]. 哈尔滨:哈尔滨工业大学,2020:33-57.

4 特征：南京市国际移民聚居空间的现状属性

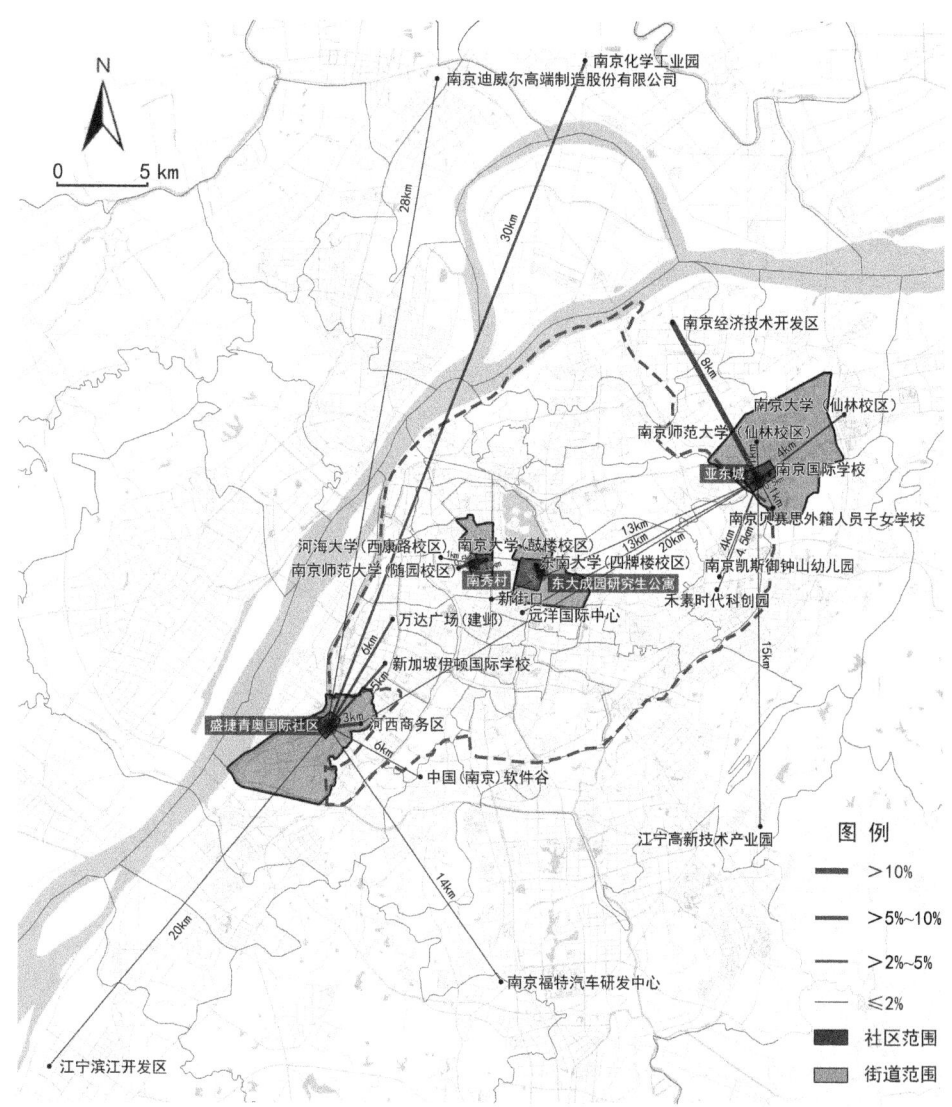

图 4-26　国际移民聚居区人口的就业（学）地分布
＊资料来源：课题组关于南京市在华国际移民聚居区的抽样调研数据（2022）。

4.4　日常生活时空轨迹解析

本节同样聚焦社会型国际移民聚居空间（以国际留学生聚居区为代表）与经济型国际移民聚居空间（以外籍员工聚居区为代表），对南京市四类国际移民聚居区样本进行实证研究，通过对移民个体进行深入访谈，掌握其在工作日和休息日 24 h 的日常生活①时空轨迹，进而归纳其日常生活的总体时空特征，并通过总结四类国际移民聚居区典型样本的时空模

---

① 笔者统计的移民日常生活包括睡觉、就餐、家务、工作（学习）、购物与休闲等活动。参考：王兴中，等. 中国城市社会空间结构研究[M]. 北京：科学出版社，2000.

式,描摹和勾勒国际移民聚居区独具特色的日常生活面貌。

4.4.1 日常生活的总体时空特征

分别统计工作日和休息日国际移民受访者在各个时间段的各类活动占比及其空间分布情况(图4-27),结果有二。其一,国际移民在工作日和休息日的日常生活轨迹有明显差异。在活动时间上,其工作日的工作(学习)活动时长会明显高于休息日,且"早出晚归"的规律性更强,休息日则是休闲、购物等活动的时长占比更高;在活动空间上,其在工作日的

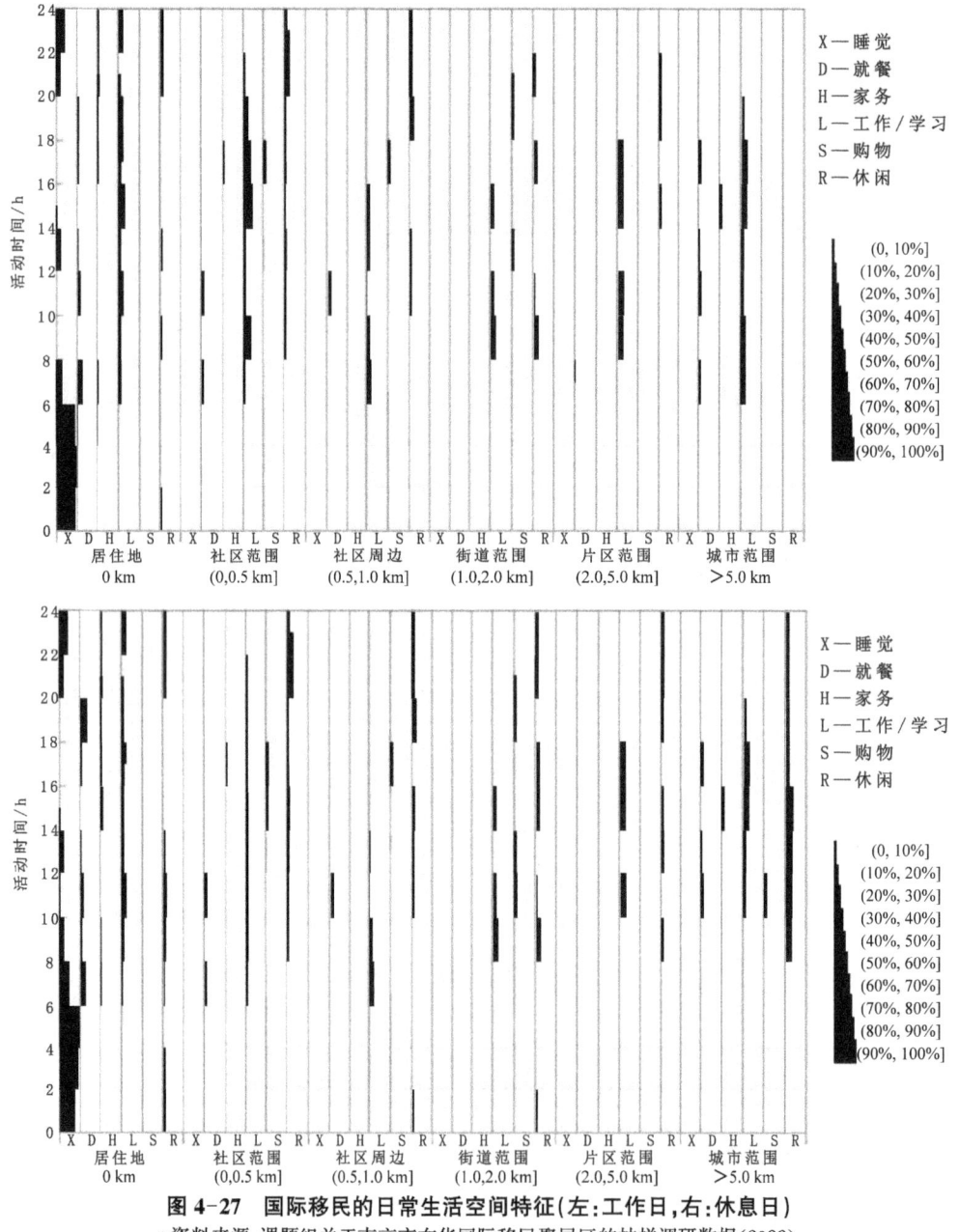

图 4-27 国际移民的日常生活空间特征(左:工作日,右:休息日)
* 资料来源:课题组关于南京市在华国际移民聚居区的抽样调研数据(2022)。

工作(学习)活动具有地点上的固定性,只是留学生多集中于所在高校附近,而外籍员工在整个城市范围均有分布,但二者在休息日的活动空间类型和距离上都更趋多样化,且具有一定的随机性。其二,国际移民不同类别的活动在时间利用上存在着不同规律。在活动时长上,其进行工作(学习)、睡眠活动的时长明显大于休闲活动和购物活动,这同其特定身份及其对应活动的必要程度及其刚性需求有关;而在时间规律上,睡眠、就餐、家务和学习活动具有明显的规律性,基本可分为上午、下午和夜晚三个时段,而休闲和购物活动的发生时间则比较分散和随性。其三,国际移民不同类别的活动在空间选择上具有不同特点,睡眠、就餐、家务和工作(学习)活动发生的场所类型相对固定,多集中于居住地、就业(就学)地及其附近;休闲活动场所则会因活动种类的不同而存在差异,购物场所亦然,并会因购物类别和时间的不同而呈现出多样化差异。由此,本研究总结出如下的时空规律。

(1) 时间上的工作日规律性与休息日随机性

国际移民在工作日和休息日的日常生活时间利用方面存在较大差异,总体而言,工作日的工作(学习)活动时长远高于休息日,休闲、购物活动却正好相反,而睡觉、就餐和家务活动则差别不大,具体总结有二(见图4-28)。

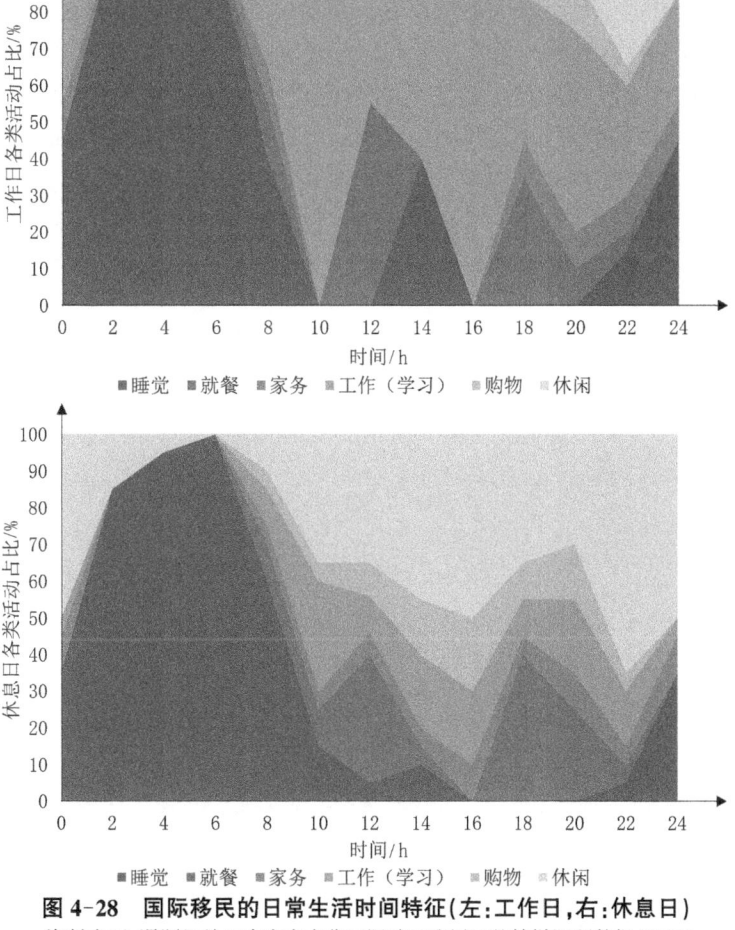

图4-28 国际移民的日常生活时间特征(左:工作日,右:休息日)
* 资料来源:课题组关于南京市在华国际移民聚居区的抽样调研数据(2022)。

国际移民的日常生活在工作日呈现出规律性特征。一方面,无论是留学生还是外籍员工,都需要完成固定的工作和学习任务,因此在工作日的生活以工作(学习)活动占比最大,几乎贯穿一天的所有时段;另一方面,其日常生活也大多围绕工作(学习)活动展开,除睡觉时间外,其余活动则穿插安排在工作(学习)之余,占用时间较少且相对分散。

国际移民的日常生活在休息日则呈现出随机性特征。一方面,相比于工作日的上班(上课)时间与任务指标,休息日的购物、休闲活动比例有明显提高,且分布时段更为广泛;另一方面,休息日的时间利用也非常弹性和自由,不但在每个时段都有发生各种活动的可能和概率,而且有很多活动与行为的发生不受时间限制,具有随机性。

(2) 空间上的有限独立性和圈层衰减性

国际移民对日常生活空间的使用一方面受移民特殊身份及其生活习惯和文化习俗差异的影响,表现出有限的独立性,但另一方面也符合人们日常活动出行的一般性规律,表现出圈层式的衰减性,具体总结同样有二。

国际移民的日常生活在空间上存在着有限的独立性。一方面,国际移民的居住地相对独立,学校通常会专门为留学生安排校内的国际留学生公寓(或宿舍),并与其他学生分开,进行统一管理。即使是校外择居的外籍员工和留学生也多会选择生活习惯、文化背景或种族相似的移民群体合租或是聚居,其休闲活动空间同样以群体内部的组织和参与为主,均表现出一种强烈的群体识别性和内向独立性。但另一方面,国际移民日常生活空间的独立性又是有限的,由于其身处中国的就业市场或校园环境,这就意味着其工作(学习)与休闲、购物活动需要同其他人空间共享。这种日常生活空间的有限独立性实际上反映出移民作为跨国特殊群体,在与当地环境交流时产生的融合与排斥两种力量的拉锯状态。

国际移民的日常生活空间还存在着圈层衰减性的规律(图4-29)。除了工作(学习)活动多相对固定地发生于就业(就学)地,睡觉和家务活动多发生于居住地之外,其他活动则相对集中地分布在居住地和就业(就学)地周边,比如附近的商场超市、广场、公园等地。在

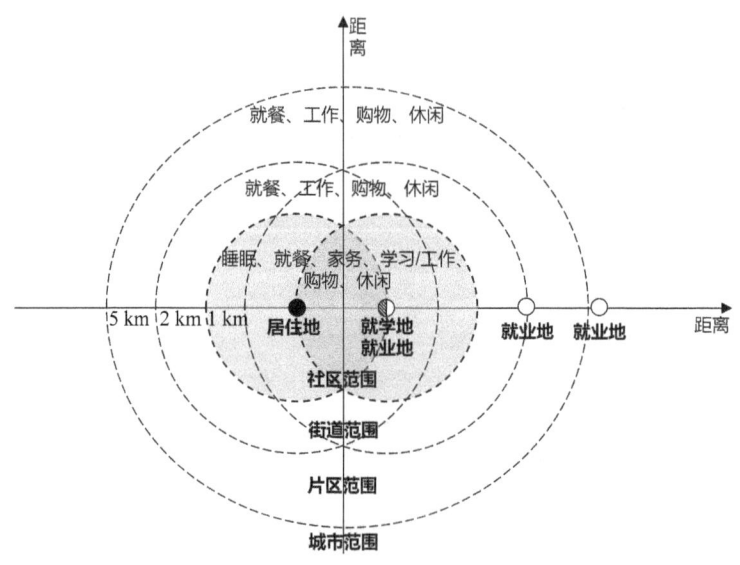

图4-29 国际移民日常生活空间的圈层结构

* 资料来源:笔者自绘。

此基础上,就餐、购物和休闲活动的空间甚至可以进一步拓展到整个城市范围。这些活动不但会以居住地和就业(就学)地为中心,形成双核心,并以双同心圆的方式向外扩展,而且通常随着距离的增加,活动的类别数量、频率也会呈现出衰减的趋势。

4.4.2 典型样本的时空模式

进一步总结和提炼四类移民聚居区样本的时空轨迹,发现其在工作日和休息日之间存在较大差异,并可概括为九种典型的时空模式:工作日包括校园学习型、住地学习型、外出学习型、远距离工作型和就近工作型;休息日则包括外出休闲型、住地休闲型、外出购物型和住地学习型。具体表现如下(见表4-14)。

表4-14 各类国际移民聚居区人口的时空模式

样本名称	工作日	休息日
社会型之留学生—被动聚居区:东南大学成园研究生公寓	校园学习型　　住地学习型	外出休闲型　　住地学习型
	校园学习型的留学生在上、下午两个时段入校学习,中午午休,夜晚回到学生公寓,其他活动分散和穿插在学习活动之间进行,总体上具有时间规律、空间固定的特点; 住地学习型的留学生除就餐、购物外,大部分时间待在公寓,睡觉、学习、休闲时间均较为灵活,总体上具有时间自由、空间固定的特点	外出休闲型的留学生多选择距离较远的地点,且休闲活动(以游憩为主)会占用白天大部分时段,还不时会掺杂购物和就餐活动,总体上具有时间和空间灵活、远距离出行的特点; 住地学习型的留学生与工作日作息相似,只是学习活动的时长略有下降,休闲、睡觉活动的时间则有所增加,总体上具有时间自由、空间固定的特点
社会型之留学生—主动聚居区:南秀村社区	住地学习型　　外出学习型	住地休闲型　　外出休闲型
	住地学习型的留学生除就餐、购物外,大部分时间在居住地,睡觉、学习、休闲时间均较为灵活,总体上具有时间自由、空间固定的特点; 外出学习型的留学生多前往社区周边的咖啡馆、餐厅学习,学习时间不固定、时长偏短,且多和就餐、休闲活动相结合,总体上具有时间和空间灵活、近距离出行的特点	住地休闲型的留学生除就餐和购物外,整日待在居住地,且绝大部分时间用以休闲活动,总体上具有时间自由、空间固定的特点; 外出休闲型的留学生多选择距离较远的地点,且休闲活动会占用白天大部分时段,还不时会掺杂着购物和就餐活动,总体上具有时间和空间灵活、远距离出行的特点

(续表)

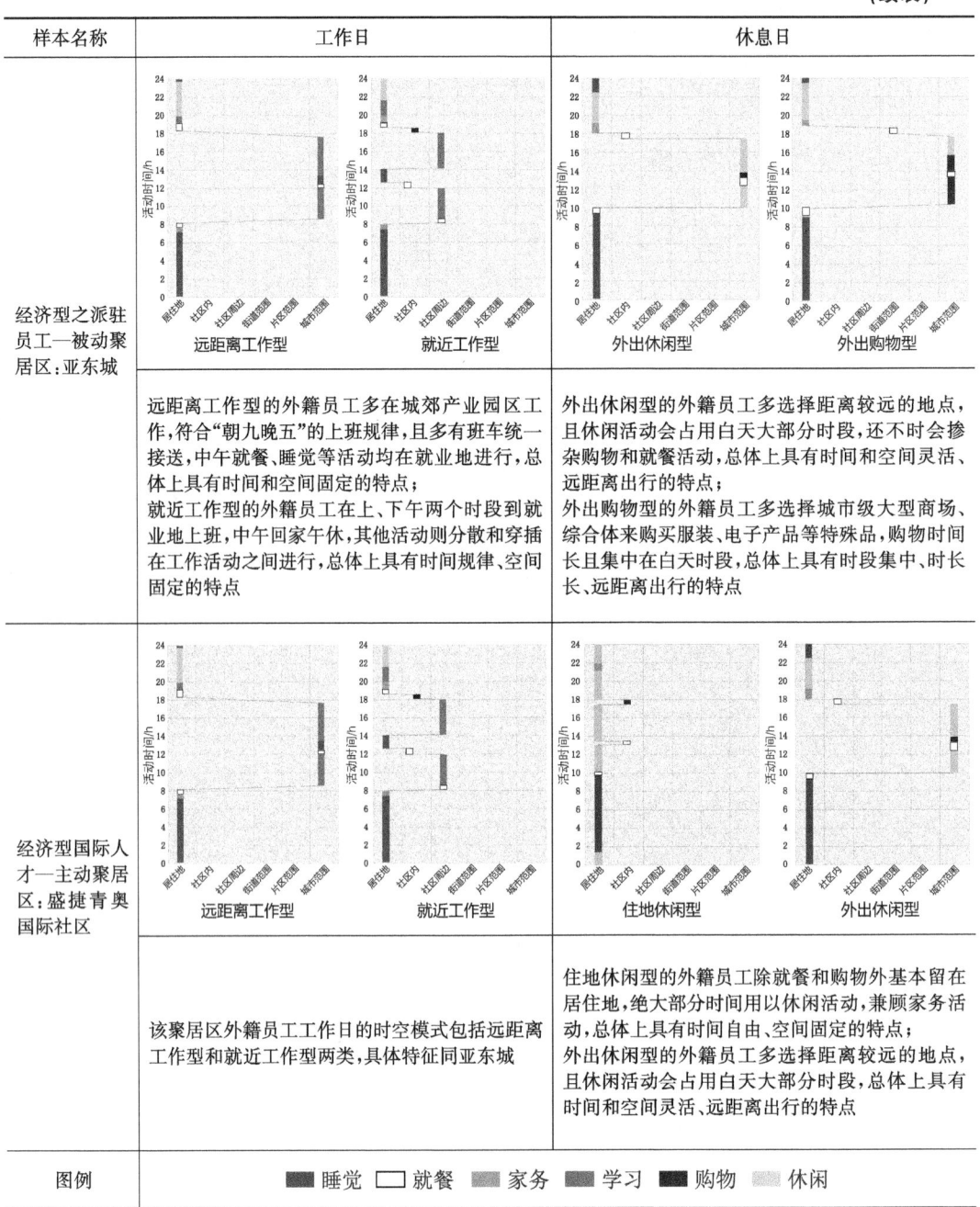

* 资料来源:课题组关于南京市在华国际移民聚居区的抽样调研数据(2022)。

国际移民日常生活的时空行为特征和差异化的时空模式主要受到城市空间结构、移民自身社会网络、个体属性等因素的影响[①]。其中城市空间结构的影响主要来自居住空间、就业空间和公共空间等的空间布局和复合程度,比如居住和就业空间关系会对日常生活的职

---

① 王晓梦,刘志林,谭一洺.城市公共空间与移民跨群体融合研究:时空间行为视角的研究综述[J].人文地理,2022,37(6):47-55.

住通勤行为产生较大影响,功能高度混合的城市片区则会大大缩短日常生活的时空路径;而移民自身的社会网络则会对其日常生活方式产生较大的影响,比如,移民在聚居区内部具有稳定的社会网络,除工作外,其日常活动更倾向于集中在社区及其周边,而无社区纽带联结的移民则可能更聚焦在家内活动,或者探索城市范围内的新活动空间;除此之外,移民的年龄、职业、收入水平等个体属性更是会直接影响其日常生活,比如收入水平很大程度上决定了移民购物活动的消费地点,而职业情况则决定了移民的工作强度和日常作息,进而影响其进行各类日常活动的时段利用。

4.5 本章小结

本章以南京国际留学生聚居区与外籍员工聚居区为例,解析了四类典型样本的社会属性、经济属性和空间属性特征,在此基础上归纳和总结了其日常生活的时空模式,勾勒出国际移民聚居区的整体面貌,为"融合"与"响应"核心章节的展开奠定基础。研究结论如下:

(1)南京国际移民的社会属性具有"多元化构成、中高端层次、梯度化联结"特征

南京市四类国际移民聚居区样本在国籍与宗教构成上呈现出多元化特征,移民主要来源于韩国、欧美、"一带一路"沿线国家,超过半数具有差异化的宗教信仰,且和其国家背景关联密切;在受教育程度和在宁身份上则偏向于中高端层次,移民学历普遍较高,超过九成移民拥有本科及以上学历,以求学和就业为目的获得在宁身份,其中来华求学的留学生以攻读学位学生为主,来华就业的外籍员工则身份相对多元和高端,且主要以来源国公司派遣、本地人才引进以及合同聘任为主;在社区联结上则分别建立了人员构成同质性由强到弱、联结内容和对象由多元交互到单一表层、社会资本从强到弱的三种梯度化原型:复合纽带联结型、单一纽带联结型和无纽带联结型。

(2)南京国际移民的经济属性具有外籍员工"三高"和留学生"三中"的分异特征

南京市四类国际移民聚居区样本的经济属性存在明显的群体分异。一方面,外籍员工的收入水平普遍较高,相应的居住成本和消费水平也远高于南京平均水平,总体表现出"三高"特征;另一方面,留学生本身虽基本没有经济收入,但其家庭条件一般比较优越,加之相对优渥的奖助学金,其收入水平也能达到南京平均水平(且远高于本地学生),他们的居住成本和消费水平也在平均线以上,总体表现出"三中"特征。

(3)由于择居动机的不同,南京国际移民在空间属性的空间布局、设施配套和职(学)住关系等方面表现出较大差异

南京市四类国际移民聚居区样本的多数移民采取主动择居方式,少数移民因雇佣方统一安排住房而被动择居,不同的择居动机使得其在聚居区空间布局、设施配套和职(学)住关系等方面表现出较大差异。在空间布局上,以独立式公寓和混合式住宅小区为主,只是外籍员工聚居区与国际留学生聚居区在社区环境、住房面积和户型等方面存在较大分异;在设施配套上,以团块状、轴带状和散点状三类布局为主,设施门类和数量相对齐全,但异国特色设施不足,居民对设施的满意度一般;在职(学)住关系上,分为邻近型、混合型和分离型三类,职住距离较为多样,步行和(电动)自行车出行超过半数,且外籍员工与留学生差

异明显。

（4）南京国际移民样本的日常生活主要表现为"时间上的工作日规律性与休息日随机性、空间上的有限独立性和圈层衰减性"

在活动时间上，南京国际移民样本在工作日主要表现为"早出晚归"的规律性作息，而休息日的购物、休闲活动比例明显提高，时间利用更具弹性、更加自由，很多活动与行为的发生是不受时间限制，具有随机性；在活动空间上，国际移民样本受移民特殊身份及其生活习惯和文化习俗差异的影响，表现出有限的独立性，但也符合人们日常活动出行的一般性规律，不但会以居住地和就业（就学）地为中心，形成双核心，并以双同心圆的方式向外扩展，而且通常随着距离的增加，活动的类别数量、频率也会呈现出衰减的趋势，总体上表现出圈层式的衰减性。

5 融合与响应:南京市经济型国际移民聚居空间的实证分析

国际移民聚居空间的演进是一个与迁入地城市之间不断发生"融合—响应"的过程,其中"融合"是国际移民及其聚居区通过与迁入地的接触、互动、沟通,而逐渐适应主流社会规则的过程,与此同时,迁入地城市及其居民也在不断做出或主动或被动的"响应"。本章以南京市外籍员工聚居区(经济型国际移民聚居空间)为实证样本,一方面利用层次分析法,构建聚居区融合的评价指标体系,从"分维度"和"分样本"两方面来探讨经济型国际移民聚居空间的融合特征,并通过构建结构方程模型,解析影响聚居区融合的内在机制;另一方面,根据聚居区的形成和演化脉络,分阶段对周边社区的空间、经济、社会、制度和心理五个维度的响应规律进行剖析,并从"分维度"和"分样本"两方面探讨经济型国际移民聚居空间给周边社区带来的综合反馈。在此基础上,对第2章的理论框架进行二次修正,并进一步对经济型国际移民聚居空间进行多情境诠释。

5.1 研究设计

5.1.1 "融合"研究方法

(1)研究方法的应用

关于国际移民聚居区"融合"特征的测度,是基于第2章建构的"空间—经济—社会—制度—心理"五维理论诠释框架以及可能涉及的关键词,通过搭建更加细化的指标体系,对四个实证样本进行"融合"程度的测度和比较。目前,常用的测度方法有模糊综合评判法、层次分析法、灰色关联分析法、主成分分析法、因子分析法、理想解法、熵权法等[1]。考虑到本章所研究的"融合"议题包含多个彼此关联的维度,且具体指标同时涉及连续变量和分类变量,更适合采取多层次、定性与定量相结合的分析方法。基于此,本书将选用层次分析法(Analytic Hierarchy Process,AHP)进行分析,该方法是城市研究中较常使用的因子综合评估方法之一[2],在解决多层次、多维度的城市复杂问题上具有明显优势,可以将涉及诸多指标的移民融合测度体系分解成若干层次,通过分析、比较、量化、排序,形成一个多层次的分析模型。具体而言,基于问卷调查、专题访谈等一手数据,把"融合"这一复杂问题分解为

---

[1] 杨高,周春山.深圳不同类型农民工聚居区的社会融合及影响因素[J].地理研究,2019,38(2):297-312.
[2] 许树柏.实用决策方法:层次分析法原理[M].天津:天津大学出版社,1995:1.

若干有序的层次,构建一个包括分目标层、调控层、基础指标层等在内的层次递阶结构,通过 SPSS 软件对各层次因子之间的相对重要性进行比较分析,并对其各项指标进行数据统计及加权计算,进而剖析国际移民聚居区分维度和分样本的融合特征。

关于国际移民聚居区"融合"机制的解析,同样基于第 2 章的理论诠释框架,结合本章"融合"特征测度的指标体系和结果,进一步剖析五个维度的内在关联及其对融合程度的影响。以往的研究大多运用相关性分析、路径分析、多重线性回归分析等方法来挖掘各类影响因素[①],后来整合上述方法的结构方程模型(Structural Equation Modeling, SEM)陆续被应用于变量间错综复杂关系的解析,弥补了传统统计方法的不足,并成为社会学领域中多元数据分析的重要工具之一[②]。考虑到本章需要基于第 2 章理论诠释框架的既定假设来进行实证分析,且融合涉及的作用要素中同时包含了分类变量与连续变量,因此引入结构方程模型来分析其融合机制不失为一种行之有效的方法[③]。同时,本书选用的结构方程模型还是一种建立、估计和检验因果关系模型的多元统计分析技术[④],它既包含了可以直接测得的测量变量(对应于图 5-1 中的 23 个测量变量),也包含了无法直接观测的潜变量(对应于空间、经济、社会、制度和心理五个维度,并由图 5-1 中的空间因素、经济因素、社会因素和制度因素 4 个外生变量,以及心理因素和融合程度 2 个内生变量组成)。其中测度测量变量与潜变量之间关系的模型为测量模型,而测度潜变量之间关系的模型为结构模型。其总体操作思路为:应用 AMOS 软件,依循"模型准备—模型建立—模型计算—模型评价"四个阶段,总共八个步骤进行解析。

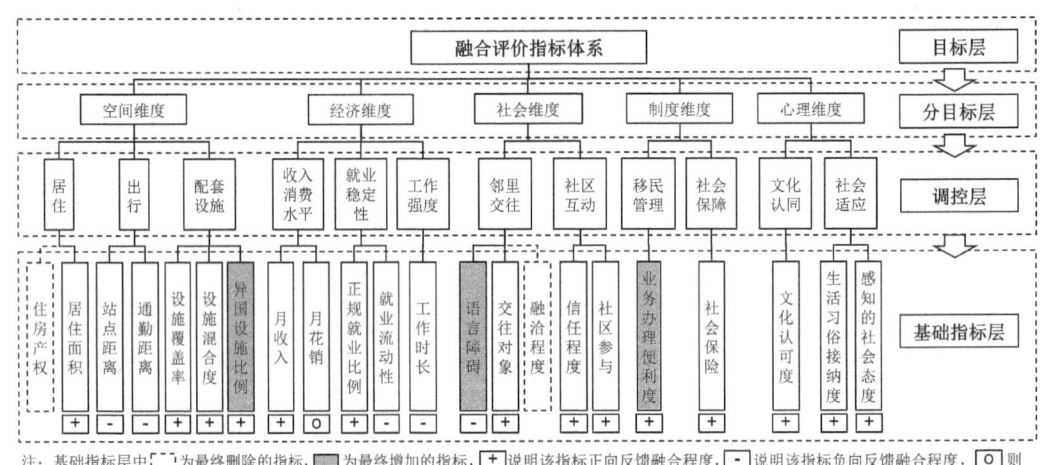

图 5-1 融合评价指标体系
* 资料来源:笔者自绘。

(2) 评价指标体系的构建

从第 2 章理论诠释框架的"融合端"出发,以空间、经济、社会、制度和心理五个维度和可能涉及的关键词为基础,结合南京实证样本,综合评价国际移民的融合程度,具体构建融合指标体系。为实现融合评价目标,还需建立包含分目标层、调控层和基础指标层的评价体

---

① 陈宏胜,李志刚.中国大城市保障房社区的社会融合研究:以广州为例[J].城市规划,2015,39(9):33-39.
② 邱皓政,林碧芳.结构方程模型的原理与应用[M].2 版.北京:中国轻工业出版社,2012:1.
③ 周皓.流动人口社会融合的测量及理论思考[J].人口研究,2012,36(3):27-30.
④ 辛士波,陈妍,张宸.结构方程模型理论的应用研究成果综述[J].工业技术经济,2014,33(5):61-71.

系。其中,分目标层之前已确定包括空间维度、经济维度、社会维度、制度维度和心理维度五项(亦为融合评价的主要维度),在此基础上,下文将对既有相关研究成果进行梳理、借鉴和整合,以进一步确定融合指标体系在调控层和基础指标层的因子构成。

①调控层指标的筛选

既有文献综述

基于空间维度、经济维度、社会维度、制度维度和心理维度五个分目标层因子,梳理和整合相关研究成果,发现:

其一,在空间维度上,Alba等人最先提出和居住空间相关的地理区位、住房所有权、住房质量等是判断融合水平的重要指标[1],后来又有学者由此拓展出居住模式、住房质量等指标[2];与此同时,还有不少研究关注到了出行、生活基础设施等相关指标同样能够表征特殊群体的融合水平[3]。总体而言,空间维度的融合指标可归纳为住房区位、住房所有权、居住条件、出行情况和配套设施五个方面。

其二,在经济维度上,西方经济学界起初是通过移民个体的职业流动性、经济收入水平和消费能力来判断其在迁入地的经济融合水平[4];随着该类群体规模的扩大,有的学者意识到移民群体的职业选择与迁入地劳动力市场准入条件、就业岗位供需关系之间的匹配度也是评价的重要指标[5],还有学者将就业类型和社会保障纳入考量[6]。相较而言,国内关于融合测度的研究成果主要是在参考西方指标体系的基础上,增加了职业声望、住房条件、工作稳定性和工作强度等指标[7]。总体而言,经济维度的融合指标主要涉及收入与消费水平、就业状态、社会保障、住房条件和就业市场等方面。

其三,在社会维度上,西方学者最先引入"社会距离"这一概念并用以测度社会维度的融合水平[8],其表征的是移民与迁入地市民之间交往的频率和强度;许多学者又以此为基础扩展出机会公平、社区参与、社会联系、邻里交往等社会维度的融合指标[9];除此之外,陈玲则增加了社会资本、社会网络等指标,进一步完善了融合的指标体系[10]。总体而言,社会维度的融合指标主要涉及机会公平、社区互动、邻里交往、社会资本、社会网络等方面。

---

[1] Alba R, Nee V. Remaking the American mainstream: assimilation and contemporary immigration[M]. Boston: Harvard University Press, 2003:28-63.

[2] 邓睿,郑强. 居住空间融合能否带来更高的生活满意度?:基于农民工城市社区居住状况的经验研究[J]. 人口与发展,2022,28(4):28-38.

[3] 赵多平,赵伟佚,撒小龙,等. 宁夏生态移民社区生活空间融合与重构的影响因素及机理:以宁夏闽宁镇为例[J]. 自然资源学报,2022,37(1):121-134.

[4] Goldlust J, Richmond A H. A multivariate model of immigrant adaptation[J]. International migration review, 1974(2):193-225.

[5] Junger-Tas J. Ethnic minorities, social integration and crime[J]. European journal on criminal policy and research, 2001, 9(1): 5-29.

[6] Entzinger H, Biezeveld R. Benchmarking in immigrant integration[M]. Rotterdam: Erasmus University, 2003: 19-20.

[7] 任远,邬民乐. 城市流动人口的社会融合:文献述评[J]. 人口研究,2006,30(3):87-94.

[8] Scott R A. Deviance, sanctions, and social integration in small-scale societies[J]. Social forces, 1976,54(3): 604-620.

[9] 郭璨. 南京市保障房社区社会融合度研究[D]. 南京:南京大学,2016:35-36.

[10] 陈玲. 支持网络与社会融合:基于在杭外国人调查的分析[D]. 杭州:浙江大学,2019:21-33.

其四,在制度维度上,相较西方学者着眼于移民政治参与、利益组织和公共事务等方面的制度融合①,我国学者更倾向于将政治权利、同等对待的地位和待遇、合法的政治身份等纳入考量②;在此基础上,不少学者进一步将制度维度的融合测度细化为市民权益、就业制度、教育制度、社会保险、劳动合同等指标③。总体而言,制度维度的融合指标涉及政治权利、市民待遇与权益、社会保障、就业与教育制度等方面。

其五,在心理维度上,相关的测度体系是基于移民群体/个人与迁入地城市及其市民的心理距离来展开的④,Gordon 最先采用主流群体与少数族群的群际关系所带来的归属感和精神感受来测度心理维度的融合⑤;国内学者则大多通过梳理和借鉴西方的理论框架,建立起包含文化认同、对迁入地满意度、居留意愿、自我认同、社会依赖感、居住安全感、公平感、疏离感等指标在内的心理融合体系⑥。总体而言,心理维度的融合指标可归纳为文化认同、心理归属、社会适应等方面。

调控层指标的优化

基于上文对融合测度现有文献的总体评述,同时结合"国际移民"这一特殊群体的特点,进一步做出增减和改动如下:

其一,删除与国际移民群体聚居区关联性不高的指标。兼顾本章所研究的经济型国际移民聚居空间(外籍员工聚居区)和第 6 章涉及的社会型国际移民聚居空间(国际留学生聚居区)的具体情况,其中外籍员工大多作为企业派驻员工或高端人才迁入和聚居,这类知识型移民群体往往在经济维度的就业类型、职业声望、劳动力市场准入条件、就业市场供需情况等方面基本趋同,因此缺少进行差异性评价的必要;而以学习为目的迁入的国际留学生甚至不用考虑和评价经济维度的融合。因此,可考虑删除相关指标。

其二,将内涵相近的指标进行归并。在既有研究涉及的指标中,大多为描述性的分类变量,缺少统一的表达方式。因此,本研究还需结合文献中的解释,归并内涵一致但表达不一的指标,避免指标体系中雷同项的产生:将空间维度中的住房区位、住房所有权、住房条件等统一整合为"居住"指标;将制度维度中的政治权利、市民待遇与权益、就业与教育制度等统一整合为"移民管理"指标,再根据具体内涵在基础指标体系中进行切分;而社会维度中的社会联系、社会资本、社会网络等指标由于和邻里交往的内容相近,不再单独设立指标。

其三,保证各维度指标间的差异性。既有研究中还有部分指标在维度上存在交叉和重复现象,基于差异性和不可替代性的原则,可将多次出现的指标归一后放在最为合适的维度。比如,空间维度和经济维度都涉及住房条件方面的指标,其中经济维度是通过测度居住条件来间接反映移民的经济实力(收入与消费水平可直接反映),而空间维度则是直接反映居住空间本身的融合情况,所以将居住指标放在空间维度更为合适;同样,经济维度和制度维度

---

① 肖子华,徐水源. 人口流动与社会融合:理论、指标与方法[M]. 北京:社会科学文献出版社,2018:94-106.
② 张文宏,雷开春. 城市新移民社会融合的结构、现状与影响因素分析[J]. 社会学研究,2008,23(5):117-141.
③ 任远,乔楠. 城市流动人口社会融合的过程、测量及影响因素[J]. 人口研究,2010,34(2):11-20.
④ Hughes M, Gove W R. Living alone, social integration, and mental health[J]. American journal of sociology, 1981, 87(1): 48-74.
⑤ Gordon M. Assimilation in American life: the role of race, religion and national origins[M]. New York: Oxford University Press, 1964:68-71.
⑥ 朱蓓倩. 上海外籍人口城市融入研究[D]. 上海:华东师范大学,2016:65-66.

都涉及社会保障,而在中国的现实背景下,社会保障其实更能反映制度维度的融合水平。

根据指标体系的整合与优化原则,最终遴选出12项调控指标来调控五个维度:其中空间维度包括居住、出行和配套设施三项;经济维度包括收入消费水平、工作强度和工作稳定性三项;社会维度包括邻里交往和社区互动两项;制度维度包括移民管理和社会保障两项;心理维度则包括文化认同和社会适应两项。

②基础指标层指标的筛选

在分目标层和调控层指标确定的基础上,下文将通过既有文献的梳理和整合来进一步筛选基础指标层所含的具体指标因子(见表5-1):

表5-1 关于融合评价的既有研究进展(基础指标层)

分目标层	调控层	基础指标层	指标因子释义	参考/修正来源
空间维度	居住	住房产权	购房所占比例	杨高等[1]
		居住面积	人均住房面积	胡江霞等[2]
	出行	站点距离	居住地到公共交通站点的最短步行距离	Zou等[3]
		通勤距离	居住地到就业地的距离	沈育辉等[4]
	配套设施	设施覆盖率	公共服务设施供给的覆盖程度	——
		设施混合度	公共服务设施供给的功能复合程度	
		异国设施比例	异国特色设施占比	
经济维度	收入消费水平	月收入	月收入情况	陆淑珍等[5]
		月花销	月花销与周边本地居民平均月花销的差距	
	就业稳定性	正规就业比例	合同工所占比例	Ager等[6]
		就业流动性	年均更换工作次数	
	工作强度	周平均工作时长	周工作时长与标准工时的差值	王金营等[7]
社会维度	邻里交往	语言障碍	与本地居民交流是否存在语言障碍	梁波等[8]
		交往对象	主要交往对象中本地居民的占比	陈宏胜等[9]
		融洽程度	与本地居民相处融洽程度	周皓[10]
	社区互动	信任程度	向本地居民寻求帮助的比例	梁波等[8]
		社区参与	参与社区活动的意愿	杨黎源[11]

---

[1] 杨高,周春山.深圳不同类型农民工聚居区的社会融合及影响因素[J].地理研究,2019,38(2):297-312.
[2] 胡江霞,文传浩.社区发展、政策环境与水电库区移民的社会融合[J].统计与决策,2016,32(16):82-85.
[3] Zou J, Chen Y, Chen J. The complex relationship between neighbourhood types and migrants' socio-economic integration: the case of urban China[J]. Journal of housing and the built environment, 2020, 35(1): 65-92.
[4] 沈育辉,童滋雨.人本尺度下社区生活圈便利性评估方法研究[J].南方建筑,2022(7):72-80.
[5] 陆淑珍,魏万青.城市外来人口社会融合的结构方程模型:基于珠三角地区的调查[J].人口与经济,2011,32(5):17-23.
[6] Ager A, Strang A. Understanding integration: a conceptual framework[J]. Journal of refugee studies, 2008, 21(2): 166-191.
[7] 王金营,黄卓.新就业形态下外来人口城市归属感研究:基于杭州市电商相关从业人员的调查[J].人口与社会,2020,36(4):1-17.
[8] 梁波,王海英.国外移民社会融入研究综述[J].甘肃行政学院学报,2010(2):18-27,126.
[9] 陈宏胜,李志刚.中国大城市保障房社区的社会融合研究:以广州为例[J].城市规划,2015,39(9):33-39.
[10] 周皓.流动人口社会融合的测量及理论思考[J].人口研究,2012,36(3):27-37.
[11] 杨黎源.外来人群社会融合进程中的八大问题探讨:基于对宁波市1053位居民社会调查的分析[J].宁波大学学报(人文科学版),2007,20(6):65-70.

(续表)

分目标层	调控层	基础指标层	指标因子释义	参考/修正来源
制度维度	移民管理	业务办理便利度	办理移民各项业务的便利程度	高彦梅①
	社会保障	社会保险	是否享受必要的社会保险	刘佳②
心理维度	文化认同	文化认可度	对中国传统文化的了解程度	陆淑珍等③
	社会适应	生活习俗接纳度	对本地生活习俗的接受程度	梁波等④
		感知的社会态度	感觉本地居民的态度是否友好	悦中山等⑤

* 注:"设施覆盖率"的计算公式为 $C_j = a_j/A$, a_j 指一定范围内 j 类设施的个数,A 指研究区域面积(hm^2),公共服务设施覆盖率通过取各类设施覆盖率的空间范围合集来确定,表征设施分布的疏密程度,值越大说明设施的服务辐射范围越广,居民生活越便利。"设施混合度"的计算公式为 $H = -\sum_i P_i \times \ln(P_i)/\ln(I)$, Pi 指一定范围内 i 类设施的占比,I 指区域内所有设施种类数量,反映的是公共服务设施供给的门类和规模,H 取值区间为 0—1,H 越接近 1,说明设施的混合度越高。

* 资料来源:笔者根据参考文献自绘。

该层次指标的选取会在很大程度上影响最终的评价结果,只有选取适当、能够反映客观情况的指标才有助融合的科学评价,因此构建指标体系时也须遵循以下筛选原则:

其一,针对性和系统性原则。应确保选取的每一个指标都能准确地反映国际移民这一特定群体的融合程度;与此同时,融合是一个复杂的系统,涉及有形、无形、宏观、中观、微观等多方面,整个指标体系基本上要系统、全面、综合地反映融合涉及的各方面。

其二,独立性和代表性原则。每个指标应尽可能代表要素某一方面的典型特征,而某个特征也尽可能用少而精的指标加以反映,以避免指标间出现不必要的重复交叉和强相关性。总之,指标本身只是其可测量、可观察的外显表现,必须独立而充分地反映其所代表的特性。

其三,易获得性和可测量性原则。一方面,考虑到数据的可得性,优先选取能够通过调查问卷、深入访谈、从相关部门调取、实地踏勘等途径获得数据的指标;另一方面,还应确保选取的指标可以通过一定的方式进行量化,以降低数据应用和评价的难度。

根据以上原则,可进一步优化既有的基础指标体系,具体而言:其一,删除住房产权和融洽程度两项指标,由于超过九成的国际移民选择租房居住,故住房产权这项指标的结果评价大体趋同;而融洽程度的测量由于具有一定的主观性,也可以交由交往对象指标加以反映。其二,新增异国设施比例、语言障碍和业务办理便利度三项指标,与国内其他类型的移民相比,国际移民在设施使用、语言、管理办法等方面具有天然的特殊性和差异化诉求,为保证测度的系统性和针对性而新增以上 3 项代表性指标。其三,对大部分符合上述原则的指标予以保留。由此而确定的 20 个基础指标,对应于调查问卷设计中的具体问题,将通过可测量的指标因子进行数据采集。综上所述,最终确定的融合评价指标体系如图 5-2 所示,其中还叠加表达了每项指标与目标层的正负关系,及与表 5-1 既有研究进展相比的指标增减关系。

需要指出的是,本节确定的"融合评价指标体系"同样适用于第 6 章社会型国际移民聚

---

① 高彦梅. 基于社会融合的流动人口居留意愿影响因素研究[D]. 太原:山西财经大学,2022:29-30.
② 刘佳. 大城市失地农民的空间安置与社会融合解析:以南京市失地农民安置区为例[D]. 南京:东南大学,2017:58-60.
③ 陆淑珍,魏万青. 城市外来人口社会融合的结构方程模型:基于珠三角地区的调查[J]. 人口与经济,2011,32(5):17-23.
④ 梁波,王海英. 国外移民社会融入研究综述[J]. 甘肃行政学院学报,2010(2):18-27,126.
⑤ 悦中山,李树茁,费尔德曼. 农民工的社会融合研究:现状、影响因素与后果[M]. 北京:社会科学文献出版社,2012:66-80.

居空间的"融合"解析,只不过社会型国际移民聚居空间不涉及经济维度的指标评价。

(3) 研究思路的确立

基于第2章理论诠释框架的"融合端",本章将通过经济型国际移民聚居区样本(亚东城和盛捷青奥国际社区)的实证分析来验证理论模型的科学性,并为理论模型修正提供依据与指导。首先从空间、经济、社会、制度及心理五个维度对各聚居区样本的融合状况进行解析,具体包括5个分目标、12个调控指标以及20项具体指标;在此基础上,再增加"个体居留意愿""家庭居留/迁入意愿""自我身份认同度"3个单项指标以及"融合程度"一个主要因素(内生变量),最终得到23项测量变量,并构建空间因素、经济因素、社会因素、制度因素、心理因素与融合程度之间作用关系的结构方程模型,以便对融合机制进一步展开解析(见图5-2,其中指标遴选依据和体系建构过程详见后文)。

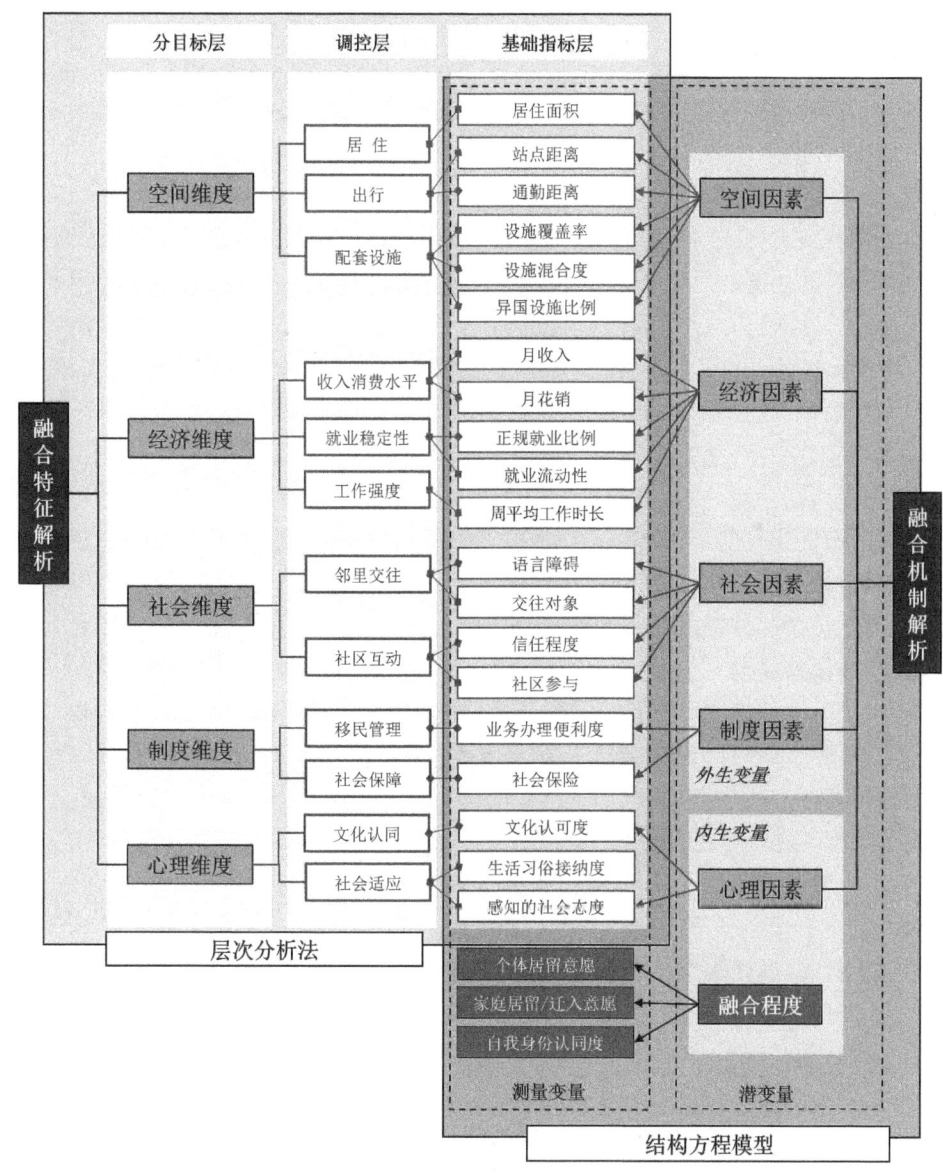

图5-2 "融合"分析的总体技术框图
*资料来源:笔者自绘。

同样根据第2章确定的经济型国际移民聚居空间,本章在解析融合特征的部分,将选取亚东城和盛捷青奥国际社区两个外籍员工聚居区作为样本(二者均属于经济型国际移民聚居空间),并以空间、经济、社会、制度、心理五个维度进行深入剖析;相应地,在解析融合机制的部分,本章也将遵循这一思路,构建关于外籍员工聚居区的假设模型,并分别进行拟合、修正和解释。

5.1.2 "响应"研究方法

(1) 响应维度的细分

从第2章理论诠释框架的"响应端"出发,以空间、经济、社会、制度和心理五个维度和可能涉及的关键词为基础,结合南京实证样本,对社区响应的维度进行细分,以全面地表征国际移民聚居空间的响应规律。

延续"融合端"指标体系构建的针对性和系统性、独立性和代表性原则,同时考虑实证分析的具体特点,按照以下步骤对"响应端"五个维度的细分指标展开遴选。

首先,延续"融合端"指标。考虑到"响应端"与"融合端"在各维度上的对应性和指标的可类比性,本章将5.1.1节中确定的融合测度指标(调控层和基础指标层)作为参照,对同样适用于"响应端"的指标在予以保留的基础上,做出两点调整:一是将指标的适用对象由国际移民转换为本地居民,二是将部分描摹现状静态特征的指标转变为表征变迁历程的历时态指标。由此保留并调整的指标共涉及9项,比如空间维度的公共服务设施分布变迁、公共服务设施规模变化,社会维度的语言障碍、中外交流活动参与意愿变化,制度维度的移民业务办理渠道变迁,以及心理维度的生活习俗接受度变迁等。

其次,新增指标。通过归纳既有文献对地方响应展开的测度分析发现,空间维度上主要涉及空间形态变迁、国际化景观更新面积等研究内容,经济维度主要包括消费市场和消费结构变迁、产业结构变化[①]、外资及高新技术产业的发展[②]、族裔经济的产生与发展等方面,社会维度则包括交往强度、活动频率等内容,制度维度上涉及移民政策和移民管理部门的变迁历程、非法移民与社会安全[③]等方面内容,而心理维度则是关于社会距离的测度分析。基于此,进一步补充细分指标11项,比如空间维度的公共空间、景观风貌和国际化景观空间形态变迁,经济维度的周边店铺中国际移民消费比例变化、业态构成的总体变迁,社会维度的与国际移民交往强度变迁,制度维度的移民政策的数量、内容和层级变迁,心理维度的能接受与国际移民建立的最亲密关系等。

最后,二次筛选指标。结合国际移民的实际情况和本书"社区"视角的展开方式,筛除经济维度上侧重宏观经济发展、与本研究无紧密关联的产业结构变化、外资及高新技术产业发展两项指标,同理筛除制度维度上与研究对象不符的非法移民与社会安全指标,最终确立"响应端"五个维度的细分指标共计20项(见表5-2)。

---

① 任增强. 人力资本国际流动的动因及效应研究[D]. 长春:东北师范大学,2012:4-9.
② 樊成. 国际人才集聚对技术创新效率的影响及提升策略研究:来自国家高新区的证据[D]. 南京:南京信息工程大学,2023:35-41.
③ 罗景珍. 云南边境地区非法移民与社会稳定问题研究[D]. 北京:中国人民公安大学,2023:34-40.

表 5-2 社区响应五个维度下细分指标

维度	细分指标	具体内容	参考来源
空间维度	物质空间	公共空间、景观风貌和国际化景观的空间形态变迁	孙洁等[①]
		公共空间、景观风貌和国际化景观的更新面积	郑培静[②]
	公共服务	公共服务设施分布变迁	参照融合评价指标
		公共服务设施规模变化	参照融合评价指标
经济维度	消费市场	周边店铺中国际移民消费比例变化	Wang 等[③]
		本地居民前往外国特色商铺消费比例变化	马萧等[④]
	业态构成	业态构成的总体变迁	许清清等[⑤]
		国际移民相关网点规模变化	周雯婷等[⑥]
社会维度	邻里交往	语言障碍	参照融合评价指标
		与国际移民交往意愿	参照融合评价指标
		与国际移民交往强度变迁	李志刚等[⑦]
	社区互动	为国际移民提供帮助的意愿	参照融合评价指标
		中外交流活动组织频率变化	杨黎源[⑧]
		中外交流活动参与意愿变化	参照融合评价指标
制度维度	移民政策	移民政策的数量、内容和层级变迁	高彦梅[⑨]
	移民管理与服务	移民管理部门变迁	李树茁等[⑩]
		移民业务办理渠道变迁	参照融合评价指标
心理维度	文化习俗接纳	生活习俗接受度变迁	参照融合评价指标
		文化接纳度变迁	参照融合评价指标
	社会距离	能接受与国际移民建立的最亲密关系	曾东林等[⑪]

* 注:表中灰底的指标是根据"地方响应"既有文献的测度分析并结合现实状况和研究内容,补充和新增的内容;其他指标则是参考"融合端"指标体系迁移而来。
* 资料来源:笔者根据相关资料自绘。

---

① 孙洁,余思奇,朱喜钢,等. 教育全球化背景下南京"留学生街"的形成与演变[J]. 现代城市研究,2022,37(6):67-73.

② 郑培静. 我国大都市外国人聚居区的多语景观比较研究:基于北京、上海和广州的考察[D]. 上海:华东师范大学,2021:22-54.

③ Wang X H, Muhammad A, Ayyub S. Determinants of consumption intention of Chinese cuisines for foreigners: the mediating role of variety seeking behavior[J]. International journal of culture, tourism and hospitality research, 2018, 12(2):213-222.

④ 马萧,何雪松. 来华韩国人的族裔经济形态探析[J]. 世界民族,2022(4):38-49.

⑤ 许清清,范甜甜,袁祺. 我国人口迁移政策对产业结构升级的影响研究:基于2000—2016年我国31个省的面板数据的实证检验[J]. 宏观质量研究,2019,7(4):48-63.

⑥ 周雯婷,刘云刚. 上海古北地区日本人聚居区族裔经济的形成特征[J]. 地理研究,2015,34(11):2179-2194.

⑦ 李志刚,薛德升,杜枫,等. 全球化下"跨国移民社会空间"的地方响应:以广州小北黑人区为例[J]. 地理研究,2009,28(4):920-932.

⑧ 杨黎源. 外来人群社会融合进程中的八大问题探讨:基于对宁波市1053位居民社会调查的分析[J]. 宁波大学学报(人文科学版),2007,20(6):65-70.

⑨ 高彦梅. 基于社会融合的流动人口居留意愿影响因素研究[D]. 太原:山西财经大学,2022:29-30.

⑩ 李树茁,薛琳,宋雨笑. 新时代在华国际移民的融合、发展与治理[J]. 北京工业大学学报(社会科学版),2022,22(4):16-28.

⑪ 曾东林,吴晓刚,陈伟. 移民的空间聚集与群体社会距离:来自上海的证据[J]. 社会,2021,41(5):56-79.

(3) 研究思路的确立

基于第2章理论诠释框架的"响应端",本章将采取以动态为主、静态补充,定量为主、定性为辅,特征规律与响应水平相结合的研究思路,从社区响应规律的解析(对应5.3.2～5.3.6节的内容)和社区响应程度的评估(对应5.3.7节的内容)两方面来对经济型国际移民聚居区样本周边社区响应展开实证分析。

其一,动态为主、静态补充。与"融合"的静态特征解析有所不同,"响应"采用以动态指标为主(实际占整套指标体系的80%)、静态指标为补充(实际占整套指标体系的20%)的分析方法对国际移民聚居区的周边社区响应进行剖析。一方面,国际移民的迁入与聚居对周边社区的影响和作用是一个持续性的过程,因而动态分析是反映周边社区响应变化规律的有效路径。其中,空间、经济和制度三个维度的响应表现的是客观环境与条件要素的历时态演化和变迁过程,具体包括空间形态变迁、业态构成变迁、管理部门变迁等11项指标;而社会和心理维度的响应在一定程度上也可通过客观事实的变迁来展现,具体涉及交往强度变迁、生活习俗接受度变迁等5项指标。另一方面,周边社区响应中也存在因自身条件或固化观念而在短时间内难以改变的因素,对此本书采用现状截面数据进行静态分析,以展示周边社区居民的现实情境和主观态度,具体包括社会维度的语言障碍、交往意愿和提供帮助意愿,心理维度的能接受与国际移民建立的最亲密关系4项指标。

其二,定量为主、定性为辅。为同时兼顾特征描摹和水平估测的要求,"响应"分析还将采用以定量指标为主(实际占整套指标体系的80%),定性指标为辅(实际占整套指标体系的20%)的方法来分析社区响应的演化规律和响应程度两个方面的内容。一方面,定性分析能够根据社区及周边的客观属性及矛盾变化,归纳总结出响应的外在表现和内在规律,即通过演化图解的方式对难以量化的内容进行分析,具体涉及空间维度的空间形态变迁、设施分布变迁等2项指标,以及制度维度的管理部门变迁、业务办理渠道变迁2项指标。另一方面,涉及数量变化的定量分析能够更加明晰和准确地揭示和描述社会现象的相互作用和发展趋势,即通过数字解析的方式展现周边社区的响应程度和演化规律,具体包括空间维度的更新面积、设施规模变化2项指标,经济维度的国际移民消费比例变化、国际移民相关网点规模变化等4项指标,社会维度的提供帮助意愿、活动参与意愿变化等6项指标,制度维度的政策数量、内容和层级变迁指标,以及心理维度的生活习俗接受度变迁、文化接纳度变迁等3项指标。

其三,特征规律揭示与响应水平评估相结合。依据前面动静结合、定性与定量结合的原则,进一步确定从特征规律揭示与响应水平评估两个方面对"响应端"进行实证分析。一方面,从五个维度所涉及的十个方面共计20项指标来揭示社区响应的特征规律,比如在空间维度上,通过空间形态变迁和更新面积来表征物质空间的变迁,同时通过设施分布变迁和设施规模变迁来表征公共服务的演化。另一方面,从上述20项指标中选取"定量+动态"的指标对社区响应水平进行评估,比如选取交往强度变迁、活动组织频率变化这两个动态量化指标评估社会维度的响应程度;以此为标准共选取10项指标来构建社区响应程度评估的指标体系,同时考虑到社区响应具有与融合特征相似的多维关联性和变量复杂性,依然采取层次分析法(方法比选依据详见5.1.1)从"分维度"和"分样本"两个层面对国际移民聚居区的响应程度进行定量评估。后文将按照最终确定的20项特征规律揭示指标和10项响应水平评估指标(见图 5-3),分别对五个维度展开社区响应分析。这不仅能够展现国际移民聚居空间社区响应的特征和程度,还能验证理论模型的科学性并为理论模型的修正提供依据与指导。

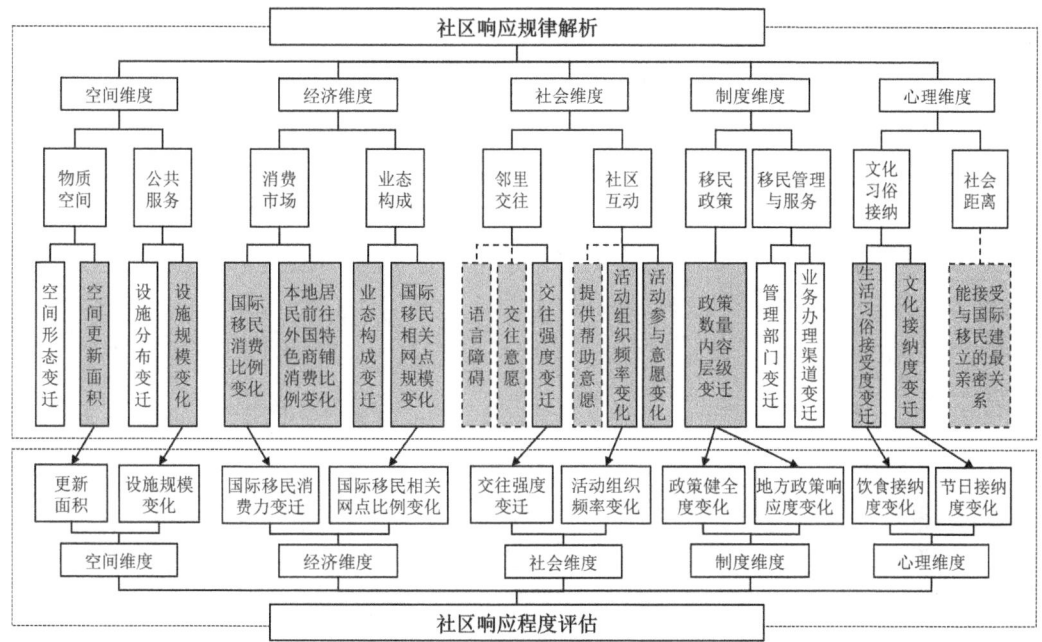

图 5-3　"响应"分析的总体技术框图
* 资料来源:笔者自绘。

5.2 经济型国际移民聚居空间的融合——以外籍员工聚居区为例

5.2.1 融合特征解析

(1)问卷指标赋值

融合评价的指标体系涉及多个维度,为了能准确反映两个经济型国际移民聚居区样本(亚东城和盛捷青奥国际社区)的融合特征,本书对不同类型的问题采取差异化的赋值方法。其一,数值填入类(连续变量):直接回答具体数据,比如月收入、周平均工作时长等。对于该类型有量纲的具体数字,可用各样本的平均数或者百分比进行赋值。其二,单项备选类(分类变量):从选项中进行选择并赋值,有些选项是具体的数值区间,有些选项则是相对程度的表达,如是否愿意参与社区活动的选项即包括:(1)非常愿意,(2)比较愿意,(3)不太愿意,(4)非常不愿意,对于该类问题还需依次对选项进行赋值(如将选项依次赋值为 7,5,3,1),进而测算其评价得分占总分的比例(见表5-3)。

表 5-3　经济型国际移民聚居区样本融合的分维度指标赋值(初始值)

维度	指标	指标代码	经济型之派驻员工—被动聚居区：亚东城	经济型之国际人才—主动聚居区：盛捷青奥国际社区
空间维度	人均居住面积/(m²/人)	X1	53.60	69.12
	居住地到公共交通站点的最短步行距离/km	X2	0.45	0.60
	居住地到就业(学)地的距离/km	X3	4.50	5.50
	公共服务设施供给的覆盖程度/(个/hm²)	X4	0.78	0.73
	公共服务设施供给的功能复合程度/%	X5	86.84	89.29
	异国特色设施占比/%	X6	45.00	30.00
经济维度	月收入情况与周边本地居民平均月收入的比值/%	X7	245.88	245.56
	月花销与周边本地居民平均月花销的比值/%	X8	101.21	107.06
	合同工所占比例/%	X9	65.63	93.33
	年均更换工作次数/(次/年)	X10	0.04	0.05
	周工作时长与标准工时的比值/(时/周)	X11	103.30	95.20
社会维度	与本地居民交流无语言障碍占比/%	X12	21.88	35.71
	主要交往对象中本地居民占比/%	X13	31.25	71.43
	愿意向本地居民寻求帮助的比例/%	X14	21.88	42.86
	参与社区活动意愿/%	X15	31.25	42.86
制度维度	办理移民各项业务的便利程度/%	X16	21.88	21.43
	享有社会保险的比例/%	X17	62.50	80.00
心理维度	对中国传统文化的了解程度/%	X18	21.88	21.43
	对本地生活习俗(节庆、饮食等)的接受程度/%	X19	31.25	42.86
	感觉本地居民的态度友好程度/%	X20	51.00	53.00

* 注：表中白底为连续变量，灰底为分类变量。
* 资料来源：课题组关于南京市在华国际移民聚居区的抽样调研数据(2022)。

(3) 指标权重确定

在综合评价体系中，权重的确定是整个评价过程关键的一环。本书采用专家打分法对调控层指标和基础指标层进行权重计算，邀请 25 名专家学者采用打分方式进行综合评估，通过对各维度中的指标按照二者之间关系的重要性进行两两比较打分，可将相关指标的得分评价等级划分为绝对重要、重要得多、明显重要、略微重要、一样重要等 5 个等级，并分别对应于 9 分、7 分、5 分、3 分、1 分，以此来统一调控层和基础指标层的权重。

比如说通过专家打分法，先确定经济型国际移民聚居区在空间维度融合维度下居住、出行和配套设施三个调控层的指标权重，进而对基础指标层的指标打分并赋权重(见表 5-4)。

表 5-4 经济型国际移民聚居区的空间维度融合评价指标及权重

分目标层	调控层		基础指标层		
	名称	权重	名称	权重	对于调控层权重
空间维度	居住	0.229 7	居住面积	1	0.229 7
	出行	0.122 0	站点距离	0.666 7	0.081 3
			通勤距离	0.333 3	0.040 7
	配套设施	0.648 3	设施覆盖率	0.185 2	0.120 1
			设施混合度	0.156 2	0.101 3
			异国特色设施占比	0.658 6	0.427 0

*注:调控层和基础指标层权重计算结果均通过了一致性检验。

同样地,分别对经济维度、社会维度、制度维度和心理维度融合的调控层指标和基础指标层指标进行专家打分,具体结果见表 5-5~表 5-8:

表 5-5 经济型国际移民聚居区的经济维度融合评价指标及权重

分目标层	调控层		基础指标层		
	名称	权重	名称	权重	对于调控层权重
经济维度	收入消费水平	0.606 8	月收入	0.666 7	0.404 6
	就业稳定性	0.193 8	月花销	0.333 3	0.202 2
	工作强度	0.199 4	合同工比例	0.500 0	0.096 9
			换工作频率	0.500 0	0.096 9
			周平均工作时长	1	0.199 4

*注:调控层和基础指标层权重计算结果均通过了一致性检验。

表 5-6 经济型国际移民聚居区的社会维度融合评价指标及权重

分目标层	调控层		基础指标层		
	名称	权重	名称	权重	对于分目标层权重
社会维度	邻里交往	0.666 7	语言障碍	0.333 3	0.222 2
			交往对象	0.666 7	0.444 5
	社区互动	0.333 3	信任程度	0.500 0	0.166 6
			社区参与	0.500 0	0.166 7

*注:调控层和基础指标层权重计算结果均通过了一致性检验。

表 5-7 经济型国际移民聚居区的制度维度融合评价指标及权重

分目标层	调控层		基础指标层		
	名称	权重	名称	权重	对于分目标层权重
制度维度	移民管理	0.500 0	业务办理便利度	1	0.500 0
	社会保障	0.500 0	社会保险	1	0.500 0

*注:调控层和基础指标层权重计算结果均通过了一致性检验。

表5-8 经济型国际移民聚居区的心理维度融合评价指标及权重

分目标层	调控层		基础指标层		
	名称	权重	名称	权重	对于分目标层权重
心理维度	文化认同	0.666 7	文化认可度	1	0.666 7
	社会适应	0.333 3	生活习俗接纳度	0.666 7	0.222 2
			感知的社会态度	0.333 3	0.111 1

* 注:调控层和基础指标层权重计算结果均通过了一致性检验。
* 资料来源:笔者根据专家打分结果自绘。

(4) 同一维度不同样本的融合特征解析

根据上述指标体系和对应权重,分别计算同一维度下两个经济型移民聚居区样本的融合程度,并进行排序,以解析同一维度下的样本差异。首先,为确保所有指标方向的一致性,对各负向指标结果进行逆向化处理,对趋近性指标进行适度化处理;接着,为避免因指标取值范围差异而造成指标间数量级失衡的现象,再对同一维度下不同样本间的赋值结果进行均值标准化处理;最后,根据对应权重分别计算得到空间、经济、社会、制度和心理维度下两个聚居区样本的融合评价值及其排序情况(见表5-9)。

表5-9 同一维度不同样本的融合评价值及排序

样本	空间维度	排序	经济维度	排序	社会维度	排序	制度维度	排序	心理维度	排序
亚东城	1.001 7	2	1.116 1	1	0.790 8	2	1.089 0	1	1.045 5	2
盛捷青奥国际社区	1.002 5	1	0.883 9	2	1.370 3	1	1.062 1	2	1.097 3	1

* 资料来源:课题组关于南京市在华国际移民聚居区的抽样调研数据(2022)。

就同一维度下聚居区样本之间的融合排序而言,在空间维度的融合程度上,盛捷青奥国际社区和亚东城彼此差距极微;亚东城的经济融合程度明显高于盛捷青奥国际社区;在社会维度上,盛捷青奥国际社区的国际移民融合程度远高于亚东城;在制度维度和心理维度上,两个样本的融合程度则差距不大。下文将进一步对各个维度的融合情况分别进行解析:

①空间维度融合解析

空间维度的融合程度不仅可以反映国际移民的居住情况,还可以体现出各聚居区交通出行及配套设施的完善程度。两个聚居区在空间维度上的融合程度差异并不明显,盛捷青奥国际社区和亚东城的评价值分别为1.002 5和1.001 7。

就空间维度的各细分指标而言,从居住水平来看,盛捷青奥国际社区和亚东城移民的人均居住面积较大。从出行情况来看,各聚居区的公共交通出行还算便利,只是盛捷青奥国际社区和亚东城移民的工作地点相对较远。从配套设施来看,两个聚居区的设施覆盖率和混合度处于一般水平,但异国设施的占比较高。

②经济维度融合解析

经济维度的融合程度是经济型国际移民聚居区在迁入地立足和生活的根本动力。两个聚居区样本在经济维度上的融合程度差异较为明显,亚东城(1.116 1)的经济融合水平要高于盛捷青奥国际社区(0.883 9)。

就经济维度的各细分指标而言,从收入消费水平来看,盛捷青奥国际社区和亚东城的国际移民平均月收入相仿,均超过所在街道本地居民收入水平的两倍(2.45倍);而月花销则均略高于本地居民。从就业稳定性来看,盛捷青奥国际社区中正规就业(签订劳动合同)的国际移民超过九成,远高于亚东城的六成;而二者更换工作的频率均十分低(平均5~10年换一份工作)。从工作强度来看,亚东城移民略高于我国的标准工作时长,而盛捷青奥国际社区则略低于标准时长,但样本间差异不大。

③社会维度融合解析

与迁入地社会是否能够产生积极的互动与联结是判断国际移民社会融合程度的重要依据之一。盛捷青奥社区(1.370 3)在社会维度上的融合程度明显高于亚东城(0.790 8)。

就社会维度的各细分指标而言,从邻里交往来看,大部分国际移民与本地居民交流时存在一定的语言障碍,亚东城的移民(21.88%表示沟通无语言障碍)表现得最为明显;国际移民平时的交往对象中都有一定比例的本地居民,且聚居区样本间存在较大差异,其中盛捷青奥国际社区交往本地居民的比例很高(71.43%),明显高于亚东城的31.25%。从社区互动来看,两个聚居区的国际移民对本地居民的信任度均不高,即使是信任度最高的盛捷青奥国际社区,其移民向本地居民寻求帮助的比例也未过半(42.86%);移民参与社区活动的意愿则存在样本差异,盛捷青奥国际社区和亚东城社区各有42.86%和31.25%的移民有参与意愿。

④制度维度融合解析

制度维度融合程度的高低也可以从侧面反映国际移民相关政策落实情况的差异。聚居区样本在制度维度上的融合水平较为接近,亚东城(1.089 0)和盛捷青奥国际社区(1.062 1)的国际移民在制度融合水平上相差无几。

就制度维度的各细分指标而言,从移民业务办理的便利度来看,国际移民在华办理居留、就业、出入境等业务时普遍存在诸多不便,所以四个聚居区样本的移民在该指标上均处于较低水平,其中评价值较高的亚东城也仅为21.88%。从社会保障方面来看,亚东城和盛捷青奥国际社区的外籍员工主要涉及养老保险、医疗保险、工伤保险、失业保险、生育保险等五险,盛捷青奥国际社区的参保人数(80.00%)要高于亚东城(62.50%)。

⑤心理维度融合解析

心理维度的融合程度可以从主观上深入反映国际移民的文化认同和社会适应情况。聚居区样本在心理维度上的融合程度相差不大,盛捷青奥国际社区的评价值为1.097 3,亚东城的评价值为1.045 5。

就心理维度的各细分指标而言,从文化认同来看,国际移民对中国传统文化的了解程度还是相对有限,亚东城和盛捷青奥国际社区样本的移民多表示对中国文化不太了解,评价值分别为21.88%和21.43%。从社会适应来看,大多数移民对迁入地的生活习俗(节庆、饮食等)接受程度一般,亚东城(31.25%)移民的接受度相对低于盛捷青奥国际社区(42.86%);与此同时,国际移民感受到的本地居民态度也反应平平,盛捷青奥国际社区和亚东城均仅有半数移民认为与本地居民相处较为融洽。

(5) 同一样本不同维度的融合特征解析

同样地,分别计算两个聚居区样本在不同维度上的融合程度并进行排序,以解析同一样本下的维度差异:分别对每个样本五个维度的赋值结果进行均值标准化处理,再根据对应权重分别计算亚东城和盛捷青奥国际社区样本在各个维度上的融合评价值,并对分维度的融合程度进行排序(见表5-10)。

就同一样本下不同维度之间的融合排序而言,亚东城经济维度的融合程度最高,其次是空间维度,制度维度和社会维度分列3、4位,心理维度的融合程度最低;而盛捷青奥国际社区的经济维度、空间维度和心理维度排序与亚东城相同,只是制度维度和社会维度的排序与前者相反。下文将进一步对各个样本的融合情况分别进行解析(见图5-4):

表5-10 同一样本不同维度的融合评价值及排序

维度	亚东城	排序	盛捷青奥国际社区	排序
空间维度	0.627 4	2	0.560 9	2
经济维度	0.957 1	1	0.973 4	1
社会维度	0.376 1	4	0.539 7	3
制度维度	0.421 9	3	0.507 1	4
心理维度	0.271 9	5	0.297 0	5

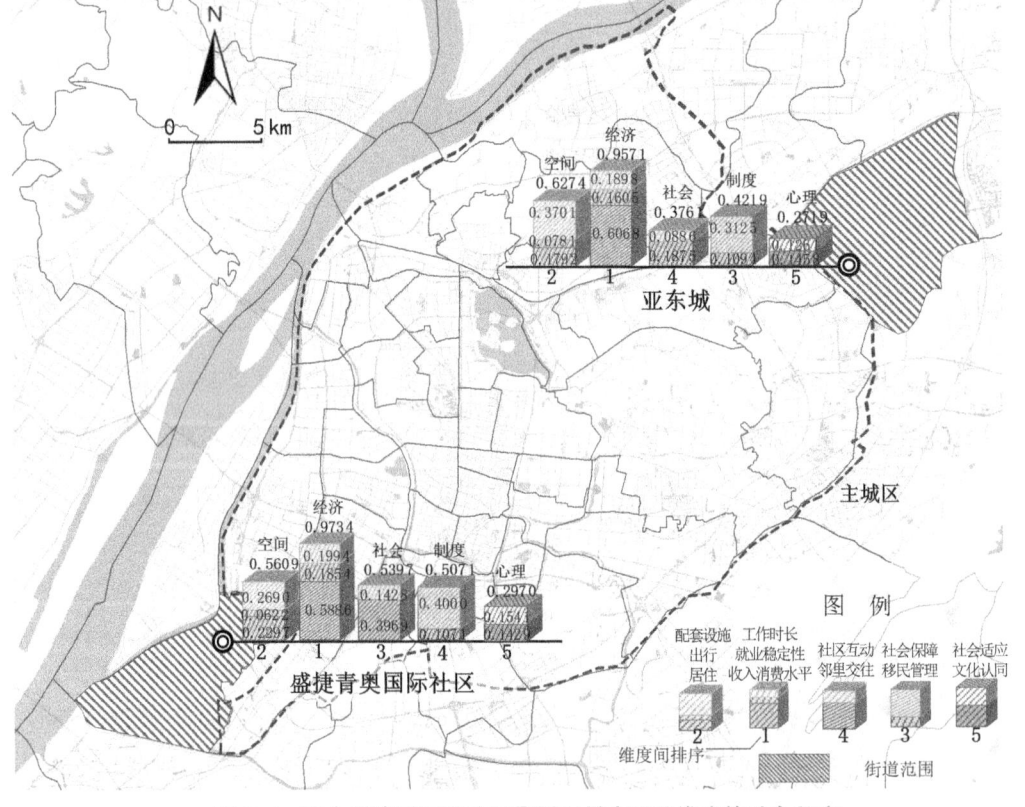

图5-4 两个经济型国际移民聚居区样本不同维度的融合程度
*资料来源:课题组关于南京市在华国际移民聚居区的抽样调研数据(2022)。

①亚东城融合特征解析

亚东城在空间、经济、社会、制度和心理五个维度上的融合水平具有显著差异,其中经济维度的融合程度(0.957 1)明显高于其他维度,其次是空间维度(0.627 4),制度维度(0.421 9)和社会维度(0.376 1)的融合水平较为相近,心理维度的融合程度则明显较低(0.271 9)。

具体而言,从空间维度来看,该样本在人均居住面积、公共交通站点距离、设施混合度和异国特色设施四个指标上具有一定优势,但存在设施覆盖率一般、通勤距离偏长等不足;从经济维度来看,该样本中移民的收入和消费水平均高于本地居民,工作的稳定性较好,且工作强度符合法定标准,这也保障了其经济维度较高的融合程度;从制度维度来看,该地移民的社会保障未能实现全面覆盖(有六成移民享有五险),办理各项业务也较为不便;从社会维度来看,该样本中的移民与本地居民来往较少,更是不愿向本地居民寻求帮助,同时存在语言障碍明显、参与社区活动意愿较弱等问题;从心理维度来看,该样本中的移民文化认同度(仅有两成的移民表示对中国传统文化较为了解)偏低,社会适应程度一般(三成移民接受迁入地的生活习俗、五成移民能与本地居民相处融洽)。

②盛捷青奥国际社区融合特征解析

盛捷青奥国际社区在空间、经济、社会、制度和心理五个维度上的融合水平同样具有明显差距,其中经济维度的融合程度最高(0.973 4)且明显高于其他四个维度,而排名2~4位的空间维度(0.560 9)、社会维度(0.539 7)和制度维度(0.507 1)融合水平较为相近,心理维度的融合程度则明显较低(0.297 0)。

具体而言,从空间维度来看,该样本的人均居住面积最高,在公共交通站点距离和设施混合度两个指标上也表现尚可,但存在设施覆盖率一般、通勤距离偏长、异国特色设施占比较低等不足;从经济维度来看,该样本移民与亚东城情况相似,且工作稳定性更高,故而经济维度的融合水平也最高;从社会维度来看,该样本中的移民与本地居民来往较多,且较愿意向本地居民寻求帮助和参与社区活动,但仍存明显的语言障碍;从制度维度来看,其移民的社会保障覆盖率较高(有八成移民享有五险),但办理各项业务仍不方便;从心理维度来看,该样本中的移民文化认同度(仅有两成的移民表示对中国传统文化较为了解)同样偏低,但社会适应程度尚可(四成移民接受迁入地的生活习俗、五成移民能与本地居民相处融洽)。

5.2.2 融合机制解析

(1)变量选取

该方法通过构建结构模型(包含融合程度在内的6个潜变量、23个测量变量)来解析经济因素、空间因素、社会因素、制度因素及心理因素等对于融合程度的作用机制,除了上述五个维度外,本节还增加了"融合程度"这一内生变量,其下辖参与测度的"个体居留意愿"、"家庭居留/迁入意愿"和"自我身份认同度"三个指标。与上一节层次分析法目的(通过确定各级指标的权重来计算各级指标的评价值)不同的是,结构方程模型的实质是探讨各潜变量对融合程度的影响以及各测量指标对相应潜变量的作用形式与影响程度。

(2)假设提出

实证研究须遵循"提出假设—验证假设"的逻辑,假设的提出则须依托坚实的理论基础和文献支撑。本书在第2章国际移民聚居区演进的理论框架中,提出要从空间、经济、社会、制度、心理五个维度来同时解释聚居区的"融合"和"响应"过程。基于此,本节将进一步梳理相关文献,先尝试对空间、经济、社会、制度、心理五个维度的影响因素与融合程度的内在联系做出具体假设。

现有研究表明,空间维度的影响因素主要包括移民日常生活活动及其空间的质量[1]、公共服务设施的使用情况[2]等方面,大多数研究认为这些客观性因素会直接影响移民的融合水平[3]。就经济因素而言,拥有较强的经济实力的移民更容易在其心理上产生正面效应,这种对迁入地资本分配的内心反应会间接影响其在迁入地的融合程度[4];与此同时,移民的事业稳定性、就业强度等与迁入地平均水平的差距也能直接反映其融合水平[5]。就社会因素而言,移民是否能与迁入地居民建立稳定的社会网络和邻里关系会影响其心理感受,同时邻里交往和社区参与的主动性也能直接反映其当前的融合程度[6]。就制度因素而言,移民管理和社会保障等因素同样会对移民的融合水平产生直接影响,但影响力相对弱于其他因素[7]。最后,心理因素则包括移民对迁入地文化的接受度、对自我身份的认同度,以及与本地社会的共鸣等主观性认知和感受,因此其对移民融合水平的影响往往是深层次和直接性的[8]。

综上所述,同时结合5.2.1节融合特征的解析结论,本节将提出以下模型假设:

[假设B1]:经济维度是融入城市的根本动力,社会维度是精神需求,心理维度则是最深层次的融合,由此假设经济维度、社会维度及心理维度对总体融合程度有直接且显著的影响。

[假设B1.1]:经济维度融合程度越高,总体融合程度越高。

[假设B1.2]:社会维度融合程度越高,总体融合程度越高。

[假设B1.3]:心理维度融合程度越高,总体融合程度越高。

[假设B1.4]:经济维度会通过影响心理维度间接影响融合程度。

[假设B1.5]:社会维度会通过影响心理维度间接影响融合程度。

[假设B2]:空间维度的融合是国际移民融入迁入地城市的物质保障和空间载体,由此假设空间维度对总体融合程度存在直接且较为显著的正向影响。

[假设B3]:制度维度同样是影响国际移民融合的重要因素,为其融入迁入地城市提供背景支撑。由此假设制度维度对融合程度有着直接的正向影响,但其作用水平相较于经济、社会和心理因素更小。

(3) 模型构建

基于以上假设,采用结构方程模型分析国际移民聚居区融合的影响机制,探讨有哪些

---

[1] Lemanski C L. Desegregation and integration as linked or distinct? evidence from a previously "white" suburb in post-apartheid Cape Town[J]. International journal of urban and regional research, 2006, 30(3): 564-586.

[2] Rasinski K A, Lee L, Haggerty C. Functional and social neighborhood integration of leaseholders relocated into public and private housing by the Chicago housing authority's plan for transformation[J]. Housing policy debate, 2010, 20(1): 65-89.

[3] 黄旭,刘怀宽,薛德升. 全球化背景下国际移民社会融合研究综述与展望[J]. 世界地理研究, 2020, 29(2): 397-405.

[4] 张文宏,雷开春. 城市新移民社会认同的结构模型[J]. 社会学研究, 2009, 24(4): 61-87, 243-244.

[5] 蒋依娴,王秉安. 基于SEM的福建台胞社会融合影响因素与路径关系研究[J]. 台湾研究集刊, 2018(1): 34-46.

[6] 赵向光,李志刚. 中国大城市新移民的地方认同与融入[J]. 城市规划, 2013, 37(12): 22-29.

[7] 高子平. 我国外籍人才引进与技术移民制度研究[M]. 上海:上海社会科学院出版社, 2012: 40-55.

[8] Sabatini F, Salcedo R. Gated communities and the poor in Santiago, Chile: functional and symbolic integration in a context of aggressive capitalist colonization of lower-class areas[J]. Housing policy debate, 2007, 18(3): 577-606.

因素(直接或间接)会影响社会融合及其作用水平的大小。本章将针对经济型国际移民聚居空间(外籍员工聚居区)的融合机制分别构建结构方程,探讨经济因素、社会因素、心理因素、制度因素及空间因素对融合程度的影响。

为了检验假设B1.1—1.3,笔者设定了经济因素、社会因素及心理因素同融合程度之间的路径关系;根据假设B1.4—1.5,笔者又设定了经济因素、社会因素对心理因素产生影响的路径关系;对于假设B2和B3的检验,则同样参照前文的评价体系,设定了制度因素及空间因素同融合程度之间的路径关系,具体模型路径见图5-5。

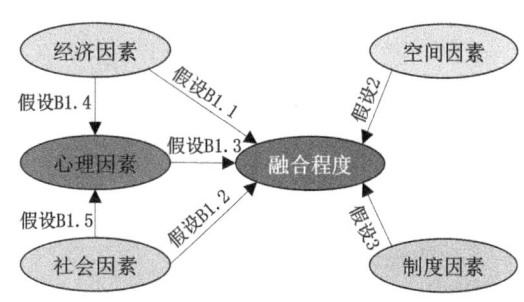

图5-5 经济型国际移民聚居空间(外籍员工聚居区)融合的假设模型路径
* 资料来源:笔者自绘。

空间因素、经济因素、社会因素、制度因素及心理因素5个测量模型的构建均以前文融合评价指标体系的相应维度和具体指标为参考。在对潜变量"融合程度"的测量中,本研究则借鉴亨廷顿①对社会认同的界定和分类方法,同时综合考虑张文宏②、陆淑珍③等的研究成果,将"个体居留意愿"、"家庭居留/迁入意愿"和"自我身份认同度"三个指标作为测量变量,对潜变量(亦是内生变量)"融合程度"进行表征与测度。在此基础上,将各潜变量所对应的测量变量均纳入到模型中,从而构成6个测量模型(见图5-6)。

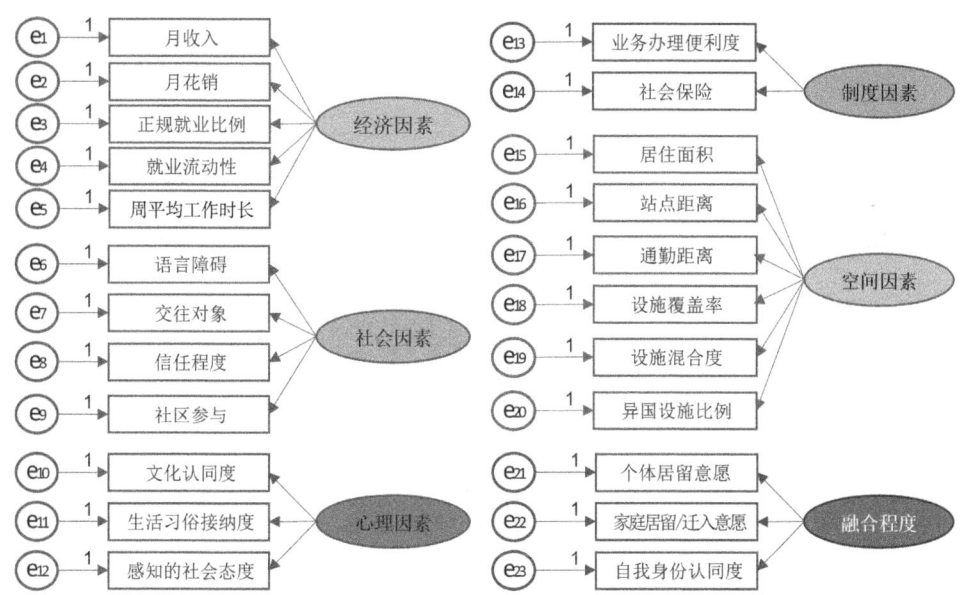

图5-6 经济型国际移民聚居空间(外籍员工聚居区)的融合测量模型构建
* 资料来源:笔者自绘。

---

① 亨廷顿.我们是谁?美国国家特性面临的挑战[M].北京:新华出版社,2005:17-31.
② 张文宏,雷开春.城市新移民社会认同的结构模型[J].社会学研究,2009,24(4):61-87,243-244.
③ 陆淑珍,魏万青.城市外来人口社会融合的结构方程模型:基于珠三角地区的调查[J].人口与经济,2011,32(5):17-23.

基于上述假设模型路径及其6个测量模型，构建南京经济型国际移民聚居空间(外籍员工聚居区)的结构方程模型，具体见图5-7：

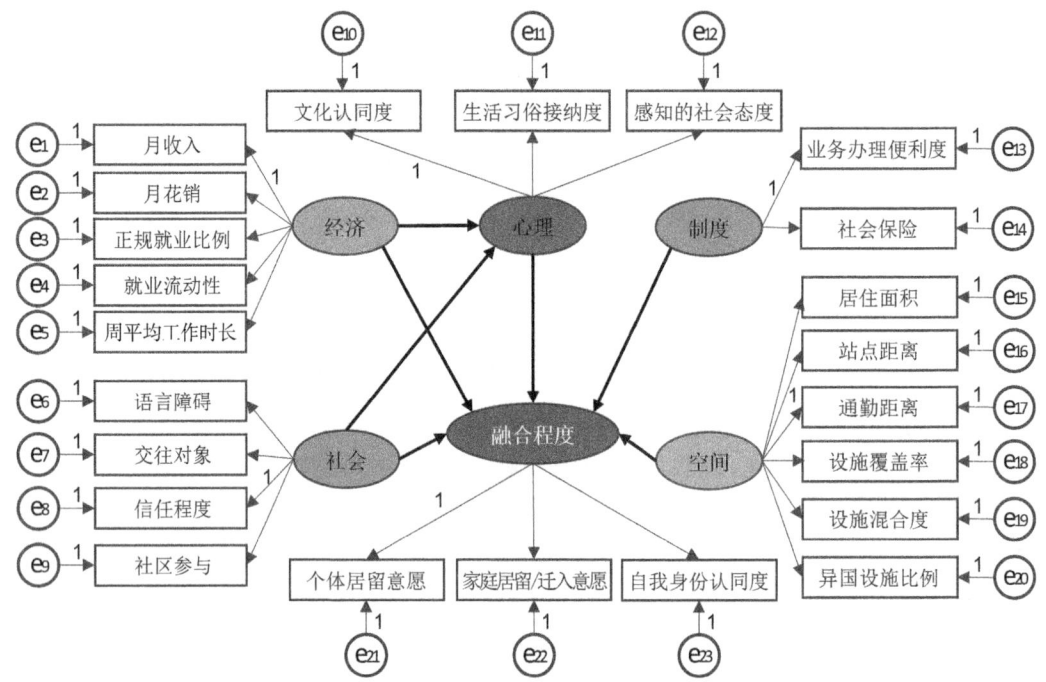

图5-7 经济型国际移民聚居空间(外籍员工聚居区)融合的结构方程模型构建
* 资料来源：笔者自绘。

（4）数据处理

结构方程模型共涉及6个测量模型和23个测量变量，变量数据则包括连续变量和分类变量两类；连续变量(如站点距离、设施覆盖率、居住面积等)是在变量的取值范围内存在任意可能值的变量；分类变量(如收入消费情况、社区参与意愿等)则是用几个数字代表不同类别对象的变量。具体变量处理情况见表5-11。

表5-11 融合测量模型的变量说明

模型	潜变量	测量变量	变量类型	变量编码说明
测量模型1	经济因素	月收入	分类变量	10 000元及以下=1；10 000(不含)~20 000元=2；20 000(不含)~30 000元=3；30 000(不含)~50 000元=4；50 000(不含)元以上=5
		月花销	分类变量	2 000元及以下=1；2 000(不含)~5 000元=2；5 000(不含)~10 000元=3；10 000(不含)~30 000元=4；30 000(不含)元以上=5
		正规就业比例	分类变量	无业=1；临时工=2；自主创业=3；普通合同聘任=4；高端人才引进=5
		周平均工作时长	分类变量	30 h及以下=1；30(不含)~40 h=2；40(不含)~50 h=3；50(不含)~60 h=4；60(不含) h以上=5
		就业流动性	分类变量	1年及以下=1；1(不含)~3年=2；3(不含)~5年=3；5(不含)~10年=4；10年以上=5；

(续表)

模型	潜变量	测量变量	变量类型	变量编码说明
测量模型2	社会因素	语言障碍	分类变量	完全无法交流=1;交流不太顺畅=2;只能进行基本交流=3;交流基本顺畅=4;交流很顺畅=5
		交往对象	分类变量	亲属=1;同国同事(同学)或朋友=2;其他国家的人=3;中国人=4
		信任程度	分类变量	非常不信任=1;不太信任=2;一般=3;比较信任=4;非常信任=5
		社区参与	分类变量	不愿意=1;不太愿意=2;无所谓=3;比较愿意=4;非常愿意=5
测量模型3	心理因素	文化认同度	分类变量	完全不认可=1;不太认可=2;无所谓=3;基本认可=4;完全认可=5
		生活习俗接纳度	分类变量	完全不接受=1;不太接受=2;无所谓=3;基本接受=4;完全接受=5
		感知的社会态度	分类变量	非常不友好=1;不太友好=2;一般=3;比较友好=4;非常友好=5
测量模型4	制度因素	业务办理便利度	分类变量	居留、就业(就学)、出入境、社保、市民权利5项各计1分,得分范围0—5
		社会保险	分类变量	外籍员工缴纳养老保险、医疗保险、工伤保险、失业保险、生育保险5项各计1分
测量模型5	空间因素	居住面积	连续变量	人均居住面积/(m²/人)
		站点距离	连续变量	距最近公交或地铁站等站点的距离/km
		通勤距离	连续变量	居住地到就业地(就学地)的距离/km
		设施覆盖率	连续变量	公共服务设施供给的覆盖程度/(个/hm²)
		设施混合度	连续变量	公共服务设施供给的功能复合程度
		异国设施比例	连续变量	异国特色设施数量占公共服务设施数量的比例/%
测量模型6	融合程度	个体居留意愿	分类变量	非常不愿意=1;不愿意=2;一般=3;愿意=4;非常愿意=5
		家庭居留/迁入意愿	分类变量	非常不愿意=1;不愿意=2;一般=3;愿意=4;非常愿意=5
		自我身份认同度	分类变量	完全不认同=1;不太认同=2;一般=3;基本认同=4;完全认同=5

* 资料来源:笔者自绘。

(5) 模型参数估计

基于以上假设模型并代入问卷统计数据,本节进一步利用 AMOS 22.0 软件的自定模型(Default model)进行参数估计。经计算得出第一轮假设模型的标准化系数,外籍员工聚居区输出结果见表 5-12。经检验发现:假设的结构模型中经济指向心理、经济指向月花销和工作时长、社会指向语言障碍、心理指向社会态度,以及空间指向站点距离、设施覆盖率和设施混合度等标准化因子负荷系数同样未达到显著性要求,因此也需对该假设模型进行修正。

表 5-12　经济型国际移民聚居空间(外籍员工聚居区)融合假设模型参数估计

模型	路径名称			假设模型参数估计				
				Regression Weights	S. E.	C. R.	p	Standardized Regression Weights
结构模型	融合程度	<—	经济	0.308	0.014	2.980	***	0.432
		<—	社会	0.101	0.065	3.549	***	0.508
		<—	制度	0.139	0.054	2.667	***	0.221
		<—	空间	0.174	0.032	2.275	***	0.152
		<—	心理	0.358	0.036	4.129	***	0.633
	心理	<—	经济	0.077	0.016	0.844	0.142	0.002
		<—	社会	0.092	0.022	4.165	***	0.570
测量模型1	月收入	<—	经济	1.000	—	—	—	0.192
	月花销	<—		0.012	0.444	0.220	***	0.011
	正规就业比例	<—		0.487	0.164	6.571	***	0.343
	就业流动性	<—		0.229	0.106	1.123	***	0.112
	周平均工作时长	<—		0.013	0.076	0.013	0.314	0.024
测量模型2	语言障碍	<—	社会	0.069	0.027	2.504	0.012	0.145
	交往对象	<—		0.906	0.086	10.525	***	0.860
	信任程度	<—		1.000	—	—	—	0.952
	社区参与	<—		0.100	0.030	3.372	***	0.194
测量模型3	文化认同度	<—	心理	1.000	—	—	—	0.477
	生活习俗接纳度	<—		0.795	0.155	4.909	***	0.304
	感知的社会态度	<—		0.021	0.045	0.143	0.221	0.024
测量模型4	业务办理便利度	<—	制度	1.000	—	—	—	0.094
	社会保险	<—		0.215	0.101	2.073	***	0.205
测量模型5	居住面积	<—	空间	1.000	—	—	—	0.354
	站点距离	<—		0.211	0.226	1.675	***	0.331
	通勤距离	<—		0.583	0.334	4.247	***	0.523
	设施覆盖率	<—		0.144	0.069	1.333	0.278	0.033
	设施混合度	<—		0.138	0.063	1.374	0.191	0.061
	异国设施比例	<—		0.092	0.189	1.289	0.101	0.068
测量模型6	个人居留意愿	<—	融合程度	1.000	—	—	—	0.993
	家庭留居/迁入意愿	<—		0.878	0.360	8.015	***	0.931
	自我身份认同度	<—		0.417	0.399	7.592	***	0.425

* 注：Regression Weights 表示非标准化参数，Standardized Regression Weights 表示标准化参数，S. E. 表示标准误差，C. R. 为临界比(非标准化参数/标准误差)，p 值中 *** 表示 0.001(双尾)水平显著。图中灰底指标项标准化因子负荷系数均未达到显著性要求。

* 资料来源：笔者自绘。

(6) 模型修正与拟合

①拟合指数选取

该步骤主要用以评价假设的路径分析模型与样本数据之间是否适配。如何对模型输出结果进行参数估计与拟合检验？研究者常常借助于各种描述拟合统计量来评估整体拟合模型的数据。梳理关于拟合指数及其指数界值范围的研究成果[1][2]，发现较为常用的拟合指数有卡方/自由度（NC）、近似误差均方根（RMSEA）、调整后拟合度指数（AGFI）、Tucker-Lewis 指数（TLI）、相对拟合指数（CFI）等，其具体评价标准见表 5-13。

表 5-13 相关拟合指数及其评价标准

拟合指数	含义	评价标准
NC（卡方/自由度）	由最小差异函数转换而来的统计量，卡方值越大，表示模型越不合适	$1<NC<3$
RMSEA（近似误差均方根）	通常被视为最重要的适配指标，不需要与基准线模型比较，不易受样本量影响	小于 0.05，越小越好
AGFI（调整后拟合度指数）	是一种衡量模型拟合度的指标，通过对比样本协方差矩阵与模型协方差矩阵来确定	大于 0.9，越接近 1 越好
TLI（Tucker-Lewis 指数）	修正了的 NFI，几乎不受样本量影响，与模型复杂程度有关	大于 0.9，越接近 1 越好
CFI（相对拟合指数）	可反映假设模型与独立模型之间的差异，同时还考虑了被检验模型与中央卡方分配的离散型	大于 0.9，越接近 1 越好

* 注：表格中给出的是该拟合指数的最优标准，譬如 RMSEA，其值小于 0.05 表示模型拟合较好，在 0.05~0.08 间表示模型拟合尚可，因此在实际研究中可根据具体情况分析。

* 资料来源：笔者自绘。

②模型反复修正

初始运算结果表明，上述模型的拟合效果不理想，因此需要对初始模型进行二次修正和优化。目前，模型修正主要包括以下几个思路[3][4]。其一，剔除显著性未达到要求的测量变量，该方法是修正模型的必要过程，但如果模型潜变量之间的路径存在问题，则难以达到显著的优化效果；其二，检查并重新确定潜变量之间单向与双向的联系路径，若上一步剔除未达标测量变量后的结果仍不理想，即可考虑改变现有路径之间的单向或双向作用关系；其三，增加或删除潜变量之间的路径关系，该思路需要对模型进行重新定义并反复试错，故会对运算结果产生重大影响，一般在前两种思路未见明显作用时考虑采用；其四，对各测量变量的残差做局部相关分析，该思路是在不调整结构方程路径的前提下修正效果最显著的方法，但由于主观预设了测量变量之间具有相关性，被认为缺乏科学的统计意义，故不采用。考虑到初始结果与拟合标准差距较大，本书将采用前三种方法进行反复测试和修正（见表 5-14）：

——轮修正：删除"月花销""工作时长""语言障碍""社会态度""设施覆盖率""设施混合

---

[1] 王长义,王大鹏,赵晓雯,等. 结构方程模型中拟合指数的运用与比较[J]. 现代预防医学,2010,37(1):7-9.
[2] 翟宏堃,李强,魏晓薇. 结构方程模型统计检验力分析：原理与方法[J]. 心理科学进展,2022,30(9):2117-2143.
[3] 王丽娜,李莎莎. 结构方程模型在修正和中介作用分析中的误区和对策[J]. 中国卫生统计,2017,34(2):361-363.
[4] 陈玉洁. 基于 SEM 实证分析的城市户外健步空间要素研究[D]. 哈尔滨：哈尔滨工业大学,2020:63-64.

度""异国设施占比"七个对部分测量模型中路径不显著的测量变量,计算结果显示RMSEA、AGFI、TLI、CFI四项拟合指数均未达到适配区间。

二轮修正:结构方程模型中经济指向心理的间接路径在参数估计上未达到显著性要求,故删减该条影响路径,计算结果仍未得到明显改善。

三轮修正:假设模型未考虑心理因素对经济和社会的反向影响,忽略了空间因素和制度因素同样会通过影响心理因素对融合产生间接影响,因此增加上述影响路径。三轮修正结果的参数估计(不论采信何种拟合指数)均符合显著性要求,模型拟合指数达到了标准。

表5-14 选用拟合指数计算结果

假设模型	拟合指数	卡方值/自由度	RMSEA	AGFI	TLI	CFI
外籍员工聚居区融合模型	初始模型	3.323	0.179	0.665	0.682	0.710
	一轮修正	2.421	0.098	0.893	0.795	0.843
	二轮修正	1.928	0.062	0.902	0.879	0.889
	三轮修正	1.602	0.046	0.922	0.905	0.931
拟合标准		1<NC<3	<0.05	>0.9	>0.9	>0.9

* 注:表中灰底部分为结构模型经过该轮修正后仍未符合适配区间的拟合指数。
* 资料来源:笔者自绘。

(7) 模型输出

上述模型经过修正和拟合过程后,为便于观察与分析,将进一步通过路径图和路径系数值,以简化表达各潜变量对融合程度的影响方向和作用水平,进而生成经济型国际移民聚居空间(外籍员工聚居区)化简后的融合修正模型(见图5-8):

其一,经济、社会、心理、制度和空间因素均会对融合程度产生直接影响,社会和心理因素之间存在相互作用,同时制度和空间因素会单向影响心理维度,且心理因素也会单向影响经济维度。从最终输出结果可以看出,经济因素指向融合程度、社会因素指向融合程度、心理因素指向融合程度、制度因素指向融合程度、空间因素指向融合程度5条路径均达到了显著性水平,假设B1.1-1.3、B2、B3均得到了验证;而心理因素反向作用于经济因素,这与假设B1.4并不相符,同时社会因素与心理因素之间为相互影响关系而非单向影响关系,故假设B1.5也不成立,应修正为双向联结;与此同时,还增加了制度因素指向心理因素、空间因素指向心理因素2个单向联系路径。

其二,心理因素对融合程度的作用水平最高,社会、经济因素次之,制度和空间因素作用较小。从输出结果来看,心理因素的作用水平明显高于其他因素(0.521),社会因素(0.379)和经济因素(0.295)也对融合程度有较大影响,而制度因素(0.171)和空间因素(0.112)对融合程度的影响相对较弱;与此同时,社会与心理因素之间的相互作用也会在较大程度上间接影响融合程度(0.301),而空间因素(0.101)和制度因素(0.033)对心理维度的单向影响则相对较弱。

其三,各测量变量对潜变量的解释水平同样差异较大。具体而言,在经济因素的测量模型中,正规就业比例的解释水平最好(0.343),月收入(0.192)和就业流动性(0.112)则一般;在社会因素的测量模型中,信任程度的解释能力最好(0.952),其次是交往对象

(0.860),社区参与(0.194)的解释能力则相对较差;在制度因素测量模型中,社会保险这一变量能够在一定程度上反映潜变量的作用水平(0.205),而业务办理便利度的解释水平较低(0.094);在空间因素测量模型中,通勤距离的解释度最高(0.523),居住面积和站点距离的路径系数则分别为 0.354 和 0.331;在心理因素的测量模型中,文化认同度(0.477)和生活习俗接纳度(0.304)均能解释潜变量的作用水平;在社会融合测量模型中,个体居留意愿(0.993)和家庭居留/迁入意愿(0.931)均具有很高的解释水平,自我身份认同度也能够在一定程度上解释融合程度(0.425)。

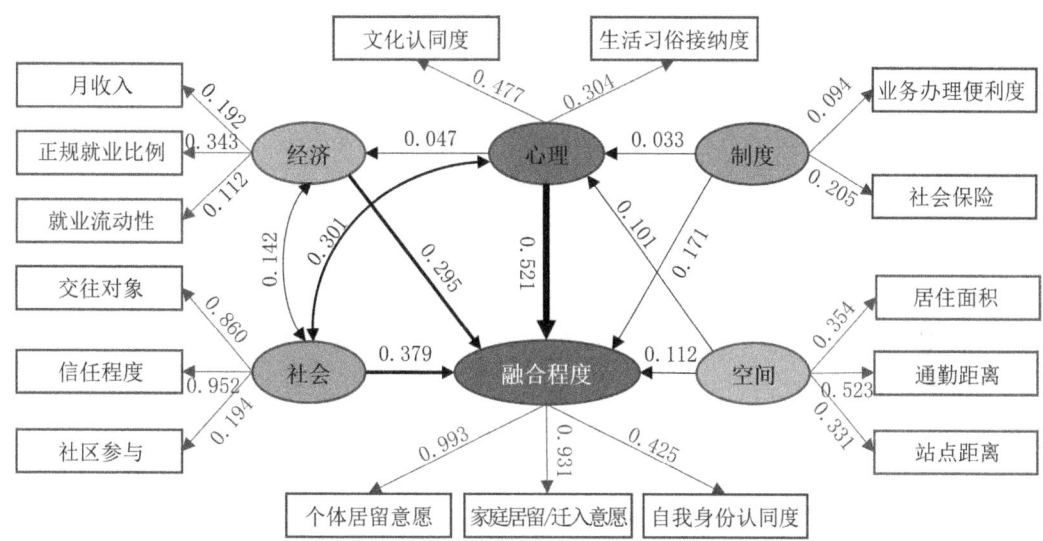

图 5-8　经济型国际移民聚居空间(外籍员工聚居区)融合的修正模型结果输出

* 注:箭头表示影响的方向(单向箭头表示单向影响,双向箭头表示相互影响),潜变量之间线条的粗细及路径系数的数值则表示实际作用水平的大小。

* 资料来源:笔者自绘。

(8) 模型解释

经过对模型输出结果的分析,下文进一步从影响因素的作用方式、联结关系和作用水平三个方面对移民融合的内在机制进行解释。

就影响因素的作用方式而言,一方面,心理和经济因素大多时候会对融合程度产生直接影响,当然外籍员工的心理感受也会通过影响其经济状况(就业积极性)而对融合程度产生微弱的间接影响。另一方面,社会、制度和空间三个维度既会直接影响融合程度,也会通过心理因素间接影响融合程度,其中制度因素和空间因素的直接作用要强于间接作用,且二者作为客观要素在大多情况下是直接作用于移民的融合程度,而不会在其心理上产生明显的影响;但不同的是,社会因素不仅会直接影响移民的融合程度,还会与移民心理上的主观感受具存在互馈作用,所以社会因素的直接作用和间接作用同等重要。

就影响因素间的联结关系而言,首先,社会因素与心理因素之间存在双向互动联结,由于语言障碍、文化差异等原因,国际移民与迁入地居民之间的社交联系比较有限,彼此的信任程度也不高,这种疏离的社会关系会滋生较为负面的心理感受,并进一步削弱其参与迁入地社会活动的积极性,如此负向的双向循环过程容易造成国际移民对迁入地社会的排斥，进而对其融合程度产生负面影响。其次，制度和空间因素均对心理维度具有单向作用，我国针对正规性国际移民的政策和管理办法还算完善和人性化，同时外籍员工两类移民在空间使用上的不足只是集中在异国特色设施的缺乏上（当前方便快捷的电商经济在很大程度上可以弥补这一点），因此大多移民在心理上对制度与空间因素的主观感受是认可与接受的，进而正向影响融合程度。此外，外籍员工还涉及心理因素对经济维度的反向作用，如果他们内心接纳迁入地城市的方方面面、并愿意长期在此发展，那么就会积极构建社会网络以获得更多的社会资本，从而在缩短市场交易的时间和成本、提高各种资源的交换和利用频率、提升团队的创新能力等方面产生经济效益，进而加速其经济维度的融合速度和程度。

就影响因素的总体作用水平而言，首先，心理因素是个体对空间经济、社会、制度等外部条件的内化感受，其综合了其他因素的作用，因此对融合程度有着最直接和最深入的影响。其次，社会因素对融合程度的影响也较为显著，尤其是"信任程度"和"交往对象"两项指标，聚居区是否能够与迁入地建立稳定的社会网络联结对于融合程度而言至关重要。相较而言，经济因素在一定程度上影响着外籍员工聚居区的融合程度，但由于本书涉及的外籍员工的经济条件普遍较好且相对趋同（基本具有稳定的工作和较高的收入水平），故经济因素的影响程度较为有限。此外，制度因素和空间因素也对融合程度产生了微弱影响。外籍员工是正规化移民，我国针对他们建立了较为完善的政策体系（涉及出入境、居留、就业、社会保障等方面），因此其在制度方面的融合影响差距并不大；与之相似地，外籍员工形成的聚居区在居住、出行、设施配套等空间方面的适应情况对融合程度的影响也差异不明显。

5.3 经济型国际移民聚居空间的响应——以外籍员工聚居区为例

5.3.1 演化阶段的划分

国际移民聚居区的形成与演化不仅受到国家与地方移民政策的影响，而且与移民人口规模的变迁、聚居区所在社区的建设背景也密切相关。笔者在3.1.1节和3.1.3节已经分别总结了国家移民政策的总体变迁状况和南京市国际移民人口规模的演化历程，本节将进一步梳理外籍员工地方具体政策演进，并对亚东城和盛捷青奥国际社区两个聚居区样本的社区建设历程展开分析。在此基础上，总结并划分经济型国际移民聚居区样本变迁的具体阶段，这可为后文社区响应的动态分析提供基本的时间参考线。

①地方移民政策的演化过程

本书在3.1.1节通过对国家国际移民政策的梳理，将移民政策的演化划分为严格管制阶段（1949—1977年）、规范减限阶段（1978—2003年）、管理服务并重阶段（2004—2017年）、管理机构统筹阶段（2018年至今）四个阶段。在此基础上，本节将进一步梳理外籍员工群体的地方政策,总结江苏省移民政策的演化进程。

从国家层面上来看,外籍员工在华就业政策有三个重要的时间节点:一是1978年的改革开放,我国逐步放开了外国人来华就业的政策;二是2004年出台的国际移民永久留居政策,大大激发了国际移民来华就业的积极性;三是2017年全国开始统一实施的外国人来华工作许可制度,分类型细化了外籍人员来华就业的管理办法。从地方层面上来看,2004年江苏正式启动的"沿江开发战略",依靠长江沿岸资源优势和制造业产业集聚基础,建立了国际化产业园区并把握"先发优势"来吸引跨国公司总部、外资企业研发机构等入驻,随之而来的则是外企派驻的外籍员工的规模化迁入[①];2017年,江苏省政府印发的《关于扩大对外开放积极利用外资的若干政策意见》,进一步扩大对外开放优势[②];2018年,江苏省又出台了吸引国际人才新政,具体包括高层次人才家属工作安排、在华永久居留资格、稳定社会保障等方面,也为长期在华工作的外籍员工提供了居留和生活便利。

从上述政策变迁情况可以看出,江苏省外籍员工的政策演化大致可分为以下三个阶段:执行国家政策阶段(1949—2003年),在此期间江苏省尚未出台地方性政策,全面执行国家政策,对国际人才的吸引力较弱;开放投资阶段(2004—2017年),该阶段江苏省大力推动国际化产业园区建设,吸引了大量跨国企业入驻,从而加速了外籍员工的流入;吸引人才阶段(2018年至今),该阶段江苏省不断出台人才优待新政,着力吸引国际高端人才来此发展,进一步推动了来华外籍员工的高质量发展。

②移民聚居区样本的演化过程

亚东城

亚东城是位于仙林片区的一处高层商品房小区,属于经济型之外籍员工-被动聚居区,于2006年建成,总规模为29公顷(包括东西两片),共有住户3 708户,常住人口11 000人。作为典型的移民聚居区承载地,其在空间环境和人口规模上经历了以下三个阶段的变迁。

社区建立阶段(2007—2010年):1992—2010年,南京经济开发区规划并建成,LG、夏普、西门子等跨国企业相继入驻,南京迎来了第一批企业派驻员工的规模性迁入,当时这批员工大多被统一安排在银城东苑、梅花山庄等社区居住。

社区完善阶段(2011—2015年):2010年以来,随着仙林地区大批高档社区和商业设施的日趋成熟,又有部分外企考虑到仙林一带的通勤更为便利,而把大量外籍员工迁往亚东城、东方天郡、康桥圣菲等小区。

国际化凸显阶段(2016年至今):该阶段社区的商业广场已集聚起一大批异国特色的业态与商店,国际学校、双语幼儿园等也配备齐全(见图5-9)。发展到2022年,亚东城更是成为仙林地区外籍员工规模最大的社区,共有1 200余名外国居民,且以韩国移民居多。

---

① 刘志忠. 外国直接投资与江苏经济增长实证研究[D]. 南京:南京农业大学,2004:36-41.
② 张希. 江苏23条新政营造引进外资"强磁场"[J]. 中国外资,2017(9):50.

图 5-9　亚东城及其周边设施的实景照片(左:亚东城东区正门;右:南京市国际学校)
＊资料来源:笔者自摄。

盛捷青奥国际社区

盛捷青奥国际社区是位于南京青奥村项目东北角的 F 楼,于 2016 年开放为面向南京国际人才而打造的高端酒店式公寓,属于经济型之外籍员工—主动聚居区,建筑面积为 30 000 m²,公寓套间面积平均为 156 m²,共计 204 套,可容纳 1 428 人。作为典型的移民聚居区承载地,其在空间环境和人口规模上经历了以下两个阶段的变迁。

社区建立阶段(2016—2018 年):早在 2015 年初,南京市委、市政府办公厅就印发了《南京河西国际人才社区建设实施方案》,明确提出要将青奥村转型为国际社区,重点服务有国际化生活环境需求的外籍家庭并实行国资持有、租赁为主的运营模式;2016 年,盛捷青奥国际社区开始正式营业,并接纳了近 60 名外国人在此居住,主要来自新加坡、德国、新西兰、英国等十几个国家。

国际化凸显阶段(2019 年至今):2019 年青奥社区被南京市政府确定为首批"国际社区创建试点单位",社区通过打造适合交流的双语环境,共建多元文化共存、交融、发展的精神家园,并联合盛捷青奥国际公寓建立了外籍人士服务中心,全面提升了社区的国际化服务水平,社区内居住的外国人也升至 160 余人;2020 年以来虽受疫情影响,但社区仍在许可范围内组织了星光夜市、创意市集、节庆联谊等中外交流活动(见图 5-10)。可以说,其舒适的居住条件、优秀的服务水平和创新的管理理念正在吸引越来越多的外国人来此居住。

图 5-10　盛捷青奥国际社区的实景照片(左:社区文化交流中心;右:社区创意市集)
＊资料来源:笔者自摄。

③移民聚居区样本的阶段划分

根据前文分析可以发现：国际移民聚居区的形成和发展实质上同多元背景的演化是密切相关的，而聚居区演化阶段的划分也必然取决于其各类背景的阶段性转换。因此，结合国家和地方移民政策、南京市移民人口变迁等外部因素，同时梳理两个聚居区样本的社区建设历程，可将经济型聚居区样本的演化按照以下阶段划分（见图5-11）：

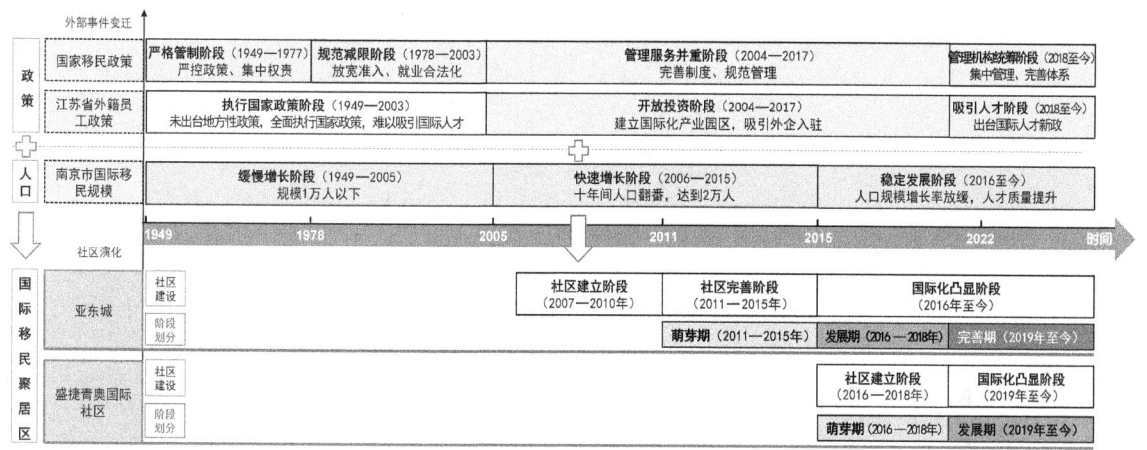

图5-11 经济型国际移民聚居区样本的演化阶段划分
* 资料来源：笔者自绘。

总体而言，南京经济型国际移民聚居区的演化过程可分为萌芽期、发展期、完善期三个阶段。但由于两个聚居区建设与演化的时间线不同，故做出不尽相同的阶段划分，具体如下：亚东城经历了萌芽期（2011—2016年）、发展期（2016—2018年）和完善期（2019年至今）；盛捷青奥国际社区则只经历了萌芽期（2016—2018年）和发展期（2019年至今）。

5.3.2 空间响应解析

（1）物质空间

从总体上看，在经济型国际移民聚居区的演化过程中物质空间呈现出"公共空间功能由单一到复合、聚居负面影响不甚明显、国际元素驱动的空间活力渐显"的响应特征。从物质空间的变迁来看，有不少空间面向社区居民的基本活动需求进行了有针对性的更新，补充了绿化、照明、运动器械等设施，甚至还有一些公共空间引入了创意集市、社区表演等功能，进一步实现了功能活化。从负面评价来看，有超过半数的居民表示国际移民的聚居并未对物质空间产生负面影响，而两成居民认为对其生活产生了噪声干扰，也有极少数居民认为国际移民存在垃圾乱扔现象，对公共空间造成了侵占（见表5-15）。

表 5-15　经济型国际移民聚居区物质空间的总体变迁

响应特征	特征表现
物质空间	功能活化：从单一的绿化空间到兼具日常休闲、商业功能的复合空间
负面评价	（图表：2000—2009年、2010—2014年、2015—2019年、2020年至今四阶段的噪音干扰、治安下降、垃圾乱扔、公共空间侵占、无等人数占比变化，"无"项数值分别为61.11、50.00、68.00、58.97）

*资料来源：课题组关于南京市在华国际移民聚居区的抽样调研数据(2022)；照片为笔者自摄。

从样本差异上看，经济型国际移民聚居区样本在物质空间上表现出不尽相同的响应特征(见表 5-16)。

表 5-16　两个经济型国际移民聚居区物质空间的响应特征

样本名称	物质空间	响应特征
经济型之派驻员工—被动聚居区：亚东城	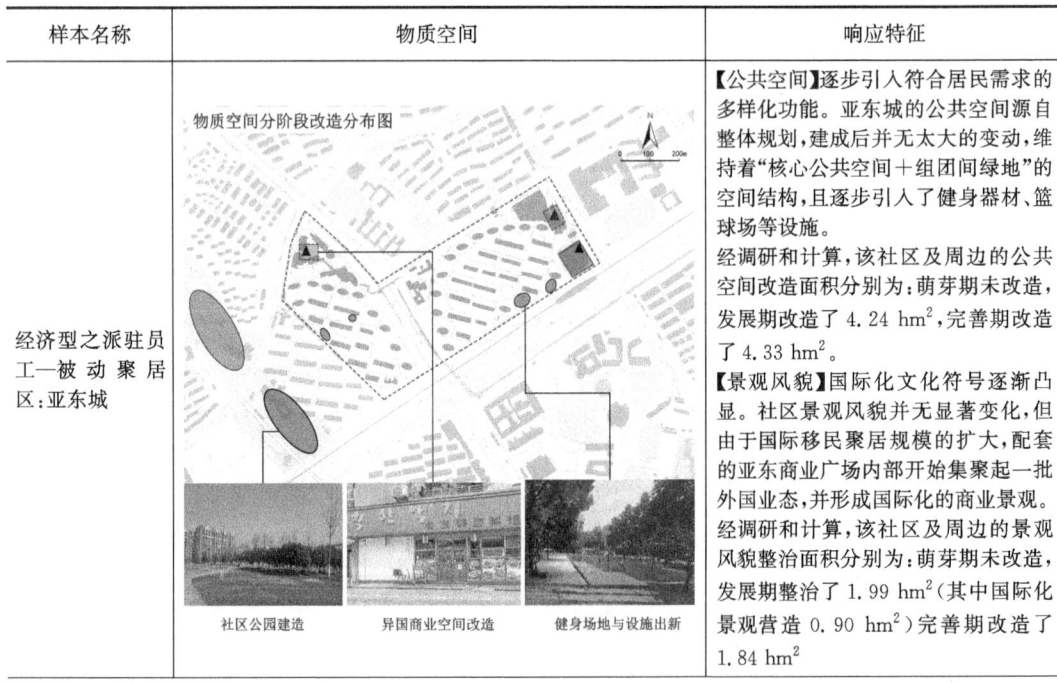 物质空间分阶段改造分布图；社区公园建造；异国商业空间改造；健身场地与设施出新	【公共空间】逐步引入符合居民需求的多样化功能。亚东城的公共空间源自整体规划，建成后并无太大的变动，维持着"核心公共空间+组团间绿地"的空间结构，且逐步引入了健身器材、篮球场等设施。经调研和计算，该社区及周边的公共空间改造面积分别为：萌芽期未改造，发展期改造了 4.24 hm²，完善期改造了 4.33 hm²。【景观风貌】国际化文化符号逐渐凸显。社区景观风貌并无显著变化，但由于国际移民聚居规模的扩大，配套的亚东商业广场内部开始聚集起一批外国业态，形成国际化的商业景观。经调研和计算，该社区及周边的景观风貌整治面积分别为：萌芽期未改造，发展期整治了 1.99 hm²（其中国际化景观营造 0.90 hm²）完善期改造了 1.84 hm²

(续表)

样本名称	物质空间	响应特征
经济型之国际人才—主动聚居区:盛捷青奥国际社区	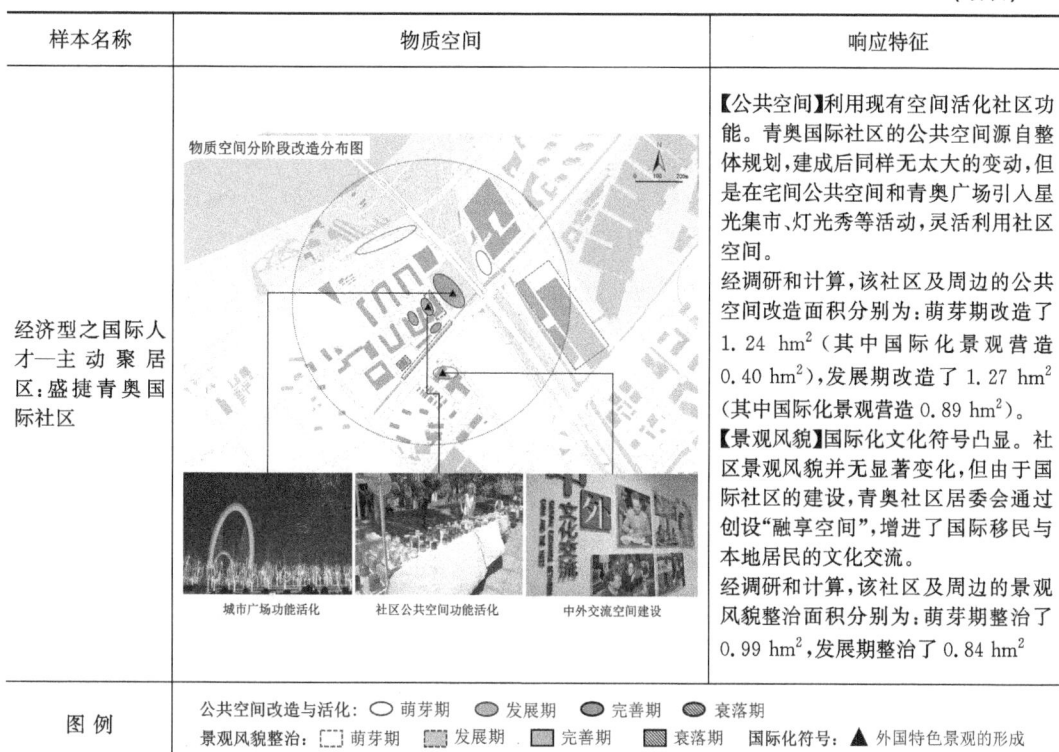	【公共空间】利用现有空间活化社区功能。青奥国际社区的公共空间源自整体规划,建成后同样无太大的变动,但是在宅间公共空间和青奥广场引入星光集市、灯光秀等活动,灵活利用社区空间。 经调研和计算,该社区及周边的公共空间改造面积分别为:萌芽期改造了1.24 hm²(其中国际化景观营造0.40 hm²),发展期改造了1.27 hm²(其中国际化景观营造0.89 hm²)。 【景观风貌】国际化文化符号凸显。社区景观风貌并无显著变化,但由于国际社区的建设,青奥社区居委会通过创设"融享空间",增进了国际移民与本地居民的文化交流。 经调研和计算,该社区及周边的景观风貌整治面积分别为:萌芽期整治了0.99 hm²,发展期整治了0.84 hm²
图例	公共空间改造与活化:○ 萌芽期 ● 发展期 ● 完善期 ● 衰落期 景观风貌整治:▫ 萌芽期 ▪ 发展期 ▪ 完善期 ▪ 衰落期 国际化符号:▲ 外国特色景观的形成	

* 资料来源:课题组关于南京市在华国际移民聚居区的抽样调研数据及实地踏勘照片(2022)。

(2) 公共服务

从总体上看,在经济型国际移民聚居区的演化过程中,公共服务呈现出"设施总量有大幅增长,但各类设施配比尚不完善,且与国际移民相关的设施不断增加,能够满足外籍员工更丰富、更高端的物质需求"的响应特征。从公共服务设施的数量来看,商业设施的增长幅度最大(增长明显的亚东城,年增长率为59.08%),其他设施增长相对缓慢(尤其是盛捷青奥国际社区)。从设施的空间分布来看,亚东城各类设施逐渐呈集聚之势,而盛捷青奥国际社区的设施分布还相对零散。从与国际移民相关设施来看,聚焦国际移民需求的公共服务设施多为餐饮、休闲娱乐等商业设施,且其数量相较于萌芽期已有较大增长(见表5-17)。

表5-17 经济型国际移民聚居区公共服务设施数量的总体变迁

聚居区样本的公共服务设施数量/个		医疗设施	教育设施	交通设施	文化设施	体育设施	商业设施
亚东城	萌芽期(2011—2016年)	4	9	4	1	4	106(8)
	发展期(2016—2018年)	4	14	6	3	10	811(77)
	完善期(2019年至今)	7	19	10	3	15	874(87)
盛捷青奥国际社区	萌芽期(2016—2018年)	3	2	6	5	9	21(5)
	发展期(2019年至今)	4	4	6	6	6	24(9)

* 注:在商业设施(餐饮、购物、生活服务)的标注数值中,括号内为与国际移民相关设施的网点数量。
* 资料来源:2000—2022年百度地图南京POI数据;课题组关于南京市在华国际移民聚居区的抽样调研数据(2022)。

从样本差异上看,经济型国际移民聚居区样本在公共服务上表现出不尽相同的响应特征如下(见表 5-18):

表 5-18 两个经济型国际移民聚居区公共服务的响应情况

样本名称	公共服务设施变迁
经济型之派驻员工—被动聚居区:亚东城	公共服务设施数量呈迅速增加之势,而空间布局始终保持团块＋散点状布局: 【设施数量】周边的商业设施持续增加且增幅最大(从 106 个增加至 874 个),其次是体育设施、教育设施和交通设施(分别增加了 11 个、10 个和 6 个);医疗、文化设施增幅最小(分别增加了 3 个和 2 个),此外与国际移民相关的商业设施则有明显增加(增加了 79 个)。 【空间布局】商业设施集中分布在社区商业广场(亚东商业广场、水平方等)内,呈团块状布局(国际移民相关设施也逐步在其中聚集),其他设施始终保持散点状布局
经济型之国际人才—主动聚居区:盛捷青奥国际社区	公共服务设施数量呈缓慢增加之势,而空间布局始终为散点状布局: 【设施数量】周边设施数量均不多且有增有减,与移民相关的商业设施有所增加(从 5 个增长至 9 个)。 【空间布局】各类设施始终呈散点状分布(国际移民相关设施散布其中)
图例	✚ 医疗设施　◇ 教育设施　● 商业设施　■ 交通设施　☆ 文化设施　▲ 体育设施

* 资料来源:2000—2022 年百度地图南京 POI 数据;课题组关于南京市在华国际移民聚居区的抽样调研数据及实地踏勘照片(2022)。

(3) 演化动因

经济型国际移民聚居区在空间维度响应上所表现出的总体特征与样本差异,主要源于上位规划的统筹分配和跨国经济的不断发展。

其一,上位规划的统筹分配主导着国际社区公共服务的供给与变迁。公共服务设施的配置往往由城市权力部门通过编制规划加以统筹引导(见图 5-12),本书所研究的亚东城和盛捷青奥国际社区两个经济型国际移民聚居区样本均位于城市新区,而新区规划就需要通过对公共产品资源的分级统筹,形成多层级、全覆盖、非均质化的公共服务体系,以实现社会效益和利用效率的最大化,因此,社区所处的空间区位(不同层级的公共服务中心)在一定程度上决定了周边公共产品的集聚度和服务获取的便利度,进而带来各聚居区在公共服务供给和变迁上的差异。比如亚东城是仙林新区的大型居住社区,周边服务于居民的商业、教育、体育、交通等各类设施能够短时间内配置齐备,而盛捷青奥国际社区所处的奥体片区则以商务商业、会展功能为主,故社区周边的配套设施供给则不以居民生活需求为先。

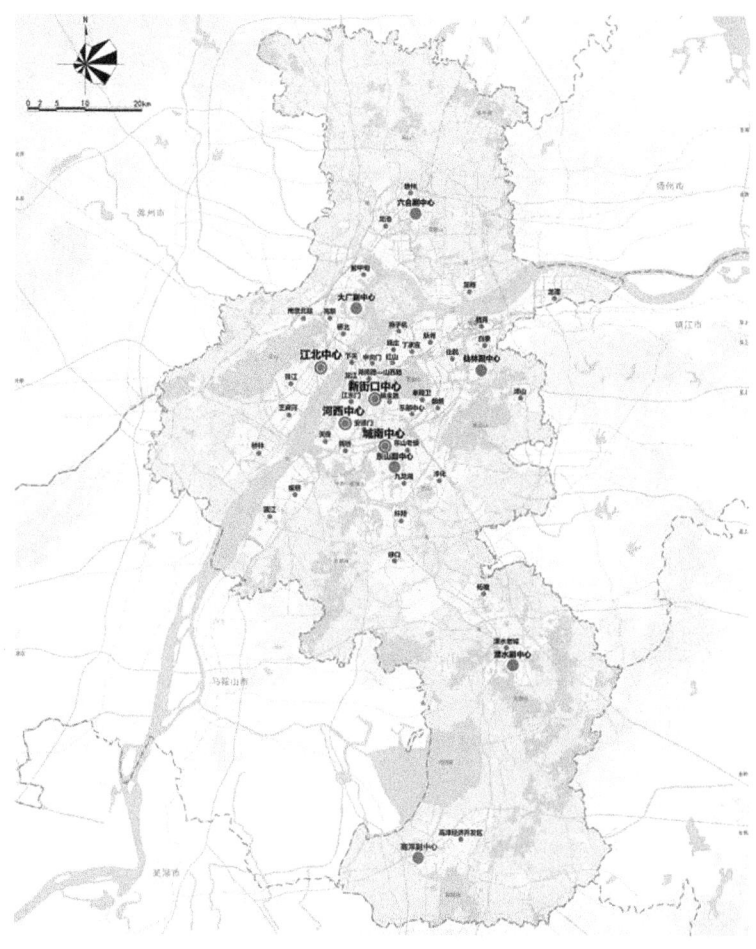

图 5-12 南京市商业中心体系规划
* 资料来源:南京市国土空间总体规划(2020—2035 年)(草案)。

其二,跨国经济的不断发展激活了异国特色的商业空间。随着跨国企业和国际贸易规模的不断扩大,大批外籍员工涌入我国大城市并大规模聚集。一方面,从政府角度出发,为吸引国际人才而统一规划建设的国际社区在功能配置上本身就将国际移民的特殊需求纳入考量范畴[①];另一方面,从市场选择角度出发,国际移民的规模化聚居势必会吸引异国特色商业形式在此聚集。因此,国际移民聚居空间周边的各类设施便出现了明显的国际化倾向,并逐渐形成了具有异国特色的商业空间(如外国餐馆、酒吧、进口超市等)。

---

① 徐樱瑛,周波,谭敏."全球城市"建设背景下国际化社区的规划建设对策:以成都市为例[J].建筑与文化,2022(7):101-103.

5.3.3 经济响应解析

(1) 消费市场

从总体上看,在经济型国际移民聚居区的演化过程中迁入地消费市场呈现出"当地店铺对外籍员工的吸引力不断增强,周边本地居民的消费习惯逐渐具有国际化倾向"的响应特征。从周边店铺中国际移民消费比例的变化来看,在当地店铺消费的国际移民规模越来越大,其中国际移民消费占比大于50%的店铺增幅最大(增长24.89个百分点),其次是30%(不含)～50%(含)区间(增长19.01个百分点),2019年以来,更是有将近三成的店铺国际移民顾客消费占比在一半以上;与之相反的是无国际移民顾客光顾的店铺、国际移民顾客占比小于等于10%的店铺数量则均有显著下降(分别下降了51.29个百分点和25.64个百分点)。从本地居民到外国特色店铺消费情况的变迁来看,总体波动幅度不大,但前往外国店铺消费占比超过30%的居民数量还是有所上涨(增长了约8个百分点),几乎不去外国店铺消费的居民数量有显著下降(下降了26.19个百分点)(见图5-13、图5-14)。

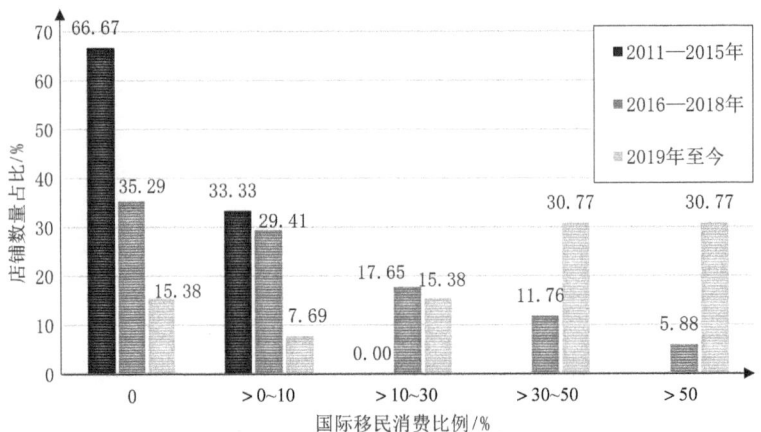

图 5-13 周边店铺中国际移民消费比例的总体变化
* 资料来源:课题组关于南京市在华国际移民聚居区的抽样调研数据(2022)。

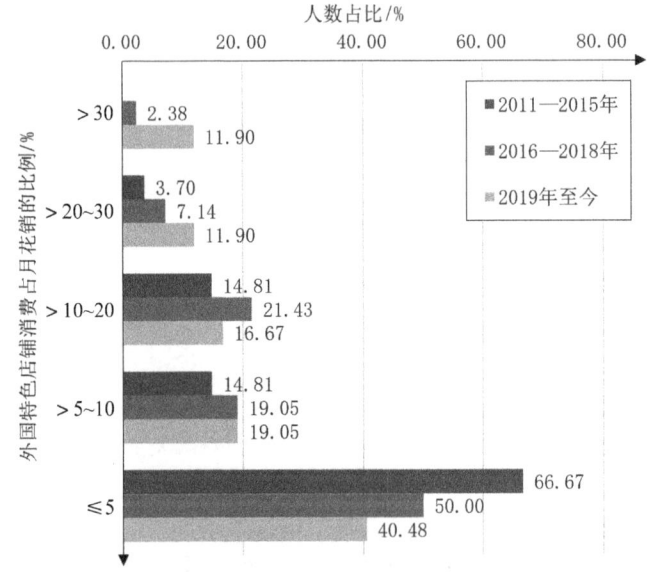

图 5-14 本地居民前往外国特色商铺消费比例的总体变迁
* 资料来源:课题组关于南京市在华国际移民聚居区的抽样调研数据(2022)。

从样本差异上看,经济型国际移民聚居区样本在消费市场上表现出不尽相同的响应特征如下(见表5-19):

表5-19 两个经济型国际移民聚居区消费市场的响应情况

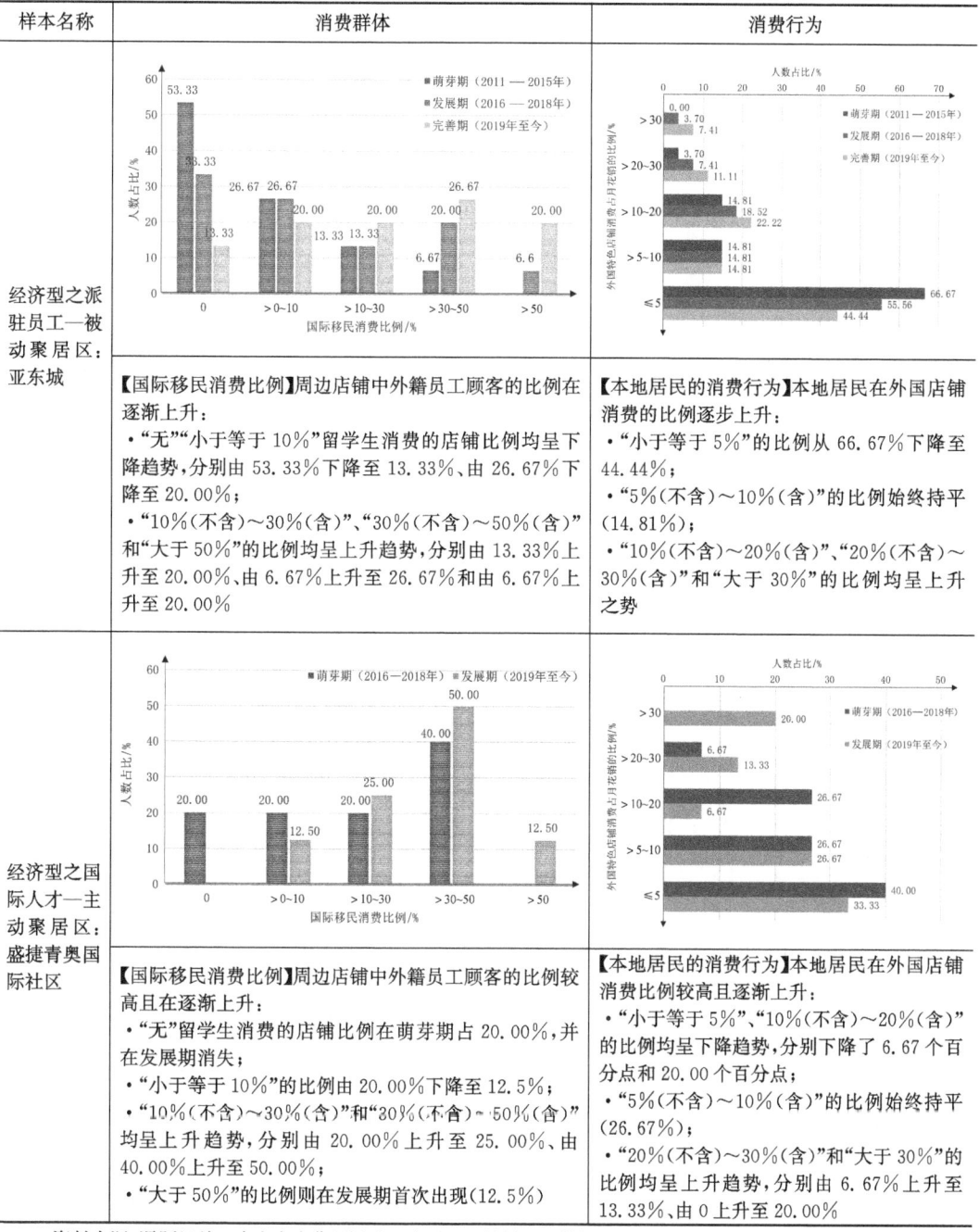

样本名称	消费群体	消费行为
经济型之派驻员工—被动聚居区:亚东城	【国际移民消费比例】周边店铺中外籍员工顾客的比例在逐渐上升: • "无""小于等于10%"留学生消费的店铺比例均呈下降趋势,分别由53.33%下降至13.33%、由26.67%下降至20.00%; • "10%(不含)~30%(含)"、"30%(不含)~50%(含)"和"大于50%"的比例均呈上升趋势,分别由13.33%上升至20.00%、由6.67%上升至26.67%和由6.67%上升至20.00%	【本地居民的消费行为】本地居民在外国店铺消费的比例逐步上升: • "小于等于5%"的比例从66.67%下降至44.44%; • "5%(不含)~10%(含)"的比例始终持平(14.81%); • "10%(不含)~20%(含)"、"20%(不含)~30%(含)"和"大于30%"的比例均呈上升之势
经济型之国际人才—主动聚居区:盛捷青奥国际社区	【国际移民消费比例】周边店铺中外籍员工顾客的比例较高且在逐渐上升: • "无"留学生消费的店铺比例在萌芽期占20.00%,并在发展期消失; • "小于等于10%"的比例由20.00%下降至12.5%; • "10%(不含)~30%(含)"和"30%(不含)~50%(含)"均呈上升趋势,分别由20.00%上升至25.00%、由40.00%上升至50.00%; • "大于50%"的比例则在发展期首次出现(12.5%)	【本地居民的消费行为】本地居民在外国店铺消费比例较高且逐渐上升: • "小于等于5%"、"10%(不含)~20%(含)"的比例均呈下降趋势,分别下降了6.67个百分点和20.00个百分点; • "5%(不含)~10%(含)"的比例始终持平(26.67%); • "20%(不含)~30%(含)"和"大于30%"的比例均呈上升趋势,分别由6.67%上升至13.33%、由0上升至20.00%

* 资料来源:课题组关于南京市在华国际移民聚居区的抽样调研数据(2022)。

(2) 业态构成

从总体上看,在经济型国际移民聚居区的演化过程中迁入地业态构成呈现出"刚需业态处于主导地位、非刚需业态较为低迷,与国际移民相关的餐饮、购物和语言培训类业态数量爆发式增长后趋于平稳"的响应特征。从业态构成的总体变迁来看,先升后降的是"餐饮类","生活服务类"则有所下降(下降了 14.34 个百分点),"住宿类"有小幅度增长(增长了 1.79 个百分点),而"购物类"、"休闲娱乐类"和"科教文化类"占比则呈先下降后上升的趋势。从国际移民相关业态数量的变化情况来看,"餐饮类"数量持续增长(增长了 82 个),且占主导地位,"购物类"和"语言培训类"数量则经历快速增长期后归于平稳(分别增长了 10 个和 9 个)(见表 5-20、图 5-15)。

表 5-20 经济型国际移民聚居区业态构成的总体变迁

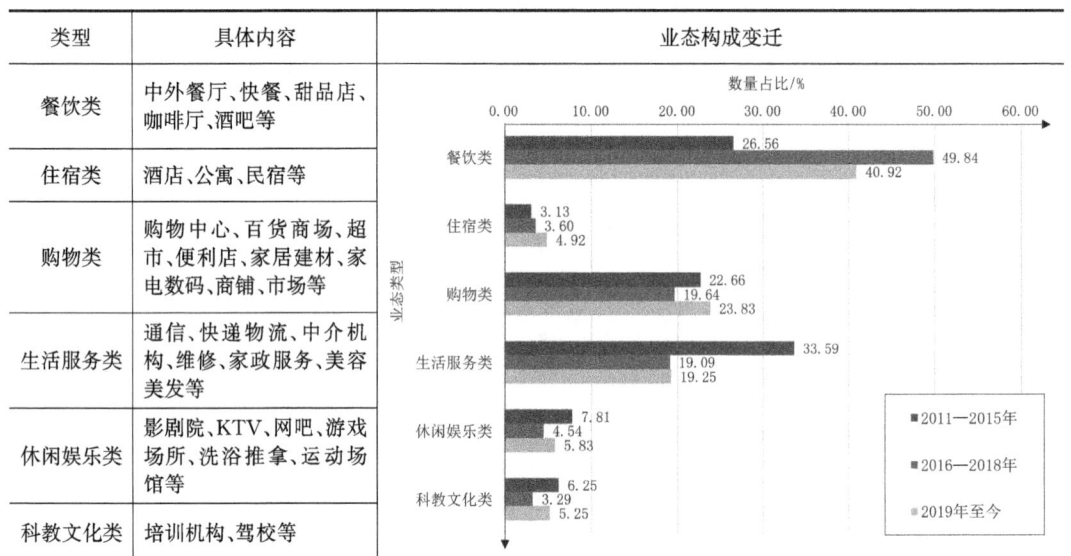

* 注:图中业态类型划分参考"百度地图 POI 数据分类",筛选出社区服务业态并将部分类型进行合并。
* 资料来源:2005 年、2010 年、2014 年、2017 年和 2022 年百度地图 POI 数据。

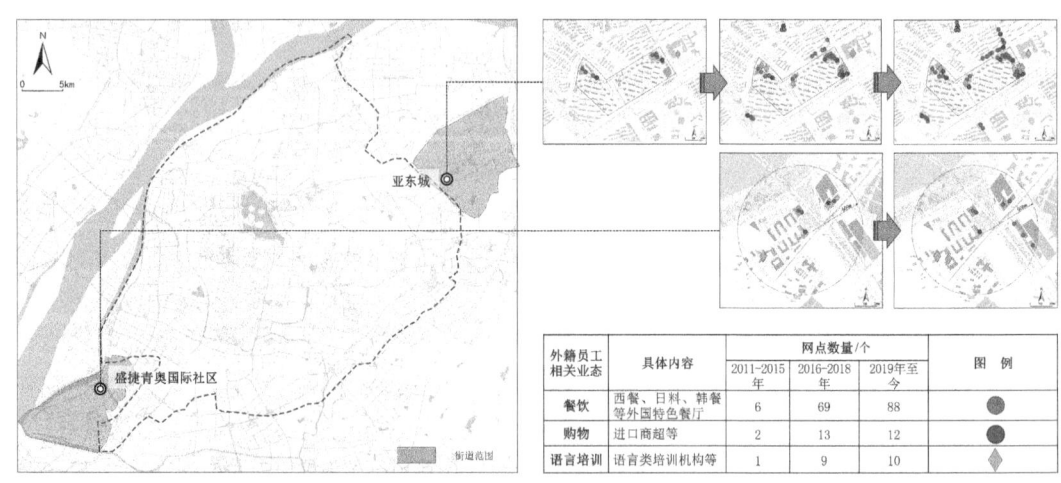

图 5-15 经济型国际移民相关业态的网点数量变化

* 资料来源:2005 年、2010 年、2014 年、2017 年和 2022 年百度地图南京 POI 数据。

从样本差异上看,经济型国际移民聚居区样本在业态构成上表现出不尽相同的响应特征如下(见表 5-21):

表 5-21 两个经济型国际移民聚居区业态构成的响应情况

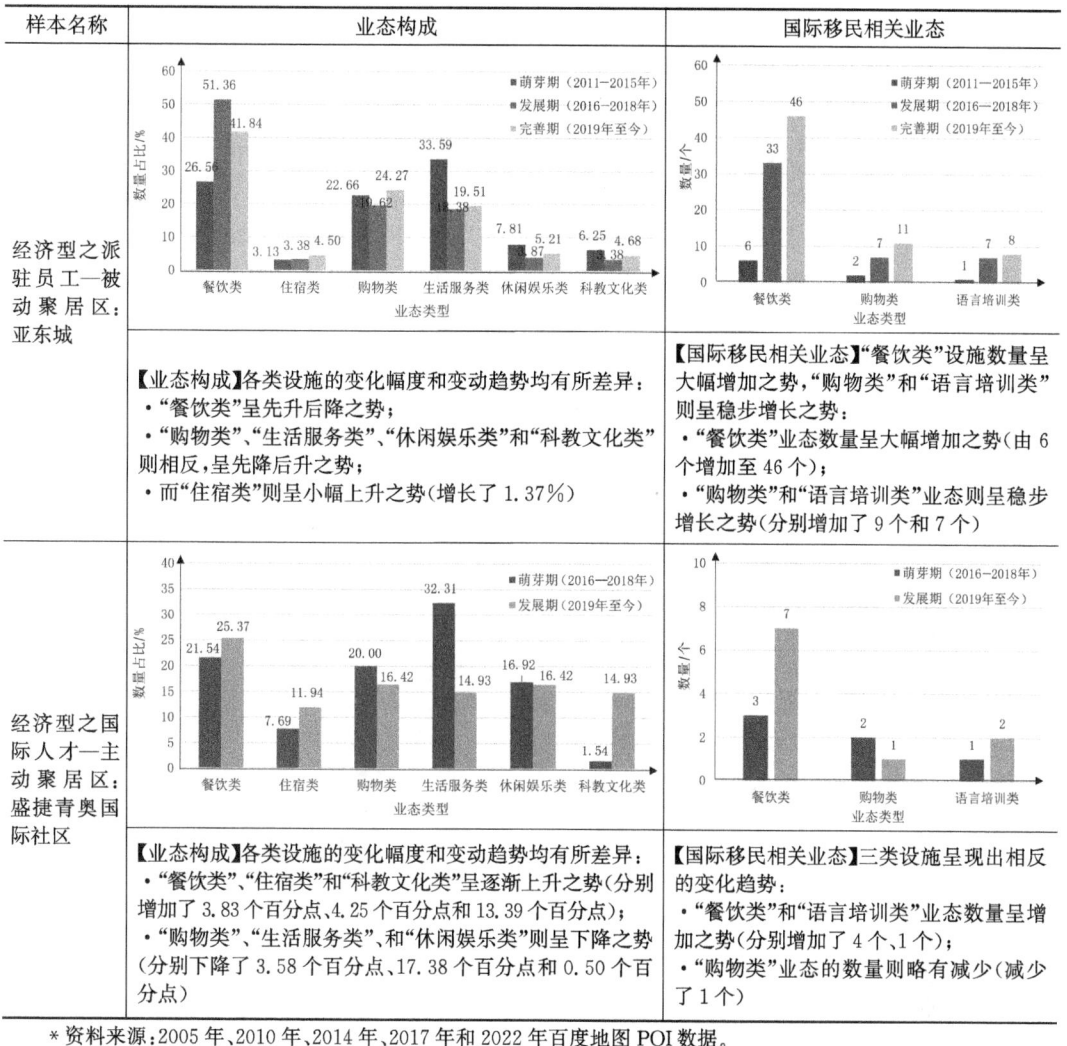

* 资料来源:2005 年、2010 年、2014 年、2017 年和 2022 年百度地图 POI 数据。

(3) 演化动因

经济型国际移民聚居区在经济维度响应上所表现出的总体特征与样本差异,主要源于原有生活方式的惯性和外籍员工优越的消费能力。

其一,原有生活方式的惯性带来了迁入地长期稳定的业态构成。一方面,由于原有生活方式的惯性依赖以及对母国的情感寄托,国际移民仍会在较长时间内保留不少原先的消费偏好[1],周雯婷等人通过对在沪日本人消费行为的调查就发现,75% 的日本人仍会前往日系超市购买日用品,选择日料作为外出就餐地点的日本人更是高达 82%,而 67% 的日本人还会回国采购或选择日本品牌店购买衣料类商品[2]。另一方面,本地居民长期的生活习惯也很难因国际移民的嵌入而短时间内发生巨大改变,所以本地居民本身对于舶来品的消费

---

[1] 朱凌.消费者暂时性抵制外国产品行为的动因机制研究:基于情感确定理论与从众理论视角[D].上海:复旦大学,2009:36.
[2] 周雯婷,刘云刚.在华外国人社会融合的现状与问题:以在沪日本人为例[J].世界地理研究,2019,28(1):1-12.

意愿并不高,只会出于文化体验和对新奇事物的追求而产生间歇性的消费需求①。基于此,社区周边的业态构成能够长期保持较为稳定的状态。

其二,外籍员工优越的消费能力促发了社区周边国际化商业的爆发性增长。本书在第4章国际移民社会属性解析中便提到过,外籍员工的月消费水平在10 000~20 000元居多,普遍高于本地居民的消费水平。因此,随着外籍员工的规模性聚居,其较高的消费能力和差异化的消费需求便会有引导性地带动社区周边异国特色业态的发展,不但出现了西餐、日料、韩餐等外国餐厅,而且进口商店和语言类培训机构等相关业态的规模也迅速增长。可以说,正是消费市场需求的结构性转变和特殊需求的加持从根本上造成了业态构成的变迁。

【访谈记录】

亚东城韩国餐厅内的本地消费者:"我是从'小红书'上看到这家韩餐店后过来打卡的。据说亚东城住了很多韩国人,他们都会来这里,这家店的老板也是韩国人,所以感觉这里的韩餐会比较正宗。"

盛捷青奥国际社区周边德国餐馆老板:"2018年,我开了这家店,主要是考察到这周边外国人较多,而且大多是有消费能力的精英人士,所以选择在此开店。目前店里还是以外国人消费居多。"

5.3.4 社会响应解析

(1)邻里交往

从总体上看,在经济型国际移民聚居区的演化过程中,本地居民与外籍员工之间的邻里交往呈现出"语言沟通存在障碍,但具有一定的交往意愿,交往强度尚可且变化不甚明显"的响应特征。从交往的语言障碍来看,超过半数的本地居民与外籍员工交流存在语言障碍(其中30.00%居民表示完全无法交流,22.50%则表示交流不太顺畅)。从与国际移民的交往意愿来看,近六成的居民对与外籍员工交往持较为积极的态度,持"非常愿意"和"比较愿意"态度的居民分别占22.50%和35.00%,但也有35.00%的居民表示"不太愿意"与外籍员工交往。从国际移民交往强度的变迁来看,本地居民与

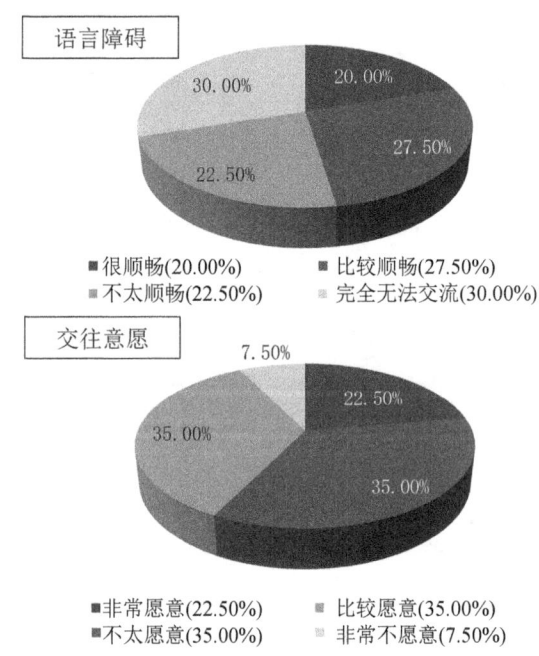

图5-16 本地居民与国际移民的语言障碍和交往意愿
* 资料来源:课题组关于南京市在华国际移民聚居区的抽样调研数据(2022)。

之交往的频率尚可但增长幅度不大,其中"1周多次"交往的比例一直为三成左右,"1周1次"的比例则逐渐增长,低交往频率则有一定的减少(见图5-16、图5-17)。

---

① 杨德爱.旅游与被旅游:大理"洋人街"由来及变迁[D].北京:中央民族大学,2012:132-133.

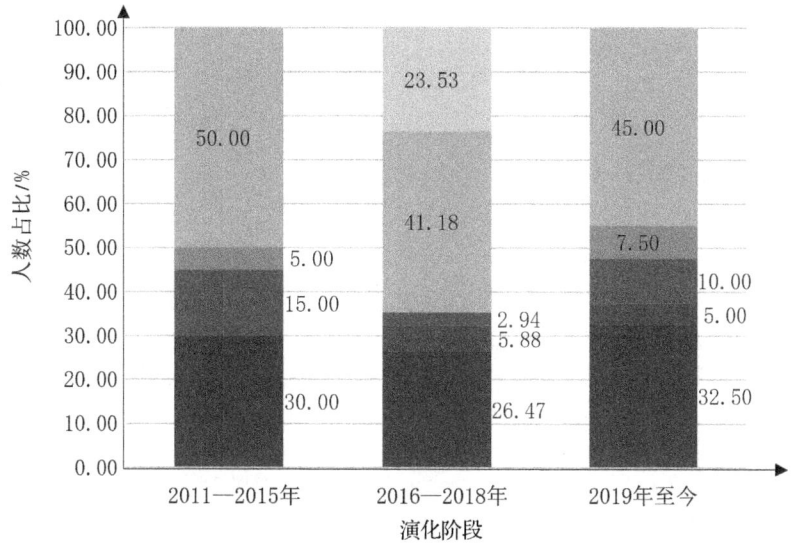

图 5-17 本地居民与国际移民交往强度的总体变迁
* 资料来源:课题组关于南京市在华国际移民聚居区的抽样调研数据(2022)。

从样本差异上看,经济型国际移民聚居区样本在邻里交往上表现出不尽相同的响应特征如下(见表 5-22)。

表 5-22 两个经济型国际移民聚居区本地居民语言障碍、交往意愿与交往强度的响应情况

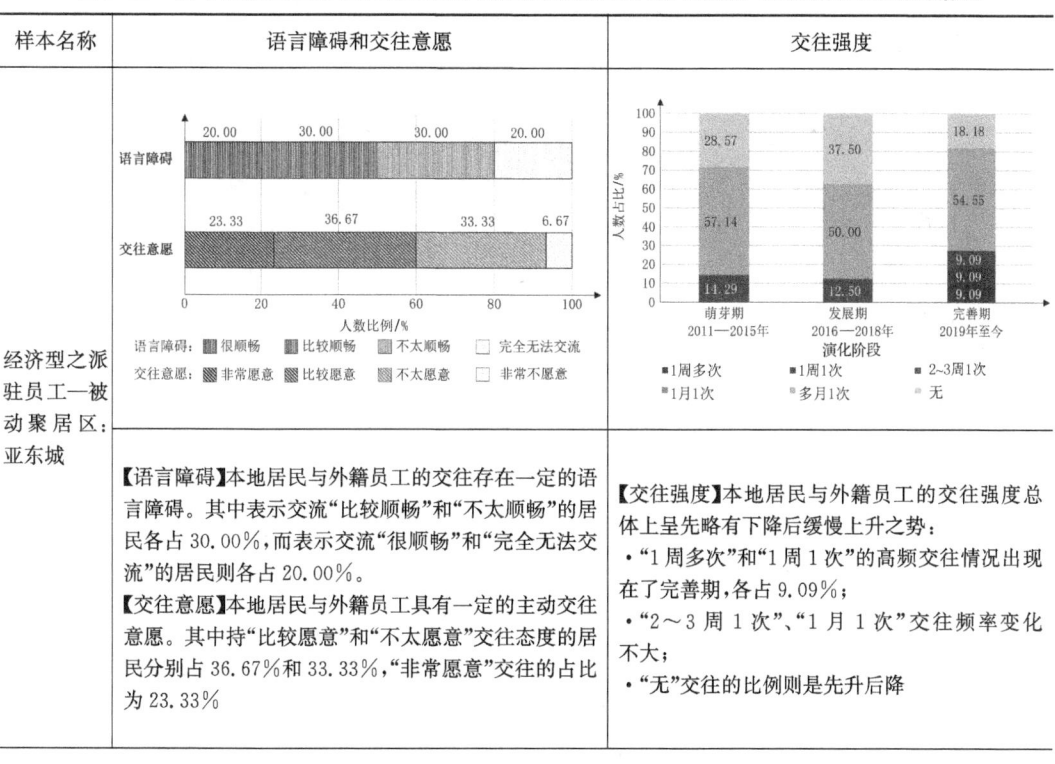

样本名称	语言障碍和交往意愿	交往强度
经济型之派驻员工—被动聚居区:亚东城	【语言障碍】本地居民与外籍员工的交往存在一定的语言障碍。其中表示交流"比较顺畅"和"不太顺畅"的居民各占 30.00%,而表示交流"很顺畅"和"完全无法交流"的居民则各占 20.00%。 【交往意愿】本地居民与外籍员工具有一定的主动交往意愿。其中持"比较愿意"和"不太愿意"交往态度的居民分别占 36.67% 和 33.33%,"非常愿意"交往的占比为 23.33%	【交往强度】本地居民与外籍员工的交往强度总体上呈先略有下降后缓慢上升之势。 • "1周多次"和"1周1次"的高频交往情况出现在了完善期,各占 9.09%; • "2~3周1次"、"1月1次"交往频率变化不大; • "无"交往的比例则是先升后降

(续表)

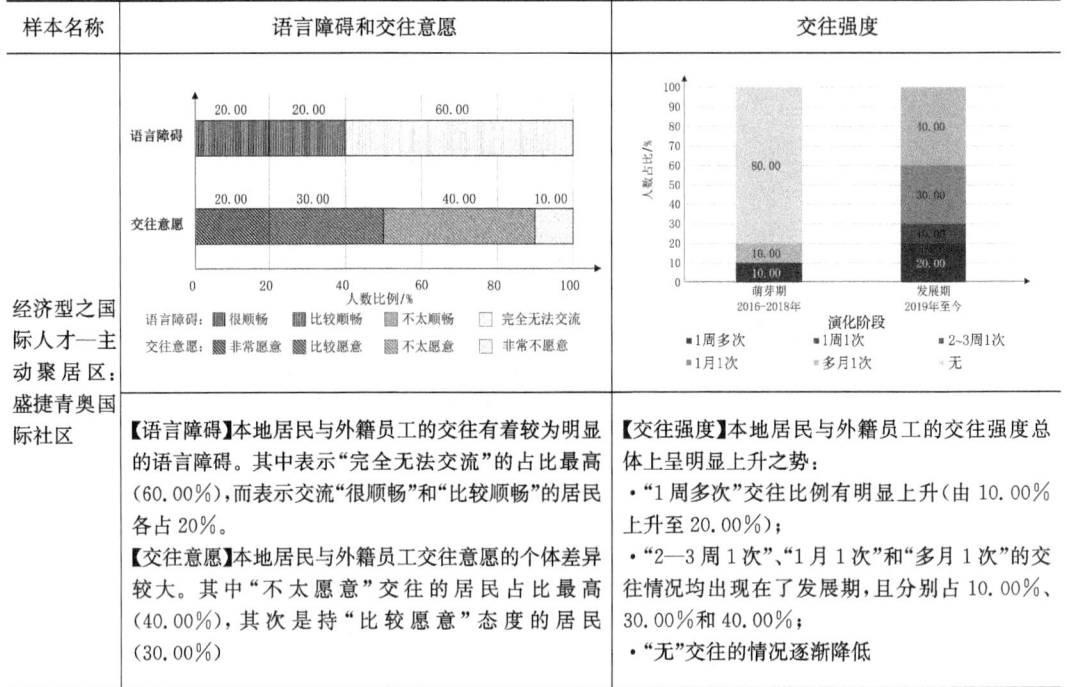

样本名称	语言障碍和交往意愿	交往强度
经济型之国际人才—主动聚居区：盛捷青奥国际社区	【语言障碍】本地居民与外籍员工的交往有着较为明显的语言障碍。其中表示"完全无法交流"的占比最高（60.00%），而表示交流"很顺畅"和"比较顺畅"的居民各占20%。 【交往意愿】本地居民与外籍员工交往意愿的个体差异较大。其中"不太愿意"交往的居民占比最高（40.00%），其次是持"比较愿意"态度的居民（30.00%）	【交往强度】本地居民与外籍员工的交往强度总体上呈明显上升之势： • "1周多次"交往比例有明显上升（由10.00%上升至20.00%）； • "2—3周1次"、"1月1次"和"多月1次"的交往情况均出现在了发展期，且分别占10.00%、30.00%和40.00%； • "无"交往的情况逐渐降低

* 资料来源：课题组关于南京市在华国际移民聚居区的抽样调研数据（2022）。

（2）社区互动

从总体上看，在经济型国际移民聚居区的演化过程中，本地居民与国际移民之间的社区互动呈现出"多愿为国际移民提供帮助，参与中外交流的意愿有所提高，低水平的活动组织也有所改善"的响应特征。从提供帮助意愿来看，超过七成的本地居民乐意为国际移民提供帮助，选择"大多情况下乐意帮忙"的居民占比最高（40.48%），其次有35.72%的居民"非常乐意帮忙"。从居民参与中外交流活动的意愿来看，虽然选择"不太乐意"参与的居民占比最高（稳定在40%~50%），但是选择"非常乐意"参与的居民占比在逐年增长，而选择"比较愿意"的居民稳定在了一个较高水准（20%~30%）。从活动组织情况来看，"偶尔"组织活动的情况有所增长，"从不"组织活动的情况在逐年下降，"经常"和"几乎不"组织活动的比例则相对稳定（见图5-18、图5-19）。

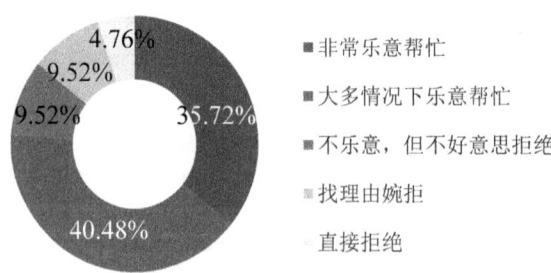

图5-18 本地居民为国际移民提供帮助的意愿

* 资料来源：自绘。

5 融合与响应：南京市经济型国际移民聚居空间的实证分析

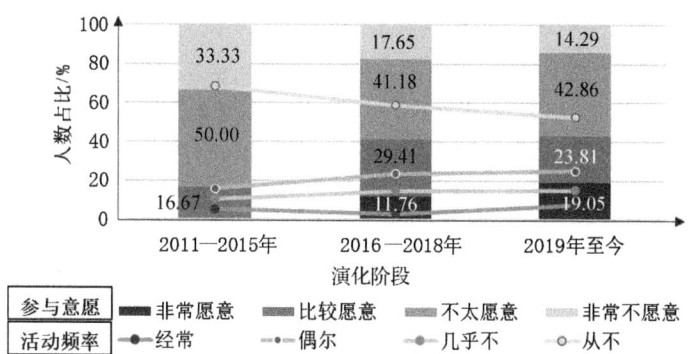

图 5-19 经济型国际移民聚居区中外交流活动组织频率和本地居民参与意愿的总体变迁

* 资料来源：课题组关于南京市在华国际移民聚居区的抽样调研数据（2022）。

从样本差异上看，经济型国际移民聚居区样本在社区互动上表现出不尽相同的响应特征如下（见表 5-23）：

表 5-23 两个经济型国际移民聚居区本地居民提供帮助意愿、国际活动的响应情况

样本名称	提供帮助意愿	中外交流活动的组织频率和参与意愿
经济型之派驻员工—被动聚居区：亚东城	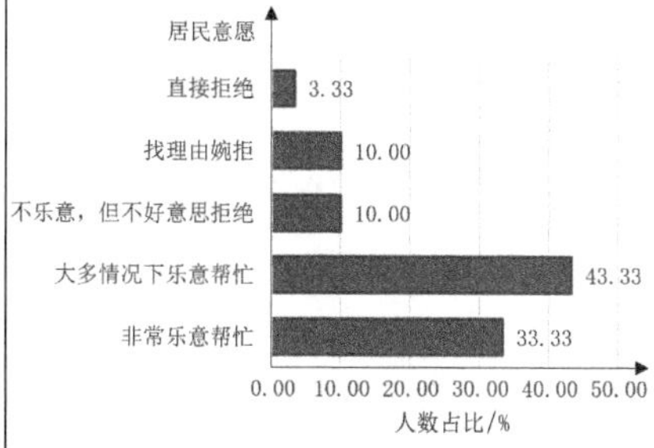 居民意愿： 直接拒绝 3.33 找理由婉拒 10.00 不乐意，但不好意思拒绝 10.00 大多情况下乐意帮忙 43.33 非常乐意帮忙 33.33	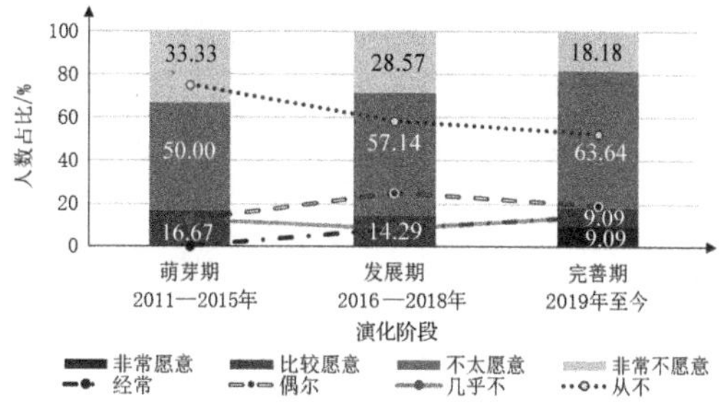 萌芽期（2011—2015年）、发展期（2016—2018年）、完善期（2019年至今）各阶段人数占比变化图
	【提供帮助意愿】大多本地居民表现得较为积极。其中表示"大多情况下乐意帮忙"的居民占比最高（43.33%），其次是"非常乐意帮忙"的居民（33.33%）	【活动组织与参与意愿】中外交流活动的组织频率和本地居民参与活动的积极性均呈缓慢上升的趋势，但总体比例偏低。其中表示社区"经常"组织活动的居民比例由 0 增长至完善期的 14.29%；而"非常愿意"参与活动的居民则由 0 增长至 9.09%
经济型之国际人才—主动聚居区：盛捷青奥国际社区	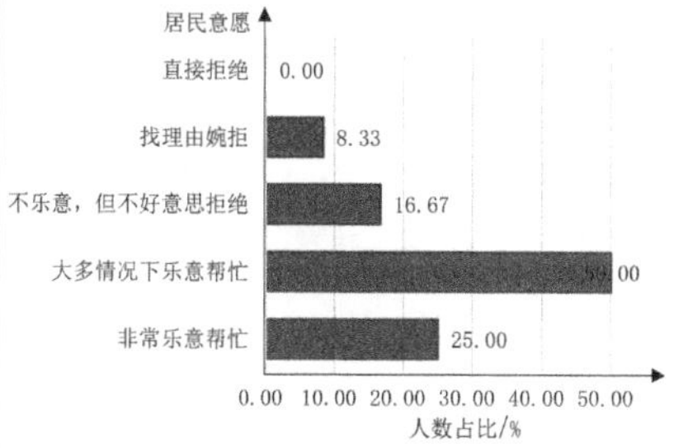 居民意愿： 直接拒绝 0.00 找理由婉拒 8.33 不乐意，但不好意思拒绝 16.67 大多情况下乐意帮忙 50.00 非常乐意帮忙 25.00	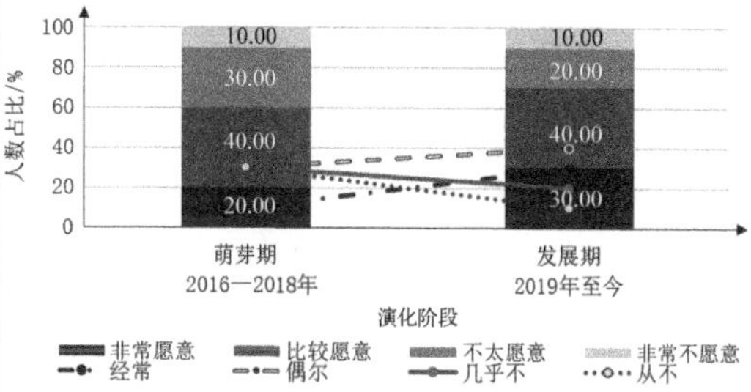 萌芽期（2016—2018年）、发展期（2019年至今）各阶段人数占比变化图
	【提供帮助意愿】大多本地居民愿意提供帮助。其中"大多情况下乐意帮忙"占比最高（50.00%），其次是"非常乐意帮忙"的居民（25.00%）	【活动组织与参与意愿】中外交流活动的组织频率和本地居民参与活动的积极性均呈逐渐上升之势。其中表示"经常"参与活动的居民增长了 20.00%；而"非常愿意"的居民也由 20.00% 增长至 30.00%

* 资料来源：课题组关于南京市在华国际移民聚居区的抽样调研数据（2022）。

（3）演化动因

经济型国际移民聚居区在社会维度响应上所表现出的总体特征与样本差异，主要源于

迁入地国际化程度的加深和中外文化的巨大差异。

其一,迁入地国际化程度的加深为日益积极的社会响应提供了动力。首先,随着跨国企业的入驻(从2000年的2487家增加到2020年的9 300家[①②]),南京外籍员工的数量正在逐年增长,这直接增加了本地居民在各种场合与国际移民"打交道"的机会(见图5-20);其次,南京政府还着手推进了一系列国际社区的建设进程(截至2020年,共规划建设30个国际社区),打造国际化空间、举办中外交流活动,这一举措虽刚刚起步,但已经开始为社区内本地居民与国际移民的社交联结提供了场所与机会;最后,媒体对国际化城市面貌与生活方式的正向宣传,也在潜移默化地改变着本地居民的主观态度,有助于加深其对国际移民的接纳与包容程度。

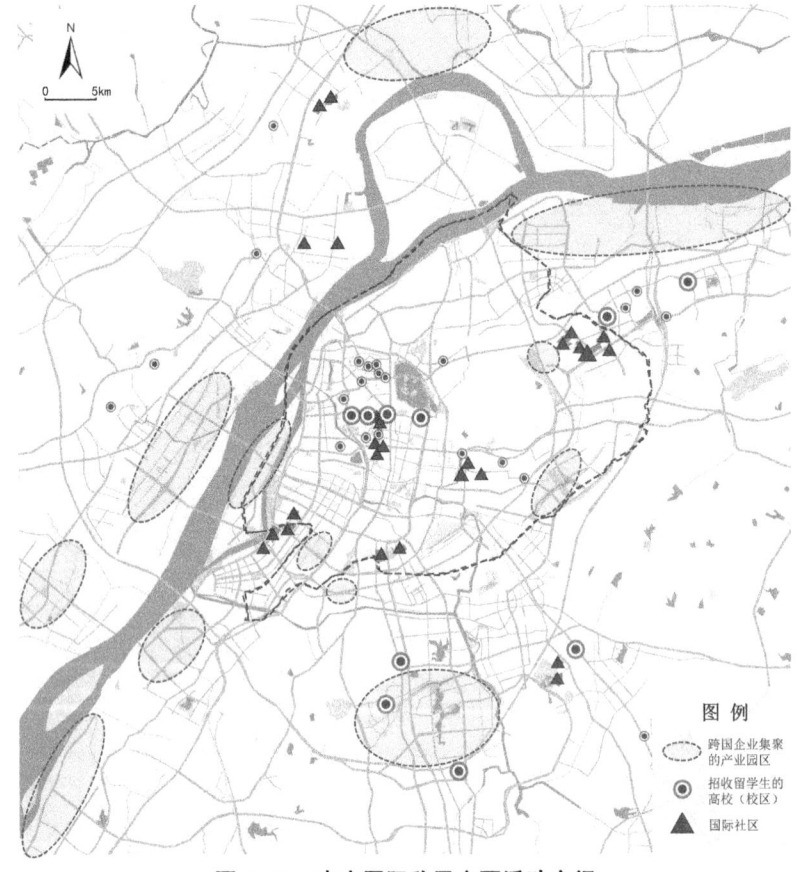

图5-20 南京国际移民主要活动空间
＊资料来源:课题组关于南京市在华国际移民聚居区的抽样调研数据(2022)。

其二,中外文化的巨大差异也给社会响应带来了明显障碍。全球化背景下,来自五湖四海的外籍员工天然具有差异巨大的文化背景,即使进入迁入地后也多会保留着原本的思维模式和行为习惯,这会使本地居民产生固有文化"被入侵"的感觉,加之本地居民自身存在排斥外力变化的惯性和惰性,这就在很大程度上制约了群体间的社会交往,从而造成二者间的社会隔离。

---

① 南京市工业和信息化局. 南京市2020年国民经济和社会发展统计公报[R]. 2021.
② 南京市统计局. 南京市2000年国民经济和社会发展统计公报[R]. 2001.

5.3.5 制度响应解析

(1) 移民政策

从总体上看,在经济型国际移民聚居区的演化过程中,移民政策呈现出"出台数量逐渐增多,覆盖内容日益全面,地方响应趋于显著"的响应特征。从移民政策出台的数量来看,呈现出持续增多之势,其中 2000—2005 年出台的政策数为 7 项,而 2019 年以来,这一数量已增长到原来的三倍以上(24 项)。从移民政策的内容来看,2000—2005 年政策内容集中在出入境和居留方面,2006—2010 年又新增了移民就业和社保政策,2011—2015 年则进一步补充了移民人才引进政策内容,形成了较为全面的政策体系;20 余年间,移民政策是有部分更替,但大部分情况下新政策源于旧政策的优化和补充,因而在内容上处于不断细化和完善的过程之中。从移民政策的层级来看,2015 年以前出台的全部为国家政策,但从 2016 年起国家出台政策的比例开始有所下降,地方政策的占比却在不断提高(从 8.33% 上升至 58.33%)(见图 5-21)。

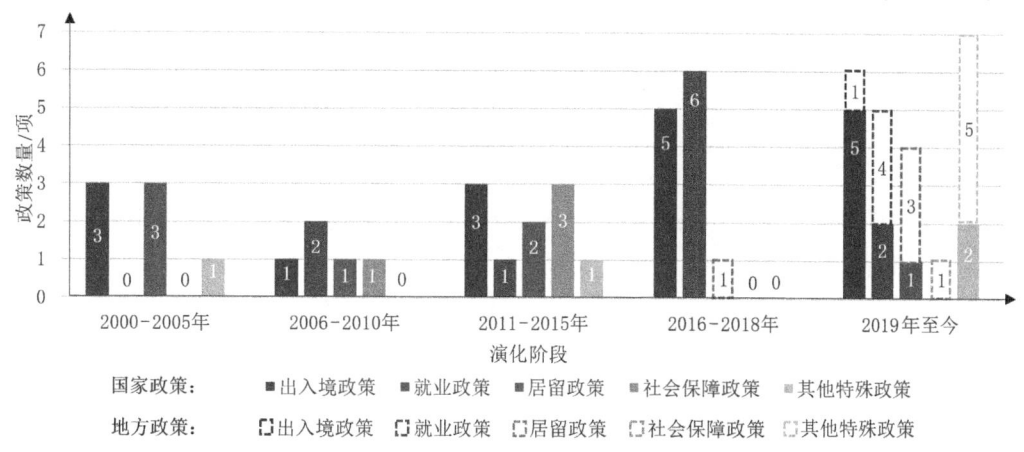

图 5-21 经济型国际移民相关政策数量的总体变迁

* 注:统计包括法律、行政法规、部门规章、规范性文件、司法与行政解释、地方性法规、地方规范性文件等在内的国家、省市级(江苏省和南京市)政策数量。

* 资料来源:统计自国家移民管理局(https://www.nia.gov.cn/n741440/n741547/index.html)、江苏省人民政府外事办公室(http://wb.jiangsu.gov.cn/col/col336/index.html)、南京人民政府外事办公室(http://wb.nanjing.gov.cn/njszfwsbgs/?id=xxgk_224)等官方网站政策公开内容。

需要说明的是,经济型国际移民政策是国家和地方政府(市级及以上)在某一时间点面向全体外国人或外籍员工群体统一颁布的法律文件,适用于所辖区域内所有外籍员工,换言之,其并不会因移民所在社区的不同而产生差异,因此不再针对具体样本展开比较。

(2) 移民管理与服务

从总体上看,在经济型国际移民聚居区的演化过程中,移民管理与服务呈现出"管理部门从多头分散向一体化过渡,业务办理渠道逐步多元化"的响应特征。从移民管理部门来看,2018 年以前,不管是国家还是地方层面,移民事务管理均涉及多个部门,表现出多头交织的复杂局面;2018 年成立的国家移民事务管理局,至少在国家层面逐步整合了各个部门的移民事务,同时为仍由其他部门负责的移民事务办理提供咨询与统筹服务;2018 年以来各地政府也相继设立了外事办公室来协调各类移民事务,但移民具体业务的办理仍由不同部门来负责。从移民业务办理渠道来看,普遍由工作单位协助个人进行办理,与此同时,不少个人或单位为加快办理进度还会委托中介代为办理;2013年探亲类签证的出现,又吸引了大批通过个人办理相关业务而来华探亲的移民;2015年以来,部分移民聚集的社区更是设立外国人服务站,专门为移民业务办理提供咨询和协助服务(见图5-22)。

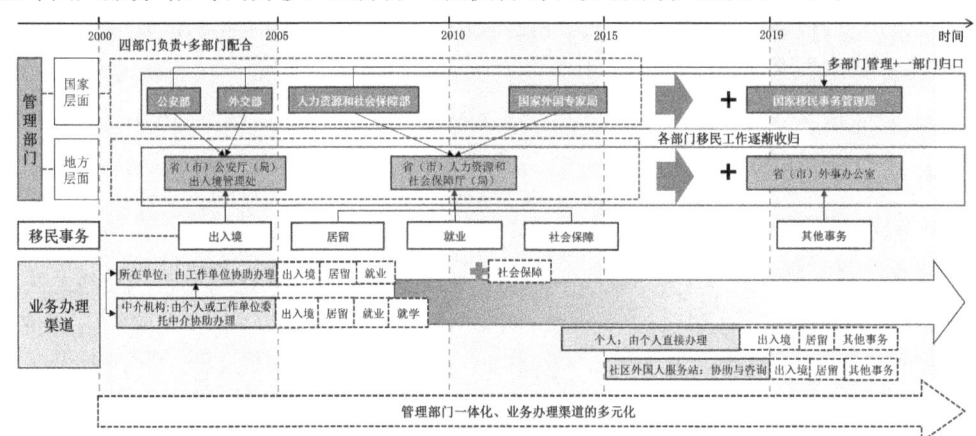

图 5-22 经济型国际移民管理部门和业务办理渠道的总体变迁

* 资料来源:统计自国家移民管理局(https://www.nia.gov.cn/n741440/n741547/index.html)、江苏省人民政府外事办公室(http://wb.jiangsu.gov.cn/col/col336/index.html)、南京人民政府外事办公室(http://wb.nanjing.gov.cn/njszfwsbgs/?id=xxgk_224)等官方网站政策公开内容。

从样本差异上看,经济型国际移民聚居区样本在移民管理与服务上表现出不尽相同的响应特征如下(见表5-24):

表 5-24 两个经济型国际移民聚居区移民管理与服务的响应情况

样本名称	移民管理与服务
经济型之派驻员工——被动聚居区:亚东城	工作单位负责协助外籍员工办理各项事务,相关政府机关负责审批;就业管理与支持逐渐完善; 【出入境/居留】由外籍员工提出申请,单位出具证明并向公安机关提出申请,此过程可以委托中介机构代为办理; 【住宿】包括个人购买、个人租赁和单位租赁三种形式,完善期还需向社区居委会备案; 【就业】包括外企派遣/普通就业、人才引进、自主创业三种形式,且办理机构和流程也在逐渐简化; 【社会保障】可与就业业务一体化办理

(续表)

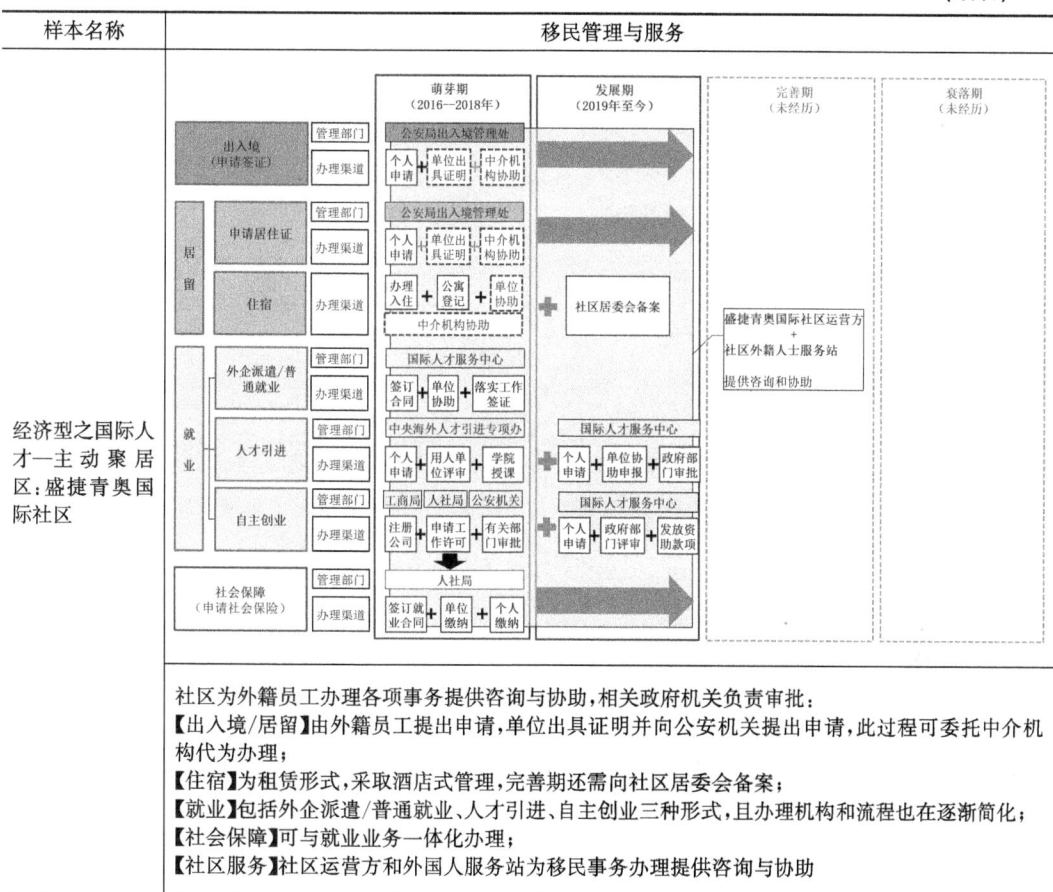

样本名称	移民管理与服务
经济型之国际人才—主动聚居区：盛捷青奥国际社区	社区为外籍员工办理各项事务提供咨询与协助，相关政府机关负责审批； 【出入境/居留】由外籍员工提出申请，单位出具证明并向公安机关提出申请，此过程可委托中介机构代为办理； 【住宿】为租赁形式，采取酒店式管理，完善期还需向社区居委会备案； 【就业】包括外企派遣/普通就业、人才引进、自主创业三种形式，且办理机构和流程也在逐渐简化； 【社会保障】可与就业业务一体化办理； 【社区服务】社区运营方和外国人服务站为移民事务办理提供咨询与协助

* 资料来源：统计自国家移民管理局(https://www.nia.gov.cn/n741440/n741547/index.html)、江苏省人民政府外事办公室(http://wb.jiangsu.gov.cn/col/col336/index.html)、南京人民政府外事办公室(http://wb.nanjing.gov.cn/njszfwsbgs/?id=xxgk_224)等官方网站政策公开内容。

(3) 演化动因

经济型国际移民聚居区在制度维度响应上所表现出的总体特征与样本差异，主要源于国家治理体系和治理能力现代化的必然要求以及移民现实问题的凸显。

其一，国家治理体系和治理能力现代化为移民制度响应提出了更高的要求。党的十九届四中全会审议通过《中共中央关于坚持和完善中国特色社会主义制度、推进国家治理体系和治理能力现代化若干重大问题的决定》[①]，提出了进一步深化国家治理体系和治理能力现代化的总体要求。国际移民治理作为国家治理体系和治理能力现代化推进的重要领域之一，势必会在治理路径上做出全面响应（见图5-23）：一方面，国家治理体系优化在制度内容、管理服务和法规政策上对国际移民治理提出了更高的要求，因此，移民制度内容以出入境管理为基础，逐步实现了移民居留、就业、社会保障等内容的全面覆盖；移民管理部门逐渐统一收归至国家移民事务管理局，以避免管理权责的过于分散；同时不断完善多级政策

---

① 中华人民共和国中央人民政府.中共中央关于坚持和完善中国特色社会主义制度 推进国家治理体系和治理能力现代化若干重大问题的决定，2019. https://www.gov.cn/zhengce/2019-11/05/content_5449023.htm.

体系,促进移民政策向全面化、系统化、精细化迈进[①]。另一方面,提高国家治理能力也激发了国家和地方对移民事务参与主体和治理模式的创新性思考,逐步形成了目前政府部门、社区、社会组织、市场主体等多方参与,协同治理、动态治理和柔性治理相结合的治理模式[②]。

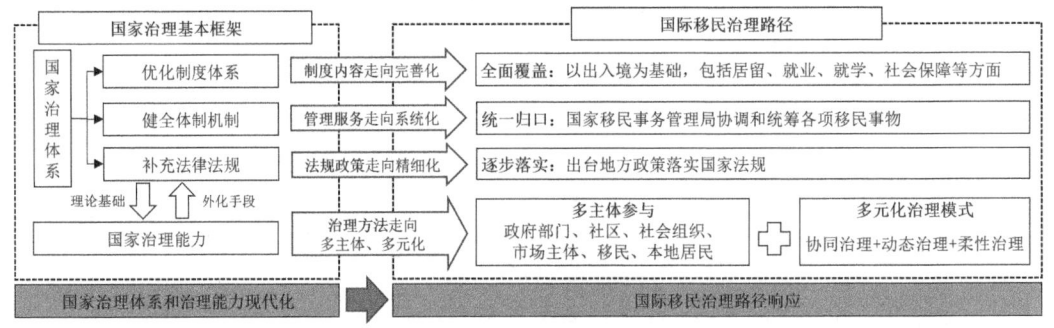

图 5-23　国家治理体系和治理能力现代化背景下的国际移民治理路径响应
* 资料来源:笔者根据以下文献改绘——李树苗,薛琳,宋雨笑.新时代在华国际移民的融合、发展与治理[J].北京工业大学学报(社会科学版),2022,22(4):16-28;夏志强,谭毅.城市治理体系和治理能力建设的基本逻辑[J].上海行政学院学报,2017,18(5):11-20.

其二,移民现实问题的凸显亟需制度维度做出响应。从外部环境来看,全球经济发展水平的差异、国家间政治制度的不同以及交通技术的发展,均是推动移民跨国流动的重要因素,而且随着移民跨国活动的日益频繁,移民事务在国际安全、国际政治、贸易与合作等方面的复杂性也在不断凸显,比如打击"三非"一直是我国出入境管理的重中之重,从国家移民管理局的统计数据来看,单是 2022 年第一季度便查获"三非"外国人 1.34 万人次、遣返 0.8 万人。从内部矛盾来看,随着我国大城市国际移民规模的日益增长,这也会给迁入城市的人口居留、就业、治安等带来多重负面影响,这些现实困境同样需要国家、地方政府和社区机构多方尝试新的管理与服务模式。

5.3.6　心理响应解析

(1) 文化习俗接纳

从总体上看,在经济型国际移民聚居区的演化过程中,本地居民对外籍员工的文化习俗接纳呈现出"生活习俗接受度和文化接纳度较为有限,但呈缓慢上升之势"的响应特征。从生活习俗接受度(通过选择外国饮食的频率来表征)来看,本地居民选择外国饮食的频率并不高,其中"多月 1 次"的频率最高,一直在一半以上,而"1 周多次"的频率从未超过 10%;但本地居民选择外国饮食的频率总体上还是在逐步升高,最明显的是"1 月 1 次"的频率已由 6.25% 上升到 12.12%,其他情况的变化幅度则不甚明显。从文化接纳度(通过对待外国节日态度来表征)来看,本地居民对外国节日的接纳程度有缓慢提升,

---

① 晏晓娟.我国城市发展进程中的国际移民治理:基于社会融合的视角[J].上海对外经贸大学学报,2019,26(4):100-108.
② 陈积敏,杨晶滢.国际移民治理体系的生成动因及构建逻辑[N].中国社会科学报,2023-05-11.

十几年间表示"非常熟悉、经常庆祝"外国节日的居民增长了 8.33 个百分点,但始终不足两成,而"不了解、不庆祝"外国节日的居民则相应地下降了 5.00 个百分点,其他情况变化则较不明显(见图 5-24、图 5-25)。

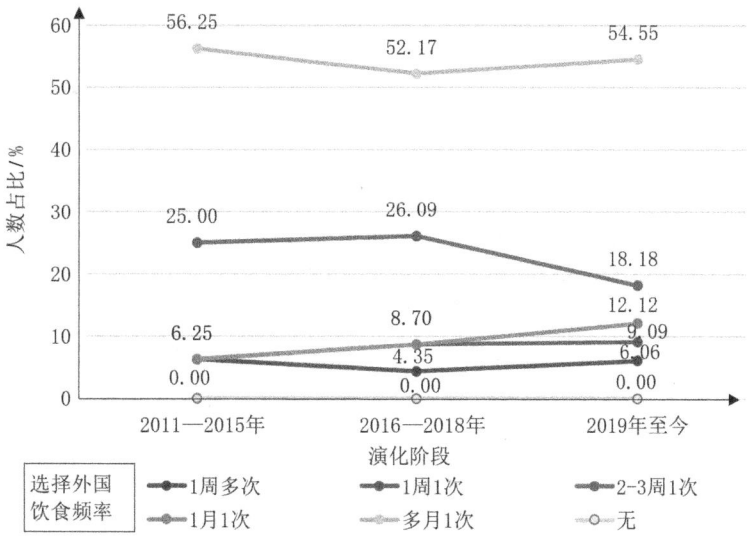

图 5-24 本地居民生活习俗接受度(选择外国饮食的频率)的总体变化

* 资料来源:课题组关于南京市在华国际移民聚居区的抽样调研数据(2022)。

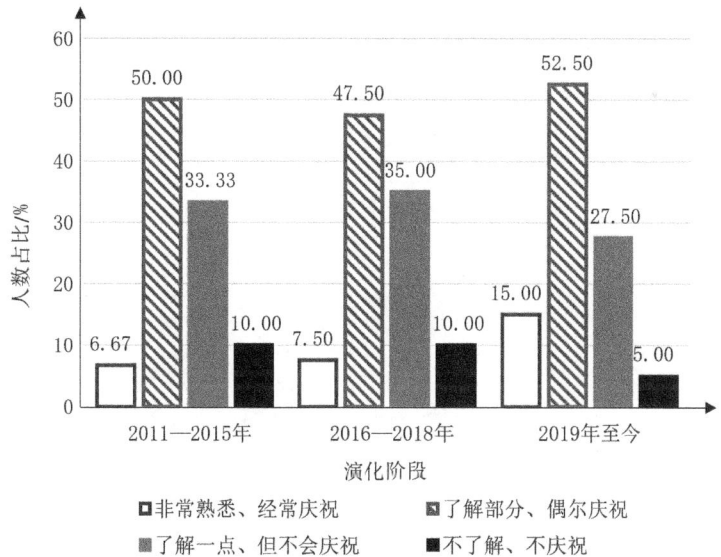

图 5-25 本地居民文化接纳度(对待外国节日态度)的变迁

* 资料来源:课题组关于南京市在华国际移民聚居区的抽样调研数据(2022)。

从样本差异上看,经济型国际移民聚居区样本在文化习俗接纳上表现出不尽相同的响应特征见表 5-25。

表 5-25 两个经济型国际移民聚居区文化习俗接纳的响应情况

样本名称	生活习俗接受度	文化接纳度
经济型之派驻员工—被动聚居区：亚东城	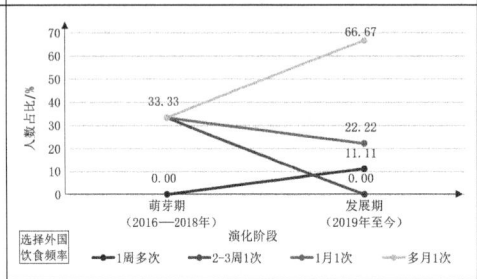 【生活习俗接受度】周边居民选择外国饮食的频率不高且波动不大： • "多月1次"的占比最高，但小幅下降了6.25个百分点，而"1周多次"占比最低且下降了2.08个百分点； • "1周1次"和"1月1次"的占比有所上升，分别增长了6.25个百分点和2.08个百分点； • "2—3周1次"的频率则没有变化（25.00%）	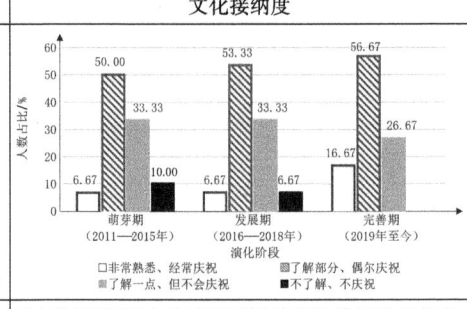 【文化接纳度】本地居民了解并庆祝外国节日的比例在逐步上升： • 表示"了解部分、偶尔庆祝"的比例最高并呈逐步上升之势，增长了6.67个百分点； • 表示"了解一点，但不会庆祝"和"不了解、不庆祝"的比例则有所下降，分别下降了6.66个百分点、10个百分点； • 表示"非常熟悉、经常庆祝"的情况相对较少，但涨幅明显（增长10.00%）
经济型之国际人才—主动聚居区：盛捷青奥国际社区	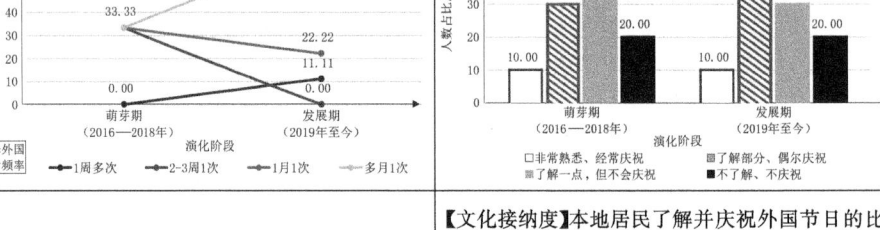 【生活习俗接受度】周边居民选择外国饮食的频率两极分化越发明显： • "多月1次"和"1周多次"的占比在增高，分别增长了33.34个百分点和11.11个百分点； • "1月1次"和"2—3周1次"的占比则有所下降，分别下降了11.11个百分点和33.33个百分点	【文化接纳度】本地居民了解并庆祝外国节日的比例变化不大： • 表示"了解部分、偶尔庆祝"的比例有所上升，增长了10个百分点； • 表示"了解一点，但不会庆祝"的比例则有所下降，下降了10个百分点； • 表示"非常熟悉、经常庆祝"和"不了解、不庆祝"的情况基本无变化

* 资料来源：课题组关于南京市在华国际移民聚居区的抽样调研数据（2022）。

（2）社会距离

从总体上看，在经济型国际移民聚居区的演化过程中，本地居民与外籍员工之间的社会距离呈现出"从陌生人到伴侣关系存在个体差异"的响应特征。从能接受与国际移民建立的最亲密关系来看，超过半数本地居民表示可以与外籍员工成为"朋友"（55%），表示最多能与外籍员工成为"邻居"的比例为22%，甚至有8%的居民能接受与其成为"伴侣"，但也有15%的居民不愿与外籍员工

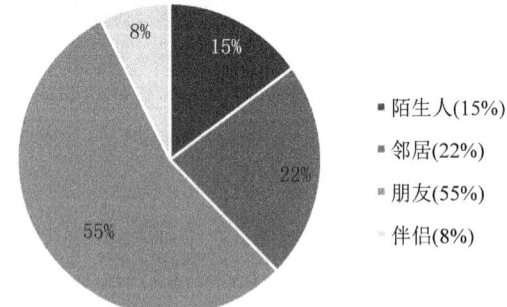

图 5-26 能接受与外籍员工建立的最亲密关系统计

* 资料来源：课题组关于南京市在华国际移民聚居区的抽样调研数据（2022）。

建立任何社会关系(见图 5-26)。

从样本差异上看,经济型国际移民聚居区样本在社会距离上表现出不尽相同的响应特征如下(见表 5-26)。

表 5-26 两个经济型国际移民聚居区社会距离的响应情况

样本名称	能接受的最亲密关系	样本名称	能接受的最亲密关系
经济型之派驻员工—被动聚居区:亚东城	陌生人(13%)、邻居(23%)、朋友(54%)、伴侣(10%)	经济型之国际人才—主动聚居区:盛捷青奥国际社区	陌生人(20%)、邻居(20%)、朋友(60%)
大多本地居民愿意与国际移民建立相对密切的社会联系:愿意与国际移民成为"朋友"的本地居民比例最高(54%),其次是"邻居"(23%),还有 10% 的居民愿意与国际移民成为"伴侣"		大多本地居民愿意与国际移民建立一定的社会联系:愿意与国际移民成为"朋友"的本地居民比例最高(60%),但也有 20% 的本地居民不愿意与国际移民建立社会联系	

* 资料来源:课题组关于南京市在华国际移民聚居区的抽样调研数据(2022)。

(3)演化动因

经济型国际移民聚居区在心理维度响应上所表现出的总体特征与样本差异,主要源于全球化浪潮的不断发展以及聚居区形成和演化时间的短暂性。

其一,全球化浪潮的不断发展为本地居民的心理响应提供了现实路径。一方面,我国坚定不移地推动经济全球化的发展,近年来种类愈发丰富的国际商品以越来越低廉、透明的价格被"引进来",消费市场的对外开放提升了本地居民对外国商品的了解度和接纳度;另一方面,全球化背景下,人口的跨国流动,特别是越来越多的中国人通过就业、就学、旅游等形式"走出去",无疑增进了各国人民之间的文化交流和互联互信,这同样有助于增进本地居民对国际移民的心理认同。

其二,聚居区形成和演化时间的短暂性是造成心理响应滞后的直接原因。心理学家赫伯特斯·宾塞提出"心理适应"需要经历认知、容忍、接纳和同化四个阶段[1],因此对于国际移民而言,其聚居时间的长短势必会对所在地居民的心理适应程度产生直接影响。南京经济型国际移民聚居区的形成源于 2000 年以来外资企业的大力发展,而本书研究的亚东城和盛捷青奥国际社区两个聚居区均形成于与 2010 年以后,至今不过短短十余年时间,还未对本地居民的心理状态变化产生持续性的影响。

【访谈记录】

亚东城社区居委会工作人员:"以前,由于语言和文化等问题,外国人基体上是自己住自己的,我们也不干涉他们。但是这些年出国旅游的居民多了,眼界开阔了,居民们都想和他们多走动走动,过个圣诞节之类的,这样自然联系就多起来了。不仅中国居民有了一定程度的西化倾向,好多老外也被汉化了。"

---

[1] Cholankeril R, Xiang E, Badr H. Gender differences in coping and psychological adaptation during the COVID-19 Pandemic[J]. International journal of environmental research and public health,2023,20(2):993.

> 南秀村社区居民:"这些年外国人越来越多,大家已经见怪不怪了。我认识几个外国小姑娘,有的经常来看我,给我带礼物,对我也很关心。但是我对他们的文化不太了解,也没有参加过他们的活动。"

5.3.7 响应程度评估

(1) 评估指标体系构建

考虑到与"融合"特征测度的可类比性,对经济型国际移民聚居区及其周边社区"响应"程度的评估依旧采用层次分析法进行分析。在6.1.2节响应维度的细分指标中进一步遴选并改良出能够同时反映变迁历程和响应水平的动态、定量指标,构建社区响应"5个维度—10项指标"的评估体系(见表5-27)。

在指标体系建构的基础上,按照以下步骤进行评估:首先,为避免因指标取值范围差异而造成指标间数量级失衡的现象,需对赋值结果进行均值标准化处理;然后,通过算术平均法均分各指标权重,经加权迭合而得到评价结果;最后,从"分维度"和"分样本"两个层面对经济型国际移民聚居区的响应程度进行综合评估。

表5-27 关于响应程度评估的指标遴选

维度	评估指标	指标释义：指标含义	指标释义：计算方法	数据来源
空间维度	更新面积①	·指聚居区及其周边500 m范围内,含有国际化景观要素(包括多语景观、异国特色文化符号等)的公共空间和景观风貌更新面积。 ·该指标能够反映城市物质空间对国际移民聚居的响应情况	·通过将各个演化阶段空间更新的平面面积与建筑立面面积累加,计算得到总的更新面积值(hm^2)。 ·面积值越大代表响应程度越高	统计自南京市住建局、规划和自然资源局官网的更新项目公示
空间维度	公共服务设施规模变化②	·指聚居区及其周边500 m范围内,公共服务设施供给的网点数量变化情况。 ·该指标反映的是公共服务设施供给的响应程度	·计算每个阶段中公共服务设施网点数量的总和(个);将最高阶段值与最低阶段值相减,即得到变化值。 ·变化值越大代表响应程度越高	2000—2022年百度地图南京POI数据
经济维度	国际移民消费力变迁③	·指聚居区及其周边500 m范围内,商业网点中国际移民消费人数的比例变化。 ·该指标反映的是因国际移民而带来的市场需求的变迁	·计算每个阶段中"有外国人消费"的店铺数量占比(%);将最高阶段值与最低阶段值相减,即得到变化值。 ·变化值越大代表响应程度越高	课题组关于南京市在华国际移民聚居区的抽样调研数据(2022)
经济维度	国际移民相关网点比例变化④	·指聚居区及其周边500 m范围内,国际移民相关设施(包括餐饮、购物和语言培训)网点比例的变化。 ·该指标反映的是因国际移民聚居而带来的异国特色产业繁荣程度	·计算每个阶段中国际移民相关设施网点数量占全部网点的比例(%);将最高阶段值与最低阶段值相减,即得到变化值。 ·变化值越大代表响应程度越高	2000—2022年百度地图南京POI数据

---

① 伍敏,郝辰杰. 实施导向下的城市景观风貌规划方法探索[J]. 规划师,2017,33(10):89-94.
② 沈育辉,童滋雨. 人本尺度下社区生活圈便利性评估方法研究[J]. 南方建筑,2022(7):72-80.
③ Wang X H, Muhammad A, Ayyub S. Determinants of consumption intention of Chinese cuisines for foreigners: the mediating role of variety seeking behavior[J]. International journal of culture, tourism and hospitality research, 2018, 12(2):213-222.
④ 周雯婷,刘云刚. 上海古北地区日本人聚居区族裔经济的形成特征[J]. 地理研究,2015,34(11):2179-2194.

(续表)

维度	评估指标	指标释义 指标含义	指标释义 计算方法	数据来源
社会维度	交往强度变迁①	·指社区及周边的本地居民与国际移民交往频率的变化。 ·该指标反映的是本地居民与国际移民社交紧密程度的变化	·计算每个阶段中与国际移民的交往频率为"1周多次"的本地居民人数比例(%);将最高阶段值与最低阶段值相减,即得到变化值。 ·变化值越大代表响应程度越高	课题组关于南京市在华国际移民聚居区的抽样调研数据(2022)
社会维度	活动组织频率变化②	·指社区组织中外交流活动频率的变化。 ·该指标反映的是本地居民与国际移民社区互动的变化程度	·计算每个阶段中本地居民认为"经常"组织中外交流活动的人数比例(%);将最高阶段值与最低阶段值相减,即得到变化值。 ·变化值越大代表响应程度越高	
制度维度	政策健全度变化③	·指国际移民政策在出台数量和覆盖内容上的变化情况。 ·该指标反映的是国际移民政策体系完善程度的变化	·政策健全度 $K = -\sum_i M_i \times \ln(M_i)/\ln(I)$,$M_i$ 指i类政策的占比,I 指所有类别政策的数量;计算每个阶段的政策健全度,并将最高阶段值与最低阶段值相减,得到变化值。 ·K 取值区间为0—1,K 越接近1,说明政策健全度越高	统计自国家移民管理局、江苏省人民政府外事办公室、南京人民政府外事办公室等官方网站政策公开内容
制度维度	地方政策响应度变化	·指在国家统一制定的政策框架下,不同时期地方结合具体情况所制定的可实施性政策的变化情况。 ·该指标能在一定程度上反映地方移民政策制定对于国家相关制度的阶段性响应	·计算每个阶段中新增地方政策数量与新增国家级政策数量的比值(%);并将最高阶段值与最低阶段值相减,得到变化值。 ·变化值越大代表响应程度越高	
心理维度	外国饮食接纳度的变化④	·指社区及周边的本地居民选择外国饮食频率的变化。 ·该指标能够反映本地居民对外国生活习俗的心理接受度变化	·计算每个阶段"1周多次"选择外国饮食的本地居民人数占比(%);将最高阶段值与最低阶段值相减,得到变化值。 ·变化值越大代表响应程度越高	课题组关于南京市在华国际移民聚居区的抽样调研数据(2022)
心理维度	外国节日接纳度的变化⑤	·指社区及周边的本地居民庆祝外国节日频率的变化。 ·该指标能够反映本地居民对外国文化的心理接受度变化	·计算每个阶段选择"经常庆祝"外国节日的本地居民人数占比(%);将最高阶段值与最低阶段值相减,得到变化值。 ·变化值越大代表响应程度越高	

* 资料来源:笔者根据参考文献整理。

---

① 陈宏胜,李志刚. 中国大城市保障房社区的社会融合研究:以广州为例[J]. 城市规划,2015,39(9):33-39.
② 杨黎源. 外来人群社会融合进程中的八大问题探讨:基于对宁波市1053位居民社会调查的分析[J]. 宁波大学学报(人文科学版),2007,20(6):65-70.
③ 高彦梅. 基于社会融合的流动人口居留意愿影响因素研究[D]. 太原:山西财经大学,2022:3-5.
④ 梁波,王海英. 国外移民社会融入研究综述[J]. 甘肃行政学院学报,2010(2):18-27,126.
⑤ 陆淑珍,魏万青. 城市外来人口社会融合的结构方程模型:基于珠三角地区的调查[J]. 人口与经济,2011,32(5):17-23.

(2) 分维度的响应评估结果解析

从五个维度响应程度的评估结果来看,经济型国际移民聚居区的总体排序为:经济维度＞空间维度＞制度维度＞社会维度＞心理维度。其中,经济维度的响应程度明显高于其他维度,而空间维度、制度维度和社会维度的响应程度较为相近,而心理维度的响应则明显低于其他四个维度。与此同时,不同样本在同一维度下也表现出差异化的响应评估结果,下文将进一步对各维度响应程度的样本差异进行解析(见图 5-27)。

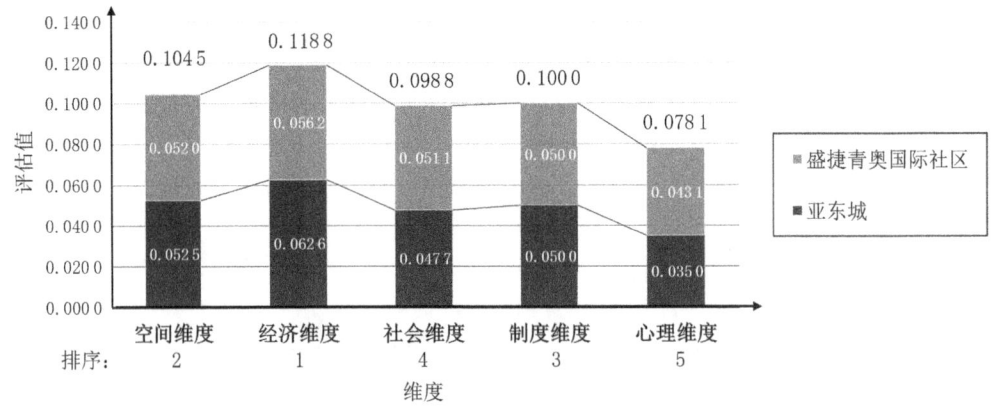

图 5-27 分维度的社区响应程度

＊资料来源:课题组关于南京市在华国际移民聚居区的抽样调研数据(2022)。

经济维度的响应程度体现的是聚居区内外籍员工消费力和异国特色产业的演化情况。聚居区样本在经济维度上的社区响应程度存在一定的差距,亚东城的响应程度(0.062 6)要高于盛捷青奥国际社区(0.056 2)。

空间维度的响应程度反映的是外籍员工聚居所带来的物质空间变迁和公共服务设施的变化情况。聚居区样本在空间维度上的社区响应程度差距甚微,亚东城和盛捷青奥国际社区的空间响应程度评估值分别为 0.052 5 和 0.052 0。

制度维度的响应程度从宏观层面折射出国家和地方政府对于国际移民政策和治理体系的完善情况。该维度在微观的社区层面具有普适性,因此样本的制度响应程度也是一致的。

社会维度的响应程度表现的是社区中外交流活动组织以及本地居民与外籍员工社会交往的积极性。两个聚居区样本在社会维度上的响应程度相差不大,盛捷青奥国际社区和亚东城的评价值分别为 0.051 1 和 0.047 7。

心理维度的响应程度表征的是本地居民在主观意志上对外籍员工群体的接纳和认同程度。聚居区样本在心理维度上的响应程度存在一定的偏差,盛捷青奥国际社区居民的响应程度(0.043 1)要高于亚东城(0.035 0)。需要说明的是,亚东城居民在对外国饮食的接纳度上不同于其他社区,其他指标的上升趋势,反而出现了衰减(即负向响应)现象。

(3) 分样本的响应评估结果解析

从两个样本响应程度的评估结果来看,经济型国际移民聚居区的总体排序为盛捷青奥国际社＞亚东城,但样本之间的差距并不明显。与此同时,同一样本在不同维度上也表现出差异化的响应评估结果,下文进一步对各个样本的响应程度进行解析(见图 5-28)。

5 融合与响应:南京市经济型国际移民聚居空间的实证分析

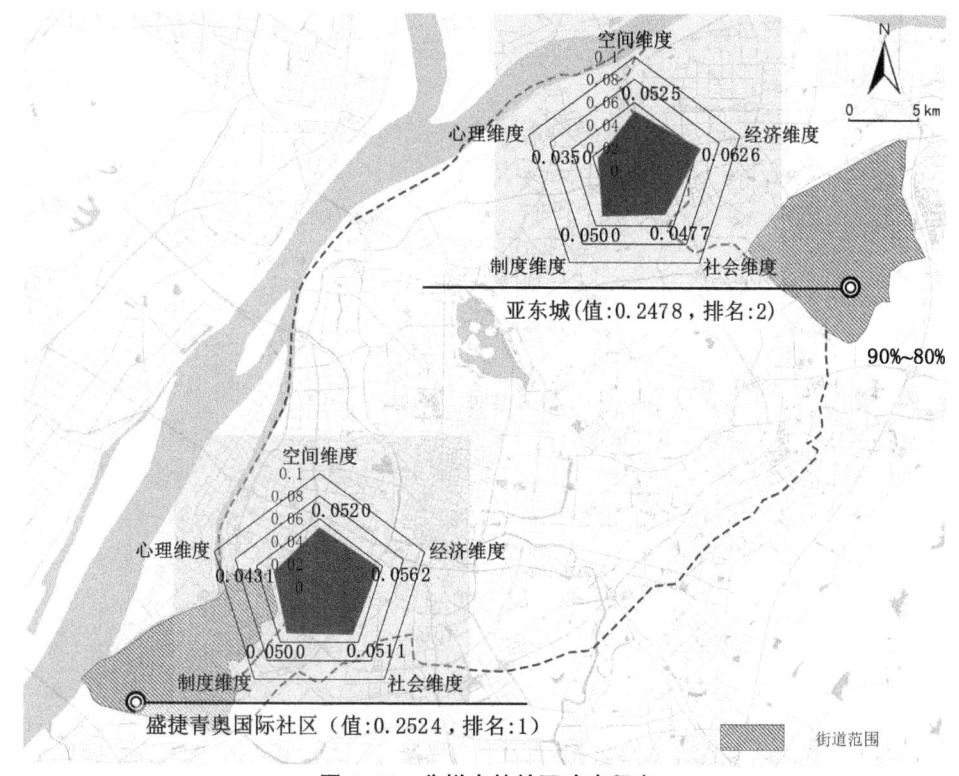

图 5-28　分样本的社区响应程度

* 资料来源:课题组关于南京市在华国际移民聚居区的抽样调研数据(2022)。

亚东城在五个维度的响应程度差距同样较大,其中响应程度最高的是经济维度(0.062 6),而排名 2~4 位的空间维度(0.052 5)、制度维度(0.050 0)和社会维度(0.047 7)差距有限,心理维度的响应程度则明显低于其他维度(0.035 0)(其中在对外国饮食的接纳度上不同于其他社区和其他指标的上升趋势,而是出现了衰减,即负向响应情况)。

盛捷青奥国际社区在五个维度上表现出较为接近的响应程度,其中经济维度的融合程度最高(0.056 2),其次是评估值较为接近的空间维度(0.052 0)、社会维度(0.051 1)和制度维度(0.050 0),心理维度的响应程度则为最低(0.043 1)。

5.4　经济型国际移民聚居空间"融合—响应"的多情境诠释——以外籍员工聚居区为例

5.4.1　基于样本实证的理论诠释框架修正方向

本节从第 2 章"融合—响应"理论诠释框架的"融合端"和"响应端"出发,对经济型国际移民聚居空间(外籍员工聚居区)的两个样本展开了实证分析。分析结果在一定程度上验证了理论预设模型的合理性,即相较社会、制度、心理维度等根植性和结构性的"融合—响应",移民聚居区在经济、空间等外在环境和客观条件的"融合—响应"相对容易。与此同时,实证结果与理论诠释框架之间也产生了一定的分歧,基于此,有必要确定二轮修正的两个方向(见图5-29)。

修正方向1:五维"融合—响应"程度的排序与预设模型存在局部差异。按照理论预设模型,五个维度的"融合—响应"程度由高到低应排列为空间、经济、社会、制度和心理维度。从各样本分维度排序的实证结果来看,空间和经济维度的"融合—响应"程度的确高于社会和制度维度,只不过个别相邻解析维度与预设模型有所出入,其中差异最为显著的就是空间与经济维度之间的排序,即:经济型移民聚居区样本的实证结果表明,国际移民聚居区经济维度的"融合—响应"程度均明显高于空间维度;除此之外,在亚东城样本中,制度维度的"融合—响应"程度也要略高于社会维度,这同样与理论预设略有不同。因此,在保持理论预设大框架不变的前提下,应考虑对"融合端"和"响应端"个别维度的排序进行统一微调。

修正方向2:五维"融合—响应"程度存在样本的细分差异。按照理论预设模型,不同类型的移民聚居空间在"融合—响应"程度上应具有维度梯度的一致性。实证结果中不同样本间"空间和经济维度'融合—响应'程度高于社会和制度维度、心理维度'融合—响应'程度最低"的序列与预设模型是一致的,但样本之间还是存在一定的差异,亚东城与盛捷青奥国际社区有所区别,其制度维度的"融合—响应"程度要高于社会维度。因此,在"融合—响应"维度排序微调的基础上,还建议进一步对理论诠释框架进行类型细化。

综上所述,本节基于经济型国际移民聚居空间社区响应的实证分析,通过与第2章"融合—响应"理论诠释框架的相互比对,提出了"维度调序、样本细分"两个修正方向,为后文理论诠释框架的二次修正提供依据。

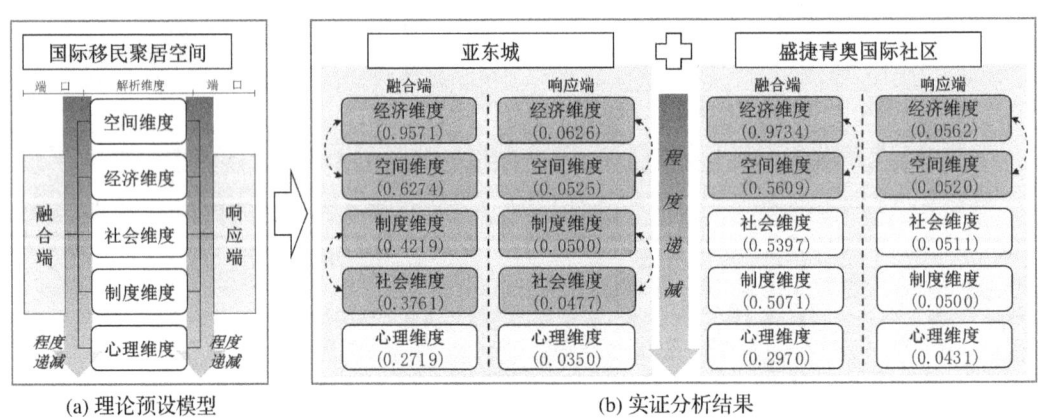

(a) 理论预设模型　　　　　　　　　　　(b) 实证分析结果

图5-29　基于"理论预设实证分析"比对的经济型国际移民聚居空间修正方向图解
* 资料来源:笔者自绘。

5.4.2　理论诠释框架的二次修正

第2章的理论分析按照"两端(融合端、响应端)+五维(空间—经济—社会—制度—心理)"的框架对国际移民聚居空间"融合—响应"的互动过程进行了理论诠释,并对经济型国际移民聚居空间展开了类型化推导。继而依此思路和框架,本章对南京市两个经济型国际移民聚居区样本进行了实证分析,基于一手数据更加深入、细致和丰富地揭示出经济型国际移民聚居空间"融合—响应"的互动规律。基于实证分析结论对理论框架"融合端"和"响应端"各自的校核以及二者关系的比对,在验证前述理论假设大框架合理性(空间和经济维度的"融合—响应"程度均大于社会和制度维度、心理维度的"融合—响应"程度最低)的基础上,将主要从"维度的调整"和"样本的细分"两个方面进行修正(见图5-30)。

一轮修正(调度):调整"空间—经济—社会—制度—心理"五个维度程度的序列关系。国际移民聚居空间的"融合—响应"过程是一个涉及多方面交互作用的复杂系统,由此构建了一个包含"空间—经济—社会—制度—心理"五个基本维度在内的理论诠释框架。需要注意的是,预设理论模型将各维度的"融合—响应"程度设定为"空间—经济—社会—制度—心理",并由高到低排列。但从实证结果中可以看出,经济型移民聚居区样本在经济维度上的"融合"和"响应"程度均大于空间维度。因此,应适当调整理论框架中五个维度的"融合—响应"程度序列——将经济型国际移民聚居空间中空间维度和经济维度的排序进行置换。这一轮修正重点解决了实证分析结论与理论预设模型之间在大维度排序上错位的共性问题,但不同样本间因类型分异而带来的局部错位问题还有待第二轮的修正。

二轮修正(细化):细分两个样本亚类的具体框架。在解决理论预设模型中"融合—响应"程度的共性问题之后,还发现经济型聚居区类型之下存在样本亚类的差异。经实证数据分析,发现两类聚居空间下的两个分样本之间也在分维度的"融合—响应"程度上存在难以聚合的差异,比如经济型中"派驻员工—被动聚居区"和"国际人才—主动聚居区"在社会、制度维度的"融合—响应"程度互不相同。因此,应进一步进行样本亚类细分的二轮修正——将"经济型之派驻员工—被动聚居区"的"融合—响应"程度调整为制度维度高于社会维度,由此更加全面、更加准确地反映和解析经济型国际移民聚居空间与迁入地之间"融合—响应"的互动过程。

解析维度	理论预设模型		一轮修正内容（调度）		二轮修正内容（细化）			
					经济型之派驻员工-被动聚居区（亚东城样本）		经济型之国际人才-主动聚居区（盛捷青奥国际社区样本）	
	融合端	响应端	融合端	响应端	融合端	响应端	融合端	响应端
空间维度	1	1	2	2	2	2	2	2
经济维度	2	2	1	1	1	1	1	1
社会维度	3	3	3	3	4	4	3	3
制度维度	4	4	4	4	3	3	4	4
心理维度	5	5	5	5	5	5	5	5

* 注:图中数字代表"融合—响应"程度排序,程度最高为1,最低为5,灰底颜色深浅代表程度高低(颜色越深,程度越高)。

图5-30 理论诠释框架的二次修正过程图解(经济型国际移民聚居空间)
* 资料来源:笔者自绘。

通过对理论预设模型进行五个维度"融合—响应"程度调整、亚类情境细分的两轮修正,最终确立经济型国际移民聚居空间"融合—响应"理论诠释的修正框架(见表5-28)。在修正框架中,基于现实情境下国际移民聚居区样本在迁移动机的类型划分和择居方式的样本差异之间的交叉选择,可将理论预设模型的大框架延伸、细化为"经济型+被动择居"和"经济型+主动择居"两个国际移民聚居空间亚类,后文将基于此修正结果进一步展开多情境阐释。

表 5-28 经济型国际移民聚居空间"融合—响应"的修正框架

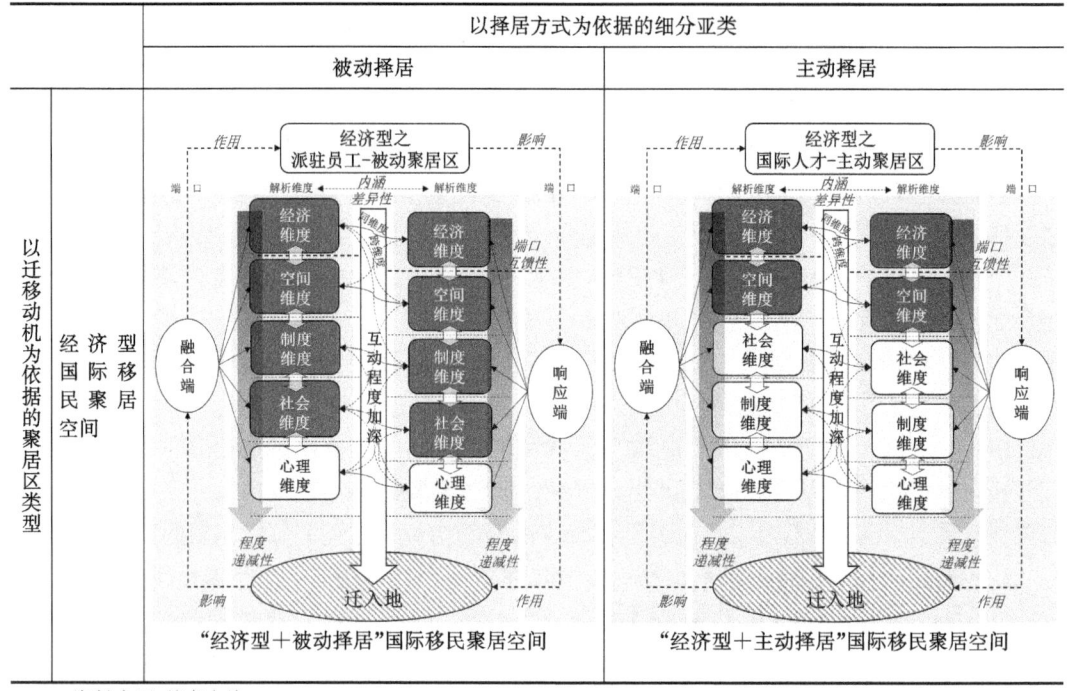

* 资料来源：笔者自绘。

基于第 2 章预设构建的理论框架以及经济型国际移民聚居空间的分类推导，再结合经济型国际移民聚居区样本实证分析的调度与细化，可以按"聚居区类型＋择居方式"的交叉比对，进一步展开"经济型＋被动择居"和"经济型＋主动择居"两种细分亚类的分情境解释，以揭示经济型移民聚居空间"融合—响应"的差异化特征与多元化面貌。

5.4.3 "经济型＋被动择居"国际移民聚居空间的"融合—响应"机理诠释

基于 3.2.1 节对全国国际移民聚居区的类型总结，"经济型＋被动择居"国际移民聚居空间是一类由雇佣企业统一租赁、同工同源的外企派驻员工聚居区。从 5.4.2 节对理论诠释框架的二次修正可以看出，该类移民聚居区情境相较预设理论模型，主要完成了两处改动（见图 5-31）：其一是经济维度和空间维度"融合—响应"程度排序的置换，其二是制度维度和社会维度排序的置换。本节将进一步剖析对理论框架做出上述两点修正的原因，即阐述"经济型＋被动择居"国际移民聚居空间这一差异性模型成立的内在原因；在此基础上，结合经济型之派驻员工-被动聚居区样本（亚东城）的实证结果，对该细分类型的"融合—响应"机理进行深入解释。

（1）基于理论框架修正的国际移民聚居空间差异性阐释

①经济维度和空间维度"融合—响应"程度排序的置换

经济维度的"融合—响应"程度提升至首位。经济维度的优势主要取决于其固有的外派身份，换言之，外企派驻来华的外籍员工具有高薪、稳定的工作，这与其在来源国的境遇并无差别，因此在"融合端"呈现出"基本无碍的经济融入"特征；同时，由于收入水平远高于中国居民的平均水平,该类移民群体又自然而然地具备了高消费能力,这也为迁入地的消费市场带来了新的机遇,于是异国符号化的经济形式开始成批涌现,并在经济维度的"响应端"表现出"异国特色商业逐渐激活"的正向反馈。因此,"经济型+被动择居"国际移民聚居空间在经济维度上"双向主动互馈"的"融合—响应"进程明显高于其他各个维度,是其他维度"融合—响应"互动的根本驱动力。

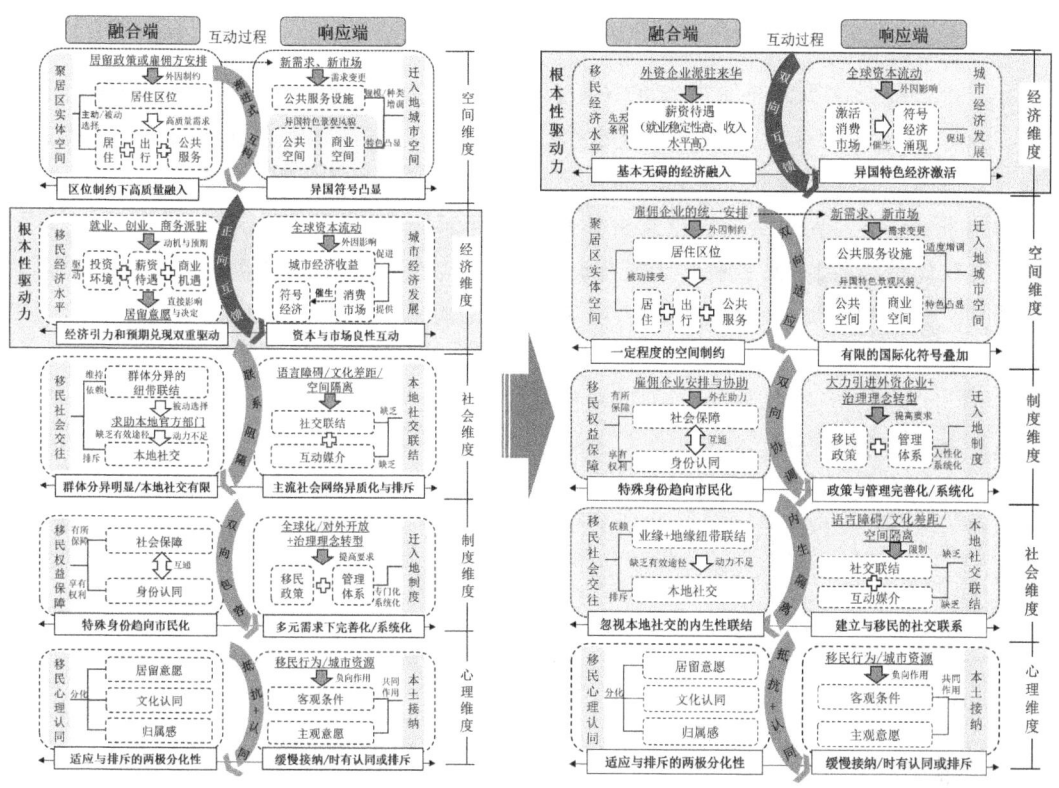

(a) 经济型国际移民聚居空间预设模型　　(b) 经济型+被动择居"国际移民聚居空间的差异化诠释模型

图 5-31　基于二轮修正的"经济型+被动择居"国际移民聚居空间机理诠释模型

＊资料来源:笔者自绘。

空间维度的排序则下降至经济维度之后。由于企业统一安置的被动择居方式,该类移民在居住区位上不具有选择权,对随之衍生的居住条件、出行、公共服务设施等方面处于被动适应和接受的状态,因此在"融合端"表现出"一定的空间制约"特征;而其被动择居的大多为高品质的新型住宅小区,这些社区会因国际移民的迁入而配备满足其需求的公共服务设施,同时涌现部分异国特色的商业设施,但相对成熟的建成空间在短时间内难以进行大规模的改造和更新,故在"响应端"表现出"有限的国际化设施叠加和空间更新"的反馈。因此,"经济型+被动择居"国际移民聚居空间在空间维度上"有限度的双向适应"的"融合—响应"进程虽略低于经济维度,但仍高于其他维度。

② 制度维度和社会维度"融合—响应"程度排序的置换

制度维度的"融合—响应"程度高于预期。该类国际移民聚居空间在制度维度上的"融合—响应"过程与理论预设有所不同,其虽不像经济和空间维度那样容易,但比社会维度难度稍低。由于所属外企的统一安排和协助,派驻员工能够较为迅速地办理健全的社会保障手续,同时初步适应和习得迁入地移民事务的办理规则和流程,从而提升了他们的身份认同水平,在"融合端"表现出"特殊身份市民化"的特征;对于这类大力引进外资企业而产生的移民聚居空间,我国也提供了相应的政策支撑和"服务型"管理体系,并在制度维度的"响应端"表现出"政策和治理体系日趋完善化、系统化"的正向反馈。因此,"经济型+被动择居"国际移民聚居空间在制度维度上"双向协调"的积极互动,仅次于经济维度和空间维度的"融合—响应"进程。

社会维度的排序则低于制度维度。由于该类移民在迁入地多依靠业缘+地缘的纽带联结,在面对陌生社会环境时,第一时间多会选择向雇佣单位或同籍亲友寻求支持和帮助,与社区服务机构和居民等本地社会的联系相对有限,故在"融合端"主要表现出"忽视本地社交的内生性联结"特征;而同样由于群体间的语言障碍、文化距离,以及聚居区的空间隔离等主客观条件的限制,加之缺乏交流互动的渠道或媒介,本地居民也难以有效介入国际移民的社交联系网络,并在"响应端"表现出"难以建立起与移民间社交联系"的局面。因此,相较于制度维度,"经济型+被动择居"国际移民聚居空间与迁入地之间在社会维度上具有"内生性隔离"特征的"融合—响应"过程难度更大。

(2) 基于理论框架修正的国际移民聚居空间"融合—响应"机理诠释

为了揭示该类国际移民聚居空间的"融合—响应"互动特征,依据"融合端"和"响应端"的实证研究结果,对分样本、分维度的融合与响应程度进行无量纲化处理(Z-Score 标准化),建立"融合—响应"互动研究的波士顿矩阵[①]:以国际移民聚居空间四个样本在五个维度上"融合程度"的平均值作为区分高融合水平、低融合水平的界限(即匹配矩阵中的 $x=0$);同时以四个样本在五个维度上"响应程度"的平均值作为区分高响应水平与低响应水平的界限(即匹配矩阵中的 $y=0$)。据此构建"融合—响应"匹配的矩阵;其中第Ⅰ象限、第Ⅱ象限、第Ⅲ象限、第Ⅳ象限分别代表"高融合—高响应""低融合—高响应""低融合—低响应""高融合—低响应"四类匹配类型。这一方法将同样运用在后文 5.4.4、6.3.3 和 6.3.4 节的机理诠释中。

从波士顿矩阵计算结果可以看出(见图 5-32):"经济型+被动择居"国际移民聚居空间"融合—响应"的所有维度都集中在第Ⅰ、Ⅲ象限,也就是说,各个维度的融合和响应水平均具有一致性(即融合水平高的维度响应水平也高)。经济维度和空间维度位于第Ⅰ象限,总体表现出"高融合—高响应"的特征,其中经济维度不管是在融合程度还是响应程度上均处于高位($x>2, y>1$),而空间维度只是略高于平均水平($0.5<x<1, y<0.5$),与经济维度存在着较大的差距;社会维度、制度维度和心理维度则均位于第Ⅲ象限,总体表现出"低融合—低响应"的特征,其中制度维度和社会维度的"融合—响应"程度十分接近,均略低于平均水平($-0.5<x<0, -0.5<y<0$),而心理维度的水平却在低位徘徊($x<-0.5, y<-1.5$)。

[①] 波士顿矩阵(BCG Matrix),由美国著名的管理学家、波士顿咨询公司创始人布鲁斯·亨德森于 1970 年首创,又称市场增长率相对市场份额矩阵、波士顿咨询集团法、四象限分析法、产品系列结构管理法等。目的是对于企业产品所处的四个象限给予不同的定义和相应的战略对策。

5 融合与响应:南京市经济型国际移民聚居空间的实证分析

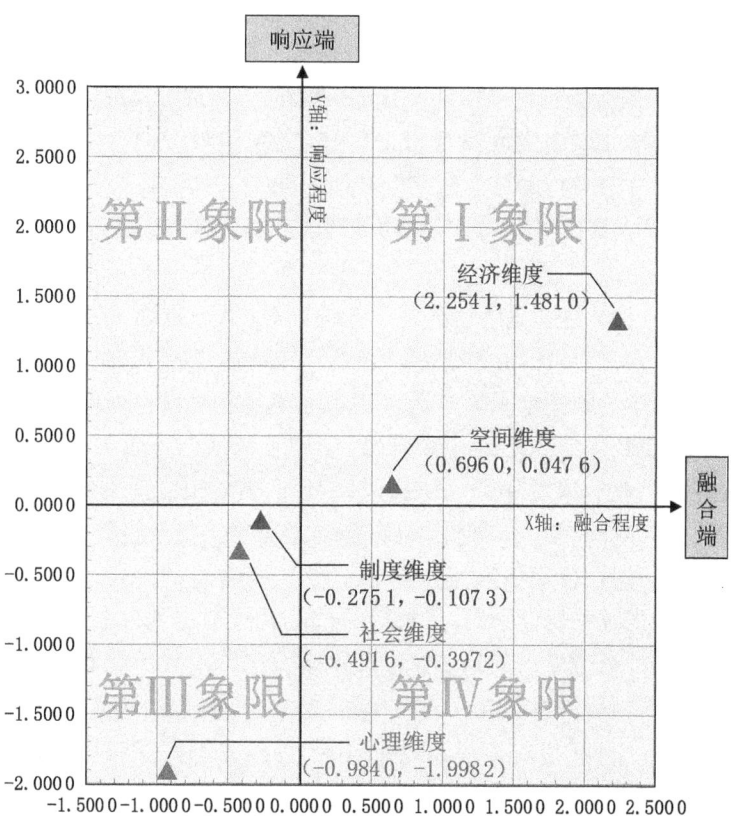

图 5-32 "经济型+被动择居"国际移民聚居空间"融合—响应"机理的波士顿矩阵示意图
＊资料来源:笔者自绘。

综合实证研究结果、修正后的差异化阐释和波士顿矩阵结论,以派驻员工这一主流的"经济型+被动择居"国际移民聚居空间为代表,对"融合—响应"机理作进一步诠释。

从国际移民聚居空间的"融合"角度来讲,由于外企派驻需要来华,派驻员工这类经济型移民并不需要在中国就业市场中"内卷",跨国企业良好的派驻条件先天地赋予了他们工作的高稳定性和高收入水平,因而只要企业实际给予的薪资待遇符合契约,那么派驻员工在经济维度上的融入程度便会即时地达到很高的水平。与此同时,跨国企业同样按照契约为派驻员工统一安排住房,由此迅速形成了被动聚居的居住空间,但派驻员工在空间维度上并未因此达到经济维度那样的高融入水平。这是由于这种短时间内形成的被动居住形式虽然有助于其在空间维度的过渡和适应,但是空间自主选择的局限性还是无法让派驻员工们个性化的空间需求全部得到满足(比如本土超市、异国特色餐馆等设施难以一时间齐备,体育健身、医疗机构等与派驻员工的切实需求存在错位)。尽管如此,随着服务设施和物质空间的更新和改造,其在空间维度融合水平的提升还是相对快速和容易的。相较经济维度和空间维度,该类国际移民聚居区在制度维度上的融合就显得略为滞后,虽然有所在企业帮助其得迁入地的移民政策和相关事务,但文化背景的巨大差异、身份的快速转变仍使其在制度的适应上存在诸多不便之处。与之相似地,派驻员工在社会维度的融合也存在明显的障碍,该类移民在迁入地的社交圈大多集中于所在外企的业缘纽带,而这种固化的社交网络加上本地语言沟通的障碍成为他们拓展社交圈层的客观屏障。与此同时,相较制度习得的必要性,本地社交网络的重构对于这类迟早要归国的暂时性移民而言本身就可有可无,因此主观能动性的缺失使得他们在社会维度上的融合更加困难。上述社会交往的惰性归根结底是由于心理维度的身份认同缺失,换言之,派驻员工先天的"过客心理"促使他们始终与来源国维持着稳定的联系纽带,当派驻工作结束时便会毫不犹豫地返回家乡,故而其在心理维度上的融合程度较其他维度有明显差距。

从迁入地城市的"响应"角度来讲,派驻员工良好的经济融入状态直接给迁入地的经济响应带来了巨大的动力。一方面,派驻员工强大的消费能力带动了本地的消费市场,刺激了多元化业态的出现,比如进口超市、异国特色餐饮等;另一方面,符合派驻员工消费习惯的国际化业态的积累,使得异国特色的"符号经济"在聚居区及其周边逐渐兴起,为城市片区商业定位的转变和产业塑造带来了机遇。在响应速度和程度上,迁入地的空间响应虽比不上经济维度,但随着新兴业态的迭代和升级,设施和场所的更新与改造必然也要跟得上脚步,而当异国特色产业集聚对片区定位造成改变时,异国化空间的塑造便不再局限于商业设施,而是涉及公共空间、景观风貌等诸多方面的营建。相较经济维度的市场选择和空间维度的即时反馈,我国在移民制度维度的响应上需要考量的因素就复杂得多,在面对瞬息万变的国际环境和国际移民流动时,移民政策的结构性改革面临着长期性和滞后性的困境。与之类似的还有社会维度的响应,面对国际移民这一新兴的社会群体,本地居民除非与其具有业缘联系,否则很难具有交往的媒介和渠道,与此同时,语言障碍和文化差异也是本地居民难以拓展国际交友圈的客观阻力。事实上,内在的心理隔离是最根本的阻碍,本地居民由于与移民之间相互缺乏了解,也很难在心理上对移民聚居产生认同感和联结意愿,因此在心理维度上的响应表现出极低的水平。

从"融合—响应"的匹配角度来讲,该类国际移民聚居空间在五个维度的"融合"和"响应"程度均具有一致性,其中经济维度和空间维度具有较高的"融合—响应"程度,即融合程度高的维度响应程度也高,这说明国际移民聚居空间和迁入地之间在这两个维度的互动趋势上具有正向反馈的特征,也就是说国际移民聚居空间的现状"融合"状态给迁入地带来了积极正面的经济和空间影响,或者迁入地做出了有利于进一步"融合"的有效反馈。但除此之外,该类国际移民聚居空间在制度、社会和心理维度的"融合—响应"程度却均低于平均水平,移民主观能动性的缺失和迁入地客观条件的障碍共同造成了这一局面,那么要想提升这一水平,首先要做的是打破低位平衡的状态,在迁入地响应方向上给予拉动移民融合的动力,即通过提升"响应"程度来带动移民的主动"融合"。

5.4.4 "经济型+主动择居"国际移民聚居空间的"融合—响应"机理诠释

基于3.2.1节对全国国际移民聚居区的类型总结,"经济型+主动择居"国际移民聚居空间是一类由引进的国际人才自发择居于政府统一规划的国际社区、涉外酒店式公寓等而形成的外国精英聚居区。从5.4.2节对理论诠释框架的二次修正可以看出,该类移民聚居区情境相较预设理论模型主要完成了一处改动(见图5-33):经济维度和空间维度"融合—响应"程度排序的置换。本节将进一步剖析为什么对理论框架做出上述修正,即阐述"经济型+主动择居"国际移民聚居空间这一差异性模型成立的内在原因;在此基础上,结合经济型之国际人才—主动聚居区样本(盛捷青奥国际社区)的实证结果,对该细分类型的"融合—响应"机理进行深入解释。

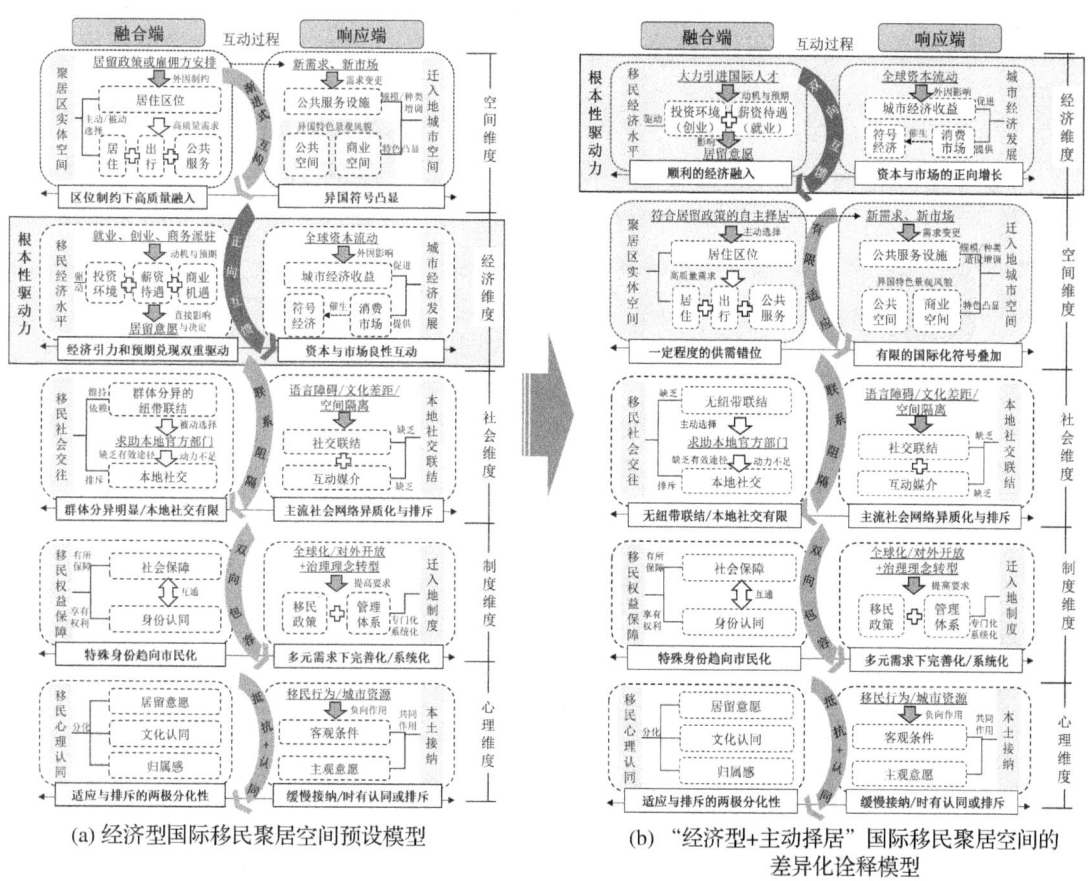

(a) 经济型国际移民聚居空间预设模型　　(b) "经济型+主动择居"国际移民聚居空间的差异化诠释模型

图 5-33　基于二轮修正的"经济型＋主动择居"国际移民聚居空间诠释模型
＊资料来源:笔者自绘。

(1) 基于理论框架修正的国际移民聚居空间差异性阐释

经济维度和空间维度"融合—响应"程度排序的置换。

经济维度的"融合—响应"程度高于预期。国际人才来华发展的动力正是我国给予的优厚的薪资待遇和人才福利,这不仅满足了他们的经济预期,而且高于其在来源国的水平,因此经济维度在"融合端"表现出"符合自身预期的顺利融入"特征;与此同时,这类移民也为迁入地的就业市场注入了新鲜血液,并通过来华创业等方式带来了实质性的经济增长,此外,他们还拥有与派驻员工类似的高收入、高消费水平,同样为迁入地的消费市场带来了新的机遇,催生了异国特色的"符号经济",从而在经济维度的"响应端"表现出"资本与市场的正向增长"。因此,"经济型＋主动择居"国际移民聚居空间在经济维度上同样表现出了"双向互馈"的"融合—响应"进程,并成为其他维度"融合—响应"互动的根本驱动力。

空间维度的"融合—响应"程度低于经济维度。该类移民在居住地选择上具有较大的自主权,但我国社区在国际化设施和服务的配套上还有待提升,这往往会降低国际移民在空间维度的满意度,由此在"融合端"表现出"空间需求和供给之间有所错位"的特征;而这类移民大多择居于国际社区或高端酒店式公寓等设施齐备的新型社区,其在为国际移民提供配套服务的同时,一时间很难再为移民群体进行大规模的设施翻新和空间改造,故在"响应端"同样表现出"有限的国际化设施叠加和空间更新"。因此,"经济型+主动择居"国际移民聚居空间在空间维度上"有限度的双向适应"的"融合—响应"过程比经济维度难度更大。

(2)基于理论框架修正的国际移民聚居空间"融合—响应"机理诠释

根据前述波士顿矩阵运算方法,得到以下结果(见图5-34):"经济型+主动择居"国际移民聚居空间在各个维度上的"融合—响应"程度位于第Ⅰ、Ⅲ、Ⅳ象限。其中,经济维度位于第Ⅰ象限,总体表现出"高融合—高响应"的特征,不但优势较为明显,且融合程度要高于响应程度($x>2, 0.5<y<1$);制度维度和心理维度则均位于第Ⅲ象限,总体表现出"低融合—低响应"的特征,其中制度维度的"融合—响应"程度只是略微低于平均水平($-0.5<x<0, -0.5<y<0$),心理维度的水平则明显偏低($x<-0.5, y<-0.5$);除此之外,空间维度和社会维度位于第Ⅳ象限,表现出"高融合—低响应"的特征,其中融合程度略高于平均水平($0<x<0.5$),响应程度则几乎和平均水平持平($-0.5<y<0$)。

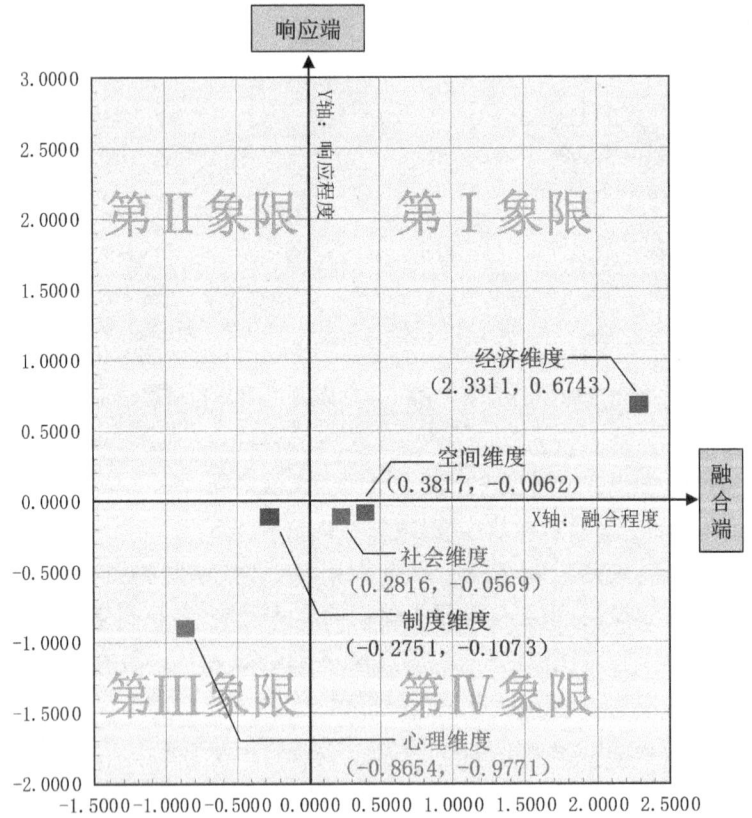

图5-34 "经济型+主动择居"国际移民聚居空间"融合—响应"机理的波士顿矩阵示意图

*资料来源:笔者自绘。

综合实证研究结果、修正后的差异化阐释和波士顿矩阵结论,以国际人才这一主流的"经济型+主动择居"国际移民聚居空间作为代表,对"融合—响应"机理作进一步诠释。

从国际移民聚居空间的"融合"角度来讲,我国颇具潜力的产业发展空间、开放优渥的引才政策形成了"强磁场",吸引了大批国际人才来华就业和创业,他们在工作稳定性方面虽不如派驻员工高,但他们拥有较强的就业选择自主权以及优越的社会保障和薪资待遇,所以往往也能够在经济维度上顺利地融入迁入地社会。与此同时,国际人才也需要适应迁入地的居住和生活环境,他们大多自主择居于政府统一规划的国际社区、涉外酒店公寓等高档社区,虽然该类社区国际化的服务能够保证移民良好的居住体验,但在城市层面上,新建国际社区短期内存在国际化的商业设施、教育设施、医疗设施供需难相匹配的潜在问题,因此,国际人才在空间维度的融合难度要高于经济维度。此外,国际人才在迁入地城市同样面临着社会关系的重构,他们因缺乏迁入地的纽带联结而在一定程度上需要寻求社区组织的帮助,比起派驻员工明显的外部社交惰性,其对中外交流活动表现出一定的参与意愿,故在社会维度的融合程度上要略高于平均水平。而在制度维度上,相较派驻员工的企业化引领,国际人才因个体化的迁入模式,而面临除就业政策外的制度自主性习得困境,这种困境大多是由身份的转变和文化背景差异所造成的,难以因受到政策性青睐就在制度维度上顺利地适应和融入。事实上,经济、空间、社会和制度维度的融入水平都在间接影响着国际人才对迁入地的心理接纳程度,也就是说其他维度的融入障碍会叠加生成他们心理上的接纳屏障,造成心理融入程度低于其他维度的现象,但国际人才比派驻员工在社会交往上更具主观能动性,这在一定程度上减轻了其心理融合的障碍。

从迁入地城市的"响应"角度来讲,该类聚居区的经济响应有与外企派驻员工聚居区相似之处,即国际人才在国际社区的规模性集聚,会给周边的消费市场带来新的机遇,异国化的"符号经济"也由此逐渐兴起;此外,国际人才的引进给迁入地的就业市场和本地雇佣企业带来的经济效益同样是不容忽视的,同时来华创业的国际人才更是给迁入地的投资环境带来了新鲜的理念和活力。相较而言,空间维度的响应很大程度上是国际化"符号经济"在物质空间上的反映,主要表现在异国商业业态的空间面貌,在此基础上,公共空间的多元国际化趋势、国际化公共服务设施的规模扩张也逐渐成为空间响应的重要方面,但总体来说,其还是要略微滞后于经济响应。而就社会维度的响应而言,与派驻员工情况类似,本地居民与国际人才建立社交联系的客观途径和主观意愿同样不十分强烈,所以在响应程度上也就稍低于平均水平。在制度维度上,国际人才不像派驻员工那样,在个体属性上具有相对同质化的特征,国际人才在年龄层次、从事行业、来源国家等方面都呈现出多元化的属性,迁入地在制定和优化政策结构时,也就面临着更加复杂的适用需求和情境,所以针对国际人才的制度设计也就更加困难。而心理维度的响应过程则与融合过程有相似之处,只不过应对主体从国际人才变成了本地居民,但他们同样具有对异质性群体的天然排斥心理,换言之,是两类群体在心理互纳上出现了问题。

从"融合—响应"的匹配角度来讲,该类国际移民聚居空间在五个维度的"融合"和"响应"状态有所分异。其中经济维度的"融合—响应"程度具有一致性且均表现出较高水平,这说明国际移民聚居空间和迁入地之间在经济互动上具有正向反馈的特征。而制度和心理维度则表现出"融合—响应"双低的负面状态,也就是说移民主观能动性和迁入地客观条件上都存在缺位或者滞后的情况,那么要想提升这一水平,要做的是打破低位平衡的状态,在迁入地响应方向上给予拉动移民融合的动力,即通过提升"响应"程度来带动移民的主动"融合"。除此之外,空间和社会维度则出现了"融合大于响应"的不匹配现象,但二者均在平均水平上下徘徊,这说明迁入地应采取更积极的空间提升和社会互动举措进行响应,以达到融合程度提升的效果。

5.5 本章小结

本章以南京市外籍员工聚居区(经济型国际移民聚居空间)为实证样本,一方面从"分维度"和"分样本"两方面来探讨经济型国际移民聚居空间的融合特征,并进一步解析了影响聚居区融合的内在机制;另一方面,根据聚居区的形成和演化脉络,分阶段对周边社区的经济、空间、社会、制度和心理五个维度的响应规律进行了剖析,并从"分维度"和"分样本"两方面探讨了经济型国际移民聚居空间给周边社区带来的综合反馈。在此基础上,对理论框架进行了二次修正,并分情境阐释了经济型国际移民聚居空间的"融合—响应"机理。研究结论如下:

(1) 在融合特征方面,同一维度具有样本差异,且两个聚居区在制度维度和社会维度的排序相反

就同一维度下聚居区样本之间的融合排序而言,在空间维度的融合程度上,盛捷青奥国际社区和亚东城彼此差距极小;亚东城的经济融合程度明显高于盛捷青奥国际社区;在社会维度上,盛捷青奥国际社区的国际移民融合程度远高于亚东城;在制度维度和心理维度上,两个样本的融合程度则差距不大。就同一样本下不同维度之间的融合排序而言,亚东城经济维度的融合程度最高,其次是空间维度,制度维度和社会维度分列第3、第4位,心理维度的融合程度最低;而盛捷青奥国际社区的经济维度、空间维度和心理维度排序与亚东城相同,只是制度维度和社会维度的排序与前者相反。

(2) 在融合机制方面,心理因素对融合程度的作用最大,社会、经济次之,制度和空间因素作用较小

心理因素是移民对于经济、社会、制度、空间等外部条件的内化感受,其综合了其他因素的作用,因此对融合程度有着最直接和最深入的影响。其次,社会因素对融合程度的影响也较为显著,是否能够与迁入地建立稳定的社会网络联结对其融合程度都具有重要作用。相较而言,经济因素则在一定程度上影响着外籍员工聚居区的融合程度,但影响程度较为有限。此外,制度因素和空间因素对移民融合程度的影响并不明显。

(3) 在社区响应方面,聚居区样本在不同维度上表现出差异化的响应演化规律,且响应程度具有维度上的梯度性

根据聚居区的形成和演化脉络,分阶段对周边社区响应进行剖析后发现,经济型国际移民聚居区在经济、空间、社会、制度和心理五个维度上表现出差异化的响应规律。经济型国际移民聚居区在各维度上的响应程度总体排序为:经济维度>空间维度>制度维度>社会维度>心理维度,其中经济维度的响应程度明显高于其他维度,而空间维度、制度维度和社会维度的响应程度较为相近,而心理维度的响应则明显低于其他四个维度。从两个样本响应程度的评估结果来看,总体响应程度排序则为盛捷青奥国际社>亚东城,但样本之间的差距并不明显。

(4) 基于"理论预设—实证分析"的比对,对"融合—响应"模型进行了"程度调度＋类型细分"的二次修正

基于经济型国际移民聚居空间社区响应的实证分析,将其与第2章"融合—响应"理论诠释框架的相互比对,提出了"维度调序、样本细分"两个修正方向,即调整"空间—经济—社会—制度—心理"五个维度程度的序列关系、细分两个样本亚类的具体框架,最终确立经济型国际移民聚居空间"融合—响应"理论诠释的修正框架。在此基础上,基于现实情境下国际移民聚居区样本进行"聚居区类型＋择居方式"的交叉比对,将理论预设模型的大框架延伸、细化为"经济型＋被动择居"和"经济型＋主动择居"两个国际移民聚居空间亚类。

(5) 经济型国际移民聚居空间"融合—响应"机理的多情境理论诠释

本章按"聚居区类型＋择居方式"的交叉比对,分类展开"经济型＋被动择居"和"经济型＋主动择居"两种细分亚类的情境解释,揭示了经济型移民聚居空间"融合—响应"的差异化特征与多元化面貌。

"经济型＋被动择居"国际移民聚居空间:从"融合—响应"模型的差异化阐释角度来看,相较理论诠释模型,该类移民聚居空间在经济维度和空间维度、制度维度和社会维度的"融合—响应"程度排序发生了置换,即经济维度的"融合—响应"程度提升至首位,空间维度的排序下降至经济维度之后,而制度维度的"融合—响应"程度高于预期,社会维度的排序则低于制度维度;从"融合—响应"程度的波士顿矩阵结果来看,该类移民聚居空间"融合—响应"程度的所有维度都集中在第Ⅰ、Ⅲ象限,也就是说,各个维度的融合和响应水平均具有一致性,其中,经济维度和空间维度(位于第Ⅰ象限)表现出"高融合—高响应"的特征,社会维度、制度维度和心理维度(位于第Ⅲ象限)则均表现出"低融合—低响应"的特征。

"经济型＋主动择居"国际移民聚居空间:从"融合—响应"模型的差异化阐释角度来看,相较理论诠释模型,该类移民聚居空间在经济维度和空间维度的"融合—响应"程度排序发生了置换,即经济维度的"融合—响应"程度高于预期,而空间维度的"融合—响应"程度低于经济维度;从"融合—响应"程度的波士顿矩阵结果来看,该类移民聚居空间"融合—响应"程度的各个维度分别位于第Ⅰ、Ⅲ、Ⅳ象限,其中,经济维度(位于第Ⅰ象限)表现出"高融合—高响应"的特征,而制度维度和心理维度(位于第Ⅲ象限)均表现出"低融合—低响应"的特征,空间维度和社会维度(位于第Ⅳ象限)则表现出"高融合—低响应"的特征。

6 融合与响应：南京市社会型国际移民聚居空间的实证分析

本章以南京市另一类主要的国际移民聚居区——国际留学生聚居区（经济型国际移民聚居空间）为实证样本，采取与第 5 章相同的研究方法，一方面从"分维度"和"分样本"两方面来探讨社会型国际移民聚居空间的融合特征，并解析影响聚居区融合的内在机制；另一方面，同样根据聚居区的形成和演化脉络，分阶段对周边社区的经济、空间、社会、制度和心理五个维度的响应规律进行剖析，并从"分维度"和"分样本"两方面探讨社会型国际移民聚居空间给周边社区带来的综合反馈。在此基础上，对第 2 章的理论框架进行二次修正，并进一步对社会型国际移民聚居空间进行多情境诠释。

6.1 社会型国际移民聚居空间的融合——以国际留学生聚居区为例

6.1.1 融合特征解析

（1）问卷指标赋值

融合评价的指标体系涉及多个维度，为了能准确反映两个社会型国际移民聚居区样本（东南大学成园研究生公寓和南秀村社区）的融合特征，本书同样对不同类型的问题采取差异化的赋值方法。其一，数值填入类（连续变量）：直接回答具体数据，比如居住面积、居住人数等。对于该类型有量纲的具体数字，可用各样本的平均数或者百分比进行赋值。其二，单项备选类（分类变量）：从选项中进行选择并赋值，有些选项是具体的数值区间，有些选项则是相对程度的表达，如对中国传统文化的了解程度的选项即包括：(1)很了解，(2)了解一些，(3)不太了解，(4)完全不了解，对于该类问题还需依次对选项进行赋值（如将选项依次赋值为 7,5,3,1），进而测算其评价得分占总分的比例（见表 6-1）。

表 6-1 社会型国际移民聚居区样本融合的分维度指标赋值（初始值）

维度	指标	指标代码	社会型之留学生—被动聚居区：东南大学成园研究生公寓	社会型之留学生—主动聚居区：南秀村社区
空间维度	人均居住面积/(m²/人)	X1	19.65	42.33
	居住地到公共交通站点的最短步行距离/km	X2	0.33	0.21
	居住地到就业(学)地的距离/km	X3	0.50	0.60
	公共服务设施供给的覆盖程度/(个/hm²)	X4	1.52	2.03
	公共服务设施供给的功能复合程度/%	X5	69.05	40.64
	异国特色设施占比/%	X6	22.00	65.00

(续表)

维度	指标	指标代码	社会型之留学生—被动聚居区：东南大学成园研究生公寓	社会型之留学生—主动聚居区：南秀村社区
经济维度	月收入情况与周边本地居民平均月收入的比值/%	X7	—	—
	月花销与周边本地居民平均月花销的比值/%	X8	—	—
	合同工所占比例/%	X9	—	—
	年均更换工作次数/(次/年)	X10	—	—
	周工作时长与标准工时的比值/(时/周)	X11	—	—
社会维度	与本地居民交流无语言障碍占比/%	X12	30.00	46.67
	主要交往对象中本地居民占比/%	X13	33.33	40.00
	愿意向本地居民寻求帮助的比例/%	X14	33.33	30.00
	参与社区活动意愿/%	X15	53.33	26.67
制度维度	办理移民各项业务的便利程度/%	X16	13.33	13.33
	享有社会保险的比例/%	X17	53.33	53.33
心理维度	对中国传统文化的了解程度/%	X18	23.33	10.00
	对本地生活习俗(节庆、饮食等)的接受程度/%	X19	50.00	40.00
	感觉本地居民的态度友好程度/%	X20	50.00	43.00

* 注："享有社会保险的比例"这一指标的内涵不同于第5章外籍员工(享有养老保险、医疗保险、工伤保险、失业保险、生育保险等五险的比例)，此处国际留学生是指享有医疗保险的比例；表中白底为连续变量，灰底为分类变量。
* 资料来源：课题组关于南京市在华国际移民聚居区的抽样调研数据(2022)。

(3) 指标权重确定

与第5章相同,本章同样采用专家打分法对各维度的调控层指标和基础指标层的指标进行权重计算(但不涉及经济维度的测算),邀请25名专家学者采用打分方式进行综合评估,通过对各维度中的指标进行两两比较,按照二者之间关系的重要性进行打分。相关指标的得分评价等级可划分为绝对重要、重要得多、明显重要、略微重要、一样重要等5个等级,并分别对应于9分、7分、5分、3分、1分,以此来统一调控层和基础指标层的权重。

比如说通过专家打分法,先确定社会型国际移民聚居区在空间维度融合下居住、出行和配套设施三个调控层的指标权重,进而对基础指标层的指标打分并赋权重(见表6-2)。

表6-2 社会型国际移民聚居区的空间维度融合评价指标及权重

分目标层	调控层		指标层		对于分目标层权重
	名称	权重	名称	权重	
空间维度	居住	0.229 7	居住面积	1	0.229 7
	出行	0.122 0	站点距离	0.666 7	0.081 3
			通勤距离	0.333 3	0.040 7
	配套设施	0.648 3	设施覆盖率	0.185 2	0.120 1
			设施混合度	0.156 2	0.101 3
			异国特色设施占比	0.658 6	0.427 0

* 注：调控层和基础指标层权重计算结果均通过了一致性检验。

同样地,分别对社会维度、制度维度和心理维度融合的调控层指标和基础指标层指标进行专家打分,具体结果见下表6-3、表6-4和表6-5：

表6-3　社会型国际移民聚居区的社会维度融合评价指标及权重

分目标层	调控层		指标层		对于分目标层权重
	名称	权重	名称	权重	
社会维度	邻里交往	0.666 7	语言障碍	0.333 3	0.222 2
			交往对象	0.666 7	0.444 5
	社区互动	0.333 3	信任程度	0.500 0	0.166 6
			社区参与	0.500 0	0.166 7

* 注：调控层和基础指标层权重计算结果均通过了一致性检验。

表6-4　社会型国际移民聚居区的制度维度融合评价指标及权重

分目标层	调控层		指标层		对于分目标层权重
	名称	权重	名称	权重	
制度维度	移民管理	0.500 0	业务办理便利度	1	0.500 0
	社会保障	0.500 0	社会保险	1	0.500 0

* 注：调控层和基础指标层权重计算结果均通过了一致性检验。

表6-5　社会型国际移民聚居区的心理维度融合评价指标及权重

分目标层	调控层		指标层		对于分目标层权重
	名称	权重	名称	权重	
心理维度	文化认同	0.666 7	文化认可度	1	0.666 7
	社会适应	0.333 3	生活习俗接纳度	0.666 7	0.222 2
			感知的社会态度	0.333 3	0.111 1

* 注：调控层和基础指标层权重计算结果均通过了一致性检验。
* 资料来源：笔者根据专家打分结果自绘。

（4）同一维度不同样本的融合特征解析

根据上述指标体系和对应权重，分别计算同一维度上两个社会型移民聚居区样本的融合程度并进行排序，以解析同一维度下的样本差异。首先，为确保所有指标方向的一致性，对各负向指标结果进行逆向化处理，对趋近性指标进行适度化处理；接着，为避免因指标取值范围差异而造成指标间数量级失衡的现象，再对同一维度下不同样本间的赋值结果进行均值标准化处理；最后，根据对应权重分别计算得到空间、社会、制度和心理维度下两个聚居区样本的融合评价值及其排序情况（见表6-6）。

表6-6　同一维度不同样本的融合评价值及排序

样本	空间维度	排序	社会维度	排序	制度维度	排序	心理维度	排序
东南大学成园研究生公寓	0.684 0	2	0.843 7	2	1.022 2	1	1.195 5	1
南秀村社区	1.312 3	1	0.995 2	1	0.826 7	2	0.661 6	2

* 资料来源：课题组关于南京市在华国际移民聚居区的抽样调研数据（2022）。

就同一维度下聚居区样本之间的融合排序而言，在空间维度的融合程度上，南秀村社区具有明显优势；在社会维度上，南秀村社区略高于东大成园研究生公寓；在制度维度和心理维度

上,样本间的融合程度差距不大。下文将进一步对各个维度的融合情况分别进行解析:

①空间维度融合解析

空间维度的融合程度不仅可以反映国际移民的居住情况,还可以体现出各聚居区交通出行及配套设施的完善程度。两个聚居区在空间维度上的融合程度差异明显,南秀村社区(1.312 3)远远高于东大成园研究生公寓(0.684 0)。

就空间维度的各细分指标而言,从居住水平来看,东大成园研究生公寓因其校内学生宿舍的定位而面积有限。从出行情况来看,各聚居区的公共交通出行均比较便利,南秀村和东大成园研究生公寓的通勤距离均较短。从配套设施来看,东大成园研究生公寓的设施覆盖率和混合度最高,周边设施相对完善,但异国特色不足;南秀村社区不但设施覆盖率和混合度较高,而且异国特色设施也较为充足。

②社会维度融合解析

与迁入地社会是否能够产生积极的互动与联结是判断国际移民社会融合程度的重要依据之一。两个聚居区在社会维度上融合程度的评价值相差不大,南秀村社区(0.995 2)略高于东大成园研究生公寓(0.843 7)。

就社会维度的各细分指标而言,从邻里交往来看,大部分国际移民与本地居民交流时存在一定的语言障碍,其中交流最顺畅的是南秀村社区移民表示无语言障碍;国际移民平时的交往对象都有一定比例的本地居民,其中南秀村社区的比例为46.67%,明显高于东大成园研究生公寓的30.00%。从社区互动来看,国际留学生对本地居民的信任度普遍不高,向本地居民寻求帮助的比例只有30%左右;留学生参与社区活动的意愿则存在明显的样本差异,东大成园研究生公寓有超过半数的移民表示愿意参与社区活动(53.33%),而南秀村社区内移民参与社区活动的意愿则相对较弱(16.67%)。

③制度维度融合解析

制度维度融合程度的高低能够从侧面反映国际移民相关政策落实情况的差异。聚居区样本在制度维度上的融合水平方面存在一定的差距,东大成园研究生公寓(1.022 2)的留学生在制度融合水平方面高于南秀村社区(0.826 7)。

就制度维度的各细分指标而言,从移民业务办理的便利度来看,国际移民在华办理居留、就业、出入境等业务时普遍存在诸多不便,所以聚居区样本的移民在该指标上均处于较低水平,东大成园研究生公寓和南秀村均只有13.33%。从社会保障来看东大成园研究生公寓和南秀村仅涉及学生的医疗保险,其中南秀村社区的参保比例为63.33%,高于东大成园留学生公寓的53.33%。

④心理维度融合解析

心理维度的融合程度能够从主观上深层反映国际移民的文化认同和社会适应情况。聚居区样本在心理维度上的融合程度差距较为明显,东大成园研究生公寓为1.195 5,而南秀村社区明显偏低(0.661 6)。

就心理维度的各细分指标而言,从文化认同来看,国际移民对中国传统文化的了解程度相对有限,聚居区样本的留学生大多表示对中国文化不太了解,其中评价值较高的东大成园研究生公寓移民也仅为23.33%,而南秀村社区移民则只有10.00%。从社会适应来看,大多数留学生对迁入地的生活习俗(节庆、饮食等)接受程度一般,其中东大成园研究生公寓东大留学生接受程度较高(50%);与此同时,留学生感受到的本地居民态度也反应平平,其中东大成园研究生公寓仅有半数移民认为与本地居民相处较为融洽,而南秀村的这一比例只有43.00%。

(5) 同一样本不同维度的融合特征解析

同样地,分别计算两个聚居区样本在不同维度上的融合程度并进行排序,以解析同一样本下的维度差异。具体做法如下:分别对每个样本五个维度的赋值结果进行均值标准化处理,再根据对应权重分别计算东大成园研究生公寓和南秀村社区样本在各个维度上的融合评价值,并对分维度的融合程度进行排序(见表6-7)。

表6-7 同一样本不同维度的融合评价值及排序

维度	东南大学成园研究生公寓	排序	南秀村社区	排序
空间维度	0.451 6	1	0.700 1	1
经济维度	—	—	—	—
社会维度	0.359 3	2	0.383 3	2
制度维度	0.333 3	3	0.356 6	3
心理维度	0.322 2	4	0.203 3	4

就同一样本下不同维度之间的融合排序而言,东大成园研究生公寓和南秀村社区的情况相同,即空间维度的融合评价值最高,心理维度最低,社会维度和制度维度则分列第2、第3位。下文将进一步对各个样本的融合情况分别进行解析(见图6-1):

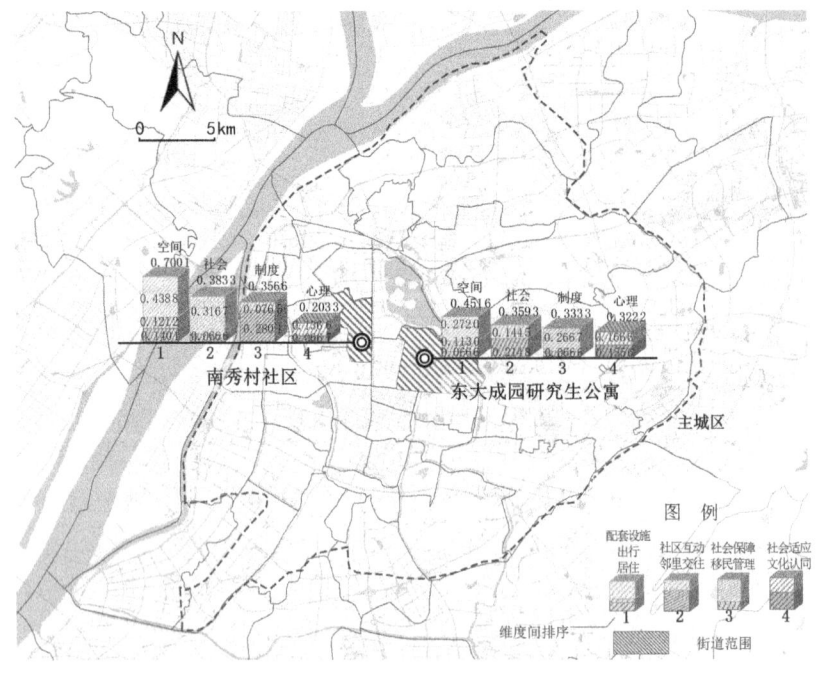

图6-1 两个社会型国际移民聚居区样本不同维度的融合程度
* 资料来源:课题组关于南京市在华国际移民聚居区的抽样调研数据(2022)。

① 东南大学成园研究生公寓融合特征解析

东大成园研究生公寓在空间、社会、制度和心理四个维度的融合水平差距不大,其中空间维度的融合程度最高(0.451 6),其次是社会维度(0.359 3),而排名第 3、第 4 位的制度维度(0.333 3)和心理维度(0.322 2)融合程度则十分相近。

具体而言,从空间维度来看,该样本在人均居住面积和异国特色设施占比两个指标上评价值较低,在公共交通站点距离、通勤距离、设施覆盖度和设施混合度上均具有一定优势;从社会维度来看,该样本中的移民与本地居民的邻里交往比较有限、较少向本地居民寻求帮助且存在一定的语言障碍,但相较而言,其对社区活动有较强的参与意愿;从制度维度来看,其移民表示各项业务的办理十分不便,且社会保障覆盖率较低(仅有半数享有学生医疗保险);而从心理维度来看,该样本中的移民文化认同度偏低(仅两成移民对中国传统文化较为了解),社会适应程度尚可(半数移民接受迁入地的生活习俗并能与本地居民相处融洽)。

②南秀村社区融合特征解析

南秀村社区在空间、社会、制度和心理四个维度的融合水平差距较为明显,其中空间维度的融合程度最高(0.700 1),不但是社会维度(0.383 3)和制度维度(0.356 6)的近两倍,更是超过心理维度(0.203 3)融合程度的三倍。

具体而言,从空间维度来看,该样本在公共交通站点距离和异国特色设施两个指标上具有显著优势,在人均居住面积、通勤距离、设施覆盖度和设施混合度上也都表现尚可;从社会维度来看,该样本中的移民与本地居民之间有一定的来往,但存在语言障碍,且较少向本地居民寻求帮助,大多不愿参与社区组织的活动;从制度维度来看,该地移民的社会保障也未做到全面覆盖(六成享有学生医疗保险),办理各项业务同样十分不便;从心理维度来看,该样本中的移民文化认同度很低(仅有 10% 的移民表示对中国传统文化较为了解),社会适应程度一般(接受迁入地的生活习俗并能与本地居民相处融洽的移民占到四成)。

6.1.2 融合机制解析

本章延续第 5 章融合机制解析选取的变量和提出的假设,只是社会型国际移民聚居空间(国际留学生聚居区)不涉及经济维度的融合机制,故根据空间、社会、制度、心理四个方面的影响因素与融合程度的内在联系建立模型。

(1) 模型构建

采用结构方程模型,分析国际移民聚居区融合的影响机制,探讨有哪些因素(直接或间接)影响社会融合及其作用水平的大小。本章将针对社会型国际移民聚居空间(国际留学生聚居区)的融合机制分别构建结构方程,探讨经济因素、社会因素、心理因素、制度因素及空间因素对融合程度的影响。

为了检验假设 A1.1、A1.2,笔者设定了社会因素及心理因素同融合程度之间的路径关系;根

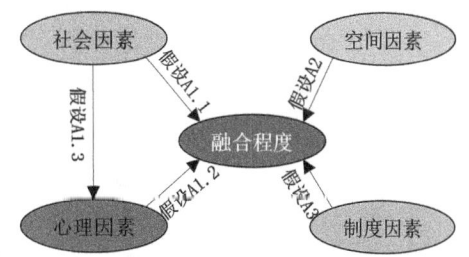

图 6-2 国际留学生聚居区(社会型国际移民聚居空间)融合的假设模型路径
* 资料来源:笔者自绘。

据假设 A1.3,笔者又设定了社会因素与心理因素之间的路径关系;对于假设 A2 和 A3 的检验,则参照前文构建的融合多维评价体系,设定了制度因素以及空间因素同融合程度之间的路径关系,具体模型路径见图 6-2。

社会因素、心理因素、空间因素及制度因素等5个测量模型的构建均以前文融合评价指标体系的相应维度和具体指标为参考。在此基础上,将各潜变量所对应的测量变量均纳入到模型中,从而构成5个测量模型(见图6-3)。

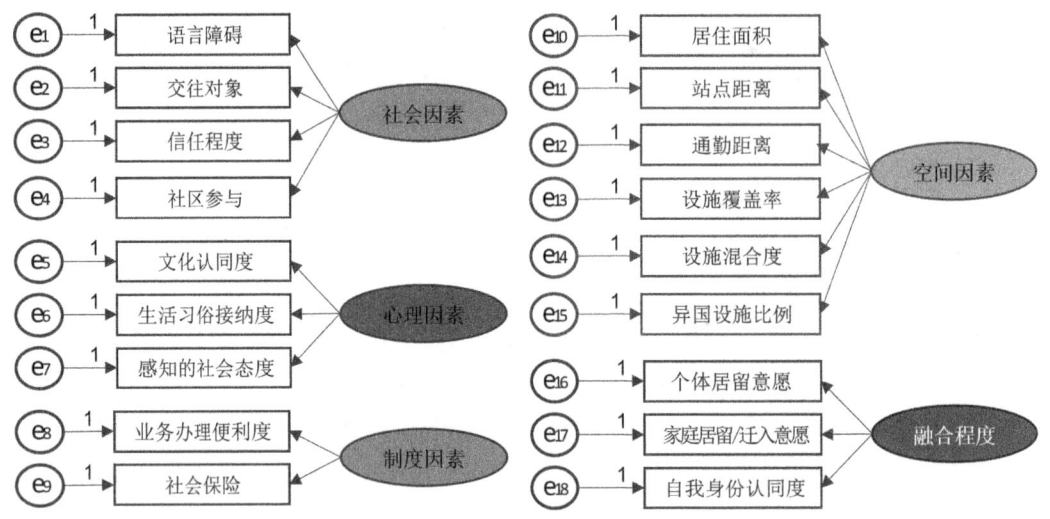

图6-3 社会型国际移民聚居空间(国际留学生聚居区)的融合测量模型构建
* 资料来源:笔者自绘。

依据上述假设模型路径及其5个测量模型,构建南京社会型国际移民聚居空间(国际留学生聚居区)的结构方程模型,具体见图6-4:

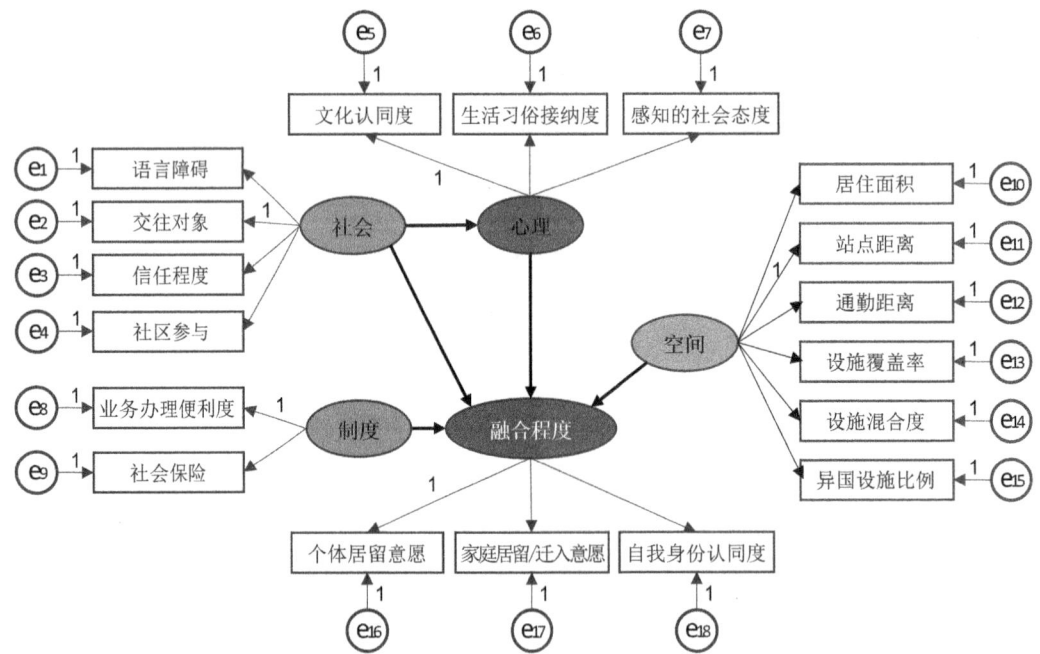

图6-4 社会型国际移民聚居空间(国际留学生聚居区)融合的结构方程模型构建
* 资料来源:笔者自绘。

(4) 数据处理

与第 5 章经济型国际移民聚居空间相比,社会型国际移民聚居空间不涉及经济因素的测量模型和测量变量,因此,该结构方程模型共涉及 5 个测量模型和 18 个测量变量,变量数据同样包括连续变量和分类变量两类。具体变量处理情况见表 6-8。

表 6-8 融合测量模型的变量说明

模型	潜变量	测量变量	变量类型	变量编码说明
测量模型 2	社会因素	语言障碍	分类变量	完全无法交流=1;交流不太顺畅=2;只能进行基本交流=3;交流基本顺畅=4;交流很顺畅=5
		交往对象	分类变量	亲属=1;同国同事(同学)或朋友=2;其他国家的人=3;中国人=4
		信任程度	分类变量	非常不信任=1;不太信任=2;一般=3;比较信任=4;非常信任=5
		社区参与	分类变量	不愿意=1;不太愿意=2;无所谓=3;比较愿意=4;非常愿意=5
测量模型 3	心理因素	文化认同度	分类变量	完全不认可=1;不太认可=2;无所谓=3;基本认可=4;完全认可=5
		生活习俗接纳度	分类变量	完全不接受=1;不太接受=2;无所谓=3;基本接受=4;完全接受=5
		感知的社会态度	分类变量	非常不友好=1;不太友好=2;一般=3;比较友好=4;非常友好=5
测量模型 4	制度因素	业务办理便利度	分类变量	居留、就业(就学)、出入境、社保、市民权利 5 项各计 1 分,得分范围 0—5
		社会保险	分类变量	外籍员工缴纳养老保险、医疗保险、工伤保险、失业保险、生育保险 5 项各计 1 分;国际留学生缴纳医疗保险得 5 分,否则不得分,得分范围 0—5
测量模型 5	空间因素	居住面积	连续变量	人均居住面积/(m^2/人)
		站点距离	连续变量	距最近公交或地铁站等站点的距离/km
		通勤距离	连续变量	居住地到就业地(就学地)的距离/km
		设施覆盖率	连续变量	公共服务设施供给的覆盖程度/(个/hm^2)
		设施混合度	连续变量	公共服务设施供给的功能复合程度
		异国设施比例	连续变量	异国特色设施数量占公共服务设施数量的比例/%
测量模型 6	融合程度	个体居留意愿	分类变量	非常不愿意=1;不愿意=2;一般=3;愿意=4;非常愿意=5
		家庭居留/迁入意愿	分类变量	非常不愿意=1;不愿意=2;一般=3;愿意=4;非常愿意=5
		自我身份认同度	分类变量	完全不认同=1;不太认同=2;一般=3;基本认同=4;完全认同=5

* 资料来源:笔者自绘。

(5) 模型参数估计

基于以上假设模型并代入问卷统计数据,本节进一步利用 AMOS 22.0 软件的自定模型(Default Model)进行参数估计。经计算得出第一轮假设模型的标准化系数,国际留学生聚居区输出结果见表 6-9。经检验发现:假设的结构模型中心理指向感知的社会态度,以及空间指向站点距离、空间指向设施覆盖率、空间指向设施混合度等标准化因子负荷系数均未达到显著性要求,因此需对该假设模型进行修正。

表 6-9 社会型国际移民聚居空间(国际留学生聚居区)融合假设模型参数估计

模型	路径名称			假设模型参数估计				
				Regression Weights	S. E.	C. R.	p	Standardized Regression Weights
结构模型	融合程度	<——	社会	0.155	0.126	2.685	***	0.170
		<——	制度	0.101	0.110	2.480	***	0.161
		<——	空间	0.420	0.058	4.820	***	0.134
		<——	心理	0.620	0.021	5.493	***	0.322
	心理	<——	社会	0.155	0.026	3.685	***	0.153
测量模型1	交往对象	<——	社会	1.000	—	—	—	0.966
	语言障碍	<——		0.189	0.031	6.187	***	0.477
	信任程度	<——		0.692	0.081	8.527	***	0.711
	社区参与	<——		0.076	0.022	3.442	***	0.182
测量模型2	文化认同度	<——	心理	1.000	—	—	—	0.460
	习俗接受度	<——		0.274	0.043	6.526	***	0.369
	社会态度	<——		0.006	0.286	0.021	0.983	0.002
测量模型3	业务办理	<——	制度	1.000	—	—	—	0.406
	社会保险	<——		0.133	0.045	2.423	***	0.263
测量模型4	居住面积	<——	空间	1.000	—	—	—	0.578
	站点距离	<——		0.081	0.136	4.272	0.291	0.023
	通勤距离	<——		0.720	0.134	5.386	***	0.389
	设施覆盖率	<——		0.044	0.069	1.333	0.278	0.033
	设施混合度	<——		0.029	0.037	0.324	0.344	0.024
	异国设施占比			3.069	0.555	5.123	***	0.888
测量模型5	个人居留意愿	<——	融合程度	1.000	—	—	—	0.951
	家属迁入意愿	<——		1.019	0.039	26.134	***	0.970
	自我身份认同	<——		0.490	0.041	11.962	***	0.589

*注:Regression Weights 表示非标准化参数,Standardized Regression Weights 表示标准化参数,S. E. 表示标准误差,C. R. 为临界比(非标准化参数/标准误差),p 值中 *** 表示 0.001(双尾)水平显著。
图中灰底指标项标准化因子负荷系数均未达到显著性要求。
*资料来源:笔者自绘。

(6) 模型修正与拟合

本节沿用第 5 章的模型修正方法,采用卡方/自由度(NC)、调整后拟合度指数(AGFI)、Tucker-Lewis 指数(TLI)、近似误差均方根(RMSEA)、相对拟合指数(CFI)等拟合指数,对上述模型进行评价和校核。初始运算结果表明,上述模型的拟合效果并不理想,因此同样需要对初始模型进行二次修正和优化。依旧沿用第 5 章的模型修正思路,采取剔除显著性未达到要求的测量变量、检查并重新确定潜变量之间单向与双向的联系路径、增加或删除潜变量之间的路径关系三种方法对国际留学生聚居区融合模型进行反复测试和修正(见表 6-10):

一轮修正:删除"社会态度""站点距离""设施覆盖率""设施混合度"四个对部分测量模型中路径不显著的测量变量,计算结果仍未得到显著改善。

二轮修正：假设模型仅考虑了社会因素对心理因素的单向影响，忽略了社会和心理之间的互动关系，因此将二者之间的联系路径改为双向影响，从而得到二轮修正结果。计算结果显示 AGFI、TLI 两项拟合指数仍未达到适配区间。

三轮修正：考虑到空间和制度因素也有可能通过影响心理因素而间接对融合程度造成影响，故进一步增加了空间指向心理、制度指向心理两条路径，最终参数估计达到了显著性要求，且模型整体拟合效果良好。

表 6-10　选用拟合指数计算结果

假设模型	拟合指数	卡方值/自由度	RMSEA	AGFI	TLI	CFI
国际留学生聚居区融合模型	初始模型	2.956	0.072	0.649	0.739	0.821
	一轮修正	2.618	0.049	0.787	0.810	0.881
	二轮修正	2.135	0.045	0.805	0.821	0.914
	三轮修正	1.922	0.039	0.903	0.915	0.942
拟合标准		1＜NC＜3	＜0.05	＞0.9	＞0.9	＞0.9

＊注：表中灰底部分为结构模型经过该轮修正后仍未符合适配区间的拟合指数。
＊资料来源：笔者自绘。

（7）模型输出

上述模型经过修正和拟合过程后，为便于观察与分析，将进一步通过路径图和路径系数值来简化表达各潜变量对融合程度的影响方向和作用水平，进而生成社会型国际移民聚居空间（国际留学生聚居区）化简后的融合修正模型（见图 6-5）：

其一，社会、心理、制度和空间因素均会对融合程度产生直接影响，同时制度和空间因素会影响心理因素，且社会和心理因素之间存在相互作用。从最终结果可以看出，社会因素指向融合程度、心理因素指向融合程度、制度因素指向融合程度、空间因素指向融合程度 4 条路径均达到了显著性水平，假设 A1.1、A1.2、A2 和 A3 得到了验证；而社会因素与心理因素之间为相互影响关系而非单向影响关系，故假设 A1.3 不成立，应修正为双向联结；与此同时，该模型还增加了制度因素指向心理因素、空间因素指向心理因素 2 个单向联系路径。

其二，心理因素对融合程度的作用水平最高，社会和制度因素次之，空间因素的作用最小。从输出结果来看，心理因素的作用水平最大（0.312），其次是社会因素（0.182）和制度因素（0.157），而空间因素对融合程度的影响较小（0.124）；与此同时，社会与心理因素之间的相互作用也对融合程度产生了一定的间接影响（0.188），而空间因素通过心理维度对融合程度产生的间接影响（0.126）反而大于直接影响，制度因素对心理维度的作用则相对较弱（0.063）。

其三，各测量变量对潜变量的解释水平差异较大。具体而言，在社会因素的测量模型中，交往对象变量的解释能力最好（0.966），其次是信任程度（0.711）和语言障碍（0.477），社区参与（0.182）的解释水平相对较弱；在制度因素测量模型中，业务办理便利度能够较好地反映潜变量的作用水平（0.406），而社会保险的解释水平较为一般（0.263）；在空间因素测量模型中，异国设施比例、居住面积和通勤距离的解释程度较好，其路径系数分别为 0.888、0.578 和 0.389；在心理因素的测量模型中，文化认同度（0.460）和生活习俗接纳度（0.369）均能解释潜变量的作用水平；在社会融合测量模型中，个体居留意愿（0.951）、家庭居留/迁入意愿(0.970)和自我身份认同度(0.589)也具有很高的解释水平。

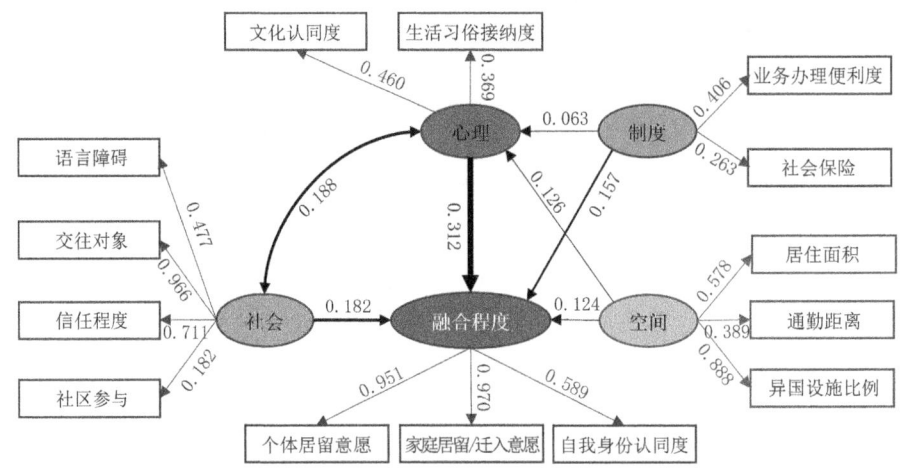

图 6-5 社会型国际移民聚居空间(国际留学生聚居区)融合的修正模型结果输出
  * 注：箭头表示影响的方向(单向箭头表示单向影响，双向箭头表示相互影响)，潜变量之间线条的粗细及路径系数的数值则表示实际作用水平的大小。
  * 资料来源：笔者自绘。

(8) 模型解释

经过对模型输出结果的分析，下文进一步从影响因素的作用方式、联结关系和作用水平三个方面对移民融合的内在机制进行解释。

就影响因素的作用方式而言，社会、制度和空间三个维度既会直接影响融合程度，也会通过心理因素间接影响融合程度，其中制度因素和空间因素的直接作用要强于间接作用，且二者在大多情况下是作为客观要素直接作用于移民的融合程度，而不会在其心理上产生明显的影响；但不同的是，社会因素不仅会直接影响移民的融合程度，还会与移民心理上的主观感受具有互馈作用，所以社会因素的直接作用和间接作用同等重要。

就影响因素间的联结关系而言，首先，社会因素与心理因素之间存在双向互动联结，由于语言障碍、文化差异等原因，国际移民与迁入地居民之间的社交联系比较有限，彼此的信任程度也不高，这种疏离的社会关系会滋生较为负面的心理感受，并进一步削弱其参与迁入地社会活动的积极性，如此负向的双向循环过程容易造成国际移民对迁入地社会的排斥，进而对其融合程度产生负面影响。其次，制度和空间因素均对心理维度具有单向作用，我国针对正规性国际移民的政策和管理办法还算完善和人性化，同时国际留学生在空间使用上的不足也只是集中在异国特色设施的缺乏上(当前方便快捷的电商经济在很大程度上可以弥补这一点)，因此大多移民在心理上对制度与空间因素的主观感受是认可与接受的，进而正向影响融合程度。

就影响因素的总体作用水平而言，首先，心理因素是个体对于空间、经济、社会、制度等外部条件的内化感受，其综合了其他因素的作用，因此对融合程度有着最直接和最深入的影响。其次，社会因素对融合程度的影响也较为显著，尤其是"信任程度"和"交往对象"两项指标，国际留学生聚居区是否能够与迁入地建立稳定的社会网络联结对于融合程度而言至关重要。此外，制度因素和空间因素也对融合程度产生了微弱影响，我国针对国际留学生建立了较为完善的政策体系(涉及出入境、居留、就学、社会保障等方面),因此其在制度方面的融合影响差距并不大。

6.2 社会型国际移民聚居空间的响应——以国际留学生聚居区为例

6.2.1 演化阶段的划分

笔者在3.1.1节和3.1.3节已经分别总结了国家移民政策的总体变迁状况和南京市国际移民人口规模的演化历程,本节将进一步梳理国际留学生地方具体政策演进历程,并对东大成园研究生公寓和南秀村社区两个聚居区样本的社区建设历程展开分析。在此基础上,总结并划分社会型国际移民聚居区样本变迁的具体阶段,这可为后文社区响应的动态分析提供基本的时间参考线。

①地方移民政策的演化过程

本书在3.1.1节通过对国家国际移民政策的梳理,将移民政策的演化划分为严格管制阶段(1949—1977年)、规范减限阶段(1978—2003年)、管理服务并重阶段(2004—2017年)、管理机构统筹阶段(2018年至今)四个阶段。在此基础上,本节将进一步梳理国际留学生的地方政策,总结江苏省移民政策的演化进程。

从国家层面上来看,国际留学生政策有两个重要的时间节点:一个是1978年的改革开放,中国深化教育体制改革投射到来华留学生的管理政策领域,推动了相关政策的逐步开放、体系规范的路径转变;另一个是2004年教育部高等教育教学评估中心成立,这是来华留学生教育向规模扩张和质量管控并行的内涵式发展的路径转变。从地方层面上来看,为了深入实施国家目标,2010年起江苏省开始出台针对来华留学生的相关政策与管理办法:2010年,江苏省政府通过设立"茉莉花留学江苏省政府奖学金"打造了"学在江苏"品牌,提高了江苏高校的国际吸引力,进而将江苏建设成为留学生在中国学习的重点目标省份;2014年,江苏省又推出了"留学江苏计划",通过创新多层次的奖助学金体系提高了高校的国际竞争力,同时也为广大留学生提供了良好的留学环境[①];2018年以来,江苏省进一步启用了外国留学生管理信息管理系统,同时推广了"留学江苏""人才地图"等网络平台,统筹与规范留学生的管理与宣传[②]。

从上述政策的变迁情况可以看出,江苏省国际留学生的政策演化大致可分为以下四个阶段:执行国家政策阶段(1949—2009年),在此期间江苏省并未出台地方性政策,全面执行国家政策,地方自主招收能力薄弱;地方试点阶段(2010—2013年),该阶段江苏省作为来华留学教育的试点省份率先出台了地方政策,同时设立政府奖学金,提高了江苏高校的国际吸

---

① 张柏葳. 基于史密斯模型的"留学江苏计划"执行研究:以南京四所高校为例[D]. 南京:南京理工大学,2018:16-22.
② 政务公开:江苏外国留学生教育工作2018年的基本情况是怎样的?有哪些创新之举? http://jyt.jiangsu.gov.cn/art/2019/1/8/art_57827_8257030.html.

引力;全面自主阶段(2014—2017年),江苏省全面建立和推广"留学江苏计划",进一步完善了留学生教育、管理、日常生活等多方面的政策体系;规范管理阶段(2018年至今),该阶段江苏省则构建了统筹留学生出入境、教育、择业等各类信息的电子化服务与管理平台。

②移民聚居区样本的演化过程

东大成园研究生公寓

东大成园研究生公寓是东南大学四牌楼校区内的学生公寓,属于社会型之留学生—被动聚居区,自2000年开始为留学生提供校内住宿,总建筑面积为9 000 m²,公寓套间面积平均为16 m²,共计120间,可容纳240人。作为典型的移民聚居区承载地,其在空间环境和人口规模上经历了以下三个阶段的变迁。

社区建立阶段(2000—2015年):虽然东南大学自1956年起便开始招收中国政府奖学金资助的国际留学生,但直至2000年累计规模仍不足百人[①];自从2006年成立海外教育学院以来,留学生规模才有了明显扩大,截至2019年末,即新冠疫情暴发之前,已有在校留学生1700余名,其中东成园研究生公寓容纳留学生200余名[②]。

管理优化阶段(2016—2021年):2016年起,高校不再允许留学生家属居住在校内公寓,导致不少留学生因家庭原因而迁出,但因留学生招收规模的不断扩大,成园研究生公寓的留学生规模始终维持在一个稳定状态。

功能提升阶段(2022年至今):2022年成园研究生公寓成立自己的"成园书院",新增了包括多功能会议室、学生心理辅导室、汉语中心传统文化展示厅、学生阅览室、学生体育活动室及小型餐吧等在内的集学习、交流、休闲于一体的配套设施(见图6-6),留学生的日常生活环境得到了一定的提升与改善;与此同时,交流活动的不断开展也增进了留学生与中国学生之间的文化互动[③]。

图 6-6 东大成园研究生公寓的实景照片(左:公寓外部环境;右:公寓内部活动空间)

* 资料来源:笔者自摄。

---

① 新闻报道:"洋学生"南京求学掀热潮 东大学历生比例最高 https://www.seu.edu.cn/2014/1105/c124a106596/page.htm.

② 杨智勇,蔡一峰,张小平.高校外国留学生宿舍管理改革与信息系统建设:以东南大学为例[J].高校后勤研究,2014(4):60-61.

③ 新闻报道:东南大学举行成园书院揭牌仪式暨2022年国家留学基金委东南大学"感知中国"活动启动仪式 https://news.seu.edu.cn/2022/0617/c5528a412086/page.htm.

南秀村社区

南秀村社区是位于南京大学附近的一处老旧小区,属于社会型之留学生—主动聚居区,始建于1980年代,15公顷的社区集聚了2 415户住户,拥有常住人口7 250人。作为典型的移民聚居区承载地,其在空间环境和人口规模上经历了以下四个阶段的变迁:

社区建立阶段(1978—1997年):南秀村社区在建设之初作为高校及周边企事业单位的单位大院而带有早期商品房的某些属性,其周边高校虽早已开始招收国际留学生,但留学生人数不超过数十人,且均按规定居住于校内公寓。

社区转型阶段(1998—2010年):1998年,随着《国务院关于进一步深化城镇住房制度改革加快住房建设的通知》的发布,该地区的单位住房也于2000年左右逐渐走向市场化,于是租房人数有了明显上升。其后又随着高校对留学生校外住宿管理政策的逐步开放,渐渐有少数留学生迁入南秀村社区租居。2006—2010年间,国家和高等院校日益开放的来华留学政策更是为这片区域带来了越来越多的国际留学生,加之外国人在华就业和经商的政策不断放开,有越来越多的外国人在南秀村及其附近社区定居和开设异国特色商店(见图6-7)。

国际化凸显阶段(2011—2015年):2011年南京市政府推出"老旧街道整治"计划,南秀村周边被规划定位为"异域青年文化街",在此背景下社区周边相继开设了20家咖啡厅、西餐厅、酒吧以及30余家各国风味餐厅,并兼有学术沙龙、聚会等文化活动,自此作为"留学生街"而成为南京颇具独特风情的留学生聚居点[①]。

社区衰落阶段(2016年至今):该阶段因周边高校的逐步外迁(2012年南大仙林校区成为主校区,2015年后鼓楼校区学生人数缩减近七成),留学生人数有所下降[②]。

图6-7 南秀村社区沿街异国特色餐馆的实景照片

*资料来源:笔者自摄。

③移民聚居区样本的阶段划分

结合国家和地方移民政策、南京市移民人口变迁等外部事件,同时梳理两个聚居区样本的社区建设历程,可将社会型聚居区样本的演化按照以下阶段划分(见图6-8):

---

① Wu Q Y, Cheng J Q, Chen G, et al. Socio-spatial differentiation and residential segregation in the Chinese city based on the 2000 community-level census data: a case study of the inner city of Nanjing[J]. Cities, 2014, 39(8): 109-119.

② 孙洁,余思奇,朱喜钢,等. 教育全球化背景下南京"留学生街"的形成与演变[J]. 现代城市研究,2022,37(6):67-73.

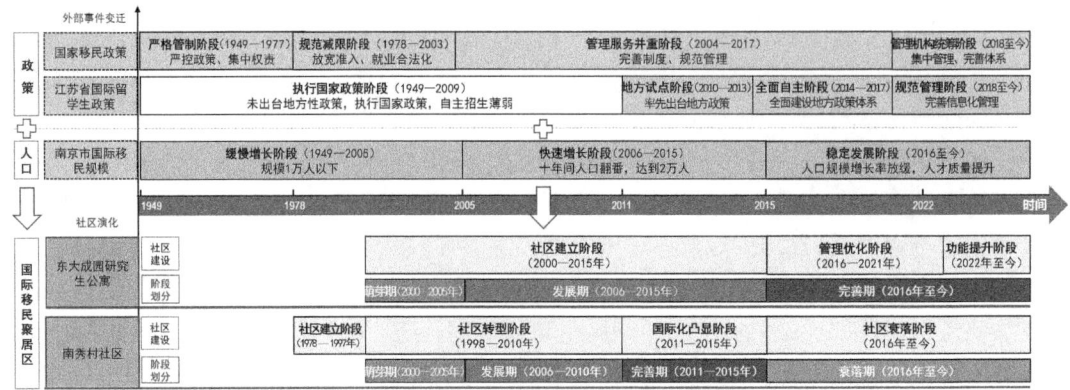

图 6-8　社会型国际移民聚居区样本的演化阶段划分

*资料来源:笔者自绘。

总体而言,南京社会型国际移民聚居区的演化过程可分为萌芽期、发展期、完善期、衰落期四个阶段。但由于两个聚居区样本建设与演化的时间线有所不同,故做出不尽相同的阶段划分,具体如下:东大成园研究生公寓自建成起经历了萌芽期(2000—2005年)、发展期(2006—2015年)和完善期(2016年至今);南秀村社区则经历了萌芽期(2000—2005年)、发展期(2006—2010年)、完善期(2011—2015年)和衰落期(2016年至今)。

6.2.2　空间响应解析

(1) 物质空间

从总体上看,在社会型国际移民聚居区的演化过程中物质空间呈现出"景观风貌从无序到有序,聚居区仍偶有负面影响产生,多元文化驱动的异国空间凸显"的响应特征。从物质空间来看,经过多轮整治的街巷空间已从普遍性的违规占用逐渐改造为整洁有序,建筑立面也从杂乱无章逐渐改造为风格统一,同时随着国际移民聚集程度的加深,带有国际化特征的文化符号更是在社区及其周边有所凸显。从负面评价来看,则有超过半数的居民表示国际移民的聚居并未对物质空间产生负面影响,而认为有噪声干扰的居民从近四成逐渐降低至两成,但投诉垃圾乱扔现象的居民占比却有所增加(见表6-11)。

表6-11　社会型国际移民聚居区物质空间的总体变迁

响应特征	特征表现
物质空间	风貌整治:从杂乱无章到风格统一　　国际化景观:逐步凸显国际化文化符号

(续表)

响应特征	特征表现
负面评价	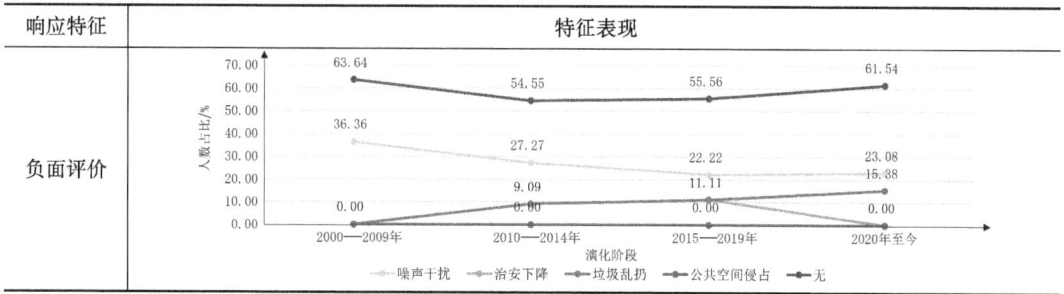

* 资料来源:课题组关于南京市在华国际移民聚居区的抽样调研数据(2022);照片为笔者自摄。

从样本差异上看,社会型国际移民聚居区样本在物质空间上表现出不尽相同的响应特征如下(见表6-12):

表6-12 两个社会型国际移民聚居区物质空间的响应特征

样本名称	物质空间	响应特征
社会型之留学生—被动聚居区:东南大学成园研究生公寓	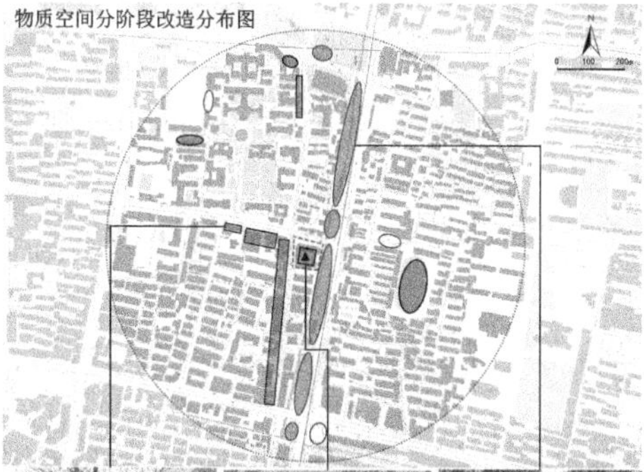  物质空间分阶段改造分布图 沿街建筑立面整治 　成园公寓内部改造 　珍珠河沿岸空间改造	【公共空间】以改造为主,兼有少量新建空间。不但发展期经历了珍珠河沿线治理,大幅提升了公共空间的品质,完善期还新增了两处街头绿地,增补了健身、休闲散步等功能。 经调研和计算,该社区及周边的公共空间改造面积分别为:萌芽期改造了0.75 hm²,发展期改造了3.03 hm²,完善期改造了1.55 hm²。 【景观风貌】以建筑立面和街巷整治为主,公寓内部形成国际化特色景观。完善期内成贤街的建筑立面改造和沙塘园食堂改造,有效提升了周边风貌的协调度;而公寓围合内成园国际书院的建设,则增添了社区的国际化气息。 经调研和计算,该社区及周边的景观风貌整治面积为:萌芽期和发展期未开展整治行动,完善期整治了1.62 hm²(其中国际化景观营造0.31 hm²)
社会型之留学生—主动聚居区:南秀村社区	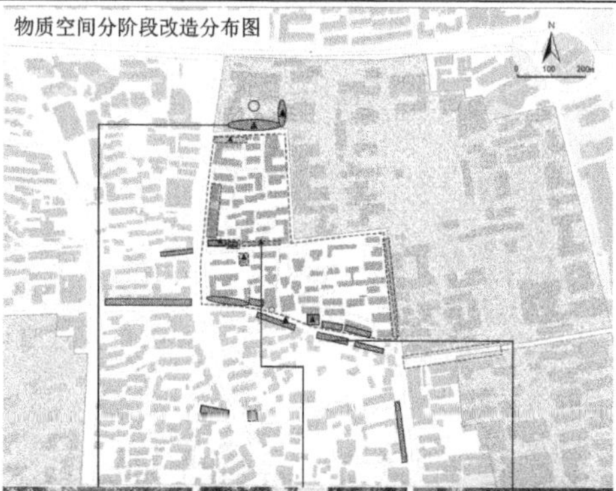  物质空间分阶段改造分布图 金银街公共空间活化 　异域青年文化街改造 　沿街建筑立面整治	【公共空间】改造空间有限,以功能活化为主。社区并无新增的公共空间,主要在发展期和完善期对现有空间进行微更新,在衰落期利用现有的公共空间打造金银街国际青年艺术街区。 经调研和计算,该社区及周边的公共空间改造面积分别为:萌芽期改造了0.11 hm²,发展期改造了0.05 hm²,完善期未进行改造,衰落期改造了1.32 hm²(其中国际化景观营造0.98 hm²)。 【景观风貌】建筑立面整治,逐步形成具有国际化特色的街巷景观。发展期和完善期内,对住宅底层和院落空间进行风貌整治,同时国际化的文化符号与业态相结合,逐步形成了异国特色的景观风貌。 经调研和计算,该社区及周边的景观风貌整治面积分别为:萌芽期整治了1.10 hm²,发展期整治了0.57 hm²(其中国际化景观营造0.20 hm²),完善期整治了0.46 hm²,衰落期整治了1.68 hm²(其中国际化景观营造0.53 hm²)
图例	公共空间改造与活化:○ 萌芽期　● 发展期　● 完善期　● 衰落期 景观风貌整治:▭ 萌芽期　▨ 发展期　▨ 完善期　▨ 衰落期　国际化符号:▲ 外国特色景观的形成	

* 资料来源:课题组关于南京市在华国际移民聚居区的抽样调研数据及实地踏勘照片(2022)。

(2) 公共服务

从总体上看,在社会型国际移民聚居区的演化过程中公共服务呈现出"设施总量有显著增长且空间分布较为均衡,国际移民相关设施持续扩张,能够满足留学生基本生活需求"的响应特征。从公共服务设施的数量来看,各类设施均有不同程度的增加,其中商业设施最为明显(东南大学成园研究生公寓增加了965个,南秀村社区增加了827个)。从设施的空间分布来看,处于城市中心区的东南大学成园研究生公寓和南秀村社区均在商业设施的数量上有大幅增长,其他设施则改变不大。从与国际移民相关的设施来看,聚焦国际移民需求的公共服务设施多为餐饮、休闲娱乐等商业设施,且其数量相较萌芽期已有较大增长(见表6-13)。

表6-13 社会型国际移民聚居区公共服务设施数量的总体变迁

聚居区样本的公共服务设施数量/个		医疗设施	教育设施	交通设施	文化设施	体育设施	商业设施
东南大学成园研究生公寓	萌芽期(2000—2005年)	4	13	6	2	6	99(2)
	发展期(2006—2015年)	5	27	10	6	12	671(9)
	完善期(2016年至今)	6	29	12	6	15	1064(23)
南秀村社区	萌芽期(2000—2005年)	5	20	6	4	4	140(4)
	发展期(2006—2010年)	5	34	10	7	14	287(28)
	完善期(2011—2015年)	8	40	11	9	13	673(59)
	衰落期(2016年至今)	8	35	14	7	16	967(95)

*注:在商业设施(餐饮、购物、生活服务)的标注数值中,括号内为与国际移民相关设施的网点数量。

*资料来源:2000—2022年百度地图南京POI数据;课题组关于南京市在华国际移民聚居区的抽样调研数据(2022)。

从样本差异上看,社会型国际移民聚居区样本在公共服务上表现出不尽相同的响应特征如下(见表6-14):

表6-14 两个社会型国际移民聚居区公共服务的响应情况

样本名称	公共服务设施变迁
社会型之留学生-被动聚居区:东南大学成园研究生公寓	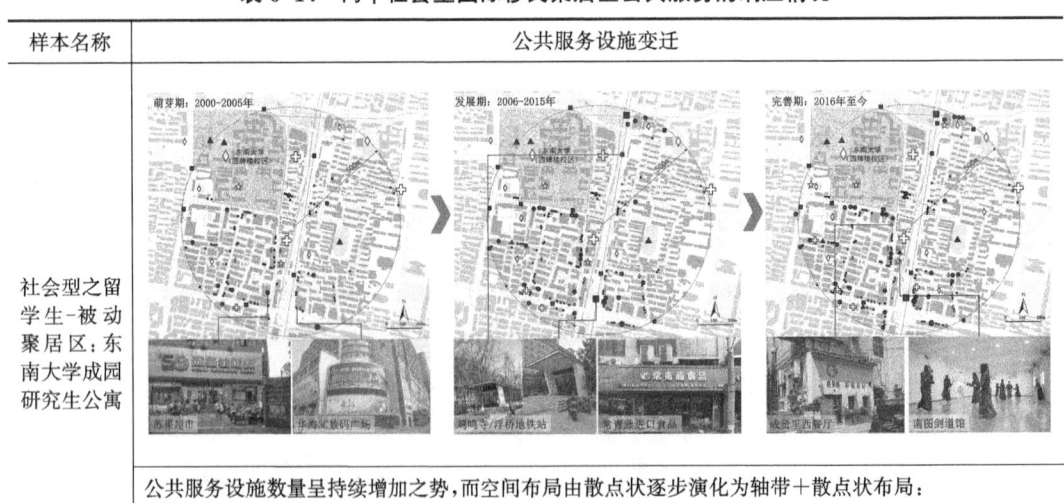 公共服务设施数量呈持续增加之势,而空间布局由散点状逐步演化为轴带+散点状布局: 【设施数量】周边除医疗设施以外的各类公共服务设施数量均有明显增加,尤以商业设施增幅为大(从99个增加到1 064个),其中与国际移民相关的设施也有明显增加(从2个增加到23个)。 【空间布局】商业设施从散点状布局逐步演变为以成贤街、珠江路为载体的轴带状布局(其中国际移民相关设施仍呈散点状布局),其他设施则始终保持着散点状布局

(续表)

样本名称	公共服务设施变迁
社会型之留学生—主动聚居区：南秀村社区	
	公共服务设施数量呈持续增加之势，但增速有所下降，而空间布局由散点状逐步演化为轴带＋散点状布局； 【设施数量】周边的商业设施持续增加且增幅最大（从140个增加到967个），其次是体育设施和交通设施（分别增加了12个和8个）；医疗、文化设施的变化不甚明显，教育设施则是先增后减（从萌芽期的20个增长到完善期的40个后，又在衰落期回落至35个）。此外，与国际移民相关的商业设施也有明显增加（从4个增加至95个）。 【空间布局】商业设施从散点状布局逐步演变为以南秀村（路）、金银街、上海路为载体的轴带状布局（其中国际移民相关设施沿南秀村（路）和金银街逐步呈轴带状布局），其他设施则始终保持着散点状布局
图例	✚ 医疗设施　◇ 教育设施　● 商业设施　■ 交通设施　☆ 文化设施　▲ 体育设施

* 资料来源：2000—2022年百度地图南京POI数据；课题组关于南京市在华国际移民聚居区的抽样调研数据及实地踏勘照片（2022）。

（3）演化动因

经济型国际移民聚居区在空间维度响应上所表现出的总体特征与样本差异，主要源于跨国社会空间的形成以及高校周边的社区更新。

其一，跨国社会空间的形成催生了独特的异国文化景观。国际留学生在我国高等院校周边的规模性聚居形成了多元化的跨国社会空间[①]，既包括服务于其日常生活的商业空间（如外国餐馆、酒吧、进口超市等），也包括建构和维系其精神共同体的文化与交往空间（如文化交流中心、融享空间等），且多呈现出风格独特的异国文化景观（如多语标识、异国风情装饰、音乐与墙绘等外在表现）。与此同时，跨国社会空间往往还容易衍生出具有外在象征意义的实体空间，这是迁入地城市以"国际化""异国风情"等标签所构建出的"主题化"艺术空间和消费空间（如国际友好交流公园、国际青年艺术空间、异国风情创意

---

① 李志刚,何深静,刘玉亭,等. 中国城市社会空间[M].北京:科学出版社,2021:37.

市集等在地化呈现)。

其二,高校周边的社区更新造就了不同的物质空间变迁历程。本书选取的社会型国际移民聚居空间研究样本——南秀村社区和东大成园研究生公寓,其所在片区均属于城市存量更新范畴。据统计,2021年南京实施更新改造的老旧小区共计108个,其中鼓楼区(26个)、玄武区(16个)、秦淮区(16个)等处于老城区中的片区更是成为更新的重点[①],主要由城市、社区权力部门和上级主管部门自上而下推动,这类修整针对的主要是社区的交通设施、基础设施、公共空间出新和景观风貌整治,修缮的目标主要是整洁、美观、安全,以提升社区口碑、居民幸福感和访客安全感。其中南秀村社区周边的金银街在开展标准化社区更新的基础上,利用现有的国际化元素和高校青年氛围,进一步打造了"国际青年艺术街区";而东大成园研究生公寓则通过社区内部的国际化更新改造,为留学生群体定制了符合其个性化需求的居住和生活空间。

【访谈记录】

金银街街区负责人:"我们取消了金银街原本的18个停车位,增设了展陈空间和艺术装置,还对道路两边的老旧建筑进行外立面更新、围墙修复更新,以及照明亮化等,打造一条国际青年文化艺术街区。与此同时,我们为街区内的商户免费进行小店门面及门头更新、亮化,还给予了一定的租金减免优惠,让小店门面'活起来'、小店经济'富起来'"。

来自马来西亚的南京大学留学生:"我刚来南京几个月,对南京的美食、文化等等都很感兴趣。在金银街我能吃到传统的中国美食,期待街区的摊位可以更丰富,增添更多趣味性,增加更多南京特色元素。"

6.2.3 经济响应解析

(1) 消费市场

从总体上看,在社会型国际移民聚居区的演化过程中迁入地消费市场呈现出"当地店铺对留学生的吸引力略有提高,而本地居民的消费习惯日趋国际化"的响应特征。从周边店铺中国际留学生消费比例的变化来看,在当地店铺消费的留学生数量有小幅增长,其中留学生消费占比在10%(不含)~30%(含)和30%(不含)~50%(含)这两个区间的增长最明显(分别增长了13.04个百分点和4.34个百分点),2019年以来有近5%店铺的留学生顾客占据一半以上;留学生顾客占比小于10%的店铺数量则相对稳定在四成左右。从本地居民到外国特色店铺消费情况的变迁来看,总体呈增长趋势,尤其是前往外国店铺消费占比超过10%的居民数量有所上涨,从不到外国店铺消费的居民数量有显著下降(下降了42.31个百分点),外国店铺消费占比小于等于5%的居民数量则是经历了先增后降的小幅度变化(见图6-9、图6-10)。

---

① 南京市城乡建设委员会.2021年南京市城乡建设计划(宁政发〔2021〕1号)[R].2021.

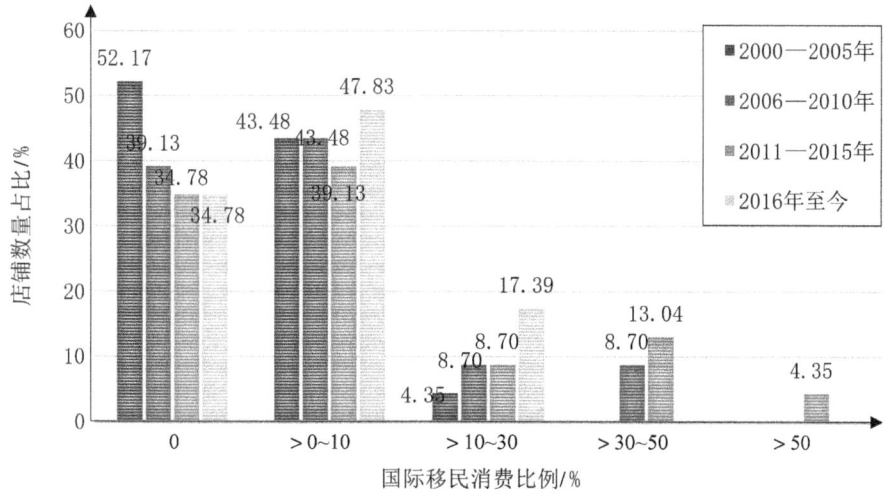

图 6-9 周边店铺中国际移民消费比例的总体变化

* 资料来源:课题组关于南京市在华国际移民聚居区的抽样调研数据(2022)。

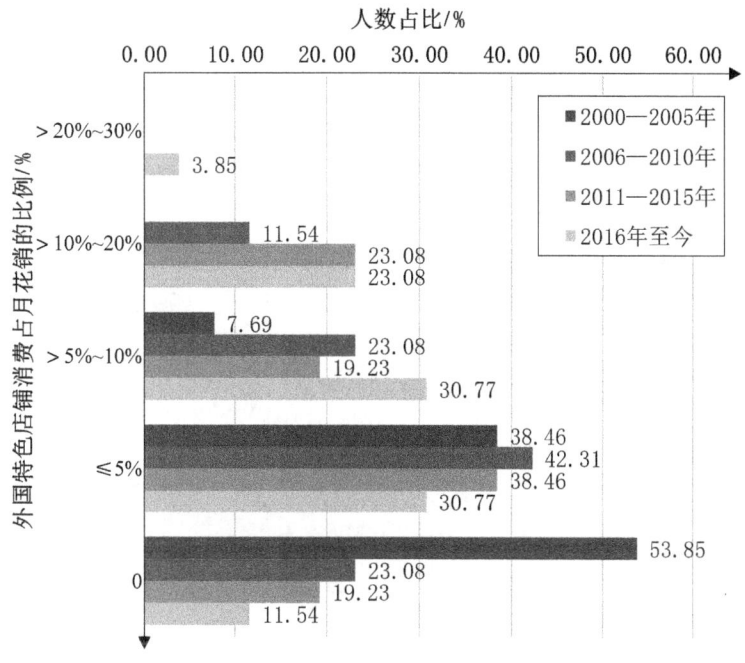

图 6-10 本地居民前往外国特色商铺消费比例的总体变迁

* 资料来源:课题组关于南京市在华国际移民聚居区的抽样调研数据(2022)。

从样本差异上看,社会型国际移民聚居区样本在消费市场上表现出不尽相同的响应特征如下(见表 6-15):

表 6-15 两个社会型国际移民聚居区消费市场的响应情况

样本名称	消费群体	消费行为
社会型之留学生—被动聚居区：东南大学成园研究生公寓	【国际移民消费比例】周边店铺中留学生顾客的比例在逐渐上升，但总体水平偏低： • 留学生消费的比例均小于等于30%； • "无"留学生消费的店铺比例由萌芽期的58.33%下降至完善期的33.33%； • "小于等于10%"的比例由萌芽期的41.67%上升至完善期的50.00%； • "10%（不含）~30%（含）"的比例出现在发展期（8.33%），并在完善期上升至16.67%	【本地居民的消费行为】本地居民在外国特色店铺消费的比例逐步上升： • 不在外国特色店铺消费的比例由萌芽期的63.64%降低至完善期的9.09%，"小于等于5%"和"10%（不含）~20%（含）"的比例均从27.27%下降至18.18%； • "5%（不含）~10%（含）"的比例则从萌芽期的9.09%上升至完善期的45.45%； • "20%（不含）~30%（含）"的比例在完善期首次出现（9.09%）
社会型之留学生—主动聚居区：南秀村社区	【国际移民消费比例】周边店铺中留学生顾客的比例先上升后下降： • "无""小于等于10%"留学生消费的店铺比例均由萌芽期的45.45%下降至完善期的27.27%，又在衰落期回升至36.36%； • "10%（不含）~30%（含）"的比例在衰落期上升至18.18%； • "30%（不含）~50%（含）"的比例在完善期达到27.27%，后在衰落期消失； • "大于50%"的比例在完善期出现（9.09%）后又消失	【本地居民的消费行为】本地居民在外国特色店铺消费的比例逐步上升： • 不在外国特色店铺消费的比例由萌芽期的46.67%降低至衰落期的13.03%，"小于等于5%"和"5%（不含）~10%（含）"的比例则是先升后降； • "10%（不含）~20%（含）"的比例则在完善期出现（20.00%），并在衰落期上升至26.67%

* 资料来源：课题组关于南京市在华国际移民聚居区的抽样调研数据（2022）。

（2）业态构成

从总体上看，在社会型国际移民聚居区的演化过程中迁入地业态构成呈现出"刚需业态处于主导地位、非刚需业态比例在低位徘徊，同国际移民相关的餐饮和购物类业态数量增势显著"的响应特征。从业态构成的总体变迁来看，多数业态的占比呈小范围波动状态，其中呈先升后降趋势的是"餐饮类"（上升了1.04个百分点）、"生活服务类"（上升了 3.07 个百分点)和"科教文化类"(上升了 1.83 个百分点),"住宿类"和"休闲娱乐类"占比是先降后升,而"购物类"业态占比则常年稳定在三成左右。从国际移民相关业态网点数量的变化情况来看,"餐饮类"和"购物类"业态数量在持续增长(分别增长了 97 个和 31 个),其中"餐饮类"业态一直占据主导地位,而"语言培训类"业态数量则在经历了增长期后有所回落(减少了 6 个)(见表 6-16、图 6-11)。

表 6-16 社会型国际移民聚居区业态构成的总体变迁

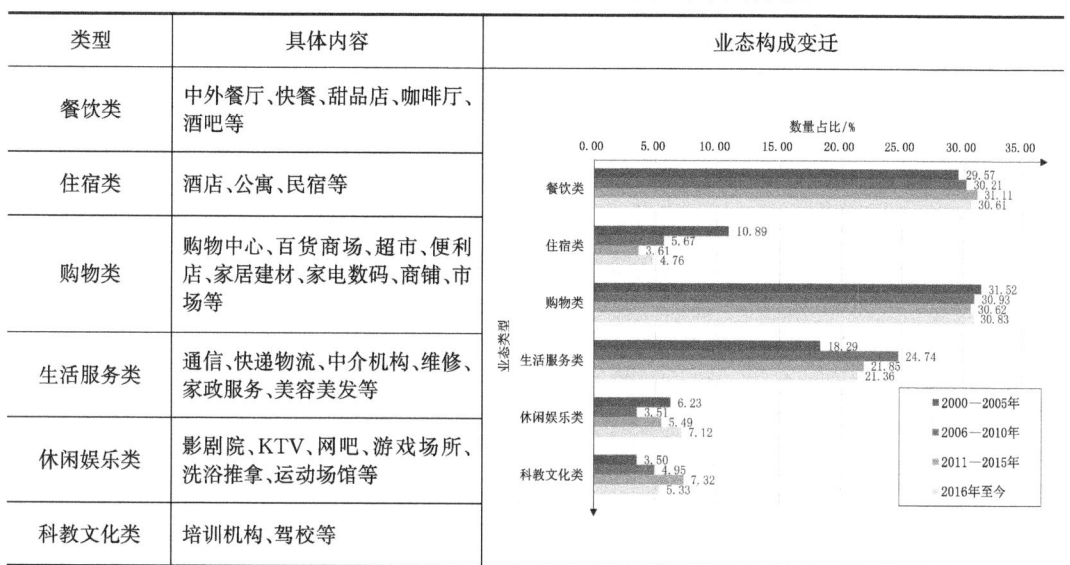

类型	具体内容
餐饮类	中外餐厅、快餐、甜品店、咖啡厅、酒吧等
住宿类	酒店、公寓、民宿等
购物类	购物中心、百货商场、超市、便利店、家居建材、家电数码、商铺、市场等
生活服务类	通信、快递物流、中介机构、维修、家政服务、美容美发等
休闲娱乐类	影剧院、KTV、网吧、游戏场所、洗浴推拿、运动场馆等
科教文化类	培训机构、驾校等

* 注:图中业态类型划分参考"百度地图 POI 数据分类"(https://lbsyun.baidu.com/index.php?title=open/poitags),筛选出面向社区服务的商业业态并将部分类型进行合并。
* 资料来源:2005 年、2010 年、2014 年、2017 年和 2022 年百度地图 POI 数据。

图 6-11 国际移民相关业态的网点数量变化

* 资料来源:2005 年、2010 年、2014 年、2017 年和 2022 年百度地图南京 POI 数据。

从样本差异上看,社会型国际移民聚居区样本在业态构成上表现出不尽相同的响应特征见表 6-17 所示。

表 6-17 社会型国际移民聚居区业态构成的响应情况

样本名称	业态构成	国际移民相关业态
社会型之留学生—被动聚居区：东南大学成园研究生公寓	【业态构成】各类设施总体变化幅度不大，但变动趋势有所差异： • "餐饮类"和"休闲娱乐类"占比呈逐渐上升之势（分别增长了 5.31 个百分点和 2.31 个百分点）； • "住宿类"和"购物类"比例在逐渐下降（分别降低了 4.80 个百分点和 4.87 个百分点）； • "生活服务类"和"科教文化类"占比则波动不甚明显	【国际移民相关业态】三类设施数量均呈增加之势，但增长幅度有所不同： • "餐饮类"业态数量呈大幅度增加之势（由 1 个增长至 10 个）； • "购物类"业态则是平稳增长，但总数不多（增加了 3 个）。 • "语言培训类"业态保持不变（1 个）
社会型之留学生—主动聚居区：南秀村社区	【业态构成】各类设施呈现出"先升后降"和"先降后升"两种相反的变化趋势： • "餐饮类"、"生活服务类"和"科教文化类"呈先升后降之势； • "住宿类"、"购物类"和"休闲娱乐类"则相反，呈先降后升之势	【国际移民相关业态】"餐饮类"和"购物类"设施数量呈增加之势，"语言培训类"则是先增后减： • "餐饮类"业态数量呈大幅度增加之势（由 3 个增长至 51 个），"购物类"业态则一直处于平稳增长趋势（由 1 个增长至 9 个）； • "语言培训类"业态则是先增后减（从 1 个增加至 6 个后又回落至 5 个）

* 资料来源：2005 年、2010 年、2014 年、2017 年和 2022 年百度地图 POI 数据。

（3）演化动因

社会型国际移民聚居区在经济维度响应上所表现出的总体特征与样本差异，主要源于外国商业的独异化以及社区定位的不同：

其一，独异化的外国商业促进了符号经济的发展。在后现代社会中，人们已不满足于规范化和常规化的产品生产逻辑，转而追求独异化的生活方式，"网红"消费产品便是由此产生的符号经济形态①。特别是南秀村作为南京最早的外国人聚集地,其外国商业(异国风情街、国际文化商业空间等)的发展经历了漫长的岁月,才形成了现在的异国特色景观,恰好切中本地人这一"独异化"的消费需求,成为热门网红打卡之地,这不但使其符号化的商业价值得以呈现,还进一步推动了外国商业这一"符号经济"的盛行,从而为大众营造出一种视觉上的跨文化景观。

其二,社区定位的不同造成了经济响应的样本差异。本书研究的两个社会型国际移民聚居区样本虽然均紧邻高校,但在定位上存在着巨大的差异。其中南秀村社区是国际留学生群体自发聚集的校外社区,经历了外国文化长期的熏陶和感染,已经形成了异国商业的规模性集聚,还被定位为"异域青年文化街",这也进一步刺激了外国特色业态的持续发展。而东大成园研究生公寓则是留学生被动择居的校内社区,在学生管理上有较为严格和全面的规章制度,更倾向于从校内为留学生提供生活性服务设施,这限制了社区外部的国际化经济响应,所以并未形成规模化的异国业态形式。

6.2.4 社会响应解析

(1) 邻里交往

从总体上看,在社会型国际移民聚居区的演化过程中本地居民与国际留学生之间的邻里交往呈现出"客观语言障碍明显且主观交往意愿不强,但交往强度缓慢提升"的响应特征。从交往的语言障碍来看,七成的本地居民与留学生交流存在语言障碍(其中23.08%居民表示完全无法交流,46.15%则表示交流不太顺畅),仅有三成居民表示语言交流"很顺畅"或"比较顺畅"。从与国际移民的交往意愿来看,仅有不到半数的居民对与国际移民交往持较为积极的态度,持"非常愿意"和"比较愿意"态度的居民分别占15.38%和30.77%,但有42.31%的居民表示"不太愿意"与留学生交往。从与国际移民交往强度的变迁来看,本地居民与之交往的频率在逐年缓慢提高,其中"1周多次"交往的比例从0增长到12.50%,"1周1次"的比例也有所增长,"无"交往情况则有明显减少(见图6-12、图6-13)。

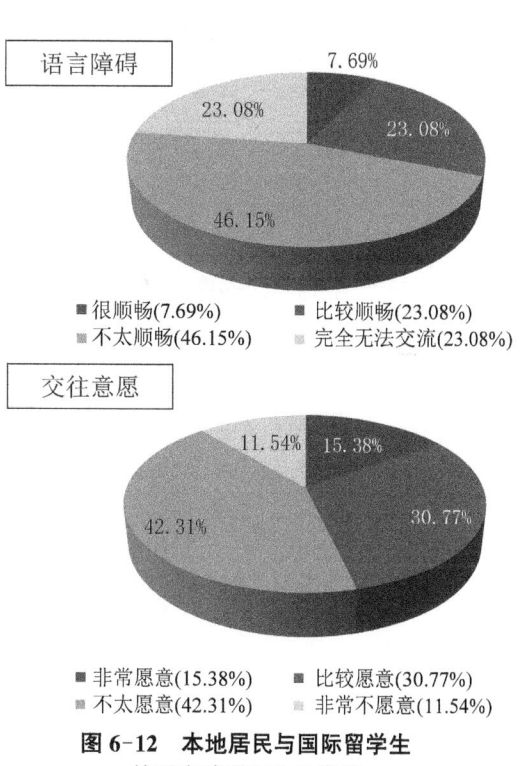

图6-12 本地居民与国际留学生的语言障碍和交往意愿

* 资料来源:课题组关于南京市在华国际移民聚居区的抽样调研数据(2022)。

---

① 张航瑞.独异的生活:都市白领网红餐厅的打卡实践[J].济南大学学报(社会科学版),2023,33(1):123-135.

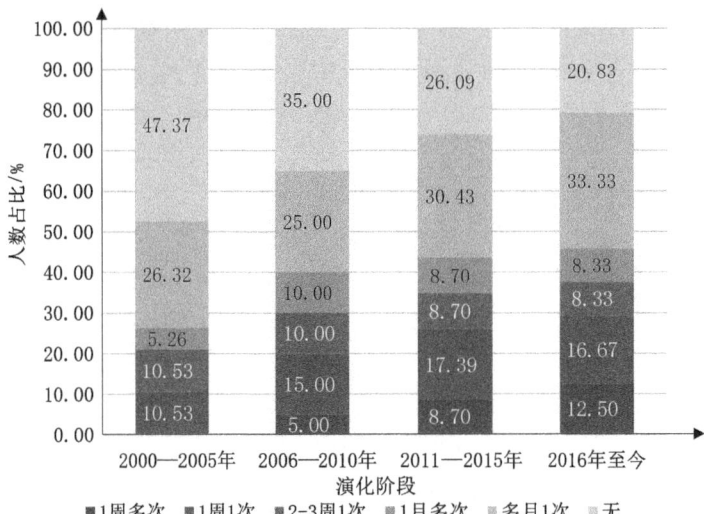

图 6-13 本地居民与国际留学生交往强度的总体变迁

*资料来源：课题组关于南京市在华国际移民聚居区的抽样调研数据（2022）。

从样本差异上看，社会型国际移民聚居区样本在邻里交往上表现出不尽相同的响应特征如下（见表 6-18）：

表 6-18 两个社会型国际移民聚居区本地居民语言障碍、交往意愿与交往强度的响应情况

样本名称	语言障碍和交往意愿	交往强度
社会型之留学生—被动聚居区：东南大学成园研究生公寓	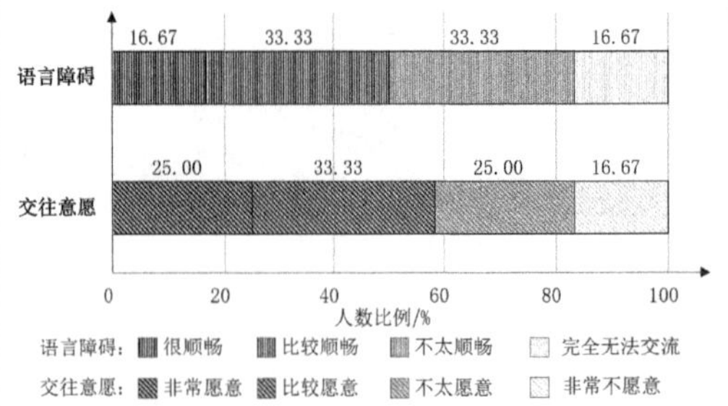 （图示：语言障碍 16.67/33.33/33.33/16.67；交往意愿 25.00/33.33/25.00/16.67）	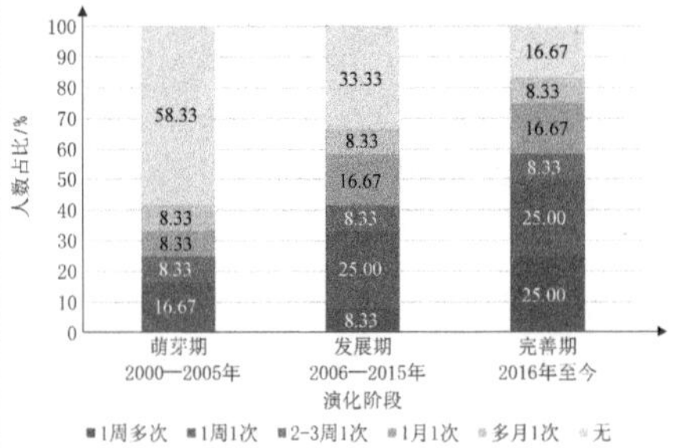 （图示：萌芽期2000—2005年、发展期2006—2015年、完善期2016年至今）
	【语言障碍】本地居民与留学生的交往存在一定的语言障碍。其中半数的居民表示语言交流"很顺畅"或"比较顺畅"，其余半数则认为交往"不太顺畅"或"完全无法交流"。 【交往意愿】本地居民与留学生具有一定的主动交往意愿。其中持"比较愿意"交往态度的占比最高（33.33%），而表示"非常愿意"和"不太愿意"的比例均占25.00%	【交往强度】本地居民与留学生的交往强度总体上呈逐步上升之势。 • "无"交往情况由萌芽期的58.33%降至完善期的16.67%； • "1周多次"的高频交往出现在发展期（8.33%），并在完善期上升至25.00%； • "2—3周1次"、"1月1次"和"多月1次"的交往强度则变化不甚明显
社会型之留学生—主动聚居区：南秀村社区	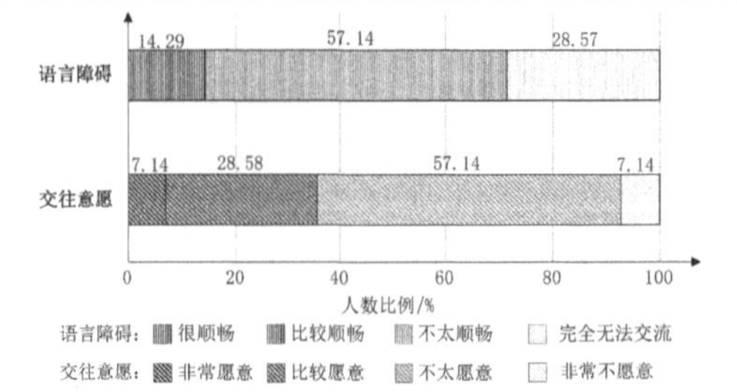 （图示：语言障碍 14.29/57.14/28.57；交往意愿 7.14/28.58/57.14/7.14）	 （图示：萌芽期2000—2005年、发展期2006—2010年、完善期2011—2015年、衰落期2016年至今）

230

(续表)

样本名称	语言障碍和交往意愿	交往强度
社会型之留学生—主动聚居区：南秀村社区	【语言障碍】本地居民与留学生的交往有着明显的语言障碍。其中57.14%的居民表示交流"不太顺畅"，28.57%的居民则表示"完全无法交流"。 【交往意愿】本地居民与留学生交往的意愿不甚强烈。其中持"不太愿意"交往态度的占比最高（57.14%），其次是"比较愿意"交往的居民，占比为28.58%	【交往强度】本地居民与留学生的交往强度呈先上升再回落之势，但总体变化并不明显： • 高频交往情况在完善期有所增长（"1周1多次"和"1周1次"各占9.09%），但是在衰落期高频交往又有所回落（"1周1多次"情况消失，"1周1次"降至8.33%）； • "2~3周1次"、"1月1次"和"多月1次"等交往强度则变化不明显

* 资料来源：课题组关于南京市在华国际移民聚居区的抽样调研数据（2022）。

（2）社区互动

从总体上看，在社会型国际移民聚居区的演化过程中本地居民与国际移民之间的社区互动呈现出"多愿为国际移民提供帮助，参与中外交流的意愿有所提高，低水平的活动组织也有所改善"的响应特征。从提供帮助意愿来看，超过七成的本地居民乐意为国际移民提供帮助，其中"非常乐意帮忙"的居民占比最高（38.46%），其次有34.62%的居民"大多数情况下乐意帮忙"。从居民参与中外交流活动的意愿来看，虽然选择"不太愿意"参与的居民占比最高（稳定在40%~50%），但是选择"非常愿意"参与的居民占比在逐年增长，而选择"比较愿意"参与的居民稳定在了一个较高水准（20%~30%）。从活动组织情况来看，"偶尔"组织活动的情况有所增长，"从不"组织活动的情况在逐年下降，"经常"和"几乎不"组织活动的比例则相对稳定（见图6-14、图6-15）。

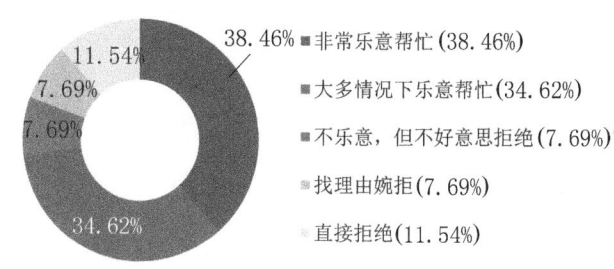

图6-14 本地居民为国际移民提供帮助的意愿

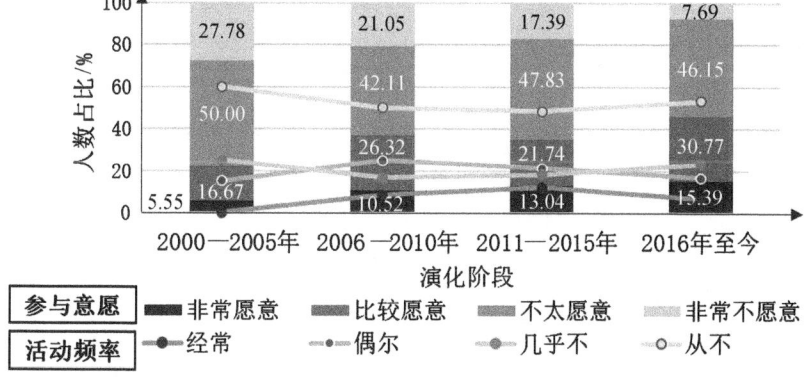

图6-15 社会型国际移民聚居区中外交流活动组织频率和本地居民参与意愿的总体变迁

* 资料来源：课题组关于南京市在华国际移民聚居区的抽样调研数据（2022）。

从样本差异上看,社会型国际移民聚居区样本在社区互动上表现出不尽相同的响应特征如下(见表 6-19)。

表 6-19 两个社会型国际移民聚居区本地居民提供帮助意愿、国际活动的响应情况

样本名称	提供帮助意愿	中外交流活动的组织频率和参与意愿
社会型之留学生—被动聚居区:东南大学成园研究生公寓	居民意愿分布:直接拒绝 8.33,找理由婉拒 8.33,不乐意但不好意思拒绝 8.33,大多情况下乐意帮忙 33.34,非常乐意帮忙 41.67。【提供帮助意愿】本地居民大多愿意为留学生提供帮助。其中表示"非常乐意帮忙"的居民占比最高(41.67%),其次是"大多情况下乐意帮忙"的居民(33.34%)	演化阶段分萌芽期(2000—2005年)、发展期(2006—2015年)、完善期(2016年至今)。【活动组织与参与意愿】中外交流活动的组织频率总体偏低但略有上升,本地居民参与活动的积极性则呈逐渐上升之势。其中表示社区"经常"组织活动的居民比例由 0 增长至 8.33%,而参与意愿增长最为明显的是"比较愿意"参与活动的居民(由 16.67%增长至 50.00%)
社会型之留学生—主动聚居区:南秀村社区	居民意愿分布:直接拒绝 14.30,找理由婉拒 7.14,不乐意但不好意思拒绝 7.14,大多情况下乐意帮忙 35.71,非常乐意帮忙 35.71。【提供帮助意愿】大多本地居民愿意积极地为留学生提供帮助。其中表示"非常乐意帮忙"和"大多情况下乐意帮忙"的居民占比最高(各占 35.71%),但也有 14.30%的居民拒绝为留学生提供帮助	演化阶段分萌芽期(2000—2005年)、发展期(2006—2010年)、完善期(2011—2015年)、衰落期(2016年至今)。【活动组织与参与意愿】中外交流活动的组织频率先升后降且总体处于较低水平,本地居民参与活动的积极性也不高但有所增加。其中表示社区"经常"组织活动的居民比例由 0 增长至完善期的 13.29%,而后在衰落期这一比例再次降至 5.56%;而参与意愿增长最为明显的是"非常愿意"参与活动的居民(由 0 增长至 14.29%)

* 资料来源:课题组关于南京市在华国际移民聚居区的抽样调研数据(2022)。

(3) 演化动因

社会型国际移民聚居区在社会维度响应上所表现出的总体特征与样本差异,主要源于语言障碍和固化的社交圈层和社区类型构成的分异。

其一,语言障碍和固化的社交圈层给社会响应带来了困难。相比经济型国际移民聚居区,本书所选取的两个社会型国际移民聚居区样本周边以老旧小区为主,本地居民与国际留学生在交往上除了存在先天的语言障碍之外,其在本地固有的社交圈和稳定的社会关系

也在一定程度上削弱了其与留学生群体交往的主动性和积极性,从而造成二者间的社会隔离。

其二,社区类型构成的分异造成了社会响应状态的样本差异。相比于前面宏观层面上的语言和社交圈层差异,微观层面的社区类型差异(尤其是人口构成在年龄、受教育程度、职业/身份构成等方面的差异,见表6-20)同样会造成聚居区之间的样本差异。本研究的两个样本就在居民人口构成上存在差异,其中东南大学成园研究生公寓周边以年轻或高知属性的学生、教师群体居多,更容易适应与留学生的交往和互动;而南秀村社区作为高校周边的老旧小区,人员构成较为复杂,与留学生的交往和互动并不积极。

表6-20 不同个体属性的本地居民与国际移民交往意愿的相关性分析

皮尔逊相关系数		交往意愿
年龄	相关性	.462**
	显著性(双尾)	<.001
受教育程度	相关性	<.432**
	显著性(双尾)	.001
职业/身份	相关性	.429**
	显著性(双尾)	<.001

* 注:** 表示在0.01级别,相关性显著。
* 资料来源:课题组关于南京市在华国际移民聚居区的抽样调研数据(2022)。

6.3.5 制度响应解析

(1) 移民政策

从总体上看,在社会型国际移民聚居区的演化过程中留学生相关政策呈现出"出台数量略有增长,覆盖内容逐渐全面,地方响应趋于显著"的响应特征。从移民政策出台的数量来看,总体呈缓慢增长之势,从2000—2005年的9项增长至2019年以来的15项。从移民政策的内容来看,2000—2010年政策内容只集中在出入境、居留和就学三个方面,2011—2015年则进一步补充了移民社会保障的政策内容,形成了较为全面的政策体系;20余年间,移民政策存在部分更替,但大部分情况下新政策源于旧政策的优化和补充,因而处于不断细化和完善的过程之中。从移民政策的层级来看,2010年以前出台的全部为国家政策,但从2011年起地方开始出台相应的留学生政策来支持国家决策,比例在三成左右(见图6-16)。

与经济型国际移民政策类似,来华留学生政策是国家和地方政府(市级及以上)在某一时间点面向全体外国人或留学生群体统一颁布的法律文件,适用于所辖区域内所有留学生,换言之,其并不会因移民所在社区的影响而产生差异,因此不再就具体样本展开比较。

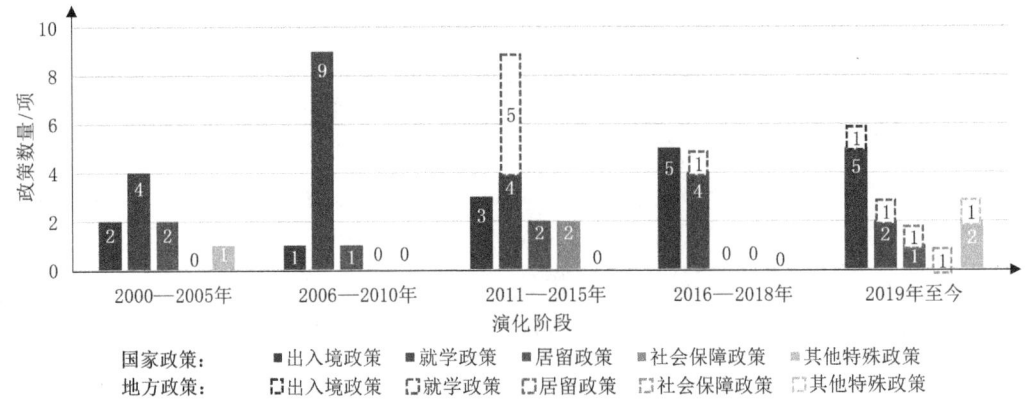

图 6-16 社会型国际移民相关政策数量的总体变迁

* 注：统计包括法律、行政法规、部门规章、规范性文件、司法与行政解释、地方性法规、地方规范性文件等在内的国家、省市级（江苏省和南京市）政策数量。

* 资料来源：统计自国家移民管理局（https://www.nia.gov.cn/n741440/n741547/index.html）、江苏省人民政府外事办公室（http://wb.jiangsu.gov.cn/col/col336/index.html）、南京人民政府外事办公室（http://wb.nanjing.gov.cn/njszfwsbgs/? id=xxgk_224）等官方网站政策公开内容。

（2）移民管理与服务

从总体上看，在社会型国际移民聚居区的演化过程中留学生管理与服务呈现出"管理部门从多头分散向一体化过渡，业务办理渠道逐步多元化"的响应特征。从移民管理部门来看，与经济型国际移民类似，来华留学事务管理同样涉及多个部门，表现出多头交织的复杂局面；直至2018年成立国家移民事务管理局，在国家层面逐步整合了各个部门的移民事务，同时为仍归属其他部门的留学事务办理提供咨询与统筹服务；2018年以来各地政府也相继设立了外事办公室来协调各类移民事务，但来华留学的具体业务办理仍由不同部门来负责。从移民业务办理渠道来看，普遍由就学高校协助留学生个体办理移民业务，与此同时，不少个人或单位为加快办理进度还会委托中介代为办理；2015年以来，部分留学生聚集的社区更是设立外国人服务站，专门为移民业务办理提供咨询和协助服务（见图6-17）。

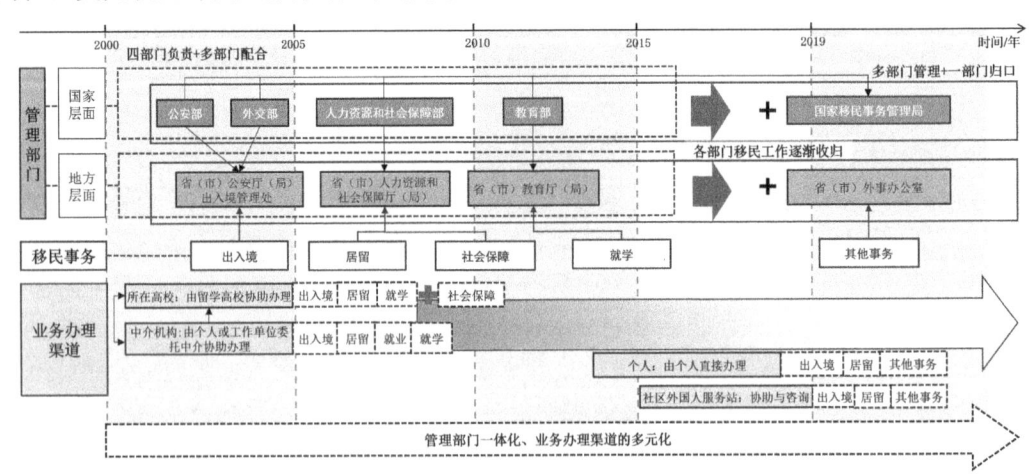

图 6-17 社会型国际移民管理部门和业务办理渠道的总体变迁

* 资料来源：统计自国家移民管理局（https://www.nia.gov.cn/n741440/n741547/index.html）、江苏省人民政府外事办公室（http://wb.jiangsu.gov.cn/col/col336/index.html）、南京人民政府外事办公室（http://wb.nanjing.gov.cn/njszfwsbgs/? id=xxgk_224）等官方网站政策公开内容。

从样本差异上看,社会型国际移民聚居区样本在移民管理与服务上表现出不尽相同的响应特征如下(见表6-21):

表6-21 两个社会型国际移民聚居区移民管理与服务的响应情况

样本名称	移民管理与服务
社会型之留学生—被动聚居区:东南大学成园研究生公寓	[图示：萌芽期(2000—2005年)、发展期(2006—2015年)、完善期(2016年至今)、衰落期(未经历)四个阶段下出入境/居留、住宿、学业、奖学金、社会保障的管理部门与办理渠道演变] 高校管理留学生就学和社保事务,并逐渐系统化;公安机关负责出入境/居留事务; 【出入境/居留】由留学生提出申请,高校出具证明并向公安机关提出申请,此过程可委托中介机构; 【就学/社会保障】从留学生办公室、教务处、学院的多头管理模式,逐步升级为由海外教育学院统筹各部门事务的体系化管理模式
社会型之留学生—主动聚居区:南秀村社区	[图示：萌芽期(2000—2005年)、发展期(2006—2010年)、完善期(2010—2015年)、衰落期(2016年至今)四个阶段下出入境/居留、住宿、学业、奖学金、社会保障的管理部门与办理渠道演变] 高校管理留学生就学和社会保障事务,并逐渐系统化,住宿管理逐渐灵活和社会化;公安机关负责出入境/居留事务; 【出入境/居留】由留学生提出申请,高校出具证明并向公安机关提出申请,此过程可委托中介机构; 【就学/社会保障】从留学生办公室、教务处、学院的多头管理模式,逐步升级为由海外教育学院统筹各部门事务的体系化管理模式; 【住宿】学生校外租居逐步放开,从高校严格审批过渡至高校/社区居委会双重备案

* 资料来源:统计自国家移民管理局(https://www.nia.gov.cn/n741440/n741547/index.html)、江苏省人民政府外事办公室(http://wb.jiangsu.gov.cn/col/col336/index.html)、南京人民政府外事办公室(http://wb.nanjing.gov.cn/njszfwsbgs/?id=xxgk_224)等官方网站政策公开内容。

(3) 演化动因

社会型国际移民聚居区在制度维度响应上所表现出的总体特征与样本差异,主要源于来华留学教育发展战略的提出以及高校灵活的留学生管理机制。

其一,来华留学教育发展战略的提出为留学制度响应提出了更高的要求。一方面,推进来华留学教育发展是实现我国教育对外开放的应有之义,因此在国家层面不断出台新的政策来完善留学工作的顶层设计。另一方面,随着来华留学生规模的不断扩大和来源国家的逐渐多元化(见图6-18),我国亟须更先进、更接地气的留学政策来响应这一变化,这也是近年来地方为应对国家战略部署而不断出台来华留学激励政策的原因。

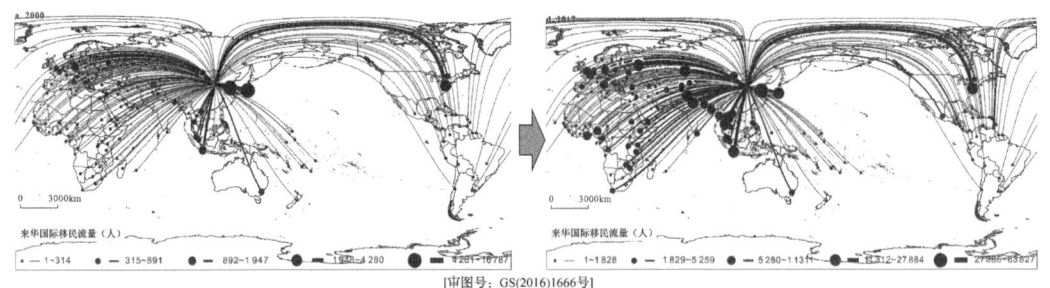

[审图号: GS(2016)1666号]

图6-18 2000年和2017年来华留学生来源国分布情况

* 资料来源:侯纯光. 全球留学生流动的空间演化、机理、效应与中国响应[D]. 上海:华东师范大学,2021:154-160

其二,高校灵活的留学生管理机制带来了不同的留学生管理与服务模式。在国家留学工作推进的大方向下,各个地方和高校采取较为灵活的留学生管理机制,来满足留学生个性化的居住、生活和学习需求,这就造成了留学生校内、校外兼有的居住模式,由此高校采取不同的管理模式进行应对[①]。对于校内居住的留学生,高校采取"高校全权负责、报备公安机关"的管理模式,高校为留学生提供全方位的管理和服务。而对于租居校外的留学生,高校周边社区采取"社区居委会—高校—公安机关"三方联动机制,共同协调管理留学生事务并为社区内国际移民提供咨询和协助。

6.3.6 心理响应解析

(1) 文化习俗接纳

从总体上看,在社会型国际移民聚居区的演化过程中本地居民对国际移民文化习俗的接纳呈现出"生活习俗接受度呈缓慢上升之势,而文化接纳度则明显增长"的响应特征。从生活习俗接受度(通过选择外国饮食的频率来表征)来看,与经济型国际移民聚居区周边情况类似,本地居民选择外国饮食的频率同样不高,其中"多月1次"的频率最高,一直保持在四成以上,而"1周多次"的频率最低,但从0逐渐增长到3.45%;尽管如此,本地居民选择外国饮食的频率总体上还是在逐步升高,最明显的是"2~3周1次"的频率已由4.55%上升到13.79%,而"从不选择外国饮食"的频率则从18.18%下降至6.90%,其他情况的变化幅度则不甚明显。从文化接纳度(通过对待外国节日态度来表征)来看,2005年前,五成的本地

---

① 邹永鸯. 国际社区治理的路径研究:以南京Z社区为例[D]. 南京:南京师范大学,2020.

居民对外国节日的态度是"不了解、不庆祝",在 2016 年之后这一比例下降了三成,而表示"了解部分、偶尔庆祝"的居民比例则由 21.43% 提高到 48.00%,表示"非常熟悉、经常庆祝"外国节日的居民也由 0 逐渐提高到 8.00%(见图 6-19、图 6-20)。

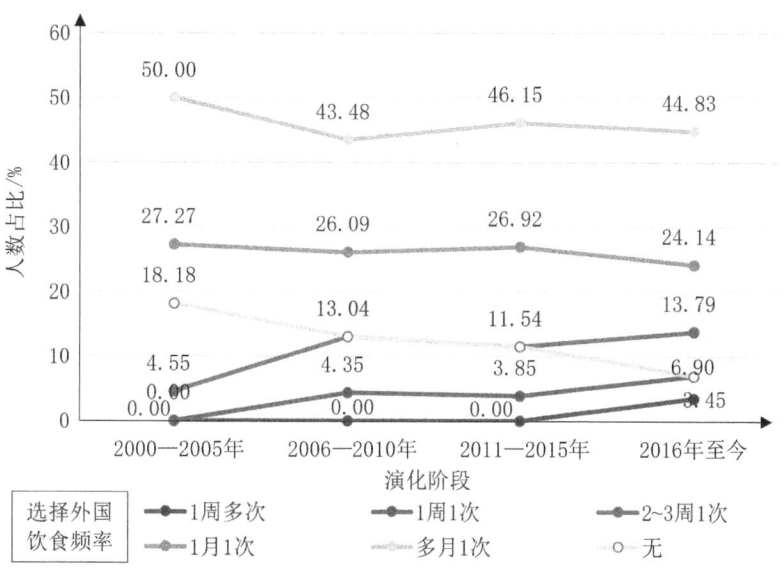

图 6-19 本地居民生活习俗接受度(选择外国饮食的频率)的总体变化

* 资料来源:课题组关于南京市在华国际移民聚居区的抽样调研数据(2022)。

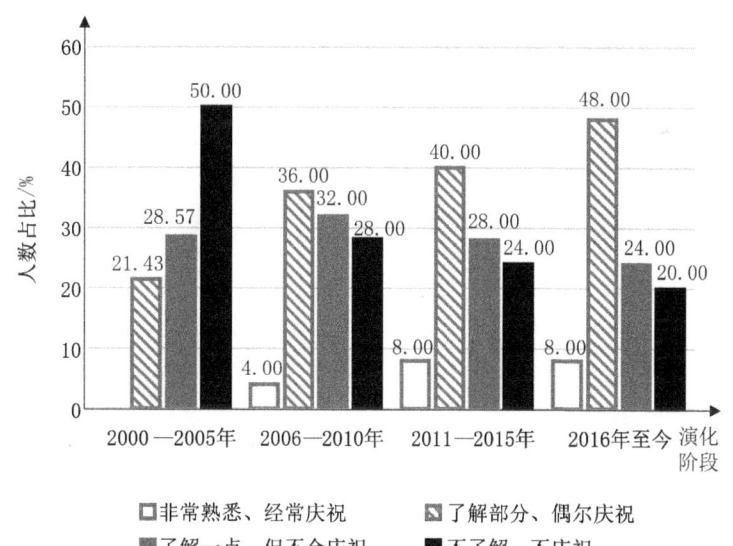

图 6-20 本地居民文化接纳度(对待外国节日态度)的变迁

* 资料来源:课题组关于南京市在华国际移民聚居区的抽样调研数据(2022)。

从样本差异上看,社会型国际移民聚居区样本在文化习俗接纳上表现出不尽相同的响应特征如下(见表 6-22):

表6-22 两个社会型国际移民聚居区文化习俗接纳的响应情况

样本名称	生活习俗接受度	文化接纳度
社会型之留学生—被动聚居区：东南大学成园研究生公寓	【生活习俗接受度】周边居民选择外国饮食的频率有较大幅度的提升： • "多月1次"和"1月1次"的占比依然最高，但已呈下降趋势； • "2—3周1次"、"1周多次"和"1周1次"的占比持续上升； • "从不选择外国饮食"的频率则逐渐趋降于0	【文化接纳度】本地居民了解并庆祝外国节日的比例在逐步上升： • 表示"了解部分、偶尔庆祝"和"非常了解、经常庆祝"的比例在逐步提高； • 表示"了解一点、但不会庆祝"和"不了解、不庆祝"的比例则有所下降
社会型之留学生—主动聚居区：南秀村社区	【生活习俗接受度】周边居民选择外国饮食的频率有所上升、但总体波动不大： • "多月1次"的占比最高，并由57.14%小幅升至64.29%； • "1月1次"的占比也有所上升； • "从不选择外国饮食"的频率则下降了14.28%	【文化接纳度】本地居民了解并庆祝外国节日的比例在逐步上升： • 表示"了解部分、偶尔庆祝"的比例在逐步提高； • 表示"了解一点、但不会庆祝"和"不了解、不庆祝"的比例则有所下降； • 表示"非常了解、经常庆祝"的情况少之又少

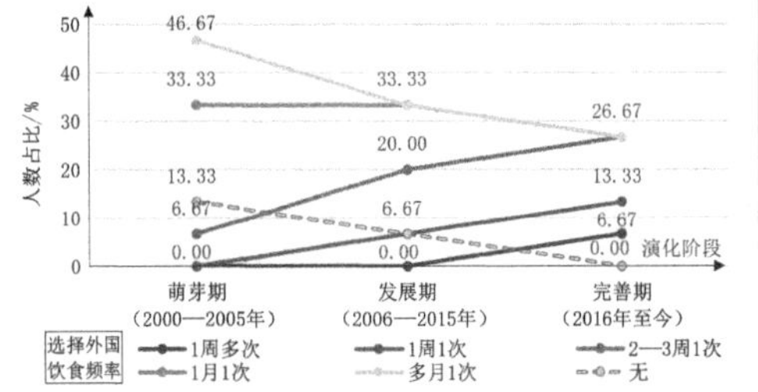

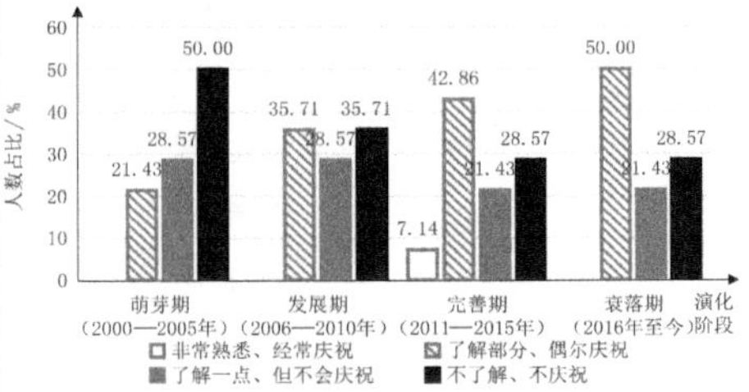

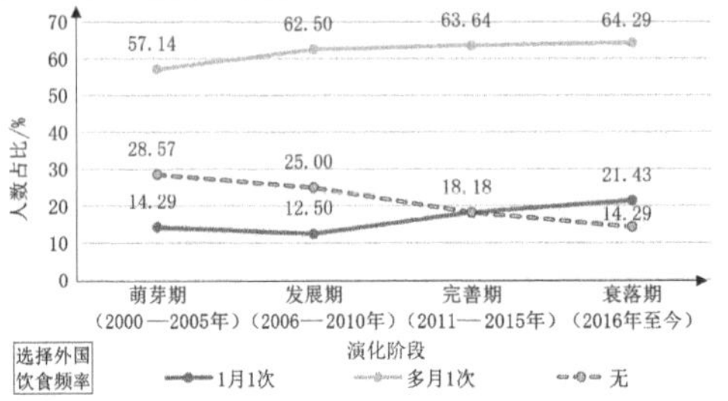

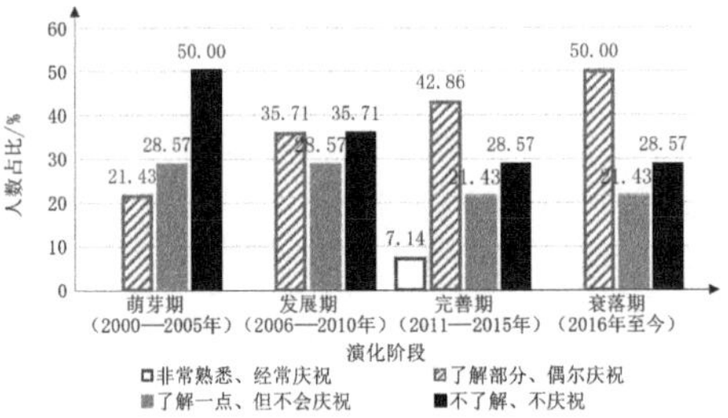

* 资料来源：课题组关于南京市在华国际移民聚居区的抽样调研数据（2022）。

(2) 社会距离

从总体上看，在社会型国际移民聚居区的演化过程中本地居民与国际留学生之间的社会距离呈现出"从陌生人到朋友关系存在个体差异"的响应特征。从能接受与留学生建立的最亲密关系来看，超过三成的本地居民表示可以与留学生成为"朋友"（35%），表示最多能与留学生成为"邻居"的比例为31%，成为"同事/同学"的比例为15%，也有19%的居民不愿与国际移民建立任何社会关系（见图6-21）。

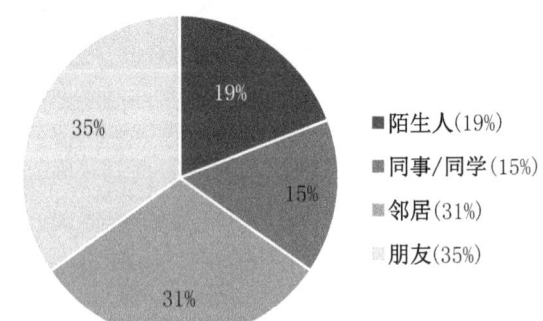

图6-21 能接受与国际留学生建立的最亲密关系统计

* 资料来源：课题组关于南京市在华国际移民聚居区的抽样调研数据（2022）。

从样本差异上看,社会型国际移民聚居区样本在社会距离上表现出不尽相同的响应特征如下(见表6-23):

表6-23 两个社会型国际移民聚居区社会距离的响应情况

样本名称	能接受的最亲密关系	样本名称	能接受的最亲密关系
社会型之留学生—被动聚居区:东南大学成园研究生公寓	陌生人(17%)、同事/同学(25%)、邻居(33%)、朋友(25%)	社会型之留学生—主动聚居区:南秀村社区	陌生人(25%)、同事/同学(7%)、邻居(29%)、朋友(43%)
本地居民与国际移民的社会距离差异较大;愿意与国际移民成为"邻居"的本地居民比例最高(33%),其次是"朋友"和"同事/同学"(各占25%),只能做"陌生人"的比例为17%		大多本地居民愿意与国际移民建立一定的社会联系;愿意与国际移民成为"朋友"的本地居民比例最高(43%),其次是"邻居"(29%),也有21%的本地居民不愿意与国际移民建立社会联系	

* 资料来源:课题组关于南京市在华国际移民聚居区的抽样调研数据(2022)。

(3) 演化动因

社会型国际移民聚居区在心理维度响应上所表现出的总体特征与样本差异,主要源于跨文化传播路径的日益丰富和外群体排斥的类化知觉。

其一,跨文化传播路径的日益丰富从根本上唤醒了本地居民心理维度的响应。在全球化背景下,跨文化传播现象愈演愈烈,其主要涉及人类文化和日常生活两方面的内容[①]。其中在人类文化传播上,互联网时代媒体形式的多样化已为此提供了极大的便利,除了欧美、日韩等国的书籍、影视、音乐等传统的艺术传播媒体,网络视频和社交软件(如Facebook、Instagram、YouTube、抖音等,见图6-22)也为中西文化交流和互识提供了新的传播媒介。与此同时,还有许多外国人(特别是在华生活的外国人)借助自媒体手段,通过分享日常生活、街头采访、美食打卡等视频形式,迅速成为"网红",尤其是热门的"歪果仁研究协会"更是在全网拥有500余万粉丝,视频播放量高达3亿余次[②]。这些不仅

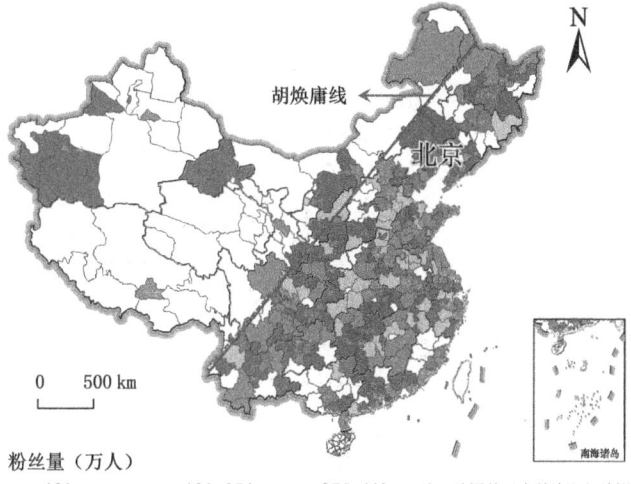

图6-22 我国各省抖音累计粉丝量分布

* 资料来源:丁志伟,马芳芳,张改素. 基于抖音粉丝量的中国城市网络关注度空间差异及其影响因素[J]. 地理研究,2022,41(9):2548-2567.

---

① 2020年跨文化传播事件评析[J]. 跨文化传播研究,2021(2):159-193.
② 马小迪. 在华外国"网红"与中外跨文化交流:以"歪果仁研究协会"为例[J]. 新媒体研究,2019,5(21):104-105.

传播了外国文化,还潜移默化地改变着本国居民的观念和生活方式。此外,外国特色商业形态的出现和兴盛,同样因为给本国居民提供了新鲜体验而受到追捧。可见,人们看待外国文化习俗的态度正在逐渐从好奇、到接纳,甚至出现盲目崇拜,但这种心理维度的响应在增强本土文化包容性和多元化的同时,也容易造成自我的文化认同危机,因而需审慎看待。

其二,外群体排斥的类化知觉限制了本地居民心理维度的响应程度。泰弗尔提出的群体认同理论认为,个体一般会通过社会分类而对自己的群体产生认同,并出现内群体偏好和外群体排斥[1]。作为后迁入社区的少数群体,国际移民往往会在文化、语言、经济等方面表现出很强的异质性,这会触发本地居民"外群体排斥"的类化知觉,从而对其产生"入侵"领域的本能抵抗,该认知需要通过与外群体建立联系,并承认其有利价值来进行转变[2],但对于文化差异大、语言沟通困难的中外居民来说,这无疑是一个漫长且困难的过程,这也是心理维度的接纳度仍处于较低水平的主要原因。

6.3.7 响应程度评估

(1) 评估指标体系构建

本节沿用5.3.7节建立的响应评估指标体系,进一步从"分维度"和"分样本"两个层面对社会型国际移民聚居区的响应程度进行综合评估。

(2) 分维度的响应评估结果解析

从五个维度响应程度的评估结果来看,社会型国际移民聚居区的总体排序为空间维度＞社会维度＞经济维度＞制度维度＞心理维度,其中空间维度的响应程度明显高于其他维度,经济维度和制度维度的响应程度较为相近,而心理维度的响应则明显低于其他四个维度。与此同时,不同样本在同一维度下也表现出差异化的响应评估结果,下文进一步对各维度响应程度的样本差异进行解析(见图6-23):

空间维度的响应程度反映的是国际移民聚居所带来的物质空间变迁和公共服务设施的变化情况。聚居区样本在空间维度上的社区响应程度差距较大,南秀村社区的空间响应程度(0.073 0)明显高于东大成园研究生公寓(0.052 3)。

经济维度的响应程度体现的是聚居区留学生消费力和异国特色产业的演化情况。聚居区样本在经济维度上的社区响应程度差异也比较明显,南秀村社区(0.055 5)的经济响应高于东大成园研究生公寓(0.044 8)。

社会维度的响应程度表现的是社区中外交流活动组织以及本地居民与留学生社会交往的积极性。聚居区样本在社会维度上的响应程度同样存在一定的差距,东大成园研究生公寓的社会响应(0.059 2)略高于南秀村社区(0.051 5)。

制度维度的响应程度从宏观层面折射出国家和地方政府对于来华留学生政策和治理体系的完善情况。该维度在微观的社区层面具有普适性,因此样本间的制度响应也是一致的。

---

[1] Tajfel H. Differentiation between social groups: studies in the social psychology of intergroup relations[M]. London: Academic Press, 1978:77-86.

[2] Otten S, Mummendey A. To our benefit or at your expense? justice considerations in intergroup allocations of positive and negative resources[J]. Social justice research, 1999, 12(1): 19-38.

心理维度的响应程度表征的是本地居民在主观意志上对留学生群体的接纳和认同程度。聚居区样本在心理维度上的响应程度均偏低且差距不大,其中响应程度较高的是东大成园研究生公寓(0.0437),南秀村社区的评价值则为0.0406。

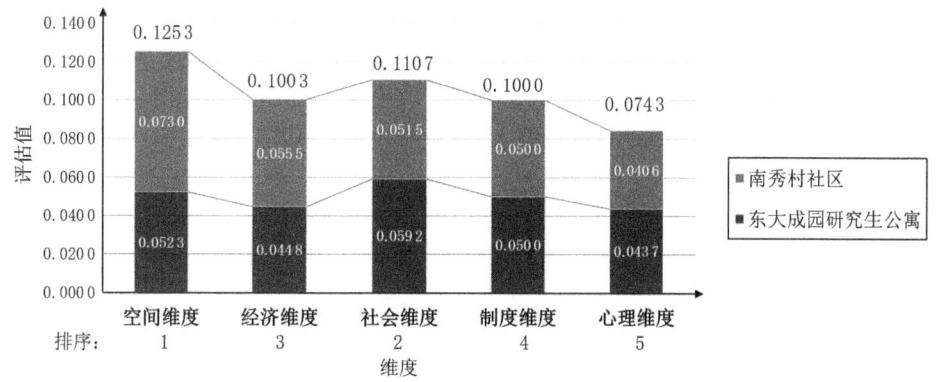

图 6-23　分维度的社区响应程度

＊资料来源:课题组关于南京市在华国际移民聚居区的抽样调研数据(2022)。

（3）分样本的响应评估结果解析

从两个样本响应程度的评估结果来看,社会型国际移民聚居区的总体排序为南秀村社区＞东大成园研究生公寓,且样本之间还存在一定的差距。与此同时,同一样本在不同维度上也表现出差异化的响应评估结果,下文进一步对各个样本的响应程度进行解析(见图6-24):

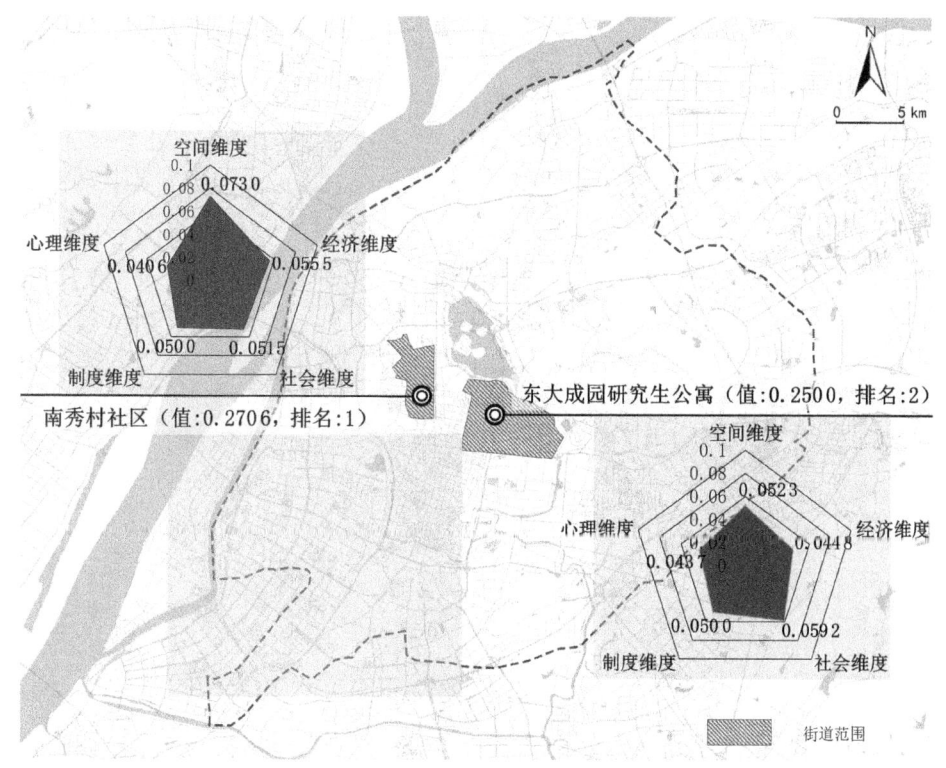

图 6-24　分样本的社区响应程度

＊资料来源:课题组关于南京市在华国际移民聚居区的抽样调研数据(2022)。

东大成园研究生公寓在空间、经济、社会、制度和心理五个维度的响应程度具有一定的差距,其中社会维度的响应程度最高(0.059 2),排名第2、第3位的分别为空间维度(0.052 3)和制度维度(0.050 0),而响应程度偏低的则是经济维度(0.044 8)和心理维度(0.043 7)。

南秀村社区在五个维度的响应程度同样具有较大差距,其中空间响应的程度(0.073 0)远高于其他四个维度,其次经济维度(0.055 5)、社会维度(0.051 5)和制度维度(0.050 0)的评估值较为相近,心理维度的响应程度则明显偏低(0.040 6)。

6.3 社会型国际移民聚居空间"融合—响应"的多情境诠释——以国际留学生聚居区为例

6.3.1 基于样本实证的理论诠释框架修正方向(融合端)

本节从第2章"融合—响应"理论诠释框架的"融合端"和"响应端"出发,对社会型国际移民聚居空间(国际留学生聚居区)的两个样本展开了实证分析,分析结果在很大程度上验证了理论预设模型的合理性,即"融合端"中,除不涉及经济维度外,"空间—社会—制度—心理"的排序符合实际情况。与此同时,实证结果与理论诠释框架之间也产生了一定的分歧,基于此有必要确定二轮修正的方向(见图6-25):

修正方向:部分细分样本的"响应端"排序与预设模型有所差异。按照理论预设模型,五个维度在"响应端"应与"融合端"具有梯度一致性,由高到低应排列为"空间—经济—社会—制度—心理"。实证结果中"融合端"符合理论预设,而"响应端"在"社会维度的响应程度高于制度维度、空间维度的响应高于经济维度"的序列与预设模型是一致的,但两个样本之间存在一定的差异,其中东大成园研究生公寓响应程度的分维度排序由高到低为"社会—空间—制度—经济—心理",这与预设模型有所不同;而在维度间的"融合—响应"程度比较上同样存在样本差异,比如南秀村在空间维度上的评估值就要明显高于其他维度,而

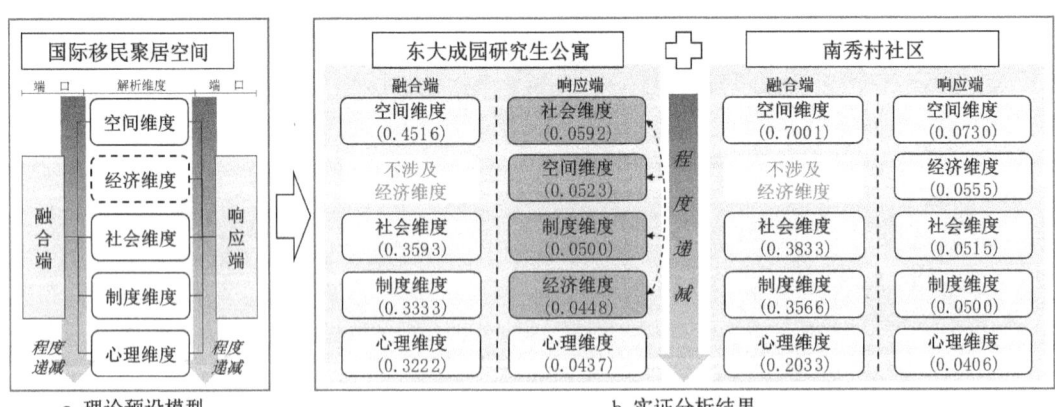

图6-25 基于"理论预设—实证分析"比对的社会型国际移民聚居空间修正方向图解

*资料来源:笔者自绘。

东大成园研究生公寓各个维度的"融合—响应"程度则相对扁平化。因此,建议按照样本差异对理论诠释框架进行分类细化。

综上所述,本节基于社会型国际移民聚居空间社区响应的实证分析,通过与第2章理论诠释框架的相互比对,提出了"样本细分"的修正方向,为后文理论诠释框架的二次修正提供依据。

6.3.2 理论诠释框架的二次修正

在第2章的理论分析中,按照"两端(融合端、响应端)+五维(空间—经济—社会—制度—心理)"的框架对国际移民聚居空间"融合—响应"的互动过程进行了理论诠释,并对两类社会型国际移民聚居空间展开了类型化推导。基于此思路和框架,本章对南京市两个社会型国际移民聚居区展开实证分析,凭借一手数据,更加深入、细致和丰富地揭示出社会型国际移民聚居空间"融合—响应"的互动规律。本章基于实证分析结论对理论框架"融合端"和"响应端"各自的校核,以及二者对应关系的比对,在验证前述理论假设大框架上合理性的基础上,将通过"样本的细分"进行二次修正(见图6-26)。

解析维度	理论预设模型		修正内容 (细化)			
			社会型之留学生-被动聚居区 (东大成园研究生公寓样本)		社会型之留学生-主动聚居区 (南秀村社区样本)	
	融合端	响应端	融合端	响应端	融合端	响应端
空间维度		1	1	2	1	1
经济维度	—	2	—	4	—	2
社会维度	2	3	2	1	2	3
制度维度	3	4	3	3	3	4
心理维度	4	5	4	5	4	5

* 注:图中数字代表"融合—响应"程度排序,程度最高为1,最低为5,灰底颜色深浅代表程度高低(颜色越深,程度越高)。

图 6-26 理论诠释框架的二次修正过程图解(社会型国际移民聚居空间)

* 资料来源:笔者自绘。

修正内容(细化):细分两个样本亚类的具体框架。经与理论预设模型比对,发现社会型聚居区类型下存在着样本亚类的差异。本书在构建理论预设模型时对社会型国际移民聚居空间进行了类型化推导,但经实证数据分析,发现聚居空间下的两个分样本在分维度的"融合—响应"程度上存在难以聚合的差异,"留学生—被动聚居区"和"留学生—主动聚居区"在空间、经济、社会和制度的响应程度上存在差异。因此,应进行样本亚类细分的修正——将"社会型之留学生—被动聚居区"维度间的"融合—响应"程度由高到低调整为"社会—空间—制度—经济—心理",由此更加全面、更加准确地反映和解析社会型国际移民聚居空间与迁入地之间"融合—响应"的互动过程。

通过对理论预设模型依次进行五个维度"融合—响应"程度亚类情境细分的修正,最终确立社会型国际移民聚居空间"融合—响应"理论诠释的修正框架(见表6-24)。在修正框架中,基于现实情境下国际移民聚居区样本在迁移动机的类型划分和择居方式的样本差异之间的交叉选择,可将理论预设模型的大框架延伸、细化为"社会型+被动择居"和"社会型

＋主动择居"两个社会型国际移民聚居空间亚类,后文将基于此修正结果进一步展开多情境阐释。

表 6-24　社会型国际移民聚居空间"融合—响应"的修正框架

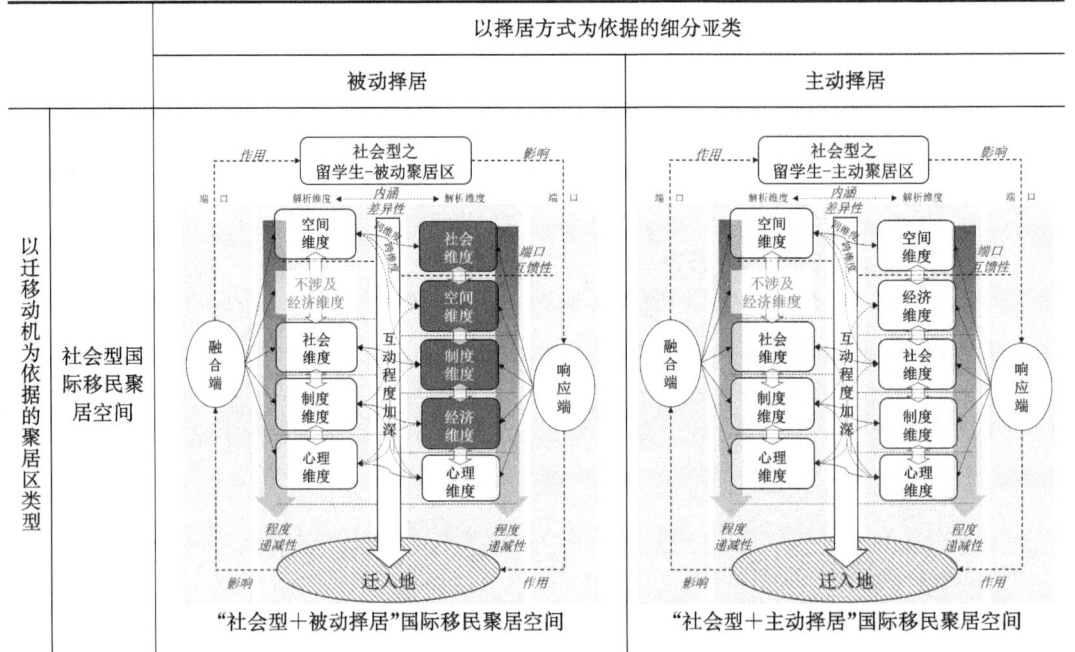

* 资料来源：笔者自绘。

基于第 2 章预设构建的"两端(融合端、响应端)＋五维(空间—经济—社会—制度—心理)"的理论框架以及社会型国际移民聚居空间的分类推导,再结合社会型国际移民聚居区样本实证分析的细化,可以按"聚居区类型＋择居方式"的交叉比对,进一步展开"社会型＋被动择居"和"社会型＋主动择居"两种细分亚类的分情境解释,以揭示社会型移民聚居空间"融合—响应"的差异化特征与多元化面貌。

6.3.3　"社会型＋被动择居"国际移民聚居空间的"融合—响应"机理诠释

基于 3.2.1 节对全国国际移民聚居区的类型总结,"社会型＋被动择居"国际移民聚居空间是一类由留学生择居于学校统一安排和管理的留学生公寓(或宿舍)而形成的聚居区。从 6.3.2 节对理论诠释框架的二次修正可以看出,该类移民聚居区情境相较预设理论模型主要完成了两处改动(见图 6-27):其一,社会、空间、制度和经济维度的响应程度排序发生置换;其二,社会维度和空间维度的融合程度和响应程度排序不一致。本节将进一步剖析对理论框架做出上述两点修正的理由,即阐述"社会型＋被动择居"国际移民聚居空间这一差异性模型成立的内在原因;在此基础上,结合社会型之留学生—被动聚居区样本(东大成园研究生公寓)的实证结果,对该细分类型的"融合—响应"机理进行深入解释。

(1) 基于理论框架修正的国际移民聚居空间差异性阐释

①社会、空间、制度和经济维度的响应程度排序发生置换

社会维度的响应程度高于其他维度的响应程度。相较空间维度、制度维度和经济维度的渐进式响应，社会维度的响应能够更迅速和直接地提升留学生在迁入地的适应度，高校为了加强中外师生的互动与交流，通常会积极主动地组织校内校外的各类文化交流和联谊活动，以期为留学生与本地师生建立起沟通互动的桥梁，同时配备相关人员为留学生提供专门化的帮助，由此可以看出留学生所在高校在社会维度拥有较高的响应水平。

空间维度的响应程度排在社会维度之后。空间维度的响应程度仅次于社会维度，高校出于对留学生群体文化习俗、生活习惯等方面差异的考虑，一般会为其单独提供集中住宿，同时随着来华留学生规模的日益扩大，高校也会逐步提升留学生公寓及校内的国际化服务设施，比如食堂特色窗口、公寓配套的图书室、健身房等，高校周边也会相应形成一些异国特色的公共空间和商业设施布点，但相较于社会维度有组织、有规模的快速反应，这些空间维度的观望和响应需要一个更长时间的渐进过程，因而综合来看在响应程度上不及社会维度。

制度维度的响应程度高于预期。在全球化背景下，来华留学事业是我国教育布局的重要组成部分，随着中国特色社会主义建设进入新时代，我国来华留学事业也进入一个提质增效的发展阶段，教育部就明确提出来华留学发展要坚持质量第一，严格规范管理，走内涵式发展道路[①]，并在相关政策出台、管理体系提升等制度维度上表现出不断完善的积极响应。但留学人员巨大的背景差异和高度流动性，使得其自身需求与高校提供的管理与服务间始终存在一定的错位，加之未来是否留华发展的不确定性，往往会在"融合—响应"程度上表现出"不断发现矛盾并匹配优化升级"的双向互动特征。因此，"社会型＋被动择居"国际移民聚居空间在制度维度上表现出了"双向互馈"的"融合—响应"进程。

经济维度的响应程度相对较低。校内居住的留学生在消费水平上普遍低于租居校外的留学生（从本书4.2.3节国际移民月花销分析结果可以看出，校外留学生聚居区南秀村社区中月花销高于2 000元的留学生占73.07%，远远高于校内东大成园研究生公寓的23.08%），加上高校内配备了一定的异国特色商业设施，所以相较于社会、空间和制度维度的积极响应，聚居区及其周边在经济维度的响应上出现了不及理论预设模型的情况，具体表现出"异国商业业态缓慢增长和零星散布"的特征。因此，"社会型＋被动择居"国际移民聚居空间在经济维度上总体表现出了"有限反馈"的单向响应进程。

②社会维度和空间维度的融合程度和响应程度排序不一致

社会维度的响应程度高于融合程度。相比高校积极主动的社会响应，校内居住的留学生并不热衷于在高校内建立广泛的社会联系，而只是在必要时通过高校学缘纽带来寻求管理部门和本地学生的帮助，其本身虽不具备强大的地缘纽带联结，但他们倾向于在留学生群体内部（甚至是同国家、同地区的留学生）建立小范围的社交关系，所以其在社会维度上的外向型融合水平并不算高。因此，"社会型＋被动择居"国际移民聚居空间在社会维度上

---

① 政务公开．质量为先 实现来华留学内涵式发展：教育部国际司负责人就来华留学相关问题答记者问．http://www.moe.gov.cn/jyb_xwfb/s271/201907/t20190719_391532/．

表现出了"迁入地反向驱动"的"融合—响应"进程,也为其他维度的"融合—响应"互动奠定了基础。

空间维度的响应程度低于融合程度。该类留学生群体的住所、生活设施多源于高校的统一配置和专门安排,而选择此种居住方式的留学生往往对空间维度的预期也不高,加之远低于校外租房租金的住宿费用,该类留学生在空间维度的融合上通常会表现出"快速适应"的特征,这与渐进性的空间响应相比要更加容易。因此,"社会型＋被动择居"国际移民聚居空间在空间维度上表现出了留学生群体"正向激活"的"融合"大于"响应"进程。

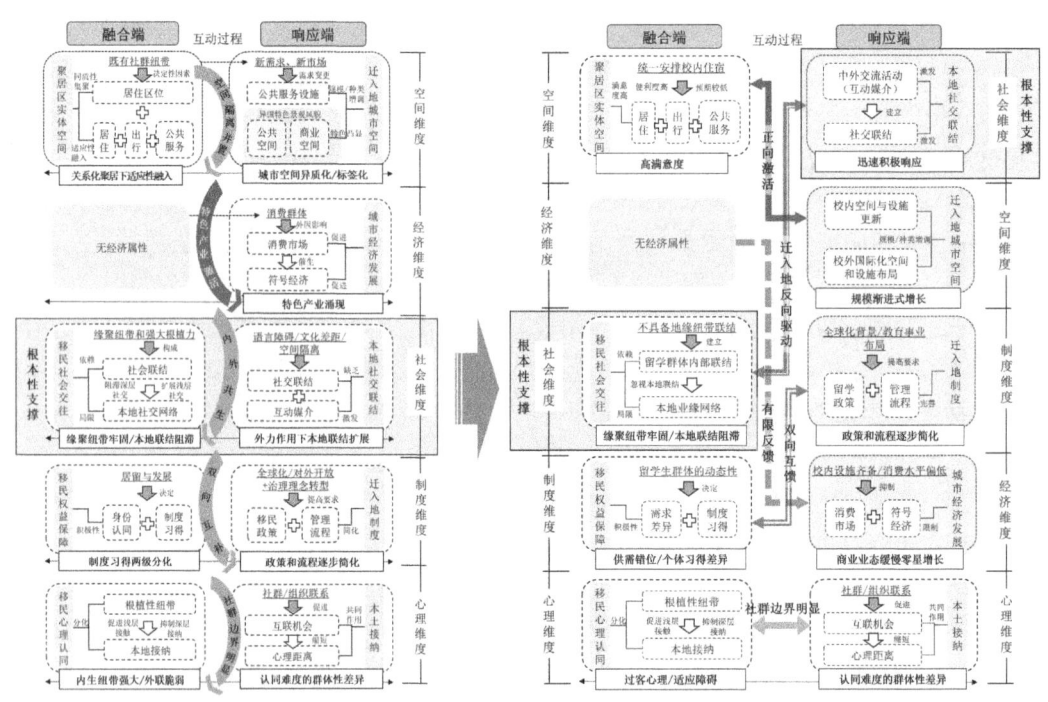

(a) 社会型国际移民聚居空间预设模型　　(b) "社会型+被动择居"国际移民聚居空间的差异化诠释模型

图 6-27　基于二轮修正的"社会型＋被动择居"国际移民聚居空间诠释模型

* 资料来源:笔者自绘。

(2) 基于理论框架修正的国际移民聚居空间"融合—响应"机理诠释

根据波士顿矩阵运算方法,得到以下结果(见图 6-28):"社会型＋被动择居"国际移民聚居空间"融合—响应"的各个维度分布在第Ⅰ、Ⅱ、Ⅲ象限,也就是说,各个维度的融合和响应水平均存在分异。空间维度位于第Ⅰ象限,总体表现出"高融合—高响应"的特征,且"融合—响应"程度均略高于平均水平($0<x/y<0.5$);社会维度位于第Ⅱ象限,总体表现出"低融合—高响应"的特征,其响应程度明显高于融合程度($x<-0.5, y>1$);而制度维度和心理维度均位于第Ⅲ象限,总体表现出"低融合—低响应"的特征,其中制度维度的融合程度偏低,而响应程度略低于平均水平($x<-0.5, -0.5<y<0$),心理维度的"融合—响应"程度则相对较低($x<-0.5, y<-0.5$);此外,该类聚居空间不具有经济维度的融合过程,但经济维度的响应程度相对偏低($y<-0.5$)。

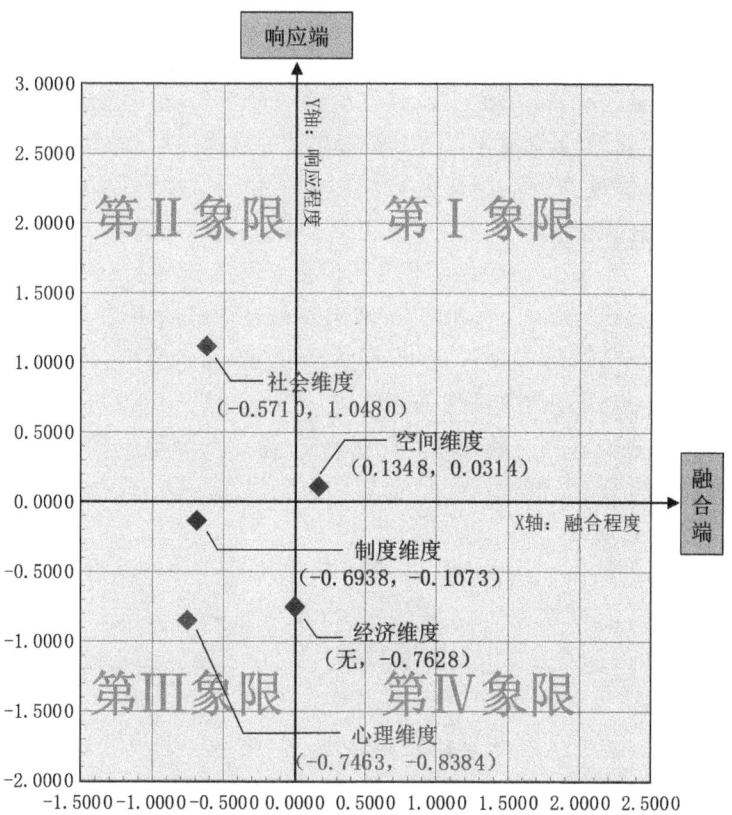

图 6-28 "社会型+被动择居"国际移民聚居空间"融合—响应"机理的波士顿矩阵示意图
＊资料来源：笔者自绘。

综合实证研究结果、修正后的差异化阐释和波士顿矩阵结论，以校内居住留学生这一"社会型+被动择居"国际移民聚居空间作为代表，对"融合—响应"机理作进一步诠释。

从国际移民聚居空间的"融合"角度来讲，国际留学生群体作为来华求学的学生群体，本身不具有就业、收入等经济上的属性，故在经济维度上也就不具有融合过程。在空间维度上，留学生遵从高校的统一安排而择居于校内留学生公寓，低廉的住宿费用、快捷的通勤路线和便利的生活学习环境能够满足其在空间使用上的基本需求，因此其在空间维度上的融合程度较高。相比之下，留学生群体在社会维度的融合程度则相对一般，他们更倾向于在留学生内部建立社会联系，而与高校师生、本地人群的外向型联系大多停留在学习交流、生活求助等表层交往。留学生群体本身属于未来留华意愿还不明晰的暂时性移民，他们在保证知悉切身相关的出入境、居留、教育等政策的前提下，对其他政策习得的主观能动性不高，加之校内居住使他们更加依赖学校来办理各项事务，这加剧了制度习得的惰性，造成了制度维度上的融入障碍。此外，该类留学生聚居区在心理维度上的融合程度更加低于前述维度，留学生群体因未来发展方向和留居意愿的不确定性，而存在着较强的"过客心理"，加之文化背景和生活方式巨大差异所带来的适应障碍，使其在心理融入上始终存在着明显障碍。

从迁入地城市的"响应"角度来讲，在教育对外开放和多元文化交流的时代背景下，同时出于对留学生群体学习和生活适应情况的关注，高校十分注重留学生与本国师生之间的社群交流,通过有规模、有组织的中外文化交流活动,为留学生搭建在华学缘联结纽带,增强其社会适应程度,因此高校在社会维度上的响应程度最高。相比之下,高校的国际化空间和设施改造则需要分时、分步推进。从高校统筹的角度出发,需要平衡校内各个群体的需求,对有限的资源进行整合和优化,所以难以单独为留学生即时开展频繁和大规模的空间更新和设施优化,这就使得空间维度的响应要低于社会维度。而在制度响应方面,虽然近年来政府和高校都在积极探索适合来华留学教育的政策和管理模式,但随着全球化背景下来华留学生规模的不断扩大,相关引才政策和制度保障仍需持续性地提升和完善。此外,与空间、社会和制度维度"融合—响应"的双向互动过程有所不同,留学生群体因不具有经济属性而不存在经济维度的融合过程,但作为消费者,他们还是会潜在引导和影响高校周边的商业业态,只不过该类校内住宿的留学生因规模和消费能力有限,未在迁入地形成显著的经济响应。而心理维度的响应障碍更加明显,除了与留学生接触较为频繁的高校教师和学生外,其他本地居民也很难在心理上对其完全接纳和认同,因此本地居民在心理维度上的响应水平也明显偏低。

从"融合—响应"的匹配角度来讲,该类国际移民聚居空间在五个维度的"融合"和"响应"状态基本一致,但存在个别维度的分异(不考虑只有响应过程的经济维度)。空间、制度和心理维度的"融合—响应"程度具有一致性,其中空间维度呈现出较高的"融合—响应"水平,这说明国际移民聚居空间和迁入地之间在物质空间和设施配套上具有良好的互相激励关系,而制度和心理维度则表现出"融合—响应"双低的负面状态,也就是说移民主观能动性和迁入地客观条件上都存在缺位或者滞后的情况,那么要想提升这一水平,要做的是打破低位平衡的状态,在迁入地响应方向上给予拉动移民融合的动力,即通过提升"响应"程度来带动移民的主动"融合"。除此之外,社会维度则出现了明显的"响应高于融合"现象,这说明地方虽然采取了积极的社会互动策略,但并未切实提升留学生群体的社会融合水平。

6.3.4 "社会型+主动择居"国际移民聚居空间的"融合—响应"机理诠释

基于3.2.1节对全国国际移民聚居区的类型总结,"社会型+主动择居"国际移民聚居空间是一类由留学生通过租赁住房的方式自发择居于学校周边社区的聚居空间形式。从7.1节对理论诠释框架的二次修正可以看出,该类移民聚居区与预设模型的"融合—响应"规律基本一致。基于此,本节将结合社会型之留学生—主动聚居区样本(南秀村社区)的实证结果,对该细分类型的"融合—响应"机理进行深入解释。

(1) 基于理论框架修正的国际移民聚居空间差异性阐释

该类型的国际移民聚居空间"融合—响应"机理与理论预设模型结论一致,"融合—响应"程度由高到低分别排列为空间、经济(仅涉及响应端)、社会、制度和心理维度(见图6-29)。因此,这里就不再对其端口和维度上的差异做出阐释,而对于各维度间"融合—响应"程度的差异,本书将通过波士顿矩阵进行验证和详解,并由此做出进一步的机理诠释。

6 融合与响应：南京市社会型国际移民聚居空间的实证分析

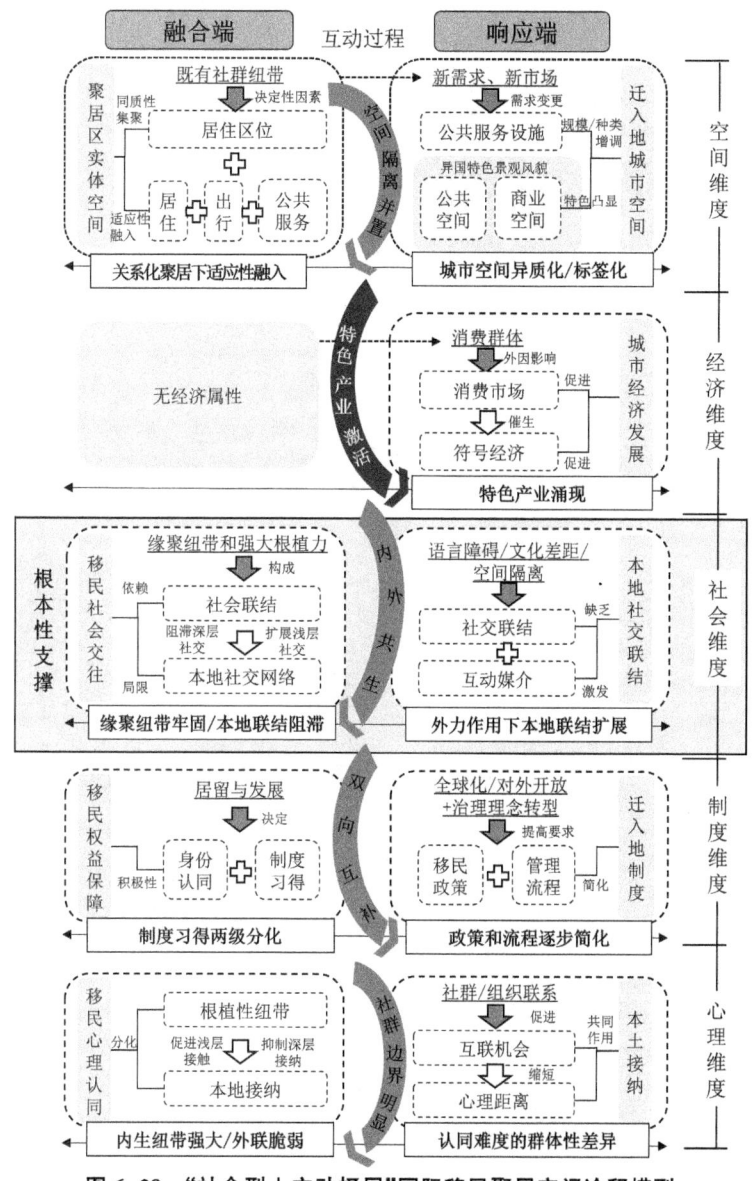

图6-29 "社会型+主动择居"国际移民聚居空间诠释模型

*资料来源：笔者自绘。

（2）基于理论框架修正的国际移民聚居空间"融合—响应"机理诠释

根据波士顿矩阵运算方法，得到以下结果（见图6-30）："社会型+主动择居"国际移民聚居空间在各个维度上的"融合—响应"程度主要位于第Ⅰ、Ⅱ、Ⅲ象限。其中，空间维度位于第Ⅰ象限，总体表现出"高融合—高响应"的特征，且"融合—响应"程度的优势较为明显（$x>1, y>2.5$）；而社会维度位于第Ⅱ象限，总体表现出"低融合—高响应"的特征，其中融合程度偏低，响应程度也只是略高于平均水平（$-0.5<x<0, 0<y<0.5$）；制度维度和心理维度则均位于第Ⅲ象限，总体表现出"低融合—低响应"的特征，其中制度维度的融合程度偏低，而响应程度只是略低于平均水平（$-1<x<-0.5, -0.5<y<0$），但心理维度的"融

合—响应"程度则同其他维度存在明显差距（$x<-1,y<-1.5$）；除此之外，该类移民聚居空间在经济维度上并不存在一个融合过程，但其经济响应程度却要高于平均水平（$y>0.5$）。

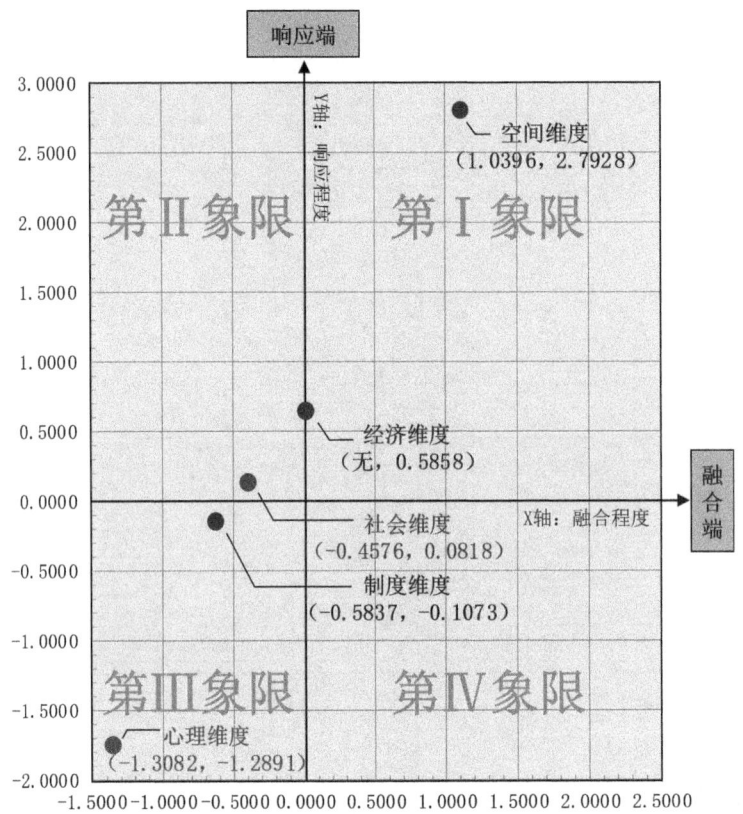

图6-30 "社会型＋主动择居"国际移民聚居空间"融合—响应"机理的波士顿矩阵示意图

* 资料来源：笔者自绘。

综合实证研究结果和波士顿矩阵结论，以校外租居留学生这一"社会型＋主动择居"国际移民聚居空间作为代表，对"融合—响应"机理作进一步诠释。

从国际移民聚居空间的"融合"角度来讲，同样在不考虑经济融合的情况下，出于对更好的居住环境、更自由的作息时间以及自主选择同住人员等的追求，该类留学生多会自发择居于高校周边社区，所以对自主选择的居住和生活环境往往十分满意，在空间维度的融合上相较其他类型的移民也就更加容易。相较于校内居住留学生逐步建立和强化的学缘纽带联系，校外租居的留学生群体大多保有同根同族的地缘纽带，且倾向于内生性的社交联系，他们最多向本地同学寻求帮助，而极少与社区居民建立外向型的新社交联系，因此在社会维度的融合上表现出联结纽带的内聚性和社交拓展的惰性。也正是因为这种本地社交拓展的障碍，使得他们缺少获取出入境、居留、教育政策等一手信息的有效途径，因而相较校内居住的留学生，他们在校内办理各项事务时往往会碰到"不知道该找哪个部门""搞不清办事步骤"等制度融入难题。最后与其他类型的国际移民群体较为类似，相比空间、社会和制度维度的融合进程，该类留学生聚居区在心理维度的融合同样表现出明显低迷的状态，留学生群体由于未来发展方向和留居意愿的不确定性，存在着较强的"过客心理"，加之文化背景和生活方式巨大差异所带来的适应障碍,使其在心理融入上存在着明显的障碍。

从迁入地城市的"响应"角度来讲,留学生在校外社区的规模性聚集逐渐催生出独具异国特色的餐饮、购物等商业设施。这些"异国符号化"的公共空间和设施又因周边大量年轻化、高知化人群的青睐和集聚而愈加兴盛,因此在空间维度表现出异国特色日益凸显的积极响应。虽然留学生群体本身不具备经济属性,也不存在经济维度的融合过程,但校外租居的留学生作为消费群体却为周边业态注入了新的活力,并逐渐形成了"主题化""符号化"的异国商业形态,从而在经济维度上表现出与空间响应相辅相成的正向反馈。而留学生所在的高校为增进中外学子交流而积极组织的各种交流活动,也为留学生拓展社交联系提供了机会和媒介,使得留学生群体在社会维度上具有较高的响应程度。相较社会维度积极、迅速的响应,制度维度则因其面对群体的复杂性而难以做到即时响应,迁入地社会在面对瞬息万变的全球化进程和留学生的大量涌入时,针对性政策的提出和优化仍然存在一定的滞后性。而与校内居住的留学生相比,高校教师和学生也较少与租居校外的留学生接触,再加上其他本地居民也很难在心理上完全地接纳和认同,这就造成迁入地居民在心理维度的响应水平上表现出明显的低迷状态。

从"融合—响应"的匹配角度来讲,该类国际移民聚居空间在五个维度的"融合"和"响应"状态基本一致,但存在个别维度的分异(不考虑只有响应过程的经济维度)。其中空间维度具有较高的"融合—响应"程度,即融合程度高的维度响应程度也高,这说明国际移民聚居空间和迁入地之间在空间互动趋势上具有正向反馈的特征。也就是说,国际移民聚居空间的现状"融合"状态给迁入地带来了积极正面的空间影响,或者迁入地做出了有利于进一步"融合"的有效反馈。而制度和心理维度的"融合—响应"程度却均低于平均水平,移民主观能动性的缺失和迁入地客观条件的障碍共同造成了这一局面。要想提升这两个维度的"融合—响应"水平,首先要做的是打破低位平衡的状态,在迁入地响应方向上为移民融合提供动力,即通过提升"响应"程度来推动移民主动"融合"。除此之外,社会维度则与"社会型+被动择居"国际移民聚居空间类似,出现了"响应略高于融合"现象,这同样说明地方的社会互动策略对留学生社会融合提升的效果并不明显。

6.4 本章小结

本章以南京市国际留学生聚居区(社会型国际移民聚居空间)为实证样本,一方面从"分维度"和"分样本"两方面来探讨社会型国际移民聚居空间的融合特征,并进一步解析了影响聚居区融合的内在机制;另一方面,根据聚居区的形成和演化脉络,对周边社区的经济、空间、社会、制度和心理五个维度分阶段的响应规律进行了剖析,并从"分维度"和"分样本"两方面探讨了社会型国际移民聚居空间给周边社区带来的综合反馈。在此基础上,对理论框架进行了二次修正,并分情境阐释了社会型国际移民聚居空间的"融合—响应"机理。研究结论如下:

(1) 在融合特征上,同一维度存在样本差异,但两个聚居区具有相同的维度排序

就同一维度下聚居区样本之间的融合排序而言,在空间维度的融合程度上,南秀村社

区具有明显优势;在社会维度的融合程度上,南秀村社区略高于东大成园研究生公寓;在制度维度和心理维度的融合程度上,样本间的融合程度差距不大。就同一样本下不同维度之间的融合排序而言,东大成园研究生公寓和南秀村社区的情况相同,即空间维度的融合评价值最高,心理维度最低,社会维度和制度维度则分列第2、第3位。

(2) 在融合机制上,心理因素对融合程度的作用最大,社会、经济次之,制度和空间因素作用较小

心理因素是移民对于经济、社会、制度、空间等外部条件的内化感受,其综合了其他因素的作用,因此对融合程度有着最直接和最深入的影响。其次,社会因素对融合程度的影响也较为显著,是否能够与迁入地建立稳定的社会网络联结对其融合程度具有重要作用。此外,制度因素和空间因素也对融合程度产生了微弱影响。

(3) 在社区响应上,聚居区样本在不同维度表现出差异化的响应演化规律,且响应程度具有维度上的梯度性

根据聚居区的形成和演化脉络,分阶段对周边社区响应进行剖析后发现,社会型国际移民聚居区在经济、空间、社会、制度和心理五个维度上具有差异化的响应规律。社会型国际移民聚居区各维度的响应程度总体排序为空间维度＞社会维度＞经济维度＞制度维度＞心理维度,其中空间维度的响应程度明显高于其他维度,经济维度和制度维度的响应程度较为相近,而心理维度的响应则明显低于其他四个维度。从两个样本响应程度的评估结果来看,总体排序则为南秀村社区＞东大成园研究生公寓,且样本之间还存在一定的差距。

(4) 基于"理论预设—实证分析"的比对,对"融合—响应"模型进行了二次"类型细分"修正

基于社会型国际移民聚居空间社区响应的实证分析,通过与第2章"融合—响应"理论诠释框架的相互比对,提出了"样本细分"的修正方向,即细分两个样本亚类的具体框架,最终确立社会型国际移民聚居空间"融合—响应"理论诠释的修正框架。在此基础上,基于现实情境下国际移民聚居区样本进行"聚居区类型＋择居方式"的交叉比对,将理论预设模型的大框架拓展、细化为"社会型＋被动择居"和"社会型＋主动择居"两个国际移民聚居空间亚类。

(5) 社会型国际移民聚居空间"融合—响应"机理的多情境理论诠释

本章依据"聚居区类型＋择居方式"的交叉比对,分类展开"社会型＋被动择居"和"社会型＋主动择居"两种细分亚类的情境解释,揭示社会型移民聚居空间"融合—响应"的差异化特征与多元化面貌。

"社会型＋被动择居"国际移民聚居空间:从"融合—响应"模型的差异化阐释角度来看,该类移民聚居空间在社会、空间、制度和经济维度的响应程度排序发生置换的同时,社会和空间维度的"融合"和"响应"两个端口程度的排序也不一致,即社会维度的响应程度高于其他维度的响应程度,空间维度的响应程度排在社会维度之后,制度维度的响应程度高于预期,经济维度的响应程度则相对较低,与此同时,社会维度的响应程度高于融合程度,而空间维度的响应程度则低于融合程度;从"融合—响应"程度的波士顿矩阵结果来看,该类移民聚居空间"融合—响应"程度的所有维度都集中在第Ⅰ、Ⅱ、Ⅲ象限。其中空间维度位于第Ⅰ象限,总体表现出"高融合—高响应"的特征,社会维度(位于第Ⅱ象限)表现出"低

融合—高响应"的特征,而制度维度和心理维度(位于第Ⅲ象限)表现出"低融合—低响应"的特征,此外该类聚居空间虽不存在经济维度的融合过程,但在经济维度上表现出"低响应"的特征。

"社会型＋主动择居"国际移民聚居空间:该类型的国际移民聚居空间的"融合—响应"程度由高到低分别排列为空间、经济(仅涉及响应端)、社会、制度和心理五个维度,与理论预设模型结论一致;从"融合—响应"程度的波士顿矩阵结果来看,该类移民聚居空间"融合—响应"程度的各个维度分别位于第Ⅰ、Ⅱ、Ⅲ象限,其中空间维度(位于第Ⅰ象限)表现出"高融合—高响应"的特征,社会维度(位于第Ⅱ象限)表现出"低融合—高响应"的特征,制度维度和心理维度(位于第Ⅲ象限)均表现出"低融合—低响应"的特征,此外该类聚居空间虽不存在经济维度的融合过程,但在经济维度表现上出"高响应"的特征。

7 包容性治理：基于南京市国际移民聚居空间"融合—响应"的优化策略

基于国际移民聚居空间"融合—响应"的二次修正模型，构建"包容性治理"的普适化路径；然后，对南京市四个国际移民聚居空间样本在空间、经济、社会、制度、心理五个维度的"包容性"现状进行判断；接着，归纳和梳理聚居空间所面临的问题和困境，再根据南京的实际情况，从"包容性治理"策略工具箱中因地制宜地分维度进行筛选，并将其转译为具体的"包容性治理"策略，同时制定相应的行动路径。

7.1 基于"融合—响应"修正模型的"包容性治理"路径建构

从"融合—响应"二次修正模型中可以看出，不同类型的国际移民聚居空间会在不同维度上表现出差异化的"融合—响应"程度，从而引发了一系列问题和挑战。面对这一困境，应该采取怎样的策略呢？包容性治理是一种强调所有利益相关者共同参与决策过程，公平分享政策结果、治理收益和社会资源的公共治理手段，其核心内涵在于治理主体和治理内容的"包容性"，是全面解决国际移民这一城市新兴移民群体"融合—响应"现实问题的有效方法。因此，基于2.4节提出的国际移民聚居空间"包容性治理"的初步框架，再结合南京国际移民聚居空间"融合—响应"的实证分析结果与多情境诠释的修正模型，本节将进一步阐释从"融合—响应"评估到"包容性"判断的逻辑承接关系，并以此为基础构建国际移民聚居空间"包容性治理"的普适性路径。

7.1.1 从"融合—响应"评估到"包容性"判定

(1)"融合—响应"到"包容性"的逻辑关联诠释

在"融合—响应"之间建立逻辑关联具有理论上的必要性和方法上的可行性：①从"融合—响应"建立关联的理论必要性上来讲，国际移民聚居空间与迁入地社会之间并非"零和关系"的单向融入过程，而是"差异共存"的双向互动过程，所以需要打破既有研究重"融合"（迁入地社会对移民的影响）而轻"响应"（移民对迁入地社会的作用）的局限，同步引入"融合"与"响应"的双向视角，并将其共置于同一个解析体系中，重点阐释聚居空间和迁入地在演化过程中的交互关联。②从"融合—响应"建立关联的方法可行性上来讲，本书已在第5章和第6章分别建立了国际移民聚居空间的融合评价体系和响应评估体系，并分别测度和评估了其"融合端"和"响应端"的结果，这为二者的关联性评估提供了数据支撑；与此同时，相关性分析、聚类分析、回归分析、矩阵分析等诸多方法也为两组变量间的耦合分析提供了技术手段[①]，故国际移民聚居空间"融合—响应"的关联性探索在分析方法上具备可行性。

而在"融合—响应"与"包容性"之间建立逻辑关联则具有内涵一致性和内容互通性（见图7-1）：从内涵一致性上来讲，美国著名学者Florida最先将城市的"包容性"定义为城市对不同群体的接纳程度（强调国际移民是体现城市包容性的重要标志之一）[②]；Lorenz和Schmutzler则认为"包容性"还应体现在城市能够实现不同群体之间的相互融合上，即城市包容性具有"群体共存性"与"异质友好性"两个基本特征，前者强调不同群体能够适应城市生活，并且彼此融洽相处，后者则强调城市还需接纳差异，允许异质性群体的存在[③]。由此看来，"包容性"其实同时反映了特殊群体在城市中的融入程度和城市对特殊群体的接纳程度两个相辅相成、相互影响的过程，这与本书所研究的"融合"与"响应"具有内涵上的一致性。从内容互通性上来讲，城市包容性涉及诸多维度，其中欧盟和欧洲委员会提出各个国家对移民群体的"包容性"应包含市场准入、国籍准入、长期居住、家庭团聚、政治参与、反歧视六个维度[④]；而中国学者李叶妍、卢小君等人认为"城市包容性"既包括社会成员社会交往、孤独感等一系列个体主观感受，也包括城市移民落户政策、社会保障、就业质量、公共服

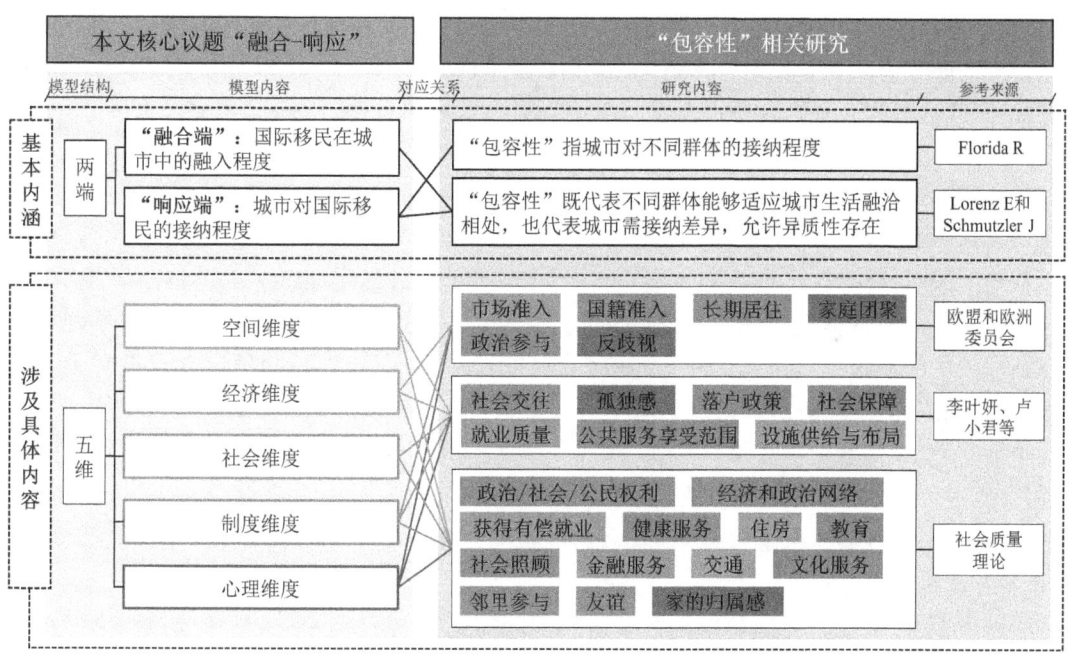

图7-1 "融合—响应"与"包容性"的逻辑关联图解
＊资料来源：笔者自绘

---

① 刘冬喜.两组变量间相关关系的统计分析方法[J].高等数学研究,2011,14(1):75-76.
② Florida R, Gates G. Technology and tolerance: the importance of diversity to high-technology growth[J]. Research in urban policy, 2003, 9(1): 199-219.
③ Schmutzler J, Lorenz E. Tolerance, agglomeration, and enterprise innovation performance: a multilevel analysis of Latin American regions[J]. Industrial and corporate change, 2018, 27(2): 243-268.
④ Qian H F. Diversity versus tolerance: the social drivers of innovation and entrepreneurship in US cities[J]. Urban studies, 2013, 50(13): 2718-2735.

务享受范围、各类设施供给与布局等客观维度[①];崔岩在中国社会质量的研究中,则将"社会包容性"涉及维度概括为政治/社会/公民权利、经济和政治网络、获得有偿就业、健康服务、住房、教育、社会照顾、金融服务、交通、文化服务、邻里参与、友谊和家庭生活等多个方面[②]。由此看来,城市"包容性"内容虽涉及个人和社区整体、物质实体和主观感受等多个层面的诸多维度,但经整合与归纳发现,这些内容与本书"融合—响应"所涉及的空间、经济、社会、制度和心理五个维度具有较强的互通性。换言之,国际移民聚居空间"融合—响应"的多维度评估结果可以反映出迁入地城市对于国际移民及其聚居空间的"包容性",这也有助于进一步探讨国际移民在华生存与演进的困境与治理路径。

(2) 基于"融合—响应"评估的"包容性"判定

基于国际移民聚居空间融合评价体系和社区响应评估体系的分析结果,要想实现"融合—响应"的关联性评估,就需要寻求合适的方法来分析"融合"与"响应"两组变量之间的耦合关系。本书采用了波士顿矩阵对二者的关联性进行评估,这是因为相较其他关联性分析方法,波士顿矩阵能够更加直观地、类型化地诠释国际移民聚居空间"融合—响应"机理。在"融合—响应"关联的波士顿矩阵中,以融合程度平均值和响应程度平均值来划分四个象限,第Ⅰ象限、第Ⅱ象限、第Ⅲ象限、第Ⅳ象限分别代表"高融合—高响应""低融合—高响应""低融合—低响应""高融合—低响应"四类匹配类型[见图7-2(a)]。通过空间、经济、社会、制度、心理五个维度"融合端"和"响应端"的评估值来判断各个维度落入的象限,以此确定其"融合—响应"所匹配的类型。

基于"融合—响应"与"包容性"之间内涵一致性和内容互通性的逻辑关联,可进一步通过"融合—响应"评估的波士顿矩阵推导出"包容性"判定的波士顿矩阵[见图7-2(b)]:

第Ⅰ象限(高融合—高响应):置于该象限的维度融合程度和响应程度均高于平均值,说明国际移民能够很好地嵌入、适应和融入当地生活(高融合),而所在社区及其周边同样对国际移民的迁入作出积极良好的回应(高响应),呈现出包容的双向互动性,所以该象限被命名为"双向互动的高包容性"。

第Ⅱ象限(低融合—高响应):置于该象限的维度响应程度高于平均值而融合程度低于平均值,说明社区及其周边对国际移民的迁入做出了积极的回应(高响应),但国际移民的嵌入过程却仍不顺利(低融合),呈现出包容的"响应端"单一导向性,所以该象限被命名为"响应导向的中包容性"。

第Ⅲ象限(低融合—低响应):置于该象限的维度融合程度和响应程度均低于平均值,说明无论是国际移民的嵌入过程还是周边社区的回应过程,都存在明显的障碍(低融合、低响应),呈现出包容的双向隔离性,所以该象限被命名为"双向阻滞的低包容性"。

第Ⅳ象限(高融合—低响应):置于该象限的维度融合程度高于平均值而响应程度低于平均值,说明国际移民能够很好地嵌入、适应和融入当地生活(高融合),但所在社区及其周边的回应却有所滞后,呈现出包容的"融合端"单一导向性,所以该象限被命名为"融合导向的中包容性"。

---

① 李叶妍.人口转移就业、产业发展与城市包容度关系研究[J].现代管理科学,2016(8):45-47.
② 崔岩.中国社会质量研究:理论、测量和政策[M].北京:社会科学文献出版社,2017:108-121.

7 包容性治理：基于南京市国际移民聚居空间"融合—响应"的优化策略

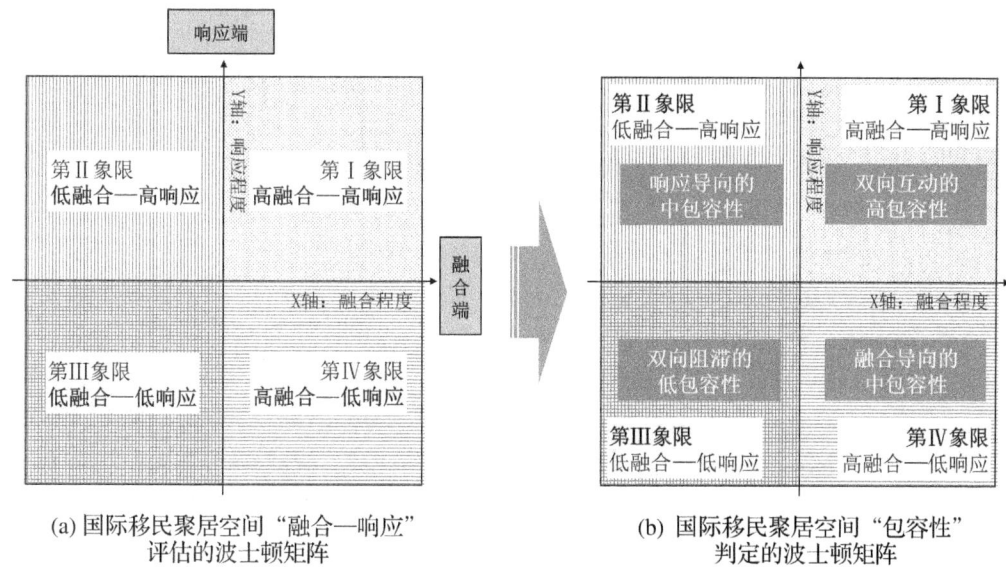

图 7-2 从"融合—响应"评估到"包容性"判定的波士顿矩阵模型推导
* 资料来源：笔者自绘。

综上所述，本书尝试厘清"融合—响应"与"包容性"的内在关联，并给出从"融合—响应"评估到"包容性"判定的基本操作方法，那么如何基于"融合—响应"关联的"包容性"判定来量身定制国际移民聚居空间的治理策略呢？后文将对"包容性"进行现状判断，以此来挖掘国际移民聚居空间的现实困境与不足，并以提升城市和社区的包容性为目的，构建适用于国际移民及其聚居空间的"包容性治理"路径。

7.1.2 基于"融合—响应"关联的"包容性治理"路径

国际移民作为城市新兴的移民群体，往往因差异化的身份和需求而面临资源使用和权益获得方面的困境，同时该类群体的嵌入在无形之中挤占了迁入地城市的公共资源、压缩了本地居民的固有权益，因此亟须探索求同存异、共享共荣的"包容性治理"方案。基于 2.4 节提出的国际移民聚居空间治理初步框架，以及 7.1.1 节从"融合—响应"评估到"包容性"判定的逻辑阐释，同时结合实证分析结果与二次修正模型，进一步建构国际移民聚居空间包容性治理的普适性路径。

根据包容性治理理论与本书"融合—响应"的理论分析框架，国际移民聚居空间的"包容性治理路径"建构需遵循基本原则如下：

（1）兼顾国际移民聚居空间的类型化分异。"包容性治理"强调的是平衡城市中各类群体的利益关系、关注和保障城市弱势利益相关者的合法需求和权益。本书对于国际移民聚居空间的多情境阐释也表明，国际移民作为城市中少数群体的典型代表，不仅与迁入地本地居民之间存在需求和权益上的差距，而且其内部的"融合—响应"过程也存在着类型化分异。因此，在构建"包容性治理"路径时应兼顾本书涉及的四种国际移民聚居空间情境，以确保提出的治理策略具有针对性。

（2）依据国际移民聚居空间"融合—响应"评估进行"包容性"判定。国际移民聚居空间的"融合—响应"规律同第5、第6章扎实的现状调研和实证分析结果密切相关，再结合7.1.1节从"融合—响应"评估到"包容性"判定逻辑关系推导，可以说"融合—响应"波士顿矩阵的不同象限不仅反映出全球化语境下多样化的包容性特征，还对应着差异化的"包容性治理"策略。因此，本研究将基于实证样本的"融合—响应"评估对国际移民聚居空间的"包容性"现状进行判断，进而挖掘现存问题并进一步提出治理策略。

（3）立足于"五个维度"确定治理内容。正如前文所述，"包容性"与"融合—响应"其实在涉及内容上具有互通性，可归纳为空间、经济、社会、制度、心理五个维度，故"包容性治理"路径与本书国际移民聚居空间"融合—响应"的理论诠释框架必然具有某种逻辑上的关联性和延续性。与此同时，本书通过实证样本展现了国际移民聚居空间在五个维度上的"融合—响应"互动，也揭示了这五个方面存在的现状问题。因此，本研究应立足贯穿全文的"五个维度"来组织和梳理治理内容，确保全面、系统地挖掘现状问题和提出治理策略。

根据上述基本原则，可按三个步骤落实"包容性治理"的操作路径（见图7-3）：

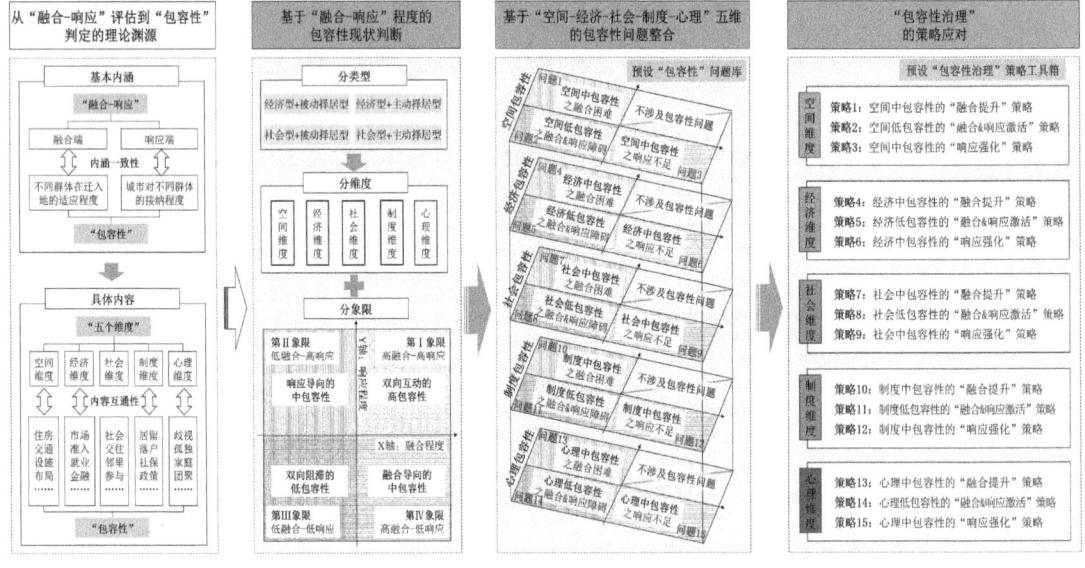

图7-3　包容性治理的操作路径
* 资料来源：笔者自绘。

步骤1：基于"融合—响应"程度的包容性现状判断。基于从"融合—响应"评估到"包容性"判定的逻辑阐释，结合对国际移民聚居空间四类情境诠释的波士顿矩阵解析，叠合生成"四个类型—五个维度—四个象限"模式图，以此来总结国际移民聚居空间在空间、经济、社会、制度和心理五个维度上"包容性"的象限分布，即第Ⅰ象限"双向互动的高包容性"、第Ⅱ象限"响应导向的中包容性"、第Ⅲ象限"双向阻滞的低包容性"、第Ⅳ象限"融合导向的中包容性"，进而通过"包容性"的匹配结果对迁入地的包容性现状进行判断。

步骤2：基于"空间—经济—社会—制度—心理"五维的包容性问题整合。按照"空间—经济—社会—制度—心理"五个维度来判断"包容性"波士顿矩阵在四个象限的分类现状，据此分维度地探讨并整合国际移民聚居空间的"包容性"问题。其中代表"双向互动的高包容性"的第Ⅰ象限由于整体均好而不再纳入问题讨论之列，以此建立覆盖Ⅱ、Ⅲ、Ⅳ象限

15种情况的预设问题库,为基于实证结果的现实问题校核、筛选和总结奠定基础。

步骤3:"包容性治理"的策略应对。基于第Ⅱ、Ⅲ、Ⅳ象限的包容性问题整合结果,给出"融合提升""融合&响应激活""响应强化"三个方面的治理初步方向。在此基础上,依旧从"空间—经济—社会—制度—心理"五个维度出发,归纳问题全覆盖、全应对的"包容性治理"策略工具箱。根据第5、第6章南京市两类国际移民聚居区的实证样本,聚焦"融合"和"响应"评估结果在第Ⅱ、Ⅲ、Ⅳ象限的低值情况,判断造成该结果的低值指标,挖掘不同维度现实问题的主要成因,据此从预设"包容性治理"策略工具箱中选择基本应对方向,并因地制宜地制定出更具针对性的"包容性治理"优化策略。

7.1.3 步骤一:"包容性"现状的判断

首先,针对"经济型+被动择居""经济型+主动择居""社会型+被动择居""社会型+主动择居"四种国际移民聚居空间的细分类型,将其"融合—响应"评估的波士顿矩阵进行叠合,生成完整的"融合—响应"关联波士顿矩阵系列;接着,依据7.1.1节从"融合—响应"评估到"包容性"判定的逻辑阐释,将"融合—响应"关联的波士顿矩阵进一步转化为以"包容性"现状判定为目标的波士顿矩阵,即第Ⅰ象限"双向互动的高包容性"、第Ⅱ象限"响应导向的中包容性"、第Ⅲ象限"双向阻滞的低包容性"、第Ⅳ象限"融合导向的中包容性";最后,为了更加全面、系统地梳理国际移民聚居空间的现实状况,重新按照空间、经济、社会、制度、心理五个维度来归纳和判断国际移民聚居空间的"包容性"现状(见图7-4)。

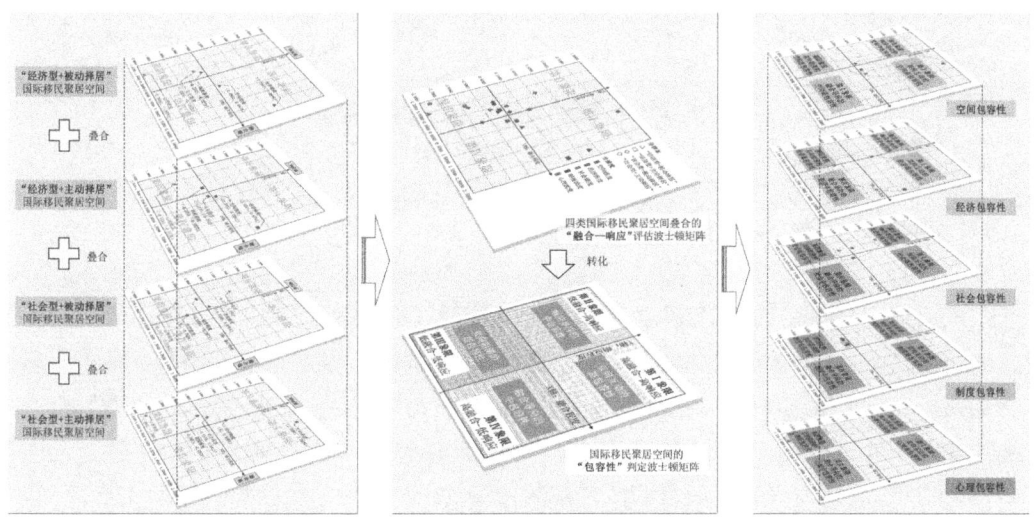

(a) 四类国际移民聚居空间"融合— (b)"融合—响应"评估到"包容性" (c) 分维度"包容性"现状的
　　响应"评估的波士顿矩阵 　　　　　判定的波士顿矩阵转化 　　　　　波士顿矩阵

图7-4 "包容性"现状判断的思路及框架示意图

*资料来源:笔者自绘。

7.1.4 步骤二:"包容性"问题的整合

基于对国际移民聚居空间的"包容性"现状,汇总并整合空间、经济、社会、制度、心理五个维度的预设问题,其中代表"双向互动的高包容性"的第Ⅰ象限由于整体均好而不再纳入问题讨论之列,即每个维度都统一包含了第Ⅱ象限"中包容性之融合困难"、第Ⅲ象限"低包容性之融合&响应障碍"、第Ⅳ象限"中包容性之响应不足"三大方面的问题,以此建立覆盖15种情况的预设问题库;在此基础上,结合第4、第5、第6章国际移民聚居区样本的实证分析结果,进一步筛选和归纳国际移民聚居空间在空间、经济、社会、制度、心理五个维度中实际存在的问题,为"包容性治理"策略的提出奠定基础(见图7-5)。

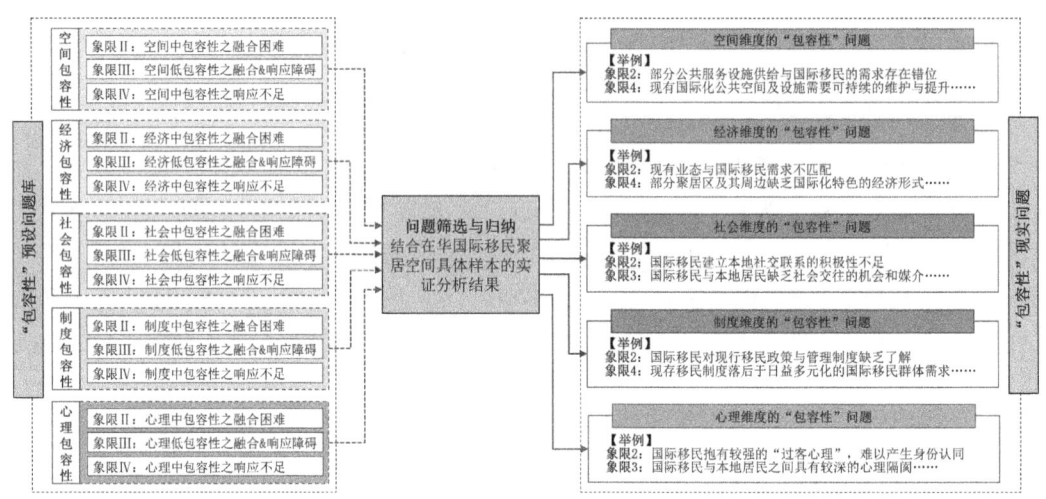

图7-5 "包容性"问题整合的思路及框架
* 资料来源:笔者自绘。

7.1.5 步骤三:"包容性治理"策略的提出

根据上述国际移民聚居空间"包容性"预设问题库(第Ⅱ、Ⅲ、Ⅳ象限),可分维度给出第Ⅱ象限"融合提升"、第Ⅲ象限"融合&响应激活"、第Ⅳ象限"响应强化"三个象限的治理初步方向,建立全覆盖、全针对的预设"包容性治理"策略工具箱;在此基础上,根据第5、第6章对南京市四个国际移民聚居区实证样本,聚焦"融合"和"响应"评估结果在第Ⅱ、Ⅲ、Ⅳ象限的低值情况,判断造成该结果的低值指标,并挖掘不同维度下现实问题的主要成因,据此从预设的"包容性治理"策略工具箱中选择基本方向,进而因地制宜地从空间、经济、社会、制度和心理五个层面制定更具有针对性的"包容性治理"优化策略(见图7-6)。

举例来说,比如第Ⅱ象限的"中包容性之融合困难"预设问题在空间维度上主要涉及盛捷青奥国际社区和东大成园研究生公寓两个样本,主要在"融合"评价指标体系中的"公共服务设施供给的覆盖程度"和"异国特色设施占比"两项指标出现低值,表现出"现状国际化设施及空间与国际移民差异化的需求不相匹配"的现实问题。究其原因,主要是国际社区建设规范的缺位、"国际化"设施和空间塑造的忽视所造成的。因此,可从预设"包容性治理"策略工具箱中选择与之对应的"空间融合提升策略"作为基本治理方向,并进一步提出"探索未来社区的建设路径,提升现有空间的'国际化'品质"的具体空间治理策略。再比如第Ⅳ象限的"中包容性之响应不足"预设问题在经济维度上主要涉及东大成园研究生公寓和南秀村社区两个样本,主要在"响应"评价指标体系中的"国际移民消费力变迁程度"和"国际移民相关网点比例变化程度"两项指标取值较低,表现出"国际化业态未能集聚形成异国特色'符号经济'"的现实问题。究其原因,主要是"符号化经济"兴起动力的不足、特色产业策划手段的缺乏所造成的。因此,可从预设"包容性治理"策略工具箱中选择与之对应的"经济响应强化策略"作为基本治理方向,并进一步提出"激活城市异国特色的'符号经济',创新社区商业运营的操作方法"的具体经济治理策略。

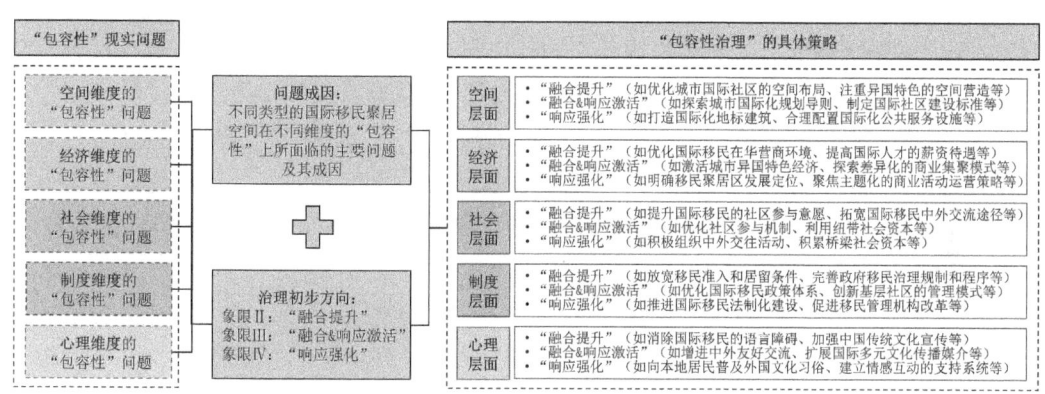

图 7-6 "包容性治理"策略的思路及框架
＊资料来源:笔者自绘。

7.2 国际移民聚居空间"包容性"的现状判断

根据 7.1 建立的"包容性治理"普适性路径,针对四个国际移民聚居空间的细分类型(即亚东城、青奥盛捷国际社区、东大成园研究生公寓、南秀村社区四个实证样本),本节将其"融合—响应"不同评估结果的波士顿矩阵进行叠合。接着,依据从"融合—响应"评估到"包容性"判定的逻辑阐释,将其转化为国际移民聚居空间"包容性"现状的波士顿矩阵(见图7-7)。基于此,按照空间、经济、社会、制度、心理五个维度来归纳和判断国际移民聚居空间的"包容性"现状及样本分异:

(1) 空间维度的"包容性"现状

从"包容性"评估的总体水平来看,空间维度的"包容性"分布在第Ⅰ、Ⅳ象限,主要表现为"双向互动的高包容性"和"融合导向的中包容性"两种现实情况。

从不同的聚居区样本来看,四个国际移民聚居区样本在空间维度的"包容性"水平存在明显差异:南秀村社区的空间"包容性"水平远高于其他三个样本,这说明留学生对嵌入社区的居住、出行、公共服务设施等具有良好的适应度和较高的满意度,同时得到了周边社区在国际化设施建设和空间更新上的有效响应,由此呈现出显著的"双向互动的高包容性";

亚东城和东大成园研究生公寓虽同样位于"双向互动的高包容性"象限,但不管是国际移民的空间融入还是周边社区的空间响应都具有一定的局限性,故其空间"包容性"只是略高于平均水平;而盛捷青奥国际社区表现为"融合导向的中包容性",这说明国际移民虽然空间融入程度尚可,但周边社区在物质空间和公共服务设施等方面还未能及时做出积极的"国际化尝试"。

(2) 经济维度的"包容性"现状

从"包容性"评估的总体水平来看,经济维度的"包容性"集中在第Ⅰ、Ⅳ象限,主要表现为"双向互动的高包容性"和"融合导向的中包容性"两种现实情况。

从不同的聚居区样本来看,四个国际移民聚居区样本在经济维度的"包容性"水平也存在着较大的差异:亚东城和盛捷青奥国际社区的经济"包容性"水平相对较高,这说明来华择业的经济型移民不仅自身具有良好的经济融入水平,而且也为周边社区带来了新的经济增长点,故表现出显著的"双向互动的高包容性";而东大成园研究生公寓和南秀村社区因不具有经济属性而仅在周边社区的响应程度上表现出"包容性",其中南秀村社区因留学生的嵌入而出现了较为丰富多元的异国商业,成为异国化"符号经济"的聚集地,故可视作位于第Ⅰ象限,表现为"响应顺利的高包容性",而东大成园研究生公寓周边的商业业态并未因留学生聚居而产生显著突破,故可视作位于第Ⅳ象限,表现为"融合导向的中包容性"。

(3) 社会维度的"包容性"现状

从"包容性"评估的总体水平来看,社会维度的"包容性"位于Ⅱ、Ⅲ、Ⅳ象限,主要表现为"响应导向的中包容性""双向阻滞的低包容性""融合导向的中包容性"三种现实情况。

从不同的聚居区样本来看,四个国际移民聚居区样本在社会维度的"包容性"水平也各不相同:东大成园研究生公寓和南秀村社区的响应程度要高于融合程度,这说明所在社区及所属高校较为关注留学生的社会交往,且采取了积极的响应措施来帮助留学生群体建立社交媒介、增进社区参与,但留学生自身的社会融入意愿并不强,始终处于被动适应迁入地社交联系的局面,所以表现为"响应导向的中包容性";而盛捷青奥国际社区的情况与前两个样本正好相反,其国际移民在社区参与、社会交往等方面具有一定的主动融入意愿,但周边社区能够为其提供的参与渠道、社交媒介较为有限,故表现为"融合导向的中包容性";相较而言,亚东城则不管是国际移民的社会融入还是周边社区的社会响应均处较低水平,表现为"双向阻滞的低包容性"。

(4) 制度维度的"包容性"现状

从"包容性"评估的总体水平来看,制度维度的"包容性"均位于第Ⅲ象限,主要表现为"双向阻滞的低包容性"的现实情况。

从不同的聚居区样本来看,四个国际移民聚居区样本在制度维度的"包容性"水平相差无几:由于制度响应主要是通过广泛适用于整个城市和地区的指标(政策健全度变化、地方政策响应度变化)来进行评估的,所以对于南京市的四个聚居区样本来说,其制度响应具有一致性,表现为总体较低的水平;其制度融合程度虽然同样表现较差,但仍然存在着一定的样本差异,由高到低排列为:亚东城>盛捷青奥国际社区>南秀村>东大成园研究生公寓。

(5) 心理维度的"包容性"现状

从"包容性"评估的总体水平来看,心理维度的"包容性"同样均位于第Ⅲ象限,主要表现为"双向阻滞的低包容性"的现实情况。

从不同的聚居区样本来看,四个国际移民聚居区样本在心理维度的"包容性"水平仍存在一定的差异:盛捷青奥国际社区和东大成园研究生公寓的"包容性"水平十分接近,融合和响应程度均呈现出较低水平;相较而言,亚东城和南秀村在心理维度的"包容性"水平更是远远低于前两个样本,呈现出强烈的融合和响应障碍。

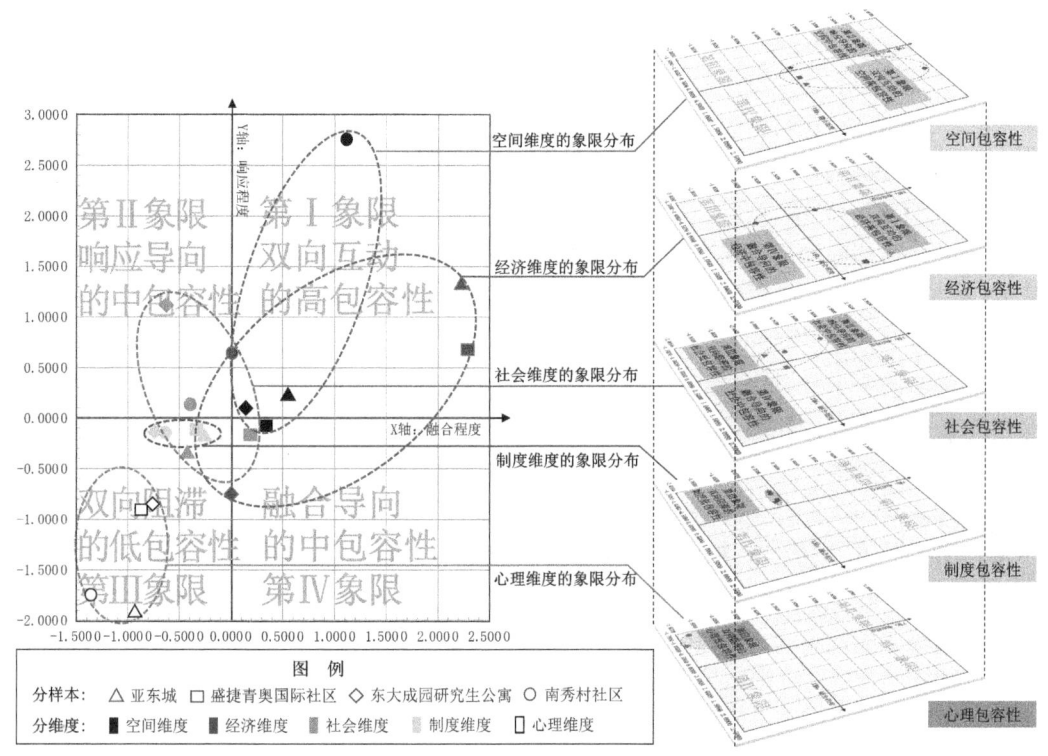

图7-7 国际移民聚居空间"包容性"现状的波士顿矩阵示意图
*资料来源:笔者自绘。

7.3 国际移民聚居空间"包容性"的现实问题

从前文国际移民聚居空间"包容性"的现状判断可以看出,南京市国际移民聚居区的整体"包容性"水平一般,且存在着明显的维度差异和样本差异,本节将按照空间、经济、社会、制度、心理五个维度对第Ⅱ、Ⅲ、Ⅳ象限存在的"包容性"问题进行梳理(位于第Ⅰ象限"双向互动的高包容性"的良性情况则不再展开问题剖析),同时结合第4、第5、第6章的实证分析结论,共同为南京市国际移民聚居空间"包容性治理"的策略探讨提供基础和依据。

7.3.1 空间维度:现状国际化设施及空间与国际移民差异化的需求不相匹配

正如前文所述,空间维度"响应导向的中包容性"现状对应的是"空间中包容性之融合困难"的预设问题,反映出国际移民空间融入和周边社区空间响应之间的不匹配,周边社区虽然为国际移民提供了国际化的服务设施,并做出了一定程度的空间改造,但未能满足国际移民在设施及空间使用上的差异化需求,从而造成了空间融入水平低于响应水平的局面。

具体而言,"空间中包容性之融合困难"的问题主要体现在盛捷青奥国际社区和东大成园研究生公寓两个样本中。其中东大成园研究生公寓在校内为留学生群体提供了相对独立的居住空间,并配以专门的自习室、健身房、活动中心、民族特色餐饮等服务设施,能够基本满足留学生的日常生活需求。那么,为何他们的空间融入水平仍旧不高呢?透过对留学生的深度访谈可知,高校周边不但异国特色餐厅以西餐、美式快餐为主,难以兼顾众多其他国家留学生的饮食习惯,还因缺少进口超市而迫使许多留学生选择网购母国商品;同样留学生在休闲娱乐、文化交流等方面的空间需求也难以得到满足。无独有偶,盛捷青奥国际社区是南京市专门为国际人才打造的新型国际社区,表面上看,社区提供了良好的居住条件、优美的社区环境和促进交流的公共空间,却无法满足国际移民差异化的空间使用需求。从对社区内国际人才的访谈中可以看出,社区内部虽然采取了酒店式管理,能够提供餐吧、健身房、儿童游乐室、多功能会议室等配套设施,但规模和种类毕竟有限;而社区周边的餐饮、购物、涉外医疗设施等虽然在数量上有明显的提升,但在种类分布上依然不尽丰富;此外,南京像盛捷青奥国际社区这样专门为国际移民建设的社区数量也较少,社区内移民还面临着远距离通勤的出行问题……种种问题表明目前国际移民的社区建设仅着眼于社区内部的空间组织和设施配套,这种做法是难以满足国际移民城市出行、生活的实际需求的,从而导致设施与空间供需错位情况的出现。

这一困境主要源于国际社区建设规范的缺位、对"国际化"设施和空间塑造的忽视。基于此问题,应考虑探索未来国际社区的建设路径、实施提升现有空间的"国际化"品质等空间层面的"包容性治理"策略。

【访谈记录】

德国籍外企高管A(盛捷青奥国际社区):"我2017年刚来到中国就住在这里,之所以选择盛捷是因为这里的居住条件较好,而且提供餐吧、健身房、儿童游乐室、多功能会议室等配套设施,能够满足我们一家三口的基本生活需求,南京像这样高品质的国际社区并不多。目前社区旁边只有一家小型日用品商店,餐厅也只有几家,附近的儿童医院医疗条件也比较一般。所以我们平常只能开车去更远的大型超市采购,有就餐、就医需求也都会去条件更好的地方,希望未来这周边的设施也能够建设齐全。"

巴基斯坦籍留学生B(东大成园研究生公寓):"我认为学校提供的宿舍条件还可以,毕竟这样低廉的价格在校外很难租到合适的房子,校内设施也基本能够满足生活上的需求,就是食堂民族窗口的食物种类太少了。学校虽然在留学生公寓中给我们配备了单独的自习室,但我日常还是会去学校图书馆或者待在宿舍学习。还有我们买东西大多会选择网购,因为在社区周边买不到符合心意的商品。另外,学校周边实在是没有满足我们留学生聚餐、娱乐和交流的场所,我们一般会结伴去南秀村那边的餐吧,那里留学生较多、也能够相互交流。"

7.3.2 经济维度：国际化业态未能集聚形成异国特色的"符号经济"

正如前文所述，经济维度"融合导向的中包容性"现状对应的是"经济中包容性之响应不足"的预设问题，说明国际移民周边社区缺乏经济响应，也就是说社区及其周边尚未有效地利用"国际移民聚居"这一机遇来组织和构建主题化、符号化、系统化的商业形式，造成了异国特色商业零星出现并难以长期维持的局面。

具体而言，"经济中包容性之响应不足"的问题主要体现在东大成园研究生公寓样本中。该社区聚集了数百名留学生，但周围仅有个别国际化商业业态分布（如西餐厅、美式快餐厅、咖啡吧等），且近年来在规模和种类上都未有明显提升。笔者通过对周边商户经营者的访谈得知，平时留学生光顾周边中餐馆、超市的频率并不高，只是在异国特色餐厅中留学生顾客的比例要稍高一些，但零星分布的店铺也很难吸引更加广泛的人群来此消费，同样在此开店也很少会将"留学生聚居"这一特色作为业态选择的主要考量。这就表明社区周边并未有效利用国际移民聚居空间而衍生、激发出异国特色主题的"符号经济"。

这一困境主要源于"符号化经济"兴起动力的不足、特色产业策划手段的缺乏等。基于此问题，应考虑激活城市异国特色的"符号经济"，创新社区商业运营的操作方法等经济层面的"包容性治理"策略。

> 【访谈记录】
>
> 西餐厅老板C（东大成园研究生公寓）："我这个店开了有五年多了，店里的顾客以东大学生居多，也有部分在周围工作的白领，留学生比例并不算高，但应该比其他店要多一些吧。当初在这里开西餐厅主要是为了吸引年轻学生来此打卡消费，倒是没有着重考虑留学生的需求。"

7.3.3 社会维度：国际移民在迁入地难以形成稳固的社会资本

正如前文所述，社会维度"响应导向的中包容性"现状对应的是"社会中包容性之融合困难"的预设问题，说明国际移民缺乏社区参与和社会交往的积极性，自身也缺乏建立新的本地社交联结的意愿；"融合导向的中包容性"现状对应的是"社会中包容性之响应不足"的预设问题，说明国际移民具有主动社交的意愿，但所在社区和本地居民却未能积极回应；而"双向阻滞的低包容性"则对应的是"社会低包容性之融合＆响应障碍"的预设问题，说明国际移民缺乏社交主观意愿的同时，社区也没有行之有效的措施来增进中外交往。

其中，"社会中包容性之融合困难"的问题主要体现在东大成园研究生公寓和南秀村社区两个样本中。以南秀村社区为例，高校和社区为了加强中外师生的互动与交流，积极组织校内校外的文化交流活动，以期为留学生与师生、本地居民搭建起沟通互动的桥梁，同时也配备了相关人员为留学生提供专门化的帮助。但是高校及社区的积极响应，并未调动起留学生参与社会交往的主动性。通过对留学生的访谈可知，他们并不热衷于建立广泛的本地社交网络，而只是在必要时寻求学校有关部门和本地学生的帮助，其本身倾向于在群体内部(甚至是同国家、同地区的留学生)建立小范围的社交关系,所以在社会维度上的融合水平并不算高。这也说明国际移民在本地社交网络的建构上存在较强的惰性。

"社会中包容性之响应不足"的问题主要体现在盛捷青奥国际社区样本中。社区中的国际人才对于社区参与、社会交往都表现出了一定的主动意愿,然而社区未能提供多元化的参与途径和社会交往媒介。通过对社区内国际移民的访谈可知,他们很愿意参与社区事务,也积极参与社区组织的中外文化交流活动,增进彼此的交往与互动,但目前社区活动组织的频率较低且类型较为单一,难以为国际移民提供充足的交往机会;与此同时,本地居民与国际移民建立社交联系的积极性也不高。这说明社区管理和服务未能充分考虑"国际化"要素嵌入后的运作机制。

"社会低包容性之融合&响应障碍"的问题则主要体现在亚东城样本中。社区内国际移民和本地居民均缺乏主动建立双向社交联系的意愿,同时社区也没有制定移民参与的管理与服务机制,更是缺乏中外交流活动的组织,这说明该社区同时具有国际移民社交惰性、社区"国际化"交往媒介缺乏两个方面的问题。

这一困境主要源于"国际化"社区参与机制的短板、中外社交媒介的障碍等。基于此问题,应考虑实施增进国际移民的社区参与、培育中外联系的社会资本等社会层面的"包容性治理"策略。

> 【访谈记录】
>
> 老挝籍留学生 D(东大成园研究生公寓):"我平时主要跟其他留学生交往,很少跟中国同学打交道,对于学校组织的交流活动也不常参加,除非是生活上或者课程上遇到了难以解决的困难或者问题,我才会去请教老师或者中国同学。一方面是跟中国同学没有什么共同话题,也不知道该如何相处,另一方面是我毕业后就要回到老挝,我认为没有交中国朋友的必要。"
>
> 新加坡籍外籍员工 E(盛捷青奥国际社区):"我很愿意参与社区事务,疫情前还担任了社区的外籍志愿者,帮助国际移民熟习移民政策和相关业务办理流程,同时收集移民意见和需求反馈给社区。但我认为社区应该建立其更完善的移民参与机制,而不是只靠志愿者从中协调。当然社区会在春节、端午、中秋等传统节庆时组织中外交流活动,如手工制作、创意市集等,但也仅限于此,活动的频率较低,类型也比较单一。"

7.3.4 制度维度:现行国际移民政策体系和管理模式较为粗放和繁冗

正如前文所述,制度维度"双向阻滞的低包容性"现状对应的是"制度低包容性之融合&响应障碍"的预设问题,说明国际移民对我国移民政策的认知不够全面,对移民事务办理的适应度不高,同时反映出移民政策体系不够完善、相关业务的管理流程较为繁复等问题。

具体而言,"制度低包容性之融合&响应障碍"的问题在本书研究的四个样本中均有所体现。在所属单位(企业、高校等)的安排和协助下,国际移民能够初步适应和习得迁入地各类事务的办理规则和流程,而对于外籍人才、留学生等移民聚居空间来说,我国也确实提供了政策支撑和"服务型"管理模式,那么,国际移民在制度维度的"包容性"水平为何依旧低迷？从对亚东城社区工作人员的深度访谈中可知，目前执行各类移民政策的部门较为分散，导致政策落实出现权责不明、多方牵扯的局面；与此同时，社区在移民管理和服务上的进展也不顺利，比如在配合公安部门对移民规模进行摸查和统计时，由于工作人员对管理机制的不了解和沟通障碍，出现了国际移民配合度不高的情况。通过采访东大成园研究生公寓的工作人员也可知，高校虽然成立了海外教育学院专门负责留学生居住、学习、生活等各项管理和服务工作，落实各级各部门出台的留学生相关政策，但现行的管理体系仍存在留学生信息获取途径有限、各部门协调沟通成本较高、问题解决效率偏低等现实问题。这两个例子表明现行的国际移民政策体系依旧相对粗放而难以落实，对应的移民管理在工作流程上则较为繁杂，且移民在相关信息的获取上存在障碍。

这一困境主要源于国际移民政策体系的局限、移民管理与服务模式的落后等。基于此问题，应考虑实施完善国际移民政策体系、创新移民管理与服务模式等制度层面的"包容性治理"策略。

【访谈记录】

社区工作人员 F（亚东城）："我们社区开设了外籍人士工作站，但鲜有国际移民过来咨询和求助，他们只服从所在企业的管理，有任何问题都会通过企业来解决。这就给我们社区工作的开展造成了困境，又因为国际移民不了解我国的办事流程，所以不认为需要配合我们的工作，而导致现行的移民政策难以落实，管理和服务也是障碍重重。"

高校海外教育学院工作人员（东大成园研究生公寓）："学校在2006年成立了海外教育学院，专门为留学生提供管理和服务，同时也提高了各项留学政策的落实效率。但学校的留学生工作仍存在一定的不足和难处，比如留学生虽由海外教育学院统一负责管理，但其所学专业却各不相同，各个院系在选课要求、课程设置和考试安排等方面往往没有针对留学生的单独说明和辅导，留学生常常会询问我们这些问题，我们需要向相关院系了解后再进行反馈，这样一来工作流程就相对繁复和低效了。"

7.3.5 心理维度：国际移民与本地居民之间无法实现文化接纳和身份认同

正如前文所述，心理维度"双向阻滞的低包容性"现状对应的是"心理低包容性之融合 & 响应障碍"的预设问题，说明国际移民对我国文化、生活习俗等深层接纳存在障碍的同时，迁入地本地居民也难以短时间内从内心对国际移民产生身份认同。

具体而言，"心理低包容性之融合 & 响应障碍"的问题在本研究涉及的四个样本中同样有所体现。国际移民群体（特别是派驻员工和留学生）因未来发展方向和留居意愿的不确定性，而存在着较强的"过客心理"，加之文化背景和生活方式的巨大差异所带来的本能排斥，造成其在心理融入上的明显障碍，而除了较常与其接触的同事、同学外，其他本地居民也很难在心理上对其完全接纳和认同。通过对南秀村社区的留学生进行访谈可知，他们对中国文化的认知度不高，仅仅停留在能说出几个中国传统节日的阶段，加之缺少文化交流的窗口，他们对南京的归属感较低，内心难以产生身份认同。同时访谈本地居民也可发现，他们同样难以接纳其他国家的文化和生活习俗，对周围的国际移民更是感到陌生甚至是戒备心理。居住在亚东城的派驻员工情况大体类似,这些以韩裔为主的外企员工大多将来华工作视为一个阶段性的经历,派驻工作结束后还是会回到本国继续生活,因此他们在华期间更专注于同籍甚至是家庭内部的凝聚力,不会付诸过多的精力来接受和习得中国的文化习俗,社区的本地居民同样表示没有意愿、也没有机会与社区内的外国人(尤其是韩裔)相互了解。这两个例子充分说明了国际移民与本地居民存在着深层次的、双向的心理接纳障碍。

这一困境主要源于跨文化展示媒介的缺失、情感交流机会的匮乏等原因。基于此问题,应考虑实施拓宽中外文化展示和传播路径、增进与国际移民的情感互动等心理层面的"包容性治理"策略。

【访谈记录】
泰国籍留学生 G(南秀村):"要说我对中国文化的了解,就是知道一些中国节日,比如春节吃饺子、端午节包粽子……不过我对南京的气候、饮食不太适应,加上我中文不太好,时间一长就觉得孤独和思念家乡。"

社区本地居民 H(南秀村):"我们平时不跟留学生打交道的,语言不通。对外国文化的了解也仅限于新闻中看到的,虽然社区里住了不少留学生,但总觉得他们离我们的生活很远,不是一个世界的人。"

7.4 国际移民聚居空间的"包容性治理"策略

经上述分析,南京市国际移民聚居区样本在空间、经济、社会、制度、心理五个维度上的具体问题涉及前述的七个预设问题,分别为空间中包容性之融合困难、经济中包容性之响应不足、社会中包容性之融合困难、社会低包容性之融合&响应障碍、社会中包容性之响应不足、制度低包容性之融合&响应障碍、心理低包容性之融合&响应障碍。因此,本书在挖掘具体问题成因的基础上,本着因地制宜、有的放矢的原则,从预设的治理策略工具箱中选取有效策略,转译为覆盖五个维度的"包容性治理"实际策略(见图 7-8)。

图 7-8 南京市国际移民聚居空间现状"包容性"问题及对应的治理策略

* 资料来源:笔者自绘。

7.4.1 空间层面:探索未来国际社区的建设路径,提升现有空间的"国际化"品质

空间维度中存在"现状国际化设施及空间与国际移民差异化的需求不相匹配"的现实问题,主要源于第5章"融合"评价指标体系中"公共服务设施供给的覆盖程度"和"异国特色设施占比"两项指标的相对低值,故从预设的治理策略工具箱中选取"空间融合提升"作为基本方向,据此提出空间层面的治理策略。

具体而言,由于国际社区建设规范的缺位、"国际化"设施和空间塑造的忽视等问题,一方面需要对未来国际社区的规划建设进行路径探索,在优化城市中国际社区的空间布局的同时,编制国际社区建设的导控标准;另一方面则需要对现状社区展开有针对性的"国际化"更新,完善社区功能的"国际化"配置,注重异国特色的空间营造。因此,空间层面以"以人为本、包容共享"为目标,同时考虑到本书所研究的四类聚居区在空间层面上既存在共性问题,又存在分异性问题,据此而提出兼顾共性(例如探索国际社区建设的导控标准、注重异国特色的空间营造)和类型化差异(例如优化城市中国际社区的空间布局、完善社区功能的"国际化"配置)的空间治理策略。

(1) 优化城市中国际社区的空间布局,提升国际社区建设的导控标准

①优化城市中国际社区的空间布局

面对国际移民就业(学)空间与国际社区布局相错位的困境,需要合理优化城市中国际社区的空间分布及其规模。因此,参考上海浦东新区国际社区的空间布局战略[①],考虑不同类型国际移民的差异化需求,并以"职住一体、功能混合"为基本理念,兼顾就业(学)可达性、通勤效率、生活便利度等因素,优化南京市国际社区的空间布局。

首先,应摸清南京市国际移民的群体差异及现状聚居区的区位情况。根据3.2.3节南京市国际移民聚居区的基本概况,以及本书重点研究的四个聚居区样本,发现南京市国际移民以就业和求学为主要目的,在城市中形成了国际人才、派驻员工、留学人员等不同人群主导的聚居区,进而呈现出"小聚居、大分散"的空间布局特征。梳理和归纳各类聚居区在主要群体、就业(学)地点、现状居住区位的分异特点,可为未来国际社区的选址提供依据。

其次,分类提出国际社区的选址要求和布局模式。根据现状聚居区分布的特点,同时结合各类群体的选址需求,确定类型化的国际社区布局方向。这里以本书重点研究的聚居区样本为例进行解析(见表7-1),其中经济型—被动聚居区的外企派驻员工注重就业可达性和通勤效率,同时为了更好地发挥土地功能混合和高效使用价值,应考虑职住一体的布局方向;而经济型—主动聚居区的国际人才则更注重通勤效率和生活便利度,所以更适合TOD(Transit-Oriented Development,交通导向型开发)主导的布局方向;与此同时,不管是社会型—被动聚居区还是社会型—主动聚居区的留学生都更注重就学可达性,而更适合学住一体布局。需要说明的是,要想准确把握各类移民聚居区的布局方向,还应进一步对南京市国际移民的居住选择进行调查走访,据此展开精细化的专题研究。

最后,通过多种选址模式优化国际社区的空间布局。综合国际移民聚居区的现状分布

---

① 曹慧霆,罗翔.浦东新区发展国际社区空间策略研究[J].北京规划建设,2016(4):83-86.

情况和国际移民选址需求的差异,提出三种国际社区空间布局优化的选址模式(见图7-9)。类型1就业趋近型(适用于经济型—被动择居):在国际产业园区周边适量开发门禁式国际社区和建设国际人才公寓,满足园区内各类移民的差异化需求,在提高国际移民的就业可达性和通勤效率的同时,吸引更多的国际和国内人才来此就业;类型2中心集聚型(适用于经济型—主动择居):在市中心高端商务区以及公共交通沿线,引进成熟的国际公寓品牌,同时满足国际商务人士对通勤效率和生活品质的需求;类型3就学趋近型(适用于社会型—被动择居和社会型—主动择居):在留学生集中的高校附近,依托现有住区资源,适当配置青年人才公寓,为高校应届毕业生(包括国内学生和留学生)提供过渡性住房,同时增强留学生群体未来留华发展的吸引力。

表7-1 南京市国际移民聚居区的基本概况

聚居区类型	主要群体	就业(学)地点	现状居住区位	选址要求	布局方向	选址模式
经济型+被动聚居区	外企派驻来华的外籍员工,包括管理人员、技术人员等	集中于主城区边缘和外围的国际产业园区	分布在早期涉外住区、主城区边缘的高档住宅小区、别墅区等,存在一定的职住分离情况	注重就业可达性和通勤效率	职住一体	就业趋近型
经济型+主动聚居区	来华就业/创业的国际人才,包括引进的企业高管、技术人才等	分布在市中心商务区、主城区边缘的商务区,以及外围产业园区	分布在政府规划的国际社区、主城区边缘的高档住宅小区、别墅区等,职住分离情况较为明显	注重通勤效率和生活便利度	TOD	中心集聚型
社会型+被动聚居区	校外居住的国际留学生	分布在主城区内部及边缘的各大高校	分布在南京各大高校周边的社区中,主要包括老城区内的老旧小区、大学城附近的中档社区及青年公寓	注重就学可达性	学住一体	就学趋近型
社会型+主动聚居区	校内居住的国际留学生	分布在主城区内部及边缘的各大高校	校内学生公寓	注重就学可达性	学住一体	

*资料来源:笔者自绘

图7-9 南京市国际社区空间布局的优化策略

*资料来源:笔者自绘。

②提升国际社区建设的导控标准

目前,南京市的国际社区规划建设处于起步阶段,已出台《南京市国际社区建设规划(2018—2025)》并公布了30个国际社区试点,但本书通过对四类国际移民聚居区的实证分析发现,各类社区在资源禀赋、发展现状、国际资源要素聚集程度等方面存在着多元差异。因此,应在市级层面统筹全局,在普通社区导控指标的基础上,提高国际社区建设的导控标准[①];与此同时,根据国际移民的群体分异,实事求是地采取差异化的居住空间规划模式,可全面覆盖本书所涉及的四类国际移民聚居区,以确保真正把国际社区落实、落细、落地。

其一,制定国际社区营造的导控标准体系。参考上海浦东新区国际社区的导控标准(见图7-10),该指标体系是基于居住区规范和国际移民切实需求,在普通社区导控的基础上进一步加以优化:一方面,适当提高普通社区既有基础设施指标的建设标准,制定"人有我优"的国际社区基础设施指标标准(见图7-10a),比如将人均建筑面积由普通社区的"≥40 m²"提高到"≥60 m²",将垃圾、污水无害化处理率由95%提高至100%,等

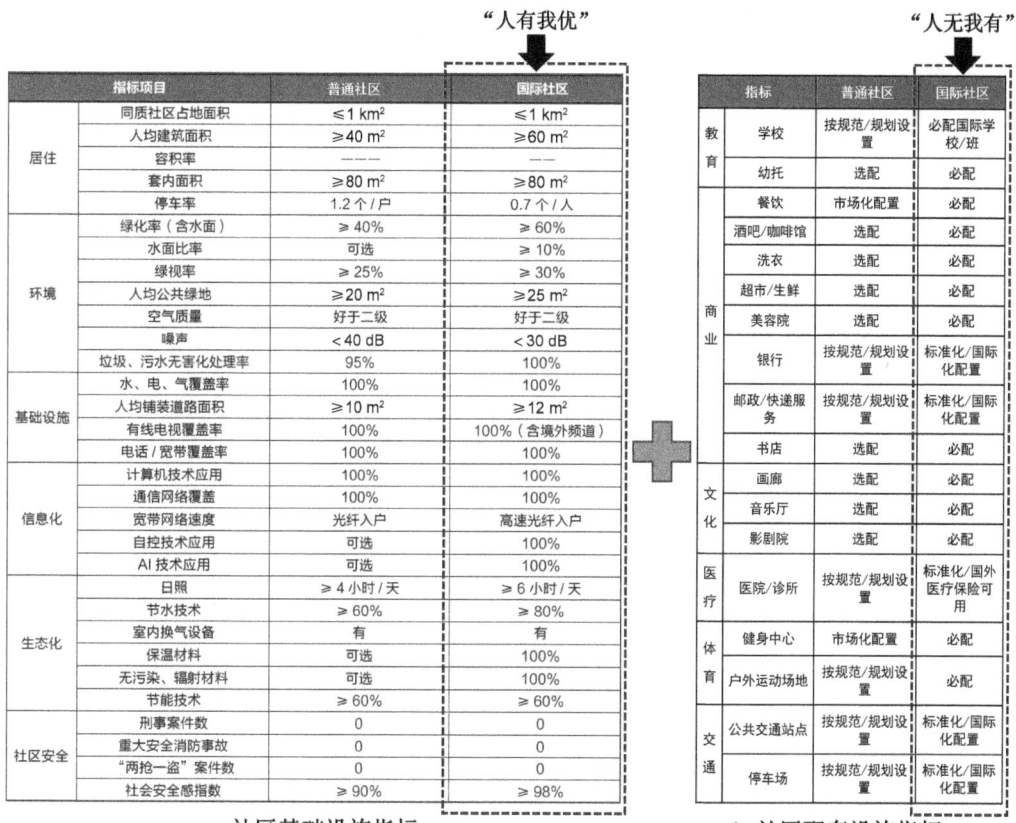

图7-10 基于社区营建标准的国际社区规划建设指标体系

* 资料来源:根据罗翔,曹慧霆,赖志勇.全球城市视角下的国际社区规划建设指标体系探索:以上海市为例[J].城乡规划,2020(2):102-107,124改绘。

---

① 吴晨,施媛,杨蕾,等.《首都国际人才社区建设导则》的编制框架[J].世界建筑,2020(2):28-31,139.

等;另一方面,则是凸显普通社区配套设施指标的"国际化"功能,制定"人无我有"的国际社区配套设施指标标准(见图7-10b),比如将普通社区选配的酒吧/咖啡馆、超市/生鲜等设施设置为国际社区必配,优化医院/诊所等设施的"国际化"配置,等等。此外,针对各社区发展阶段不同的特点,指标体系对已建区和新建区分别进行控制引导。与此同时,承接城市总体规划中指标体系的控制方法,将指标划分为约束性和预期性两大类,这不但为管理提供了弹性空间,还希望将各指标落实到各职责部门,明确职责归属、确保落地实施。

其二,探索差异化的居住空间规划模式。在综合考量国际社区的选址模式和导控标准体系的基础上,应尊重南京市的土地利用现状,并响应各类国际移民群体差异化的空间需求,规划符合各类人群的居住空间模式。比如产城融合模式主要适建于城市中心区边缘的新建开发区、产业园区等短期有大规模人口增长的区域,可借鉴新加坡纬壹科技城,开发集商务办公、商业、服务和居住为一体的综合片区,同时考虑各类外企员工、国际人才的差异化住房需求,兼顾多种住宅面积和户型设计,适用于经济型—被动聚居区和经济型—主动聚居区;混合功能社区模式则可以应用在用地紧张、住房需求量大、群体多样的城市中心地带,如美国纽约Essex Crossing项目,该项目就是将"职住商"等不同功能在同一建筑体内混合搭配,以达成最便捷高效的生活状态,住宅设计兼顾多种面积和户型,适用于经济型—主动聚居区;针对国际留学生规模日益扩大的情况,则可以仿照欧洲的学生专建公寓(PBSA)模式,由私人商业开发商专门为学生建造住房,或者对现有公寓建筑进行改造,并与大学签订合作协议,既解决了校内公寓紧张的问题,也能够满足留学生差异化的居住、生活需求,适用于社会型—主动聚居区和社会型—被动聚居区(见表7-2)。

表7-2 国际社区的规划建设模式

	产城融合模式	Live-Work-Play(LWP)混合功能社区模式	学生专建公寓(PBSA)模式
区域条件	城市中心区边缘的新建开发区、产业园区等短期有大规模人口增长的区域	用地紧张、住房需求量大、群体多样的城市中心地带	高校附近或大学城内等留学生聚集区域
建设形式	新开发:集商务办公、商业、服务和居住为一体的产城融合片区;居住类建筑包括高层公寓、住宅、别墅等	新开发或现有公寓建筑的多功能植入:生活-工作-娱乐功能高度复合的公寓建筑	新开发或现有公寓建筑的多功能植入:由私人商业开发商专门为学生建造的住房。可与大学签订合作协议
规划模式	新加坡纬壹科技城	美国Essex Crossing项目	英国伦敦市政厅改造学生公寓

(续表)

	产城融合模式	Live-Work-Play(LWP)混合功能社区模式	学生专建公寓(PBSA)模式
户型设计	一居室（40 m²） 二居室（80 m²） 五居室（200 m²） 一层 二层 别墅（380 m²）	LOFT（80 m²） 二居室（70 m²） 二—三居室（140 m²） 四居室（200 m²）	单人间（14 m²） 单人间（25 m²） 双人间（35 m²） 双人间（40 m²） 多人间（90 m²）
适用群体	外企派驻员工、国际人才等就职于附近产业园区的移民群体	国际人才等中高端精英移民群体	国际留学生群体
聚居类型	经济型—被动聚居区 经济型—主动聚居区	经济型—主动聚居区	社会型—主动聚居区 社会型—被动聚居区

* 资料来源：韩硕，栾峰. 大都市核心区混合功能社区更新开发中的营造策略：以纽约"埃塞克斯十字"项目为例[J]. 住宅科技，2022，42(12)：1-10；宁雅静，阳建强. 新加坡产业园区综合规划方法及其对我国产城融合的启示：以纬壹科技城为例[J/OL]. [2024-03-10]. 国际城市规划，https://link.cnki.net/doi/10.19830/j.upi.2022.673；Hubbard P. Geographies of studentification and purpose-built student accommodation：leading separate lives？[J]. Environment and Planning A-Economy and Space，2009，41(8)：1 903-1 923.

（2）完善社区功能的"国际化"配置，注重异国特色的空间营造

①完善社区功能的"国际化"配置

在社区服务配套的明确要求下，多数社区的公共服务配置基本健全，但是在"国际化"功能配置方面难以满足国际移民的个性化、差异化需求。因此，参照前文国际社区建设导控中"人无我有"的国际社区配套设施指标标准，针对六类配套设施，进一步提出国际移民聚居区"国际化"配置的具体建议（见表7-3）。

其一，需对现有配套设施进行功能性优化。在设施配置时，应在满足本地居民切实需

求的基础上,切实考虑移民聚居区对于语言类标识的共性需求,比如在现有设施和道路中设置双语、多语标识引导,涉外医院应配有外籍人员专门窗口、超市可增设外国商品销售窗口。此外,还应针对不同类型聚居区中国际移民在生活习惯、日常需求等方面的差异,进一步对现有设施提出个性化的优化建议,比如外籍员工和国际人才聚居区周边的普通学校应增配国际班并引进外籍教师,国际留学生聚居区所在高校食堂应增设留学生特色窗口等等。

其二,应适当新增国际移民所需的国际化设施。在保证基本公益性服务设施(教育、文化、医疗、交通设施)配置的同时,鼓励民营机构设立营利性机构(商业、体育设施),既服务于本社区的国际移民,又能获得本地居民的认同与接纳,从而形成公益、准公益与营利性设施多元并存的局面,将聚居区国际化特色设施繁荣与可持续发展活力紧密相连。结合国际移民对便捷化生活的需求,建议在国际社区中引入符合国际人才饮食、消费、社交、文体休闲等生活习惯的餐饮品牌、零售品牌、文体设施以及生活服务机构,强化设施功能,扩大服务范围。

表7-3 国际移民聚居空间设施配套的优化建议

类型	教育设施		商业设施	文化设施	医疗设施	交通设施	体育设施
	高等教育	基础教育					
设施优化	双语标识引导	增设国际班;引进外籍教师	超市增设外国商品窗口;高校食堂增设留学生窗口;增加双语标识引导	文化宣传讲座;双语标识引导	外籍人员专用窗口;双语标识引导	双语标识引导	丰富健身器材种类;双语标识引导
新增设施	24小时自习室	国际幼儿园/学校	异国特色餐厅、酒吧;异国商品专门商店	外籍人士活动站;文化展示窗口	涉外医疗机构;心理咨询室	完善公共交通线路	异国特色舞蹈活动室;户外健身场地
国际移民聚居区示例	南秀村社区、东大成园研究生公寓	亚东城、盛捷青奥国际社区	盛捷青奥国际社区、东大成园研究生公寓、南秀村社区	亚东城、盛捷青奥国际社区、南秀村、东大成园研究生公寓	亚东城、盛捷青奥国际社区	盛捷青奥国际社区	东大成园研究生公寓、亚东城、盛捷青奥国际社区

新增/优化设施图例
✚ 医疗设施 ◆ 教育设施 ● 商业设施 ■ 交通设施 ★ 文化设施 ▲ 体育设施

*资料来源:笔者自绘。

②注重异国特色的空间营造

现有国际移民聚居区作为移民群体日常生活与交往的场所,应注重异国特色的空间营造,在提升移民群体异乡归属感的同时,还可以利用其承载的异国特色韵味,加深国际移民与本地居民的文化交流与相互认同,进而提升城市的国际化气息。具体而言,可以通过功能性场所、公共空间、标识体系来塑造国际移民领域和居民生活领域之间的交融空间和文化互鉴的活力空间(见图7-11)。

其一,引入功能性场所。可以将异国特色业态与社区生活服务相结合打造融合领域,在保留社区服务功能的同时引入经营性功能,在创造国际移民和本地居民共享空间的同时吸引"网红打卡"流量,产生积极的经济价值。对于经济型国际移民聚居区(含主动和被动聚居),可以利用社区配套底商、广场和公园等社区公共活动空间,引入集装箱快闪商业、露天咖啡吧、创意市集等新型经营形式,为国际移民和本地居民带来新颖的消费体验;而对于社会型国际移民聚居区(含主动和被动聚居),可以促成社区图书室、高校文化展示窗口与具有异国特色的餐饮、休闲品牌合作,举办主题性活动并推出联名产品。

其二,提升公共空间品质。借助中外交融的国际化面貌和异国特色业态的空间需求,促进社区公共空间品质的提升,丰富国际移民和本地居民的活动场所。不管是经济型还是社会型国际移民聚居区,都应注重增加现有商业街区、公园的国际化元素,促进周边国际青年艺术街区、国际友城公园等兴起,允许特色商业对店前富余的街道空间进行调整和改造以补充街道设施、丰富景观体验,与此同时带动周边商业面貌的改善。

其三,塑造个性化景观标识。在公共空间中塑造具有异国特色的景观标识,通过个性化符号展现社区的独特气质,这也是国际化社区空间营造的有效路径。不管是经济型还是社会型国际移民聚居区,公共空间中的景观设施都是可供国际移民、居民自由发挥的艺术展示窗口,为异国亚文化和社区文化的融合交流预留了特定的空间载体,例如自由涂鸦墙、文艺作品展、雕塑作品等,在提供层次丰富、内容多元空间景观的同时也可增进文化资本的社区内交流。

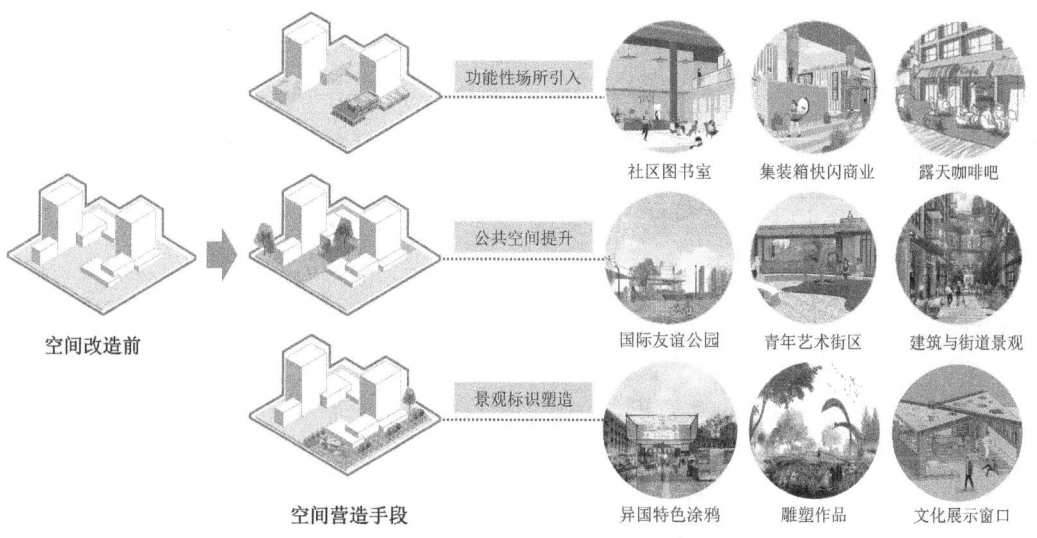

图7-11 国际化社区空间营造示意图

*资料来源:笔者自绘。

7.4.2 经济层面:激活城市异国特色的"符号经济",创新社区商业运营的操作方法

经济维度中存在"国际化业态未能集聚形成异国特色的'符号经济'"的现实问题,主要源于第 6 章"响应"评价指标体系中"国际移民消费力变迁程度"和"国际移民相关网点比例变化程度"两项指标的相对低值,故从预设的治理策略工具箱中选取"经济响应强化"作为基本方向,据此提出经济层面的治理策略。

具体而言,基于"符号化经济"兴起动力的不足、特色产业策划手段的缺乏等问题成因,一方面应该从城市层面积极寻找各个国际移民聚居区的发展方向和产业触媒,明确聚居区发展定位,激活城市异国特色经济;另一方面则需要进一步从社区层面创新商业运营的操作方法,在探索差异化的商业集聚模式的同时,聚焦主题化的活动运营策略。因此,经济层面以"产业创新、包容共赢"为目标,同时考虑到本书所研究的四类聚居区在经济层面上既存在共性问题,也具有分异性问题,据此提出兼顾共性(激活城市异国特色经济)和类型化差异(例如明确聚居区发展定位、聚焦主题化的商业活动运营策略等)的经济治理策略。

(1) 明确国际移民聚居区发展定位,激活城市异国特色经济

①明确国际移民聚居区发展定位

随着经济全球化进程的加速推进,我国大城市相继以国际化的视野来谋划城市未来的发展轨迹,并且着力在贸易体系、产业形态、国际分工、技术创新等方面提升国际竞争力[1]。对于相伴而生的移民聚居区来说,要想挖掘其经济潜力,应系统地评估聚居区的主要人群、国际化资源和现状功能,同时参考片区规划的基本定位,进而找准南京市国际移民聚居区的发展定位(见表 7-4)。具体做法如下:

首先,应对现状聚居区的主要人群、国际化资源和现状功能进行系统评估。以本书所研究的南京市四类国际移民聚居区为例,其一要分析聚居区的主要人群,考虑不同类型国际移民的差异化消费需求和消费能力、多元化的消费场景,量身定制符合消费规律的发展定位;其二应整合聚居区的国际化资源,挖掘其以"国际化"为基本方向的要素条件和发展潜力;其三则需归纳和分析其现状功能,寻找未来异国特色经济形式培育的具体抓手和支撑,准确判断未来商业承载力和不同功能间复合发展的可行性。

其次,参考片区规划的基本定位。在系统评估的基础上,进一步参考国际移民聚居区所在片区的规划定位[本书所研究的样本涉及《栖霞区国土空间规划(2021—2035)》《建邺区国土空间规划(2021—2035)》《鼓楼区国土空间规划(2021—2035)》《玄武区国土空间规划(2021—2035)》],不但可以保证聚居区定位符合宏观规划的发展方向,还便于在相关规划的指导下确定更为具体的聚居区发展定位。比如,从《鼓楼区国土空间规划(2021—2035)》对南秀村社区所在片区的规划定位即可看出,该片区的发展"需抓住丰富的教育科研资源和历史文化资源优势",但规划中针对微观聚居区内的国际化、多民族的文化特色并未做出针对性的阐释和强调,这就需要根据综合系统评估对国际移民聚居区的发展定位做

---

① 罗小龙.本期主题:城市国际化与城市规划[J].规划师,2011,27(8):31-35.

进一步延伸。

最后,明确国际移民聚居区的发展定位。在整合片区规划定位和聚居区系统评估结论的基础上,最终确定国际移民聚居区的发展定位,以此明确社区的未来产业发展方向,为寻找激活社区经济的触媒点和产业主题活动策划奠定基础。依旧以南秀村社区为例,综合考虑其年轻态、高知化、多国籍的消费群体,现状科教及历史文化资源和异国特色商业基础,就可提出未来南秀村社区的总体发展定位为"异域青年文化与历史资源融合的国际特色商业休闲街区"。

表 7-4 南京市国际移民聚居区发展定位的制定

类型	聚居区样本	主要人群	国际化资源	现状功能	片区规划定位	聚居区发展定位
经济型+被动聚居区	亚东城	外企派驻来华的外籍员工,包括管理人员、技术人员等	中高端国际消费群体、异国特色餐饮	以居住、高等教育为主,配套商业	文旅科创复合中心,引领和服务创新驱动发展	异国特色服务设施完备的中外融合型国际社区
经济型+主动聚居区	盛捷青奥国际社区	来华就业/创业的国际人才,包括引进的企业高管、技术人才等	高端国际消费群体、国际会展、商务办公、异国高档餐饮	以居住、商务为主,配套商业、广场公园、教育	高端商务、休闲文旅复合的未来都市活力中心	集聚前沿商务和商业休闲业态的高端服务型国际社区
社会型+被动聚居区	东大成园研究生公寓	校外居住的国际留学生	年轻态中端消费人群、教育文化资源	教育科研、居住、商业	环东大设计名城、老城保护协同区	集教育文化和城市更新为一体的国际化科教品质提升街区
社会型+主动聚居区	南秀村社区	校内居住的国际留学生	年轻态中端国际消费人群、异国特色休闲餐饮、教育文化资源	教育科研、居住、商业	集教育科研资源和历史风貌资源为一体的特色意图区	异域青年文化与历史资源融合的国际特色商业休闲街区

* 资料来源:《栖霞区国土空间规划(2021—2035)(草案)》《建邺区国土空间规划(2021—2035)(草案)》《鼓楼区国土空间规划(2021—2035)(草案)》《玄武区国土空间规划(2021—2035)(草案)》

②激活城市异国特色经济

作为移民迁入地,中国城市目前处于引资(资本国际化)和引人(人口国际化)双线并进的阶段[①],国际移民来华在很大程度上受到利好政策的吸引以及全球化经济情势变动的影响,为了实现个体或族裔群体的"体面生活"而逐渐在我国大城市形成聚居区[②],这与欧美等发达国家因人口向上融入而形成的族裔性移民聚居区有着根本性的不同[③]。这种暂时性、松散性和动荡性的小规模聚居形式虽然一时难以衍生出具有稳定性和黏着性的规模化族裔经济,但其所展现出的异质性面貌或可成为迁入地激活特色"符号经济"的机遇。因此,

---

① 周雯婷,刘云刚. 中国大城市外国人聚居区的形成机制:基于北上广的比较研究[J]. 地理科学,2022,42(9):1513-1521.
② 马萧,何雪松. 来华韩国人的族裔经济形态探析[J]. 世界民族,2022(4):38-49.
③ 周敏,林闽钢. 族裔资本与美国华人移民社区的转型[J]. 社会学研究,2004,19(3):36-46.

本书在归纳和整合我国移民聚居区发展模式①的基础上,借鉴"符号经济"的生成模式②,提出激活南京市异国特色经济的操作手段(见图7-12)。

首先,政府基于移民聚居区的发展定位,初步塑造"符号化"的场景。符号经济是以符号的生产、交换和消费为基础的经济活动,通过生产者、消费者、商业服务者共同实现③。国际移民聚居区所表现出的异国特色面貌恰可作为一种象征外来文化和生活习惯的"符号"从而引发经济效应。这一"符号"的激活和利用首先需要政府充当最初的符号生产者,在宏观层面进行引导,即根据前文所确定的国际移民聚居区发展定位,兼顾经济效益与族裔聚居区的发展,借助"自上而下"的力量,挖掘国际移民聚居区的独特之处,建构具有异国特色的符号和表征,并采取打造公益性国际化设施(如国际主题公园、展示中心、文化长廊等,主要适用于经济型—主动聚居区)、组织主题化展演(如多国美食鉴赏节、文化创意市集、外国艺术展等,主要适用于经济型—主动聚居区、社会型—主动聚居区和社会型—被动聚居区)和号召多元媒体宣传(如本土杂志和报刊、广告手册、电视节目、互联网等,全面适用于本书涉及的四类移民聚居区)相结合的手段,将符号化的信息传递给消费者和商业服务者,由此激活"符号化"语境和场所。

接着,商业经营者和消费者逐步集聚,共同推动"符号商品化"的过程。异国特色商品经营者作为商业服务者受到政府部门的引导和激励,开始逐步入驻国际移民聚居空间,以此响应这一"符号商品化"的过程,并逐步演变为符号生产者,通过商业运作自发衍生出新的符号化商品。受其影响,认同并捕捉到这一信息的本地居民和国际移民作为消费者得以集聚。其中,对于国际移民消费者来说,"符号化场景"是承载着往昔社会记忆,建构了个体间身份和文化认同的情感性消费空间,而对于本地消费者而言则是满足独异性精神和愉悦感官需求的体验性消费空间。也就是说,符号生产和消费的积累使得"符号经济"形式得以在此扎根。

最后,"符号经济"的进一步演化发展,还需持续的自我强化以形成"路径依赖"。经过政府的持续引导、商业经营者的不断集聚和消费者的逐步扩充,符号经济得以形成和规模化发展,这一"符号固化"的过程事实上是促成"路径依赖"的有效手段,即具有正反馈机制的体系(符号经济形式)在外部偶然性事件(政府引导下"符号化"场景的生成)的影响下被系统采纳,会沿着一定的路径发展演进,呈现不断强化的发展特征,其强调规模递增效应和路径锁定的重要作用④。因此,国际移民聚居区"符号经济"想要持续稳定地发展,既离不开不断更新的商业运作,也离不开政府持续的关注和干预,以保障"符号经济"的可持续性。

除此之外,虽然由于移民规模不足、族裔性集聚缺乏,目前南京的国际移民聚居区还难以促成族裔身份的"商品化"。但是,随着在华国际移民规模的扩大、移民聚居区社会资本

---

① 李志刚,杜枫. 中国大城市的外国人"族裔经济区"研究:对广州"巧克力城"的实证[J]. 人文地理,2012,27(6),7-12.

② 王玉婷,徐红罡,劳丽芬. 旅游地饮食符号经济:地方符号营造与路径依赖[J]. 热带地理,2021,41(6):1246-1257.

③ Lash S, Urry J. Economies of signs and space[M]. London: Sage Publications, 1994:111.

④ 徐红罡,吴悦芳,彭丽娟. 古村落旅游地游线固化的路径依赖:世界遗产地西递、宏村实证分析[J]. 地理研究,2010,29(7):1324-1334.

的不断积累,南京也有可能会衍生出像北京"韩国城"、上海"日本街"和广州"巧克力城"等具有族裔性特色的经济形式。需要注意的是,近年来,族裔经济研究发生了新转向,原有的族裔经济聚居区正在转变为全球贸易和跨国投资的结点,成为"全球城市"的重要组成部分。因此,不应再将特定的物理空间与某个族群特征捆绑在一起,而要关注移民经济与城市聚居空间的变迁、再生和重建的互动过程。

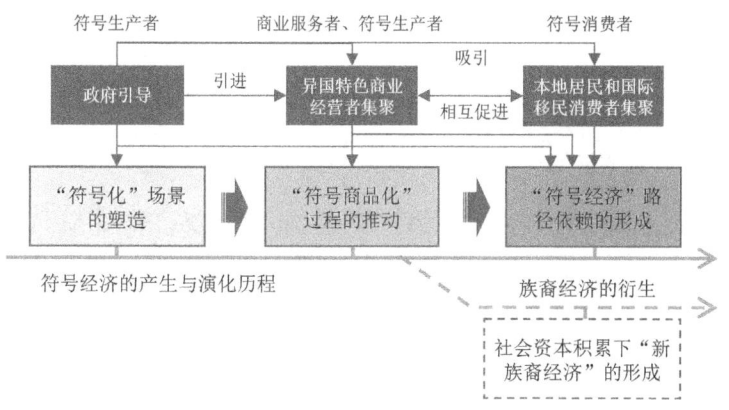

图 7-12　城市异国特色经济生成路径示意图

＊资料来源:笔者自绘。

(2) 探索差异化的商业集聚模式,聚焦主题化的商业活动运营策略

①探索差异化的商业集聚模式

鉴于完善的国际化特色设施配置不仅可以服务聚居区内的国际移民生活,更能吸引和辐射周边,乃至满足全市国际移民和本地居民的需求,合理构建国际化特色设施配置还有助于文化认同,进而实现聚居区多元经济的可持续发展。因此,本书从空间集聚和业态选择两个方面来探索异国特色商业的差异化集聚模式,同时借鉴洛杉矶 RUNWAY 未来社区、爱丁堡大学学生公寓、墨尔本大学留学生聚居区和北京麦子店国际社区等国内外优秀案例,对本书所研究的四类国际移民聚居区提出具体的商业集聚策略(见表 7-5)。

从空间布局上来讲,异国特色商业主要包括特色商业轴线、特色商业街区和特色商业核心三种布局形式。其一,形塑特色商业轴,依托原有商业界面,在优化现有商业业态的同时,引进更具新鲜度和竞争力的国际化商业业态,塑造和提升片区内的国际化特色产业轴线,进一步构建国际化特色服务网络;其二,激活特色商业核心,在城市道路交叉口等重要空间节点打造规模化的国际特色商业核心,提升聚居区国际化特色设施的城市影响力;其三,升级特色商业街区,立足于国际化特色商业聚集度最高的商业轴线和内部的点状特色商业向街区内部延伸,串点、连线成面,最终升级为功能集聚、特色鲜明的国际化商业风情街区。

从业态选择上来讲,异国特色商业可以选择餐饮、休闲娱乐、超市、服饰店、教育培训、医疗诊所、金融机构等多种业态。国际移民聚居区的社区商业业态选择除了要考虑社区人群的个性化需求,还应对城市的异国特色产业发展和国际化面貌塑造做出回应。餐饮、休闲娱乐、超市、服饰店等必须型消费业态借助于国际化属性的注入,能够快速满足国际移民的基本需求,并在短期内促成异国特色的商业集聚和展现出国际化面貌。在此基础上,从社区和所在城市国际化的长远发展角度考虑,还应逐步优化教育培训、医疗诊所、金融机构等业态的国际化功能,在保持国际移民聚居区长期发展稳固性的同时,更有助于吸引新的国际移民规模性嵌入。

具体就本书涉及的四类聚居区而言,经济型—被动聚居区的国际移民一般由外企统一择居,规模性聚集在城市的大中型高档社区,社区及其周边具有充足的现代商业空间,可借鉴北京麦子店国际社区的商业集聚模式,采取特色商业轴、特色商业中心和特色商业街区共同发展的特色商业空间拓展模式,商业业态以异国特色的餐饮、休闲娱乐、超市和服饰店为标配,宜占商业业态的八成左右,其余二成可弹性兼顾营利性、国际化的教育培训机构、体育健身设施、医疗诊所和金融机构等①。经济型—主动聚居区的国际移民因自主择居意识较强,相较社区商业规模,其往往对商业的档次和品质具有更高的要求,因此可参考洛杉矶 RUNWAY 未来社区,打造以大型高档购物中心、大型商超和影剧院为核心的社区商业片区,同时依托沿街底商塑造以特色餐饮为主的特色商业轴,在商业业态上需要综合兼顾餐饮、休闲娱乐、超市、服饰店、教育培训、医疗诊所、金融机构等多种业态,规模可根据实际需求弹性配置。而社会型—被动聚居区一般指校内留学生宿舍区,先天上不具备规模化的商业空间基础,而更依赖于对现有空间和业态进行更新,可借鉴爱丁堡大学学生公寓周边的商业布局模式,对原有沿街店铺进行国际化业态的注入和国际化功能的改善,形成以特色商业轴为主要形式的商业布局模式,着力发展餐饮、休闲娱乐、超市和服饰店等日常必须消费业态的异国特色(95%),可适当配置留学生所需的语言类教育培训机构(5%)。社会型—主动聚居区则是指留学生聚集的校外社区,其具备基本的社区商业空间,在业态选择上也更加灵活,可参考墨尔本大学周边的留学生聚居区,发展特色商业轴和特色商业核心相结合的商业集聚模式,商业业态以异国特色的餐饮、休闲娱乐、超市和服饰店为主(90%),以营利性、国际化的教育培训机构、体育健身设施为辅(10%)。

表 7-5 南京市国际移民聚居区商业集聚模式的制定

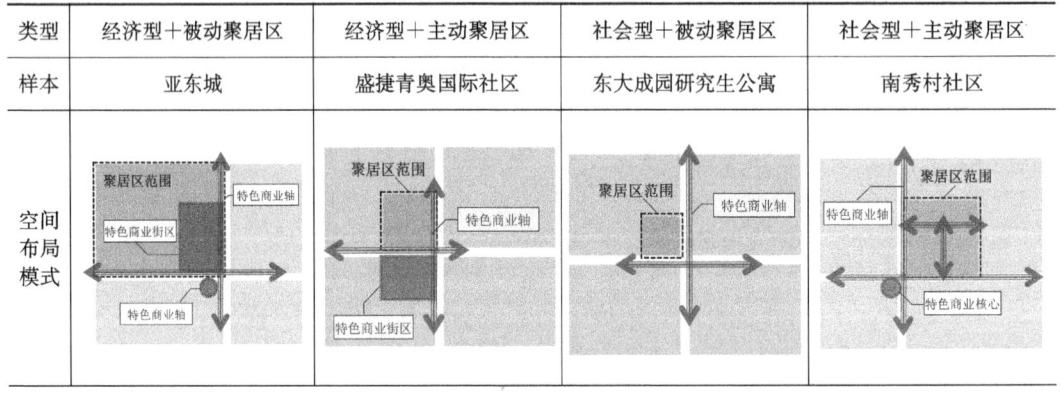

---

① 根据《社区商业设施设置与功能要求(GB/T 37915—2019)》《南京市公共设施配套标准》《南京市商业网点规划建设管理办法》等规范要求,结合四类国际移民聚居区的商业业态现状,给出异国特色业态的大致配比建议。

(续表)

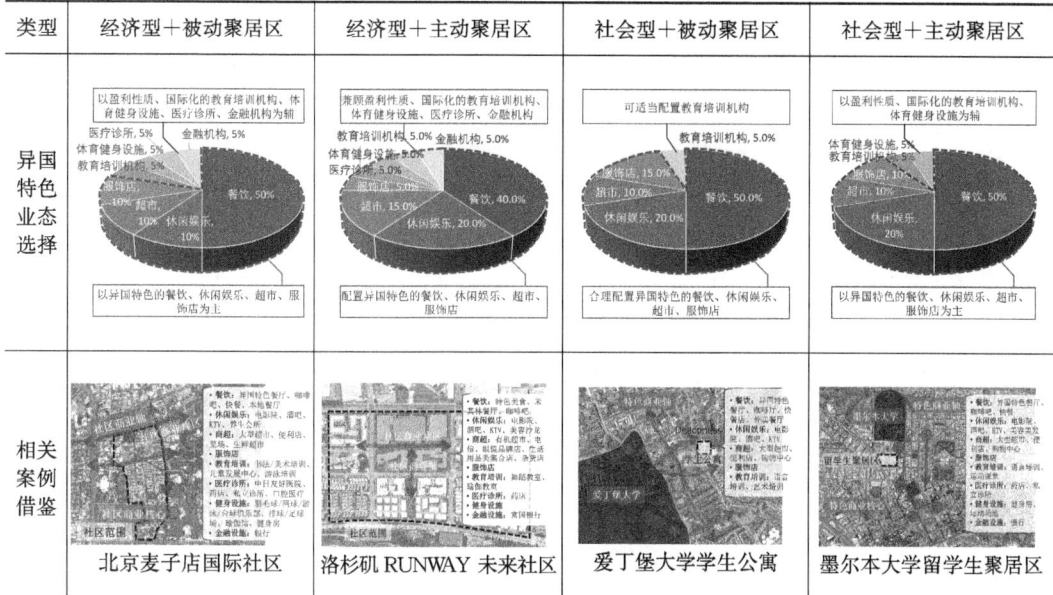

* 资料来源：刘波.北京国际交往中心发展报告(2019)[R].北京：社会科学文献出版社，2019；美国 RUNWAY 社区商业运营商官网 https://www.liveatrunway.com/；爱丁堡大学官网 https://www.ed.ac.uk/maps/download；Fincher R, Shaw K. Enacting separate social worlds: "International" and "local" students in public space in central Melbourne [J]. Geoforum, 2011, 42(5): 539-549.

②聚焦主题化的商业活动运营策略

落实异国特色经济的社区化发展，除了促进异国特色商业空间和设施的规模性集聚，还应注重提取精细化、主题化的特色活动运营策略。活动运营的目标是要激活国际化商业设施所固化下来的"势能"，使其转化为人气、产业、经济等层面的"动能"。具体做法是通过细分需求、定制服务来贯彻用户逻辑。因此，针对本书所研究的四类国际移民聚居区，采取"活动主题+适用群体+运营模式"的方案生成逻辑，分别探索中外互动的文化习俗类、生活方式类和艺术创意类主题的活动运营策划(见图 7-13)。

其一，文化习俗类主题的商业活动。该类商业活动具有适用人群广泛、方便周期性运作等优势，在本书涉及的四类国际移民聚居区中均可推广。一方面，可充分利用国内外节日的契机，组织节庆类商业活动，如中秋月饼鉴赏、圣诞狂欢派对、感恩节晚宴、万圣节变装舞会等；另一方面，则可以中外文化互鉴为目的，开展文化交流类商业活动，如中英文演讲比赛、美食鉴赏展会、手工技艺制作等。该类活动可由社区运营商(或高校管理部门)牵头并提供活动场所，联合周边相关商业经营者(如餐厅、服装店、饰品店、语言学校、书法培训机构等)共同组织并为其免费宣传，同时吸引相关品牌商赞助和入驻，通过推出联名产品、活动广告宣传等方式间接地激活周边商业业态并实现其商业价值。

其二，生活方式类主题的商业活动。该类商业活动主要适用于追求品质化、新颖化生活方式的人群，可在本书涉及的经济型—被动聚居区和经济型—主动聚居区中进行推广。国际社区中的国际移民和本地居民在生活方式上可能存在着巨大的差别，故应以差异化的生活方式为主题进行商业化营销，比如定期举办星光市集、美食夜市等"夜生活"主题的商业展销活动，开设读书下午茶、健康知识讲座等"慢生活"主题的科普交流活动，以及组织亲子运动会、运动课堂等"活力生活"主题的康体活动。这类活动应由社区运营商提供场地并招募相关商家(美食、手工艺品、日常用品等零售摊位经营者,书籍经销商,养生美体机构以及健身机构等)入驻,建立社区消费者与商家的直接联系,通过临时性、非正规的经济活动丰富社区的消费环境,以此带动正规商业业态的多元化发展。

其三,艺术创意类主题的商业活动。该类商业活动主要能够吸引年轻态、高知化的人群,可在本书涉及的社会型—被动聚居区和社会型—主动聚居区中进行推广。艺术和创意具有跨文化包容性,该类活动不仅能够通过展示多元文化和艺术见解吸引国际移民和本地居民来此"打卡",还可以凭借个性化的标签刺激人群对衍生产品进行消费,主要包括品牌活动(如品牌快闪体验店)和艺术创意展示(如社区美术展、青年艺术设计比赛等)两类,衍生产品则包括智能家居、潮牌、餐饮、文创艺术品等。其中,品牌活动一般由品牌商进行项目提案并向社区运营商提出活动场地需求,负责活动策划、布置和宣传,并自行承担活动费用支出,而社区运营商(高校管理部门)只需配合完成活动,整个活动主要起到品牌宣传、积累用户群的作用;艺术创意展示则由社会组织或机构主办活动,其还需对外吸纳赞助商或出租展位给相关经营者,通过"互联网+线下"多元媒体宣传的"流量打法"吸引志趣相投的群体参与,并通过售卖周边产品(艺术作品)获利。

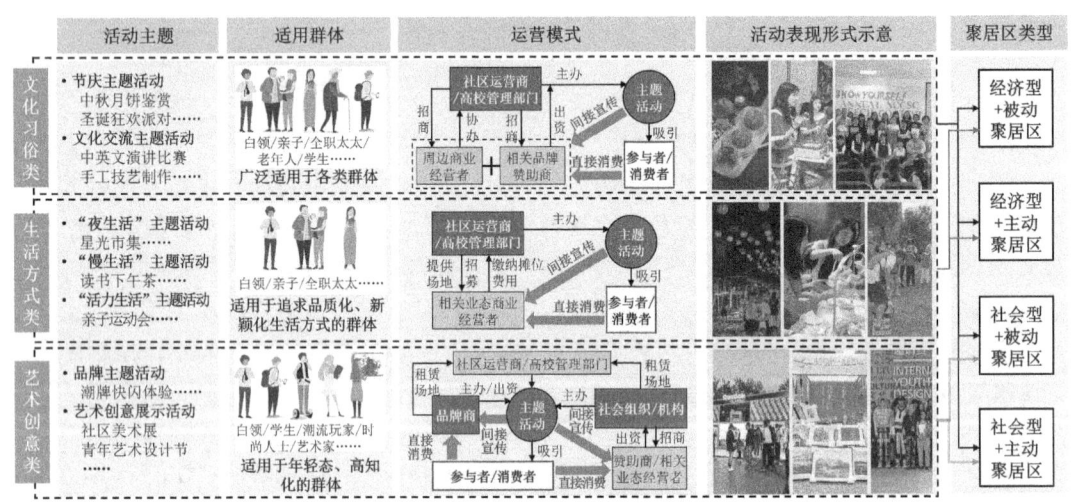

图7-13 主题商业活动运营操作示意图

*资料来源:笔者自绘。

7.4.3 社会层面:增进国际移民的社区参与,培育中外联系的社会资本

社会维度中"国际移民在迁入地难以形成稳固的社会资本"的现实问题,主要源于第五章"融合"评价指标体系中"参与社区活动意愿""主要交往对象中本地居民占比",以及第六章"响应"评价指标体系中"交往强度变化程度""活动组织频率变化程度"等指标的相对低值,故从预设的治理策略工具箱中选取"社会融合提升""社会融合&响应激活""社会响应强化"作为基本方向,据此提出社会层面的治理策略。

具体而言,基于"国际化"社区参与机制的短板、中外社交媒介的障碍等问题成因,一方面应通过机制优化和意愿提升来增进国际移民的社区参与度,另一方面则需要基于社会资本的不同表现形式,采取差异化的培育方式。因此,社会层面以"互联互信、包容友好"为目标,同时考虑到本书所研究的四类聚居区在社会层面上既存在共性问题,也具有分异性问题,据此提出兼顾共性(例如提升国际移民参与社区事务的意愿、积累桥梁社会资本)和类型化差异(例如优化社区参与机制、利用纽带社会资本)的社会治理策略。

(1)优化社区参与机制,提升国际移民参与社区事务的意愿

①优化社区参与机制

随着我国大城市中国际移民的规模性嵌入,社区治理参与度不高是目前国际移民聚居区普遍存在的现象[1]。要想改善这一现状,首先便需要在社区治理的体制机制上进行改革,优化现有的社区参与机制,为国际移民参事议事创造机会和平台。因此,本书将从参与主体和参与流程两方面出发,优化国际移民聚居区的社区参与机制。

一方面,注重社区治理的多主体参与。目前,我国在社区治理中越来越注重社区治理的多主体参与,以保障多方利益主体的不同诉求。那么对于国际移民聚居区来讲,同样要在深入贯彻这一治理理念的基础上,将国际移民作为社区一分子纳入社区参与机制,并切实关注其差异化权益,满足其需求。比如新加坡著名的华人聚居区"牛车水"邻里社区就引入了新加坡宜居中心提出的"韧性社区的多方参与框架"(见图7-14),将不同利益相关者的愿景、目标和能力整合到一个系统中,这一系统包含三个层次的主体参与,即政府机构层面(保证宏观层面的目标愿景和价值取向一致)、社区层面(包括国际移民和本地居民在内的全体业主、非政府组织和商业机构,实现群策群力,有助于社会资本的建立)、相关专家学者(提供具体领域的框架工具和实践方法)[2]。这一做法值得南京市国际移民聚居区借鉴,不但有助于在不同相关方之间建立共识、促进合作,发挥每个群体的优势来实现"全面参与"社区治理的目标,还有助于建立不同领域和部门之间的良好关系,加强社区行动所需的资源和能力,帮助所有的相关方对社区的问题和解决方案形成共识。

另一方面,建立多层级式的参与流程。层级式的议事规程能够保证每个层级中都有国际移民议事员参与,这样在社区议事过程中既可为国际移民提供沟通上的协助,还可为国际移民提供建言社区治理、发表个人观点、感知基层民主的机会,同时提升社区工作人员的专业素质。因此,本书可借鉴上海古北国际移民聚居区中的"古北市民议事厅",通过设置市民议事厅、区块议事会和小区议事会三大"议事层次"[3],在每个层次中都按比例选举了来自不同国家的外籍议事员,且各级议事层均会按期进行换届选举,这一做法有利于南京市国际移民聚居区中尽可能多的中外居民能够参与社区议事,共促社区发展(见图7-15)。

---

[1] 刘家蓉."三社联动"视域下国际社区建设的观察与反思:以南京市银城东苑国际社区为例[J].黑龙江科学,2020,11(11):160-161.

[2] Aldrich D P, Surattee N, Sim N, et al. Building community resilience: social ties and connections[M]. Singapore: Centre for Liveable Cities (CLC),2022:18-19.

[3] 黄佳陈.国际社区治理如何推动民间外交?:以上海国际社区为例[D].上海:上海外国语大学,2022:34-37.

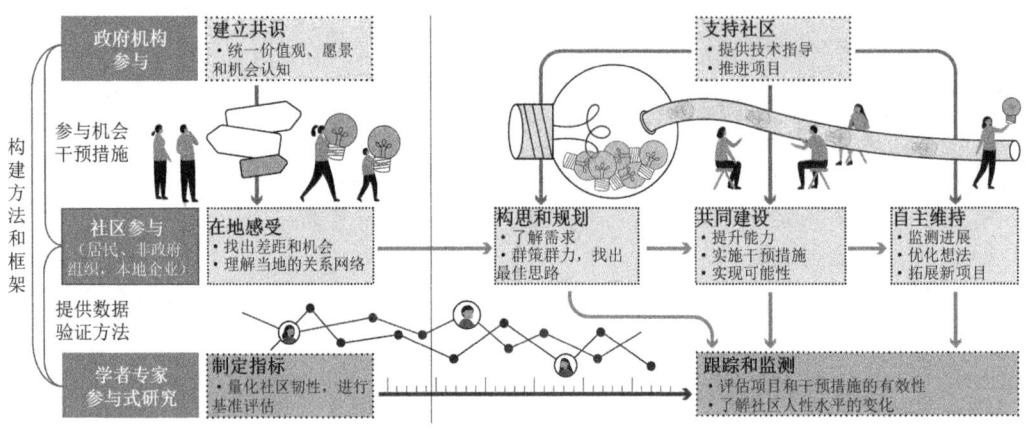

图 7-14　新加坡韧性社区的多方参与框架示意图

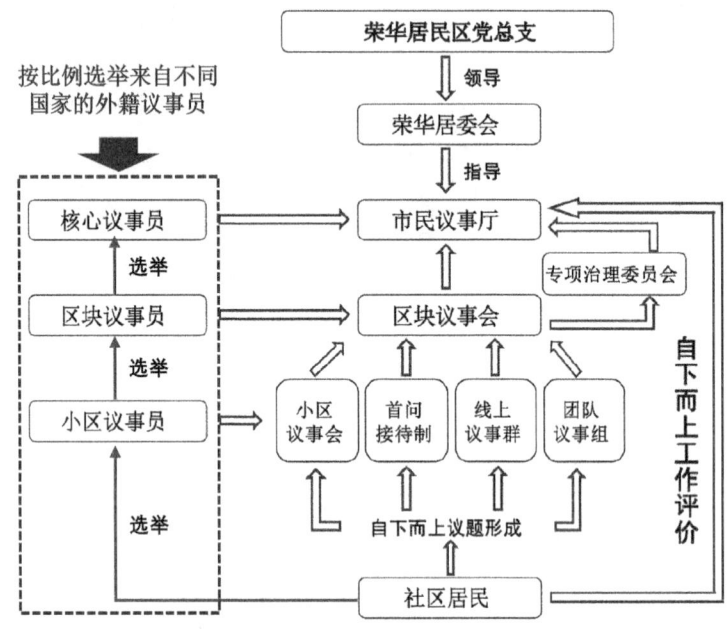

图 7-15　古北市民议事厅流程图

* 资料来源：笔者根据以下文献改绘——Aldrich D P, Surattee N, Sim N, et al. Building community resilience: social ties and connections[M]. Singapore: Centre for Liveable Cities (CLC), 2022: 18-19；黄佳陈. 国际社区治理如何推动民间外交？：以上海国际社区为例[D]. 上海：上海外国语大学，2022: 34-37.

需要说明的是，这一社区参与机制适用于本书所研究的经济型—被动聚居区、经济型—主动聚居区和社会型—主动聚居区；而对于以校内留学生公寓为代表的社会型—被动聚居区，高校则充当了政府机构和社区居委会的角色，该类聚居区更多通过高校和留学生之间的双向互动来提升高校的国际化水平和留学生的在校体验，可适当借鉴上述社区参与机制。

②提升国际移民参与社区事务的意愿

国际移民社区参与度较低还有一个重要原因是缺乏主观参与意愿,国际移民群体本身流动性强且租房比例较大,加上语言障碍造成的沟通不便,其对社区事务大多抱有"事不关己"的态度。因此,这就需要从群体内部和外部环境同步着手,通过培育国际移民的社区参与意识、拓展国际移民的社区参与路径两方面来提升国际移民的社区参与意愿。

一方面,培育国际移民的社区参与意识。首先,需要提升社区的服务水平,不但要完善社区服务项目和管理流程,还需通过业务培训来改善社区工作人员的服务态度、提升服务质量,并招募具有外语沟通能力的高素质人才。这些人员能够在提供优质服务的同时与国际移民建立有效的沟通,提高国际移民的社区信任度和归属感,只有这样他们才会养成"主人翁"意识,主动为社区的发展献言献策。此外,社区还需进一步加大社区参与机制的宣传力度,除了在社区醒目位置张贴多语版本的议事流程之外,还可通过多语信息推送、社区传单派发、上门意见征询与呼吁、国际移民"积极分子"口口相传[①]等方式,鼓励国际移民参与社区事务。

另一方面,拓展国际移民的社区参与路径。除了常规的社区议会形式之外,还应针对国际移民提出更为丰富的社区参与方式:其一,研发多语种兼容的社区互动 App,提升国际移民的社区参与度,根据国别、性别、年龄、职业等个体属性,为使用者定期定制和推送相关服务,同时收集问题查询、服务投诉等信息供社区有关部门及时处理反馈。其二,有效利用 QQ、微信等线上社交平台,由社区居委会创建外国居民交流活动社群,并委派专门的工作人员将社区事务和议事流程共享给国际移民住户,主动询问其意见与建议并及时处理相应的问题;此外,管理人员还需及时更新群内的国际移民成员,做好邀请、清退工作。其三,定期上门问询国际移民的生活情况,这需要招募多语人才面对面地宣传社区参与的运作机制和流程,鼓励国际移民为社区工作献言献策。其四,建设国际移民志愿服务队伍,如外籍人员服务中心、国际移民工作站、国际移民社区会议小组等,聘请来华时间长、积极参与社区事务的国际移民,组织小范围、专门化的国际移民社区会议,"以一带十"地宣传和发动更多的国际移民参与到社区事务中来。

(2)利用纽带社会资本,积累桥梁社会资本

①利用纽带社会资本

社会资本的积累是提升国际移民聚居空间社会"包容性"水平的关键。美国政治社会学家罗伯特·普特南将社会资本划分为纽带社会资本(bonding social capital,指社群内部的互惠关系与紧密网络)和桥梁社会资本(bridge social capital,指跨社群的资源联合和信息传播)(见图 7-16)[②]。因此,针对本书所研究的经济型—被动聚居区、社会型—被动聚居区和社会型—主动聚居区这三类具有地缘/业(学)缘纽带联结的国际移民聚居区,应利用其现有纽带的凝聚力,通过主动团结国际移民自治组织的方式,让其为社区管理和服务提供支持。

[①] 吴锦良.建构国际化社区的治理结构[J].杭州(周刊),2016(8):14-16.
[②] Sabatini, F. Social capital and the quality of economic development[J]. Kyklos, 2008, 61(3): 466-499.

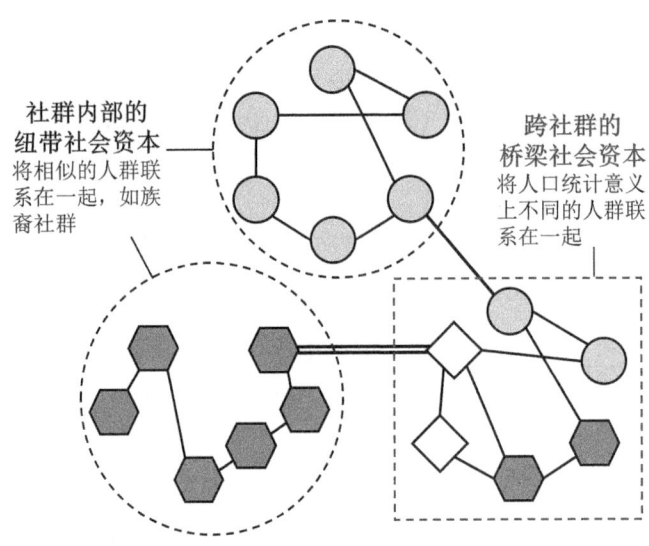

图 7-16　社会资本分类与网络建构

＊资料来源：笔者自绘

　　与西方国家的族裔组织类似，来自同一国家的企业往往会联合设有自己的商会（如望京韩国人商会），而外籍派驻员工及其随迁家属也依赖地缘纽带而形成了不少公益组织（如古北日籍太太"互人多"组织，见图7-17）；除此之外，北京、上海等地同样出现了一些由在华留学生自主发起的留学互助团体（如上海"乐贤荟"）。也就是说，这类国际移民希望凭借着社群内部的互动关系网络以及对族群内部熟人的互惠与信任，在聚居区内实现发展、立足和适应的目标。基于此，要想通过积累中外联系的社会资本（桥梁社会资本）来提升国际移民聚居区的"社会包容性"，就先要利用好成熟的外籍社会关系网络（纽带社会资本），政府、

图 7-17　"互人多"公益组织官方网站

＊资料来源：https://ameblo.jp/friend-shanghai-z/

社区、高校等官方机构也要通过在活动上互相支持、在政策上适度倾斜、在资源上提供保障等方式,与国际移民自治组织建立良好的合作关系。一方面要建立资源和信息共享机制,同步最新的移民数据,以便社区和政府有关部门更有效、更有序地开展涉外治理工作;另一方面则可以利用外籍社会网络积攒的人脉,助力中外交流活动的开展,为其带来"规模效应"。

②积累桥梁社会资本

桥梁社会资本有利于各类社区联合外部资源和传播信息,进而产生更为广泛的认同和互惠。对于国际移民聚居区来说,要想提高国际移民的社会包容度,就需要积累桥梁社会资本,而前述通过团结国际移民自治组织的方式来利用纽带社会资本,归根结底也是为了积累中外联系的桥梁社会资本。因此,不论是具有先天纽带社会资本的经济型—被动聚居区、社会型—被动聚居区和社会型—主动聚居区,还是不具备纽带联结的经济型—主动聚居区,都应进一步通过举办中外交流活动、加强中外联合组织的社区孵化等方式,建立中外互动的社会网络,以此积累桥梁社会资本。

一方面,组织丰富的中外交流活动,为中外居民社会交往搭建平台。基于上述团结国际移民自治组织的策略,政府、社区和移民组织可联合开展外事外交活动并倡导中外居民共同参与,例如中外青年创业者论坛、环保社区行动、中外文艺演出等活动;而在没有国际移民自治组织加持的情况下,社区也可以与书法协会、摄影协会、舞蹈协会、武术协会、戏剧社等社会组织合作举办特色活动,吸引志趣相投的中外居民参与,相同的爱好也能够增加其建立社交联系的概率。除此之外,留学生聚居区还可由所在高校联合学生组织、社会团体、专家学者等举办多种主题、系列化的中外交流活动,比如清华大学就推出了"每周中外跨文化交流活动&国际学生服务速递"项目(见表7-6),通过分享交流、文艺演出、科研讲座、文化普及、电影放映等多种方式增进中外学生的互动与交往,这对本书涉及的社会型—被动聚居区有着重要的借鉴意义。

另一方面,加强中外联合组织的社区孵化,发挥中外交往的社会价值。国际移民聚居区的社区管理和服务机构应注重联络各行各业的业主,孵化不同类型的中外社区组织,使其能够配合国际社区的定位并提供相应服务,进而合作开展一系列的定制活动。例如,鼓励社区商家和创业者组成社区商业联盟,为中外居民提供商务互动的平台,为社区特色产业的激活提供基础。与此同时,中外联合组织和社区工作人员还需加强沟通,有效整合各界资源,为国际社区的居民提供更好的服务,同时也能够提高国际社区治理的效率,提升中外居民的社区认同感和归属感,进而反过来促进社区居民对国际社区治理的参与。

表7-6 清华大学"中外跨文化交流活动&国际学生服务速递"项目

活动名称	类型	内容	主办方
全球Z世代热议二十大	分享交流	中国、美国、法国、俄罗斯、埃及、印度等国家的青年代表围绕党的二十大相关议题分享个人经历和感悟	清华大学,中国日报社
国际生联合迎新会	文艺演出	由国际留学生和学生社团的学生共同举办,通过文化特色展示、游戏、表演、美食分享等环节,促进交往	学生社团
第57期"化学,向复杂物质迈进"巅峰对话	科研讲座	邀请诺贝尔化学奖得主杰马里莱恩进行主题报告,同时给清华同学提供和诺贝尔奖得主同台对话的机会	校研究生会

(续表)

活动名称	类型	内容	主办方
社区课堂—礼射文化体验活动	文化普及	中国传统礼射文化学习与体验活动	国际学生公寓;学生礼射研习会
第49期iTalk之"来华留学生你来说"活动	分享交流	邀请到四位在学习、体育、文化、实践方面具有一定经验的外国留学生进行事迹、经验、感受等方面的分享,讲出他们的中国故事。	校研究生会
纪录片放映室—Catching The Sun	电影放映	围绕不同主题开展小范围集体观影活动,研讨鉴赏优秀艺术作品	全球胜任力发展指导中心
"紫荆墨香·中外同行"书法工作坊第二期	文化普及	面向中外同学开展双语书法学习指导,通过课内学习和课外实践,帮助同学们增强对中国传统文化的了解,加强中外学生交流互动,共同探索中国传统文化	全球胜任力发展指导中心,国际学生学者中心
中文写作助理	科研讲座	为留学生讲解中文写作方法,纠正错误的语法习惯	学生学习与发展指导中心

* 资料来源:笔者根据"清华国际教育"公众号的相关推送文章整理而成。

7.4.4 制度层面:完善国际移民政策体系,创新移民管理与服务模式

制度维度中"现行国际移民政策体系和管理模式较为粗放和繁冗"的现实问题,主要源于第5章"融合"评价指标体系中"移民业务办理便利度",以及第6章"响应"评价指标体系中"政策健全度变化程度"等指标数值相对较低,故从预设的治理策略工具箱中选取"制度融合&响应激活"作为基本方向,据此提出制度层面的治理策略。

具体而言,基于国际移民政策体系的局限、移民管理与服务模式的落后等问题成因,一方面从国家移民制度设计上来讲,应该推进国际移民法制化建设,并不断优化国际移民政策体系;另一方面从基层移民治理上来讲,则需要推进移民治理机构改革,同时借鉴移民治理的国际经验,创新移民管理与服务模式。因此,制度层面以"深化改革、包容共建"为目标,同时考虑到本书所研究的四类聚居区在制度层面上既存在共性问题,也具有分异性问题,据此提出兼顾共性(例如推进国际移民法制化建设、完善政府移民治理的规制和程序等)和类型化差异(创新基层社区的管理与服务模式等)的制度治理策略。

(1) 推进国际移民法制化建设,优化国际移民政策体系

①推进国际移民法制化建设

改革开放以来,中国对国际移民的吸引力越来越大,中国也从传统的移民输出国转变成为新兴的移民目的国和中转国,这也就对中国的移民管理工作提出了更高要求,而坚持依法治理始终是移民管理的最根本手段。但是到目前为止,中国还没有一部专门的移民法律,现行法律位阶过低,内容零散且较为滞后。而2018年国家移民管理局挂牌成立,标志着国际通用的"移民"概念正式出现并使用在我国行政法律主体的称谓中,显然目前的立法状况并不能满足中国移民管理工作的需要。因此,结合本书的研究结果,同时借鉴传统移民国家成熟的移民立法经验,笔者将从立法基础、话语表达和移民融合三方面初步探讨法制

化建设的基本方向(见图7-18)。

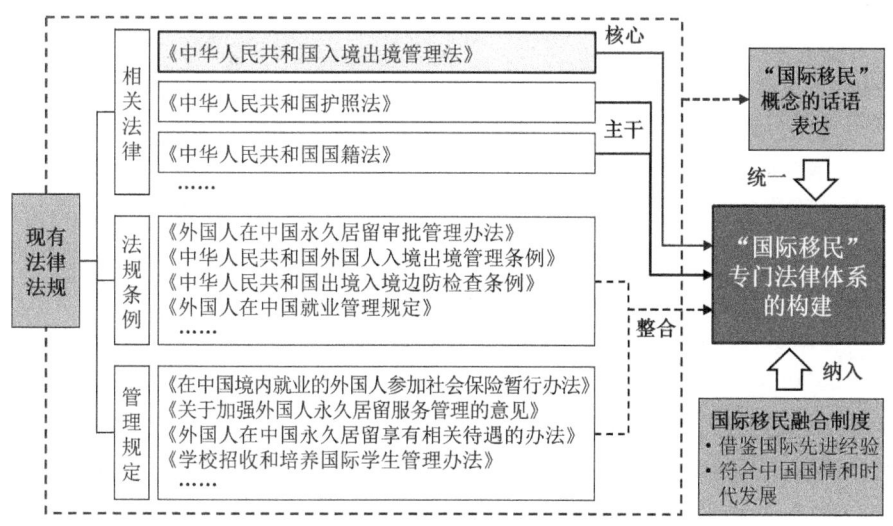

图7-18 "国际移民"专门法律体系的构建
*资料来源:笔者自绘。

其一,将现有法律作为立法基础。作为由移民组成的国家,美国是最早建立移民法律制度体系的国家,也拥有着世界上最复杂和健全的移民法典,但从它的演化历程来看,其脱胎于美国《宪法》的公民入籍规则,至今已经历了30余次的调整和修订[1],可见移民法律体系的构建是一个以现有法为基础,加以整合、细化、拓展,并不断修正的过程。因此,我国若要建立以"国际移民"为核心内容的法律体系,可考虑以2013年正式实施的《中华人民共和国出境入境管理法》为基础进行渐进式过渡,同时整合《中华人民共和国护照法》《中华人民共和国国籍法》等主干法律,以及《外国人在中国永久居留审批管理办法》《中华人民共和国出境入境边防检查条例》《外国人在中国就业管理规定》等法规条例,同时深入调研国际移民的具体情况,并广泛地征询各级各部门的合理建议,立足中国国情,因地制宜,切实做到科学立法、民主立法、依法立法,用法治方法提高国际移民管理水平,进而推进国家治理体系和治理能力现代化进程。

其二,建立高效一致的话语表达。移民法律制度的核心概念是"国际移民",它不仅有利于政府部门做好移民统计工作、实现有效区分和分类管理,还可以在口语和法律意义上避免混淆"国际移民"概念,提高公众对移民问题的理性认知[2]。然而,我国现有的移民法治建设缺乏对"国际移民"及其相关词语的法律概念建构,现行移民法律规范中也未直接使用"国际移民"一词。其实在中文语境下,"外国人""华人华侨"等概念与"国际移民"存在明显的语义偏差,这种情况显然无法支撑繁杂的移民法制框架。因此,以行政法规、规章和其他规范性文件为主要构成的移民法律规范体系应注重话语表达的统一性、规范化和逻辑严谨性,加强移民规范体系的权威性表达,构建自己的移民话语体系。

---

[1] 王子立.中美移民法律体系比较与启示[J].上海公安学院学报,2019,29(6):87-96.
[2] 檀皓举.全球化背景下我国移民与人才引进法律政策:评述与展望[J].特区经济,2022(10):137-140.

其三,重视国际移民融合的法律支持。有效的国际移民融合制度是社会、经济、教育、文化和人才市场发展的重要推动力。过去几年中,很多欧洲国家都将移民融合政策内容写入了法律,比如法国通过制定《关于移民与社会融入的法律》和《支持移民融入与防止歧视纲领》来促进移民融入;德国则颁布了第一部联邦层面的融合立法《融合法》,法律规定移民有权利和义务学习德语、了解和遵守宪法和立法、参加融合课程、在可能的情况下平等且充分参与到社会的所有领域[①]。中国目前并没有关于移民融合的法律解释,但未来随着国际移民占总人口比例的升高,移民融合也会成为我国全民关注的社会性问题。因此,应将国际移民融入政策纳入国际移民管理体系,构建符合国情和时代发展的国际移民融合法律制度,将包括语言课程、公民教育和职业培训在内的移民融合措施标准化、法治化,为国际移民提供有力保障,旨在促进合法国际移民及其后代有效融入中国社会,同时创造多元文化环境。

②优化国际移民政策体系

在推行移民政策法制化建设的基础上,还需进一步补充和完善在华国际移民出入境、居留、就业、就学、社会保障等方面的政策。除此之外,在当前全球化背景下,如何提升国际人才引力也是我国经济社会发展的切实之需。因此,借鉴发达国家的移民政策体系(见表7-7),我国应考虑从政策层面加大国际人才引进力度、激励留学人员来华,与此同时加快国际移民融入政策的出台、保证兼顾社会公平的政策导向,从制度上保障国际移民与本地居民的良性互动。

其一,加大国际人才引进政策力度。改革开放以来,我国虽然制定了一些政策和法规来吸引人才,但并未建立起以专业技术人才为导向的人才移民政策体系。为此,可以借鉴澳大利亚人才移民政策中的相关制度和做法,建立人才积分评估机制。这一机制应以技能、年龄、学历、语言能力、工作经验等为考察内容,并基于各个要素对国家的贡献大小科学设计不同的分值、所占权重和合格分数线[②]。这样的公开透明的打分机制可以筛选出所需人才的层次和规模。同时,评估体制中的各项标准和分数线应作为可控变量,可根据国家发展的不同阶段以及对人才的现实需求做出动态调整,从而确保人才引进工作的科学性。

其二,深化留学人员激励政策。从长远发展考虑,我国应该将来华国际留学生纳入人才战略,并强化其作为国际人才的储备和转化[③],以支持优秀留学生留在中国追求他们的学术和职业目标。像韩国为留住海外人才,就采取了一系列的国际留学生入籍、永久居留和积分政策[④]。参考其经验可从以下三方面深化留学人员的激励政策:第一,建立健全的留学生实习规范,为留学生提供更多的实践机会和就业渠道;第二,改革居留许可制度,简化居留许可的转换流程,为优秀留学生提供一定期限的毕业后求职时间;第三,设置实习类居留许可,与学习类居留许可相互独立,便于留学生在求职成功后转为工作类居留许可。这些措施将为优秀留学生提供更多的发展机会和支持,同时也有助于为国家和社会培养更多具有国际竞争力的人才。

---

① 王子立. 德国移民法律体系:演进、逻辑与启示[J]. 德国研究,2022,27(1):64-84,131.
② 张洪聪,杨树,闫凌霄. 澳大利亚技术移民政策变迁及启示研究[J]. 特区经济,2023(9):74-77.
③ 刘国福. 探索建立技术移民制度:兼论重塑我国外国人才制度[J]. 人民论坛·学术前沿,2023(16):96-103.
④ Ran G H(洪智兰). 中韩外国人力移民政策比较研究[D]. 济南:山东大学,2016:17-20.

其三，加强国际移民融入政策的出台。国际移民政策的价值内核大多以"社会融合"理论为基础，旨在积极促进移民与主流社会的互动①。日本为了促进在日外国人的融入，就专门出台了《外国人生活就业指南》《外籍人才的接收和共生综合举措》等管理办法，共含有172项措施，耗资245亿日元②。我国可以从各国的优秀经验中汲取灵感，制定融入政策。具体而言，可以从以下两个方面入手：第一，出台国际移民技能提升的支持政策。例如，人才引进单位应为技术人才开设包括语言培训、国情常识、法律援助、专业技能等内容的培训课程，以提高移民的人力资本，增强其入境后的适应能力。第二，出台国际移民安居服务政策。例如，赋予技术移民配偶以工作权、社区需对移民提供咨询服务、加强社会主义核心价值观宣传、大力弘扬优秀传统文化等。这些政策将帮助国际移民快速融入本地社会生活，同时加深外国人才对中国传统文化的价值认同。

其四，保证兼顾社会公平的政策导向。世界移民管理的实践经验表明，"国民利益"始终是移民立法与人才引进政策的首要价值追求。例如，新加坡作为亚洲最重要的移民目的地，移民的嵌入在一定程度上挤压了本地公民的就业机会和公共资源，故其出台了一系列差异化公平政策，提高了移民签证的门槛，强调了新加坡公民在求职和住房获取上的"优先权"③。由此看来，我国在大力推进国际人才引进、留学激励和移民融入进程的同时，也要注意协调国际移民与本地居民的利益关系。一方面应坚持国民利益优先的基本原则，移民在未取得中国"绿卡"前，所享有的权益是应当劣于本国公民的，要避免"超国民待遇"情况的发生；而另一方面，移民政策的制定和出台应秉承公开透明的原则，充分调研并吸取中国民众的意见和建议，及时回应和解答社会各界的关切和疑问，避免引发不必要的猜疑和争议（表7-7）。

表7-7 国外移民政策体系解读

国家	移民政策体系
澳大利亚	澳大利亚拥有最成熟的人才移民评估体制，其现行的移民选择积分制度是一种量化多因素评估体制（Numerical Multi-factor Assessment System, NUMAS）的积分制。这样采用积分考核的方法，择优汰劣地吸引为澳大利亚经济发展所需要的移民，有望为移民选择提供一种客观的量化评估方法，也减少了移民选择中的人为主观因素
韩国	韩国针对尖端科学领域的优秀人才和外国留学生采取积极的优惠政策：①在韩国获得理工科领域的硕博学位的留学生可按外籍同胞统一的评价标准申请国籍，且可保持双重国籍。②申请永久居留资格时，对持有尖端产业领域的学位者或在韩国获得学位的外国留学生放宽申请条件。③通过分数移民制，申请滞留资格变更时，有在韩国留学的经验者或理工科专业者可得到加分
日本	为确保在日外国人的更好融入，日本政府各部门联合制作了《生活就业指南》，并于2018年12月决议通过了《外籍人才的接收和共生综合举措》，主要包含以下内容：①积极听取各方意见并开展宣传活动，设置接收环境协调官。②加大对地方政府的支持力度。③鼓励注册支援机构，落实外籍人才支援制度。④建立新的居留管理制度。⑤进行法定内容讲座，提供语言培训。⑥改善外国人生活环境

---

① 冯薇. 我国技术移民社会融入管理问题研究[D]. 北京：中国人民公安大学，2021：27-28.
② 段卓廷. 日本国际移民管理政策变化特征分析[J]. 八桂侨刊，2021(4)：32-42.
③ Zhan S H, Huang L L, Zhou M. Differentiation from above and below: evolving immigration policy and the integration dilemma in Singapore[J]. Asian and pacific migration journal, 2022, 31(1): 3-25.

(续表)

国家	移民政策体系
新加坡	考虑到国际移民对本土公民在经济上的竞争和文化上的威胁，新加坡政府为此推出了一系列差异化公平政策，试图在移民与本地公民之间做出区分：①不断提高各类工作签证的准入门槛，并且在就业上推出了FCF公平审议框架和COMPASS框架，旨在控制外国人才在就业市场上的比例，防止对本土新加坡居民的逆向就业歧视。②在住房和教育上采取了区别对待的措施，并且为EP和SP持有人携带家庭成员设定了更严格的条件

* 资料来源：郭玥鑫.当代新加坡移民政策研究[D].北京：中国传媒大学，2023：25-28；段卓廷.国家治理现代化视域下中国国际移民管理制度研究[D].长春：吉林大学，2023：122-126；Mui Teng Y，Koh G，Soon D. Migration and Integration in Singapore：policies and practice[M]. London：Routledge，2014：27-52；段卓廷.日本国际移民管理政策变化特征分析[J].八桂侨刊，2021(4)：32-42；张洪聪，杨树，闫凌霄.澳大利亚技术移民政策变迁及启示研究[J].特区经济，2023(9)：74-77.

(2) 完善政府移民治理的规制和程序，创新基层社区的管理与服务模式

①完善政府移民治理的规制和程序

自改革开放以来，我国在全球移民治理方面已经取得了一定的成就。不仅治理参与度有所提高，而且通过体制机制改革和政策创新，治理理念也由过去的"管控型"逐步转变为"服务型"。然而，随着"国家治理体系和治理能力现代化"的提出，既有的国际移民治理体系又将面临新的挑战。因此，在建立专门化的移民管理体系的基础上，需要加强移民治理的信息化建设，并鼓励和支持大城市创新移民治理的地方实践(见图7-19)。

其一，建立专门化的移民管理体系。国际移民出入境与居留等行政手续在过去几十年间一直较为繁琐，有关签证、入籍、居留和就业等事项都由不同的部门负责，缺乏综合的管理和协调部门。随着国家移民管理局的组建，这种困境得到了消除。现在，国家移民管理局有利于更加灵活有效地处理国际移民的居留、工作和生活服务问题，简化了各项办理手续和程序，并为各部门之间有效管理国际移民问题提供了便利。在这种背景下，各地应当在国家移民管理导向的基础上进一步细化和完善地方移民治理体系，以吸纳更多的优秀人才参与城市治理建设。

其二，加强移民治理的信息平台建设。为了更加精准有效地掌握移民规模和人口特征，提高政府运行效率，需要建立统一的国际移民数据库，提高移民发展的信息化水平。同时，为加强移民全球治理的深度与广度，需强化区域间移民数据库、数据跨境流动等信息化平台的协商和互通机制，并逐渐打破政府部门间的数据壁垒，依据政府职能责权划分进行数据共享。此外，加快国际移民服务平台建设，加强国际人才服务保障，积极开发移民服务软件，尝试在移民居住的社区、街道办事处等基层治理部门进行有关智能化服务宣传。这些做法都让移民管理体系变得更加精准有效，例如深圳、广州等一线城市开发的外国人临住办理APP、网上政务做法等就具有借鉴意义。

其三，支持大城市创新移民治理的地方实践。针对不同城市移民情况的不同，鼓励地方政府积极创新政策、实现"中间扩散"，因地制宜地制定有针对性的移民管理政策和治理措施，形成有地方特色的治理模式。南京市可以借鉴上海《关于新时代浦东新区全面推进社会主义现代化建设引领区人才发展的实施意见》的"人才新政"[①]，加快实施外籍高层次人

---

① 罗翔.浦东国际社区治理的困境、趋势与策略[J].科学发展，2023(9)：74-79.

才永久居留推荐的"直通车"制度,实施范围从自贸试验区扩展到浦东全域,并拓展至集成电路、生物医药、人工智能等紧缺岗位。与此同时,建立梯度保障的人才公寓和租房补贴体系,根据居住偏好提供不同类型的人才公寓房源,建设国际人才驿站提供创业首站、职业发展首站服务,建设人才安居信息服务平台汇聚安居房源等。

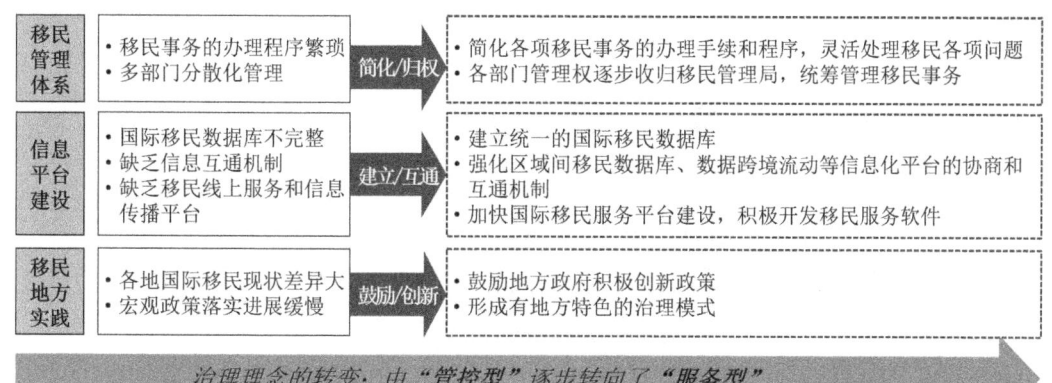

图 7-19 政府移民治理的规制和程序的完善
* 资料来源:笔者自绘。

②创新基层社区的管理与服务模式

国际移民嵌入迁入地社会首先需要面对的是居住地城市基层社区,合理发挥社区的服务和引导功能,能够在一定程度上积极应对大量集聚并具有异质性的移民群体。以此,借鉴国内外优秀的国际社区治理案例,并根据本书所研究的四类国际移民聚居区的现实情况,归纳并整合适用于南京市国际移民聚居区的基层社区管理与服务模式(见表 7-8)。

其一,政府主导型的社区治理模式。该类国际社区治理模式以政府为单一治理主体,由政府部署各种派出机构和工作组织,全面干预和指导社区的各项工作,并负责所有的资金支持,最具代表性的案例是新加坡国际社区的"强政府"治理模式和北京国际社区的"政府主导"治理模式。这一国际社区治理模式具有"强政府、小社区"的特点,优势是单一治理主体有利于社区内外事务的运行与协调,且"强政府"能够更好地吸收其他力量参与其中。该模式适用于政府或单位社区所有的移民聚居区,具体来说,可以应用于本书所研究的社会型—被动聚居区。

其二,多方共治型的社区治理模式。该类国际社区治理模式成立专门的社区涉外服务站,引领社区居委会、国际移民、社区运营商等共同参与移民相关的社区事务,最具代表性的案例是纽约国际社区的"共治共建"治理模式、上海国际社区的"去行政化"治理模式。这一国际社区治理模式具有"专门化、专业化"的特点,优势是借助专业化的力量,引入专业服务并强化科学评估,能够提供应对复杂涉外事务的高质量服务。该模式适用于社区品质高、居民素质高的新建高档国际社区,具体来说,可以应用于本书所研究的经济型—主动聚居区。

其三,一主多从型的社区治理模式。该类国际社区治理模式在发挥社区居委会核心领导作用的同时,协调社区自治和市场化力量参与,最具代表性的案例是日本国际社区的"混合型"治理模式、成都国际社区的"一核三治"治理模式。这一国际社区治理模式具有"引领性、多极化"的特点,优势是兼顾了基层组织的有效领导和多方参与的协调共治,有利于社区长期良性发展和运作。该模式适用于大部分城市建成社区,具体来说,可以应用于本书所研究的经济型—被动聚居区和社会型—主动聚居区。

表7-8 南京市四类国际移民聚居区的社区治理模式建议

治理模式	政府主导型	多方共治型	一主多从型
治理模式示意	治理主体：政府/高校 全权负责、出资、委派、分配、执行 → 社区移民事务；社区居委会、社区运营商、社区居民	治理主体：社区涉外服务站 协调多方参与、召集、协调、出资、执行、参与 → 社区移民事务；居民居委会、业主委员会、社区运营商、社区居民（治理主体）	治理主体：社区居委会 统筹多方参与、召集、出资、执行、参与、集资 → 社区移民事务；业主委员会、社区运营商、社区居民（治理主体）
国内外案例借鉴	新加坡"强政府"治理模式；北京"政府主导"治理模式	纽约"共治共建"治理模式；上海"去行政化"治理模式	东京"混合型"治理模式；成都"一核三治"治理模式
适用聚居区类型	社会型—被动聚居区	经济型—主动聚居区	经济型—被动聚居区；社会型—主动聚居区

* 资料来源：马晨.城市国际化视域下西安国际社区治理研究[D].西安:陕西师范大学,2019;赵聚军,齐媛.我国国际社区治理中的外籍居民参与:基于京津三个国际社区的观察[J].南开学报(哲学社会科学版),2020(3):27-36.

7.4.5 心理层面：拓宽中外文化展示和传播路径,增进与国际移民的情感互动

心理维度中"国际移民与本地居民之间无法实现文化接纳和身份认同"的现实问题,主要源于第5章"融合"评价指标体系中"对中国传统文化的了解程度""对本地生活习俗的接受程度",以及第6章"响应"评价指标体系中"外国饮食接纳度的变化程度""外国节日接纳度的变化程度"等指标的数值相对较低,故从预设的治理策略工具箱中选取"心理融合&响应激活"作为基本方向,据此提出心理层面的治理策略。

具体而言,基于跨文化展示媒介的缺失、情感交流机会的匮乏等问题成因,一方面着眼于文化资本的重构,通过加强对中国传统文化的宣传、拓展国际多元文化传播的媒介渠道,来实现本地居民和国际移民的文化互纳;另一方面,则需注重移民身份的建构,通过消除语言障碍和建立移民情感互动的支持系统,来加快国际移民身份"市民化"进程。因此,心理层面以"文化互信、包容和谐"为目标,同时考虑到本书所研究的四类样本在心理层面以共性问题为主、类型化差异并不显著,故着重提出适用于各类移民聚居区的心理治理共同策略。

(1) 加强中国传统文化宣传,扩展国际多元文化传播媒介

①加强中国传统文化宣传

由于母国文化与中国文化之间的巨大差异,来华国际移民很难在短期内实现跨文化适应,甚至会出现文化休克[①]现象,这在很大程度上是因为国际移民对中国传统文化缺乏了解。因此,应科学地借鉴发达国家文化宣传的成功经验,引领社会各界全面加强对中国传统文化的宣传力度,在帮助国际移民跨文化适应的同时,更加积极主动地讲好中国故事、传

---

① 文化休克是指在非本民族文化环境中生活或学习的人,由于文化的冲突和不适应而产生的深度焦虑的精神症状,是跨文化交际中的一种文化失落与心理失衡现象。

播好中国声音,提升中国文化的全球关注度和吸引力(见图7-20)。

其一,强化各级政府部门的官方主导作用。在国家层面上,应完善文化建设的制度设计,借鉴美国的文化制度,将文化政策贯穿于经济、政治、教育等各方面政策的制定和实施之中[①],由此建立包括研究阐发、教育普及、保护传承、创新发展、传播交流等方面协同推进的文化传承发展体系[②],同时构建融通中外的话语体系,将政治话语、学术话语转化为国际移民和海外民众易于接受的话语表达[③],促进人类命运共同体的建设进程。此外,还应大力推进文化产业发展,通过培育新业态、新模式来弘扬和传播中国文化,充分吸取韩国、日本的成功经验,注重文化相关行业的互推互动。比如日本就是以发达的动漫产业为基础,对动漫形象和周边产品进行衍生性开发,在获取经济效益的同时做到了文化产品的推广[④]。在基层社区层面上,则应在有效落实国家及地方政府文化建设有关政策的同时,结合自身实际情况,自主地开展传统文化的推广工作,比如可以借鉴法国的文化生态营销制度,制定面向国际移民和本地居民的传统文化宣传计划[⑤],并尝试建设文化宣传场所,开设关于跨文化问题的讲座和课程,帮助国际移民理解中国文化的丰富内涵,切实提高移民的文化适应弹性,缓解适应压力带来的负面影响。

其二,推动社会各界的辅助传播作用。对于社会组织来讲,应充分发挥其在国际传播中的独特优势,向世界阐释中国文化理念。像美国就采取了科技硬实力与文化软实力兼容并蓄的发展策略[⑥],注重国际智库和国际组织间的交流合作,主动设置国际议题,举办重大国际会议,提升文化传播的质量。对于跨国企业来讲,同样应发挥其在国际传播中的积极作用,推动"走出去"与"引进来"相结合,主动运用好双边、多边合作平台[⑦]。比如中国惠普就采取了中西结合的跨文化整合模式,具体、生动、形象地讲好中国故事,促进了文化资本的积累。对于国内高校来讲,则更应担负起向来华留学生普及中国文化的责任,从教学课程设计、文化活动组织、日常生活服务等多个方面注入中国元素和在地化特色[⑧],潜移默化地提升留学生群体对中国文化的认知度和接纳度。

其三,引导个体发挥文化宣传作用。对于国际移民群体来讲,应鼓励其通过社交媒体、博客、在线论坛等讲述中国故事,并设立海外传播大使,通过理性发声实现增信释疑、相互理解、情感互通,展现中华文化魅力,还可以合理借鉴西方高等教育的国际化拓展路径,以

---

① Pillay S. A cultural ecology of new public management[J]. International review of administrative sciences, 2008,74(3):373-394.
② 中共中央办公厅 国务院办公厅印发《关于实施中华优秀传统文化传承发展工程的意见》https://www.gov.cn/xinwen/2017-01/25/content_5163472.htm.
③ 高小林.中国传统文化在现代社会治理中的功能与实现路径研究[D].成都:西南交通大学,2016:31-33.
④ 宋歌.探讨日本文化创意产业的发展经验与启示[J].喜剧世界(下半月),2021(12):106-107.
⑤ Edmondson R, Rau H. Environmental argument and cultural difference[M]. New York: Peter Lang, 2008: 23-25.
⑥ Sobo E. Dynamics of human bicultural diversity: a unified approach[M]. 2nd ed. New York: Routledge, 2020: 64-72.
⑦ 陈立生."一带一路"视域下文化"走出去"的逻辑理路:基于广西文化"走东盟"的实践思考[J].学术论坛,2019, 42(6):1-7.
⑧ 范周,高飞.中国特色新型高校文化产业智库"走出去"路径浅析[J].人文天下,2018(3):6-12.

优良的条件和包容的姿态引进国外优秀人才,通过他们的亲身经历宣传中国文化[①]。对于中国民众来讲,则应培育其传播中国文化的正确意识,特别是中国的海外留学生、学者、企业高管、语言工作者这些容易与国际移民建立联系的群体[②],利用"借嘴说话"优势来推动国际传播本土化的落实;此外,还需加强国际传播人才队伍建设,培养适应新时代国际传播需要的专门人才队伍[③],为中华文化传播工作提供专门化的人才支撑。

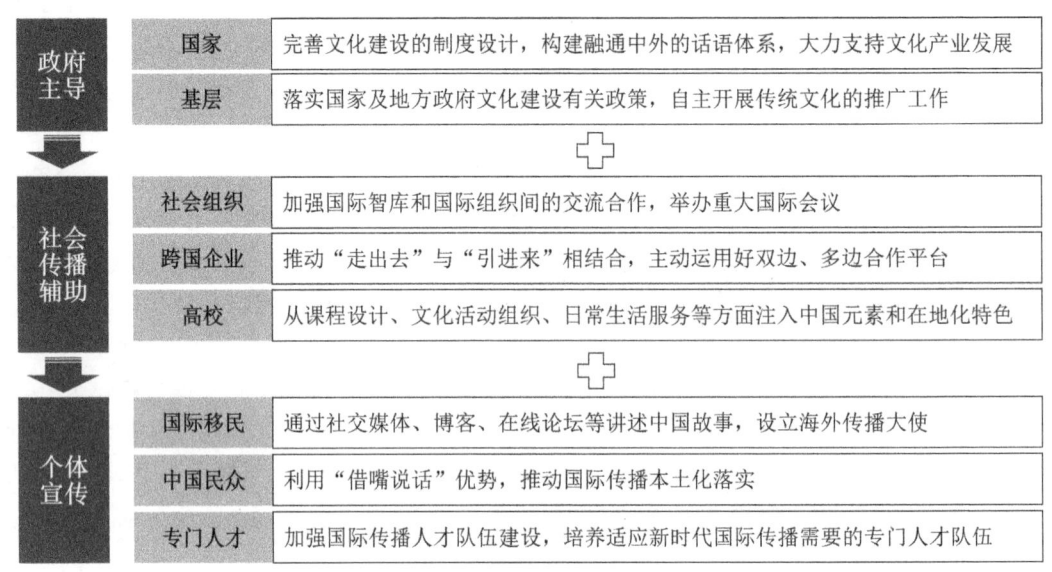

图7-20 中国传统文化宣传策略

* 资料来源:笔者自绘。

②扩展国际多元文化传播媒介

文化间的巨大差异除了造成国际移民的跨文化适应障碍外,还引发了中国本地居民对异国文化接纳的心理障碍,这种负面现象主要是缺乏文化交流的媒介和路径所造成的。因此,应在提升传统文化传播形式(如面对面的文化交流活动、传统媒体的文化宣传)效率的基础上,扩展以网络社交平台为代表的新媒体传播媒介,由此建立更为完善的文化传播体系,加速国际移民与本地居民文化互信的进程(见图7-21)。

其一,优化面对面文化传播的组织形式。一方面,需扩大现有中外文化交流活动的参与人群,提高活动组织的频率,杨川、于佳欣等人的研究就表明,绝大部分国际移民对中国节日(80.6%)和饮食文化(71.0%)表现出较强的兴趣[④⑤],故高校、企业、社区等组织方可以定期举办如家乡美食品鉴、节庆文化习俗讲演等促进中外文化传播的活动和讲座;而文化

---

① 郑淳,刘长军."去理想化":对西方国家高等教育国际化实践类型的再审视[J].西南交通大学学报(社会科学版),2023,24(2):91-108.
② 张冈成,肖芝.海外志愿服务与对外青年文化交流跨界融合发展[J].中国青年社会科学,2022,41(5):22-28.
③ 陈新.高校日语专业国际传播人才培养探析:以"讲好中国故事"为导向[J].教育教学论坛,2023(35):181-184.
④ 杨川.节日风俗文化在对外汉语教学中的应用研究:以四大传统节日风俗为中心[D].苏州:苏州大学,2019:46-50.
⑤ 于佳欣.在华外国人对中国饮食文化的认同研究:基于对抖音平台短视频的分析[D].沈阳:辽宁大学,2023:25-27.

类社会团体(如书法协会、摄影协会、舞蹈协会、武术协会等)也应担负起向国际移民传播中国传统文化的使命,积极组织和承办独具特色的专题类文化交流活动,如最美家乡摄影大赛、书法研学班等,吸引相同爱好的国际移民和本地人共同参与。另一方面,应探索文化互动的新型实现形式,激发国际移民和本地居民双方的参与兴趣,不但可以激活文化交流与商业业态结合的互动形式(比如社区运营公司承办文化创意市集,吸引中外业主展示和销售各国文创产品),还可探索文化交流与文艺展演相结合的形式(比如社区和文艺团体合作举办中外歌会、音乐演奏会、美术展等活动),增进中外文化和艺术的交融与碰撞。

其二,丰富传统媒体文化传播的具体内容。一方面,适当地加大纸媒、电视媒体等传统媒体的中外文化宣传力度,比如在报纸、杂志中增设中外文化传播与互鉴专栏,在电视媒体中增加文化交流类的专门频道和节目,有利于加深中国民众对多元文化的了解与认识,同时培育其传播本土文化的自主意识;另一方面,则应着力创作和推广具有文化感染力的电影、电视、书籍等文艺作品,其中以韩国为代表的影音剧文化产品输出就值得我国借鉴与学习[1];在弘扬和宣传中国主流文化和价值观的同时,也应兼收并蓄地引进和推广国外优秀文艺作品,生动和包容地展示多元文化的优秀成果。

其三,创新数字媒体文化传播的实现路径。一方面,加强文化交流的平台建设,借助新媒体传播智能化、即时性特性,设计多种媒体接力式运作、互补式衔接的全程传播机制,建立遍布全球的传播网络,拓展国际文化传播的新空间[2],以美联社(The Associated Press, AP)为例,其在全球就有超过 300 个分支机构,实时地获取和发布新闻,便于把自己的文化、价值观传播到世界的各个角落[3];另一方面,则利用中外网络共享社区平台,如小红书、微博、抖音、Instagram、Facebook 等,实时为国际社会展现真实客观的中国面貌,同时也为中国民众提供了近距离感知世界各个角落的渠道;与此同时,还可以通过国家、城市、文化交流组织的官方账号以及世界各地网红"流量"的宣传,激发受众参与文化传播的积极性,大力提高文化讨论度,以全民参与来增进文化互动的深度。

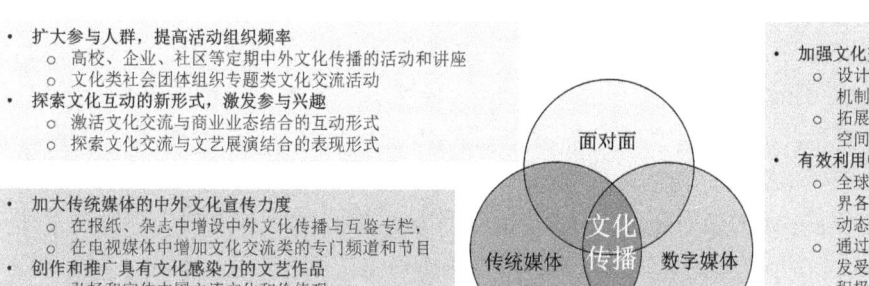

图 7-21 各种文化传播形式的提升措施

* 资料来源:笔者自绘。

---

① 王晓玲.韩国文化走向海外的三条路径[J].东亚评论,2023(1):74-92.
② 王逊.数字化的旅居者:在德中国人新媒体使用与文化认同研究[D].武汉:武汉大学,2014:75-80.
③ 吴隽然.全球化语境下欧美媒体跨文化传播策略研究[J].西部广播电视,2016,37(21):37.

（2）消除国际移民的语言障碍，建立情感互动的支持系统

①消除国际移民的语言障碍

国际移民与本地居民难以实现心理互纳的直接原因在于语言不通。对于国际移民来讲，其具备的中英文能力虽能让其在一定程度上适应迁入地的生活，但深入沟通交流的障碍使其在心理上缺乏安全感和归属感；与此同时，语言的障碍往往会令其逃避与本地居民的直接接触，这同样不利于彼此的心理认同与接纳。因此，应采取多重措施，逐步消除国际移民在华生活与交往的语言障碍（见图7-22）。

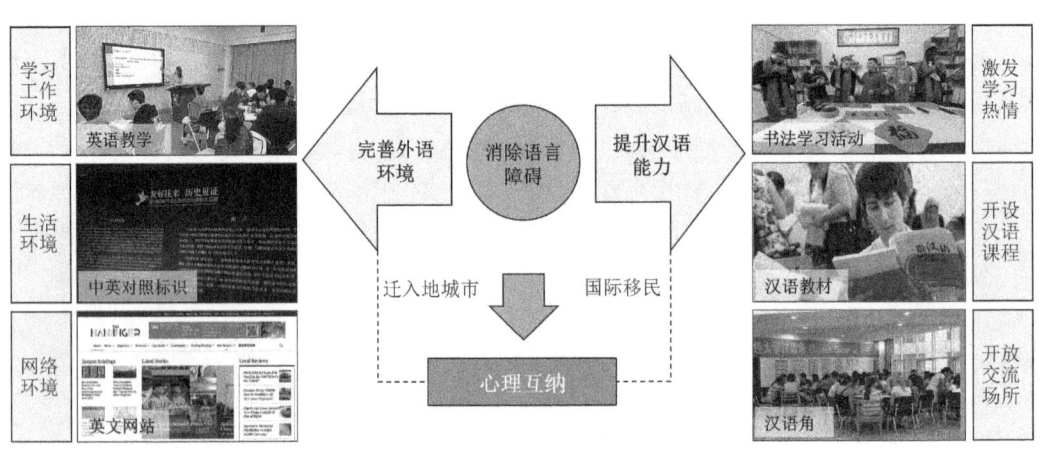

图7-22 消除国际移民语言障碍的相关举措

* 资料来源：笔者自绘。

其一，完善迁入地城市的外语环境。针对国际移民的学习与工作环境，应注重课程设置的双语选择模式、教学内容的中英讲义对照、会议讲演等各类工作场景的语言使用等[①]；针对国际移民的日常生活，则应逐步完善城市中的语言景观，在优化城市公共服务设施的双语标识系统的基础上，尤需关注反映地域文化的语言景观（如古代哲学、教育思想、历史故事、地域文化、名人传说、校园历史等）的翻译准确性[②]；针对国际移民面对的网络环境，应对翻译功能的应用场景和准确性进行完善和升级，设置多语言版本的网站体系，比如美国之音（VOA）就每天以60种语言通过各种网络平台进行传播，广泛吸引了各个国家的听众[③]。

其二，提升国际移民的汉语能力。外语环境的完善能够让国际移民较为顺利地适应迁入地的新生活，缓解其内心的未知与不安，但要想在心理上达到深层次的融入，还需要提升自身的汉语能力。基于此，首先要做的就是激发国际移民学习汉语的兴趣与热情，比如举办汉字的起源、书法、对联撰写等文化与汉字结合的科普性讲座；其次是在国际移民聚集的高校、社区、外企开设系统性的汉语课程，切实提升国际移民的汉语能力；此外，还应增设汉语交流的场所和活动，招募中外志愿者，为国际移民练习汉语提供场景。

---

① 刘咏波.中国城市外语生态环境构建对策探讨[J].改革与开放,2017(18):140-142.

② 伍莹.大学校园语言景观调查建设研究：基于长沙市大学城语言景观的实证调查[J].海外英语,2021(18):11-12,15.

③ 武洁,张莹,李雅琴.批评性话语分析视角下VOA新闻报道浅析[J].科教文汇(上旬刊),2020(25):182-183.

②建立情感互动的支持系统

国际移民在离开本国文化圈、进入异国文化圈的初期,兴奋感和新奇感会逐渐消失,困难和挑战接踵而至,随之出现思乡、孤独等情绪,并严重缺乏安全感[1]。因此,需要建立来华国际移民情感互动的支持系统,从社区支持、高校/企业支持、社会支持三方面统筹考虑,通过专业的服务和适当的沟通来帮助其完成心理调适,同时中外情感交流也有利于加深本地居民对国际移民的理解与接纳(见表7-9)。

其一,社区支持。政府部门应通过周到的管理与服务,发挥国际移民心理调适的作用。具体到基层治理,应建立社区支持系统,在社区中增设国际移民专门化服务的接口,比如在社区居委会专门设置国际移民办事窗口,提高国际移民办理业务的顺畅度;对于国际移民规模较大的社区还可设立外籍人士服务站,由专人为国际移民进行相关政策和管理流程的普及和讲解,像义乌国际社区就首创性地聘请外籍调解员,通过"以外调外"的方式协调和解决国际移民生活和交往上的难题,并提供心理上的疏导[2],以此增强国际移民的社区归属感。

其二,高校/企业支持。在国际移民就学、就业的单位也应设置相应的移民管理和服务部门。如鼓励高校建立海外教育学院,全面负责留学生的学习、生活,通过联谊活动、心理疏导等帮助留学生建立情感互动的媒介[3];在相关企业建立移民心理咨询服务中心,选派具有专业素质的人员,对移民进行心理上的疏导,以帮助他们建立积极的心态,适应在华工作和生活。

其三,社会支持。鼓励国际移民群体自主地建立合规合法的跨国社会组织(如同乡会、商会等),其社团领袖一般由长期居留中国的国际移民担任,以成员会议为运行机制,为成员提供各种帮助(如处理签证、经济援助等),并代表本国人与政府、其他组织交流,由此逐步形成国际移民在华的社会组织网络;与此同时,高校等科研院所建立的文化交流中心也可以为国际移民提供参与式的社会支持,通过跨文化交流促进其心理上的融入和自我认同。

其四,网络支持。为国际移民打造专属的信息门户(如英文网站、微信公众号等),为其提供包括医疗、教育、美食、交通、旅游景点等全方位的生活指南,播报中外新闻讯息与相关活动公告,同时给国际移民提供一个抒发和交流在华生活感受的窗口,这可以说是当前信息化时代国际移民克服心理障碍、融入中国社会最高效的措施。

表7-9 国际移民的支持系统建议

类别	内容	类型	职能
社区支持	国际移民办事窗口	政治组织	基层群众性自治组织
	外籍人士服务站	群众组织	组织各种外籍人员活动,如节日集会、英语角、娱乐派对等;组织和中国人的交流活动,如文化讲座等

---

[1] Oberg K. Cultural shock: adjustment to new cultural environments[J]. Practical anthropology, 1960,08(4): 177-182.

[2] 卢毅,任振一,陈朋. 在华国际移民杂糅性文化身份的建构:以"文明交流互鉴"为视角[J]. 三峡大学学报(人文社会科学版),2022,44(1):66-71.

[3] 谢晓伟. 来华留学生跨文化社会适应问题及其策略研究[J]. 海外英语,2023(8):185-187.

(续表)

类别	内容		类型	职能
企业/高校支持	海外教育学院		行政机构	全面负责留学生的管理工作
	移民心理咨询中心		行政机构	由专人负责为国际移民提供专门化的心理咨询服务
社会支持	文化交流	外国语言研究所	科研机构	针对国际移民的研究机构,同时定期举办相关活动,促进中外交流
		文化交流中心		
	外籍人员同乡会、商会		群众组织	由相同国籍或种族的外籍人员组成,组织小规模的集会活动
网络支持	外籍人员专属英文网站/公众号		网络媒体	为国际移民提供各类生活讯息、新闻报道和交流平台

＊资料来源:笔者自绘。

7.4.6 "包容性治理"策略的行动路径

为了保障上述五个层面治理策略的顺利实施,本书还需在第2章建立的"治理主体—运作模式—实施效果"治理操作初步框架的基础上,制定符合各类国际移民聚居区管理现状、满足优化策略差异化执行要求的行动路径。基于此,按照以下原则建构行动路径:

其一,聚焦国际移民聚居区的南京样本。本书已经从预设的"包容性治理策略"工具箱中选取了符合实证研究结果的有效策略,并根据南京市国际移民聚居区的实际情况转译成了覆盖五个维度、兼顾共性和差异性的实际策略。因此,在制定"包容性治理"的行动路径时,同样应从南京实际出发,因地制宜地安排各个治理主体的角色,完善协调机制,以确保每项优化策略能够有效执行和全面落实。

其二,分别构建城市和社区两个层级的行动路径。本书所提出的"包容性治理"策略既包含了城市层级的优化方案,比如空间维度的"优化城市中国际社区的空间布局、提升国际社区的导控标准",经济维度的"明确聚居区发展定位、激活城市异国特色"等,也包含了社区层级的优化方案,比如社会维度的"优化社区参与机制、积累桥梁社会资本",制度维度的"创新基层社区的管理与服务模式"等,除此之外,还有兼具城市和社区两个层级的治理策略,比如心理维度的"加强中国传统文化宣传、消除国际移民的语言障碍"等。显而易见的是,这两个层级的策略在治理主体和实施路径上均存在着明显的差别。因此,根据两个层级的项目设置和管理模式,分级构建行动路径,对于城市层级而言,可按治理主体的权责差异来制定不同的治理路径,而对于社区层级而言,则根据本书涉及的四类移民聚居区差异化的管理机制,分别构建行动路径。

其三,依循"治理主体—资金来源—运作模式"的解析框架。对于治理策略的具体操作,关键在于厘清"由谁参与""由谁出资""如何运作"三个问题。基于此,笔者进一步对相关文献进行梳理和整合,发现唐燕提出的"主体—资金—空间—运维"4S城市更新制度框架[1],"主体"、"资金"和"运维"三个维度可迁移到本书"包容性治理"策略的行动路径上来,据此建立"治理主体—资金来源—运作模式"的移民治理行动路径,其中治理主体是指包括

---

[1] 唐燕,张璐,殷小勇. 城市更新制度与北京探索:主体—资金—空间—运维[M]. 北京:中国城市出版社,2023.

政府、社会组织、本地居民和国际移民在内的行动参与方,资金来源是指移民治理策略运行所需资金的出资方或资本运作形式,运作模式则是指治理策略实施的具体操作程序和各方角色。因此,本书将依循"治理主体—资金来源—运作模式"的解析框架来进行综合统筹和相互适配的制度安排,规范、高效地落实各项移民优化策略。

(1) 城市层级的行动路径

前文提出的国际移民聚焦空间"包容性治理"策略中,空间、经济、制度和心理层面的策略需要制定城市层级的行动路径,基于治理策略的实际场景,并参考移民治理的相关研究[①],"分情境"地建立治理策略的城市行动路径(见图7-23)。

行动路径1"政府主导+多方参与模式":该路径的治理主体包括城市政府及其相关职能部门,国际移民及其相关团体、外资企业、本地居民等利益相关者,以及开发商、规划设计机构、产业研究机构、文化传媒机构等市场主体;资金来源有政府通过项目招标或委托形式出资、吸引民间资本投资等;具体操作模式上,城市政府及其相关职能部门进行提案并全面主导治理过程,其委托开发商、规划设计机构、产业研究机构、文化传媒机构等市场主体具体实施,政府及市场主体积极征询国际移民及其相关团体、外资企业、本地居民等利益相关者的意见与建议,最终形成有效方案并交由政府机关进行审批,以确保治理策略的权威性、有效性和合理性。该行动路径用于空间层面的"优化城市中国际社区的空间布局""提升国际社区建设的导控标准"策略,以及经济层面的"明确聚居区发展定位""激活城市异国特色经济"策略。

行动路径2"政府全面负责模式":该路径的治理主体包括国家机关、各地政府及相关职能部门,国际移民及其相关团体、外资企业、本地居民等利益相关者,以及相关领域的专家学者;资金来源有国家财政拨款、社会捐赠以及相关专项资金等;具体操作模式上,国家机关、各地政府及相关职能部门全权主导治理策略的提案、管理和实施过程,其中国家机关作为最高层领导,可授权相关职能部门和各地政府执行策略,也可应对各地政府的治理策略进行审批,但不管是哪个级别的政府在策略制定时都需要组织相关领域的专家学者进行可行性论证,同时深入基层调研,积极听取国际移民及其相关团体、外资企业、本地居民等利益相关者的意见与建议。该行动路径用于制度层面的"推进国际移民法制化建设"、"优化国际移民政策体系"和"完善政府移民治理的规制和程序"策略。

行动路径3"社会自发组织模式":该路径的治理主体包括移民雇佣方、活动策划机构等市场主体,文艺体类社会组织、移民相关团体等公益性组织,国际移民、本地居民等利益相关者,以及外事办、民政局、文化和旅游局等有关政府部门;资金来源有社会组织、移民团体成员集资,商业机构出资赞助,移民雇佣方出资等;具体操作模式上,移民雇佣方、活动策划机构、网络媒体等市场主体、文艺体类社会组织和移民相关团体等公益性组织自发进行提案并主导实施,在征得政府有关部门的审批同意后,鼓励和吸引国际移民、本地居民等利益相关者积极参与治理策略的实施过程。该行动路径用于心理层面的"加强中国传统文化宣传"、"扩展国际多元文化传播媒介"、"消除国际移民的语言障碍"和"建立情感互动的支持系统"策略。

---

① 孙志伟,郭树勇.论国际移民治理的现实困境与实践转向[J].教学与研究,2021(2):46-55.

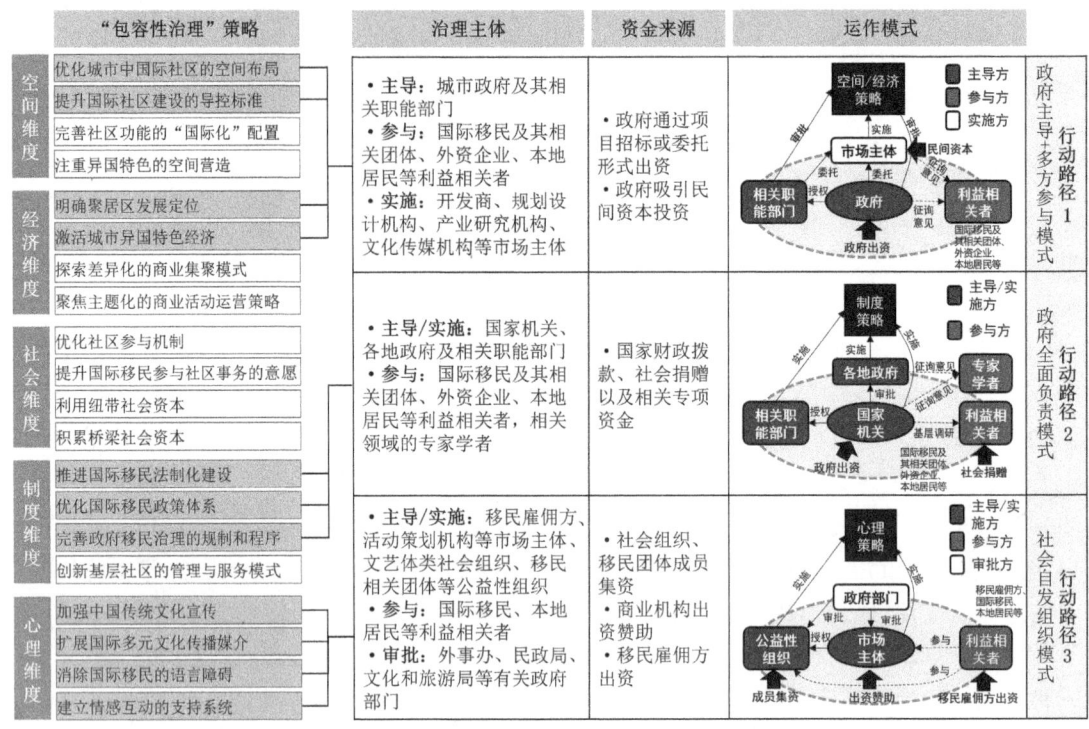

图 7-23　城市层级"包容性治理"策略的行动路径

*资料来源：笔者自绘。

（2）社区层级的行动路径

前文提出的国际移民聚焦空间"包容性治理"策略中，空间、经济、社会、制度和心理层面的策略均需要制定社区层级的行动路径，基于"社区场景"下的治理策略，参考国际移民社区治理的相关研究①，结合本书涉及的"经济型—被动聚居区"、"经济型—主动聚居区"、"社会型—被动聚居区"和"社会型—主动聚居区"四类国际移民聚居区样本，"分样本—分情境"地建立治理策略的社区行动路径（见图 7-24）。

行动路径 1"市场自发配置模式"：该路径的治理主体包括社区运营商、商业经营者等市场主体，国际移民、本地居民等利益相关者，以及政府有关部门；资金来源有社区运营商出租沿街商铺，吸引品牌商、商业经营者出资赞助等；具体操作模式上，由社区运营商、商业经营者等市场主体发起、主导并实施具体项目，政府有关部门负责监管和审批，国际移民、本地居民等参与项目或进行消费。"经济型—被动聚居区"、"经济型—主动聚居区"、"社会型—被动聚居区"和"社会型—主动聚居区"均可参考该行动路径，具体用于空间层面的"完善社区功能的'国际化'配置""注重异国特色的空间营造"策略，以及经济层面的"探索差异化的商业集聚模式"、"聚焦主题化的商业活动运营"策略。

行动路径 2"社区联合多方参与模式"：该路径的治理主体包括社区居委会、国际移民及其相关团体、本地居民、企业或商家、社区运营商、社区外籍人士服务站、政府有关部门等；

---

① 冼智彬，陈程，汪莲."人民城市"理念下社区治理机制研究：新加坡"心件"建设经验对深圳的启示[J]．城乡规划，2022（6）：95-106．

资金来源有政府拨款、社区成员缴纳的物业费用、企业或商家出资赞助等；具体操作模式上，社区居委会主导治理策略的提案和管理过程，社区居委会积极吸引企业或商家进行赞助，并委托社区运营商、外籍人士服务站等负责项目的实施，同时鼓励国际移民、本地居民等业主积极参与到活动项目中来，政府有关部门则负责活动和项目的审批工作。"经济型—被动聚居区"、"经济型—主动聚居区"和"社会型—主动聚居区"可参考该行动路径，具体用于空间层面的"完善社区功能的'国际化'配置""注重异国特色的空间营造"策略，社会层面的"利用纽带社会资本"策略，以及心理层面的"加强中国传统文化宣传""扩展国际多元文化传播媒介"策略。

行动路径 3"社区基层主导模式"：该路径的治理主体包括社区居委会、国际移民、本地居民、社区外籍人士服务站、社区运营商、政府有关部门等；资金来源有政府拨款、社区成员缴纳的物业费用等；具体操作模式上，社区居委会主导治理策略的提案、管理和实施过程，社区运营商、外籍人士服务站等协助和配合项目的实施，政府有关部门则负责活动和项目的审批工作，鼓励和吸引国际移民、本地居民等利益相关者积极参与治理策略的实施过程。"经济型—被动聚居区"和"经济型—主动聚居区"可参考该行动路径，具体用于社会层面的"优化社区参与机制""提升国际移民参与社区事务的意愿""积累桥梁资本"策略，制度层面的"创新基层社区的管理与服务模式"策略，以及心理层面的"消除国际移民的语言障碍""建立情感互动的支持系统"策略。

行动路径 4"社区＋高校联合模式"：该路径的治理主体包括社区居委会、高校留管办、国际留学生、本地居民、社区外籍人士服务站、企业或商家、政府有关部门等；资金来源有政府拨款、企业或商家出资赞助等；具体操作模式上，社区居委会和高校留管办协商共同主导治理策略的提案、管理和实施过程，外籍人士服务站等协助和配合项目的实施，并积极寻求企业或商家的商务合作，政府有关部门则负责活动和项目的审批工作，鼓励和吸引国际留学生和本地居民积极参与治理策略的实施过程。"社会型—主动聚居区"可参考该行动路径，具体用于经济层面的"聚焦主题化的商业活动运营"策略，社会层面的"优化社区参与机制""积累桥梁资本"策略，制度层面的"创新基层社区的管理与服务模式"策略，以及心理层面的"扩展国际多元文化传播媒介""建立情感互动的支持系统"策略。

行动路径 5"高校全面负责模式"：该路径的治理主体包括高校留管办、国际留学生、本校师生、企业或商家、政府有关部门等；资金来源有高校相关经费支持、企业或商家出资赞助等；具体操作模式上，高校及其留管办全权负责治理策略的提案、管理和实施过程，并根据项目的具体情况寻求企业或商家的商务合作，政府有关部门则负责活动和项目的审批工作，鼓励和吸引国际留学生、本校师生等校内成员积极参与治理策略的实施过程。"社会型—被动聚居区"可参考该行动路径，具体用于空间层面的"完善社区功能的'国际化'配置"、"注重异国特色的空间营造"策略，经济层面的"聚焦主题化的商业活动运营"策略，社会层面的"积累桥梁资本"策略，制度层面的"创新基层社区的管理与服务模式"策略，以及心理层面的"加强中国传统文化宣传""扩展国际多元文化传播媒介""消除国际移民的语言障碍""建立情感互动的支持系统"策略。

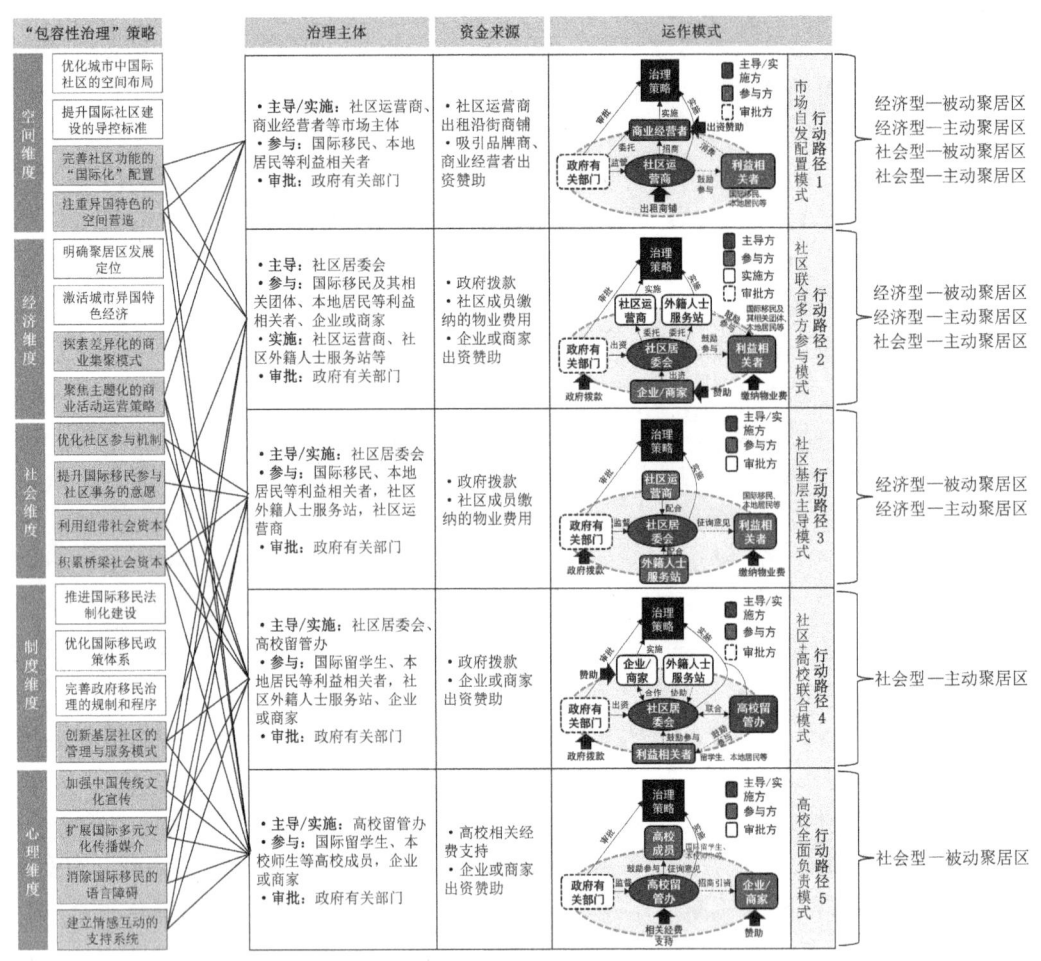

图7-24 社区层级"包容性治理"策略的行动路径

＊资料来源：笔者自绘。

7.5 本章小结

本章基于国际移民聚居空间"包容性治理"的普适化路径，依循"包容性的现状判断—包容性的现实问题—包容性治理策略"的脉络，依据南京市国际移民聚居空间的实际情况，提出了基于"融合—响应"的国际移民聚居空间治理策略。研究结论如下：

（1）基于"融合—响应"修正模型建构"包容性治理"路径

基于2.4节提出的国际移民聚居空间治理初步框架，结合实证分析结果与二次修正模型，进一步建构国际移民聚居空间包容性治理的普适性路径。步骤1包容性现状判断：基于从"融合—响应"评估到"包容性"判定的逻辑阐释，结合国际移民聚居空间四类情境诠释的波士顿矩阵解析，叠合"四个类型—五个维度—四个象限"来总结国际移民聚居空间五个维度"包容性"的象限分布，即第Ⅰ象限"双向互动的高包容性"、第Ⅱ象限"响应导向的中包容性"、第Ⅲ象限"双向阻滞的低包容性"、第Ⅳ象限"融合导向的中包容性"，进而通过"包容性"的匹配结果来对迁入地城市的包容性现状进行判断。步骤2包容性问题整合：按照"空间—经济—社会—制度—心理"五个维度来判断"包容性"波士顿矩阵四个象限的分类现状，据此分维度地整合国际移民聚居空间的"包容性"问题，其中代表"双向互动的高包容性"的第Ⅰ象限不再纳入问题讨论之列，即每个维度都统一包含第Ⅱ象限"中包容性之融合困难"、第Ⅲ象限"低包容性之融合 & 响应障碍"、第Ⅳ象限"中包容性之响应不足"三个方面的问题，以此建立覆盖15种情况的预设问题库。步骤3"包容性治理"的策略应对：基于第Ⅱ、Ⅲ、Ⅳ象限的包容性问题，给出"融合提升""融合 & 响应激活""响应强化"三个方面的治理初步方向，在此基础上，依旧从"空间—经济—社会—制度—心理"五个维度出发，基于15种预设问题，归纳问题全面覆盖的"包容性治理"策略工具箱。

（2）南京市国际移民聚居区的"包容性现状"

从南京市国际移民聚居空间"包容性"现状的波士顿矩阵可以看出：

空间维度的"包容性"集中在第Ⅰ、Ⅱ象限，且存在样本分异，其中南秀村社区和亚东城社区主要表现出"双向互动的高包容性"，而东大成园研究生公寓和盛捷青奥国际社区则表现出"响应导向的中包容性"的现实情况。

经济维度的"包容性"集中在第Ⅰ、Ⅳ象限，且同样存在样本分异，其中亚东城、盛捷青奥国际社区和南秀村社区主要表现出"双向互动的高包容性"，而东大成园研究生公寓则表现出"融合导向的中包容性"的现实情况。

社会维度的"包容性"位于Ⅱ、Ⅲ、Ⅳ象限，同样存在样本分异，其中东大成园研究生公寓和南秀村社区主要表现出"响应导向的中包容性"，盛捷青奥国际社区表现出"融合导向的中包容性"，而亚东城则表现出"双向阻滞的低包容性"的现实情况。

制度维度的"包容性"均位于第Ⅲ象限，亚东城、盛捷青奥国际社区、东大成园研究生公寓和南秀村社区四个样本较为类似，都表现出"双向阻滞的低包容性"的现实情况。

心理维度的"包容性"同样均位于第Ⅲ象限，亚东城、盛捷青奥国际社区、东大成园研究生公寓和南秀村社区四个样本较为类似，主要表现出"双向阻滞的低包容性"的现实情况。

（3）南京市国际移民聚居区的"包容性问题"

从空间、经济、社会、制度、心理五个维度对第Ⅱ、Ⅲ、Ⅳ象限存在的"包容性"问题进行梳理（位于第Ⅰ象限"双向互动的高包容性"的良性情况则不再展开问题剖析），得出如下结论：

其一，空间维度上表现出"现状国际化设施及空间与国际移民差异化的需求不相匹配"的现实问题。该问题主要体现在盛捷青奥国际社区和东大成园研究生公寓两个样本中，这一困境主要源于国际社区建设规范的缺位、"国际化"设施和空间塑造的忽视等。基于此，考虑探索未来国际社区的建设路径、提升现有空间的"国际化"品质等空间层面的"包容性治理"策略。

其二，经济维度上表现出"国际化业态未能集聚形成异国特色的'符号经济'"的现实问题。该问题主要体现在东大成园研究生公寓样本中，这一困境主要源于"符号化经济"兴起动力的不足、特色产业策划手段的缺乏等原因。基于此，考虑激活城市异国特色的"符号经济"、创新社区商业运营的操作方法等经济层面的"包容性治理"策略。

其三，社会维度上表现出"国际移民在迁入地难以形成稳固的社会资本"的现实问题。

该问题在东大成园研究生公寓、南秀村社区、盛捷青奥国际社区和亚东城四个样本中均有所体现,这一困境主要源于"国际化"社区参与机制的短板、中外社交媒介的障碍等方面的原因。基于此,考虑增进国际移民的社区参与、培育中外联系的社会资本等社会层面的"包容性治理"策略。

其四,制度维度上表现出"现行国际移民政策体系和管理模式较为粗放和繁冗"的现实问题。该问题同样在四个样本中均有所体现,这一困境主要源于国际移民政策体系的局限、移民管理与服务模式的落后等原因。基于此,考虑完善国际移民政策体系、创新移民管理与服务模式等制度层面的"包容性治理"策略。

其五,心理维度上表现出"国际移民与本地居民之间无法实现文化接纳和身份认同"的现实问题。该问题同样在四个样本中均有所体现,这一困境主要源于跨文化展示媒介的缺失、情感交流机会的匮乏等原因。基于此,考虑拓宽中外文化展示和传播路径、增进与国际移民的情感互动等心理层面的"包容性治理"策略。

(4) 南京市国际移民聚居区的"包容性治理"策略

本书在挖掘具体问题成因的基础上,本着因地制宜、有的放矢的原则,从预设的治理策略工具箱中选取了有效策略,转译为覆盖五个维度的"包容性治理"实际策略。

其一,空间层面提出"探索未来国际社区的建设路径,提升现有空间的'国际化'品质"的优化策略。一方面对未来国际社区的规划建设进行路径探索,在优化城市中国际社区的空间布局的同时,编制国际社区建设的导控标准;另一方面则对现状社区展开有针对性的"国际化"更新,完善社区功能的"国际化"配置,注重异国特色的空间营造。故以"以人为本、包容共享"为目标,提出了兼顾共性(例如探索国际社区建设的导控标准、注重异国特色的空间营造)和类型化差异(例如优化城市中国际社区的空间布局、完善社区功能的"国际化"配置)的空间治理策略。

其二,经济层面提出"激活城市异国特色的'符号经济',创新社区商业运营的操作方法"的优化策略。一方面从城市层面积极寻找各个国际移民聚居区的发展方向和产业触媒,明确聚居区发展定位,激活城市异国特色经济;另一方面则进一步从社区层面创新商业运营的操作方法,在探索差异化的商业集聚模式的同时,聚焦主题化的活动运营策略。故以"产业创新、包容共赢"为目标,提出了兼顾共性(激活城市异国特色经济)和类型化差异(例如明确聚居区发展定位、聚焦主题化的商业活动运营策略等)的经济治理策略。

其三,社会层面提出"增进国际移民的社区参与,培育中外联系的社会资本"的优化策略。一方面通过机制优化和意愿提升来增进国际移民的社区参与度,另一方面则基于社会资本的不同表现形式,采取差异化的培育方式。故以"互联互信、包容友好"为目标,提出了兼顾共性(例如提升国际移民参与社区事务的意愿、积累桥梁社会资本)和类型化差异(例如优化社区参与机制、利用纽带社会资本)的社会治理策略。

其四,制度层面提出"完善国际移民政策体系,创新移民管理与服务模式"的优化策略。一方面从国家移民制度设计上来讲,推进国际移民法制化建设,并不断优化国际移民政策体系;另一方面从基层移民治理上来讲,则是推进移民治理机构改革,同时借鉴移民治理的国际经验,创新移民管理与服务模式。故以"深化改革、包容共建"为目标,提出了兼顾共性(例如推进国际移民法制化建设、完善政府移民治理的规制和程序等)和类型化差异(创新基层社区的管理与服务模式)的制度治理策略。

其五,心理层面提出"拓宽中外文化展示和传播路径,增进与国际移民的情感互动"的优化策略。一方面着眼于文化资本的重构,通过加强中国传统文化的宣传、拓展国际多元文化传播的媒介,来实现本地居民和国际移民的文化互纳;另一方面,则注重移民身份的建构,通过消除语言障碍和建立移民情感互动的支持系统,来加快国际移民身份"市民化"进程。故以"文化互信、包容和谐"为目标,提出了适用于各类移民聚居区的心理治理共同策略。

(5)"包容性治理"策略的行动路径

为了保障上述五个层面治理策略的顺利实施,本书按照"聚焦国际移民聚居区的南京样本、分别构建城市和社区两个层级的行动路径、依循'治理主体—资金来源—运作模式'的解析框架"的基本原则,制定了符合各类国际移民聚居区管理现状、满足优化策略差异化执行要求的行动路径。

在城市层级上,基于治理策略的实际场景,并参考移民治理的相关研究,"分情境"地建立治理策略的城市行动路径。具体包括:行动路径1"政府主导+多方参与模式"、行动路径2"政府全面负责模式",以及行动路径3"社会自发组织模式"。

在社区层级上,基于"社区场景"下的治理策略,参考国际移民社区治理的相关研究,结合本书涉及的"经济型—被动聚居区"、"经济型—主动聚居区"、"社会型—被动聚居区"和"社会型—主动聚居区"四类国际移民聚居区样本,"分样本-分情境"地建立治理策略的社区行动路径。具体包括:行动路径1"市场自发配置模式"、行动路径2"社区联合多方参与模式"、行动路径3"社区基层主导模式"、行动路径4"社区+高校联合模式",以及行动路径5"高校全面负责模式"。

8 结论与展望

本书建立了国际移民聚居空间"融合—响应"的理论诠释框架,并以南京市的国际留学生聚居区与外籍员工聚居区为样本展开了实证分析,以此展现中国语境下国际移民聚居区的多元情境,进而提出了"包容性治理"的优化策略。国际移民聚居空间研究是一个复杂而又关键的问题,它涉及了人口学、城市规划、社会学、地理学等多个领域。然而,由于数据资料和文章篇幅的限制,本书只能对此进行有限的研究,难以全面覆盖。在此,本章将提出未来国际移民聚居空间研究方向的建议,以期为后续的研究提供浅显的思路。

8.1 主要结论

本书研究的主要结论可分为理论研究结论、实证研究结论和治理策略结论三个方面。

8.1.1 理论研究结论

(1) 国际移民聚居空间"融合—响应"的理论诠释框架

本书有针对性地引介、迁移和转译了与国际移民及其聚居空间紧密相关的跨国主义理论、社会融合理论、场域理论和结构化理论,并从中提取出了核心观点和基本原则,即凸显跨国人口迁移的全球化背景、聚焦国际移民研究的空间转向、兼顾融合与响应的双向互动、打通融合与响应的五维(空间、经济、社会、制度和心理)设定、确立五个维度的程度序列,尝试构建国际移民聚居空间"融合—响应"的一般性理论诠释框架。结合我国现有的国际移民聚居区研究成果,本书提出了国际移民聚居空间演化的"两端—五维"理论诠释框架,即国际移民聚居空间(融合端)与迁入地(响应端)之间通过"空间—经济—社会—制度—心理"五个维度、程度由高到低的双向互动,展现了国际移民在迁入地的生存和演化过程。

具体而言,"两端"是指统筹兼顾"融合端"(即迁入地影响下的国际移民聚居空间融入特征)与"响应端"(即国际移民聚居空间的出现对迁入地产生的影响)这两个端口,以此搭建诠释国际移民聚居空间与迁入地之间互动演化的基本框架。演化过程的动力(触发点)是由迁入地给予国际移民聚居空间的拉力(经济、政策、社会等方面的正向效益)带来的,所以演化过程往往以"融合端"为起点,表现为"融合端—响应端"之间多维度的持续双向作用过程,而且两端在各维度的进展程度上也呈现出某种一致性,即"融合"过程越容易的维度,"响应"也更容易。"五维"指构建一个包含"空间—经济—社会—制度—心理"五个基本维度在内的"融合—响应"解释框架,并且强调"两个端口"即使在相同的维度下,也拥有不同的具体内涵和构成要素,且不同类型的移民聚居空间在解析维度上也存在微差、缺省甚至跨越。与此同时,将不同维度"融合—响应"程度由高到低排列为空间、经济、社会、制度、心理维度。其中,空间维度是国际移民聚居区的物质载体,经济维度是基础与动力,社会维度是移民与迁入地之间的人文联结,制度维度是结构性要素,心理维度则表征着最难达成的精神层面的深度接纳。在此基础上,本书进一步针对经济型国际移民聚居空间(主要指以就业为目的的外籍员工聚居区)和社会型国际移民聚居空间(主要指以学习为目的的国际留学生聚居区)这两类具有代表性和差异性的聚居区形式,进行分类推导和解析。

(2)国际移民聚居空间的多情境诠释

本书根据南京市国际移民聚居区的实证分析结论,依次对"融合—响应"的理论诠释框架进行了"五维程度调整"和"亚类情境细分"两轮修正。同时,基于现实情境下国际移民聚居区样本在迁移动机的类型划分和择居方式的样本差异之间的交叉选择,将理论诠释框架延伸、细化为"经济型+被动择居"、"经济型+主动择居"、"社会型+被动择居"和"社会型+主动择居"四个国际移民聚居空间亚类,同时建立四类情境诠释的波士顿矩阵,以此对经过二次修正的多情境模型进行差异化解析和诠释。

"经济型+被动择居"国际移民聚居空间:从"融合—响应"模型的差异化阐释角度来看,相较理论诠释模型,该类移民聚居空间在经济维度和空间维度、制度维度和社会维度的"融合—响应"程度排序发生了置换,即经济维度的"融合—响应"程度提升至首位,空间维度的排序下降至经济维度之后,而制度维度的"融合—响应"程度高于预期,社会维度的排序则低于制度维度;从"融合—响应"程度的波士顿矩阵结果来看,该类移民聚居空间"融合—响应"程度的所有维度都集中在第Ⅰ、Ⅲ象限,也就是说,各个维度的融合和响应水平均具有一致性,其中经济维度和空间维度(位于第Ⅰ象限)表现出"高融合—高响应"的特征,社会维度、制度维度和心理维度(位于第Ⅲ象限)则均表现出"低融合—低响应"的特征。

"经济型+主动择居"国际移民聚居空间:从"融合—响应"模型的差异化阐释角度来看,相较理论诠释模型,该类移民聚居空间在经济维度和空间维度的"融合—响应"程度排序发生了置换,即经济维度的"融合—响应"程度高于预期,而空间维度的"融合—响应"程度低于经济维度;从"融合—响应"程度的波士顿矩阵结果来看,该类移民聚居空间"融合—响应"程度的各个维度分别位于第Ⅰ、Ⅱ、Ⅲ、Ⅳ象限,其中经济维度(位于第Ⅰ象限)表现出"高融合—高响应"的特征,空间维度(位于第Ⅱ象限)表现为"低融合—高响应"的特征,而制度维度和心理维度(位于第Ⅲ象限)均表现出"低融合—低响应"的特征,社会维度(位于第Ⅳ象限)则表现出"高融合—低响应"的特征。

"社会型+被动择居"国际移民聚居空间:从"融合—响应"模型的差异化阐释角度来看,该类移民聚居空间在社会、空间、制度和经济维度的响应程度排序发生置换的同时,社会和空间维度的"融合"和"响应"两个端口程度的排序也不一致,即社会维度的响应程度高于其他维度的响应程度,空间维度的响应程度排在社会维度之后,制度维度的响应程度高于预期,经济维度的响应程度则相对较低,与此同时,社会维度的响应程度高于融合程度,而空间维度的响应程度则低于融合程度;从"融合—响应"程度的波士顿矩阵结果来看,该类移民聚居空间"融合—响应"程度的所有维度都集中在第Ⅱ、Ⅲ象限,也就是说,各个维度的融合水平均偏低,而响应水平存在分异,其中空间维度和社会维度(位于第Ⅱ象限)表现出"低融合—高响应"的特征,而制度维度和心理维度(位于第Ⅲ象限)表现出"低融合—低响应"的特征,此外该类聚居空间虽不存在经济维度的融合过程,但在经济维度上表现出"低响应"的特征。

"社会型+主动择居"国际移民聚居空间:该类型的国际移民聚居空间与理论预设模型结论一致,"融合—响应"程度由高到低分别排列为空间、经济(仅涉及响应端)、社会、制度和心理五个维度;从"融合—响应"程度的波士顿矩阵结果来看,该类移民聚居空间"融合—响应"程度的各个维度分别位于第Ⅰ、Ⅱ、Ⅲ象限,其中空间维度(位于第Ⅰ象限)表现出"高融合—高响应"的特征,社会维度(位于第Ⅱ象限)表现出"低融合—高响应"的特征,制度维度和心理维度(位于第Ⅲ象限)均表现出"低融合—低响应"的特征,此外该类聚居空间虽不存在经济维度的融合过程,但在经济维度表现出"高响应"的特征。

8.1.2 实证研究结论

基于上述理论研究,本书以南京市国际留学生聚居区(社会型国际移民聚居空间)与外籍员工聚居区(经济型国际移民聚居空间)两个类型、四个样本为例,在总结国际移民聚居区现状属性特征的基础上,重点从融合状态和社区响应两个方面对两类国际移民聚居空间的"融合—响应"规律进行实证分析。

(1) 南京市经济型国际移民聚居空间"融合—响应"的实证分析

以南京市外籍员工聚居区(经济型国际移民聚居空间)为实证样本,一方面从"分维度"和"分样本"两方面探讨了经济型国际移民聚居空间的融合特征;另一方面,根据聚居区的形成和演化脉络,分阶段对周边社区的经济、空间、社会、制度和心理五个维度的响应规律进行了剖析,并从"分维度"和"分样本"两方面探讨了经济型国际移民聚居空间给周边社区带来的综合反馈。在此基础上,对理论框架进行了二次修正,研究结论如下:

在融合状态上,就同一维度下聚居区样本之间的融合排序而言,在空间维度的融合程度上,盛捷青奥国际社区和亚东城彼此差距极小;亚东城的经济融合程度明显高于盛捷青奥国际社区;在社会维度上,盛捷青奥国际社区的国际移民融合程度远高于亚东城;在制度维度和心理维度上,两个样本的融合程度则差距不大。就同一样本下不同维度之间的融合排序而言,亚东城经济维度的融合程度最高,其次是空间维度,制度维度和社会维度分列第3、第4位,心理维度的融合程度最低;而盛捷青奥国际社区的经济维度、空间维度和心理维度排序与亚东城相同,只是制度维度和社会维度的排序与前者相反。

在社区响应上,根据聚居区的形成和演化脉络,分阶段对周边社区响应进行剖析后发现,经济型国际移民聚居区在经济、空间、社会、制度和心理五个维度上表现出差异化的响应规律。经济型国际移民聚居区的总体排序为经济维度＞空间维度＞制度维度＞社会维度＞心理维度,其中经济维度的响应程度明显高于其他维度,而空间维度、制度维度和社会维度的响应程度较为相近,而心理维度的响应程度则明显低于其他四个维度。从两个样本响应程度的评估结果来看,总体排序则为盛捷青奥国际社＞亚东城,但样本之间的差距并不明显。

基于经济型国际移民聚居空间社区响应的实证分析,通过与"融合—响应"理论诠释框架的相互比对,提出了"维度调序、样本细分"两个修正方向,即调整"空间—经济—社会—制度—心理"五个维度程度的序列关系、细分两个样本亚类的具体框架,最终确立经济型国际移民聚居空间"融合—响应"理论诠释的修正框架。在此基础上,基于现实情境下国际移民聚居区样本进行"聚居区类型+择居方式"的交叉比对,将理论预设模型的大框架延伸、细化为"经济型+被动择居"和"经济型+主动择居"两个国际移民聚居空间亚类。

(2) 南京市社会型国际移民聚居空间"融合—响应"的实证分析

以南京市国际留学生聚居区(社会型国际移民聚居空间)为实证样本,同样探讨了社会型国际移民聚居空间的融合状态和社区响应规律。在此基础上,对理论框架进行了二次修正,研究结论如下:

在融合状态上,就同一维度下聚居区样本的融合排序而言,在空间维度的融合程度上,南秀村社区具有明显优势;在社会维度上,南秀村社区略高于东大成园研究生公寓;在制度维度和心理维度上,样本间的融合程度差距不大。就同一样本下不同维度之间的融合排序而言,东大成园研究生公寓和南秀村社区的情况相同,即:空间维度的融合评价值最高,心理维度最低,社会维度和制度维度则分列第2、第3位。

在社区响应上,根据聚居区的形成和演化脉络,分阶段对周边社区响应进行剖析后发现,社会型国际移民聚居区在经济、空间、社会、制度和心理五个维度上具有差异化的响应规律。社会型国际移民聚居区的总体排序为空间维度＞社会维度＞经济维度＞制度维度＞心理维度,其中空间维度的响应程度明显高于其他维度,经济维度和制度维度的响应程度较为相近,而心理维度的响应程度则明显低于其他四个维度。从两个样本响应程度的评估结果来看,总体排序则为南秀村社区＞东大成园研究生公寓,且样本之间还存在一定的差距。

基于社会型国际移民聚居空间社区响应的实证分析,通过与"融合—响应"理论诠释框架的对比,提出了"样本细分"的修正方向,即细分两个样本亚类的具体框架,最终确立社会型国际移民聚居空间"融合—响应"理论诠释的修正框架。在此基础上,基于现实情境下国际移民聚居区样本进行"聚居区类型+择居方式"的交叉比对,将理论预设模型的大框架拓展、细化为"社会型+被动择居"和"社会型+主动择居"两个国际移民聚居空间亚类。

8.1.3 治理策略结论

(1) 基于"融合—响应"修正模型的"包容性治理"路径建构

基于国际移民聚居空间治理的初步框架,本书结合实证分析结果与二次修正模型,阐释了从"融合—响应"评估到"包容性"判定的逻辑关系,并构建了一条国际移民聚居空间"包容性治理"的普适性路径,具体步骤如下:

步骤1 包容性现状判断:基于从"融合—响应"评估到"包容性"判定的逻辑阐释,结合国际移民聚居空间四类情境诠释的波士顿矩阵解析,结合"四个类型—五个维度—四个象限"来总结国际移民聚居空间五个维度"包容性"的象限分布,即第Ⅰ象限"双向互动的高包容性"、第Ⅱ象限"响应导向的中包容性"、第Ⅲ象限"双向阻滞的低包容性"、第Ⅳ象限"融合导向的中包容性",进而通过"包容性"的匹配结果对迁入地城市的包容性现状进行判断。

步骤 2 包容性问题整合：按照"空间—经济—社会—制度—心理"五个维度来判断"包容性"波士顿矩阵四个象限的分类现状，据此分维度地整合国际移民聚居空间的"包容性"问题，其中代表"双向互动的高包容性"的第Ⅰ象限不再纳入问题讨论之列，即每个维度都统一包含第Ⅱ象限"中包容性之融合困难"、第Ⅲ象限"低包容性之融合＆响应障碍"、第Ⅳ象限"中包容性之响应不足"三个方面的问题，以此建立覆盖15种情况的预设问题库。

步骤 3 "包容性治理"的策略应对：基于第Ⅱ、Ⅲ、Ⅳ象限的包容性问题，给出"融合提升""融合＆响应激活""响应强化"三个方面的治理初步方向，在此基础上，依旧从"空间—经济—社会—制度—心理"五个维度出发，基于15种预设问题，归纳问题全面覆盖的"包容性治理"策略工具箱。南京市国际移民聚居空间的实际治理操作将以此为基础，根据样本独特性、地域差异性等现实情况，进行二次筛选并转译为具体的"包容性治理"策略。

（2）南京市国际移民聚居区"包容性治理"策略的提出

在判断南京市国际移民聚居空间样本"包容性"现状的基础上，归纳并梳理聚居空间所面临的问题和困境，根据"包容性治理"策略工具箱的预设策略，因地制宜地提出空间、经济、社会、制度和心理层面具体的"包容性治理"策略，并进一步依循"治理主体—资金来源—运作模式"的思路，从城市和社区两个层级制定治理策略的具体行动路径，规范、高效地落实各项移民优化策略。具体治理策略如下：

其一，空间层面提出"探索未来国际社区的建设路径，提升现有空间的'国际化'品质"的优化策略。一方面对未来国际社区的规划建设进行路径探索，在优化城市中国际社区的空间布局的同时，编制国际社区建设的导控标准；另一方面则对现状社区展开有针对性的"国际化"更新，完善社区功能的"国际化"配置，注重异国特色的空间营造。故以"以人为本、包容共享"为目标，提出了兼顾共性（例如探索国际社区建设的导控标准、注重异国特色的空间营造）和类型化差异（例如优化城市中国际社区的空间布局、完善社区功能的"国际化"配置）的空间治理策略。

其二，经济层面提出"激活城市异国特色的'符号经济'，创新社区商业运营的操作方法"的优化策略。一方面从城市层面积极寻找各个国际移民聚居区的发展方向和产业触媒，明确聚居区发展定位，激活城市异国特色经济；另一方面则进一步从社区层面创新商业运营的操作方法，在探索差异化的商业集聚模式的同时，聚焦主题化的活动运营策略。故以"产业创新、包容共赢"为目标，提出了兼顾共性（激活城市异国特色经济）和类型化差异（例如明确聚居区发展定位、聚焦主题化的商业活动运营策略等）的经济治理策略。

其三，社会层面提出"增进国际移民的社区参与，培育中外联系的社会资本"的优化策略。一方面通过机制优化和意愿提升来增进国际移民的社区参与度，另一方面则基于社会资本的不同表现形式，采取差异化的培育方式。故以"互联互信、包容友好"为目标，提出了兼顾共性（例如提升国际移民参与社区事务的意愿、积累桥梁社会资本）和类型化差异（例如优化社区参与机制、利用纽带社会资本）的社会治理策略。

其四，制度层面提出"完善国际移民政策体系，创新移民管理与服务模式"的优化策略。一方面从国家移民制度设计上来讲，推进国际移民法制化建设，并不断优化国际移民政策体系；另一方面从基层移民治理上来讲，则是推进移民治理机构改革，同时借鉴移民治理的国际经验，创新移民管理与服务模式。故以"深化改革、包容共建"为目标，提出了兼顾共性

(例如推进国际移民法制化建设、完善政府移民治理的规制和程序等)和类型化差异(创新基层社区的管理与服务模式)的制度治理策略。

其五,心理层面提出"拓宽中外文化展示和传播路径,增进与国际移民的情感互动"的优化策略。一方面着眼于文化资本的重构,通过加强中国传统文化的宣传、拓展国际多元文化传播的媒介,来实现本地居民和国际移民的文化互纳;另一方面,则注重移民身份的建构,通过消除语言障碍和建立移民情感互动的支持系统,来加快国际移民身份"市民化"进程。故以"文化互信、包容和谐"为目标,提出了适用于各类移民聚居区的心理治理共同策略。

其六,基于城市和社区两个层级构建"包容性治理策略"的行动路径。为了保障上述五个层面治理策略的顺利实施,本书按照"聚焦国际移民聚居区的南京样本、分别构建城市和社区两个层级的行动路径、依循'治理主体－资金来源－运作模式'的解析框架"的基本原则,制定了符合各类国际移民聚居区管理现状、满足优化策略差异化要求的行动路径。城市层级具体包括:行动路径1"政府主导＋多方参与模式"、行动路径2"政府全面负责模式",以及行动路径3"社会自发组织模式"。社区层级具体包括:行动路径1"市场自发配置模式"、行动路径2"社区联合多方参与模式"、行动路径3"社区基层主导模式"、行动路径4"社区＋高校联合模式",以及行动路径5"高校全面负责模式"。

8.2 研究创新

(1) "融合—响应"双向视角下国际移民聚居空间演化理论诠释框架的建构

本书在梳理和整合西方经典理论的基础上,尝试打破其单向融合逻辑和分立式解析框架,并打通了"融合"与"响应"的解析维度,从"国际移民聚居空间—迁入地"之间"融合—响应"的双向联动视角出发,确立空间、经济、社会、制度、心理五个分析维度,结合全球化的时代背景和新型城镇化的国内语境,构建针对国际移民聚居空间的"两端—五维"专门化理论解释框架,该框架在深度揭示其空间机理的同时,能够有效弥补以往同类理论研究在诠释视角与特定研究对象上的不足和局限。

(2) 基于南京国际移民聚居区"融合"和"响应"规律的"包容性治理"策略的探索

基于"两端—五维"的理论诠释框架,本书以南京市国际留学生聚居区(社会型国际移民聚居空间)与外籍员工聚居区(经济型国际移民聚居空间)两个类型、四个样本为实证案例,同时从"融合状态"和"社区响应"两个端口,以及"空间—经济—社会—制度—心理"五个维度,对南京市国际移民聚居区的"融合—响应"规律进行了实证分析,勾勒出国际移民聚居空间的生存与演进之道,弥补了现有实证研究"重融合、轻响应"的局限与不足。在此基础上,进一步阐释了从"融合—响应"评估到"包容性"判定的逻辑关系,探寻出了一条国际移民聚居空间"包容性治理"的普适性路径,并依循此路径,结合南京市国际移民聚居区的实际情况,提出了空间、经济、社会、制度和心理五个层面的具体治理策略和行动路径。这有助于从城市规划与社区治理角度为我国国际移民政策的制定与移民群体的本土化管理提供有力参考,推动移民社区治理现代化进程。

(3) 国际移民聚居空间定性分析与定量方法相结合的技术手段改进

本书通过定性与定量分析相结合的技术手段，建立"理论框架＋实证分析＋多情境解释"的总体研究思路：一方面，通过定量分析方法对南京市两类国际移民聚居区案例进行实证研究，除了实地观察、问卷统计、专题访谈等传统的数据采集方法外，进一步完善与拓展了数字技术的应用领域和路径，集成改进和组合应用了时间地理学、SPSS、结构方程模型、层次分析法、波士顿矩阵等技术手段展开定量评估、统计分析和空间图解；而另一方面，则是通过定性研究方法建构了"融合—响应"的理论诠释框架，并在此基础上结合实证分析，对具有典型样本意义的"在华国际移民聚居空间"生存与演化机理展开多情境的阐释与归纳，从而得出更具合理性和说服力的科学结论。

8.3 未来展望

国际移民聚居区作为特殊群体在中国城市生存的一类典型社会结构，探讨其生存与演化的核心议题就是审视和思考"全球化背景下国际移民与迁入地的多重关联"，这涉及社区、城市、国家乃至全球系统的方方面面。尽管笔者尽力构建了一个合理的研究框架体系，并对其"融合—响应"的互动演化过程进行了较为全面的剖析，但由于时间、数据资料和个人能力等方面的限制，研究在许多方面仍存在诸多不足，有待进一步的细化研究。

(1) 国际移民聚居空间理论诠释框架的进一步验证

本书运用相关理论工具建立了国际移民聚居空间"融合—响应"的一般性理论诠释框架，在此基础上，结合相关研究成果对经济型和社会型两类国际移民聚居空间"两端—五维"的演化规律进行分类推导，并以南京市国际留学生聚居区（社会型国际移民聚居空间）与外籍员工聚居区（经济型国际移民聚居空间）两个类型、四个样本为实证案例，对理论框架和类型化推导进行验证和修正。事实上，尽管本书选取的案例具有典型性，但仅仅通过个别城市、个别聚居区样本来验证理论框架的合理性和科学性是远远不够的。因此，在未来的研究中，应进一步扩大样本的数量和研究范围，考虑对不同城市的国际移民聚居区进行比较分析，以此对理论诠释框架进行优化和完善。

(2) 国际移民聚居区的类型细分和情境扩展

本书在对国际移民聚居空间理论诠释框架进行分类推导时，结合相关研究成果，以来华目的为分类依据，选取了经济型国际移民聚居空间和社会型国际移民聚居空间两个最为主要的聚居区类型进行分类推导。经过实证分析后，又进一步将国际移民的择居方式作为交叉选择的依据，将在华国际移民聚居区情境扩展和细化为"经济型＋被动择居"、"经济型＋主动择居"、"社会型＋被动择居"和"社会型＋主动择居"四个国际移民聚居空间亚类。虽然这一分类依据具有合理性和有效性，但同一类型之下是否还存在分异情况？例如，国际移民家庭迁居和个体迁居模式的不同、来源国及其文化渊源差异，这些同样可能导致"融合—响应"规律存在差异。因此，在未来的研究中，应深入探索国际移民聚居区的分类依据和细分类型，以此进一步扩展和补充更多差异化的情境模式。

参 考 文 献

外文文献

著作

[1] Alba R, Nee V. Remaking the American mainstream: assimilation and contemporary immigration [M]. Boston: Harvard University Press, 2003.

[2] Berry J W. Psychology of acculturation: understanding individuals moving between cultures[C]// Brislin R. Applied cross-cultural psychology. Thousand Oaks, California: Sage Publications, 1990: 232-253.

[3] Edmondson R, Rau H. Environmental argument and cultural difference[M]. New York: Peter Lang, 2008.

[4] Faist T. The volume and dynamics of international migration and transnational social spaces[M]. Oxford: Oxford University Press, 2000.

[5] Frederickson H G, Smith K B. The public administration theory primer[M]. Cambridge: Westview Press, 2003.

[6] Gordon M. Assimilation in American life: the role of race, religion, and national origins[M]. New York: Oxford University Press, 1964.

[7] International Organization for Migration (IOM). World migration report 2018[M]. Geneva: International Organization for Migration, 2017: 125.

[8] Kang H. Cultural citizenship and immigrant community identity: constructing a multi-ethnic Asian American community[M]. New York: LFB Scholarly Publishing, 2010:1-202.

[9] Lash S, Urry J. Economies of signs and space[M]. London: Sage Publications, 1994.

[10] Lipsky M. Street-level bureaucracy: dilemmas of the individual in public services[M]. New York: Russell Sage Foundation, 1980.

[11] Percy-Smith J. Policy responses to social exclusion: towards inclusion? [M]. Buckingham: Open University Press, 2000.

[12] Room G. Beyond the threshold: the measurement and analysis of social exclusion[M]. Buckingham: Philadephia Policy Press, 1995.

[13] Sandberg N C. Ethnic identity and assimilation: the Polish-American community: case study of Metropolitan Los Angeles[M]. New York: Praeger Publishers, 1974.

[14] Schiller N G, Basch L, Blanc C S. Nations unbound: transnational projects, postcolonial predicaments, and deterritorialized nation states[M]. London: Routledge, 1994.

[15] Smith M P. After modernism: global restructuring and the changing boundaries of city life [M]. New Brunswick: Transaction Publishers, 1992.

[16] Smith M P. Transnational urbanism: locating globalization[M]. Malden: Blackwell, 2000.

[17] Sobo E J. Dynamics of human bicultural diversity: a unified approach[M]. 2nd ed. New York: Routledge, 2020.

[18] Tajfel H. Differentiation between social groups: studies in the social psychology of intergroup relations[M]. London: Academic Press, 1978.

[19] United Nations. Social cohesion: inclusion and a sense of belonging in Latin America and the Caribbean[M]. Chile: Santiago, 2007.

[20] United Nations Statistic Division. Recommendations on statistics of international migration[M]. New York: United Nations,1998.

[21] Walker A. Britain divided: the growth of social exclusion in 1980s and 1990s[M]. London: Child Poverty Action Group, 1997.

[22] Ward C, Bochner S, Furnham A. The psychology of culture shock[M]. London: Routledge, 2001.

学位论文

[1] Alberts H C. Rethinking the ethnic enclave economy: cubans in Miami[D]. Minneapolis: University of Minnesota, 2003.

[2] Darko J L. Through the lenses of the Ghanaian immigrant community in the Washington D. C. Metropolitan Area: an exploration of identities and cultures [D]. Cambridge: Howard University, 2014.

[3] Entzinger H, Biezeveld R. Benchmarking in immigrant integration[D]. Rotterdam: Erasmus University,2003.

[4] Lee K S. The meaning and practice of civic participation among four immigrant communities[D]. Cincinnati: Union Institute and University, 2004.

[5] Peng J M. A community in motion: the development of Toronto's Chinatown and Chinese Community, 1947-1981[D]. Guelph: University of Guelph, 1994.

[6] Sabatini F. Social capital and economic development [D]. Rome: University of Rome La Sapienza,2006.

[7] Tseng W. The structure and role of Ethnic Community Organizations in social adjustment and the development of social capital in chinese and vietnamese immigrant communities[D]. San Francisco: University of California, 2003.

期刊会议论文

[1] Ager A, Strang A. Understanding integration: a conceptual framework[J]. Journal of refugee studies, 2008, 21(2): 166-191.

[2] Al-Ali N, Black R, Koser K. The limits to "transnationalism": Bosnian and Eritrean refugees in Europe as emerging transnational communities[J]. Ethnic and racial studies, 2001,24(4): 578-600.

[3] Allen J P, Turner E. Ethnic residential concentrations in United States Metropolitan areas[J]. Geographical review, 2005,95(2):267-285.

[4] Andersen H S, Andersson R, Wessel T, et al. The impact of housing policies and housing markets on ethnic spatial segregation: comparing the capital cities of four Nordic Welfare States[J]. International journal of housing policy, 2015, 16(1): 1-30.

[5] Arcarazo D A, Geddes A. Transnational diffusion or different Models? regional approaches to migration governance in the European Union and Mercosur[J]. European journal of migration and

law,2014,16(1):19-44.

[6] Arreola D D. Placemaking and Latino Urbanism in a Phoenix Mexican immigrant community[J]. Journal of urbanism, 2012,5(2/3):157-170.

[7] Avenarius C B. Immigrant networks in new urban spaces: gender and social integration[J]. International migration, 2012,50(5):25-55.

[8] Balbo M, Marconi G. International migration, diversity and urban governance in cities of the South [J]. Habitat international, 2006,30(3):706-715.

[9] Banati P. Risk amplification: HIV in migrant communities[J]. Development Southern Africa, 2007, 24(1):205-223.

[10] Battistella G. Multi-level policy approach in the governance of labour migration: considerations from the philippine experience[J]. Asian journal of social science,2012,40(4):419-446.

[11] Berry B J L. Transnational urbanward migration, 1830—1980[J]. Annals of the association of american geographers. 1993, 83(3): 389-405.

[12] Berry J W. Immigration, acculturation, and adaptation [J]. Applied psychology, 1997, 46(1): 5-34.

[13] Bhabha J. Governing adolescent mobility: the elusive role of children's rights principles in contemporary migration practice[J]. Childhood,2019, 26(3): 369-385.

[14] Bisong A. Trans-regional institutional cooperation as multilevel governance: ECOWAS migration policy and the EU[J]. Journal of ethnic and migration studies,2019,45(8):1294-1309.

[15] Bollen K A, Hoyle R H. Perceived cohesion: a conceptual and empirical examination[J]. Social forces, 1990, 69(2): 479-504.

[16] Bonacich E. A theory of middleman minorities[J]. American sociological review, 1973,38(5): 583-594.

[17] Canefe N. Beyond multiculturalism: interculturalism, diversity and urban governance[J]. Ethnic and racial studies, 2018,41(8):1468-1475.

[18] Carnem E, Fazey I, Ross H, et al. Building community resilience in a context of climate change: the role of social capital[J]. Ambio: a Journal of the human environment, 2022,51(6):1371-1387.

[19] Chan S K. Segregation dimensions and development differentials of ethnic enclave[J]. International journal of social economics,2015,42(1):82-96.

[20] Chiswick B. Sons of immigrants: are they at an earnings disadvantage?[J]. The American economic review, 1977, 67(1): 376-380.

[21] Cholankeril R, Xiang E, Badr H. Gender differences in coping and psychological adaptation during the COVID-19 pandemic[J]. International journal of environmental research and public health,2023,20 (2): 993.

[22] Clark W A V, Morrison P A. Demographic foundations of political empowerment in multiminority cities [J]. Demography,1995, 32(2): 183-201.

[23] David P A. Clio and the economics of QWERTY[J]. The American economic review,1985, 75(2): 332-337.

[24] De Filippis J, Faust B. Immigration and community development in New York city[J]. Urban geography, 2014,35(8):1196-1214.

[25] Denhardt R B, Denhardt J V. The new public service: an approach to reform[J]. International review of public administration, 2003, 8(1): 3-10.

[26] Elias A, Mansouri F, Sweid R. Public attitudes towards multiculturalism and Interculturalism in Australia[J]. Journal of international migration and integration,2021,22(3):1063-1084.

[27] Flippen C A, Parrado E A. Forging Hispanic communities in new destinations: a case study of Durham, North Carolina[J]. City & community, 2012,11(1):1-30.

[28] Florida R, Gates G. Technology and tolerance: the importance of diversity to high-technology growth [J]. Research in urban policy, 2003, 9(1): 199-219.

[29] Frey W. Immigrant and native migrant magnets[J]. American demographics,1996(6): 1-5.

[30] Galbraith C S, Stiles C H, Rodriguez C L. Patterns of trade in ethnic enclaves: a study of Arab and Hispanic small businesses[J]. Journal of small business & entrepreneurship, 2003,16(3/4):1-12.

[31] Gans H J. Second-generation decline: scenarios for the economic and ethnic futures of the post-1965 American immigrants [J]. Ethnic and racial studies, 1992, 15(2): 173-192.

[32] Ghosh B. The global financial and economic crisis and migration governance[J]. Global governance: a riew of multilateralism and international organizations,2010,16(3):317-321.

[33] Gökalp Aras N E, Mencütek Z Ş. Evaluation of irregular migration governance in Turkey from a foreign policy perspective[J]. New perspectives on turkey, 2018,59:63-88.

[34] Goh C, Wee K, Yeoh B A. Migration governance and the migration industry in Asia: moving domestic workers from indonesia to Singapore[J]. International relations of the Asia-Pacific,2017,17 (3):401-433.

[35] Grugel J, Piper N. Global governance, economic migration and the difficulties of social activism[J]. International sociology,2011,26(4), 435-454.

[36] Hirschman C. The educational enrollment of immigrant youth: a test of the segmented-assimilation hypothesis [J]. Demography, 2001, 38(3): 317-336.

[37] Hughes M, Gove W R. Living alone, social integration, and mental health[J]. American journal of sociology, 1981, 87(1): 48-74.

[38] Jenks H. Urban space, ethnic community, and national belonging: the political landscape of memory in Little Tokyo[J]. GeoJournal,2008,73(3):231-244.

[39] Junger-Tas J. Ethnic minorities, social integration and crime[J]. European journal on criminal policy and research, 2001, 9(1): 5-29.

[40] Kaur A. Labour migration in Southeast Asia: migration policies, labour exploitation and regulation [J]. Journal of the Asia Pacific economy, 2010,15(1):6-19.

[41] Kim H. Ethnic enclave economy in urban China: the Korean immigrants in Yanbian [J]. Ethnic and racial studies. 2003, 26 (5) :802-828.

[42] Korneev O, Leonov A. "Home-grown" vs. "imported" regionalism? overlapping dynamics of regional migration governance in post-soviet Eurasia[J]. Journal of ethnic and migration studies, 2022, 48 (12):2873-2891.

[43] Lee D O. Koreatown and Korean small firms in Los Angeles: locating in the ethnic neighborhoods [J]. The professional geographer,1995,47(2):184-195.

[44] Lemanski C L. Desegregation and integration as linked or distinct? evidence from a previously "white" suburb in post-apartheid Cape Town[J]. International journal of urban and regional research,2006,30 (3):564-586.

[45] Lennox C. Racial integration, ethnic diversity, and prejudice: empirical evidence from a study of the British National Party[J]. Oxford economic papers,2012,64(3):395-416.

[46] Ley D. Seeking homo economicus: the Canadian state and the strange story of the business immigration program[J]. Annals of the association of American geographers, 2003,93(2):426-441.

[47] Lichter D T, Parisi D, Taquino M C, et al. Residential segregation in new Hispanic destinations: cities, suburbs, and rural communities compared[J]. Social science research, 2010,39(2):215-230.

[48] Likić-Broborić B. Global migration governance, civil society and the paradoxes of sustainability[J]. Globalizations, 2018,15(6):762-778.

[49] Li W. Anatomy of a new ethnic settlement: the Chinese ethnoburb in Los Angeles[J]. Urban studies, 1998,35(3):479-501.

[50] Logan J R, Zhang W Q, Alba R D. Immigrant enclaves and ethnic communities in New York and Los Angeles[J]. American sociological review, 2002,67(2):299-322.

[51] Lorenz E, Schmutzler J. Tolerance, agglomeration, and enterprise innovation performance: a multilevel analysis of Latin American Regions[J]. Industrial and corporate change, 2018, 27(2): 243-268.

[52] Luk C M, Phan M B. Ethnic enclave reconfiguration: a new Chinatown in the making [J]. GeoJournal, 2005,64(1):17-30.

[53] Ma L J C, Xiang B. Native place, migration and the emergence of peasant enclaves in Beijing [J]. The China quarterly, 1998, 155: 546-581.

[54] Massey D S. American apartheid: segregation and the making of the underclass[J]. American journal of sociology, 1990,96(2):329-357.

[55] McDaniel P N, Drever A I. Ethnic enclave or international corridor? Immigrant businesses in a new south city[J]. Southeastern geographer,2009,49(1):3-23.

[56] McIntyre J, Hall C. Barriers to the inclusion of refugee and asylum-seeking children in schools in England[J]. Educational review,2020,72(5): 583-600.

[57] McLendon M K, Heller D E, Young S P. State Postsecondary policy innovation: politics, competition, and the interstate migration of policy ideas[J]. The journal of higher education,2005,76(4):363-400.

[58] Moore T. Governing superdiversity: learning from the aboriginal Australian case[J]. Social identities, 2020,26(2):233-249.

[59] Myers D, Gao X, Emeka A. The gradient of immigrant age-at-arrival effects on socioeconomic outcomes in the U. S. [J]. International migration review, 2009, 43(1): 205-229.

[60] Neidert L, Farley R. Assimilation in the United States: an analysis of ethnic and generation differences in status and achievement [J]. American sociological review, 1985, 50(6): 840-850.

[61] Newland K. The governance of international migration: mechanisms, processes, and institutions[J]. Global governance,2010,16(3):331-343.

[62] Nguyen B. Regional informal institutions, local governance and internal migration in Vietnam[J]. Regional studies, 2023,57(7):1189-1206.

[63] Otten S, Mummendey A. To our benefit or at your expense? Justice considerations in intergroup allocations of positive and negative resources[J]. Social justice research, 1999, 12(1): 19-38.

[64] Pamuk A. Geography of immigrant clusters in global cities: a case study of San Francisco, 2000[J]. International journal of urban and regional research, 2004,28(2):287-307.

[65] Papada E, Papoutsi A, Painter J, et al. Pop-up governance: transforming the management of migrant

[65] populations through humanitarian and security practices in Lesbos, Greece, 2015—2017 [J]. Environment and planning d: society and space,2020,38(6):1028-1045.

[66] Park R E. Human migration and the marginal man [J]. American journal of sociology, 1928, 33(6): 881-893.

[67] Pécoud A. Philosophies of migration governance in a globalizing world[J]. Globalizations, 2021,18 (1): 103-119.

[68] Perlmann J, Waldinger R. Second generation decline? children of immigrants, past and present—a reconsideration [J]. International migration review, 1997, 31(4): 893-922.

[69] Pillay S. A cultural ecology of new public management[J]. International review of administrative sciences,2008,74(3):373-394.

[70] Portes A. Conclusion: Theoretical convergencies and empirical evidence in the study of immigrant transnationalism[J]. International migration review, 2003,37(3):874-892.

[71] Portes A, Guarnizo L E, Landolt P. The study of transnationalism: pitfalls and promise of an emergent research field[J]. Ethnic and racial studies,1999, 22(2): 217-237.

[72] Price M. A review of "Ethnoburb: the new ethnic community in urban America"[J]. Annals of the association of American geographers,2012,102 (1):254-256.

[73] Qian H F. Diversity versus tolerance: the social drivers of innovation and entrepreneurship in US cities[J]. Urban studies, 2013, 50(13): 2718-2735.

[74] Rasinski K A, Lee L, Haggerty C. Functional and social neighborhood integration of leaseholders relocated into public and private housing by the Chicago housing authority's plan for transformation [J]. Housing policy debate,2010,20(1):65-89.

[75] Robinson C. Making migration knowable and governable: Benchmarking practices as technologies of global migration governance[J]. International political sociology,2018,12(4):418-437.

[76] Sanders J M, Nee V. Limits of ethnic solidarity in the enclave economy[J]. American sociological review, 1987,52(6):745-773.

[77] Scott R A. Deviance, sanctions, and social integration in small-scale societies[J]. Social forces, 1976, 54(3):604-620.

[78] Spierings B, van der Velde M. Cross-border differences and unfamiliarity: shopping mobility in the Dutch-German Rhine-Waal Euroregion[J]. European planning studies,2013,21(1):5-23.

[79] Triandafyllidou A. The global governance of migration: towards a "messy" approach [J]. International migration,2022, 60(4):19-27.

[80] Tsai J L, Ying Y W, Lee P A. The meaning of "being Chinese" and "being American": variation among Chinese American young adults[J]. Journal of cross-cultural psychology, 2000, 31 (3): 302-332.

[81] Vallejo J A. Latina spaces: middle-class ethnic capital and professional associations in the Latino community[J]. City & community,2009,8(2):129-154.

[82] Van Riemsdijk M, Markchand M H, Heins V M. New actors and contested architectures in global migration governance: continuity and change[J]. Third world quarterly,2021,42(1):1-15.

[83] Vertovec S. Migration and other modes of transnationalism: towards conceptual cross-fertilization[J]. International migration review, 2003,37(3):641-665.

[84] Waldinger R. The "other side" of embeddedness: a case-study of the interplay of economy and ethnicity[J]. Ethnic and racial studies,1995,18(3):555-580.

[85] Wang Q F. Beyond ethnic enclaves? exploring the spatial distribution of latino-owned employer firms in two U. S. immigration gateways[J]. Journal of urban affairs, 2013,35(5):569-589.

[86] Wejnert C. Social network analysis with respondent-driven sampling data: a study of racial integration on campus[J]. Social networks,2010,32(2):112-124.

[87] Wise R D. Is there a space for counterhegemonic participation? civil society in the global governance of migration[J]. Glocalizations,2018,15(6):746-761.

[88] Wu F L, Webber K. The rise of "foreign gated communities" in Beijing: between economic globalization and local institutions [J]. Cities, 2004, 21 (3):203-213.

[89] Wu Q Y, Cheng J Q, Chen G, et al. Socio-spatial differentiation and residential segregation in the chinese city based on the 2000 community-level census data: a case study of the inner city of Nanjing [J]. Cities, 2014, 39(8): 109-119.

[90] Yoon I J. The changing significance of ethnic and class resources in immigrant businesses: the case of Korean immigrant businesses in Chicago[J]. International migration review,1991,25(2):303-332.

[91] Zhou M, Logan J R. Returns on human capital in ethnic enclaves: New York City's Chinatown[J]. American sociological review, 1989, 54(5):809-820.

[92] Zou J, Chen Y, Chen J. The complex relationship between neighbourhood types and migrants' socio-economic integration: the case of urban China[J]. Journal of housing and the built environment, 2020, 35(1): 65-92.

中文文献

著作

[1] 安东尼·吉登斯. 社会理论的核心问题:社会分析的行动、结构与矛盾[M].郭忠华,徐法寅,译.上海:上海译文出版社,2015.

[2] 布迪厄. 区分:判断力的社会批判[M].刘晖,译.北京:商务印书馆,2015.

[3] 崔岩. 中国社会质量研究:理论、测量和政策[M].北京:社会科学文献出版社,2017.

[4] 高子平.我国外籍人才引进与技术移民制度研究[M].上海:上海社会科学院出版社,2012.

[5] 国家统计局. 中国统计年鉴2022[M].北京:中国统计出版社,2022.

[6] 亨廷顿.我们是谁?美国国家特性面临的挑战[M].北京:新华出版社,2005.

[7] 吉登斯. 现代性的后果[M].田禾,译.南京:译林出版社,2011.

[8] 李明欢. 国际移民政策研究[M].厦门:厦门大学出版社,2011:1-273.

[9] 李志刚,等. 广州国际移民区的社会空间景观[M].南京:东南大学出版社,2016.

[10] 李志刚,何深静,刘玉亭,等.中国城市社会空间[M].北京:科学出版社,2021.

[11] 南京市城市国际化推进办公室.在南京:外籍人士服务指南[M].南京:江苏凤凰文艺出版社,2021.

[12] 诺克斯,平奇. 城市社会地理学导论[M].柴彦威,张景秋,译.北京:商务印书馆, 2005.

[13] 斯蒂芬·戈德史密斯,威廉·D.埃格斯. 网络化治理:公共部门的新形态[M].孙迎春,译.北京:北京大学出版社, 2008.

[14] 唐燕,张璐,殷小勇. 城市更新制度与北京探索:主体—资金—空间—运维[M].北京:中国城市出版社,2023.

[15] 王兴中,等. 中国城市社会空间结构研究[M].北京:科学出版社,2000.

[16] 肖子华,徐水源. 人口流动与社会融合:理论、指标与方法[M].北京:社会科学文献出版社,2018.

[17] 许树柏.实用决策方法:层次分析法原理[M].天津:天津大学出版社,1995.

[18] 易丹辉.结构方程模型:方法与应用[M].北京:中国人民大学出版社,2008.
[19] 俞可平.治理与善治[M].北京:社会科学文献出版社,2000.
[20] 约翰斯顿.人文地理学词典[M].柴彦威,等译.北京:商务印书馆,2004.
[21] 悦中山,李树茁,费尔德曼.农民工的社会融合研究:现状、影响因素与后果[M].北京:社会科学文献出版社,2012.
[22] 中共中央党史和文献研究院.习近平关于基层治理论述摘编[M].北京:中央文献出版社,2023.

学位论文

[1] 蔡籽焓.基于原住民社会融合的哈尔滨历史街区复兴发展研究[D].哈尔滨:哈尔滨工业大学,2020.
[2] 柴敏.中国国际移民管理的制度变迁与改革走向:基于历史制度主义的研究[D].上海:中共上海市委党校,2020.
[3] 陈良敏.进城农民工市民化测度及影响因素研究[D].武汉:中南财经政法大学,2020.
[4] 陈玲.支持网络与社会融合:基于在杭外国人调查的分析[D].杭州:浙江大学,2019.
[5] 陈佩娇.空间正义导向的城市治理研究:兼论包容性城市治理模式的构建[D].成都:四川大学,2020.
[6] 陈玉洁.基于SEM实证分析的城市户外健步空间要素研究[D].哈尔滨:哈尔滨工业大学,2020.
[7] 范文越.深圳市外籍人口空间分布及集聚片区的环境特征研究[D].哈尔滨:哈尔滨工业大学,2020.
[8] 冯薇.我国技术移民社会融入管理问题研究[D].北京:中国人民公安大学,2021
[9] 高彦梅.基于社会融合的流动人口居留意愿影响因素研究[D].太原:山西财经大学,2022.
[10] 郭璨.南京市保障房社区社会融合度研究[D].南京:南京大学,2016.
[11] 何骏.上海市外籍人口公园空间可达性研究[D].上海:华东师范大学,2019.
[12] 黄佳陈.国际社区治理如何推动民间外交?:以上海国际社区为例[D].上海:上海外国语大学,2022.
[13] 黄倩.上海外籍人士休闲活动场所空间分布特征研究[D].上海:上海师范大学,2021.
[14] 焦龙跃.重庆保障房社区社会融合及其影响因素研究[D].重庆:重庆大学,2019.
[15] 刘佳.大城市失地农民的空间安置与社会融合解析:以南京市失地农民安置区为例[D].南京:东南大学,2017.
[16] 刘志忠.外国直接投资与江苏经济增长实证研究[D].南京:南京农业大学,2004.
[17] 陆淑珍.城市外来人口社会融合研究:基于珠江三角洲地区的分析[D].广州:中山大学,2012.
[18] 陆文莉.国际社区治理模式研究:基于案例分析[D].上海:华东政法大学,2021.
[19] 马晨.城市国际化视域下西安国际社区治理研究[D].西安:陕西师范大学,2019.
[20] 施雅.义乌市外籍商人的居住模式及其变迁研究[D].金华:浙江师范大学,2020.
[21] 宋江帆.利益调整与制度变革:新居民社区融入与社会融合——基于温州社区建设的调查与思考[D].武汉:华中师范大学,2014.
[22] 孙小峰.包容性发展视域下城中村治理机制与模式研究[D].杭州:浙江大学,2021.
[23] 王凌瑾.南京市国际留学生聚居区的日常生活空间及其社区响应探察:以南秀村国际留学生聚居区为例[D].南京:东南大学,2018.
[24] 王逊.数字化的旅居者:在德中国人新媒体使用与文化认同研究[D].武汉:武汉大学,2014.
[25] 王乙喆.低碳导向的苏州工业园区再开发模式研究[D].南京:东南大学,2018.
[26] 吴潇.区隔还是融合:全球化背景下跨国移民的空间生产——基于浙江省义乌市的实证研究[D].上海:华东师范大学,2019.
[27] 谢欣.文化适应视角下在穗非洲人社会融入问题与社会工作介入研究[D].广州:广州大学,2018.
[28] 辛潇.上海外籍人士居住问题调查研究[D].上海:同济大学,2007.
[29] 徐苗.跨国流动群体的整体性适应:望京韩国流动群体的特征及类型化研究[D].北京:中央民族大

学,2011.
[30] 杨川.节日风俗文化在对外汉语教学中的应用研究:以四大传统节日风俗为中心[D].苏州:苏州大学,2019.
[31] 俞苗晗.当代中国国际移民管理政策变迁研究[D].南京:南京大学,2018:13-17.
[32] 袁兴钱.广州外籍人聚居区及其社会功能研究[D].广州:广州大学,2009.
[33] 张柏葳.基于史密斯模型的"留学江苏计划"执行研究:以南京四所高校为例[D].南京:南京理工大学,2018.
[34] 郑培静.我国大都市外国人聚居区的多语景观比较研究:基于北京、上海和广州的考察[D].上海:华东师范大学,2021.
[35] 朱蓓倩.上海外籍人口城市融入研究[D].上海:华东师范大学,2016.
[36] 朱秉渊.在京韩国人及其社会融合状况:以望京"韩国城"为例[D].济南:山东大学,2013.
[37] 邹永莺.国际社区治理的路径研究:以南京市Z社区为例[D].南京:南京师范大学,2020.

期刊会议论文

[1] 曹慧霆,罗翔.浦东新区发展国际社区空间策略研究[J].北京规划建设,2016(4):83-86.
[2] 陈斌,周龙."人类命运共同体"视角下全球移民治理与中国角色[J].中国人民大学学报,2019,33(1):83-93.
[3] 陈宏胜,李志刚.中国大城市保障房社区的社会融合研究:以广州为例[J].城市规划,2015,39(9):33-39.
[4] 陈金鳌,张霈,徐勤儿.外籍人士休闲体育消费研究:以苏州工业园区为例[J].体育科技,2012,33(3):13-16.
[5] 陈立生."一带一路"视域下文化"走出去"的逻辑理路:基于广西文化"走东盟"的实践思考[J].学术论坛,2019,42(6):1-7.
[6] 陈新.高校日语专业国际传播人才培养探析:以"讲好中国故事"为导向[J].教育教学论坛,2023(35):181-184.
[7] 程同顺,高千.国家与社会关系的另类阐释:《社会中的国家》评述[J].国外社会科学,2016(1):138-142.
[8] 邓睿,郑强.居住空间融合能否带来更高的生活满意度?:基于农民工城市社区居住状况的经验研究[J].人口与发展,2022,28(4):28-38.
[9] 丁宪浩.农民工社会融入问题分析[J].财经科学,2006,50(10):99-104.
[10] 段卓廷.日本国际移民管理政策变化特征分析[J].八桂侨刊,2021(4):32-42.
[11] 范周,高飞.中国特色新型高校文化产业智库"走出去"路径浅析[J].人文天下,2018(3):6-12.
[12] 高传胜.论包容性发展的理论内核[J].南京大学学报(哲学·人文科学·社会科学版),2012,49(1):32-39,158-159.
[13] 郭一帆.布迪厄的"社会空间"理论[J].人文新视野,2021(1):21-34.
[14] 何波.北京市韩国人聚居区的特征及整合:以望京"韩国村"为例[J].城市问题,2008(10):59-64.
[15] 何尹杰,吴大放,刘艳艳.城市轨道交通对土地利用的影响研究综述:基于CiteSpace的计量分析[J].地球科学进展,2018,33(12):1259-1271.
[16] 胡江霞,文传浩.社区发展、政策环境与水电库区移民的社会融合[J].统计与决策,2016(16):82-85.
[17] 黄滔.整体性治理理论与相关理论的比较研究[J].福建论坛(人文社会科学版),2014(1):176-179.
[18] 黄旭,刘怀宽,薛德升.全球化背景下国际移民社会融合研究综述与展望[J].世界地理研究,2020,29(2):397-405.

[19] 黄祖宏,高向东.基于ESDA的上海市常住境外人口空间分析[J].人口与发展,2012,18(2):48-53.
[20] 姜晓萍,谭振宇.习近平关于基层治理重要论述的深刻内涵与理论贡献[J].国家现代化建设研究,2022,1(4):16-28.
[21] 蒋依娴,王秉安.基于SEM的福建台胞社会融合影响因素及路径关系研究[J].台湾研究集刊,2018(1):34-46.
[22] 金太军,刘培功.包容性治理:边缘社区的治理创新[J].理论探讨,2017(2):29-33.
[23] 李春成.包容性治理:善治的一个重要向度[J].领导科学,2011(19):4-5.
[24] 李辉.神圣空间的建构与竞争:以上海市浦东新区城市堂为例[J].宗教社会学,2020,6(1):252-267.
[25] 李强.关于城市农民工的情绪倾向及社会冲突问题[J].社会学研究,1995,10(4):63-67.
[26] 李树茁,任义科,靳小怡,等.中国农民工的社会融合及其影响因素研究:基于社会支持网络的分析[J].人口与经济,2008,29(2):1-8,70.
[27] 李树茁,薛琳,宋雨笑.新时代在华国际移民的融合、发展与治理[J].北京工业大学学报(社会科学版),2022,22(4):16-28.
[28] 李叶妍.人口转移就业、产业发展与城市包容度关系研究[J].现代管理科学,2016,(8):45-47.
[29] 李怡然.全球化时代的中国国际移民问题[J].社会科学论坛,2018(4):229-234.
[30] 李志刚,杜枫.中国大城市的外国人"族裔经济区"研究:对广州"巧克力城"的实证[J].人文地理,2012,27(6),1-6.
[31] 李志刚,薛德升,Lyons M,等.广州小北路黑人聚居区社会空间分析[J].地理学报,2008,63(2):207-218.
[32] 李志刚,薛德升,杜枫,等.全球化下"跨国移民社会空间"的地方响应:以广州小北黑人区为例[J].地理研究,2009,28(4):920-932.
[33] 梁波,王海英.国外移民社会融入研究综述[J].甘肃行政学院学报,2010(2):18-27,126.
[34] 林丹.国际社区建设与移民治理研究[J].社会建设,2021,8(6):85-95.
[35] 林子轩.公共空间的再定义:上海城市旧有住区更新策略发展与公共空间演变的研究[J].建筑与文化,2022(9):171-174.
[36] 刘程.新发展阶段我国流动人口的包容性治理研究[J].上海城市管理,2023,32(4):62-68.
[37] 刘冬喜.两组变量间相关关系的统计分析方法[J].高等数学研究,2011,14(1):75-76.
[38] 刘贵文,黄媛媛.包容性发展理念对我国城市治理的启示[J].开发研究,2019(4):37-45.
[39] 刘国福.探索建立技术移民制度:兼论重塑我国外国人才制度[J].人民论坛·学术前沿,2023(16):96-103.
[40] 刘家蓉."三社联动"视域下国际社区建设的观察与反思:以南京市银城东苑国际社区为例[J].黑龙江科学,2020,11(11):160-161.
[41] 刘咏波.中国城市外语生态环境构建对策探讨[J].改革与开放,2017(18):140-142.
[42] 刘云刚,陈跃.广州日本移民族裔经济的形成及其社会空间特征[J].地理学报,2014,69(10):1533-1546.
[43] 刘云刚,谭宇文,周雯婷.广州日本移民的生活活动与生活空间[J].地理学报,2010,65(10):1173-1186.
[44] 卢小君,韩愈.中国城市社会包容水平测度:以48个城市为例[J].城市问题,2018(12):37-43.
[45] 卢毅,任振一,陈朋.在华国际移民杂糅性文化身份的建构:以"文明交流互鉴"为视角[J].三峡大学学报(人文社会科学版),2022,44(1):66-71.
[46] 陆淑珍,魏万青.城市外来人口社会融合的结构方程模型:基于珠三角地区的调查[J].人口与经济,2011,32(5):17-23.

[47] 路阳.国际移民新趋向与中国国际移民治理浅论[J].世界民族,2019(4):58-72.

[48] 吕红艳,郭定平.全面构建外来移民治理体系:新时代中国国家治理的新课题[J].国家治理,2018(29):27-38.

[49] 吕红艳,郭定平.中国外来移民小社会治理研究:基于上海、义乌和广州的实证分析[J].湖北社会科学,2019(9):38-50,95.

[50] 罗翔.浦东国际社区治理的困境、趋势与策略[J].科学发展,2023(9):74-79.

[51] 罗小龙.本期主题:城市国际化与城市规划[J].规划师,2011,27(8):31-35.

[52] 马西恒,童星.敦睦他者:城市新移民的社会融合之路:对上海市Y社区的个案考察[J].学海,2008,19(2):15-22.

[53] 马萧,何雪松.来华韩国人的族裔经济形态探析[J].世界民族,2022(4):38-49.

[54] 马小迪.在华外国"网红"与中外跨文化交流:以"歪果仁研究协会"为例[J].新媒体研究,2019,5(21):104-105.

[55] 倪红福,冀承.中国居民消费结构变迁及其趋势:基于中美投入产出表的分析[J].消费经济,2020,36(1):3-12.

[56] 2020年跨文化传播事件评析[J].跨文化传播研究,2021(2):159-193.

[57] 庞娟.融合视角下城市非正规空间的包容性治理研究[J].探索,2017(6):146-152.

[58] 钱俊希,钱丽芸,朱竑."全球的地方感"理论述评与广州案例解读[J].人文地理,2011,26(6):40-44.

[59] 钱前,甄峰,王波.南京国际社区社会空间特征及其形成机制:基于对苜蓿园大街周边国际社区的调查[J].国际城市规划,2013,28(3):98-105.

[60] 强晓云.当前欧亚国际移民治理:俄罗斯的经验蓝本[J].国际关系研究,2016(6):91-105,153.

[61] 秦天祎,王洁,蔡苏洪,等.苏州市人才公寓建设的现状及吸引人才方案研究:以苏州工业园区为例[J].江苏科技信息,2020,37(2):65-68,77.

[62] 邱皓政,李碧芳.结构方程模型的原理与应用[J].北京:中国轻工业出版社,2012.

[63] 任远,乔楠.城市流动人口社会融合的过程、测量及影响因素[J].人口研究,2010,34(2):11-20.

[64] 任远,邬民乐.城市流动人口的社会融合:文献述评[J].人口研究,2006,30(3):87-94.

[65] 沈费伟,杜芳.数字乡村建设中老年人参与的包容性治理:现实困境与实现路径[J].杭州师范大学学报(社会科学版),2022,44(1):103-111.

[66] 沈洁,罗翔,李志刚.在沪境外人口的空间集聚与影响机制[J].城市发展研究,2019,26(12):102-108,116.

[67] 沈育辉,童滋雨.人本尺度下社区生活圈便利性评估方法研究[J].南方建筑,2022(7):72-80.

[68] 石智雷,朱明宝.农民工的就业稳定性与社会融合分析[J].中南财经政法大学学报,2014(3):49-58,159.

[69] 斯托克,华夏风.作为理论的治理:五个论点[J].国际社会科学杂志(中文版),1999,16(1):20-21.

[70] 宋歌.探讨日本文化创意产业的发展经验与启示[J].喜剧世界(下半月),2021(12):106-107.

[71] 孙洁,余思奇,朱喜钢,等.教育全球化背景下南京"留学生街"的形成与演变[J].现代城市研究,2022,37(6):67-73.

[72] 孙志伟,郭树勇.论国际移民治理的现实困境与实践转向[J].教学与研究,2021(2):46-55.

[73] 檀皓举.全球化背景下我国移民与人才引进法律政策:评述与展望[J].特区经济,2022(10):137-140.

[74] 田凯.关于农民工的城市适应性的调查分析与思考[J].社会科学研究,1995,19(5):90-95.

[75] 田明,彭宇.流动人口城市融入的空间差异:以东部沿海6个城市为例[J].城市规划,2014,38(6):9-16,31.

[76] 汪建昌.中国国际移民政策变迁研究:内在逻辑与未来走向[J].江海学刊,2021(3):131-137,255.

[77] 王晁,梁晓.温哥华华人新移民的社会融合[J].世界民族,2003,10(4):29-37.

[78] 王长义,王大鹏,赵晓雯,等.结构方程模型中拟合指数的运用与比较[J].现代预防医学,2010,37(1):7-9.

[79] 王春光,Beja J P.温州人在巴黎:一种独特的社会融入模式[J].中国社会科学,1999,20(6):106-119.

[80] 王春光.农村流动人口的"半城市化"问题研究[J].社会学研究,2006,21(5):107-122.

[81] 王金营,黄卓.新就业形态下外来人口城市归属感研究:基于杭州市电商相关从业人员的调查[J].人口与社会,2020,36(4):1-17.

[82] 王立,薛德升.世界城市跨国空间研究的分野与合流[J].人文地理,2017,32(5):69-75.

[83] 王丽娜,李莎莎.结构方程模型在修正和中介作用分析中的误区和对策[J].中国卫生统计,2017,34(2):361-363.

[84] 王凌瑾,吴晓.全球化背景下国际留学生聚居区的社区响应探讨:以南京市南秀村为例[J].规划师,2020,36(10):32-41.

[85] 王妮丽.国家与社会关系视角下我国社区治理模式思考[J].云南师范大学学报(哲学社会科学版),2019,51(1):108-113.

[86] 王浦劬.国家治理、政府治理和社会治理的基本含义及其相互关系辨析[J].社会学评论,2014,2(3):12-20.

[87] 王晓玲.韩国文化走向海外的三条路径[J].东亚评论,2023(1):74-92.

[88] 王玉婷,徐红罡,劳丽芬.旅游地饮食符号经济:地方符号营造与路径依赖[J].热带地理,2021,41(6):1246-1257.

[89] 王子立.德国移民法律体系:演进、逻辑与启示[J].德国研究,2022,27(1):64-84,131.

[90] 王子立.中美移民法律体系比较与启示[J].上海公安学院学报,2019,29(6):87-96.

[91] 吴滨,金山,周祥真.我国消费结构变化趋势研究:基于消费对标分析方法[J].商业经济研究,2023(3):47-50.

[92] 吴晨,施媛,杨蕾,等.《首都国际人才社区建设导则》的编制框架[J].世界建筑,2020(2):28-31,139.

[93] 吴锦良.建构国际化社区的治理结构[J].杭州(周刊),2016(8):14-16.

[94] 吴隽然.全球化语境下欧美媒体跨文化传播策略研究[J].西部广播电视,2016,37(21):37.

[95] 吴瑞君,吴潇,薛琪薪.跨国移民的社会空间机制及移民治理启示:以浙江义乌的外国移民为考察对象[J].华东师范大学学报(哲学社会科学版),2022,54(3):132-139,187.

[96] 吴晓曼,薛琳,方伟晶,等.中国国际移民的社会融合与发展:分析框架的构建与应用[J].西安交通大学学报(社会科学版),2022,42(5):115-122.

[97] 吴燕丹,郑程浩,张盼等.包容性发展视角下中国残疾人群众体育治理阻滞与纾解路径[J].体育科学,2022,42(9):9-16,81.

[98] 吴禹蓉,黄六招.试析"双向增能"对易地搬迁安置社区实现包容性治理的形塑机理[J].领导科学论坛,2022(2):24-33

[99] 吴宗友,丁京.过渡型社区的空间"聚—离"与包容性治理[J].中州学刊,2022(6):62-70.

[100] 伍敏,郝辰杰.实施导向下的城市景观风貌规划方法探索[J].规划师,2017,33(10):89-94.

[101] 伍莹.大学校园语言景观调查建设研究:基于长沙市大学城语言景观的实证调查[J].海外英语,2021(18):11-12,15.

[102] 冼智彬,陈程,汪莲."人民城市"理念下社区治理机制研究:新加坡"心件"建设经验对深圳的启示[J].城乡规划,2022(6):95-106.

[103] 肖涵.社会结构演变中门禁社区的包容性治理[J].公共管理与政策评论,2023,12(2):144-156.

[104] 谢晓伟.来华留学生跨文化社会适应问题及其策略研究[J].海外英语,2023(8):185-187.

[105] 辛士波,陈妍,张宸.结构方程模型理论的应用研究成果综述[J].工业技术经济,2014,33(5):61-71.

[106] 徐倩.包容性治理:社会治理的新思路[J].江苏社会科学,2015(4):17-25.

[107] 徐倩.苏州:探索包容性治理模式[J].群众,2023(12):53-55.

[108] 徐越倩,马斌.地方治理的理论体系及中国的分析路径[J].中共浙江省委党校学报,2008,24(5):47-53.

[109] 许芳,凡士伟.流动人口社会融合的状态识别与水平测算[J].统计与决策,2022,38(7):40-45.

[110] 许清清,范甜甜,袁祺.我国人口迁移政策对产业结构升级的影响研究:基于2000—2016年我国31个省的面板数据的实证检验[J].宏观质量研究,2019,7(4):48-63.

[111] 薛澜,张帆,武沐瑶.国家治理体系与治理能力研究:回顾与前瞻[J].公共管理学报,2015(3):1-12,155.

[112] 晏晓娟.我国城市发展进程中的国际移民治理:基于社会融合的视角[J].上海对外经贸大学学报,2019,26(4):100-108.

[113] 杨高,周春山.深圳不同类型农民工聚居区的社会融合及影响因素[J].地理研究,2019,38(2):297-312.

[114] 杨菊华.从隔离、选择融入到融合:流动人口社会融入问题的理论思考[J].人口研究,2009,33(1):17-29.

[115] 杨黎源.外来人群社会融合进程中的八大问题探讨:基于对宁波市1053位居民社会调查的分析[J].宁波大学学报(人文科学版),2007,20(6):65-70.

[116] 杨洋,马骁.移民的地理聚集、隔离与社会融合研究述评[J].人口与发展,2012,18(6):104-109.

[117] 杨智勇,蔡一峰,张小平.高校外国留学生宿舍管理改革与信息系统建设:以东南大学为例[J].高校后勤研究,2014(4):60-61.

[118] 姚文东.包容性治理:城市民族互嵌式社区治理的有效选择[J].领导科学论坛,2021(11):22-28.

[119] 姚烨琳,张海东.国际移民的社会融入研究:以上海为例[J].学习与探索,2018(6):33-41.

[120] 悦中山,杜海峰,李树茁,等.当代西方社会融合研究的概念、理论及应用[J].公共管理学报,2009,6(2):114-121,128.

[121] 曾东林,吴晓刚,陈伟.移民的空间聚集与群体社会距离:来自上海的证据[J].社会,2021,41(5):56-79.

[122] 曾凡军,王鹏飞.包容性视角下流动商贩治理的路径探析:以N市A区为例[J].成都行政学院学报,2022(6):45-55,117-118.

[123] 翟宏堃,李强,魏晓薇.结构方程模型统计检验力分析:原理与方法[J].心理科学进展,2022,30(9):2117-2143.

[124] 翟羽佳.共同治理:新公共服务理论视域下我国政府治理的创新模式[C]//中国行政体制改革研究会.加快政府职能转变深化行政体制改革:第四届中国行政改革论坛论文集.北京:国家行政学院出版社,2013:250-257.

[125] 张航瑞.独异的生活:都市白领网红餐厅的打卡实践[J].济南大学学报(社会科学版),2023,33(1):123-135.

[126] 张洪聪,杨树,闫凌霄.澳大利亚技术移民政策变迁及启示研究[J].特区经济,2023(9):74-77.

[127] 张康之.论主体多元化条件下的社会治理[J].中国人民大学学报,2014,28(2):2-13.

[128] 张网成,肖芝.海外志愿服务与对外青年文化交流跨界融合发展[J].中国青年社会科学,2022,41(5):22-28.

[129] 张文宏,雷开春. 城市新移民社会认同的结构模型[J]. 社会学研究,2009,24(4):61-87,243-244.

[130] 张文宏,雷开春. 城市新移民社会融合的结构、现状与影响因素分析[J]. 社会学研究,2008,43(5):117-141.

[131] 章雅荻. 国际移民问题全球治理的现状、困境与展望:以欧洲移民危机为例[J]. 国际关系研究,2017(1):82-100,156.

[132] 赵聚军,齐媛. 我国国际社区治理中的外籍居民参与:基于京津三个国际社区的观察[J]. 南开学报(哲学社会科学版),2020(3):27-36.

[133] 赵向光,李志刚. 中国大城市新移民的地方认同与融入[J]. 城市规划,2013,37(12):22-29.

[134] 赵芸. 外国留学生社区管理模式探析:以北京市海淀区五道口留学生聚居区为例[J]. 辽宁警专学报,2013,15(6):54-57.

[135] 郑淳,刘长军. "去理想化":对西方国家高等教育国际化实践类型的再审视[J]. 西南交通大学学报(社会科学版),2023,24(2):91-108.

[136] 周春山,杨高. 西方国家移民聚居区研究进展及启示[J]. 人文地理,2017,32(1):1-8,36.

[137] 周大鸣,杨小柳. 浅层融入与深度区隔:广州韩国人的文化适应[J]. 民族研究,2014(2):51-60,124.

[138] 周二华,李晓艳. 在华跨国企业中外员工薪酬差异的实证研究:基于相对剥夺理论[J]. 管理评论,2011,23(10):91-101.

[139] 周皓. 流动人口社会融合的测量及理论思考[J]. 人口研究,2012,36(3):27-37.

[140] 周敏,林闽钢. 族裔资本与美国华人移民社区的转型[J]. 社会学研究,2004,19(3),36-46.

[141] 周雯婷,刘云刚,全志英. 全球化背景下在华韩国人族裔聚居区的形成与发展演变:以北京望京为例[J]. 地理学报,2016,71(4):649-665.

[142] 周雯婷,刘云刚. 上海古北地区日本人聚居区族裔经济的形成特征[J]. 地理研究,2015,34(11):2179-2194.

[143] 周雯婷,刘云刚. 中国大城市外国人聚居区的形成机制:基于北上广的比较研究[J]. 地理科学,2022,42(9):1513-1521.

[144] 左晓斯. 全球移民治理与中国困局[J]. 广东社会科学,2014(5):184-198.

网络资源

[1] 国家统计局网站(第六、七次全国人口普查公报):http://www.stats.gov.cn.

[2] 中华人民共和国中央人民政府网站:https://www.gov.cn/zhengce/2019-11/05/content_5449023.html.

[3] 中华人民共和国教育部网站:http://www.moe.gov.cn/jyb_xwfb/s271/201907/t20190719_391532.html.

[4] 国家移民管理局官方网站:https://www.nia.gov.cn.

[5] 联合国社会与经济事务部(UNDES)网站:https://www.un.org/en/desa.

[6] 国际移民组织(IOM)网站(国际移民与发展专题):http://www.iom.int.

[7] 中国经济统计数据库 https://db.cei.cn/jsps/Home.

[8] 江苏省教育厅官网:http://jyt.jiangsu.gov.cn.

[9] 南京市统计局网站(国民经济和社会发展统计公报):http://www.tjcn.org/tjgb/10js/1189.html.

[10] The Nanjinger(在宁外国人网站):https://www.thenanjinger.com/.

[11] 南京市人民政府外事办公室(南京市人民对外友好协会)网站:https://wb.nanjing.gov.cn/.

[12] 我爱我家南京研究院(南京住房租赁市场租金水平):https://nj.5i5j.com/zhishi/12266.html.

附录

附录1 南京市国际移民调查问卷

问卷发放地点_____ 时间_____ 调查人员_____ 编号_____

该调研信息仅用作学术研究,为不记名问卷,请放心填写!衷心感谢您的配合与帮助!

1. 性别:_____ 年龄:_____ 国籍:_____ 婚姻状况:□未婚 □已婚
   宗教:□佛教 □基督教 □天主教 □其他_____ □没有
   受教育程度:□高中及以下 □大学专科 □本科 □硕士 □博士及以上

2. 您来南京的目的:□商务 □就业 □学习 □定居 □探亲
   □其他_____ 来南京的时间:_____年_____月

3. 您目前的(职业)身份:□攻读学位学生 □短期交流或进修 □教育与科研从业者
   □企业管理人员 □专业技术人员 □商业服务人员 □自由职业者 □无 □其他_____
   您来宁后换过_____次工作,您的就业渠道是:□来源国公司派遣 □高端人才引进
   □本地单位合同聘任 □临时工 □自主创业 □无 □其他_____

4. 您的家庭月收入_____,如果租赁,您住房的月租金_____;除去租金,您家庭的月花销_____
   ① 低于2 000元 ② 2 000—5 000元 ③ 5 000—10 000元 ④ 10 000—20 000元
   ⑤ 20 000—30 000元 ⑥ 30 000—50 000元 ⑦ 50 000元以上

5. 您居住的小区_____(名称),住房来源:□自行租赁 □雇佣方统一租赁 □购买
   □其他_____
   若租房,您的租金由谁支付:□自己 □雇佣方 □其他_____

6. 您选择该小区的原因:□临近上班地点或交通便利 □周边生活设施齐备 □居住环境优质
   □周围外籍人士较多 □雇佣方统一安排 □其他原因_____

7. 您的住房面积:_____m², 户型:卧室数量_____, 起居室数量_____, 合住人数_____
   您目前与谁住在一起(可多选):□独居 □配偶 □子女 □父母 □同事 □朋友 □陌生人
   □其他_____

8. 您的工作地点:_____区_____街道 您住所与工作地的距离:_____
   □小于0.5 km □0.5—1 km □1—2 km □2—3 km □大于3 km

9. 您通常选择的交通方式是(可多选):
   □步行 □(电动)自行车 □电动车 □公交 □地铁 □出租 □私家车 □其他_____

10. 您对社区周边各类设施的种类、规模、地点是否满意(如果满意,请打"√"):

设施类别	医疗设施	教育设施	商业设施	交通设施	文化设施	体育设施
种类是否齐全						
规模是否足够						
地点是否方便到达						

11. 您认为目前针对外籍人士的制度或政策存在哪些问题(可多选)
　　□居留许可的管理程序复杂　□工作许可制度不明晰　□出入境管理限制多　□社会保险制度不健全　□不能与市民享有同等权利　□缺少获取最新政策的有效途径　□不存在问题　□其他_____

12. 您目前在境内缴纳社会保险的情况:

保险种类	基本养老保险	基本医疗保险	工伤保险	失业保险	生育保险
单位缴纳(打"√")					
个人缴纳(打"√")					

13. 您与本地人在语言交流上是否顺畅:□很顺畅　□一般　□无法交流
　　如果有机会,您是否愿意学习中文:□非常愿意　□比较愿意　□不太愿意　□不愿意

14. 您在南京平常主要交往哪些人?(可多选,并按人数进行排序):_____
　　如遇困难,您会找谁帮忙?(可多选,并按频率进行排序):_____
　　①亲属　②同一国家的同事或朋友　③中国人　④其他国家的人　⑤其他_____

15. 您是否乐意参加社区或城市组织的中外交流活动(如书法绘画、运动项目、亲子教育、联谊等):
　　□非常愿意　□比较愿意　□不太愿意　□非常不愿意

16. 您对中国文化习俗是否了解:□很了解　□了解一些　□不太了解　□完全不了解
　　您是否会庆祝中国的节日:□是　□否,如果是,请列举出一个最常过的节日_____

17. 您是否愿意在南京定居_____您是否愿意让家人在南京长期生活(包括就业、就学等)_____
　　①非常愿意　②比较愿意　③不太愿意　④非常不愿意

18. 您是否认为自己是南京市民?□完全认同　□比较认同　□不太认同　□完全不认同

19. 您认为现状生活中存在哪些问题(可多选):
　　□社区居住条件不佳　□公共服务设施配套不全　□本国特色商店少　□本地人不够友好
　　□语言沟通不畅　□涉外机构服务与管理不善　□无　□其他_____

Questionnaire for Foreigners in Nanjing

The survey information is only used for academic research. It is an anonymous questionnaire. Please feel free to fill in! Thank you for your cooperation and help!

1. Gender:_____　Age:_____　Nationality:_____
   Marital status □unmarried □married
   Religion:□Buddhism　□Christianity　□Catholicism　□others_____　□no
   Education:□high school or below　□junior college　□bachelor　□master　□doctor or above

2. Your purpose of coming to Nanjing:□business　□employment　□study　□settlement
   □visit family　□others_____
   When you came to Nanjing:_____ (e.g. 2020.1)

3. Your current (professional) status: ☐degree student ☐short-term exchange studying ☐education and scientific research practitioner ☐enterprise manager ☐professional and technical personnel ☐business service personnel ☐freelance ☐none ☐others_____

   How many times have you changed jobs in Nanjing_____, your employment channel:
   ☐dispatched by the company of origin countries ☐high-end talent introduction
   ☐local business hiring ☐temporary worker ☐self-employment ☐none ☐others_____

4. Your monthly household income_____, if you rent, the monthly housing rent_____; excluding rent, your household monthly expenses_____
   ①less than 2000 yuan ②2 000—5 000 yuan ③ 5 000—10 000 yuan ④ 10 000—20 000 yuan
   ⑤20 000—30 000 yuan ⑥30 000—50 000 yuan
   ⑦more than 50 000 yuan

5. The residential community you live in _____ (name), the housing source: ☐rent by yourself
   ☐rent together by employer ☐purchase ☐others_____, if you rent, who pays: ☐yourself
   ☐employer ☐others_____

6. Reasons for choosing this community: ☐close to work place or convenient transportation
   ☐complete living facilities ☐high quality living environment ☐more foreigners around
   ☐unified arrangement by the employer
   ☐other reasons_____

7. Your housing area: _____ m^2, number of bedroom _____ number of living room_____, number of people living together _____, who you live together (multiple choices): ☐alone
   ☐spouse ☐children ☐parents ☐colleagues ☐friends ☐strangers ☐others_____

8. Your work place:_____ district_____ sub-district, the distance between your residence and work place: ☐less than 0.5 km ☐0.5—1 km ☐1—2 km ☐2—3 km ☐ more than 3 km

9. What kind of transportation do you usually choose(multiple choices):
   ☐walking ☐(electric) bicycle ☐bus ☐metro ☐taxi ☐private car ☐others_____

10. Are you satisfied with the facilities around your residential community? (if yes, please tick "√")

facility type	medical facilities	educational facilities	commercial facilities	traffic facilities	culture facilities	sports facilities
Is the variety complete?						
Is the scale sufficient?						
Is the location easily accessible?						

11. What do you think are the problems with the current system or policy for foreigners in Nanjing? (multiple choices)
    ☐Residence and stay permit procedures are complex ☐The work permit system is not clear
    ☐There are many restrictions in immigration control ☐Social Insurance is not sound
    ☐Does not have the same rights as citizens ☐Lack of effective access to the up-to-date policies
    ☐No problems ☐Other problems_____

12. Your current payment of social insurance in Nanjing:

insurance type	basic pension insurance	basic medical insurance	work injury insurance	unemployment insurance	maternity insurance
payment by employer ("√")					
payment by yourself ("√")					

13. Do you communicate well with local people in the language? □very well □so-so □not well

    Would you like to learn Chinese? □very willing □sometimes willing □not very willing □unwilling

14. Who do you mainly associate with in Nanjing? (multiple choices and order by the number of people)_____

    Who would you turn to for help if you were in trouble? (multiple choices and order by frequency)_____

    ①relatives ②friends/colleagues from the same country ③Chinese people

    ④people from other countries ⑤others_____

15. Are you willing to participate in activities organized by the community or the city(such as calligraphy, painting, sports, parent-child education): □very willing □sometimes willing □not very willing □unwilling

16. Do you know much about Chinese culture and customs?

    □know very well □know some of them □just know a little □unknown

    Will you celebrate a Chinese festival: □ yes □ no If yes, fill your most frequent festival_____

17. Would you like to settle in Nanjing for a long term_____ (fill in the following number).

    Would you like to take your family to live in Nanjing for a long time (including employment, education, etc.)_____ (fill in the following number).

    ①very willing ②sometimes willing ③not very willing ④unwilling

18. Do you think you have been a citizen of Nanjing?

    □totally agree □basically agree □not quite agree □totally disagree

19. What problems do you think exist in your current life (multiple choices)?

    □poor living conditions in the community □incomplete public service facilities

    □few specialty stores of your country □the locals are not friendly enough

    □poor language communication □poor service and management of foreign institutions

    □no problem □others_____

附录2　本地居民对国际移民态度的调查问卷

问卷发放地点_____（小区名）时间_____　调查人员_____　编号_____

该调研信息仅用作学术研究，为不记名问卷，请放心填写！衷心感谢您的配合与帮助！

您在此地的身份是：□社区居民　□商业经营者　□社区工作人员　□其他_____

1. 基本信息：性别：_____年龄：_____
   婚姻状况：□未婚　□已婚　□育有子女
   受教育程度：□高中（专科）及以下　□大专　□本科　□研究生及以上
   您目前的职业身份：□学生　□教育与科研从业者　□企业管理人员　□专业技术人员
   □商业服务人员　自由职业者　□无　□其他_____

2. 您的家庭月收入_____，其中家庭月开支_____
   ①低于等于2 000元　②2 000（不含）—5 000元　③5 000（不含）—10 000元　④10 000（不含）—20 000元
   ⑤20 000（不含）—30 000元　⑥30 000（不含）—50 000元　⑦50 000元以上

3. 如果您是社区居民，您的住房形式是：□租赁　□购买　□其他_____，您搬入该小区的时间：_____年

4. 如果您是商业经营者，您在此地开店的理由（可多选）_____
   ①租金便宜　②客流量大　③外国人购买力强　④其他_____
   您是否愿意雇佣外籍员工：□非常愿意　□比较愿意　□不太愿意　□不愿意

5. 您对国外的文化习俗是否了解：□很了解　□了解一些　□不太了解　□完全不了解
   您是否会过外国节日：□是　□否　如果是，请列举出一个最常过的节日_____

6. 您与外籍人士在语言交流上是否顺畅：□很顺畅　□比较顺畅　□不太顺畅　□完全无法交流
   如果有机会，您是否愿意学习他们的语言：□非常愿意　□比较愿意　□不太愿意　□不愿意

7. 如果外籍人士向您求助，您的态度是：
   □非常乐意帮忙　□大多情况下乐意帮忙　□不乐意，但不好意思拒绝　□找理由婉拒
   □直接拒绝

8. 您是否愿意主动结交外籍朋友_____，您是否愿意子女与外籍人士做朋友_____
   ①非常愿意　②比较愿意　③不太愿意　④非常不愿意

9. 您能够接受与外籍人士之间建立的最亲密的关系是_____
   □同事/同学　□邻居　□朋友　□伴侣　□都不是

10. 在不同时期，外籍人士对您生活、工作、交往中的以下几个方面，产生怎样的影响：

时间	2000年以前	2001—2010年	2011—2019年	2020年至今
外籍人士是否对您的生活环境造成负面影响：① 完全没有　②几乎没有　③有一些　④非常严重				
具体产生了哪些影响（可多选）：①噪声干扰　②治安下降　③垃圾乱扔　④公共空间侵占　⑤其他_____				

(续表)

时间	2000年以前	2001—2010年	2011—2019年	2020年至今
如果您是社区居民,您光顾外国特色商店\餐馆的频率: ①1周多次 ②1周一次 ③2—3周一次 ④1月一次 ⑤多月1次 如果您是商业经营者,外籍客人光顾所占比例: ①10%及以下 ②10%(不含)~30% ③30%(不含)~50% ④50%(不含)~80% ⑤80%以上				
您与外籍人士打交道的频繁程度: ①1周多次 ②1周一次 ③2—3周一次 ④1月一次 ⑤多月1次				
您居住的社区是否经常组织中外交流活动(如书法绘画、运动项目、亲子教育、联谊等)? ①经常 ②偶尔 ③几乎不 ④从来不 假如有机会,您是否愿意参与该类活动? ①非常愿意 ②比较愿意 ③不太愿意 ④非常不愿意				

调研问卷问题结束,再次感谢您的合作!

附录3 社区国际移民情况调查表

调查社区名称：_____ 统计时间_____

1. 外籍人口总数(含港澳台)		
总人数		其中,香港特别行政区居民____人,澳门____人,台湾____人

2. 性别构成

男性： 人	女性： 人

3. 居住时间(持有中国绿卡：_____人)

三个月以下 (人)____	三个月至半年 (人)____	半年至一年 (人)____	一年至两年 (人)____	两年至五年 (人)____	五年以上 (人)____

4. 来华目的

商务：____人;就业：____人;学习：____人;定居：____人;探亲：____人;
其他：____人

5. 国籍构成

韩国____人,美国____人,日本____人,缅甸____人,越南____人,加拿大____人,法国____人,印度____人,德国____人,澳大利亚____人,其他国家人员____人

或提供社区内数量排名前十的国家及对应人口数量：

6. 年龄构成

18岁以下：____人,18~25岁：____人,26~30岁：____人,31~40岁：____人,
41~50岁：____人,51~60岁：____人,60岁以上：____人

7. 职业构成(填人数,或排序)

攻读学位学生：	短期交流或进修：	教育与科研从业者：
企业管理人员：	专业技术人员：	商业服务人员：
自由职业者：	无：	其他_____

8. 就业渠道(排序)

来源国公司派遣(　)　　高端人才引进(　)　　本地单位合同聘任(　)
临时工(　)　　自主创业(　)　　无(　)
其他_____(　)

(续表)

9. 其他
(1) 社区内外籍人口占比：   (2) 外籍人口中,租房的比例：   (3) 他们的家庭构成,几人居住？有哪些家庭成员？   (4) 该社区住房户型、面积情况：   (5) 社区周边的外国特色餐饮、商店、外国人公共活动场所情况：   (6) 社区组织中外交流活动情况(种类、频率),外国人参与情况：